rowohlt

Martin Geck **MOZART**
Eine Biographie

Mit Illustrationen
von
F. W. Bernstein

Rowohlt

1. Auflage September 2005
Copyright © 2005 by Rowohlt Verlag GmbH,
Reinbek bei Hamburg
Alle Rechte vorbehalten
Lektorat Wolfgang Müller
Satz aus der Trinité PostScript (InDesign)
bei Pinkuin Satz und Datentechnik, Berlin
Druck und Bindung Clausen & Bosse, Leck
Printed in Germany
ISBN 3 498 02492 2

Mozart in 27 Kapiteln: Aufriss

LEBEN
1. 1756–1762: Salzburg, Haus Nr. 225 am Löchelplatz
2. 1762–1766: Erste Signale
3. 1767–1771: Genie auf dem Sprung
4. 1771–1777: Saure Wochen, frohe Feste
5. 1777/78: Le grand tour
6. 1779–1781: Der Weg in die Freiheit
7. 1781/82: Einstand in Wien
8. 1783/84: Favorit der Gesellschaft
9. 1785/86: Figaro-Zeit
10. 1787/88: Jubel in Prag
11. 1789/90: Sorgen
12. 1791: Das frühe Ende

ÄSTHETIK
13. Der Autor schreibt
14. Harlequin komponiert
15. Mozart reflektiert

WERK
16. Von «Idomeneo» zu «La clemenza di Tito»
17. «Die Entführung aus dem Serail»
18. «Le nozze di Figaro»
19. «Don Giovanni»
20. «Così fan tutte»
21. «Die Zauberflöte»

22. Aus der Nähe betrachtet
23. Ein Kapitel für Liebhaber: Die Klavierkonzerte
24. Ein Kapitel für Kenner: Die «Haydn-Quartette»
25. Was noch fehlte: Vier späte Sinfonien
26. «c-Moll-Messe» und «Requiem»
27. Abschiede

Inhalt

Vorwort 9

1756–1762: Salzburg, Haus Nr. 225 am Löchelplatz 11
1762–1766: Erste Signale 23
1767–1771: Genie auf dem Sprung 41
1771–1777: Saure Wochen, frohe Feste 55
1777/78: Le grand tour 69
1779–1781: Der Weg in die Freiheit 87
1781/82: Einstand in Wien 101
1783/84: Favorit der Gesellschaft 123
1785/86: Figaro-Zeit 139
1787/88: Jubel in Prag 157
1789/90: Sorgen 171
1791: Das frühe Ende 187

Der Autor schreibt
Muss man Mozarts Musik erklären? 205
Harlequin komponiert
Von der «Kunst, das Schwere angenehm zu machen» 215
Mozart reflektiert
Wer spricht da von Wiener «Klassik»? 231

Von «Idomeneo» zu «La clemenza di Tito» 241
«Die Entführung aus dem Serail» 257
«Le nozze di Figaro» 267
«Don Giovanni» 281
«Così fan tutte» 299
«Die Zauberflöte» 313
Aus der Nähe betrachtet:
Masken für Susanna, Donna Elvira und die Königin der Nacht 335
Ein Kapitel für Liebhaber: Die Klavierkonzerte 339

Ein Kapitel für Kenner: Die «Haydn-Quartette» 363
Was noch fehlte: Vier späte Sinfonien 381
Ein «Lieblingsfach» und zwei Torsi: «c-Moll-Messe»
und «Requiem» 403
Abschiede 419

Diskographie von A bis Z 428
Anmerkungen 436
Literatur 445
Personenregister 463
Werkregister 474

Vorwort

Nachdem ich zum Bach-Jahr 2000 manche Anstrengung darauf verwandt habe, den geballten wissenschaftlichen Bach-Diskurs auf fast 800 Seiten nachzuzeichnen, soll es im Mozart-Jahr 2006 – dem Gegenstand angemessen – nicht seichter, aber leichter werden.

Meinem Leitgedanken zuliebe hätte ich das Buch gern «Harlequin komponiert» genannt, damit aber riskiert, dass es von der einen Seite als Kitschroman, von der anderen als musikästhetische Programmschrift zur Hand genommen worden wäre. Deshalb ist es beim sachlichen Titel geblieben, der vorab deutlich macht, was die Leserinnen und Leser erwartet: eine Darstellung von Leben und Werk auf neuestem Forschungsstand.

Dass zugleich mehr und Interessanteres beabsichtigt ist, signalisieren die Illustrationen meines Freundes F. W. Bernstein, die ganz der Kunst Harlequins entsprechen, «das Schwere angenehm zu machen» – so die Definition von Leibniz. Harlequin ist für den Philosophen freilich auch derjenige, der in immer neuen Gewändern auf die Bühne tritt und damit für das Wunderbare und Unerwartete, für den beständigen Fluss des Lebens steht.

Dass F. W. Bernstein gewillt war, die Graphiken als klassisch-schöne und zugleich ironisch gebrochene Auftaktseiten zu jedem der 27 etwa gleich langen Kapitel anzulegen, macht es möglich, das formale Konzept dieses Buches ohne viel Worte zu erläutern. Es gibt je zwölf Kapitel zu Leben und Werk, als verbindende Mitte drei Kapitel zur Ästhetik; im Zentrum «Harlequin komponiert» als 14. Kapitel. 27 ist 3^3 – die vollkommene Zahl. Dahinter steht freilich keinerlei zahlenmystische

Spekulation, vielmehr die Selbstverpflichtung, über eine so geordnete Musik wie diejenige Mozarts keinen Sturzbach von Worten zu ergießen, ihr vielmehr mit jener Haltung zu begegnen, die der Komponist innerhalb seines Werks auch in extremen Lagen nicht aufgibt.

Dafür darf im Einzelnen – auch d a s nach dem Vorbild Mozarts – Freiheit herrschen: Freiheit des Diskurses und Wechsel der Perspektiven. Es geht nicht um eine einsträngige Erzählung des Lebens oder um eine verbissene Analyse des Werks, sondern um das Aufschließen von Räumen, in denen man über Mozarts Leben nachdenken und auf seine Musik neugierig werden kann – gerade auf Werke, die man schon des Öfteren gehört hat.

Und weil nichts spannender ist als die Wirklichkeit, e r f i n d e ich keine Diskurse, nehme vielmehr die Diskussionen der Wissenschaft auf und schalte mich in sie ein. Auf meiner Reise ins Mozart-Land trifft man auf Zeit- und Kulturgeschichtliches, auf Ästhetisches, Philosophisches, Psychologisches und Politisches, gemäß einem Hanns Eisler untergeschobenen Satz: «Wer nur etwas von Musik versteht, versteht auch davon nichts!»

Obwohl das Buch als Einheit konzipiert und nach Jahren der Vorbereitung in einem Zuge – von August 2004 bis April 2005 – niedergeschrieben worden ist, kann man überall einsteigen. Wer mein oder sein Fachwissen prüfen will, möge mit den schwierigsten Kapiteln beginnen – denen über die *Haydn-Quartette* und die späten Sinfonien.

Ich danke meinem Mitarbeiter Peter Sühring
für wertvolle Gespräche und allzeit kundige Hilfe.

1756–1762
Salzburg, Haus Nr. 225 am Löchelplatz

Dort kommt er am 27. Januar 1756 abends acht Uhr zur Welt. Das im Zentrum nahe der Universität gelegene Geburtshaus heißt heute Getreidegasse 9 und ist als Gedenkstätte eingerichtet. Die im dritten Stock befindliche und 182 Quadratmeter große Wohnung verfügt über einen repräsentativen Salon, dessen vier Fenster auf den Löchelplatz weisen. Ferner gibt es eine Schlafkammer, in der Mozart geboren worden sein dürfte, sowie ein Arbeits- und ein Gästezimmer – Letzteres wohl vor allem für die Großmutter Pertl gedacht. Einige Stufen abwärts geht es in eine Küche mit offenem Feuer und marmoriertem Boden. Das alles ist gutbürgerlich und entspricht dem großzügigen Zuschnitt eines Gebäudes, in dem der väterliche Freund Lorenz Hagenauer en gros und en detail mit Spezereien handelt.

Vater Leopold berichtet seinem Augsburger Verleger Johann Jakob Lotter, mit dem er wegen der Veröffentlichung seiner Violinschule gerade rege korrespondiert, eher beiläufig: «übrigens benachrichtige, daß den 27 Januarii abends um 8 uhr die meinige mit einem Buben zwar glücklich entbunden worden. die *Nachgeburt* aber hat man ihr wegnehmen müssen. Sie war folglich erstaunlich schwach. Itzt aber |: Gott sey dank :| befinden sich kind und Mutter gut. Sie empfehlt sich beyderseyts. der Bub heißt *Joannes Chrisostomos, Wolfgang, Gottlieb.*»[1]

Schon am Morgen nach der Geburt wird er im Salzburger Dom getauft. Chrysostomus heißt er nach dem Kirchenlehrer, an dessen Festtag er geboren ist, Wolfgang nach dem Großvater mütterlicherseits und Theophilus – so steht es im Taufbuch – nach dem Taufpaten Pergmayr, einem wohlhabenden Salzburger Kaufmann. Doch weder «Gottlieb» noch «Theophilus» wird Mozart übernehmen: In Italien nennt er sich «Amadeo» und seit etwa 1777 durchgehend «Amadé». Die latinisierte Form «Amadeus» verwendet er nur ein paar Mal im Spaß oder bösen Humor. Für die Familie ist das Kind ohnehin «der Wolfgangerl».

Obwohl siebtes und letztes Kind, wird er nicht etwa in einen stattlichen Geschwisterkreis hineingeboren, er trifft vielmehr nur auf die viereinhalbjährige Marie Anna, genannt Nannerl. Die anderen Geschwister sind im Säuglingsalter gestorben. Die auf nackte Daten reduzierte Familienchronik deutet an, wie sich Geburt und Tod im Hause Mozart jahrelang wie die Figuren eines Wetterhäuschens abwechseln:

21. November 1747: Heirat der Eltern
18. August 1748: Geburt des Johannes Leopoldus Joachimus
2. Februar 1749: Tod des Johannes Leopoldus Joachimus
18. Juni 1749: Geburt der Maria Anna Cordula
24. Juni 1749: Tod der Maria Anna Cordula
13. Mai 1750: Geburt der Maria Anna Nepomucena Walburgis
29. Juli 1750: Tod der Maria Anna Nepomucena Walburgis
30. Juli 1751: Geburt der Maria Anna Walburga Ignatia (Nannerl)
4. November 1752: Geburt des Johannes Carolus Amadeus
2. Februar 1753: Tod des Johannes Carolus Amadeus
8. Mai 1754: Geburt der Maria Francisca Crescentia de Paula
27. Juni 1754: Tod der Maria Francisca Crescentia de Paula
27. Januar 1756: Geburt des Johannes Chrysostomus Wolfgang Theophilus

Man ahnt, was die inzwischen 35-jährige Mutter seit ihrer ersten Schwangerschaft durchgemacht hat; und man erschrickt vor der Gleichgültigkeit, mit welcher der Tod hier wie anderswo seine Ernte hält. Was wäre gewesen, wenn er Johannes Carolus Amadeus übersehen und stattdessen Johannes Chrysostomus Wolfgang Theophilus geholt hätte? Wir sind so stolz auf «unsere» Genies und bedenken kaum einmal, wie unberechenbar sie aus dem Universum der Möglichkeiten ans Licht kommen.

Auch Vater Leopold Mozart mag sich nicht sicher gewesen sein, dass einer der Söhne erstmals das Kleinkindalter überleben würde. Zunächst jedenfalls beklagt er sich gegenüber dem Verlegerfreund Lotter über allerlei Trubel: Er wisse nicht, wo ihm der Kopf stehe – wegen zahlreicher Schüler, wegen des Hofdienstes und vor allem, weil die Frau wieder einmal Wöchnerin sei. Da komme ständig jemand, «der einem die Zeit wegstihlt. Dergleichen Historien nehmen Geld und Zeit weg»[2]. Das klingt nicht gerade begeistert.

Salzburg, Haus Nr. 225 am Löchelplatz

Und die Mutter? Wir können sie nicht dem Feminismus zuliebe zu einer starken Frau machen. Doch höchsten Respekt verdient sie, die Anna Maria Pertl, Tochter eines akademisch gebildeten, jedoch früh gestorbenen Verwaltungsbeamten aus dem Salzkammergut. Als gänzlich unbemittelte Halbwaise mit ihrer Mutter nach Salzburg gekommen, wird sie sich gefreut haben, mit 26 Jahren den ein Jahr älteren Leopold Mozart als Mann zu bekommen und dadurch in gesicherte Verhältnisse zu gelangen. Wenn man späteren Äußerungen ihres Gatten traut, war es zudem auf beiden Seiten eine Liebesheirat. Und obendrein – so schreibt Konstanze Mozarts zweiter Ehemann Nissen – waren beide «von einer so vortheilhaften Körpergestalt, daß man sie zu ihrer Zeit für das schönste Ehepaar in Salzburg hielt».[3]

Anzeichen von Musikalität gibt es vor allem in der Familie von Wolfgangs Mutter, deren «Sinn für heitere Lebensfreude» bereits der frühe Mozart-Biograph Otto Jahn «dem Ernst und der strengen Pflichttreue des Vaters» gegenüberstellt.[4] Er mag dabei Goethes Verse im Ohr gehabt haben: «Vom Vater hab' ich die Statur, des Lebens ernstes Führen, vom Mütterchen die Frohnatur und Lust zu fabulieren.»

Wir übernehmen diese Charakterisierung mit dem Eingeständnis, dass sie sich nur auf einige wenige Briefstellen stützt, zum Beispiel auf ihre berühmte Nachschrift zu einem Brief, den Mozart im September 1777 aus München an seinen Vater richtet: «adio ben mio leb gesund, Reck den arsch zum mund. ich winsch ein guete nacht, scheiss ins beth das Kracht, es ist schon über oas iezt kanst selber reimen./ sch/ Maria Anna Mozartin.»[5] Damals hat sie Heimweh nach Salzburg, lässt ausführlich alle Lieben grüßen und nimmt auch den Hund nicht aus: «Den bimperl küsse ich auf sein Zingerl, er würd mich schon vergessen haben.»[6]

Die dominierende Rolle hat sie zweifellos dem Mann überlassen, welcher der erste Musiker in seiner Familie ist – freilich ein angesehener und an der musikalischen Ausbildung seiner Kinder höchst interessierter. Aus einer Augsburger Buchbinderfamilie stammend, schreibt Leopold Mozart sich im Jünglingsalter an der Salzburger Universität ein, beantwortet 1738 im Baccalaureus-Examen so bedeutsame Fragen wie diejenigen, «ob den Baccelauren aus dem kürzlich über die Türken erfochtenen Sieg eine Ehre erwachse» oder «ob die Logik mit Recht ein

Labyrinth genannt werden könne»,[7] wird jedoch schon im Jahr darauf wegen Vernachlässigung seines Studiums von der Universität relegiert. Dem lateinisch abgefassten Protokoll zufolge nimmt er den ihm vom Rektor persönlich mitgeteilten Beschluss an, «als wenn ihn das nichts anginge», und entfernt sich.[8] Muss er sich zu viel um den eigenen Lebensunterhalt kümmern, oder hat er bereits andere Pläne? Jedenfalls ist ihm die Universität so wenig gram, dass sie Leopold Mozart drei Jahre später mit der Musik zu einer Weihnachtshistorie beauftragt. Inzwischen verdient er sein Geld als vermutlich Sekretärsdienste verrichtender Kammerdiener des Salzburger Domherrn Graf Thurn-Valsassina und Taxis; außerdem spielt er seit 1743 als «Expectant» in der fürsterzbischöflichen Hofkapelle mit – in Erwartung einer festen Stelle unentgeltlich, aber immerhin gegen Empfang des so genannten Weihnachtssalzes. Spätestens 1747 ist seine Stellung als vierter Violinist dann definitiv so weit konsolidiert, dass geheiratet werden kann: «Diesen Gedanken hatten wir zwar viele Jahre zuvor. gute dinge, wollen ihre Zeit!», wird er seiner Frau anlässlich des 25. Hochzeitstags aus Mailand schreiben.[9]

Der Dienst in der Hofkapelle füllt Leopold Mozart nicht aus, obwohl er bis 1763 zum Vizekapellmeister aufrücken wird. Auch eine rege Unterrichtstätigkeit, die vor allem der Aufbesserung seines recht schmalen Gehalts dient, kann ihm die drückende Enge Salzburgs kaum mildern. Es drängt ihn nach wissenschaftlichem Erfolg, den er mit seinem 1756 veröffentlichten *Versuch einer gründlichen Violin-Schule* auch tatsächlich hat: Das für seine Zeit hochmoderne, sprachlich glänzende Werk erscheint in zahlreichen Auflagen, wird ins Holländische und Französische übersetzt und kann neben vergleichbaren Werken der Epoche bestehen: der Flötenschule von Johann Joachim Quantz, der Klavierschule von Carl Philipp Emanuel Bach und der auf einer italienischen Vorlage fußenden Gesangsschule von Johann Friedrich Agricola – sämtlich bedeutsame Versuche einer aufgeklärten Verbindung von Theorie und Praxis.

Als vielseitiger Komponist ist Vater Mozart mit Kirchenwerken und etwa achtzig Sinfonien vor allem im süddeutsch-österreichischen Raum bekannt; populäre Instrumentalwerke wie die *Bauernhochzeit* und die in Wolfgangs Geburtsjahr komponierte *Musikalische Schlittenfahrt* haben ihren Platz in der Geschichte der Programmmusik behalten. Dass man mit bloß schulterklopfenden Werturteilen vorsichtig sein sollte, zeigt ein Beispiel aus der jüngeren Mozart-Forschung, die sich mit den beiden so genannten *Lambacher Sinfonien* beschäftigt hat, von denen die eine unter dem Namen des Vaters, die andere (KV Anh. 221) unter dem des Sohnes überliefert ist. Zeitweilig fand man Letztere um so vieles schwächer als Erstere, dass man annahm, der Schreiber im Benediktinerstift Lambach müsse sich geirrt und die Namen verwechselt haben. Doch siehe da: Das Auftauchen einer neuen Quelle erhärtet, dass alles beim Alten bleibt und der Vater in diesem Fall moderner als der noch nicht dreizehnjährige Sohn komponiert hat.[10]

Doch das sind Nuancen, die nicht darüber hinwegtäuschen wollen, dass sich Leopold Mozart als Komponist in Salzburg zwar zunehmend «gemobbt» gefühlt, darüber hinaus aber gespürt hat, dass es mit ihm in dieser Branche nicht mehr aufwärts ging. Schon das Auftauchen von Michael Haydn in Salzburg im Jahre 1762 scheint ihm Angst gemacht zu haben; anders sind die Giftpfeile, die er in seinen Briefen je und dann auf den weit bekannten Kirchenkomponisten abschießt, kaum erklärlich. Manches spricht dafür, dass Leopold Mozart um 1770, also zur Zeit der ersten italienischen Reise von Vater und Sohn, beschlossen hat, seine Karriere als Komponist dem Sohn zu opfern,[11] nachdem er schon 1766 in London mit solchen Gedanken gespielt hatte.

Damit sind wir beim «Lehrer» Leopold Mozart angelangt. Vorab sei bemerkt, dass er bei der musikalischen Erziehung seines Sohnes keineswegs jenen Drill walten lässt, der uns in Peter Shaffers Bühnenstück *Amadeus* und dem danach gedrehten Film von Milos Forman ins Auge springt. Wolfgang Amadé ist wesentlich glücklicher dran als der kleine Ludwig van Beethoven, der von seinem trunksüchtigen Vater zum Klavierspielen auf ein Bänkchen gestellt, «stränng angehalten» und bestraft wird, wenn er, anstatt fleißig zu üben, auf seinem Instrument «Dummes Zeüg durcheinanderkratzt», das heißt probiert und improvisiert.[12]

Zwar gibt es den Ausspruch «Sie wissen daß meine Kinder zur arbeit gewohnt sind: sollten sie aus Entschuldigung daß eines das andre verhindert sich an müssige Stunden gewöhnen, so würde mein ganzes gebäude über den Haufen fallen»[13], doch das heißt nicht, dass er den

Sohn zur Arbeit antreiben müsste: Dieser lernt vielmehr spielend. Geradezu rühmend endet die gründliche Begutachtung des zehnjährigen Wolfgang Amadé durch den Schweizer Arzt Samuel André Tissot – einen frühen «Begabungs-Forscher»: «Es wäre zu wünschen, daß die Väter, deren Kinder besondere Begabung haben, Herrn Mozart nachahmten, der, weit entfernt, den Sohn zur Eile anzutreiben, vielmehr immer sich angestrengt hat, sein Feuer zu dämpfen.»[14] Der Komponist Johann Adolph Hasse spricht sich in einem Brief vom September 1769 sogar tadelnd darüber aus, dass der Vater sein Wunderkind unnötig verhätschele und beweihräuchere.

Von reiner Selbstlosigkeit zeugt dessen Verhalten freilich nicht. Dem Hausfreund Hagenauer stellt Leopold Mozart bei Gelegenheit einer ausbleibenden Reiseerlaubnis seitens des Fürsterzbischofs die rhetorische Frage: «oder sollte ich vielleicht in Salzb: sitzen in lehrer hofnung nach einem bessern Glück seufzen, den Wolfgang: groß werden und mich und meine Kinder bey der Nase herumführen lassen, bis ich zu Jahren komme, die mich eine Reise zu machen verhindern, bis der Wolfg: in die Jahre und denjenigen Wachsthum kommt, die seinen Verdiensten die Verwunderung entziehen?»[15]

Da zeigt sich ein Vater, der sich im Glanz seines Sohnes sonnt und die schöne Zeit, deren Ende absehbar ist, auch für sich nutzen möchte – vor allem, um zu reisen. Und es kommen persönliche Motive zum Vorschein: der Wunsch nach Unabhängigkeit von der Fron des Kapelldienstes, der Wunsch, bekannt zu sein, und die Lust, etwas von der Welt zu sehen. Leopold Mozart kann sich mit seiner abhängigen Stellung als Hofmusiker – er zählt zu den Bedienten – augenscheinlich schwer abfinden, fühlt sich überhaupt in Salzburg als Künstler nicht genügend gewürdigt. Was liegt da näher, als mit den Kindern auf Reisen zu gehen und von den höchsten Herrschaften hofiert zu werden! Der kleine Mozart wird Kaiserin Maria Theresia bei Hof auf den Schoß springen und der Vater mit höchstem Stolz davon berichten. Nur gut, dass dieser nie erfahren wird, dass die Kaiserin nur wenige Jahre später ihrem Sohn davon abraten wird, Wolfgang an seinem Mailänder Hof anzustellen: Unverhohlen spricht sie von den Mozarts als Leuten, die in der Welt herumlaufen wie Bettler («courent le monde comme de gueux»[16]).

Ohnehin bekommt Leopold Mozart solche Geringschätzung oft genug selbst zu spüren – nämlich dann, wenn er auf seinen Reisen tage-, ja wochenlang auf einen Termin bei hohen Herrschaften warten muss, denen andere Vergnügungen gerade wichtiger sind als ein Konzert der Mozart-Kinder. Das kostet unnütz Zeit und verteuert den Aufenthalt. Doch macht er die vielen Reisen überhaupt des Geldes wegen? Ein vernünftiger Mann wie er müsste doch schon bald gemerkt haben, wie unsicher dieses Geschäft ist – trotz seines Hangs zu generalstabsmäßiger Planung, trotz des unverdrossenen Ehrgeizes, beim Wechseln und beim Anlegen von Überschüssen kein Geld zu verlieren, trotz des Bemühens, der Ersparnis halber möglichst oft in Privatquartieren zu übernachten, trotz seiner eigenen, später auch dem Sohn anempfohlenen Maxime «Setze dich grossen Leuten an die Seite – aut Caesar aut nihil»[17], trotz, trotz, trotz!

Da gibt es immer wieder verschlossene Türen; da erweisen sich vermeintliche Helfer als indolent; da bringt der Erlös aus Eintrittskarten weniger ein, als die Saalmiete kostet; da muss ein Aufenthalt wegen Seuchengefahr abgebrochen werden; da fallen unvermutet hohe Arztkosten an; da muss man, um die Kinder zu schonen, eine eigene Kutsche kaufen, den Mann auf dem Kutschbock entlohnen, mehrmals zerbrochene Räder ersetzen, usw. usf.

Bemerkenswert, dass Leopold Mozart seinem Sohn Anfang 1778 mit der Eröffnung Druck macht, er habe 700 Gulden – also mehrere Jahresgehälter – Schulden und könne die Schneiderrechnung nicht bezahlen. Damals liegt die letzte gemeinsame Reise zwar schon einige Jahre zurück; gleichwohl wird deutlich, dass die jahrelangen Unternehmungen unter dem Strich augenscheinlich nichts erbracht haben. Dass sich auch anders wirtschaften lässt, zeigt eine Kunstreise, die der zehnjährige Mozart-Schüler Johann Nepomuk Hummel ab 1788 durch Europa unternimmt. Aus der minutiösen Buchführung seines Vaters ist ersichtlich, dass binnen dreier Jahre ein Gewinn von fast 11 000 Gulden erzielt worden ist.[18]

Sind solche Unternehmungen auch immer ein Glücksspiel, so drängt sich im Fall Leopold Mozarts der Verdacht auf, dass dies auch so sein sollte! Ist der Vater bei aller äußeren Solidität selbst jener Glücksritter, den er dem Sohn auszutreiben sucht? Da wir mit dieser Frage schon fast in tiefenpsychologische Bereiche vorstoßen, stellen wir sie zurück, um uns zunächst an das Empirische zu halten: Was wissen wir von Leopold Mozart? Er ist ein starker Vater, der Autorität verkörpert und sich – jedenfalls auf den ersten Blick – keine Blöße gibt. Der Hauswirt Hagenauer schreibt anlässlich seines Todes ins Tagebuch: «Der heut verstorbene Vater war ein Mann von vielen Witz und Klugkeit, und würde auch ausser der Musik dem Staat gute Dienste zu leisten vermögend gewesen seyn.»[19] In der Tat hat Leopold das Zeug zu einer Führungsrolle; jedenfalls ist er ein vielseitig gebildeter und interessierter Zeitgenosse.

Die Briefe, die von seinen Reisen aus zu Hause eintreffen, zeugen von regem Geist und rascher Auffassungsgabe, verhehlen freilich auch nicht, dass Vater Mozart es darauf anlegt, im Salzburger Bekanntenkreis – und möglichst auch bei Hof – als Mann von Welt dazustehen. Leopold geht auf politische und gesellschaftliche Zustände ein, geißelt Aberglaube und lobt Fortschrittliches. Er schaut sich mit seinem Sohn in Rom Werke von Michelangelo und in Brüssel von Rubens an. In seinem Nachlass befinden sich wertvolle astronomische Geräte, allesamt «von Dollond in London verfertiget»[20]. Er meint, sich in Medizin auszukennen, und hat für jeden Zwischenfall ein Mittelchen; ständig notiert er Rezepturen. Besonderes Gefallen findet er an derben Späßen: Als der Verleger Lotter aus Augsburg die Geburt eines Sohnes meldet, heißt es in der Antwort, das müsse wohl ein solches Erdbeben gegeben haben, dass es den Freund «aus dem Bette geworfen» habe und «er mit dem Kopfe im Nachttopfe stecken geblieben» sei.

Wo vom Verleger die Rede ist: Leopold Mozart sticht seine musikalischen Werke selbst in Kupfer, hat aber auch Freude an philosophischen Büchern. Er ist fromm genug, um von unterwegs aus die Daheimgebliebenen beständig zu bitten, für Gelingen und Gesundheit diverse Messen lesen zu lassen. Jedoch scheint das Messenlesen weniger Herzensangelegenheit als Rückversicherung zu sein. Dazu passt, dass Leopold zwar gern als adelskritisch und bürgerstolz gesehen werden möchte, in konkreten Situationen jedoch taktiert, flunkert oder sich gar wortlos unterwirft. Mit solchen Zügen von Unaufrichtigkeit wird der Sohn seine liebe Not haben und dem Vater gegenüber sein Leben lang lügen und taktieren, ohne deshalb mit der Wahrheit recht eigentlich hinter dem Berg zu halten – ein charakteristischer Widerspruch seiner Briefe an den Vater.

Dieser hat die Tendenz zu moralischer Überheblichkeit und Besserwisserei. Eine seiner Lieblingsbeschäftigungen ist das «Tratzen», wie man süddeutsch und österreichisch sagt. Auf eine Schwäche des damals fast 28-jährigen «Balbierer-Catherls», einer Freundin Nannerls, schießt sich Leopold Mozart im Wortsinn ein: Auf einer der Scheiben, die man zum beliebten Bölzelschießen braucht und mit heiteren Episoden aus dem Leben der Beteiligten bemalt, ergänzt er Catherls Porträt um den gereimten Kommentar: «... wann ich viele Jahr noch als ein Jungfer darbe; So gehts auf d'finger los: weil ich stets N ä g l b e i s s e. Bekomm ich keinen Mann! –– dann auf die Welt ich sch--e.»[21] Ohne genauer untersucht zu haben, was daran milieutypisch ist, sollte man die Derbheit nicht überbewerten; gleichwohl sind Zweifel angebracht, ob man bei diesem Herrn Vizekapellmeister stets mit Wohlwollen zu rechnen hatte.

Dass er bei seinem eigenen Sohn, noch einmal sei es gesagt, zumindest in dessen jungen Jahren keine Strenge walten lässt, hat manches mit dem Zeitgeist zu tun. Nach der Darstellung des amerikanischen Historikers Richard Sennett findet um die Mitte des 18. Jahrhunderts ein gesellschaftlicher Umbruch in der Bewertung der Kindheit statt: Diese wird im Gefolge der Aufklärung und des Rousseauismus nicht länger als bloße Vorstufe zum Erwachsensein, vielmehr empathetisch als ein der Liebe und Schonung bedürftiges Entwicklungsstadium sui generis betrachtet.[22]

«Ich bin diese Handlung dem allmächtigen Gott schuldig, sonst wäre ich die undanckbarste Creatur»[23], erklärt Leopold Mozart und folgt damit dem zeitnahen philantrophischen Gedanken, dass die Menschheit fähig und verpflichtet sei, zu ihrer Höherentwicklung selbst beizutragen. Seit der Geburt seines Sohnes hat er eine ganz konkrete Chance, einen wunderbaren Keim, den der Schöpfer in seine Familie gelegt hat, zum Wachsen und Erblühen zu bringen. Und als kritischer Kopf muss er von der Leichtigkeit, mit welcher der Sohn an die Kunst herangeht, besonders fasziniert gewesen sein. Auf alle Fälle kann er als Fachmann die Fortschritte bestens beurteilen und überwachen, besser als sein Freund Joseph Mesmer, Wiener Schuldirektor und Erzieher der späteren französischen Königin Marie Antoinette, der gleichfalls einen Wunderknaben gezeugt hat. Auch dieser «spiellt magnifique – Nur, daß er aus Einbildung schon genug zu können, faul ist – hat auch viel genie zur Composition – ist aber zu träg sich damit abzugeben – das ist seinem vatter nicht recht»[24]. Solches bemerkt allerdings nicht Leopold Mozart, sondern Wolfgang Amadé, der die Maximen seines Vaters als 25-Jähriger augenscheinlich verinnerlicht hat. Übrigens wird der junge Mesmer, der nicht nur als Musiker brilliert, sondern als Elfjähriger auch öffentlich über ein mathematisches Thema disputiert, als Beamter enden – wie Mozarts eigener Sohn Carl Thomas.

Nolens volens lässt Leopold Mozart die Kinder auf ihren ersten Reisen zwar auch einige Kunststücke ausführen, bei denen der Zeitgenosse Jean-Jacques Rousseau den Kopf geschüttelt hätte, weil damit keine natürlichen Gaben gefördert, sondern die Sensationslüste gelangweilter und zivilisationskranker Zeitgenossen bedient werden. Doch tendenziell sind die dunklen Zeiten, in denen man Wunderkinder gleich siamesischen Zwillingen ausstellte, vorbei. Man darf sich außerdem immer vor Augen halten, dass Wolfgang Amadé mit seiner frühen Kunstfertigkeit zumindest einen Teil der Hörer ehrlich erfreut und bereichert – anders als das Lübecker Wunderkind Christian H. Heineken (1721–1725), das mit zwei Jahren Latein und Französisch spricht und mit drei Jahren eine kursorische Geschichte Dänemarks verfasst, aber bei allem Respekt als Person nicht wirklich ernst genommen wird.

Überhaupt ist Mozart – gottlob – ein weniger auffälliges Genie als dieses von der Brust seiner Amme nie losgekommene, früh verstorbene Lübecker Kind, indem er zumindest in den ersten drei Lebensjahren ganz normal aufwächst. Nicht zu vergessen, dass er sein frühes Genie im Bereich der Musik über die Jahrhunderte hinweg mit vielen Kollegen teilt: Der Engländer William Crotsch spielt als Dreijähriger die Orgel, Ludwig van Beethoven trägt als Achtjähriger Teile des *Wohltemperierten Klaviers* vor, Daniel Barenboim beherrscht im Alter von sieben

Jahren Klaviersonaten Beethovens, Lorin Maazel leitet mit zwölf Jahren das New York Philharmonic Orchestra.

Auch Beispiele für frühes Komponieren gibt es genug: Georg Philipp Telemann komponiert als Elfjähriger, Gioacchino Rossini als Vierzehnjähriger seine erste Oper; Felix Mendelssohn Bartholdy ist zwölf, als er sein erstes Klavierquartett schreibt. Als unübertroffen darf die Kleinkind-Karriere von Camille Saint-Saëns gelten, der als Dreijähriger ansehnliche Walzer und Galopps komponiert, im Alter von sechs und sieben Jahren lateinische und griechische Texte übersetzt, naturwissenschaftliche Experimente unternimmt und komplizierte mathematische Aufgaben löst. Da hätte der alte Kant nur mit dem Kopf geschüttelt: Ihm war das «ingenium praecox» als «Abschweifung der Natur von ihrer Regel» suspekt.[25]

Die moderne Psychologie versucht, die Fähigkeiten musikalisch Hochbegabter in einer Rangfolge zu fassen: «Einfühlungsvermögen (94%), Ausdruckskraft (88%), Willenskraft (80%), Energie (80%), Konzentrationsfähigkeit (75%), innere Zielstrebigkeit (74%), Phantasie/Kreativität (73%), Wissen um eigene Begabung (73%), musikalisches Gedächtnis (68%), Selbstbewußtsein (64%), Ehrgeiz (62%), Ausdauer und Gewissenhaftigkeit (d. h. tägliches Üben) (59%), Geduld (54%), psychische Stabilität (52%), Durchsetzungsvermögen (51%)»[26].

Das hilft uns wenig weiter, wirkt zumindest blass gegenüber der einzigartigen Künstlerpersönlichkeit, die offenbar schon der kleine Mozart darstellt. Ihr wollen wir uns nunmehr widmen – nicht ohne zu bedenken, dass auch ein Genie wie er siebzehn Jahre alt werden muss, ehe er mit jenen großen Werken aufwarten kann, die bis heute im Musikleben ihren festen Platz haben, die man mitpfeift, wenn man sie hört. Da ist er nicht früher dran als Franz Schubert, der in diesem Alter mit *Gretchen am Spinnrad* einen Meilenstein in der Geschichte des Klavierlieds setzt, oder Felix Mendelssohn Bartholdy, welcher mit der *Ouvertüre zum Sommernachtstraum* als Siebzehnjähriger ein Meisterwerk abliefert.

1762–1766
Erste Signale

Die These sei gewagt: Das ganz frühe künstlerische Wachstum Mozarts hat nichts von Zauberei an sich. Bis zur ersten großen Europareise verläuft es organisch und harmonisch – als eine Einführung in die Musik, wie sie sich ein Kind nicht schöner denken kann; vermutlich hat Mozart davon lebenslang gezehrt.

Nachdem er als Mitglied eines Musikerhaushalts schon im Mutterleib und danach als Säugling beständig Musik aufgenommen hat, setzt der Namenstag Nannerls im Sommer 1759 einen ersten Akzent: Der Vater schenkt der Schwester ein liniertes Notenbuch, in das man nach und nach Stücke eintragen kann, die man für den Klavierunterricht braucht, mit dem die fast Achtjährige nun beginnen soll. Vorn, in der ersten Rubrik, stehen neunzehn sehr leichte bis leichte Menuette, wie man sie damals für den Anfangsunterricht benutzt. Die meisten lässt Leopold Mozart von einem Kopisten eintragen, einige fügt er selbst hinzu.

Da hat Nannerl etwas zu üben, und der dreieinhalbjährige Wolfgang sieht und hört zu. Es vergehen etwa eineinhalb Jahre, bis Vater Mozart hinter dem achten Menuett den Vermerk anbringt: «Diese vorgehenden 8 Menueten hat d. Wolfgangerl im 4ten Jahr gelernt», womit er meint: im Alter von vier Jahren. Unter Nr. 11 findet sich dann der Hinweis: «Disen Menuet und Trio hat der Wolfgangerl den 26ten Januarij 1761 einen Tag vor seinem 5ten Jahr um halbe 10 Uhr nachts in einer halben stund gelernet.» Unter «Lernen» dürfte zu verstehen sein, dass man ihm die Stücke, die er vom Zuhören bei Nannerl vermutlich schon kennt, noch einmal abschnittsweise vorspielt, bis er sie selbst beherrscht.

Hand in Hand mit dem Einstudieren vorgegebener Stücke geht das eigene Probieren am Cembalo – am «Clavecin», wie man damals sagt. Schon zwischen Februar und April 1761 kann der Vater die beiden ersten Erfindungen seines Sohnes in Nannerls Notenbuch eintragen: ein *Andante* KV 1a und ein *Allegro* KV 1b. Es handelt sich nicht um Menuette, wie Wolfgang sie gleichzeitig lernt, sondern um etwas freiere Formen. Anstatt ihnen aufgrund des Vergleichs mit einem der professionell komponierten Übungsstückchen «einzigartige Anspruchslosigkeit» zu bescheinigen, wie dies in neuester Literatur geschieht,[27] sollte man ihren Witz bewundern, der fast pointierter ist als in den gegen Jahresende komponierten, bereits stärker dem Standard entsprechenden Lied- und Tanzsätzchen KV 1c und KV 1d. Wie im Brennspiegel lässt sich schon an diesen allerersten Kompositionen eine Dialektik beobachten, die Mozarts Schaffen lebenslang mitbestimmen wird: diejenige zwischen Normerfüllung und Phantasiekraft.

Für die nächsten Stückchen KV 2 bis KV 5 lässt sich Wolfgang bis zum Juli 1762 Zeit. Der Vater kann warten, jedenfalls was das Komponieren angeht: Wenngleich er vielleicht schon an eine Karriere seiner Kinder denkt, kann diese zunächst nur über das Musizieren, nicht aber über das Komponieren erfolgen. Denn was das selbst ersonnene *Allegro* eines Sechsjährigen wert ist, kann der Musikliebhaber nicht ohne weiteres beurteilen; außerdem besteht immer der Verdacht, der Vater habe geholfen. Beim Vorspielen geht das nicht; da kann sich der Zuhörer der eigenen Klavierstunden entsinnen und seiner Bewunderung freien Lauf lassen ...

Wie zum Beispiel der bayerische Kurfürst Maximilian III. Joseph, in dessen Münchner Residenz Wolfgang und Nannerl Anfang 1762 auf der ersten Kunstreise ihres Lebens auftreten dürfen. Leopold Mozarts Test, über den wir nichts Genaueres wissen, scheint immerhin so erfolgreich gewesen zu sein, dass er vom 18. September 1762 bis zum 5. Januar 1763 eine weitere Reise nach Wien unternimmt – mit seiner Frau, den beiden Kindern und dem Faktotum Joseph Richard Estlinger. Unterwegs, in Passau, darf sich Wolfgang privat vor dem Fürstbischof «produciren» und einen ganzen Dukaten entgegennehmen. «Id est baare 4 f. 10 x [vier Gulden, zehn Kreuzer] sagen sie aber Niemand etwas davon», berichtet der Vater seinem Hausherrn Hagenauer – immer hin- und hergerissen zwischen dem Vergnügen, es den Salzburgern, die ihren Leopold Mozart nicht recht zu würdigen wissen, zu zeigen, und der Angst vor ihrem Neid oder gar vor Gehaltskürzungen seitens des Dienstherrn, der sich am Anfang von Wolfgangs Karriere freilich recht gewährend zeigt.

Erste Signale 25

Am 1. Oktober 1763 gibt Wolfgang sein erstes öffentliches Konzert – in einem Linzer Gasthof und in Gegenwart einiger Standespersonen, die den Mozarts den erwünschten Zutritt beim kaiserlichen Hof erleichtern. Knapp zwei Wochen später wird man in Schloss Schönbrunn von Kaiserin Maria Theresia und ihrem Gatten, Franz II., empfangen. «der Wolferl», so erzählt Leopold in der bekannten Briefstelle, «ist der Kayserin auf die Schooß gesprungen, sie um den Halß bekommen, und rechtschaffen abgeküsst. kurz wir sind von 3 uhr bis 6 uhr bei ihr gewesen und der Kaiser kam selbst in das andere Zimmer heraus mich hineinzuhollen, um die Infantin auf der Violin spielen zu hören.»[28] Es gibt 100 Dukaten – was zählt da noch der eine Dukaten des Passauer Fürstbischofs! – und je ein Galakleid für die Kinder. Wolfgang können wir in seinem lilafarbenen, goldbesetzten Prachtgewand, das eigentlich für den gleichaltrigen Erzherzog Maximilian bestimmt ist, bis heute auf dem alsbald gefertigten Kinderporträt bewundern: mit Perücke und kleinem Degen am Klavier stehend.

Natürlich wird man nun herumgereicht: «Die Herrschaften bestellen uns schon 4. 5. 6. bis 8 Täg zum Voraus, um nicht zu spät zu kommen.»[29] Und das ist nicht nur ein Zeichen von Sensationslust: Maria Theresia zum Beispiel hat selbst eine große, je nach Vermögen musizierende Kinderschar. Da sind die Mozarts für einen Augenblick en famille und Gegenstand ehrlicher Bewunderung. Mehr als das, auch die Musik erscheint in ungeahnten Qualitäten. Manche Herrschaften leisten sich nach Belieben Tafelmusik, ohne zuzuhören; und mancher Bediente wartet mit der Violine nicht anders auf, als ob er eine Wand anstriche.

Nun kommt ein Kind, das mit vollkommenem Ernst bei der Sache ist, um im nächsten Augenblick vergnügt von dannen zu springen. Man hat bei seinem Klaviervortrag an keiner Zerstreuung teil, sondern konzentriert sich auf ein wunderbares Geschenk der Natur. Ohne zu irgendwelchen okkulten Vermutungen Anlass zu geben, widerspricht der kleine Mozart aufgeklärter Überzeugung, dass alles lernbar und das Gehirn der Kinder wie eine Wachstafel sei, die Erziehung mit vernünftigen Dingen zu beschreiben habe. Nein, es ist schon alles da; Natur verströmt sich, wie sie will. Man lernt, für Augenblicke wirklich zuzuhören und dank des Mediums «Wunderkind» auch Sinn für die Wunder

der Musik zu bekommen. Zugleich verwirklicht sich der Wunschtraum des Adels, dem geborenen Protektor aller Wunderkinder, nach Erfolg ohne Mühe.

Ist der Sechsjährige zumindest latent überfordert? In Anbetracht einer Realität, die fast keinen ohne Verletzungen und bleibende Narben aus der Kindheit entlässt, scheint zumindest das Reiseleben als solches keine negativen Auswirkungen zu haben. Die Kinder lieben es, «sind lustig, und überall so, als wären sie zu Hause» – da darf man den Äußerungen Leopold Mozarts trauen. Besonders Wolfgang kann es sich bald gar nicht mehr anders vorstellen; und obschon sich das Heimweh manchmal heftig meldet, gibt es keinen Wunsch, in der je länger je mehr verhassten Salzburger Enge zu leben. Er ist «mit allen Leuten [...] so vertraulich, als wenn er sie schon seine Lebenszeit hindurch gekannt hätte»[30].

Wie bei allen Nomaden wird das Unterwegs zur Heimat; und Geborgenheit bietet vor allem die Familie: «Er hatte», so erinnert sich Nannerl, «eine so zärtliche Liebe zu seinen Eltern, besonders zu seinem Vater, daß er eine Melodie komponierte, die er täglich vor dem Schlafengehen, wozu ihn sein Vater auf einen Sessel stellen musste, vorsang. Der Vater musste allzeit die Sekunde [nicht das Intervall, sondern die zweite Stimme] dazu singen, und wenn dann diese Feyerlichkeit vorbey war, welche keinen Tag durfte unterlassen werden, so küßte er den Vater mit innigster Zärtlichkeit, und legte sich dann mit vieler Zufriedenheit und Ruhe zu Bette. Diesen Spaß trieb er bis in sein zehntes Jahr.»

Und weiter berichtet Nannerl: «Da die Reisen, welche wir machten, ihn in unterschiedliche Länder führten, so sann er sich, während, daß wir von einem Orte in den andern fuhren, für sich selbst ein Königreich, welches er das Königreich Rücken nannte – warum gerade so, weiß ich nicht mehr. Dieses Reich und dessen Einwohner wurden nun mit alle dem begabt, was sie zu guten und fröhlichen – Kindern machen konnte. Er war der König von diesem Reiche; und diese Idee haftete so in ihm, wurde von ihm so weit verfolgt, daß unser Bedienter, der ein wenig zeichnen konnte, eine Charte davon machen mußte, wozu er ihm die Namen der Städte, Märkte und Dörfer diktirte.»[31]

Wird hier etwas von dem Raumgefühl erahnbar, das den späteren Komponisten auszeichnen wird, so deutet Mozarts frühe Lust am Rechnen auf seinen Sinn für Proportionen hin. Hier wie dort ist Mozart kein monströser Wunderknabe, freilich imponierend in seiner Mischung von Weltaufgeschlossenheit und Beharrungsvermögen. «Was man ihm immer zu lernen gab», so erinnert sich der Hausfreund Johann Andreas Schachtner, «dem hieng er so ganz an, dass er alles uebrige, auch so gar die Musik auf die Seite setzte, z. B. als er Rechnen lernte, war Tisch, Sessel, Wände, ia so gar der Fussboden voll Ziffern mit der Kreide überschrieben.»[32]

Nehmen wir vorweg, dass er sich als Vierzehnjähriger von seiner Schwester handschriftliche «Rechenexempel» – offensichtlich Auszüge aus einem Lehrwerk – nach Rom schicken lässt und auch später noch Lust am Rechnen hat. So notiert er auf den Rändern des Autographs zu den drei Menuetten KV 363 Additionen, die im Zusammenhang mit der geometrischen Zahlenreihe 1. 2. 4. 8. 16. 32. usw. stehen und vermutlich der Anekdote vom sagenhaften Erfinder des Schachspiels geschuldet sind, der sich als Lohn nicht mehr und nicht weniger wünschte als für das erste Feld des Schachbretts e i n Reiskorn und für jedes weitere jeweils die doppelte Menge. Mozart bringt es auf die Zahl 40117873590372, macht allerdings unterwegs, bei 2^{24}, den ersten Fehler. «Unterwegs», das ließe sich sogar wörtlich verstehen, wenn wir nämlich der vorsichtigen Vermutung eines Spezialisten Glauben schenken, dass Mozart im Kopf gerechnet habe, «as he went along»[33].

Um bei den Beschäftigungen «unterwegs» zu bleiben: Der lustvolle Umgang mit der Sprache gehört gewiss dazu. Leider fehlen uns frühe Zeugnisse. Wer jedoch so viel Spaß an Lautspielereien, Worterfindungen und -verdrehungen hat wie noch der jugendliche und der erwachsene Mozart, wird früh angefangen haben. Das Gleiche gilt für die offensichtliche Leichtigkeit beim Erlernen fremder Sprachen, die dem jungen Mozart auf seinen Reisen begegnen. Mit welchem Vergnügen bedient sich der Vierzehnjährige eines Sprachenmischmaschs, um Nannerl unter der Anrede «Cara sorella mia» – ließe sich das gleich melodisch auf Salzburgisch sagen? – von den fetten und mageren Tagen in Neapel zu berichten: «Al giono di graßo, un mezzo pullo, overo un piccolo boccone d'un arosto, al giorno di magro, un piccolo pesce, e di poi andiamo à Dormire.

est ce que vous avez compris? redma dofia Soisburgarisch don as is geschaida. mia sand got lob gsund, da Voda und i.»[34] Mozart ist, so paradox dies klingen mag, vorab keine Spezialbegabung, sondern eine leib-seelisch rege und dabei konzentrierte Person. Man könnte daraus die Formel «Gute Entscheidungsfähigkeit bei großen Auswahlmöglichkeiten» und damit Persönlichkeitsmerkmale destillieren, die sicherlich hervorragende Voraussetzungen für eine musikalische Karriere abgeben. Doch schon solche Spekulationen projizieren ins Kind, was wir über die Kunst des Erwachsenen zu wissen glauben. Diese ist – oft genug hat man es gesagt – letztlich nicht aus ihren Bedingungen zu erklären, vielmehr nur als Geschenk anzunehmen.

Kehren wir zur ersten Wiener Kunstreise zurück. Wolfgang erkrankt an einer Knotenrose, wird aber mit «Schwarz Pulver» und «Hueflattich Thee, und ein wenig Milch darin gegossen» auf Scharlach behandelt.[35] Er wird gesund, bekommt von einer jungen Hofdame, der Gräfin von Lodron, Schuhschnallen verehrt, «die goldene Blattln haben und für ganz goldene Schnallen gehalten werden». Man speist beim Reichshofratsagenten von Wallau und wird vom Doktor Bernhard, der den Scharlach diagnostiziert hat, aber immerhin Hausarzt der Gräfin Sinzendorf ist, in die Oper eingeladen, macht nach Intervention der «größten von Ungarn» einen Abstecher nach Pressburg, überzieht dadurch den gewährten Urlaub und kehrt schließlich kurz nach Neujahr 1763 in grimmiger Kälte nach Salzburg zurück.[36]

Gab es auch allerlei Zwischenfälle, so bleibt doch ein beachtlicher ideeller und materieller Erfolg. Mit anderen Worten: Die Generalprobe ist geglückt, man kann auf die große Europatournee gehen. Diese wird von Mitte Juni 1763 bis Ende November 1766, also dreieinhalb Jahre, dauern und folgenden Verlauf nehmen: Salzburg, Wasserburg, München, Augsburg, Ulm, Ludwigsburg, Frankfurt am Main, Koblenz, Köln, Aachen, Brüssel, Paris, Calais, Dover, London, Canterbury, Dover, Calais, Dünkirchen, Lille, Gent, Antwerpen, Den Haag, Amsterdam, Den Haag, Haarlem, Amsterdam, Utrecht, Mecheln, Brüssel, Paris, Versailles, Paris, Dijon, Lyon, Genf, Zürich, Donaueschingen, München, Salzburg. An die 168 eng bedruckte Seiten umfassen die erhaltenen Reisebriefe und -notizen, im Wesentlichen von der Hand Leopold Mozarts, der zuvor entschlossen daraufhingearbeitet hat, als Vizekapellmeister aufbrechen zu können. Wieder ist die ganze vierköpfige Familie unterwegs, begleitet von dem Bedienten Sebastian Winter. Man reist – vier- oder sechsspännig – in der eigenen viersitzigen Kutsche, muss allerdings Kutscher und Pferde von einer Poststation zur nächsten mieten. In Wasserburg geht der Vater, um den Sohn «zu unterhalten», auf die Orgel und erklärt ihm das Pedalspiel. Alles gerät in Erstaunen, als Wolfgang sich daraufhin alsbald an einem Präambulum auf Manual und Pedal versucht: In Anbetracht seiner kurzen Beine stellt er sich auf die Pedaltasten und erzielt auf diese Weise passende Borduntöne. Nach München weitergereist, wird die Familie im Nymphenburger Schlosspark vom Pfalzgrafen von Birkenfeld-Zweibrücken-Rappoltstein wiedererkannt und dem Kurfürsten empfohlen, der noch am selben Abend zum Konzert bitten lässt. «Der Woferl macht sein Sach gut»[37], spielt nicht nur auf seinem Hauptinstrument Klavier, sondern auch auf der Geige, die er inzwischen ohne viel Zutun der Erwachsenen erlernt hat, nicht zuletzt dank eines Instruments aus dem Besitz von Andreas Schachtner. Wolfgang Amadé nennt es «wegen seinem sanften und vollen Ton immer Buttergeige». Und als Hoftrompeter erinnert sich der Salzburger Hausfreund Schachtner natürlich besonders gut daran, dass der Knabe vor den schmetternden Tönen seines Instruments so zurückgeschreckt sei, «als wenn man ihm eine geladene Pistole aufs Herz setzte»[38]. Ansonsten erzählt er Wunderdinge über Mozarts frühe Begabung zum Geigenspiel und lässt den Vater Tränen der Bewunderung weinen.

Zurück zum Spätsommer 1763: In Frankfurt am Main haben die Mozarts mit gleich vier Konzerten großen Erfolg, in Bonn und Köln aber ist man nicht interessiert; und die musikbegeisterte Prinzessin Anna Amalie von Preußen, denen die Kinder im Heilbad Aachen vorspielen, hat kein Geld: «Wenn die Küsse, so sie meinen Kindern, sonderheitlich dem Meister Wolfgang gegeben, lauter neue Louisd'or wären, so wären wir glücklich genug»[39], berichtet Leopold nassforsch nach Salzburg. Von Aachen geht es nach Lüttich und von dort auf dem zur Verwunderung Leopolds zur Gänze gepflasterten Postweg nach Löwen, wo die gemeinen Leute Holzschuhe tragen und «der Niederländer berühmte Mahler» anfangen.[40]

Interessiert sich Wolfgang für die Bilder von Rubens, Rembrandt und einem guten Dutzend anderer Maler, die der Vater in seinem Brief aus Brüssel aufzählt? Zeit hätte er; denn man ist nun bald drei Wochen am Platz, und «Prinz Carl», Bruder des österreichischen Kaisers Franz I. und Generalgouverneur der österreichischen Niederlande, hat nach wie vor nur «jagen, fressen und sauffen» im Sinn.[41] Immerhin bekommt Mozart für Aufwartungen bei anderen Standespersonen kostbare Präsente, darunter gleich zwei hübsche Degen.

Vor allem: er komponiert. «di Wolfgango Mozart d. 14. octob: 1763 in Bruxelles» hat Leopold über ein von ihm in Nannerls Notenbuch eingetragenes *Allegro* in C-Dur geschrieben – wohl die erste Komposition Mozarts, die kein kleines Stückchen mehr ist, sondern ein 56 Takte umfassender Sonatensatz, der Leopold Mozart zu Recht als gelungen genug erscheint, um den Kopfsatz der Clavecin-Violin-Sonate KV 6 abzugeben, nachdem Wolfgang eine einfache Violinstimme hinzugefügt hat. Diese erscheint als op. I/1 zusammen mit drei Werken gleicher Besetzung (KV 7 bis KV 9) im Frühjahr 1764 in Paris.

An zweiter Stelle des op. I/1 bzw. KV 6 steht ein zeitgleich komponiertes *Andante*, das mit einer aus drei Sechzehnteln und zwei Achteln bestehenden Spielfigur so zärtlich streichelnd und dabei schelmisch insistierend umgeht, dass man einerseits schon den ganzen Mozart zu hören meint, andererseits aber ahnt, dass der erwachsene Komponist sich solche Freiheiten nicht mehr herausnehmen wird. Wenn Leopold Mozart der Hagenauerin von einem *Andante* vorschwärmt, das einen «ganz sonderbaren goût» habe[42], könnte er dieses meinen. Oder hat er das *Adagio* von KV 7 im Ohr, das «auf Überraschung und Klangabenteuer aus [ist]: romantisches Surplus jeder Musik, die gut gemacht ist»[43]?

Im Menuett II der Clavecin-Violin-Sonate KV 9 sorgen einige Quintparallelen, die durch eine eigentümliche Folge von Doppelgriffen in der Violinstimme entstanden sind, bei Leopold für Aufregung: Es soll ja nicht so aussehen, als hätten der «junge Herr» oder sein Vater sie vor der Drucklegung, die während des nunmehr anstehenden Paris-Aufenthalts erfolgt, übersehen. So setzt er alles daran, um sie rechtzeitig auszumerzen – offenbar ohne besonderes Gespür dafür, dass Wolfgang womöglich auf eine pikante Klangwirkung aus ist: Da er den Violinpart seiner Sonaten selbständiger behandelt als in der Gattung bis dato üblich, darf man auf einen solchen Gedanken kommen – und das umso mehr, als ihn das Thema der «inkorrekten», jedoch klanglich und stimmungsmäßig interessanten Quinten zeitlebens beschäftigen wird.

Natürlich ist es kein Zufall, dass Wolfgangs gestochene Opera I bis IV der Gattung der Clavecin-Violin-Sonate angehören. Diese wird vom Pariser Publikum besonders geschätzt und auch von zwei dort wirkenden deutschen Musikern gepflegt: Johann Schobert und Johann Gottfried Eckhard. Beide machen ihre Sonatendrucke den Mozarts zum Geschenk, worauf Nannerl sie «mit einer unglaublichen Deutlichkeit» spielt,[44] während Wolfgang sich bemüht, ebenso gut oder womöglich besser zu komponieren.

Wir ersparen uns biographische Details der von November 1763 bis April 1764 dauernden Paris-Monate, obwohl manches erwähnt zu werden verdiente: die Neujahrstafel an der Seite Ludwigs XV. im Schloss Versailles, wo sich die Hofgesellschaft mit Ausnahme der hochmütigen Marquise de Pompadour als gnädig erweist; die Konzerte der Kinder im Theatersaal «Rue et porte St-Honoré» und in der Salle Félix; den Bericht des *Avant-Coureur* über «phénomènes extraordinaires» im aktuellen Konzertleben. Stattdessen folgen wir der Familie gleich nach England, wo Wolfgang während seines fünfzehn Monate dauernden Aufenthalts künstlerisch einen gewaltigen Sprung tun wird.

«Die Speisen sind ungemein nahrhaft, Substantios und kräftig; das Rindfleisch, Kalbfleisch und Lammfleisch besser und schöner als man es in der Welt finden kann», weiß Leopold Mozart kurz nach der Ankunft in London zu melden;[45] vor allem aber ist «die Gnade, mit welcher so wohl S.-e Majestätt der König als Königin uns begegnet unbeschreiblich»[46]. Schon fünf Tage nach der Ankunft ist man bei Hofe eingeladen; und als die Mozarts eine Woche später bei einem Spaziergang im St.-James-Park der Kutsche des Königspaars begegnen, hält diese sogleich an: Der König öffnet das Fenster, streckt den Kopf heraus, grüßt lachend und winkt.

Allerdings ist London ein «gefährlicher Ort |: wo der meiste theil der Menschen gar keine Religion hat»[47]. Von ihrem Gasthof aus sehen die Mozarts Zusammenrottungen von einigen tausend Webergesellen, denen billige Importe aus Frankreich die Arbeit wegnehmen. Sie tragen schwarze Fahnen, haben grüne Schürzen um und kommen «so liederlich daher, wie sie bei ihrer Arbeit sitzen»[48]. Leopold Mozart ist einerseits abgestoßen, findet es jedoch andererseits «gut», dass «das Volk und soviel 1000 ehrliche Leute, die das Brod in dem Schweis ihres Angesichts gewinnen, und die eigentlich den Staat ausmachen und den ganzen Zusammenhang der bürgerlichen Welt erhalten», immerhin gegen diejenigen demonstrieren können, «die ihre Lebenszeit in Überfluss zu bringen»[49].

Fatal nur, dass gerade diese das Geld so locker sitzen haben, um «the greatest Prodigy that Europe, or that even Human Nature has to boast of» zu besichtigen. Weiter heißt es in Leopolds reißerischer Anzeige: «Performs every Day in the Week, from Twelve to Three o'Clock in the Great Room, at the Swan and Harp, Cornhill. The Two children will play also together with four Hands upon the same Harpsichord, and put upon it a Handkerchief, without seeing the Keys.»[50]

Generell mag es Mozart und seiner Schwester Spaß gemacht haben, auf verdeckter Tastatur zu spielen, zu transponieren, einem vorgegebenen Bass eine Melodiestimme hinzuzufügen, unbekannte Noten vom Blatt zu spielen usw. Gleichwohl müssen solche Prozeduren zur Last werden, wenn sie zeitweilig Tag für Tag im Hinterzimmer eines Gasthofs stattzufinden haben! Je länger der London-Aufenthalt dauert, umso mehr scheint Leopold von der Sorge umgetrieben zu sein, am Ende ohne den geschäftlichen Erfolg dazustehen, der gerade im frühkapitalistischen England den Wert eines Menschen bestimmt. Bleibt das Kindeswohl zunehmend auf der Strecke?

Das wäre eine zu harte Einschätzung: Trotz solcher Widersprüche ist der Vater um Bildung und Unterhaltung seiner Kinder bemüht: Die Stichworte in Nannerls Reisenotizen reichen von «einem esel, der hat weis und cafebraune striche» über die «westminster bridge» und «der Königin ihr schiff» bis zu «kinesische schuh» im «british museum» – demselben,[51] dem Wolfgang ein Notenautograph überlässt: den vierstimmigen Chor *God is our Refuge* KV 20.

Schon gar nicht mangelt es an musikalischer Förderung. Vermutlich schon recht bald nach der Ankunft in London schenkt Leopold Mozart dem Sohn ein leeres Notenheft, was für diesen starken Aufforderungscharakter besitzt. Denn man mag es glauben oder nicht: Bis dahin hat der nunmehr Achtjährige seine Kompositionen weitgehend vom Vater oder von der Schwester aufschreiben lassen. Vieles spricht dafür, dass seine Einträge in das so genannte Londoner Skizzenbuch ab Juli 1764 seinen ersten ganz selbständigen Umgang mit der Notenschrift darstellen. Die erste, größere Hälfte der insgesamt 43 Stücke ist wie mit grobem Zimmermannsblei eingetragen, die zweite, kleinere, mit Tinte.

Es ist ganz und gar s e i n Buch: Niemand außer ihm trägt etwas ein, kein anderer Komponist ist vertreten. Spätere Äußerungen Nannerls legen die Vermutung nahe, dass Wolfgang sein Notenbuch einweiht, als er wegen einer schweren Erkrankung des Vaters sich vom Klavier fern halten und erstmals auf sein inneres Ohr verlassen muss. Vorausblickend sei jedoch bemerkt, dass Mozart sein Leben lang vorzugsweise am «Klavier» – welches Tasteninstrument damit auch gemeint ist – komponiert und ungern auf diesen Partner verzichtet hat. Dass vom so genannten *Kegelstatt-Trio* KV 498 überliefert ist, Mozart habe es beim Kegelspiel geschrieben, steht dem nicht entgegen: Zum einen handelt es sich offenkundig um einen Ausnahmefall; zum anderen wissen wir nicht, was notiert wurde – erste Einfälle, eine Gesamtskizze oder die definitive Ausarbeitung.

Bleiben wir jedoch beim «Skizzenbuch», das besser «Kompositionsbuch» hieße, weil zwar viel probiert, jedoch das meiste auch zu Ende geführt wird. Noch ist nicht alles von gleicher Glätte: So notiert Wolfgang zum Beispiel in Nr. 20 den Siciliano-Rhythmus so widerborstig, dass ein flüchtiger Blick an dem Sätzchen irrewerden könnte; auch verliert er in Nr. 13 ein wenig den Faden. Indessen wird so mancher interessante Einfall mit erstaunlicher Beharrlichkeit verfolgt; ferner gibt es Stücke mit langem Atem wie die fast 100 Takte umfassende und erstaunlich tiefsinnige Phantasie Nr. 19. Nun wäre es reichlich altklug, wollte man beständig fragen, welche Züge der junge Mozart bei welchem Komponisten abgeschaut hat. Das französische Forscherduo Théodore de Wyzewa und Georges de Saint-Foix hat in seiner monumentalen Mozart-Biographie geradezu einen Sport daraus gemacht, Mozart jedes Jahr einen neuen «Einfluss» zu unterstellen. So interessant dies sein kann, so wenig sagt es doch über die D i f f e r e n z aus, die nicht erst seit Derrida das Eigentliche in der Kunst bedingt.

Vor allem im nicht geglätteten Ausdruck zeigt sich die Individualität des jungen Mozart, und dies exemplarisch im Londoner Skizzenbuch, das übrigens eine Zeit lang einem anderen Frühreifen gehörte: Felix Mendelssohn Bartholdy. Zur Frühreife Mozarts gehört, dass er dieses Skizzenbuch nicht nur zur Niederschrift von «Handstücken» – also typischen Spielstücken für das Clavecin – verwendet, sondern immer wieder orchestral denkt. Es ist deshalb keine ganz abwegige Idee Neville Marriners gewesen, mit seiner Academy of St. Martin-in-the-Fields eine Schallplatteneinspielung vorzulegen, die zwei Drittel des Repertoires in instrumentierten Versionen bietet. Jedenfalls verführt diese mehr zum Nachdenken als eine Version für modernen Konzertflügel, die gleichfalls auf dem Markt ist.

Unbestreitbar, dass schon der achtjährige Mozart über das Komponieren fürs und am Klavier – das heißt: allein für sich selbst – hinauskommen will. Bereits die Pariser Clavecin-Violin-Sonaten weisen in diese Richtung und mehr noch die in London entstandenen Sinfonien KV 16 und KV 19 sowie die Konzert-Arie «Va, dal furor portata» KV 21 – die einzige aus London erhaltene von ursprünglich «15 *Italienischen Arien* theils in London, theils im Haag, componirt». Leopold Mozart erwähnt sie 1768 pauschal in seinem «Verzeichniß alles desjenigen was dieser 12jährige Knab seit seinem 7ten Jahre componiert, und in originali kann aufgezeiget werden»[52].

Wo es um diese «öffentlichen» Gattungen geht, taucht unweigerlich der Name des «Londoner» Bach auf – des damaligen Sterns am Musikhimmel der Stadt. Im Anschluss an eine Einladung beim englischen König, in dessen Gegenwart Wolfgang Kompositionen von Georg Christoph Wagenseil, Johann Christian Bach, Carl Friedrich Abel und Georg Friedrich Händel vom Blatt spielt und die Königin bei einer Aria begleitet, schreibt der Vater an Freund Hagenauer: «das, was er gewust, da wir aus Salzburg abgereist, ist ein purer Schatten gegen demjenigen, was er ietzt weis. Es übersteigt alle Einbildungskraft. Er empfehlet sich vom Clavier aus, wo er eben sitzt, und des Capellmeisters Bachs Trio durchspiellet»[53].

Wenn Nannerls Erinnerungen an ihren Bruder aus dem Jahr 1792 nicht trügen, findet in der Londoner Zeit auch eine persönliche Begegnung mit dem Bach-Sohn statt: «Herr Johann Christian Bach lehrmeister der Königin. nahm den Sohn [Wolfgang] zwischen die Füsse, jener spielte etwelche tact, dann fuhr der andre fort, und so spielten sie eine ganze Sonaten und wer solches nicht sahe, glaubte es wäre solche allein von einem gespielt.»[54] Wir wissen nicht, ob der Ältere den Jüngeren ernsthaft gefördert hat: Am Londoner Musikmarkt konkurriert jeder mit jedem; und Johann Christian Bach ist mit nicht einmal dreißig Jahren noch nicht in dem Alter, wo man andere neben sich dulden kann. Unzweifelhaft aber fungiert er als großes Vorbild – bis weit in Mozarts Mannheimer Zeit hinein.

Für dessen erste Sinfonie KV 16 gibt es freilich noch kein professionelles Vorbild: Da geht einer ganz allein ans Werk – mit Vorstellungen von «Sinfonie», die er aufgrund geringer, jedoch gewiss nicht unerheblicher Hörerfahrung hat. Nannerl verlegt die Entstehung von KV 16 in die erwähnte Zeit des Klavierverbots und könnte damit Recht haben: Trotz ersichtlicher Unerfahrenheit disponiert Mozart speziell im ersten Satz mit einer Art Raumgefühl, die man nicht am Klavier, sondern im Kopf entwickelt.

Es sind erste Ahnungen einer spezifisch sinfonischen Begabung, denen er nachgehen wird. Nicht motivisch-thematische Arbeit und Prozesshaftigkeit des Verlaufs stehen an erster Stelle, sondern weiträumige Planung: Erst gilt es, die Flächen zu s c h a f f e n , danach, sie zu f ü l l e n . Idealtypisch gesehen, begründet Mozart damit eine Entwicklung, die einmal über Schubert zu Bruckner führen wird, während die andere den Weg von Haydn über Beethoven zu Brahms nimmt. Indessen bedarf eine solche, ohnehin reichlich vereinfachende Sicht der Modifikation: Was Mozart im Kopfsatz seines sinfonischen Erstlingswerks vorstellt, wird er vor allem in den Eröffnungen seiner Konzertsätze fortführen,[55] die ihrerseits weniger «entwickeln» als dem Solisten Raum für seinen Auftritt schaffen. Und damit kommt ein übergeordnetes Moment ins Spiel: Das räumlich-sinfonische Denken entspringt seinerseits einem szenisch-dramatischen Konzept.

Ob vom Krankenlager zu neuem Leben erwacht oder im Gedanken

an eine Aufführung: Leopold findet an der ersten Sinfonie seines Sohnes allerlei zu bessern – seine Eintragungen im Autograph lassen daran keine Zweifel. Darüber hinaus mag er Wolfgang empfohlen haben, eine der in London gängigen Sinfonien von Abel oder Bach zu studieren – was auch prompt befolgt wird: Die nächste Sinfonie KV 19 ist deutlich an Abels gerade erschienener Sinfonie op. 7/6 orientiert und weit souveräner im Stil als ihre Vorgängerin. Wir bewundern das fabelhafte Talent des gerade Neunjährigen, eine Vorlage aufzufassen und produktiv umzusetzen, bedauern aber ein wenig, dass er so schnell zu Kreuze kriechen muss ... oder will! Denn er möchte ja bekannt werden – zum Beispiel mit der erwähnten Arie «Va, dal furor portata», seiner ersten erhaltenen Vokalkomposition überhaupt. Der Text stammt aus der von Metastasio gedichteten Oper Ezio, die damals als Pasticcio – das heißt als gemeinschaftlich von unterschiedlichen Komponisten vertont – im King's Theatre in Haymarket aufgeführt wird. Wir wissen zwar nicht, ob der Tenor Ercole Ciprandi die für ihn bestimmte Einlagearie tatsächlich gesungen hat, bewundern aber in jedem Fall Mozarts frühes Vermögen auch im Bereich dramatischer Musik: Er ist wie ein Vogel, der im Käfig der traditionellen Seria munter umherhüpft, ohne sich doch aus ihm befreien zu können oder zu wollen.

«Als Kind und Knab warest du mehr ernsthaft als kindisch, und wenn du beym Clavier sassest oder sonst Musik zu thun hattest; so durfte sich niemand unterstehen dir den mindesten Spaß zu machen. ia du warest selbst in deiner Gesichtsbildung so ernsthaft, daß viele Einsichtsvolle Personen in verschiedenen Ländern wegen dem zu frühe aufkäumenden Talente und deiner immer ernsthaft nachdenckenden Gesichtsbildung für dein langes leben besorgt waren.»[56] Solches schreibt der Vater dem 22-jährigen Sohn nach Mannheim, um ihn vor einem allzu «spasshaften Ton» gegenüber den Weberischen zu warnen. Hat sich der kleine Wolfgang fortlaufend bemüht, ernsthaft zu sein – wohl wissend, dass von seinem Funktionieren zumindest auf Reisen der Erfolg der ganzen Familie abhing?

Eine Beobachtung des englischen Historikers Daines Barrington, der den achteinhalbjährigen Jungen in puncto Musikalität im Juni 1765 auf Herz und Nieren prüft und der Londoner Royal Society ausführlich

Bericht erstattet, scheint dem zu widersprechen: «Während er mir vorspielte, kam eine Lieblingskatze herein, worauf er sogleich sein Klavier verließ, und wir ihn auch eine geraume Zeit hindurch nicht wieder zurückbringen konnten. Zuweilen ritt er auch auf einem Stock zwischen den Beinen wie auf einem Pferd im Zimmer herum.»[57] Der Widerspruch ist jedoch nur scheinbar: Offenkundig versucht sich das Kind einer unangenehmen Laborsituation zu entziehen; und wir müssen zweifeln, dass es damals noch dieselbe Unbekümmertheit besitzt, mit der es auf die große Europareise gegangen ist.

Diese ist mit dem langen Aufenthalt in England noch nicht zu Ende; vielmehr bereist man seit dem Spätsommer 1765 die Niederlande und ist vor allem in Den Haag erfolgreich, wo Wolfgang in den Wintermonaten 1765/66 die Sinfonie KV 22 und die Clavecin-Violin-Sonaten KV 26 bis KV 31 – sein gedrucktes op. IV – und zur Feier der Installation Wilhelms V. von Oranien als Erbstatthalter das Quodlibet *Galimathias musicum* KV 32 komponiert. Es ist Mozarts erstes Divertimento und reiht phantasievoll Tanz- und Marschsätze, Instrumental-Rezitative, Cembalo-Soli und Gesangsstückchen aneinander. «alle Instrumenten haben ihre Solos, und am Ende ist eine Fuge mit allen Instrumenten über ein holländisches Gesang – der Prinz Wilhelm genannt – angebracht», notiert Leopold stolz in seinem Werkverzeichnis.[58] Das ist dann doch authentischer als Sir Marriners Orchestereinspielung des Londoner Skizzenbuchs.

Nach Aufenthalten in Amsterdam und Paris geht es schließlich über München zurück nach Salzburg, wo man am 29. November 1766 endlich wieder eintrifft. Noch kurz vor Schluss der Reise, in München, ist Wolfgang schwer an Gelenkrheumatismus erkrankt – ein Leiden, das ihn sein Leben lang nicht mehr loslassen will. Doch was ist das gegen die Typhusinfektion, die sich Nannerl zuvor in Den Haag zugezogen hatte: Sie phantasiert in Fieberträumen und wird zeitweilig vom Vater aufgegeben. Was hätte Wolfgang, den es anschließend so heftig erwischt, dass er «8. Täge ohn ein Wort zu sprechen» daliegt,[59] ohne seine Schwester angefangen! Obwohl inzwischen eine exzellente Pianistin, übernimmt sie wie selbstverständlich die ihr von den Eltern zugedachte Rolle der Beschützerin.

Schade, dass recht wenig von den vierhändigen Stücken erhalten ist, die sie gemeinsam mit ihrem Bruder öffentlich aufgeführt hat – erstmals im Juli 1765, als der Vater gegen Ende des Londoner Aufenthalts einen letzten Trumpf aus dem Ärmel zieht: Vierhändige Klaviermusik hat es bis dahin nicht gegeben; jedenfalls ist darüber wenig bekannt. Die vierhändigen Sonaten von Johann Christian Bach und anderen stammen aus späterer Zeit.[60]

Ist somit Mozarts **KV** 19 d die erste vierhändige Klaviersonate der Geschichte? Obwohl Überlieferung und Datierung nicht eindeutig sind, wagen wir diese Hypothese, weil wir das Werk lieben: wegen seiner zarten und doch unbekümmerten Theatralik.

1767–1771
Genie auf dem Sprung

Hat Vater Leopold das nicht gut gemacht? Anstatt seinen Sohn im provinziellen Salzburg, wo ein Wunderkind niemandem die Fassung raubt, vor die Hunde gehen zu lassen, bereist er mit seiner Familie ganz Westeuropa – und dies mit solchem Erfolg, dass der Salzburger Stiftsbibliothekar Beda Hübner noch am Tage der Rückkehr der Mozarts in seinem Diarium am Ende eines ausführlichen Berichts vermerken kann: «de facto glaube ich gewiss, das niemand in ganz Europa so berühmt ist, als der Herr Mozart mit seinen zweyen Kindern»[61].

Der geistliche Herr will von geplanten Reisen nach Skandinavien, Russland und vielleicht sogar China wissen. Doch da sei Leopold vor: Schon während der nunmehr abgeschlossenen Reise hat er auf einen Abstecher nach Italien nicht nur deshalb verzichtet, weil er dem Fürsterzbischof seine Abwesenheit vom Vizekapellmeisteramt nicht länger zumuten mag, sondern auch, weil es für Wolfgang in Italien zu früh ist: Dort kann man, wenn man kein Sänger ist, nur als Opernkomponist aufsteigen; doch so weit ist der Sohn noch nicht, sosehr es ihn zur Oper drängt.

Überhaupt drängt sich die Frage auf: W a s hat der Vater gut gemacht? Vermögen scheint er nicht genug angesammelt zu haben, um aus dem ewigen Klagen herauszukommen. Dafür hat er dem Sohn zu unendlich wertvollen musikalischen Anregungen verholfen: Dass der in der Wohnstube am Salzburger Löchelplatz allein unter Vaters Aufsicht die Komposition so erlernt hätte, wie er sie jetzt bereits betreibt, darf man bezweifeln. Wolfgangs Genie ist eines der geselligen oder gesellschaftlichen Art, es artikuliert sich im Dialog mit der Umwelt, mit der Zeit. Doch wie soll es weitergehen?

Es gibt Karrieren von Violinvirtuosen. Solche auf dem Cembalo – unser heutiges Klavier spielt damals noch kaum eine Rolle – sind schon seltener. Vor allem aber ist es schwierig, eine Karriere von Dauer zu begründen, wenn sie auf so hohem Niveau begonnen hat wie beim kleinen Mozart. Kann er dieses halten, wird er es halten?

Wir werfen einen Blick voraus: Im Winter 1774/75 begegnet der Dichter und Musikästhetiker Christian Friedrich Daniel Schubart dem etwa neunzehn Jahre alten Mozart in München und spricht so begeistert von dessen Oper *La finta giardiniera*, dass man ihm gewiss nicht unterstellen kann, für Mozarts Genie keinen Blick zu haben. Nach einem Wettspiel Mozarts mit Ignaz von Beecke, dem 23 Jahre älteren fürstlich Oettingen-Wallersteinischen Musikintendanten, bemerkt Schubart jedoch in der *Deutschen Chronik*: «Da hört' ich diese zwey Giganten auf dem Klavier ringen. Mozart spielt sehr schwer, und alles, was man ihm vorlegt, vom Blatt weg. Aber's braucht weiter nichts; Beecke übertrifft ihn weit. Geflügelte Geschwindigkeit, Anmuth, schmelzende Süßigkeit und ein ganz eigenthümlicher, selbstgebildeter Geschmack sind die Keulen, die diesem Herkul wohl niemand aus den Händen winden wird.»[62]

Moderne Mozart-Apologeten haben dieses Zeugnis zu relativieren versucht; immerhin scheint Mozart das Treffen nachhaltig beschäftigt zu haben: Noch zwei Jahre danach berichtet er dem Vater anlässlich eines erneuten Besuchs in München angelegentlich vom Erstaunen seines Kollegen-Freundes Joseph Myslivecek darüber, dass man hier den Beecke so rühme: «er sagte allzeit, es soll sich nur keiner nichts einbilden; keiner spiellt wie Mozart»[63]. Das wollen wir gerne glauben und doch im Auge behalten: Eine frei schwebende Laufbahn als Tastenkünstler ist noch kaum durchsetzbar. Eine solche als Komponist freilich auch nicht, sofern man keine Opern schreibt. Was also kann Leopold Mozart im Jahr 1767 anderes tun, als seinen Sohn auf eine Opernkarriere vorzubereiten, wie sie damals Gluck, Hasse und Johann Christian Bach – um nur die in diesem Metier erfolgreichsten Nicht-Italiener zu nennen – vorleben.

Nach dem Willen Wolfgangs könnte es gleich losgehen; denn er hat schon in London von einer Oper geträumt, die er in Salzburg mit jungen Leuten herausbringen will. Immerhin hat er damals von dem Kastraten Giovanni Manzuoli kostenlosen Gesangsunterricht erhalten und daher schon früh gelernt, seine Stimme ohne Scheu einzusetzen. Das tut er beispielsweise im Vorfeld der hintertriebenen Wiener Aufführung von *La finta semplice* im Frühherbst 1768: Noch mit seiner

Genie auf dem Sprung 43

Knabenstimme präsentiert er im kleineren Kreise zum Erstaunen «der Nobleße» – wie auch immer – «ein und andere Arie, ja so gar das Finale des ersten Acts»[64].

In Salzburg warten freilich zunächst nur kleinere Aufgaben. Mozart komponiert die beiden dramatischen Konzertarien KV 36 und KV 70 und erhält dann den Auftrag, für die Fastenzeit 1767 den ersten Teil der *Schuldigkeit des ersten Gebots* KV 35 aufzuführen – gemeinsam mit zwei Lokalgrößen: Konzertmeister Michael Haydn schreibt den zweiten, Hoforganist Anton Adlgasser den dritten Teil. Mozart vertont dieses «geistliche Singspiel» als halb szenisches Oratorium und trotz des deutschen Textes im Seriastil, also mit Secco- und Accompagnato-Rezitativen sowie Da-capo-Arien. Es folgt die Karfreitagskantate *Grabmusik* KV 42, für deren Herstellung Mozart in Klausur gesperrt wird, weil Fürsterzbischof Schrattenbach einen festen Beweis seiner Komponierkünste wünscht.

Ein Auftrag der Universität, ein dreiteiliges Intermedium für die Festaufführung einer großen lateinischen Sprechtragödie zu schreiben, gibt Mozart die Gelegenheit zu seiner ersten kleinen Oper: In *Apollo et Hyacinthus* KV 38 hat er nun endlich Gelegenheit, sein Talent für die Seria auf offener Szene vorzustellen und sich an die musikalische Ausstattung handelnder Bühnenfiguren zu wagen.[65]

Problemlos passt sich der Elfjährige dem gravitätischen Salzburger Stil an, um ihn zugleich mit Elementen anzureichern, die ihm auf seiner Europareise begegnet sind. Fast noch müheloser gelingt ihm etwa ein Jahr später mit *Bastien und Bastienne* KV 50 der Einstieg in das deutsche Singspiel, welches als Gattung so jung ist, dass es noch kaum Orientierungspunkte gibt. Als Textbücher dienen – etwas verkürzt dargestellt – eine «Komödie mit Gesang» des Wiener Schauspielers Friedrich Wilhelm Weiskern und eine Operette mit Rezitativen des Salzburger Hausfreunds Andreas Schachtner. Beider Vorlage ist die Opéra comique *Les amours de Bastien et Bastienne* des Ehepaars Favart, eine Parodie des beliebten *Dorfwahrsagers* von Rousseau. Mozart gelingt es, nicht nur den Charme eines Zwölfjährigen unmittelbar in die Musik einfließen zu lassen, sondern mit der Folge der letzten Nummern ein regelrechtes Steigerungsfinale zu «bauen».

Den Plan selbiger Bastienne-Operette im Kopf, macht er sich im Herbst 1767 in Begleitung seines Vaters nach Wien auf.[66] Der Fürsterzbischof zeigt sich von der Länge des Aufenthalts nicht entzückt und sperrt nach einem halben Jahr das Gehalt. Gleichwohl bleibt man bis Ende 1768. Denn während es in Salzburg kein rechtes Weiterkommen zu geben scheint, locken in der Donaumetropole die Hochzeitsfeierlichkeiten der Erzherzogin Maria Josepha mit König Ferdinand von Neapel. Doch es kommt anders: «Die Prinzessin Braut ist eine Braut des himmlischen Bräutigames geworden. Erstaunliche Veränderung!», heißt es lapidar in einem Brief Leopolds vom Oktober 1767 – angesichts der allgegenwärtigen Briefzensur devot, doch sarkastisch genug formuliert: Nun ist erst einmal Trauerzeit, wo es nichts zu verdienen gibt.[67]

Schon die ältere Schwester seiner Braut ist dem König von Neapel in der Verlobungszeit gestorben. Nun wird er es mit der jüngeren Schwester Carolina, damals erst fünfzehn Jahre alt, ein drittes Mal versuchen. Bei der mittleren waren es die Blattern, vor denen natürlich auch Leopold Mozart begründete Angst hat. Doch in der Hoffnung auf einen Empfang bei Hof flüchtet er erst nach dem Tod der Prinzessin Maria Josepha nach Olmütz, wo die Blattern dann auch bei den eigenen Kindern ausbrechen. Der Vater mediziniert wie immer mit Margrafen- und Schwarzpulver und bestellt nach der Genesung Wolfgangs, welcher derweilen vom Hofkaplan allerlei Kartenkunststücke und vom Fechtmeister ersten Umgang mit dem Degen erlernt hat, sechs Messen; Nannerls Gesundung ist ihm eine siebte wert.

Die eigentlichen Lebensretter Wolfgangs sind jedoch der Prälat und Universitätsrektor Leopold Anton Graf Podstatsky, der die Familie ohne Angst vor den Blattern zu sich nimmt, sowie der Hausarzt Dr. Joseph Wolff. Für die Tochter des Arztes schreibt Wolfgang als Dankesgabe eine inzwischen leider verschollene sakrale Arie.

Das wird jedoch erst später geschehen; nun geht es erst einmal nach Wien zurück, wo sich Joseph II. im Januar 1768 tatsächlich den Wunsch entlocken lässt, Wolfgang möge für sein Hoftheater eine Oper komponieren und selbst dirigieren. Obwohl der neue Kaiser ein Förderer des deutschen Singspiels ist, handelt es sich hier nicht um die von Leopold so genannte Operetta *Bastien und Bastienne*, die übrigens entgegen älterer

Genie auf dem Sprung 45

Forschungsmeinung auch nicht im Gartenhaustheater des Magnetiseurs Mesmer aufgeführt worden ist. Vielmehr geht es um die Buffa *La finta semplice* KV 51, deren Originalpartitur laut Leopold Mozarts stolzer Zählung 558 Seiten umfasst. Mozart vertont das auf einer gleichnamigen Komödie Carlo Goldonis fußende Libretto zwischen April und Juli 1768.

Danach oder schon währenddessen häufen sich die Probleme: Es gibt nicht nur den zögerlichen Opernpächter Giuseppe Affligio, sondern auch zu viele vermeintliche oder tatsächliche Rivalen und Intriganten, als dass es *La finta semplice* – «Die verstellte Einfältige» – bis zur Aufführung schaffen würde. Ein Klavier spielendes Wunderkind kann die Gesellschaft verkraften; einen genial komponierenden Knaben können jedoch die erwachsenen Konkurrenten nicht ertragen. Da mögen sich die neugierigen Mitglieder der Adelsgesellschaft und schließlich sogar einzelne der vorgesehenen Sänger noch so sehr ins Zeug legen!

Freilich erwecken die erhaltenen Dokumente den Eindruck, dass Leopold Mozart, der sich beim Kaiser bitter über einschlägige Intrigen beklagen wird, seinerseits mit den Kollegen hochfahrend und ungeschickt umgeht – in der trügerischen Erwartung, mit Protektion von höchster Stelle doch noch zum Ziel zu kommen. Ironie der Geschichte: Ausgerechnet in der von den Mozarts eher gering geschätzten Heimatstadt Salzburg wird *La finta semplice* ein Jahr später zum ersten und letzten Mal zu Lebzeiten Mozarts aufgeführt, und dies von Musikern des Fürsterzbischofs.

Auch angesichts der Tatsache, dass Mozart seit seiner Reise durch Westeuropa eher auf eine Opera seria vorbereitet ist, schreibt er beeindruckend schöne Partien, speziell für die weiblichen Rollen. Schon in der ersten Arie der Giacinta – «Marito io vorrei» – zeichnet er das treffende Bild einer jungen Dame, die mit ihrem künftigen Ehemann Schlitten fährt: Er soll warten, solange sie will, und stocksteif stehen bleiben, wo man ihn hinstellt! Wer ihren Part musikalisch allzu lieblich findet, sollte auf die keck in die Höhe springende Figur achten, die Mozart bei dieser leicht frivolen Formulierung in der ersten Violine anbringt.

Ohne das Land zu kennen, kommt Mozart mit der italienischen Sprache glänzend zurecht: Seine Rezitative transportieren Munterkeit und Witz der originalen Dialoge; statuarische Da-capo-Arien, wie sie die Seria kennt, gibt es fast nur in parodistischer Absicht.[68] Man muss sich die Sänger in lebhafter Aktion vorstellen – ganz im Sinn Goldonis, des großen Meisters der Commedia dell'arte. Der hat seine *Finta semplice* zwar nicht für Mozart geschrieben, jedoch unwissentlich in ihm das Theater-Genie geweckt – und die Lust, sich mit typischen Buffa-Figuren auseinander zu setzen: mit der schönen und klugen, ihre Einfalt nur vortäuschenden Rosina als der «finta semplice» des Operntitels, dem eitlen und geizigen Gutsbesitzer Don Cassandro, dem Frauenverächter Simone usw.

Das buffoneske Moment ist nicht mit Komik zu verwechseln. Ganz im Gegenteil gibt es in der Oper viele Momente von großer Innigkeit. Wer Rosinas nächtlicher Zwiesprache mit den Liebesgeistern – jenen kleinen Amors mit Pfeil und Bogen – lauscht («Amoretti che ascosi qui siete»), ist beeindruckt von der Reife, mit welcher der junge Mozart einer gefühlsstarken Frauenfigur in charakteristischer Situation Konturen zu geben vermag. Schon jetzt bedient er sich jener Phantasie des Instrumentierens, die zu seinem Markenzeichen werden soll: Wer von seinen Kollegen käme auf die Idee, zu Anfang des «Nachtstücks» zwei Fagotte und zwei Bratschen, jeweils in Terzen geführt, ein Gespräch der gedeckten Klänge führen zu lassen, derweil die beiden Violinen schwebend leicht die Höhe besetzen und der Bass mit wenigen Pizzicato-Tönen Zurückhaltung übt! Gäbe es nicht Mozarts Wiener Buffe, würde *La finta semplice* heute gewiss öfter aufgeführt. Doch in diesem Fall ist das Bessere des Guten Feind.

«Il ragazzo poi è anche bello, vivace, grazioso, e pieno di buono maniere», so spricht der damals als Hofkomponist in Wien weilende Hasse vom zwölfjährigen Mozart; hübsch ist er also, lebhaft, anmutig und rundum von guten Manieren.[69] Was macht ein solcher Knabe, während er auf die Premiere seines Opernerstlings wartet? Er verfertigt Sinfonien und leicht aufzuführende Kirchenmusik, wie es sein Vater auch getan hat, ohne damit freilich zu höchsten Ehren zu gelangen. Doch sicher ist sicher: Klappt es nicht mit der Opernkarriere, so ist der Sohn immerhin für das Zweitbeste qualifiziert, nämlich für den Kapellmeisterposten an einem Hof, wo tagein, tagaus großer Bedarf an Orchester- und Kirchenmusik herrscht. Vielleicht geht Leopold der Gedanke durch den Kopf, schlimmstenfalls könne Wolfgang einmal den entsprechenden Posten in Salzburg annehmen.

Das klingt zynisch und provoziert die Frage, ob Wolfgang damals zum Schreiben von Sinfonien und Missae breves habe gedrängt werden müssen. Ein heikles Thema, denn es steht zwar außer Frage, dass Mozart gern und mit Leidenschaft komponiert hat – doch Komponieren ist nicht gleich Komponieren! Auch wenn es sich im Einzelnen nicht auseinander dividieren lässt: Es gibt Kunst und Handwerk; und wir dürfen fragen, was für Mozart das eine, was das andere ist.

Betrachten wir die Frage für einen Augenblick grundsätzlich: Unter den großen Komponisten gibt es Philosophen und Sänger. Bach und Beethoven gehören zum Schlag der Philosophen: Jedes Opus, das diese Bezeichnung verdient, ist individuelle Ausformung eines übergeordneten Gedankens von Musik. Keine Kirchenkantate, die nicht als Sinnbild göttlicher Schöpfung gedacht wäre, keine Sinfonie, die nicht der Menschheit besseren Teil repräsentieren will.

Dann gibt es die Sänger: Schütz, Händel, Mozart (vom Philosophen Mozart wird noch die Rede sein), Schubert, Verdi, Wagner. Die Sänger unter den Komponisten sind auf Kommunikation angewiesen, können sich nicht allein über ‹Struktur› vermitteln. Natürlich wäre die Behauptung grotesk, Mozart und Schubert hätten keine Instrumentalmusik schreiben können – oder keine Kirchenmusik, die dem Text mehr oder weniger indifferent gegenübersteht! Doch was Mozart angeht, zeigt sich auch in den nicht für die Bühne bestimmten Werken – mit Thrasybulos Georgiades zu sprechen – eine spezifische «Theaterhaltung»[70].

Und mehr als das: Es ist kein Sakrileg, Mozarts frühe Sinfonien und Divertimenti, seine Messen und Offertorien als Mittelding zwischen Gebrauchsmusik und Fingerübung anzusehen. Das soll Werke nicht abwerten, die von erstaunlicher Frische und voll überraschender Nuancen sind; es soll vielmehr deutlich machen, dass das Herz des jungen Komponisten anderswo schlägt und Mozart erst in den Wiener Reifejahren das Klavierkonzert, die Sinfonie, das Streichquartett, die Messe entdecken wird: Und nunmehr sind dies nicht bloß konventionelle, sondern seine ureigenen Gattungen, während bis dahin vor allem die Oper zählt: «ich darf nur von einer opera reden hören, ich darf nur im theater seyn, stimmen hören – o, so bin ich schon ganz ausser mir»[71]. Solche Begeisterung, hoffnungsvoll im Herbst 1777 geäußert, klingt anders, als wenn der Vater im Jahre 1772 aus Bozen berichtet: «Der Wolfg: befindet sich auch wohl; er schreibt eben für die lange Weile ein quatro»[72].

Wir machen also aus der Not eine Tugend und vermerken nur statistisch, was Mozart in dem knappen Jahr zwischen seiner Rückkehr nach Salzburg und seinem Aufbruch nach Italien im Dezember 1769 komponiert: die *Missa brevis* KV 65, die ausführliche Messe KV 66, das *Offertorium* KV 117, das *Te deum* KV 141, diverse Tanzmenuette KV 61 b, KV 103 bis KV 105, KV 61 h; die Serenaden und die ihnen gattungsverwandten Kassationen KV 62, 100, 63, 99; vermutlich einzelne Sinfonien.

Doch wir verhehlen nicht, wie fahrlässig jeder Versuch wäre, vom Grundsatz her im Werk Mozarts eine gegen die andere Gattung auszuspielen: Da ist zum Beispiel die *Missa solemnis* in c-Moll KV 139 – während der erfolglosen Bemühungen um eine Aufführung der *Finta semplice* Ende 1768 in Wien komponiert. Dieses zur Einweihung der Wiener Waisenhauskirche komponierte Werk zeigt nämlich nicht nur, wie gut sich der Zwölfjährige im Wiener Messenstil und dessen Tradition der Gloria- und Credo-Schlussfugen auskennt; es ist vielmehr voller packender Züge – zum Beispiel im grandiosen Übergang vom düsteren *Crucifixus* zum sieghaften *Et resurrexit*. Und was sagt man zu der Soloposaune des *Agnus dei*?

Kaum hat ihn im Oktober 1769 der Fürsterzbischof zum dritten Konzertmeister ohne Bezüge ernannt, da sitzt er schon wieder in der Postkutsche nach Italien, diesmal nur vom Vater begleitet, also ohne den Schutz von Mutter und Schwester. Falls sie ihm fehlen, lässt er es sich nicht anmerken: «Allerliebste mama», schreibt der Dreizehnjährige, «Mein herz ist völig entzücket, aus lauter vergnügen, weil mir auf dieser reise so lustig ist, weil es so warm ist in den wagen, und weil unser gutscher ein galanter kerl ist, welcher, wen es der weg ein bischen zuläst so geschwind fahrt.»[73] Übrigens wird Mozart später beteuern, «ich habe niemalen schreiben gelernt» und den Vater aus Mannheim, wo er erstmals die Verantwortung eines Erwachsenen hat, bitten: «schreiben sie mir doch ein schönes Abc mit gross und kleinen buchstaben; und schicken sie mirs»[74].

Genie auf dem Sprung 49

Die aktuelle Italienreise ist keine Fahrt ins Blaue. Wie immer trifft Leopold Vorsorge, dass es von Verona bis Neapel genug Kontaktpersonen und Darstellungsmöglichkeiten gibt. Außerdem verfolgt er ein konkretes Ziel: Wolfgang soll mit einer Opera seria reussieren – und zwar in Mailand! Dieses gehört nur geographisch zu Italien, politisch jedoch zu Österreich. Und das lässt die Chancen eines Deutschen steigen, speziell eines Salzburgers; denn der Generalgouverneur der österreichischen Lombardei ist ein Neffe des ehemaligen Salzburger Fürsterzbischofs Leopold Graf Firmian und offenbar bereit, dem kleinen Landsmann eine Chance zu geben.

Der nimmt sie wahr, indem er auf einer Soiree des Mailänder Firmian mit vier Konzertarien KV 77 bis KV 79 und KV 88 brilliert – darunter mindestens eine bereits aus der Haager Zeit stammende – und daraufhin im März 1770 die begehrte «scrittura» erhält in Gestalt eines Auftrags für das Mailänder Teatro Regio ducale. 100 Goldgulden soll es geben und freies Logis während des Aufenthalts in Mailand. Da Wolfgang das Libretto jedoch erst Ende Juli in Händen halten wird, können wir ihn zunächst auf einigen Stationen seiner Italienreise begleiten, welche Empfehlungsschreiben des Generalgouverneurs zu einer sicheren Sache machen.

Über Lodi, wo Mozart abends im Wirtshaus sein erstes Streichquartett KV 80 komponiert, geht es nach Parma, Modena und Bologna, wo die Mozarts zweimal den Padre Martini besuchen, d i e Autorität auf dem Gebiet des strengen Kontrapunkts und einflussreiches Mitglied der Accademia filarmonica. Wolfgang arbeitet für ihn zwei Fugen aus, um bald danach den berühmten Kastraten Farinelli auf seinem Gut außerhalb der Stadt aufzusuchen. Giuseppe Manfredini, ein weiterer Kastrat, und die Sängerin Clementina Spagnoli sind nicht minder interessant. Wolfgang will und muss alles wissen, was man zur Komposition einer Seria braucht.

Zuvor hat er schon in Parma die «unglaublichen» Koloraturen der Lucrezia Agujari, genannt La Bastardella, notiert;[75] und natürlich besucht er Opernaufführungen der «Kollegen», wo er nur kann. Hasses letzte Oper *Il Ruggiero*, die im Jahr darauf – einen Tag vor seinem *Ascanio in Alba* – in Mailand herauskommt, würde er gern öfters hören: «weil aber der papa [heute] nicht ausgeht, kann ich nicht hinein. Zum Glück weiß ich schier alle Arien auswendig, und also kann ich sie zu Hause in meinen Gedanken hören und sehen.»[76]

Wie entlastend für den Biographen, dass es nicht nur von Heldentaten zu berichten gibt, sondern auch von anrührenden Begegnungen – zum Beispiel im frühlingshaften Florenz. Dort trifft man den englischen Geiger Thomas Linley, «dieser knab, welcher wunderschön spielt», ist «in des Wolfg: Grösse und alter». Er improvisiert mit ihm «den ganzen abend unter beständigen umarmungen» Geigenduette und weint «die bittersten Thrännen», weil man schon bald Abschied nehmen muss.[77] Wolfgang vergisst den «Caro amico» nicht, sondern schreibt ihm fünf Monate später in italienischer Sprache aus Bologna, wortschöpferisch von einer «Schinccatura forte alla Gamba» – soll heißen: von einer heftigen Schienbeinverletzung – berichtend, die sich der Vater auf der Reise zugezogen hat, weil der Kutscher zu heftig auf «il Cavallo di Stanga» – sprich: auf das Pferd, das zwischen den Stangen geht – eingeschlagen und dadurch einen Unfall verursacht hat.[78]

Doch was ist das schon gegen den Aufenthalt in Rom, das man in der Karwoche erreicht, während derer die päpstliche Kapelle das berühmte *Miserere* von Allegri aufführt. Die sich alsbald jenseits der Alpen verbreitende Anekdote, dass Mozart die berühmte Komposition, welche achtzehn Jahre später auf Goethe einen tiefen Eindruck machen wird, verbotenerweise aus dem Kopf zu Papier gebracht habe, wird von Vater und Sohn umgehend dementiert: Das anfänglich sorglich gehütete Traditionsstück liegt inzwischen auch ohne Wolfgangs Zutun in vielen Handschriften vor; außerdem gibt es eindrucksvollere Proben vom Gedächtnis Mozarts.

Mozart schreibt in Rom Arien, Sinfonien sowie ein wenig Kirchenmusik und reist dann nach Neapel weiter, wo er Jomellis Oper *Armida* hört, selbst auftritt und beim Schneider einen neuen Rock bekommt: «Apfelgrüner gewasserter Moar [Moiré], silberne Knöpf und Rosenfarb daffet [Taft] gefüttert.»[79] Die Schwester bekommt daheim zu wissen: «Heunt raucht der Vesuvius starck, poz bliz und ka nent aini. haid homma dfresn beym H: Doll, des is a deutscha Compositeur, und a brawa mo.»[80]

Genie auf dem Sprung 51

Inzwischen hat man in Rom eine Ehrung vorbereitet: Wolfgang wird Ritter vom goldenen Sporn und erhält am 5. Juli aus der Hand des Kardinals Pallavicini im Palazzo Quirinale die Insignien dieses päpstlichen Ordens: das goldene Kreuz am roten Band, den Degen und die Sporen. Doch selbst die Tatsache, dass ihn drei Tage später der Papst persönlich empfängt, wird Mozart nicht dazu veranlassen, sich gleich seinem Kollegen Willibald Gluck, der den gleichen Orden trägt, «Ritter» zu nennen. Den Orden wird er gleichfalls beiseite legen, und das nicht erst, nachdem ihn ein arroganter Augsburger Patriziersohn damit gehänselt hat, sondern unzweifelhaft aus Künstlerstolz: Da ist er anders als sein Vater.

Auch in Bologna hat man etwas vorbereitet: Am 10. Oktober 1770 wird Mozart in die Accademia Filarmonica aufgenommen, nachdem er am Vortag in Klausur gesessen und sein Prüfungsstück niedergeschrieben hat: die Antiphon *Quaerite primum regnum Dei* KV 86. Das zurückhaltende Urteil der siebzehnköpfigen Kommission deutet an, dass Mozart sich schwer getan hat: «il quale riguardo alle circostanze di esso lui e stato giudicato sufficiente» lautet es – also «in Anbetracht der Umstände für hinreichend befunden»[81]. Unzutreffend ist freilich Einsteins Behauptung, Gönner Padre Martini habe heimlich geholfen: Eine untadelige Lösung von Mozarts Hand, die sich gleichfalls unter den Akten findet, dürfte Martini nachträglich mit seinem Schüler erarbeitet haben.

Der Vierzehnjährige ist zu dieser Zeit ohnehin mit Wichtigerem beschäftigt: mit seiner Seria für Mailand. *Mitridate, Rè di Ponto* wird sie heißen, und das Libretto hat Mozart seit Juli des Jahres in Händen. Gedichtet ist es, ohne dass der Komponist irgendwelchen Einfluss hätte nehmen können, von einem Mitglied der Turiner Accademia dei Trasformatori nach Jean Racines Trauerspiel *Mithridate*. Beschränken wir uns auf eine Handlungsskizze des Schlusses: Im Sterben überwindet sich der orientalische Despot Mitridate und vereint die Liebenden, die er zuvor selbst verflucht hat.

Nachdem Mozart in Bologna mit der Komposition der Rezitative begonnen hat, macht er nach seiner Rückkehr nach Mailand Ernst. In weniger als zwei Monaten wird die Oper fertig, sodass am 26. Dezember Premiere sein kann. Das Orchester ist mit je vierzehn ersten und zweiten Violinen prächtig besetzt, Mozart sitzt am ersten Cembalo, und das Publikum ruft «Viva il Maestro, viva il Maestrino». Es gibt insgesamt zwanzig Aufführungen und damit einen großen Erfolg.

Der ist allerdings hart erkämpft. Die Sänger bestehen zunächst auf ihren erprobten Einlagearien, was zwar branchenüblich und kein Affront gegenüber Mozart ist, diesen aber umso mehr ansport, sie mit original komponierten Arien zufrieden zu stellen. Das gelingt; doch man spürt Anstrengung, ja Übereifer, alles richtig zu machen und den Apparat gut zu bedienen. Übrigens gibt es in keiner anderen Oper Mozarts ein höheres Maß an virtuosem Geklingel – jedoch auch nicht an Spuren intensiver Verbesserung.

Aufregende Möglichkeiten zur Belebung der Szene hat Mozart nicht. Das formal konservative Libretto reiht Arie an Rezitativ und Rezitativ an Arie. Da erscheint schon das Duett «Se viver non degg'io» am Ende des zweiten Aktes als kleiner Höhepunkt; und Mozart nimmt ihn zum Anlass, eine delikat orchestrierte Darstellung tödlicher Verzweiflung zu komponieren, in der sich die Sopran-Koloraturen der Primadonna Antonia Bernasconi und des Kastraten Pietro Benedetti wie ein Echo das andere ablösen.

Am Adagio cantabile von Sifares Arie «Lungi da te», die in ihrer ausdrucksstarken Horn-Partie auf Fiordiligis «Per pietà» aus *Così fan tutte* vorausweist, zeigt sich der große Atem Mozarts bereits in seiner ersten Seria. Nach Meinung Stefan Kunzes ist «ein Melos mit derart weitgespannten, edlen und durchseelten Bögen» in der Musik der Zeitgenossen kaum zu finden.[82] Man glaubt es gern und nimmt doch zugleich wahr, dass *Mitridate* unausgewachsen wie sein Schöpfer selbst ist: Wer sich so früh eine Seria auf die Schultern lädt, hat vor allem damit zu tun, nicht einzuknicken. Und der besorgte Blick auf die Verhältnisse verhindert leicht das freie Spiel der Kräfte. *Mitridate* ist die V e r t o n u n g eines bemoosten Librettos, jedoch nicht die B e g e g n u n g mit einem inspirierenden; insofern spiegelt sie die Auseinandersetzung mit Rollen anstatt mit Menschen und Situationen.

Freilich zeichnet es Mozarts Opern aus, dass man sie drehen kann wie ein Kaleidoskop; und jedes neu erscheinende Bild lässt sich

Genie auf dem Sprung

trefflich messen, werten und beurteilen – Lieblingsbeschäftigung einer Musikwissenschaft, die unglücklicherweise für das Ganze nimmt, was das Kaleidoskop ihr im Augenblick anbietet. Gottlob kann sich jeder selbst ein Bild machen, denn Tonträger gibt es inzwischen genug.

1771–1777
Saure Wochen, frohe Feste

Nach dem *Mitridate*-Erfolg von Mailand zieht es Vater und Sohn Mozart nach Hause. Überhaupt ist die Zeit der langen Auslandsaufenthalte vorbei: Von Frühjahr 1771 bis Herbst 1777 wird man sich vor allem in Salzburg aufhalten, jedoch zur Erfüllung von Opern-Aufträgen noch zweimal nach Mailand und einmal nach München reisen. Außerdem besucht die Familie im Jahre 1773 das sommerliche Wien, wo Wolfgang Amadé die Kontakte zu dem schon erwähnten Schuldirektor Joseph Mesmer erneuert, dessen Glasharmonika spielenden Vetter, den berühmten Magnetiseur Anton Mesmer, kennen lernt und – interessanterweise wiederum nicht in Salzburg, sondern auf Tour – ein halbes Dutzend Streichquartette KV 168 bis KV 173 komponiert.

Obwohl Mozart inzwischen als Jüngling gelten darf, ist der Vater immer dabei. Kann er auch kompositorisch nicht mehr helfen, so versucht er doch, Weichen zu stellen, Wege zu ebnen und vor allem Pannen zu verhindern. War *Mitridate* der erste Schritt auf dem Weg zum erfolgreichen Seria-Komponisten à la Johann Christian Bach, Hasse oder Gluck? Leopold Mozart sieht es so und legt den Sohn entschlossen fest auf ernste Sujets, speziell auf «große» Oper. Natürlich führt der Weg zur internationalen Berühmtheit in Sachen Oper über den italienischen Musikmarkt, doch der ist launisch und von Intrigen beherrscht. Besser, so denkt Leopold Mozart, verlässt man sich nicht auf die Welschen, sondern setzt weiterhin auf das Wiener Kaiserhaus und versteht unter Italien das habsburgisch regierte Mailand – in der Hoffnung auf Heimspiele.

Zwar läuft nicht alles so glatt, wie es sich Leopold Mozart vielleicht gewünscht hätte; ein Blick auf die Folge der zwischen *Mitridate* und *La finta giardiniera* komponierten großen Vokalwerke zeigt jedoch ersichtliche Erfolge bei seinem Bestreben, aus Wolfgang einen seriösen Komponisten zu machen. Dafür spricht schon die im Sommer 1771 für Padua komponierte, dort aber nicht aufgeführte Azione sacra mit dem Titel *La betulia liberata* KV 118 auf ein Libretto des Altmeisters Metastasio: In erstaunlichem Maß assimiliert dieses fast abendfüllende Werk den traditionellen, von Empfindsamkeit noch kaum berührten Stil des opernhaften italienischen Oratoriums.

Zum großen Erfolg wird die Uraufführung von *Ascanio in Alba* am 17. Oktober 1771. Ort des Geschehens ist wiederum Mailand, wo man Mozart schon kennt und ein Fiasko auch deshalb ausgeschlossen ist, weil das Werk anlässlich eines habsburgischen Staatsakts erklingt, nämlich zur Vermählung des österreichischen Erzherzogs Ferdinand mit einer Prinzessin von Modena. «Serenata teatrale» heißt ein solches Werk, das kompositorisch einer Seria nahe kommt, jedoch vom Mailänder Hofdichter Abbé Giuseppe Parini in allegorisch-spätbarocker Tradition konzipiert ist.

Zur unmittelbar im Anschluss an *Ascanio in Alba* komponierten Azione teatrale KV 126 mit dem Titel *Il Sogno di Scipione* liefert, wie schon gehabt, ein älteres Libretto Metastasios aus dem Jahr 1735 die Vorlage: Ursprünglich als Geburtstagshuldigung für Kaiser Karl VI. gedichtet, bekommt Mozart die Dichtung, um ein repräsentatives Werk zum fünfzigsten Priesterjubiläum seines Salzburger Fürsterzbischofs zu schaffen. Als dieser plötzlich stirbt, dient die Komposition mit einigen Modifikationen zur Feier der Inthronisation von dessen Nachfolger Hieronymus Graf Colloredo im April 1772.

Bleibt *Lucio Silla*, das eigentliche Nachfolgewerk des *Mitridate* in Mailand und dort am zweiten Weihnachtstag des Jahres 1772 mit großem Erfolg aufgeführt und 26-mal wiederholt – ohne freilich danach von einer anderen europäischen Bühne übernommen zu werden. Das Libretto der Seria stammt von dem künftigen Wiener Hofdichter Abbé Giovanni de Gamerra, der jedoch diplomatisch genug ist, es dem Amtsinhaber Metastasio zur Begutachtung und Verbesserung vorzulegen – wobei man wissen muss, dass Mozarts gut vier Jahrzehnte älterer Kollege Gluck schon im Jahre 1765 Metastasio den Rücken gekehrt hat, um künftig gemeinsam mit dem Dichter Calzabigi das Projekt «Reformoper» voranzutreiben.

Ist es Zufall, dass nicht nur in *Mitridate*, sondern auch in *Lucio Silla* – später dann noch einmal in der Seria *La clemenza di Tito* – die Selbstüberwindung des Herrschers im Mittelpunkt des Geschehens steht? Jedenfalls ist dies ein zentrales Thema der traditionellen Seria, die ja nicht nur die festlich-höfische Welt repräsentiert, sondern stets auch moralische Ambitionen hat.

Wir verlassen die trockene Materie, um die Grundsatzfrage zu stellen: Treibt Leopold Mozart den Sohn mit der Festlegung auf das erhabene Genre in eine Sackgasse – zu einem Zeitpunkt, als die moderne Gattung der Buffa der Seria bereits den Rang abzulaufen beginnt? Muss Mozart sich nicht eingeschnürt fühlen vom Korsett einer traditionellen, zeremoniellen, zumindest gravitätischen Musikpraxis? Bringt es einen Vierzehn- bis Sechzehnjährigen weiter, sich mit bekannten Libretti und typisierten Bühnenfiguren auseinander zu setzen?

Natürlich registrieren wir Fortschritte von Mitridate zu Lucio Silla, vorab deshalb, weil das Libretto Gamerras, dem die Zeitgenossen einen Hang zur Nekrophilie nachsagen, viele phantastische oder rührselige Szenen aufweist, die einem Komponisten entsprechend zu tun geben – nicht zuletzt in der Ombra-Szene des ersten Akts, in der Mozart alle Register schauerlichen Komponierens zieht: barocke Ästhetik mit modernen Mitteln, aber wohl kaum Ausdruck jener «grande crise romantique», von der Wyzewa und Saint-Foix sprechen.[83] Generell reduziert er seinen Respekt vor der Gattungstradition, komponiert nicht mehr nur «Nummern», sondern versucht – wie im Vorgriff auf Idomeneo – durch groß angelegte Accompagnati Spannung zwischen den großzügiger als bisher disponierten Arien aufzubauen und nach Möglichkeit Einheit durch größere Szenenkomplexe zu stiften. Ohnehin fesseln melodisch-harmonische Schönheiten und Instrumentationseffekte, wie man sie in den Opern der Wiener Zeit oft nicht schöner findet.

Gleichwohl geht es in dem Bemühen um eine neue Scrittura nicht weiter – jedenfalls weder in Italien noch auf dem Feld der Seria. Der nächste Auftrag wird vielmehr aus München kommen und einer Buffa gelten. Da ziehen also die beiden Mozarts im Dezember 1774 wieder los, um zum Münchner Karneval mit La Finta giardiniera rechtzeitig zur Stelle zu sein. Der Auftrag kommt vom Hofmusikintendanten Joseph Anton Graf von Seeau, der im Salvatortheater Opernaufführungen auf eigenes Risiko, jedoch mit einem Zuschuss des Hofes veranstaltet.

Wie immer wird Mozart das Textbuch vor die Nase gesetzt; diesmal ist es jedoch kein alter Hut, sondern ein in Rom gerade erst aus der Taufe gehobenes «dramma giocoso» – vermutlich aus der Feder des beliebten Buffa-Librettisten Abate Giuseppe Petrosellini. Entgegen überkommener Meinung ist es weder trivial noch konfus, vielmehr «ein Kleinod der Operndramaturgie», durchaus mit den Libretti da Pontes vergleichbar.[84] Jenseits eines der Commedia dell'arte abgeschauten Wirbels von Verkleidungen, Verwechslungen und Über-Kreuz-Verliebtheiten gibt es ein geradezu philosophisches Grundmotiv: die bittere Süße der Liebe, wie sie seit Ovids *Metamorphosen* in ungezählten Werken der Weltliteratur beschworen worden ist.

Schon die Introduktion der Oper stellt exemplarisch alle denkbaren Konstellationen vor. Da gibt es die ein wenig lächerliche Amtsperson des Podestà Don Anchise, der in Sandrina verliebt ist; diese ist in Wahrheit die Marchesa Violante Onesti und ehemalige Geliebte des Grafen Belfiore. Als dieser in einem Anfall von wahnhafter Eifersucht auf sie losging, musste sie flüchten, nicht ohne ihren Diener Roberto mitzunehmen. Nun sind beide – als Gärtnerin und Gärtner verkleidet – auf dem Landgut des Podestà. Und während Sandrina alias Violante ihr schweres Schicksal beklagt, ist Roberto unglücklich in Serpetta, die Kammerzofe des Podestà, verliebt. Serpetta will keinen Gärtner, sondern ihren Herrn, und deshalb ist sie auf Sandrina eifersüchtig. Schließlich äußert auch der Cavaliere Ramiro, in München in Seria-Tradition von einem Kastraten gesungen, heftigen Liebeskummer, auf den wir hier nicht näher eingehen können.

Es hieße nicht richtig hinhören und dem jungen Mozart wenig zutrauen, wollte man seine Musik zur *Finta giardiniera* nur unter dem Aspekt betrachten, ob sie an die Spritzigkeit des *Figaro* heranreiche. Denn dieses Werk hat seinen Eigenwert – weniger im Blick auf die erklärt spaßigen Situationen als hinsichtlich seines Sentiments. Mozart überträgt die Ernsthaftigkeit der höfischen Seria in die bürgerliche Sphäre: Bürgerlich ist nicht ihr Personal, jedoch – idealtypisch gesehen – eine neue Freiheit in der Darstellung menschlicher Leidenschaften, die sich in diesem Fall vor allem in Irrungen und Wirrungen der Liebe spiegeln. Spätestens hier schlägt der so schwer mit Worten zu beschreibende humane, niemals urteilende Charakter von Mozarts Musik mit aller Macht durch.

Das zeigt sich nicht nur in einzelnen Arien, sondern auch in dem geheimen Höhepunkt der Oper: ihrer vorletzten Szene mit dem Duett von Sandrina/Violante und Belfiore. Wie subtil dort die Verzweiflung des ehemals liebenden Paars über seine aktuelle Entfremdung in Seligkeit angesichts neuerlicher Glückserwartungen umschlägt, sucht seinesgleichen. Man darf sich weder durch die Gattungsbezeichnung «Buffa» noch durch die Oberflächenhandlung irremachen lassen: Mozart erfindet hier, pathetisch gesprochen, die Lyrik auf dem Theater. Er selbst hat die entsprechenden Rollen später als «Mezzo Carattere» bezeichnet;[85] doch das ist nicht mehr als die Chiffre für eine Haltung in und zur Musik, die weniger zwischen den Stilen vermittelt als ein neues, menschliches Maß findet.

Der schon genannte Schubart meint angesichts der Uraufführung von La finta giardiniera: «Genieflammen zucken da und dort, aber es ist noch nicht das stille, ruhige Altarfeuer, das in Weihrauchwolken gen Himmel steigt. Wenn Mozart nicht eine im Gewächshaus getriebene Pflanze ist, so muß er einer der größten Komponisten werden, die jemals gelebt haben.»[86] Hinter blumigen Formulierungen verstecken sich prophetische Worte: Ein jeder, der Mozarts Œuvre postum trefflich zu beurteilen weiß, sollte sich selbstkritisch fragen, ob er auf dem Niveau Schubarts auch vorausschauend hätte argumentieren können.

«Gottlob! Meine opera ist gestern als den 13ten [Januar 1775] in scena gangen; und so gut ausgefallen, daß ich der Mama den lärmen ohnmöglich beschreiben kan. Erstens war das ganze theater so gestrozt voll, daß viele leüte wieder zurück haben müssen. Nach einer jeden Aria war alzeit ein erschröckliches getös mit glatschen, und viva Maestro schreyen.»[87] Zusätzliche Genugtuung schafft die «Verlegenheit» des eigenen Fürsterzbischofs,[88] der sich erst zur Aufführung von Antonio Tozzis Karnevalsoper Orfeo ed Euridice nach München bequemt: Nun muss er vom versammelten Adel Glückwünsche zu einem Werk entgegennehmen, das er selbst noch nicht kennt und auch bei Gelegenheit der nachfolgenden Aufführungen nicht mehr kennen lernen wird.

Derer sind nur zwei; der Erfolg ist diesmal also besonders schnell verpufft. Mag dies auch mit allerlei Zufällen zusammenhängen, so ist doch unübersehbar, dass es dem jungen Mozart nicht gelingt, sich als

Opernkomponist zu etablieren. Doch daran wird er kaum denken, als er sich mit dem Vater in den Münchner Fasching stürzt. Die inzwischen 23-jährige Marie Anna ist aus Salzburg nachgekommen und macht sich in ihrem «Amazonkleid» recht gut.[89] Vielleicht ist sie dem Bruder behilflich, der die Münchner Wochen auch dazu nutzt, um sich auf dem Feld der Kirchenmusik einen Namen zu machen. So erklingen in der Frauenkirche neben Leopold Mozarts Sakramentslitanei D-Dur diejenige Wolfgangs in B-Dur KV 125, ferner die aus Salzburg mitgebrachten Kurzmessen KV 192 und KV 194. Da Kurfürst Max III. sich ein Werk im strengen Stil wünscht, komponiert Mozart in Windeseile das Offertorium *Misericordias Domini* KV 222, um es später voll Stolz dem Abate Martini nach Bologna zu schicken und das – berechtigte, aus dem Mund eines Kontrapunktisten freilich etwas zwiespältig klingende – Lob einzuheimsen, man finde in der Motette alles, was die moderne Musik verlange: gute Harmonie, reiche Modulation, ausgewogene Stimmführung.

Gleiches möchte man den Mozarts wünschen, die im März 1775 in Salzburg sind und vom Alltag eingeholt werden. Die Scritture in Mailand und München, von denen in diesem Kapitel bisher die Rede war, stehen ja – wie alle solche Aufträge – für Ausnahmesituationen: Man hat in wenigen Monaten an Ort und Stelle eine Oper auszuarbeiten und einzustudieren und ist im Übrigen froh, wenn es ein gutes Honorar und gelegentliche Zerstreuungen gibt! Da stellt sich keine Frage nach dem Sinn des Lebens oder dem Wert eines Komponistendaseins, denn man arbeitet auf den Punkt; und der Erfolg kann sich nur einstellen, wenn keine Energie durch Selbstzweifel abgezogen wird. Mozart ist offenbar ein Meister dieser Lebens- und Arbeitsweise, die sogar genug Spielraum bietet, um am fremden Ort als Draufgabe je nach Situation einige Sinfonien, Quartette oder Kirchenwerke zu komponieren. Doch was passiert in Salzburg? Betrachten wir die Jahre 1771 bis 1777 unter den Stichworten Beruf und Kunst.

Der heimatliche Status der Mozarts ist permanent heikel. Leopold Mozart ist seit 1763 Vizekapellmeister, wird 1777 einmal im Zorn entlassen und wieder eingestellt. Wolfgang nimmt von 1772 bis 1777 eine feste Konzertmeisterstelle wahr; danach ist er bis zu seinem definitiven Ausscheiden aus Salzburger Diensten teils beurlaubt, teils unerlaubt abwesend, teils als Konzertmeister und Hoforganist angestellt. Vor allem der Vater wünscht, dass die Hofämter Reputation und finanzielle Sicherheit einbringen: Er denkt sie sich als Standbein. Doch das verträgt sich nur schwer mit den beständigen Wünschen nach Sonderkonditionen und Urlaub, die dem Routinebetrieb in der Kapelle zwar nicht unbedingt abträglich sind, jedoch leicht zu Missmut führen: Da will jemand nicht dienen.

Nein, dienen wollen die Mozarts nicht; vielmehr soll sich der Hof glücklich schätzen, ein Genie wie Wolfgang zu den Seinen zu zählen. Man wird nicht behaupten wollen, dass die beiden Fürsterzbischöfe, mit denen es Mozart in seiner Salzburger Zeit zu tun hat, besonders unverständig gewesen wären, darf aber konstatieren, dass sie zwar dem Wunderkind, nicht aber dem heranwachsenden Komponisten bereitwillig Privilegien einräumen. Soll man es ihnen übel nehmen? Ein Komponist ist kein Gott, sondern ein mehr oder weniger tüchtiger Kunsthandwerker: Man hält ihn gern an seinem Hof, kann jedoch schwer erlauben, dass er dessen Wertehierarchie infrage stellt. Wir Heutigen sehen Mozart über die Distanz von 250 Jahren hinweg als einzigartiges Genie; der im Frühjahr 1772 inthronisierte Fürsterzbischof Hieronymus Graf Colloredo betrachtet ihn – so darf man annehmen – als Hochbegabung, auf die er von Gott sanktionierte Besitzansprüche hat.

Er befördert Mozart alsbald zum zweiten Konzertmeister mit 150 Gulden Jahresgehalt und beschneidet zugleich seine Reisetätigkeit. Zwar kann der Dienstherr kaum Einspruch erheben, wenn das Haus Habsburg oder der bayerische Kurfürst um Freistellung zwecks einer Scrittura einkommen; weitere Außenaktivitäten scheint er jedoch eindämmen zu wollen: Dass Mozart einen für die venezianische Karnevalssaison 1772/73 ausgehandelten Opernauftrag zurückgibt, könnte damit zusammenhängen, dass der neue Dienstherr hier eine Grenze überschritten glaubt.[90]

Der musikalisch alles andere als ungebildete Colloredo will von der jungen Berühmtheit in seiner Obhut auch selbst etwas haben und beauftragt sie Anfang 1775 mit der Komposition von *Il Rè pastore* KV 208, einer von Metastasio gedichteten, zum aktuellen Anlass jedoch neu bearbeiteten «Serenata». Das Werk, welches einer um Nebenhandlungen und Intrigen verkürzten Seria vergleichbar ist, erlebt seine erste und letzte Aufführung am 23. April anlässlich eines Salzburger Hoffestes zu Ehren des Erzherzogs Maximilian, unter Mitwirkung des aus München verpflichteten Kastraten Tommaso Consoli. Dieser agiert als Primo uomo in der Rolle des Aminta: eines Hirten, der nicht ahnt, dass er durch seine Herkunft Nachfolger des Königs von Sidon ist – daher der Titel «Der König als Hirte».

Eine «Jugendoper» ist Il Rè pastore nur insofern, als sie Jugend und Liebe feiert und die Metastasianische Oper gegen Ende ihrer Ära noch einmal ganz jung werden lässt.[91] Ansonsten erscheint die Pastorale als Mozarts bisher reifstes und ausgewogenstes Bühnenwerk, an dem wahrlich nichts mehr mit jugendlicher Unerfahrenheit entschuldigt werden muss; darin ist sie dem knapp zwei Jahre jüngeren *Jeunehomme-Klavierkonzert* KV 271 vergleichbar, das *Jenamy-Konzert* heißen sollte, weil Mozart es neueren Forschungen zufolge im Jahr 1777 für die Pianistin Victoire Jenamy komponiert hat.

Vertrauensvoll tritt in Il Rè pastore der Komponist einem Libretto gegenüber, das vom Dichter selbst als «heiter, zart, lieblich, kurz» bezeichnet wird,[92] treibt Naturnachahmung und Rollenindividualität – speziell die Spannung zwischen Hirten- und Herrscherwelt – erstaunlich weit und bleibt doch vollkommen bei sich: mehr als Gluck in seiner Vertonung desselben Stoffes. Seine Musik gleicht einer umworbenen Schönen, die zwar auf ihren Verehrer eingeht, dabei aber nichts von ihrem Wesen preisgibt. Das steht einerseits in eigentümlicher Korrespondenz mit der alten Seria, der Mozart übrigens auch in den virtuosen Gesangspartien Rechnung trägt; es weist andererseits auf einen Wesenszug der Wiener Klassik voraus: instrumentale Autonomie auch im Vokalen.

Was Mozart in Il Rè pastore an originellen Instrumentierungen und Farbmischungen aufbietet, lässt sich nicht nur als Lokalkolorit oder szenischer Effekt deuten, ist vielmehr Ausdruck auch innermusikalischen Handelns; und fast deutlicher als in Mozarts gleichzeitiger Sinfonik kommen kennerische Züge ins Spiel. Während man die vorangegangenen Seria-Opern Mozarts wider Willen vor allem als Vorläufer des *Idomeneo* hört, gelingt dem Komponisten in dieser friedlichen Sondergattung der Seria ein schönes Beispiel von Augenblicksvollkommenheit. Soll noch mehr daraus werden, bedarf er nicht zuletzt moderner Genres und aktueller Libretti.

Welche Aufgaben hat ein Salzburger Konzertmeister im Alltag? Er geigt bei der Kammer- und Kirchenmusik und komponiert fürs Repertoire, wenn er dazu in der Lage ist, eigene Stücke. Das Hoforchester besteht in Mozarts Salzburger Jahren durchschnittlich aus je neun ersten und zweiten Violinen, zwei Bratschen, einem Violoncello und drei Kontrabässen. Dazu kommen je zwei Spieler von Tasteninstrumenten, die auch das Organistenamt versehen, ferner je zwei Oboisten, Fagottisten, Hornisten, Trompeter sowie ein Pauker. Dass die Flöten keine etatmäßigen Instrumente sind, erweist die Partitur von *Il Rè pastore*: Dort finden sie meistenteils nur dann Verwendung, wenn die Oboen schweigen. Und damit in diesem Fall nichts schief gehen kann, wird für die Arie des Alexander «Se vincendo» eigens ein Flötist aus München verpflichtet.

Als Sinfonienkomponist ist Mozart zwar kein zweiter Haydn, der seine Komponistentätigkeit im ungarischen Esterházy mit den eindrucksvollen Worten beschreibt: «ich konnte als Chef eines Orchesters Versuche machen, beobachten, was den Eindruck hervorbringt, und was ihn schwächt, also verbessern, zusetzen, wegschneiden, wagen; ich war von der Welt abgesondert, Niemand in meiner Nähe konnte mich an mir selbst ire machen und Quälen, und so mußte ich original werden.»[93] Doch Mozart ist auch nicht der Leichtfuß, der Anregungen von Zeitgenossen aufgreift, wie man Blumen vom Wegesrand pflückt, und damit zufrieden ist, seinen Sinfonien ein originelles und spritziges Aussehen zu geben.

Vielmehr zeigen die Salzburger Sinfonien des Jahres 1772 (KV 124, 128–130, 132–134) eine planmäßige Auseinandersetzung mit der Gattung – bei einer Tendenz zur Konzertsinfonie. Und geht es danach auch nicht mit der gleichen Systematik weiter, so gelingen doch mit der «kleinen» g-Moll-Sinfonie KV 183 und derjenigen in A-Dur KV 201 Werke, die es zu Recht ins heutige Konzertprogramm geschafft haben.

Es kennzeichnet Mozarts höheren Charme, dass er eine Musik komponiert, welche die Normen der höfischen Gesellschaft vollkommen erfüllt und doch an Einfallsreichtum weit hinter sich lässt. In Wien wird er dann gerade auf dem Feld der Sinfonie einen entscheidenden Schritt zum Ideenkunstwerk tun.

Es ist unmöglich, im Einzelnen darzustellen, was Mozart zwischen 1771 und 1777 an Messen, Offertorien, Litaneien, Motetten, Divertimenti, Serenaden, Notturnos, Menuetten, Kontretänzen, Märschen, Streichquartetten, Kirchensonaten, Klaviersonaten zu zwei und vier Händen, Konzertarien etc. komponiert – nicht zu vergessen die Konzerte, von denen jeweils fünf dem Klavier und der Violine sowie eines dem Fagott gelten. Werfen wir stattdessen einen Blick auf die Verwendungsmöglichkeiten dieser Werke mit den KV-Zahlen zwischen 75 und 284 ...

und orientieren wir uns an Mozarts Verpflichtungen bei Hof. Dort gibt es reguläre Konzerte und improvisierte Musikabende. So berichtet Erzherzog Maximilian in seinem Reisejournal, dass am Abend nach der Aufführung von *Il Rè pastore* aus der Hofgesellschaft heraus Musik gemacht worden sei. Unter anderem habe sich die Nichte des Fürsterzbischofs, für die Mozart damals auch ein Klavierkonzert komponiert, hören lassen. Zum Schluss lässt sich «der berühmte junge Mozart auf dem Flügel hören, und spielte verschiedenes aus dem Kopf mit so vieler Kunst, alß Annehmlichkeit»[94].

Die Orchestertänze erklingen auf Hofbällen und Redouten, wie man die Maskenbälle zur Faschingszeit nennt. Freilich wollen die Mozarts dort nicht unbedingt aufspielen, sondern lieber teilnehmen. Anlässlich einer Redoute beim Obersthofmarschall Graf Lodron im Fasching 1776 berichtet der Hofrat Ferdinand von Schiedenhofen über originelle Maskierungen: Er selbst sei als Bedienter, Graf Uiberacker als Mohr, der Obriststallmeister Graf Kuenburg als Dame, Vater Mozart als Portier, Sohn Mozart als Friseurbub gegangen.

Demselben Schiedenhofen sind Berichte von Mozarts Kirchenmusik Tagebuchvermerke wert. Unter dem Ostersonntag dieses Jahres heißt es: «Nachhin im Domb, wo Seine Hochfürstlichen Gnaden pontificirten. Das Amt ware neu vom jungen Mozart.»[95] Mit dem «Amt» ist die C-Dur-Messe KV 262 gemeint – vermutlich wegen des hohen Feiertags ausnahmsweise eine Missa longa, bestehend aus *Kyrie, Gloria, Credo, Sanctus, Benedictus, Agnus Dei*. Dass Mozart für die Salzburger Sonn- und Feiertagsgottesdienste vor allem kurze, nur aus Kyrie und Gloria bestehende Messen sowie Texte aus dem Proprium der Messe vertont, hat mit der aktuellen Kirchenmusikreform zu tun. Diese betrifft zwar vor allem das Österreich von Maria Theresia und Joseph II., strahlt aber auch nach Salzburg aus, da die Familie Colloredo enge Verbindungen zum Kaiserhaus unterhält. Es geht darum, der Tendenz zu Weltlichkeit und übertriebener Prachtentfaltung zu wehren. In einem Brief an den Padre Martini vom September 1776 berichten die Mozarts über neue Richtlinien in Salzburg: Nicht mehr als 45 Minuten des Gottesdienstes gibt es für eine Kirchenmusik, die sich an die liturgischen Gegebenheiten zu halten hat. Auf die nur für besonders festliche Gelegenheiten vorgesehenen Trompeten und Pauken will der Fürsterzbischof freilich nicht verzichten. Ohnehin erwecken die liturgischen Kompositionen Mozarts nicht den Eindruck, als hätte er unter Restriktionen gelitten. Ganz im Gegenteil scheint er sich neben Michael Haydn, der kirchenmusikalischen Lokalgröße, gut zu behaupten, ohne in eine unproduktive Rivalität einzutreten: Er schreibt sich Haydns Offertorium *Tres sunt* ab und empfiehlt es später dem Baron van Swieten zur Aufführung in einer seiner der älteren Musik gewidmeten Matineen.

Es bleibt genug Zeit für die Teilnahme am städtischen Musikleben, zum Beispiel für die Komposition der *Haffner-Serenade* KV 250, zum Polterabend der Patrizierstochter Elisabeth Haffner bestellt und im Gartenhaus ihres Bruders im Juli 1776 aufgeführt. Schiedenhofen, dem wir auch diese Nachricht verdanken, trägt einen Monat später in sein Tagebuch ein: «Nachts bis 12 uhr gienge ich [...] spazieren, wo auch eine Musick beym Mozart ware.»[96]

Was ist bei den Mozarts im Tanzmeisterhaus am Hannibal- (heute Makart-)Platz – das ist seit Herbst 1773 die neue, acht Zimmer große Wohnung – aufgeführt worden? Zu vielem Denkbarem gehören gewiss die Klaviersonaten zu vier Händen, vielleicht auch die «Mailänder» und «Wiener» Streichquartette – an Orten entstanden, wo man die Gattung zu schätzen weiß. Erstaunlich der rasche Paradigmenwechsel: Sind die im Winter 1772/73 komponierten Mailänder Quartette KV 155 bis KV 160 deutlich an italienischen Mustern orientiert, so haben die nur ein halbes Jahr jüngeren Wiener Quartette KV 168 bis KV 173 Joseph Haydns Quartette op. 20 zum Vorbild.

Ist Mozart in diesem Genre, das seinem Naturell zunächst fern zu liegen scheint, noch ein Lernender, so erweist er sich in den Salzburger Violinkonzerten, denen in Wien keine weiteren folgen werden, bereits als vollendeter Meister: Wenn es eine Gattung gibt, die ihm neben der Oper auf den Leib geschrieben scheint, so ist es das Konzert; und für einen Komponisten, der in der Kapelle die Streicher anführt, liegt es nahe, zunächst vor allem für sich selbst zu schreiben – also Violinkonzerte.

Es ist eine andere Vollkommenheit als die der bekenntnishaften, jedenfalls von subjektivem Erleben durchtränkten Wiener Klavierkonzerte. Wir freuen uns in den Werken KV 207, KV 211, KV 216, KV 218 und KV 219 an einer Heiterkeit, ja Ausgelassenheit des Musizierens, die wie selbstverständlich mit Mozarts hohem Sinn für musikalische Architektur einhergeht.

Im Schluss-Rondo des G-dur-Konzerts KV 216, welches großformal ein Muster an Stabilität ist, geht es schon lebhaft zu, ehe in Takt 252 der regelmäßige Wechsel von Refrain und Episode unterbrochen scheint: Der Vorhang öffnet sich für eine Musik in der Musik. Mit spitzen Schreien betritt eine kleine Primadonna die Bühne; doch schon bald verläuft sich ihre Empörung, in eine kurze Phase der Unentschlossenheit hinein ertönt der Ruf «Wir geh'n Tanzen», worauf ein derber, den Zuhörern vermutlich bekannter Kontretanz erklingt. Kaum hat ihn der Solo-Violinist wie ein gestandener Tanzmeister variativ aufgegriffen, senkt sich der Vorhang wieder, und ein verminderter Septakkord erscheint wie die Frage «War das alles wirklich?». In der Tat findet man nur schwer in den Alltag zurück, erwischt den Refrain gar nur in Moll. Doch dann ist es geschafft: Unser Rondo geht charmant und konventionell, wie es begonnen hat, zu Ende; die Ordnung ist wiederhergestellt.

Ich stelle mir Mozart selbst als Solisten vor – auf seinem Mittenwalder Konzertinstrument und mit diebischem Vergnügen angesichts der theatralischen Rondo-Stellen. «auf die Nacht beym soupée spiellte ich

Saure Wochen, frohe Feste

das strasbourger-Concert. es gieng wie öhl. alles lobte den schönen, reinen Ton», schreibt Mozart im Oktober 1777 nach Hause.[97] Zwar spricht er wohl nicht über KV 216; jedenfalls aber darf er sich loben – mit einer gerade per Post eingetroffenen Aufmunterung des Vaters im Rücken: «du weist selbst nicht wie gut du Violin spielst, wenn du nur dir Ehre geben und mit Figur, Herzhaftigkeit, und Geist spielen willst, ia, so, als wärest du der erste Violinspieler in Europa, du darfst gar nicht nachlässig spielen.»[98] Als ob nicht gerade das gelegentlich Spaß machte!

Dass man brieflich verkehrt, ist neu: Wolfgang befindet sich im Oktober 1777 in Augsburg – auf seiner ersten größeren Reise ohne den Vater. Sie ist sein grand tour, auch wenn er für einen solchen eigentlich schon zu alt und welterfahren ist.

1777/78
Le grand tour

Geradezu offene Aufsässigkeit spricht aus dem Brief, in dem Mozart im Sommer 1777 um seine Entlassung aus dem fürsterzbischöflichen Dienst einkommt. Doch nur die Unterschrift stammt von ihm; das Übrige hat der Vater zu Papier gebracht, und noch immer scheint Ärger darüber mitzuschwingen, dass vor fünf Jahren Colloredo und nicht der von den Salzburgern favorisierte Graf Waldburg-Zeil zum Fürsterzbischof gewählt geworden ist – nicht zu reden von dem beständigen Unmut über den Zwang zur Subordination bei geringem Lohn. Nachdem ein gemeinsames Urlaubsgesuch beider ohne Antwort geblieben ist, verlangt nunmehr der Sohn seine Entlassung – nicht ohne süffisant daran zu erinnern, dass er anlässlich eines früheren Vorstoßes schon vor geraumer Zeit «gnädigst» zu hören bekommen habe, «daß ich nichts zu hoffen hätte und besser thun würde mein Glück anderen Orts zu suchen».

Das Reisen diene, so formuliert Leopold recht dreist, dem «Nutzen des Staates», und das Evangelium schreibe solchen «Talentwucher» geradezu vor. Der also belehrte Dienstherr fährt aus der Haut und schreibt an den Rand: «Vatter und sohn haben hiemit nach dem Evangelium die Erlaubnis ihr Glück weiter zu suchen.»[99] Damit ist der Vater gleich mitentlassen und bekommt vor Aufregung alsbald «einen schwähren Cartar»[100]. Als seine Angelegenheiten wieder eingerenkt sind, ist Wolfgang Amadé schon mit der Mutter unterwegs – mit erstem Ziel München. In der alten Familienkutsche ist Platz für den «Musikpack», eine Auswahl seiner Kompositionen. Leopold Mozart schickt weitere Noten nach, vor allem aber gute Ratschläge: dass der Sohn ja nicht «das Attestat vom Padre Martini» verliere, denn der Münchner Kurfürst ist ein Liebhaber des Kontrapunkts.[101]

Es nützt nichts. Am Abend des 18. September speist Mozart in München mit dem Kammervirtuosen Franz Xaver Woczitka im «Schwarzen Adler», um eine günstige Strategie für den nächsten Morgen abzusprechen, wo man ihn in ein «enges Zimmerl» der Residenz führen wird,

das der komponierende und Gambe spielende Kurfürst auf dem Weg zur Hofkapelle passieren muss. Den nachfolgenden Dialog übermittelt Mozart dem Vater in wörtlicher Rede:
«Euer Churf: Durchleicht erlauben das ich mich unterthänigst zu füssen legen, und meine dienste antragen darf» – «ja, völlig weg von Salzburg?» – «völlig weg, ja Euer Chur: Durchleicht». – «ja warum denn, habts enk z'kriegt?» – «Ey beleybe, Euer Durchl:, ich habe nur um eine Reise gebeten, er hat sie mir abgeschlagen, mithin war ich gezwungen diesen schritt zu machen; obwohlen ich schon lange im sinn hatte weg zu gehen. dann Salzboug ist kein ort für mich. ja ganz sicher.» – «Mein gott ein junger Mensch! aber der vatter ist ja noch in Salzboug?» – «ja, Euer Chur: Durchlch, Er legt sich unterthänigst Etc. ich bin schon Dreymal in italien gewesen, habe 3 opern geschrieben, bin Mittglied der accademie in Bologna, habe müssen eine Probe ausstehen, wo vielle maestri 4 bis 5 stund gearbeitet und geschwizet haben, ich habe es in einer stunde verfertiget: daß mag zur Zeugniss dienen, das ich im stande bin in einen jedem hofe zu dienen. Mein einziger wunsch ist aber Euer Churf: Durchl: zu dienen, der selbst ein grosser – –» – «ja mein liebes kind, es ist keine vacatur da. mir ist leid. wen nur eine vacatur da wäre.» – «Ich versichere Eur Durchl: ich würde München gewis Ehre Machen.» – «ja das nuzt alles nicht. es ist keine vacatur da ...»[102]

«... dieß sagte er gehend», fügt Mozart hinzu, mit dieser winzigen Abweichung von der wörtlichen Rede die ganze Situation beleuchtend: dort Ihro Gnaden, den jungen Künstler mit seinem gelegentlichen Bayerisch mehr wohlwollend auf Distanz haltend als wirklich ernst nehmend; hier dero untertänigster Diener, die vom Vater dringend angemahnten Selbstanpreisungen brav herunterbetend. – In vergleichbar distanziert ironischer Haltung stelle ich mir Mozart beim Komponieren des *Figaro* und des *Don Giovanni* vor: im jeweiligen Augenblick sich mit seinen Gestalten identifizierend und doch alles aus der Vogelperspektive betrachtend.

Natürlich hätte der Kurfürst für Mozart eine Stelle schaffen können, doch wie sagt er hinter Mozarts Rücken zum Fürstbischof Waldburg-Zeil-Trauchburg: «er soll gehen, nach italien reisen, sich berühmt machen. Ich versage ihm nichts, aber jetzt ist es noch zu früh»[103]. Anstatt zu spekulieren, ob dies als eigentlicher Grund gelten könnte, gilt es wahrzunehmen, dass Mozart sich schwer tut, in festen Stellungen Fuß zu fassen – trotz aller Sympathien, die er beim Adel genießt. Hat er selbst innere Vorbehalte, gibt es eine unbewusste Tendenz zu einer freien Künstlerexistenz, die sich in Wien als ungemein produktiv erweisen wird?

Vorerst macht er gute Miene zum bösen Spiel, indem er seinem Bericht über die Begegnung mit dem damals schon vom Tode gezeichneten Kurfürsten ein Postscriptum für die daheim gebliebene Schwester anfügt: «einer bauete hier ein haus und schrieb darauf: Das bauen ist eine grosse lust, das so viell kost, hab ich nicht g'wust. Über nacht schrieb ihm einer darunter: und das es so viell kosten thut, hättst wissen solln, du fozenhut:»[104] Und ehe er mit der Mutter nach Augsburg weiterzieht, sieht er noch die Ballett-Pantomime *Das Ei der Närrin Girigarikanarimanarischarivari*.

In Augsburg begegnen ihm in der Werkstatt des Klavierbauers Johann Andreas Stein erstmals Hammerflügel mit Prellzugdynamik und perfekt funktionierender Dämpfung.[105] Grundsätzlich ist ihm das Hammerklavier zu diesem Zeitpunkt zwar nicht unbekannt; jedoch bleibt das Cembalo bis zum Beginn der Wiener Jahre sein eigentliches Hausinstrument: Noch das berühmte Familienbild vom Winter 1780/81 mit dem Porträt der verstorbenen Mutter im Bildhintergrund zeigt die Mozart-Familie um ein zweimanualiges Cembalo gruppiert.

Doch die Stadt hat mehr zu bieten. Wolfgang speist mit dem Vetter und führt vor den Geistlichen des Klosters Heilig Kreuz ein Fugenthema «spazieren», zwischendurch auch im Krebs, nämlich «arschlings»[106]. Solche Ausdrücke sind der Familie Mozart nicht fremd; und in Augsburg scheinen sie besonders gut anzukommen. So ist es nicht abwegig, dass Mozart auf der Weiterreise nach Mannheim mit seinem Augsburger Bäsle Maria Anna Thekla Mozart einen Briefwechsel beginnt, der nicht nur generell aus Wortspielen, Neckereien und Albernheiten besteht, sondern auch mit speziellen Derbheiten aufwartet: «wie ich aufstehe, so höre ich nur noch etwas ganz schwach – – aber ich schmecke so was angebrandtes – – wo ich hingehe, so stinckt es. Wenn ich zum fenster hinaus sehe so verliert sich der geruch, sehe ich wieder hierein, so nimmt der geruch wieder zu – – endlich sagt Meine Mama zu mir:

was wette ich, du hast einen gehen lassen? – – ich glaube nicht Mama. ja ja, es ist gewis so. ich mache die Probe, thue den ersten finger im arsch, und dann zur Nase, und – – Ecce Probatum est; die Mama hatte recht. Nun leben sie recht wohl, ich küsse sie 1oooomahl und bin wie allzeit der alte junge Sauschwanz Wolfgang Amadé Rosenkranz.»[107]

Man kann als Parallelen zu dieser Fäkalkomik neben allerlei Belegen aus Mozarts Familie und Bekanntenkreis auch prominente Beispiele heranziehen – etwa *Hanswursts Hochzeit oder der Lauf der Welt* vom 25-jährigen Goethe, wo Titulierungen fallen wie: «Ursel mit dem kalten Loch», «Reckärschgen», «Schnuckfözgen», «Peter Sauschwanz», «Rotzlöffel», «Thomas Stinckloch», «Fladen Candidat» usw.[108] Sinnvoller ist es, Mozarts diesbezügliche Vorlieben zwar nicht herunterzuspielen, jedoch angemessen zu gewichten: Man mag sie pubertär oder gar anal-regressiv finden,[109] sollte aber bedenken, dass Mozart sich über das zeitübliche Normalmaß hinaus nur in den Bäsle-Briefen gehen lässt, also keinen ernsthaften Zwängen unterliegt.

Vor allem handelt es sich um nur eine Facette seines Schreibstils, der auch anderswo zur Ausgelassenheit neigt: in Wortverdrehungen, -umstellungen und -wiederholungen, in teils witzigen, teils albernen Reimereien. Ein Kenner der Materie weist darauf hin, dass vieles daran nur deshalb bemerkenswert ist, weil der erwachsene Mozart beibehält, was sonst Kindern oder Heranwachsenden vorbehalten ist: Viele der Reimereien und Wortspiele haben Vorbilder in Kinderspielen, zum Teil aber auch in geselligen Unterhaltungen der Erwachsenen. So erwähnt Hofrat Schiedenhofen, der schon öfters genannte Hausfreund der Mozarts, in seinem Tagebuch mehrfach das Kartenspiel «Substantiva-Adjectiva»[110].

Dass sich dergleichen als alltägliche «Fingerübung» für musikalische Kombinatorik eignet, liegt auf der Hand. Vielleicht darf man sogar einen Schritt weitergehen: Wort- und Satzverdrehungen sind Elemente von Tabu-Sprachen, wie sie sich in Naturvölkern und in Resten in unserer Kinderkultur finden: Was nicht deutlich ausgesprochen werden soll, wird zuvor verschlüsselt, das heißt oftmals einfach verdreht.[111] Im übertragenen Sinne ist die Musik eine solche Geheimsprache – speziell die Musik der Wiener Klassik, weil ihre Syntax derjenigen der Spra-

Le grand tour 73

che ähnlicher ist als etwa die des Generalbasszeitalters. Mozart nimmt mögliche Parallelen besonders direkt und oftmals mit sichtlichem Vergnügen auf, zum Beispiel in dem in die spätere Salzburger Zeit gehörenden *Jenamy-Klavierkonzert* KV 271: Dessen Anfangsreiz liegt im ironischen Spiel mit der traditionellen Syntax: Orchester und Solist dialogisieren zu Beginn so kleinschrittig und beziehungsreich, wie man es erst im weiteren Verlauf des Satzes, in einer wie auch immer gearteten Durchführungsphase, erwarten würde. Die Satzglieder sind gleichsam vertauscht – was Liebhaber als bloß originell, Kenner jedoch als charmante Widerborstigkeit, als augenzwinkernde Abweichung von der Norm hören.[112]

Freilich sind Sprachspiele und ordinäre Redewendungen keineswegs nur Ausdruck heiteren Wesens, haben vielmehr vor allem Ventilfunktion. Auch dafür ein musikalisches Beispiel: Anlässlich der oben erwähnten Augsburg-Reise vom Herbst 1777 improvisiert Mozart auf der Orgel des Heilig-Kreuz-Klosters über ein ihm gegebenes Thema in g-Moll, wechselt mittendrin zu «ganz was scherzhaftem» in G-Dur, um schließlich zum alten Thema zurückzukehren, dieses aber, wie erwähnt, im Krebs zu bringen.[113] Aufgeschrieben und als fertige Komposition präsentiert, wäre das Ergebnis möglicherweise nicht überzeugend: Eher spiegelt es eine Augenblickslaune, welche die Unlust des 21-Jährigen ahnen lässt, ständig im strengen Stil imponieren zu sollen. Da bricht die Entlastungsregression ebenso durch wie beim neunjährigen Knaben, der während seiner Examinierung durch einen Londoner Wissenschaftler das Klavier zugunsten der Lieblingskatze verlässt.

Im Sinn einer solchen Entlastungsregression kann man auch die Nachschrift eines Briefes aus Mannheim lesen, wohin wir Mozart nunmehr folgen. Am 26. November 1777 lässt er am Ende eines Briefes an den Vater alle möglichen Personen in Salzburg grüßen, und dies von A bis Z, von Adlgasser und Antretter bis Zabuesnig, Zoncha und einer unbekannten «Zezi im Schloss». Mag man das noch als Verbrämung von Heimweh deuten, so schneiden einem die Wortverdrehungen der Schlusssätze, so lustig sie klingen, fast ins Herz: «Ich kan gescheüt nichts heüts schreiben, denn ich heis völlig aus den biel. der hapa üble es mir nicht Müssen Paben, ich so halt einmahl heüt bin, ich helf mir

nicht können. wohlen sie leb. ich gute eine wünsche nacht. sunden sie geschlaf. werdens nächste ich schon schreiber gescheiden.»[114]
Das ist an einen Vater gerichtet, der Sohn und Gattin wenigstens aus der Ferne dirigieren und wie ein Generalstabsoffizier hinter der Front die Fähnchen abstecken möchte: Dieser Platz erobert, jener ehrenvoll geräumt usw. Doch die Arbeitsteilung gelingt nicht: Leopold Mozart fühlt sich zunehmend schlechter informiert, vielleicht sogar hintergangen und gerät in Aufregung. Brief auf Brief ist mit Vorwürfen über Säumigkeit beim Schreiben, unzureichende Nachrichten, schlechtes Wirtschaften, ungeschicktes Taktieren, mangelnde Ernsthaftigkeit gespickt. Zunächst sind die Formulierungen höhnisch – «freylich gehet euere Reise mich nichts an! nicht wahr?» –, danach schwingt das Familienoberhaupt die moralische Keule: «Ich denke mir schier das Hirn aus dem Kopf – und schreibe mir die Augen blind; Ich möchte für alles voraus sorgen: und ihr seht alles als eine Kleinigkeit an», schließlich der Befehl: «Fort mit dir nach Paris!»[115]
Mozart reagiert elastisch. Das eine Mal bleibt er bei seiner Art, über Misserfolge als amüsierter Beobachter zu berichten – etwa über eine Begegnung mit dem Mannheimer Bankier Schmalz: «ich übereichte ihm den brief. er laß ihn durch, machte mir eine kleine krümmung mit den leib, und – – sagte nichts.»[116] Ein anderes Mal macht er sich stark: «denn das ist allerweil ein ding, ob ich den dreck fresse, oder der papa ihn scheist»[117]. Ein drittes Mal wird ihm, wie erwähnt, alles zu viel: «Ich kan gescheüt nichts heüts schreiben.»
Ständig muss er taktieren und sich ins rechte Licht setzen. Am 20. Dezember 1777 beschreibt er dem Vater ausführlich seinen – natürlich grundsoliden – Tagesablauf: Vor halb neun kann man nicht aufstehen, weil am Licht gespart werden muss; ab zehn Uhr wird komponiert – teils zu Hause, teils beim Flötisten Wendling; nach dem Mittagessen wird zunächst ein holländischer Offizier unterrichtet, was bei zwölf Lektionen immerhin – «wen ich nicht irre» – vier Dukaten bringt; danach ist die Tochter der Zimmerwirtin an der Reihe, wodurch man die Miete spart. Um sechs lehrt Mozart die Tochter des Kapellmeisters Cannabich: «dort bleibe ich beym nacht essen, dann wird discurirt – – oder bisweilen gespiellt, da ziehe ich aber allzeit ein buch aus meiner tasche,

Le grand tour 75

und lese – – wie ich es zu salzburg zu machen pflegte»[118]. Fazit: Der Tag ist so voll, dass erst um 11 Uhr nachts mit dem Brief an den Vater begonnen werden kann. Dieser ist und bleibt trotz aller Spannungen unverzichtbare Bezugsperson des 21-Jährigen.

Und was passiert wirklich in Mannheim? Mutter und Sohn sparen, so gut es geht, und Mozart versucht nach Kräften, beim Landesherrn eine Anstellung zu ergattern. Doch das scheitert – möglicherweise deshalb, weil der pfälzische Kurfürst Karl Theodor vom schlechten Gesundheitszustand seines bayerischen Kollegen weiß und schon auf dem Sprung nach München ist, um sich im Sinn der Wittelsbacher Erbverträge Bayern einzuverleiben. Immerhin hat Mozart in den fünf Monaten seines Mannheimer Aufenthalts Gelegenheit, nicht nur die Oper, sondern auch die weltberühmte Mannheimer Hofkapelle kennen zu lernen. Die hier gewonnenen Eindrücke sind im Blick auf sein künftiges Wiener Schaffen nicht hoch genug einzuschätzen: «die subordination die in diesem orchstre herrscht! – die auctorität die der Cannabich hat – da wird alles Ernsthaft verrichtet; Cannabich, welcher der beste Director ist den ich je gesehen, hat die liebe und forcht von seinen untergebenen.»[119]

Mozart selbst komponiert fleißig Musik aus gegebenem Anlass: die Klaviersonaten KV 309 und KV 311 für seine Schülerinnen und Schüler, darunter je und dann die Kinder des Kurfürsten; die Flötenquartette KV 285, KV 285 a und b sowie die Flötenkonzerte KV 313 und KV 314 für einen holländischen Dilettanten namens «De Jean»; vier der sechs Klavier-Violin-Sonaten KV 301 bis KV 306 für die pfälzische Kurfürstin.

Die schönste Musik erklingt freilich in seinem Innern: Er hat sein wahres Zuhause gefunden – eine Art Künstler-Boheme, in der er sich wohl fühlt und die ihn ihrerseits liebt, schätzt und fördert, ohne ihn nach äußeren Erfolgen zu bewerten.

Vor allem drei Mannheimer Familien lassen Mozart das Leben leicht und angenehm erscheinen: die Cannabichs, die Wendlings und die Webers. Kapellmeister Christian Cannabich hat in der dreizehnjährigen Rosl eine Tochter, für die Mozart die C-Dur-Sonate KV 309 schreibt, welche im Haus «des tages gewis 3 mahl, gesungen, geschlagen, gegeigt, oder gepfiffen» wird.[120] Mozart hat sich große Mühe gemacht: Das *Andante* ist «voll expreßion, und muß accurat mit den gusto, forte und piano, wie es steht, gespiellt werden»[121]. Johann Baptist Wendling ist Hofflötist; für seine Frau Dorothea komponiert Mozart die Kontartarie «Ah non lasciarmi no» KV 295 a, und «sie und ihre tochter ist ganz närrisch auf diese aria»[122].

Und dann gibt es die Weberischen – ein Name, welcher Leopold recht bald einen Schauer über den Rücken rieseln lässt. Vater Franz Fridolin – ein direkter Onkel von Carl Maria von Weber – verdient als Bassist, Souffleur und Notenkopist des Hoftheaters sein Geld. Seine vier Töchter Josepha, Aloisia, Constanze und Sophie haben sämtlich mit Musik zu tun; doch vorerst interessiert Mozart nur eine: die damals siebzehn- oder achtzehnjährige Aloisia. Sie tritt bereits als Sängerin am Hof auf, und Mozart tut alles, um sie zu fördern; denn schließlich soll sie mit ihm nach Italien und ihn heiraten.

Natürlich will er als Opernspezialist imponieren und komponiert ihr deshalb die neunzehn Gesangskadenzen KV 293 e und die Konzertarie «Non so d'onde viene» KV 294. Die Letztere ist ursprünglich für den Tenoristen Raaf gedacht, doch dann «accurat für die weberin» geschrieben. Die singt sie, begleitet sich selbst am Klavier und beeindruckt ihn tief – kein Wunder, denn schon bald wird sie in Wien zur Primadonna aufsteigen.

Anfang Februar 1778 bestreiten die beiden ein Gastspiel am Hof von Kirchheimbolanden. «abends hätten wir doch bey hofe speisen können, wir haben aber nicht gewollt, sondern sind lieber unter uns zu hause geblieben. wir hätten unanimiter von herzen gerne das essen bei hofe hergeschenckt; dann wir waren niemahl so vergnügt als da wir allein beysamm waren»[123]. Denkt auch Aloisia so? Einen Korb wird er sich erst nach seiner Rückkehr aus Paris holen, wohin ihn der Vater gerade prügeln muss. Der sieht seinen Sohn unter die fahrenden Leute gefallen und ist heilfroh, als dieser am 24. März 1778 endlich Vollzug meldet: «gestern Monntag den 23:[ten] nachmittag um 4 uhr sind wir gott lob und danck glücklich hier angekommen; wir sind also 9 täg und 1/2 auf der Reise gewesen. wir haben geglaubt wir können es nicht aushalten. ich hab mich mein lebetag niemahl so ennuirt. sie können sich leicht vorstellen was das ist, wenn man von Mannheim und von so viellen lieben und guten freünden wegreiset»[124].

Le grand tour

In Paris sagen Mutter und Sohn der Familienkutsche, die sie beim Fuhrunternehmer gegen Minderung des Beförderungspreises in Zahlung gegeben haben, ade und suchen Quartier. Da das Reisegeld wieder einmal knapp zu werden droht, logieren sie sparsam, wenn nicht ärmlich – zunächst in einer Wohnung außerhalb des Zentrums und ohne Klavier und Sonnenschein. Vor allem die Mutter, die kaum Französisch spricht und auch zum Essen nicht ausgeht, ist bald vereinsamt und todunglücklich; später werden die Wohngelegenheiten etwas besser.

Was wäre gewesen, wenn Mozart damals den Herrn de Beaumarchais kennen gelernt hätte, der *Le Barbier de Séville* bereits geschrieben und *Le Mariage de Figaro* gerade in Arbeit hat? Vielleicht wäre alles zu früh gekommen. Jedenfalls hält Mozart sich auf Anraten des Vaters an Friedrich Melchior von Grimm, einen aus Regensburg stammenden Diplomaten, der in einschlägigen Pariser Kreisen als Musikästhetiker und Literat eine bedeutende Rolle spielt. Mozart hört von ihm, was die Musik in den Augen eines Aufklärers alles zu tun oder zu lassen habe, und ist die Diskussion bald leid: «machen sie ihr möglichstes, daß die Musick bald einen arsch bekommt – denn das ist das nothwendigste; einen kopf hat sie izt – das ist eben das unglück!»[125] So schreibt er um diese Zeit an den väterlichen Freund Bullinger im Rahmen ausführlicher Erwägungen, unter welchen Bedingungen sich eine Oper in Salzburg einrichten ließe. Wie wir gleich genauer hören werden, «speculirt – studirt – überlegt» Mozart gern; doch das darf nicht zu Kopfgeburten führen, zu denen er selbst die Reformopern von Gluck gerechnet haben mag.

Baron Grimm verschafft den Mozarts zwar Unterkunft bei seiner Geliebten, der Madame d'Epinay, kann jedoch mit Wolfgang, den er als Wunderkind in Paris umworben hatte, im Grunde nichts anfangen – im Gegenteil, er schwärzt ihn beim Vater an, der die entsprechenden Briefauszüge alsbald an den Sohn weitergibt: «il est zu treuherzig, peu activ, trop aisé á attraper, trop peu occupé des moyens, qui peuvent conduire à la fortune»[126].

Verständlich, dass Mozart dies zornig macht: Nach eigener Selbsteinschätzung demütigt er sich schon genug vor dem Pariser Adel, wartet endlos im eiskalten Vorzimmer, dann noch einmal eine Stunde, ehe er auf einem miserablen Piano einem Zirkel von emsig zeichnenden Herrschaften die Musikkulisse liefern darf. Er ist eben nicht mehr ein Wunderkind wie der siebenjährige Cellist Niccolas Zygmuntowsky, der die Pariser nunmehr in Erstaunen versetzt, sondern ein unbekannter junger Musiker, der sich gefälligst hochzudienen hat.

Der Gastkommentar von Peter Hacks:

Mozart auf der Reise nach Paris

Lieber Mozart, ich bin froh,
Etwas für Sie tun zu können,
Die Duchesse will von Chabot
Ihnen einen Abend gönnen.
Sie ist klug und hat ein Ohr,
Spieln Sie ihr was Schönes vor.
    Die Chabot, sagte Grimm,
    Sie ist wirklich nicht so schlimm
    Wie die andern reichen Krähen,
    Die so gar nichts von Musik verstehen.

Ach, ich ginge gar nicht hin,
Wäre nicht der Scheiß der Schulden.
Wer ist diese Herzogin?
Der Fiaker nimmt vier Gulden.
Und man spielt sich dumm und tot
Für ein kaltes Abendbrot.
    Aber gut, lieber Grimm,
    Wenn dir einer gibt, dann nimm.
    Gut, gut, gut, wir werden sehen,
    Was Frau Durchlaucht von Musik verstehen.

Von perlmuttnen Brüsten her
Sprühte Diamantenfeuer.
Leider, der Kamin war leer,
Auch der Flügel war kein neuer.
Schrecklich knarrte das Pedal
In dem ungeheizten Saal.

> – Sähen Sie, lieber Grimm,
> Diese nackten Weiber im
> Kreise um den Whisttisch thronen,
> Spieln mal Sie die Fischer-Variationen.
>
> Hams kein besseres Klavier?
> No, dann spiel i eben hier.
> Hams net zwoa, drei Buchenscheiter?
> No, dann spiel i eben weiter.
> Meine Finger san so klamm
> Krieg kaum a Oktavn zsam.
> > Glaubn das Sie, lieber Grimm,
> > Daß i hier den Ruhm erklimm?
> > Und der Dank für die Tortur?
> > Eine goldne Taschenuhr.
>
> Dieser Motzert oder so,
> Der, den Sie mir neulich schickten,
> Der gehört, sprach die Chabot,
> Wieder zu den ganz Verrückten.
> Er ist fabelhaft begabt,
> Aber hat den Bock gehabt.
> > Kunst ist Kunst, lieber Grimm,
> > Doch die Künstler, die sind schlimm,
> > Die den Preis von einer Uhr nicht sehen
> > Und so gar nichts von dem Publikum verstehen.
>
> (Peter Hacks, Werke, Bd. 1, Eulenspiegel, Berlin 2003, S. 169)

Dass Leopold Mozart hofft, sein Sohn könne sich im aktuellen Opernstreit von Gluck- und Piccinni-Anhängern als dritte Kraft profilieren, erweist sich als gewaltige Fehleinschätzung. Ohnehin gibt es in Paris außer diesen beiden noch andere bekannte Opernkomponisten: «Baron» Johann Christian Bach, wie Leopold ihn respektvoll nennt,[127] Grétry, Paisiello, Gossec. Da lässt sich in wenigen Monaten nicht mehr erreichen als der Auftrag, einige Nummern für das Ballett Les Petits riens KV 299 b schreiben; vor allem die mit solistischen Holzbläsern besetzten Stücke hätten den Pulcinella-Komponisten Strawinsky, wenn er sie gekannt hätte, wohl kaum weniger fasziniert als seine originale Pergolesi-Vorlage.

Mühsam verlaufen die Kontakte mit dem «Concert spirituel», der tonangebenden Pariser Institution für ernsthafte Musik außerhalb der Oper. Mozart komponiert neue, stärkere Chöre KV 297 a für ein Miserere, das der Mannheimer Kapellmeister Ignaz Holzbauer den Parisern angeboten hat, muss aber erleben, dass nur zwei von ihnen aufgeführt werden. Noch schlechter ergeht es ihm mit einer *Sinfonia concertante* KV 297 b, die er für Flöte, Oboe, Horn, Fagott und begleitendes Orchester komponiert: Ihm wird ein Werk gleicher Besetzung des in Paris freilich hoch angesehenen Komponisten und Geigers Giuseppe Cambini vorgezogen – was der Mannheimer Freund und Flötist Wendling als Auftraggeber nicht verhindern kann oder will. Die Überlieferung dieses Werks ist übrigens tückisch: Wir haben nicht mehr als ein von anderer Hand stammendes Manuskript, welches Zweifel daran lässt, dass es sich tatsächlich um einen authentischen Mozart handelt.

Erfolg hat Mozart mit seiner D-Dur-Sinfonie KV 277, der sogenannten *Pariser*, die am Fronleichnamstag des Jahres 1778 im «Concert spirituel» aufgeführt wird: mit der reichen, in Deutschland noch ungewöhnlichen Bläserbesetzung von je zwei Flöten, Oboen, Klarinetten, Fagotten, Hörnern und Trompeten. Er trifft den Geschmack des Publikums augenscheinlich vortrefflich – nicht zuletzt dank seiner frischen Mannheimer Erfahrungen: «gleich mitten in Ersten Allegro, war eine Pasage die ich wohl wuste daß sie gefallen müste, alle zuhörer wurden davon hingerissen – und war ein grosses applaudißement – weil ich aber wuste, wie ich sie schriebe, was das für einen Effect machen würde, so brachte ich sie auf die lezt noch einmahl an.»[128] Mozart spielt hier auf die typisch mannheimische Unisono-Rakete des Anfangs an, mit der das Stück auch schließt.

Gegenüber den letzten Salzburger Sinfonien, die ja schon eine ganze Weile zurückliegen, ist die Kompositionsart großflächiger und urbaner, jedoch auch von etwas bemüht wirkender Popularität. Haydn wird in seinen Pariser und noch mehr in seinen Londoner Sinfonien souveräner auf das Publikum zugehen, während Mozart über die Wiener Sinfonien-Trias von 1788 hinaus auf der Suche bleibt.

Die originelle Besetzung des Konzerts für Flöte und Harfe KV 299 verdanken wir einem Flöte spielenden Vater und seiner an der Harfe brillierenden Tochter, nämlich dem Comte de Guines, einem hohen Diplomaten, der freilich – wie Mozart am 31. Juli 1778 berichtet – nach vier Monaten immer noch kein Honorar dafür gezahlt hat und auch das Unterrichtsgeld für die Comtesse nachträglich halbieren will: «der Mr: Le duc hatte also keine Ehre im leib – und dachte das ist ein junger mensch, und nebst diesen ein dummer teütscher – wie alle franzosen von die teütschen sprechen»[129]. Der Deutsche zeigt seinerseits wachsende Wut auf die Franzosen, ärgert sich, dass man ihn «als einen anfänger [...] tractirt», pfeift auf gesellschaftlichen Verkehr und wittert unter den Parisern «lauter vieher und bestien, was die Musique anbelangt»[130].

Rund siebzig Jahre später wird Richard Wagner in seiner Pariser Novelle *Ein Ende in Paris* seinem Unmut über das musikkapitalistische Paris Luft machen und einen vom vergeblichen Antichambrieren bis ins Mark erschöpften deutschen Musiker mit den Worten sterben lassen: «Ich glaube an Gott, Mozart und Beethoven»[131]. Hat auch Wolfgang Amadé schon eine Ahnung davon, dass die Verletzungen nicht ihm persönlich oder seiner Nationalität gelten, sondern einem teils noch nach feudalen Strukturen organisierten, teils schon vom Kommerz bestimmten Musikbetrieb geschuldet sind, der – ebenso wie in anderen Ländern – nur den Erfolg belohnt? Man kann nur froh sein, dass er sich damals nicht ernstlich für die Stelle eines Organisten in Versailles interessiert, sondern seine Zeit in Wien abwartet, die – so lässt sich in der Rückschau unbekümmert konstruieren – ihm die besten Bedingungen bieten wird, die er sich denken kann.

Vorerst wartet jedoch nicht Wien, sondern Salzburg. Man traut kaum seinen Augen, wenn man in dem schon zitierten Brief vom 31. Juli 1778 zum Abschluss einer Diskussion beruflicher Möglichkeiten liest: «zu Salzbourg ists halt besser als in böhmen, da ist man doch für den kopf sicher»! Es geht weniger um das Aus- als um das künstlerische Weiterkommen. Das Stundengeben «mattet ab», ist gegen sein «Genie» und seine «Lebensart»: «sie wissen daß ich so zu sagen in der Musique stecke – daß ich den ganzen Tag damit umgehe – daß ich gern speculire – studiere – überlege.»[132]

Dazu wäre in Salzburg eher Gelegenheit, auch wenn in dieser ihm zeitweilig verhassten Stadt nichts los und nicht einmal eine feste Oper ist. Vielleicht gibt ihm der Fürsterzbischof künftig mehr Freiheiten: «ein Mensch von mittelmässigen Talent bleibt immer mittelmässig, er mag reisen oder nicht – aber ein Mensch von superieuren Talent (welches ich mir selbst, ohne gottlos zu seyn, nicht absprechen kan) wird – schlecht, wenn er immer in den nemlichen ort bleibt»[133]. Im Fall einer Rückkehr nach Salzburg will er die Musik Colloredos «berühmt» machen, sich jedoch nicht in untergeordneten Diensten verschleißen.

Angesichts der unsicheren Pariser Situation soll im Grund der Vater entscheiden, der seinerseits in einer Zwickmühle ist: Nachdem er den Sohn fast mit Gewalt nach Paris getrieben und danach zum Durchhalten ermuntert hat, kann er ihn schlecht ohne große Erfolge nach Salzburg zurückkehren lassen – als wäre nichts gewesen. Zum Glück gibt es eine Vacatur: Ende des Jahres 1777 ist Hoforganist Adlgasser auf der Orgelbank zusammengebrochen und kurz danach gestorben. Nun zeigt sich, dass dem Fürsterzbischof doch einiges an seinem berühmten Landeskind liegt, denn Mozart kann die Stelle bekommen: für 450 Gulden jährlich, und das ist weit mehr als sein altes Gehalt.

Während Vater und Sohn über Monate hinweg per Post Anstellungsmöglichkeiten hier und mögliche Enttäuschungen dort erörtern, stirbt am 3. Juli 1778 die Mutter. Gewiss wäre es übertrieben, Einsamkeit, Heimweh und ein Gefühl von Überflüssigkeit für ihren Tod verantwortlich zu machen; doch fraglos fühlt sie sich ohne ihr Salzburg und die schützende Nähe ihres Mannes so schwach, dass Krankheiten angreifen können. «Meine liebe Mutter ist sehr kranck – sie hat sich, wie sie es gewohnt war, adergelassen, und es war auch sehr nothwendig; es war ihr auch ganz gut darauf – doch einige täge darnach klagte sie frost, und auch gleich hitzen – bekamm den durchlauf, kopfwehe [...] sie ist sehr schwach, hat noch hitzen, und Phantasirt – man giebt mir hofnung; ich habe aber nicht viell.»[134]

Wie soll er sie auch haben? Mozart wagt dem Vater nicht zu schreiben, dass die Mutter zu diesem Zeitpunkt bereits tot ist. Das teilt er mit derselben Post dem Hausfreund Abbé Joseph Bullinger mit, damit dieser die Familie schonend auf die Nachricht vorbereite. Sechs Tage später kondoliert er selbst, jedoch ohne etwas über die Umstände der Beerdigung mitzuteilen. Der Vater fragt bei aller Erschütterung auch nicht nach, bittet vielmehr, gut auf den Nachlass aufzupassen; vor allem aber zeigt er sich beunruhigt, dass der Sohn schon zwei Wochen nach dem traurigen Ereignis – «es ist nun vorbey – und wir können [...] die sache doch nicht ändern!» – die unverändert angebetete Aloisia Weber zum Thema macht und unter Berufung auf Freund Raaf als «artiges, hüpsches und Ehrliches Mädl» mit «guter aufführung» empfiehlt.[135] Heiratsphantasien kann der Witwer gar nicht ertragen: Wolfgang soll sich hüten, «bey der ausführung den vatter zu Tödten»[136].

Dass Mozart vom Tod der Mutter, die er gleich am nächsten Morgen allein im Beisein des Musikerfreundes François Heina auf dem Friedhof von Saint-Eustache beerdigt hat, tief getroffen ist, steht außer Frage; dass es mit der Gründung einer eigenen Familie weitergehen soll, ist gleichwohl unstrittig. Spiegelt die von tiefem Ernst durchzogene a-Moll-Klaviersonate KV 310 mit ihren Anklängen an eine «marche funèbre» eine Auseinandersetzung mit dem düsteren Ereignis? Man mag das so sehen und sich damit ein gleichsam persönliches Verhältnis zu bestimmten Werken schaffen. Objektivierbar ist dergleichen allerdings nicht. Schon am 29. Mai hat Mozart dem Vater – zu dessen Missvergnügen – geschrieben: «Ich befinde mich gott lob und danck so ganz erträglich; übrigens weis ich aber oft nicht, ist es gehauet oder gestochen – – mir ist weder kalt noch warm – finde an nichts viell freüde»[137]. Damals aber komponiert er nachweislich an der prächtigen D-Dur-Sinfonie! So viel Leben und Werk ineinander greifen, so wenig lässt sich umstandslos eines auf das andere legen. Musikalische Gedanken entstehen zwar in den Wechselfällen des Lebens; zur kritischen Masse des Werks treten sie jedoch nach Gesetzen zusammen, die sich unseren Blicken entziehen.

Auf der Rückreise von Paris überfällt ihn in Straßburg einmal mehr die große Angst, in der Heimat ein bloßes Schattendasein zu führen: «Doch muß ich ihnen frey gestehen», schreibt er am 15. Oktober 1778 dem Vater, «daß ich mit leichtern herzen in Salzburg anlangen würde, wenn ich nicht wüste, daß ich alda in diensten bin; – nur dieser gedancke ist mir unerträglich! – betrachten sie es selbst – setzen sie sich in meine Person; – zu Salzburg weis ich nicht wer ich bin – ich bin alles – und bisweilen auch gar nichts – ich verlange mir aber nicht *gar so viel*, und auch nicht *gar so wenig*, sondern nur etwas – wenn ich nur etwas bin – in jedem andern ort weis ich es – und jeder, wer zur violin gestellt ist, der bleibt dabey»[138].

Von Straßburg geht es nach Mannheim, wo ihn Georg Bendas Melodramen *Ariadne auf Naxos* und *Medea* begeistern und zur Nachahmung anregen: Er beginnt mit der – heute verschollenen – Komposition einer *Semiramis* KV 315 e. Der Vater ist jedoch seiner «projecten müde», beziffert die auf der zurückliegenden Reise entstandenen Schulden auf 863 Gulden und wünscht eilige Rückkehr nach Salzburg.[139] Doch neuerlich fällt Wolfgang der Abschied aus Mannheim schwer: In Marie Elisabeth Cannabich hat er eine mütterliche Freundin gefunden, die ihm dringend benötigten Halt gibt. Schließlich begleitet er den Abt Angelsprugger auf seiner Heimreise in das schwäbische Erzstift Kaisheim, dessen starke Militäreinquartierung ihn Kopfschütteln macht: «was mir am lächerlichsten vorkömmt, ist das *grausame* militaire – möchte doch wissen zu was? – nachts höre ich allzeit schreyen: wer da?»[140]

Nächste Station ist München, wo man Aloisia Weber als Alceste in Anton Schweizers gleichnamiger Oper feiert; ihr Gehalt als Hofsängerin übersteigt dasjenige, das ihren Verehrer in Salzburg erwartet, um mehr als das Doppelte. Mozart überreicht ihr die Konzertarie «Io non chiedo» KV 316, die er schon in Paris begonnen und ganz auf Umfang und Ausdrucksfähigkeit ihrer Stimme berechnet hat. Doch ungeachtet der Tatsache, dass der Vater – möglicherweise aus taktischen Gründen – seine krasse Ablehnung Aloisias inzwischen aufgegeben hat, ist er mit seinem Liebeswerben erfolglos. «heüte kann ich nichs als weinen – ich habe gar ein zu empfindsames herz», berichtet Mozart am 29. Dezember 1778 dem Vater.[141] In Wien, wohin sie als Hofsängerin inzwischen mit ihrer ganzen Familie übergesiedelt ist, wird Aloisia knapp zwei Jahre später – tief getroffen vom plötzlichen Tod ihres Vaters – als Zwanzigjährige den verwitweten Hofschauspieler Joseph Lange heiraten und ihm neben ihrer weiterhin höchst erfolgreichen Karriere sechs Kinder gebären. Nach sechzehn, in vieler Hinsicht schwierigen Ehejahren wird man sich trennen. Dass Mozart die Aloisia nachgesagte Reizbarkeit besser hätte auffangen können als Lange, mag man bezweifeln.[142]

«Sie sagte mir, Mozart habe sie bis zu seinem Tode geliebt und fürchtet, daß das eine gewisse Eifersucht bei ihrer Schwester erzeugt habe. Ich fragte sie, warum sie seine Bewerbung zurückgewiesen habe, aber sie konnte mir keinen Grund angeben. Die Väter seien einverstanden gewesen, aber sie konnte ihn damals nicht lieben und weder sein Talent noch seinen liebenswerten Charakter schätzen, bedauerte es aber später.»[143] Das protokolliert ein halbes Jahrhundert später, im Sommer 1829, die Verlegersgattin Mary Novello anlässlich eines Besuchs bei der «angenehmen», aber «vom Mißgeschick gebrochenen» fast Siebzigjährigen.

In der im Jahr zuvor erschienenen Mozart-Biographie Georg Nikolaus Nissens, des zweiten Ehemanns ihrer Schwester Constanze, heißt es zur Münchner Begegnung – wohl vor allem aus deren Sicht: «Sie schien den, um welchen sie ehedem geweint hatte, nicht mehr zu kennen, als er eintrat. Deshalb setzte sich Mozart flugs an's Clavier und sang laut: ‹Ich lass das Mädel gern, das mich nicht will›.»[144] In Nissens handschriftlichen Kollektaneen hatte noch gestanden: «Leck mir das Mensch im A-, das mich nicht will».[145] Wer weiß es besser?

Mit dem lustigen Augsburger Bäsle Thekla Mozart, das vorübergehend für Ablenkung gesorgt haben mag, reist Mozart am 13. Januar 1779 in Richtung Salzburg, wo ein vom Vater aufgesetztes Gesuch bereitliegt, das ihm den Platz auf der Orgelbank des verewigten Kajetan Adlgasser sichern und seine Verpflichtungen als Konzertmeister neu aufleben lassen soll.

1779–1781
Der Weg in die Freiheit

Dreiundzwanzig Jahre und nichts für die Unsterblichkeit getan!», so lautet der Aufschrei des Don Carlos vor seinem Vater.¹⁴⁶ Und was tut ein 23-jähriger Mozart? Hallen die Töne von Ritter Glucks bedeutendster Reformoper *Iphigénie en Tauride*, die am 18. Mai 1779 in Paris ihre Uraufführung erlebt, in Salzburg wider? In Marie Anna Mozarts Tagebuch heißt es unter diesem Tag: «den ganzen tag zu Haus, vormittag war catherl und ceccarellj bey uns nachmittag catherl, um 6 uhr die 2 grossen frl: abbè henrich, die mademoiselle graf momolo, und der instructeur bullinger: hernach ein wenig spatziern, der Papa allein.»¹⁴⁷

Ihr Bruder Wolfgang, der sich gern einmischt und gelegentlich eine ganze Woche lang unter ihrem Namen Eintragungen vornimmt, hatte zuvor, unter dem 20. April, mitgeteilt: «in der 7 uhr mess, hernach bey den frälleinen, und fr. v. mayer, – nach tisch bey der katherl – bey frl: v: mölck, fiala, alt Hagenauer, dann nach haus, – um 6 uhr mit Papa und Pimperl spazifeziren, die katherl mit den bauer nachgelaufen – mit stierle und seiner frau geschwäzt – die sonne ist in einen sack geschlofen, – um 10 uhr hat es geregnet, mit angenehmen gestanggk; – geruch; – die wolken verloren sich, der mond liess sich sehen, und ein furtz liess sich hören, gab hofnung zum schönen wetter auf den morgigen Tag für den uns allen so bange – ist»¹⁴⁸. – «Mein bruder hat einen Zinnern leichter auf die Procession hinab geworfen», teilt er am Fronleichnamstag des Jahres 1780 mit und will damit vermutlich mangels anderer Ereignisse festhalten, dass er versehentlich einen Leuchter vom Fenstersims gestoßen habe, als man am Haus vorbeizog.¹⁴⁹

Seitdem Marie Anna Mozarts Tagebuchblätter vor gut fünfzig Jahren aufgetaucht sind, hat man sie als Beweis dafür genommen, wie gähnend provinziell es vor allem Mozart damals in seiner Vaterstadt Salzburg gefunden haben müsse – nach der Rückkehr aus der Weltstadt Paris, in welcher der berühmte ältere Kollege gerade mit epochalen Opern auftrumpft. Halten wir jedoch dagegen. Just im Jahr 1779 schreibt der

renommierte Reiseschriftsteller Caspar Riesbeck, der damals auch das
Bonn des jungen Beethoven skizziert: «Alles atmet hier den Geist des
Vergnügens und der Lust. Man schmaust, tanzt, macht Musiken, liebt
und spielt zum Rasen, und ich habe noch keinen Ort gesehen, wo man
mit so wenig Geld so viel Sinnliches genießen kann.»[150]
Mozart ist sicherlich dabei, denn er liebt Geselligkeit und ist gern
mittendrin. Sein Vater weiß es und hat ihn im November 1778 mit einer einschlägigen Sonntagnachmittagsbeschreibung von Mannheim
nach Salzburg zurückzulocken versucht: «Nachdem Essen kamen, H:
Bullinger, H: Zahlmeister, der Hautboist Feiner, und die Cath: Gilowsky zum Pölzlschüssen, dann wurde Coffé getrunken; um 4 uhr gieng
alles in die Comoedie, und um 7 uhr nach Hof, Fiala bließ ein Concert,
und die erste Synf: war eine FinalmusikSynfonie von dir.»[151]
Da ist es wieder – das Bölzelschießen. Im Briefwechsel der Familie
spielt es über die Jahre hinweg die Rolle eines identitätsstiftenden Elements. Beim Schießen mit speziellen Luftgewehren geht es nicht nur
ums Gewinnen; vielmehr werden die großen Scheiben zuvor liebevoll
mit Malereien und Versen ausgestattet, welche die soziale Verbundenheit der Beteiligten ausdrücken. Mozart betätigt sich gern als Scheibenpoet, ist aber im Gegensatz zu Vater und Schwester offenbar kein guter
Schütze.

Seit 1773 wohnt die Familie im Tanzmeisterhaus, dessen großer Saal
sich ideal zum Bölzelschießen in familiärer Mozart-Compagnie eignet.
Es gibt festgelegte Ordnungen, und ab vier Uhr nachmittags – sobald es
Colloredos Sonn- und Feiertagsordnung erlaubt – werden für gewöhnlich die Spieltische zum Kartenspiel herbeigerückt. Wie beim Bölzelschießen sind die Einsätze trotz aller offiziellen Verbote nicht niedrig.
Was gespielt wird, zeigt Mozarts Eintragung in Nannerls Tagebuch
vom 20. August 1780: «[...] hernach tarock gespiellt. das abscheulichste
wetter. nicht als gieß, gieß, gieß, et caetera.»[152]

Außer Tarock spielt man Piquet, Tresette, Mariage, Brandeln und
Schmieren, aber offenbar auch das Hasard-Spiel Halbe Zwölfe. Mozart
kennt sicherlich auch das im Kaiserreich unter strenge Strafen gestellte,
in Salzburg aber offenbar stillschweigend tolerierte Hasard-Spiel Pharao, bei dem Casanova im Jahr 1761 sein ganzes Vermögen nebst seinen

Der Weg in die Freiheit 89

Juwelen verliert, sodass er seinen Aufenthaltsort München fluchtartig verlassen muss.[153]

Übergehen wir Mozarts Lust am Billard- und Kegelspiel, seine Begeisterung für Feste, Bälle und Redouten, seine Besuche im Café-Haus Anton Staiger am alten Salzburger Markt, um zu der ernsteren Frage zu kommen: Führt die Langeweile, wenn es sie denn gegeben haben sollte, zu «relativer Unfruchtbarkeit» im Schaffen,[154] wie Wolfgang Hildesheimer dies vor allem aus drei fragmentarisch überlieferten Kirchenkompositionen schließt? Von seinen Beispielen für vermeintliche Salzburger Unlust scheiden die erstaunliche Kyrie-Skizze KV 323 und das Gloria-Fragment KV 323 a von vornherein aus, weil sie erst um 1788 niedergeschrieben worden sind; die verbleibenden sieben Magnificat-Takte KV 321 a stellen eine erste Aufzeichnung zum Magnificat in den fertig komponierten Vesperae de Dominica KV 321 dar.

Man sieht, wie leicht sich Zusammenhänge herstellen lassen, die in Wahrheit keine sind. Ohnehin muss eine Häufung unfertiger Arbeiten nicht auf Unschlüssigkeit hinweisen; gerade im Fall Mozarts handelt es sich eher um Findungsschwierigkeiten in wichtigen Schwellensituationen. Ehe dies an Zaide zu verdeutlichen ist, gilt unser Blick den zwei bedeutenden nach der Paris-Reise komponierten und im Salzburger Dom aufgeführten Kirchenmusiken: der Krönungsmesse KV 317 und der C-Dur-Messe KV 337. Die Erstgenannte hielt Mozart für gut genug, um sie im Frühsommer 1791 für eine Präsentation im Wiener Stephansdom vorzusehen und einige Monate später anlässlich der Prager Krönungsfeierlichkeiten tatsächlich aufzuführen – daher der Name.

Beide Werke sind – nebst den Kirchensonaten KV 328 und KV 336 – für das jeweilige Osterhochamt der Jahre 1779 und 1780 komponiert, also Festmessen. Man kann das an der großen Instrumentalbesetzung ablesen, die neben den obligatorischen Oboen auch Trompeten und Pauken sowie in Salzburger Tradition ein Posaunen-Trio zur Verstärkung der Chorstimmen umfasst. Gleichfalls salzburgisch ist das «Kirchentrio», bestehend aus ersten und zweiten Violinen, Kontrabass und Orgel. Die Letztere hat im Agnus Dei von KV 337 solistische Funktionen: Der neue Hoforganist will als ein solcher zur Kenntnis genommen werden.

Wir wissen nicht, ob Mozart mit den beiden Messen und den sie flankierenden Zyklen von Vesperpsalmen KV 321 und KV 339 in den Augen seines Fürsterzbischofs genug für sein Geld tut oder ob mehr erwartet wird. Jedenfalls hält er sich an den Tenor der erwähnten Reformen Colloredos: Festmessen ja, große Ausdehnung oder ausufernde Gesangsvirtuosität nein. Im *Gloria* greift er sogar die zeitübliche Praxis auf, unterschiedliche Texte zur Beschleunigung simultan singen zu lassen. Gleichwohl gelingt es ihm, deutliche Akzente zu setzen: etwa in den Passagen der sordinierten Violinen beim *Incarnatus* aus KV 317 oder im eindrucksvollen Kontrapunkt des *Benedictus* aus KV 337, vor allem aber in den – vielleicht vom Kastraten Ceccarelli gesungenen – Sopranpartien der beiden *Agnus-Dei*-Sätze. Deren Töne werden ihren Widerhall in einigen Arien der Wiener Da-Ponte-Opern haben. Im Fall der Cavatine «Porgi amor», welche die Gräfin zu Anfang des zweiten *Figaro*-Aktes singt, ist Mozart an dem alten Gedanken so viel gelegen, dass er seinetwillen den ursprünglichen Zuschnitt dieser Cavatine ändert, um musikalische Vorstellungen, die zuvor dem *Agnus Dei* der Messe KV 337 gegolten hatten, nunmehr dem Seufzer «Bring, Liebe, Linderung meinem Schmerz» zuzuordnen. Dabei übernimmt er nicht nur die erste Gesangsphrase, sondern das gesamte Anfangsmodell einschließlich Tonart und Seufzerbegleitung.

So viel er sich an konkreten Aufträgen orientiert, so wenig geht er in ihnen auf. Grundsätzlich gesehen, versteht Mozart das Komponieren als eine Tätigkeit, bei der man Gedanken einem Pool entnimmt und nach Gebrauch wieder zuführt – in der jeweils angereicherten Gestalt, sodass dieser Pool immer voller wird. Zwar kennen a l l e bedeutenden Komponisten ein solches Verfahren; jedoch mag ein Parallelfall zeigen, dass es von Mozart besonders unbekümmert gehandhabt wird: Auch in Johann Sebastian Bachs *H-Moll-Messe* gibt es ein *Agnus Dei*, das Substanzgemeinschaft mit einem Stück weltlicher Musik aufweist, nämlich mit der Arie «Entfernet euch, ihr kalten Herzen» aus der Hochzeitskantate «Auf, süß entzückende Gewalt»; und auch bei Bach steht die Geste leidenschaftlich-innigen Flehens im Mittelpunkt. Doch während Mozart seinen Einfall unbefangen aus einem geistlichen in einen weltlichen Kontext verpflanzt, kommt für Bach nur der umgekehrte Weg infrage: die Nobilitierung eines weltlichen Gedankens durch seine Aufnahme in ein Bekenntniswerk. Vor allem aber übernimmt Bach eine g a n z e Arie, während es Mozart genügt, eine bestimmte V o r s t e l l u n g weiterzuverfolgen.

Anders als Bach geht es ihm nicht darum, ein älteres Stück vor dem Vergessen zu bewahren; vielmehr entspricht es seiner in allen Gattungen wirksamen Theaterhaltung, überzeugende Gesten zu wiederholen. Übrigens mag man nicht ausschließen, dass er ‹irgendwie› immer ans Theater denkt. Das gilt – was seine letzte Salzburger Zeit angeht – zumindest vordergründig: Zwar komponiert er die genannten Messen und Vespern, weiterhin auch Sinfonien und Divertimenti, ferner ein Konzert für zwei Klaviere KV 365 und die *Sinfonia concertante* KV 364; doch zumindest mit einem Auge schielt er immer auf die Bühne – so spärlich entsprechende Gelegenheiten in Salzburg auch sein mögen.

Eine solche bietet sich, als die Theatertruppe von Johann Böhm 1779 in Salzburg gastiert und unter anderem das Schauspiel *Thamos, König von Ägypten* von Tobias Philipp von Gebler aufführt, das allerlei an Mysterienkult und Freimaurerei gemahnende *Zauberflöten*-Motive vorwegnimmt. Schon zu einer Wiener Aufführung im Jahr 1773 hat Mozart zwei Chöre beigesteuert, weitere vielleicht für eine 1776 für Salzburg nachgewiesene. Nunmehr macht er sich daran, das Vorhandene zu einer umfänglichen vokal-instrumentalen Schauspielmusik zu vervollständigen, die als KV 345 einen ganzen Band der *Neuen Mozart-Ausgabe* umfasst und von ihm selbst so ernst genommen wird, dass er später in Wien eine gesonderte Aufführung für denkbar hält.

Aufmerksamkeit verdienen vor allem die fünf Zwischenaktmusiken, mit denen der Komponist einen wichtigen Schritt auf dem Weg zur komplexen Situations- und Charakterschilderung vollzieht. Aus Bemerkungen wie «Pherons falscher Charakter», «Thamos Ehrlichkeit», «Sais allein kommt aus dem Hause der Sonnenjungfrauen, sieht sich um, ob sie allein ist», die Leopold Mozart an bestimmten Stellen in die Partitur eingetragen hat, ist die illustrierende Funktion der Musik ersichtlich. Mozart hat hier mehr Möglichkeiten der Situationsbeschreibung als in einem Sinfoniesatz und nutzt sie.

Wir wissen zwar nicht, wie detailliert Handlung und Musik aufeinander bezogen werden sollen, können aber aus dem Nachfolgewerk schließen, dass er aus seiner Bewunderung für die Mannheimer Melodramen Georg Bendas heraus großes Interesse daran hat, mit den Möglichkeiten malender Musik zu experimentieren. Die Rede ist von *Zaide*, wie das von Mozart selbst noch nicht definitiv benannte Bühnenwerk KV 344 postum betitelt wurde. Dieses ist vollständiger erhalten, als die Mozart-Überlieferung es in der Regel darstellt. Im günstigsten Fall fehlen außer der Ouvertüre nur diejenigen Dialoge, die nicht innerhalb der beiden «Melologo» genannten Sätze überliefert sind.

«Melolog» ist ein Synonym für «Melodram», also für die Kombination von gesprochener Sprache mit Instrumentalmusik. Wie gesagt, kennt Mozart dieses Verfahren von Mannheim her, und es ist ihm schon dort als interessanter Ersatz für das Rezitativ erschienen, das er sich zu Texten in deutscher Sprache inzwischen nicht mehr vorstellen kann. In *Zaide* führt er nunmehr zwei solcher Melodram-Szenen aus und macht damit zugleich Vorschläge für die neue Gattung des deutschen Singspiels. Dies geschieht in der Hoffnung, damit möglicherweise doch noch beim Mannheimer Kurfürsten Erfolg zu haben, der zwar ein Förderer dieser Gattung ist, Mozart jedoch im Winter 1777/78 keinen entsprechenden Auftrag erteilt hat.

Stattdessen hat man ihm empfohlen, ein solches Werk auf eigenes Risiko zu komponieren und dann bei Hof einzureichen – ein Vorschlag, den Mozart zunächst empört zurückweist, mangels besserer Projekte jedoch zwei Jahre später in Salzburg aufgreift. Ausschlaggebend für die Wahl des Stoffes dürfte eine dortige Aufführung des Trauerspiels *Zaire* von Voltaire mit Begleitmusik von Michael Haydn im September 1777 gewesen sein.[155] Mozart selbst ist zu diesem Zeitpunkt zwar schon in Richtung Mannheim und Paris aufgebrochen; doch sein Haus-Librettist Schachtner dürfte Voltaires *Zaïre* gesehen und sie weit mehr für sein *Zaide*-Textbuch benutzt haben als Franz Joseph Sebastianis Libretto *Das Serail*, auf das man in diesem Zusammenhang stets hinweist.[156]

Schachtners «Operette» – nach damaligem Sprachgebrauch ist eine kleine Oper gemeint – orientiert sich am damals beliebten Türken-Sujet, endet in der uns heute vorliegenden Fassung jedoch ähnlich tragisch wie Voltaires Trauerspiel: Sultan Soliman ist nicht bereit, den

Fluchtversuch seiner Lieblingssklavin Zaide und ihres Leidensgefährten Gomatz zu tolerieren, verurteilt vielmehr beide zum Tod. Es ist nicht ausgemacht, jedoch gut denkbar, dass Mozarts Vertonung entsprechend dem Libretto von Sebastiani mit einem Happy End schließen sollte. Doch auch das würde nicht heißen, dass Mozarts *Zaide* als bloße Vorstufe zur *Entführung aus dem Serail* verstanden werden könnte. Denn nach allem, was von *Zaide* überliefert ist, handelt es sich um ein Singspiel ernsten Charakters.

Daran ändert auch die als Kontrast eingelegte Lach-Arie des Sklavenhändlers Osmin nichts, die an Ausgelassenheit hinter den Tiraden seines Namensvetters in der *Entführung* ohnehin zurückbleibt. Indessen besitzt die Oper mit *Zaides* «Ruhe sanft, mein holdes Leben» eine jener Arien, von der man seine Seele in den Himmel begleitet wünscht. Harry Goldschmidt hätte sie dem Typus des «lyrischen Menuetts» zugeordnet, dessen Gefühlsstrom er im Werk Beethovens mit der Vorstellung verklärter Weiblichkeit verbunden sah;[157] Mozart kommt noch ohne allen metaphysischen Zauber aus.

Vielleicht hat er die Komposition – wie überhaupt die Rolle der Zaide – insgeheim auf Aloisia Weber zugeschnitten; jedenfalls ist Zaide, die einzige Frauen- unter vier Männerrollen, im Ensemble deutlich bevorzugt. Wie auch immer: Das Werk ist zu Mozarts Lebzeiten nicht auf der Bühne erschienen, obwohl ihm auch nach seinem Weggang aus Salzburg weiterhin daran gelegen ist, im Genre des deutschen Singspiels Fuß zu fassen. In Wien kommen ihm unter anderem die Hoftrauer und der Wechsel auf dem Kaiserthron in die Quere, und im München des pfälzischen und inzwischen auch bayerischen Kurfürsten wartet gottlob ein Auftrag größeren Kalibers, dem zuliebe Mozart die Fertigstellung der *Zaide* gern zurückstellt: Er soll für die Karnevalssaison 1780/81 eine Seria mit dem Titel *Idomeneo, Rè di Creta* schreiben.

In der Hauptstadt Bayerns ist Mozart durch eine ganze Reihe von Besuchen bekannt, speziell durch die Aufführung seiner *Finta giardiniera* vor sechs Jahren; und dem Kurfürsten hat er seine Dienste so oft angeboten, dass es nicht verwunderlich ist, wenn dieser endlich einmal ja sagt – wohl auf Vorschlag des Grafen Seeau, der als Intendant der Hofmusik und des Hoftheaters für die Regularien verantwortlich ist.

Man meldet nach Salzburg konkrete Sujet-Wünsche, überlässt Mozart aber offenbar die Wahl des Librettisten. Der beauftragt, allein um der Eile willen, einen Heimischen: den gebildeten Kleriker Giambattista Varesco, welcher aus München alsbald einen detaillierten Plan zur Erstellung des Librettos und eine Honorarzusage in Höhe von 90 Gulden erhält. Mozart bekommt vermutlich um die 200 Gulden und findet diese Summe in Übereinstimmung mit dem Vater so gering, dass er seine Partitur nach getaner Aufführung nicht dem Hoftheater überlässt, sondern wieder mitnimmt.

Nachdem er einen Teil des *Idomeneo* noch in Salzburg komponiert hat, reist er am 5. November 1780 nach München, um den Rest der Partitur vor Ort und in engem Kontakt mit den Mitwirkenden fertig zu stellen. Wir übergehen die Arbeit der nächsten Monate, die an anderer Stelle (s. S. 244ff.) beschrieben ist, und wenden uns gleich zur ersten Aufführung, die am 29. Januar 1781 im Münchner Hoftheater, dem heutigen Cuvilliés-Theater, stattfindet. Vater und Schwester sind aus Salzburg herübergekommen – rechtzeitig schon zur Hauptprobe, die an Mozarts Geburtstag stattfindet.

Über den Erfolg der Oper wissen wir nichts; dass es kaum Anschlussvorstellungen gibt, mag an den Umständen gelegen haben. Indessen ist nicht zu übersehen, dass mit dem *Idomeneo*, der zu seinen Lebzeiten nur noch einmal in einer Wiener Privataufführung des Jahres 1786 erklingen wird, zumindest für Mozart selbst ein Schaffensabschnitt zu Ende geht, ohne dass er dies selbst schon wissen könnte: Mit Ausnahme des *Titus* sind seine künftigen Opern nicht mehr für bestimmte Gelegenheiten und einen einzelnen Hof geschrieben, sondern für eine sich langsam verbreiternde Öffentlichkeit. Es ist kaum Zufall, dass nur diese – seit 1781 in Wien komponierten – Opern sich im modernen Repertoire gehalten haben. Welch gewaltigen Schritt Mozart in diesem Sinne tut, ist zu würdigen, nachdem wir München mit ihm verlassen haben.

Wo er zuvor für Elisabeth Wendling, seine Elettra im *Idomeneo*, die Bravourarie «Ma, che vi fece, o stelle» KV 368 und für die schöne Gräfin Josepha von Paumgarten die Szene «Misera, dove son» KV 369 komponiert. Letztere, die Mätresse des Kurfürsten Carl Theodor, hat Mozart während der zurückliegenden Wochen viel geholfen. Der tobt sich im Münchner Fasching noch einmal richtig aus: «ich dachte mir, wo kömmst du hin? – Nach Salzburg! – Mithin must du dich letzen!»[158] Doch nicht nach Salzburg geht es, sondern nach Wien, wo Mozarts Dienstherr mit einem Teil seines Hofstaats während einer gefährlichen Erkrankung seines Vaters residiert und bereits den Kastraten Ceccarelli und den Geiger Brunetti bei sich hat. Nun verlangt er nach seinem Pianisten Mozart, der den auf sechs Wochen festgesetzten *Idomeneo*-Urlaub immerhin um fast drei Monate überzogen hat. «der H: Erzbischof hat die güte und gloriert sich mit seinen leuten – raubt ihnen ihre verdienste – und zahlt sie nicht davor», klagt Wolfgang nach seiner Ankunft in Wien am 17. März 1781 ohne Rücksicht auf mögliche Briefzensur – geradezu in der trotzigen Erwartung, dem Dienstherrn möge seine Geringschätzung zu Ohren kommen.

Der aktuelle Unmut stammt daher, dass Colloredo mit seiner Kapelle prunken, deren Mitgliedern jedoch nicht genug Unterhalt zahlen will. Mittags isst man allerdings an der Hoftafel: «da speisen die 2 Herrn leib und Seel kammerdiener, H: Controleur, H: Zetti, der zuckerbacker, 2 herrn köche, Ceccarelli, Brunetti und – meine Wenigkeit – NB: die 2 herrn leibkammerdiener sitzen oben an – Ich habe doch wenigstens die Ehre vor den köchen zu sitzen – Nu – ich denke halt ich bin in Salzburg – bey tische werden einfältige grobe spasse gemacht; mit mir macht keiner spasse, weil ich kein Wortrede, und wenn ich was reden muß, so ist es allzeit mit der grösten seriosität – so wie ich abgespeist habe so gehe ich meines Weegs.»[159]

Urteilt man aus der Sicht der Zeit, so ist auf der einen Seite zum Bedauern kein Anlass. Grobe Späße liebt auch Mozart, wenngleich sie vermutlich anderer Art sind. Und dass ein 25-jähriger Hofmusiker keinen Platz an der Adelstafel hat, versteht sich von selbst. Die über ihm sitzenden Personen sind keine Bedienten im engen Sinne, tragen vielmehr Mitverantwortung für die Organisation der Hofhaltung; so ist der «Controleur» im Oberhofmarschallstab direkt dem Oberstküchenmeister Karl Joseph Graf Arco unterstellt. Gewiss kann man in der Hierarchie des Hofs auch als Musiker höhere Stufen erklimmen – doch nur, wenn man Wohlverhalten an den Tag legt und weitere, möglicherweise auch nichtmusikalische Ämter übernimmt. Doch das ist nichts für Mozart, der als Wunderkind die Kaiserin abgeküsst hat.

Auf der anderen Seite verdient Mozarts Revolte höchste Bewunderung, auch wenn er kein Christian Friedrich Daniel Schubart ist, der einige Jahre zuvor die *Finta giardiniera* als Werk eines künftigen Genies gepriesen hat und nun auf dem Hohenasperg einsitzt – vom württembergischen Herzog wegen seiner Angriffe auf Fürsten und Kirche verfolgt, von fortschrittlich denkenden Deutschen daraufhin als Kämpfer gegen Tyrannenwillkür geehrt. Derselbe Schubart gibt als Repräsentant der politisch-ästhetisch-literarischen Bewegung des «Sturm und Drang» die Devise aus: «Um aber deine Ichheit auch in der Musik herauszutreiben, so denke, erfinde, phantasiere selber.»[160]

Mozart ist keiner, der für eine gerechtere Gesellschaftsordnung Leib und Leben riskierte: Er empört sich über die angemaßten Privilegien des Adels, erhofft aber zugleich vom aufgeklärten Kaiser Joseph II. Verständnis und Förderung. Gleichwohl ist seine Rebellion mehr als ein Aufbegehren gegen persönliche Zurücksetzung, wie es ihm der Vater beständig, jedoch auf eher verschlagene Art vorlebt. Denn hinter der Kränkung seiner Person steht die Kränkung seines Genies, das sich unter den herrschenden Verhältnissen nicht nach Vermögen entfalten kann: Es will entfesselt werden.

Man kann tiefenpsychologisch darüber diskutieren, ob Mozarts Selbstwertgefühl beständig zwischen den polaren Erfahrungen der Macht eines Wunderkinds und der Ohnmacht eines Hofbedienten schwankt und ob der Vater diese Polarität verstärkt: *In der Kunst bist du alles, vor meinen Erwartungen an deine Lebenstauglichkeit bist du nichts!* Das wäre eine gute und durchaus plausible Begründung für Mozarts Kränkbarkeit.[161] Wichtiger ist jedoch, was Mozart daraus macht: Er will in größtmöglicher Freiheit schaffen und steuert deshalb planmäßig – bewusst oder unbewusst – auf den Bruch zu. Wie sich erweist, ist es ein Bruch nicht nur mit dem Fürsterzbischof, sondern auch mit dem Vater: Erst wo die Angst vor ewig unzufriedenen Autoritäten offensiv und aggressiv angegangen wird (was sie nicht zwangsläufig zum Verschwinden bringt), ist der Weg frei fürs Genie. Was wir an Mozarts Kunst in seinen Wiener Jahren bewundern, würde es ohne seine späte ödipale Auflehnung nicht geben – eingestandenermaßen ein Gedankenspiel, jedoch nicht weniger plausibel als die Rekonstruktion des Sonatensatzschemas in einem Mozart'schen Finalsatz.

So geruhsam dieses Kapitel begonnen hat, so aufregend ist sein Schluss. Anstatt dass der Fürsterzbischof Mozart auf eigene Faust beim Wiener Adel sondieren, mit Konzerten Geld verdienen und womöglich anlässlich einer Audienz beim Kaiser seine «opera durchPeitschen» lässt,[162] hindert er ihn daran, eine eigene «Akademie» – so die in Süddeutschland und Österreich geläufige Bezeichnung für Konzert – zu geben und damit 100 Dukaten zu verdienen: «die dames haben sich mir schon *selbst* angetragen, Billieters auszutheilen.»[163] Nach Fürsprache Dritter darf er sich wenigstens am 3. April 1781 in einem Konzert der Tonkünstler-Sozietät zum Vergnügen des Publikums «ganz allein auf einem Piano Forte hören lassen» – laut Ankündigung sein erster öffentlicher Auftritt in Wien seit achtzehn Jahren.[164] Doch dann will ihn der Fürsterzbischof wieder an seinem Dienstplatz in Salzburg sehen, obwohl «hier ein Herrlicher ort ist – und für *mein Metier* der beste ort von der Welt»[165].

Doch lieber bricht er mit Colloredo, als dass er sich in die Mittelmäßigkeit zurückkommandieren lässt. Und schließlich ist es so weit: «Ich bin nicht mehr so unglücklich in Salzburgerischen diensten zu sein – heute war der glücklichste tage für mich». So schreibt er dem Vater voll Optimismus, jedoch im Rückblick «ganz voll der Galle» am 9. Mai 1781. Bestimmte Reizwörter wie «Lump», «Lausbub», «Fex» und «elender Bub» sind gemäß geläufiger Praxis zwischen Vater und Sohn dergestalt chiffriert, dass a und m, e und l, i und f, o und s sowie u und h miteinander vertauscht sind. Mit einer solchen «Geheimschrift» führt man zwar im Ernstfall keinen Zensor hinters Licht, kann aber formal weniger leicht belangt werden. Im folgenden Absatz sind diese Wörter zur Illustration des Verfahrens ausnahmsweise nach dem Autograph, also verschlüsselt, wiedergegeben.

Was ist geschehen? Nachdem der Fürsterzbischof Mozart mehrfach geringschätzig behandelt und mit herabsetzenden Ausdrücken belegt hat, trägt er ihm auch noch Kurierdienste auf: Er soll ein eiliges Paket nach Salzburg expedieren. Auf seine Weigerung, seine Zelte in

Wien überstürzt abzubrechen, gerät Colloredo vollends in Zorn, nennt Mozart einen «lhapln», einen «emhobhb», einen «ilxln» und weist ihm nach einem Wortwechsel die Tür: «schau er, ich will mit einem solchen lelndln bhbln nichts mehr zu thun haben.» – «endlich sagte ich – und ich mit ihnen auch nichts mehr.» – «also geh er – u n d i c h: im weg gehen – es soll auch dabey bleiben; morgen werden sie es schriftlich bekommen.»[166]

«Im weg gehen»: Wir erinnern uns, dass Mozart diese Formulierung einstmals gebraucht hat, als er dem Vater von seinem erfolglosen Antichambrieren beim Münchner Kurfürsten berichtet. Nun dreht er den Spieß um, was jedoch leichter gesagt als getan ist. Denn einem Landesherrn kündigt man nicht: Der wirft einen hinaus, wenn e r es will! Vorab, so wird es der Fürsterzbischof sehen, wäre eine Unterwerfung Mozarts angebracht, denn der hat ihn in den Wochen zuvor «unsern erzlimmel» genannt – ganz offen in einem Brief an den Vater. Erst eine spätere Passage ist chiffriert und lautet im Klartext: «O, ich willdem *erzbischof gewis eine Nase drehen, daß es eine freude seyn soll.*»[167]

Sollte Colloredo dergleichen entgangen sein? Jedenfalls hat Mozart ihn mit Zudringlichkeiten zu verschonen: Es müsste genügen, dass er am Gründonnerstag 1781 gemeinsam mit dem übrigen Hofstaat aus der Hand des Fürsterzbischofs die Kommunion empfangen hat! Wenn jemand für Entlassungen zuständig ist, so Mozarts direkter Vorgesetzter, der schon erwähnte Oberstküchenmeister Graf Arco. Doch der weigert sich beharrlich, das Entlassungsgesuch entgegenzunehmen, will vielmehr vermitteln und warnt – wohl nicht ohne Wohlwollen – vor zu großen Erwartungen angesichts des launischen Wiener Publikums.

Mozart wird ob der ungeklärten Situation immer aufgeregter, zittert am ganzen Leib, taumelt «wie ein besoffener auf der gasse» und nimmt Tamarindenwasser zur Beruhigung.[168] Erst am 8. Juni lässt Graf Arco sich anlässlich einer neuerlichen Demarche zu dem historischen «tritt im arsch» hinreißen: Mozart darf sich nun tatsächlich als entlassen betrachten, kocht einerseits vor Zorn und bemüht sich andererseits um «einen heitern kopf und ruhiges gemüth [...] zu Componiren»; denn das ist es, was ihm in Wien allein weiterhelfen kann.

Doch erst einmal beschäftigt ihn der «tritt im arsch», der nach seiner

Der Weg in die Freiheit 99

Vermutung auf «Hochfürstlichen befehl» erfolgt sein könnte, jedenfalls aber Rachephantasien nach sich zieht: «Mein handgreiflicher Discours bleibt dem hungrigen Esel nicht aus, und soll es in zwanzig Jahren seyn. – denn, ihn sehen, und meinen fuß in seinem Arsch, ist gewis eins»[169]. Übrigens wird dann alles nicht so heiß gegessen wie gekocht: Als Mozart zwei Jahre später Salzburg den ersten Besuch abstattet, wird er entgegen seiner eigenen leisen Befürchtung nicht arretiert, sondern sogar informell bei seinem Vorhaben unterstützt, unter Beteiligung der Hofmusik eine Messe aufzuführen. Graf Arco aber erhält im Jahr des *Don Giovanni* das Klein- und Großkreuz des salzburgischen Ruperti-Ritterordens, steigt 1800 zum Hofkammerrat für Küchen- und Fischmeisterangelegenheiten auf und wird 1830, als 88-jähriger Junggeselle, in seiner Salzburger Wohnung Platzl 5 sterben.

Mozarts Vater macht am Rande der Auseinandersetzung eine schlechte Figur: Er lügt und trickst hinter Wolfgangs Rücken, um zu retten, was nicht mehr zu retten ist, das heißt um ihn aus den Klauen der Weberischen zu reißen, bei denen er sich inzwischen einquartiert hat, und für Salzburg zurückzugewinnen. Der Sohn aber zeigt seine Enttäuschung deutlich wie nie zuvor: «ich kann mich von meinen Erstaunen noch nicht erhohlen, und werde es nie können, wenn sie so zu denken und so zu schreiben fortfahren; – Ich muß ihnen gestehen, daß ich aus keinen einzigen Zuge ihres briefes, meinen vatter erkenne! – wohl einen vatter, aber nicht, den besten, liebvollsten, den für seine eigene und für die Ehre seiner kinder besorgten vatter.»[170]

Mozart wird vorerst zwar weder seine Kommunikationsbereitschaft noch seinen Respekt für den Vater mindern, jedoch künftig für sich selbst sorgen müssen.

1781/82
Einstand in Wien

Mozart in Wien: Es ist staunenwert, mit welcher Zielstrebigkeit der Komponist seiner Kunst das Bett bereitet. Es hätte ein anderes werden können, doch nun ist es d i e s e s; und angesichts der einzigartigen Werke, die in den knapp elf Wiener Jahren entstehen werden, sollten wir vorrangig nicht auf die Widersprüche schauen, die es in Lebensplanung und -führung gibt, sondern auf deren innere Dynamik. Oder wollen wir es dem Vater gleichtun, der im Voraus weiß, dass man bei den Weberischen verlottert, dass allzu viel Selbstlob unkritisch macht, dass man in Wien in viele Fallen tappt und anderes mehr?

Mozart tut alles, um es nicht mit ihm zu verderben: Er bittet um Verständnis, versucht zu verschleiern, was Leopold Mozart ärgert, und herauszustreichen, was ihn freut. Doch das sind letztlich nur Rauchopfer auf dem Altar des Über-Ich. Die Wirklichkeit berührt das nicht, denn das Genie in ihm weiß es besser als der treue Sohn. Es sorgt für die Einheirat in Verhältnisse, vor denen man sich nicht fürchten muss, die vielmehr jene Geborgenheit versprechen, die der beleidigte Vater zunehmend verweigert. Und es entwickelt Berufspläne, die von berechtigtem Optimismus getragen sind: Mozart wird es im Lauf seiner Wiener Zeit zu Einkünften bringen, von denen er anfänglich nur träumen kann; auftretende Probleme liegen nicht auf der Ertrags-, sondern auf der Ausgabenseite.

Ohne zu wissen, ob Mozart den Gedanken an eine feste Anstellung damals definitiv aufgegeben oder nur in der Hoffnung auf bessere Bedingungen zurückgestellt hat, beobachten wir eine klare Strategie, es zunächst als freier Künstler zu versuchen. Die entsprechende Existenz soll auf fünf Säulen ruhen: der Opernkomposition, auf der Veranstaltung von Konzerten, in denen seine Werke gespielt und möglichst von ihm vorgetragen werden, auf Einladungen in die Musikzirkel der Wiener Gesellschaft, auf exklusiver Unterrichtstätigkeit und auf der Veröffentlichung ausgewählter Werke.

Da all das – wenn auch weder auf Kommando noch mit wünschenswerter Zuverlässigkeit – gelingt, ist Mozart der Prototyp des erfolgreichen freien Künstlers. Das hervorzuheben heißt einem Mythos entgegenzuwirken, demzufolge ihm die Selbstbehauptung und -verwirklichung unendlich schwer gemacht worden seien. Falls er seine Situation immer wieder so erlebt haben sollte, wäre dies ein gewiss korrektes Spiegelbild seines Kampfes mit immer neuen Anforderungen, mit denen sein eigenes Künstlertum an ihn herantritt, jedoch keine stimmige Beschreibung der äußeren Situation. Der Binsenwahrheit, dass er es als Karrierist leichter gehabt hätte, ist die andere gegenüberzustellen, dass er dann kein Mozart gewesen wäre.

Beginnen wir mit dem «Auge Gottes»: So heißt das Haus am Wiener Petersplatz, in dem die gerade verwitwete Caecila Weber mit ihren drei unverheirateten Töchtern Josepha, Constanze und Sophie wohnt und auch Zimmer vermietet. Das ist Mozart natürlich nicht entgangen; und als Fürsterzbischof Colloredo Mozart Anfang Mai 1781 kategorisch auffordert, sein Dienstzimmer im «Deutschen Haus» zu räumen und nach Salzburg zurückzukehren, zieht er stattdessen frohgemut zu den Weberischen. Plastisch schildert er dem Vater die Vorzüge familiärer Versorgung und den Luxus, zwei Tasteninstrumente zur Verfügung zu haben: ein Pianoforte «zum galanterie spiellen» und ein Pedalcembalo unter anderem zum Fugen-Spiel.

Bald dringt Geschwätz nach Salzburg: Mozart habe etwas mit einer der Weber'schen Töchter. Der ohnehin alarmierte Vater erinnert daran, dass Mozart schon während seines Münchner *Idomeneo*-Aufenthalts mit einer Person zweifelhaften Rufes gesehen worden sei, und dringt auf Wohnungswechsel. Der Sohn präsentiert, anstatt auszuziehen, Sentenzen: «gott hat mir mein Talent nicht gegeben, damit ich es an eine frau henke, und damit mein Junges leben in unthätigkeit dahin lebe. – ich fange erst an zu leben, und soll mir es selbst verbittern; – ich habe gewis nichts über den Ehestand, aber für mich wäre er dermalen ein übel.»[171]

Anfang September erstattet er dem Vater dann doch Bericht über ein «neues Zimmer»: Es liegt am Graben, ganz in der Nähe des alten. Aus seinem Brief spricht Bitterkeit wie nie zuvor: «ich habe sorge und kümmerniss genug hier für meinen unterhalt; verdriessliche briefe zu lesen ist dann gar keine sache für mich.»[172] Am 15. Dezember 1781 lässt er endlich die Katze aus dem Sack: «Mein bestreben ist unterdessen etwas wenig *gewisses* hier zu haben – dann lässt es sich mit der hülfe des unsichern ganz gut hier leben; – und dann – zu heyrathen! – sie erschröcken vor diesen gedanken?» Da soll man erst einmal seine Argumente hören: «die natur spricht in mir so laut, wie in Jedem andern, und vielleicht läuter als in Manchem grossen, starken limmel.» Will der Vater etwa, dass er «ein unschuldiges Mädchen» verführt oder sich gar mit «hurren herum balgt» und sich «die krankheiten» holt?

«Nun aber», so geht es weiter, «wer ist der gegenstand meiner liebe? – erschröcken sie auch da nicht, ich bitte sie; doch nicht eine Weberische? – Ja eine Weberische – aber nicht Josepha – nicht Sophie – sondern Constanza; die Mittelste.» Beileibe nicht Josepha, denn die ist «eine faule, grobe, falsche Person»; beileibe nicht Sophie, die ist viel zu jung und ein zwar «gutes, aber zu leichtsinniges geschöpf»; und beleibe keinen weiteren Gedanken an Aloisia verschwenden: Die verheiratete Langin ist «eine falsche, schlechtdenkende Personn, und eine Coquette». C o n s t a n z e soll es sein: «sie ist nicht hässlich, aber auch nichts weniger als schön. – ihre ganze schönheit besteht, in zwey kleinen schwarzen augen, und in einen schönen Wachsthum. sie hat keinen Witz, aber gesunden Menschenverstand genug, um ihre Pflichten als eine frau und Mutter erfüllen zu können.» Sie kleidet sich nett, aber nicht aufwendig, «frisirt sich auch alle Tage selbst. – versteht die hauswirthschaft, hat das beste herz von der Welt – ich liebe sie, und sie liebt mich von Herzen? – sagen sie mir ob ich mir eine bessere frau wünschen könnte?»[173]

Der Vater erregt sich umso mehr, als er von einem «Ehecontract» erfahren muss, zu dessen Unterzeichnung Constanze Webers Vormund, der Hofbeamte Johann Thorwart, Mozart genötigt hat – wie schon zuvor den Verehrer seines Mündels Aloisia: Ohne Unterschrift kein weiterer Umgang mit Constanze, so lautet das Ultimatum jenes Thorwart, der ein paar Jahre später Mozarts Bestallung zum Hofkompositeur ausfertigen wird; und so geht Mozart die Verpflichtung ein, die Mademoiselle zu ehelichen oder ihr jährlich 300 Gulden zu zahlen. Das «himmliche Mädchen» glaubt Mozarts Versprechungen jedoch auch ohne Kontrakt und zerreißt selbigen vor den Augen ihrer Mutter.[174]

Mozart ist inzwischen – nach dem Erfolg der *Entführung* – in die größere Wohnung zum «Roten Säbel» an der Hohen Brücke umgezogen; Constanze wechselt zeitweilig aus der mütterlichen Wohnung zur Baronin Waldstätten, die in der Leopoldstadt ein offenes Haus führt und Mozart als Beraterin in Herzensangelegenheiten willkommen ist. Freilich gilt die von ihrem Mann getrennt lebende Baronin als leichtlebig; und so kann es passieren, dass Constanze sich in geselliger Runde «von einem Chapeaux [...] die Waden messen» lässt. Ihr ebenso eifersüchtiger wie aufgebrachter Wolfgang lässt zwar gelten, dass die Gastgeberin das Spiel mitgemacht habe, denn sie sei «schon eine übertragene frau / die ohnmöglich mehr reitzen kann»; für die zwanzigjährige Braut schickt sich dergleichen jedoch nicht.[175]

«Wadenmessen» ist ein damals gängiges und Mozart wohlbekanntes, jedoch leicht anrüchiges Gesellschaftsspiel; seine Emotionen sind daher leicht zu verstehen – ebenso Befürchtungen, dass man dergleichen alsbald nach Salzburg melden und damit dem Vater neue Argumente liefern wird. Bevor man allerdings Constanze aus dem Vorgang einen Strick dreht, sollte man wahrnehmen, dass Mozart seinerseits der 38-jährigen Baronin den Hof macht. Auch nach seiner Heirat wird er ihr Briefe schicken, die einige Sympathie verraten: «Allerliebste, Allerbeste, Allerschönste, Vergoldete, Versilberte und Verzuckerte Wertheste und schätzbarste Gnädige Frau Baronin!», beginnt er am 2. Oktober 1782, um mit einer Schlussformel zu enden, deren korrektes Latein aller Anerkennung wert ist: «Meine Frau, die ein Engel von einem Weibe ist, und ich der ein Muster von einem Ehemann bin, küssen beyde Euer Gnaden 1000mal die Hände und sind ewig dero getreue Vasallen Mozart magnus, corpore parvus et Constantia, omnium uxorum pulcherrima et prudentißima.»[176]

Was wäre ohne die Baronin aus der Heirat geworden, von der endlich die Rede sein kann, nachdem Mozart mit der erfolgreichen Premiere der *Entführung* allen klar gemacht hat, dass er auf einen Schlag 100 kaiserliche Dukaten – etwa so viel wie sein spärliches Salzburger Jahresgehalt – verdienen kann! Am 4. August 1782 traut sie der Kurat Ferdinand Wolf im Stephansdom. Und während Vater und Schwester erwartungsgemäß daheim geblieben sind, stammt immerhin einer der

Trauzeugen aus dem Salzburger Freundeskreis: Franz Wenzel Gilowsky von Urazowa, Magister der Chirurgie und ein Bruder von Maria Annas Freundin Katherl.

«Als wir zusamm verbunden wurden», berichtet Mozart dem Vater, «fieng so wohl meine frau als ich an zu weinen; – davon wurden alle, sogar der Priester, gerührt. – und alle weinten, da sie zeuge unserer gerührten herzen waren. – unser ganzes Hochzeits festin bestund aus einem soupèe welches uns die frau Baronin v: Waldstädten gab – welches in der that mehr fürstlich als Baronisch war.»[177]

Dass es wieder einmal die Boheme ist, welche Mozarts Leben in einem wichtigen Augenblick leicht und angenehm macht, mahnt uns bei der Beurteilung seiner persönlichen Verhältnisse zur Vorsicht: Sind wir gut beraten, wenn wir uns mit der Mehrheit der Biographen auf die Seite Leopold Mozarts schlagen und entsprechend missvergnügt Mutter Weber als Kupplerin, Constanze als triebhaftes, unordentliches Dummchen und Mozart als ihr Opfer darstellen? Kann man es der Witwe Weber übel nehmen, dass sie in puncto Ehekontrakt auf den Vormund ihrer Kinder hört? Und soll man Mozart unterstellen, in diese Ehe hineingeschlittert zu sein? Die Hypothese, es habe für ihn im Sommer 1782 nichts Besseres gegeben als die Ehe mit Constanze, ist zwar nicht minder spekulativ als die gegenteilige, jedoch keineswegs an den Haaren herbeigezogen: Die beiden – das darf man ihm glauben – lieben sich; sie werden – dafür gibt es Indizien – eine Ehe voll vergnügter Sinnlichkeit führen; und was Phasen von Niedergeschlagenheit angeht, bleiben sie sich gegenseitig nichts schuldig.

Sind unverheiratet gebliebene Komponisten wie Händel, Beethoven, Schubert, Chopin, Bruckner oder Brahms besser gefahren? Haben die mutmaßlich biederen Ehen von Johann Sebastian Bach, Richard Strauss oder Hindemith bedeutendere Musik hervorgebracht als die problematischen von Haydn, Verdi oder Debussy? War es für Heinrich Schütz ein Gewinn, viele Jahre als Witwer zu leben, oder für Richard Wagner, das Wagnis der Ehe zweimal einzugehen? Anstatt solch müßige Überlegungen anzustellen, sollte man die Komponisten auf ihren persönlichen Wegen mit nichts anderem als vorurteilsfreier Freundlichkeit begleiten. Bei Mozart fällt dies ohnehin leicht: Wir beglückwünschen ihn, dass er sich zu Anfang seiner Wiener Zeit gegen den Vater durchsetzt und die Kraft zur Gründung einer Ehe nach eigenem Gusto aufbringt.

Einer Ehe, in der Musik auf b e i d e n Seiten groß geschrieben wird. Constanze ist als Sängerin zwar keine Berühmtheit wie ihre Schwester Aloisia; jedoch wird sie in ihrem ersten Ehejahr öffentlich Sopran-Soli in einer der Messen Mozarts – vermutlich der c-Moll-Messe – singen und nach dem Tod ihres Mannes mit Aloisia eine Konzerttournee durch Deutschland absolvieren. Ein paar Jahre später schreibt sie an die Verleger Breitkopf & Härtel, ihr Mann habe sie seine Arbeiten «immer spielen und singen» lassen.[178] Das deutet ebenso auf ein passables Klavierspiel hin wie Mozarts Eintrag «Sonata à 2 cembali / per la sig:ra Costanza Weber – ah–» auf dem Manuskript des unvollendeten Sonatensatzes KV 375 c. Dass Mozart seiner Schwester im Frühjahr mitteilt, Constanze sei «ganz verliebt» in Fugen, wolle «nichts als fugen hören, besonders aber |: in diesem Fach :| nichts als Händl und Bach», mag man als durchsichtige Reklame für seine Braut werten, ohne es deshalb als unwahr abtun zu müssen. Denn immerhin zankt sie ihren Mann, der solche Fugen auf Anregung des Baron van Swieten zu Hause durchnimmt, wegen seiner schelmischen oder übertrieben bescheidenen Behauptung, dergleichen selbst noch nicht komponiert zu haben.[179]

Betrachten wir jedoch, was Mozart in Wien für sein eigenes Genie tut, und beginnen wir bei seiner Leidenschaft: der Bühne. «Meine einzige Unterhaltung besteht im Theater; ich wollte Dir wünschen hier ein Trauerspiel zu sehen! überhaupt kenne ich kein Theater, wo man alle Arten Schauspiele *vortrefflich* aufführt»[180], schreibt er im Juli 1781 der Schwester. Er sieht das berühmte Ehepaar Schröder, mit dem die neue Ära der natürlichen Schauspielkunst anbricht: «Wir vergessen den Schauspieler über dem Menschen, wir sehen nur unser Mitgeschöpf», heißt es in einem Wiener Aufführungsbericht dieses Jahres.[181]

Den als Lear- und Hamlet-Darsteller gerühmten Burgschauspieler Friedrich Ludwig Schröder bittet Graf Rosenberg-Orsini, des Kaisers «General-Spektakel-Direktor», sich nach einem «guten Oper buch» für Mozart umzusehen[182] – und damit nähern wir uns der *Entführung*. Mozart setzt ganz auf das deutsche Singspiel, das von Joseph II. der italieni-

Einstand in Wien 107

schen Oper vorgezogen wird – nicht nur aus Gründen der Sparsamkeit, sondern auch um seines Projekts eines deutschen Nationaltheaters willen. Zwar wird sich vor allem die italienische Opera buffa auf Dauer nicht zurückdrängen lassen; dass jedoch zumindest in den Jahren 1779 bis 1782 das deutsche Singspiel den Ton angibt, muss selbst der italienische Hofkapellmeister Antonio Salieri einsehen: Er versucht sein Glück mit seinem *Rauchfangkehrer*.

Der hat im April 1781 Premiere, als Mozart sich noch mit Colloredo auseinander setzt. Mit seiner fast fertigen *Zaide*, die er schon von Salzburg aus ins Spiel gebracht hat, wäre freilich ohnehin kein Staat zu machen, da man in Wien «lieber Commische stücke sieht»[183]. So hängt er sich – die Einschaltung Schröders bleibt Episode – an Gottlieb Stephanie den Jüngeren. Den schildert Zeitzeuge Riesbeck als «rauhen, starrköpfigen, trotzigen Mann, mit einem Medusengesicht, und nach dem ersten Anblick mehr zu einem Grenadierkorporal, als zu einem Schauspieler gemacht. Er spielt Flegel, Murrköpfe, Tyrannen, Scharfrichter» und ist als Dichter «viel schätzbarer» denn als Akteur.[184]

Mozart sieht ihn in dem Lustspiel *Das Loch in der Thür* und vertraut offenbar recht gern einem Hallodri mit Erfahrung und aktuellem Einfluss: Jura hat Stephanie studiert und für die Preußen ebenso wie für die gegnerischen Österreicher gekämpft; er erlebt seine Degradierung vom Feldwebel zum Gemeinen, sammelt bei dem Magnetiseur Franz Anton Mesmer erste Erfahrungen als Schauspieler und gewinnt schließlich das Vertrauen Josephs II., der ihn gemeinsam mit seinem Halbbruder, Christian Gottlob Stephanie, langfristig in seinem Nationaltheater-Projekt beschäftigt.

Weiß Mozart, dass Stephanies Libretto zu dem Singspiel *Die Entführung aus dem Serail* oder *Belmonte und Constanze* ein Plagiat nach dem fast namensgleichen Textbuch des Leipziger Kaufmanns Christoph Friedrich Bretzner ist? Der meldet sich nach der Uraufführung wütend zu Wort: «Ein gewisser Mensch, Namens Mozart, in Wien hat sich erdreistet, mein Drama *Belmonte und Constanze* zu einem Operntexte zu missbrauchen. Ich protestire hiermit feierlichst.»[185] Mehr bleibt ihm in einer Zeit ohne Urheberrecht auch nicht übrig. Türken-Sujets sind ohnehin in Mode und differieren oft nur in Nuancen – das eine Mal geht es grausamer, das andere Mal humaner zu. Stephanie wählt eine aufgeklärtere Variante als Bretzner: Er lässt den Bassa Selim das liebende Paar aus freien Stücken freigeben und nicht, weil er in Belmonte seinen eigenen Sohn entdeckt.

Ob Mozart solcher «Fortschritt» beeindruckt hat, sei dahingestellt. Eher dürften die neuen Wiener Erfahrungen seiner K o m p o s i t i o n Auftrieb geben: Da ist zum einen die neue, natürliche Schauspielkunst, die ihn seine Bühnengestalten beweglicher führen lässt, als man dies bisher – auch von ihm – gewohnt ist. Die Extremgestalt des Osmin ist dafür das beste Beispiel: Er liegt in seinem Charakter nicht von vornherein fest und ist zumindest anfänglich kein reiner Bösewicht, vielmehr wie ein Bär, den man erst reizen muss, damit er zu wüten beginnt. Andererseits bedarf es vielleicht der Derbheit Stephanies, damit derselbe Osmin zu Mozarts erster praller Lustspielfigur werden kann.

Ursprünglich ist die Oper für einen Besuch des russischen Großfürsten und späteren Zaren Paul I. geplant, dessen Land sich pikanterweise im Dauerkrieg mit der Pforte befindet. Als der Termin verschoben wird, kann Mozart – es ist noch die Verlobungszeit – in seinem kleinen, jedoch «recht hüpsch eingerichteten zimmer auf dem Graben» mit «mehr überlegung schreiben»[186]. Im August 1781 hat er mit großem Eifer angefangen; erhält jedoch einen Dämpfer, als man ihm im darauffolgenden Januar verkündet, dass die großen Opern von Gluck – Iphigenie auf Tauris (in deutscher Sprache), Alceste und Orfeo – eher an der Reihe seien.

Am 16. Juli 1782 kann im Burgtheater – dem einen der beiden vom Kaiser direkt kontrollierten Häuser – endlich die Premiere stattfinden. Als Sängerinnen und Sänger wirken die besten Kräfte des Hoftheaters mit. Auch wenn die Quellen dazu schweigen, darf man annehmen, dass Mozart das Ensemble vom Cembalo aus leitet: Dieses dringt weiter als das Pianoforte, welches allzu gut mit dem Orchesterklang verschmilzt. Aber natürlich gehört die Zukunft dem neuen Instrument, für das Mozart auch seine aktuellen Klavierkonzerte schreibt: Spätestens seit 1782 hat er sein eigenes Pianoforte.

Über den Erfolg der Premiere ist wenig bekannt. Von der zweiten, immerhin auf Wunsch von Gluck angesetzten Aufführung berichtet

Mozart dem Vater: «könnten sie wohl vermuthen daß gestern noch eine Stärkere Cabale war als am ersten abend? – der ganze Erste ackt ist verzischet worden. – aber das laute Bravo rufen unter den arien konnten sie doch nicht verhindern. – meine hofnung war also das schluß-terzet – da machte aber das unglück den fischer fehlen. [...] mithin gieng der ganze Effect davon verloren, und wurde für diesmal – nicht repetirt. – ich war so in Wuth daß ich mich nicht kannte ...»[187]

Zu seinem Trost ist das Theater ausverkauft, zu seinem Kummer zeigt der Vater keine Begeisterung: «Ich habe heute ihr schreiben vom 26:[ten] erhalten, aber ein so gleichgültiges, kaltes schreiben, welches ich in der that auf die ihnen überschriebene Nachricht wegen der guten aufnahme meiner oper niemalen vermuthen konnte. – ich glaubte |: nach meiner empfindung zu schliessen :| sie würden vor begierde kaum das Pacquet erröfnen können, um nur geschwind das Werk ihres Sohnes besehen zu können. [...] Allein – sie hatten nicht soviel Zeit»[188].

Immerhin steigert sich der Erfolg von Mal zu Mal, und bis Februar 1783 finden fünfzehn Aufführungen statt. Von Anbeginn drängt die Komposition der Harmoniemusik zur Entführung, schon im August 1782 wirbt Herr Martin mit dieser Aktualität: Sie soll nicht fehlen, wenn der rührige Konzertunternehmer auf dem Neuen Markt vier Serenaden-Konzerte veranstaltet und den werten Abonnenten aus diesem Anlass auch gleich neue, bequeme Sessel verspricht. Wir wissen nicht, ob Mozart seine Arrangements rechtzeitig fertig bekommen oder ob statt seiner ein anderer das Honorar eingestrichen hat, können aber etwas zum Thema «Harmoniemusik» sagen.

Sie ist ein Lieblingsprojekt des Kaisers, der just in den Tagen der Entführung aus Mitgliedern seines Hoforchester eine «Kaiserliche Harmonie» hat zusammenstellen lassen. Zu deren Standardbesetzung gehören je zwei Oboen, Klarinetten, Hörner und Fagotte nebst gelegentlichem Kontrabass. Ein solches Bläserensemble klingt schön und sorgt außerdem kostengünstig für die Verbreitung von Musik, die man sonst nur in der kaiserlichen Oper hören könnte. Denn gegen eine Gehaltserhöhung von 50 Gulden jährlich spielen Josephs Virtuosen nunmehr allerorten Arrangements von Stücken aus dem aktuellen Opernspielplan. (Dass Mozart die Tafelmusik im zweiten Akt des Don

Giovanni mit aktuellen Opern-Hits bestreitet, verweist unter anderem auch auf diese Praxis.) Indessen spielen die Harmonie-Musiker auch Originalkompositionen; und da knüpft Mozart mit seinen für die genannte Besetzung komponierten Serenaden in Es-Dur KV 375 und c-Moll KV 388 an. Mit gebührender Vorsicht lässt sich auch die mit zwei Oboen, zwei Klarinetten, zwei Bassetthörnern, zwei Fagotten, vier Hörnern und Kontrabass besonders stark besetzte Serenade in B-Dur KV 361 in die Zeit der *Entführung* datieren.

Über die sechsstimmige Erstfassung von KV 375 heißt es in einem Brief Mozarts vom November 1781: «um 12 uhr fuhr ich in die leopold=stadt zur Baronne Waldstädten – alwo ich meinen Nammenstag zugebracht habe. auf die Nacht um 11 uhr bekamm ich eine NachtMusik von 2 clarinetten, 2 Horn und 2 Fagott – und zwar von meiner eigenen komposition.»[189] Der freundliche Anlass kann jedoch nicht darüber hinwegtäuschen, dass die Serenaden-Seligkeit der Salzburger Jahre einem ernsteren Ton gewichen ist – vor allem in den genannten Schwesterwerken. Die als «gran Parttita» überlieferte Serenade KV 361 überrascht durch die Schwermut der langsamen Sätze, KV 388 durch die Moll-Tonart, welche die Folie für düster-phantastische Züge abgibt. Der davon abgeleitete Impuls zu untergründig konstruktiver Arbeit reicht aus, um dem Menuett die Form eines Kanons zu geben. Gleichwohl achtet man mehr auf den dramatisch-herben Gestus als auf die kontrapunktische Finesse.

Obwohl Mozart den Wienern auf dem Feld traditionell «gesellschaftlicher» Musik reichlich anspruchsvoll kommt, darf man ihn nicht für weltfremd halten; denn viele der 1781/82 geschriebenen Werke zielen recht genau auf eine fest umrissene Klientel – etwa die sechs Violinsonaten KV 296 und KV 376 bis KV 380, die zwar keineswegs anspruchslos, jedoch so gefällig komponiert sind, dass sich eine Drucklegung als Opus 2 lohnt. Auch die über populäre Gesangsmelodien komponierten Klaviervariationen KV 264, KV 265, KV 352 und KV 353, darunter das bekannte «Ah, vous dirai-je Maman», passen in diesen Rahmen. Solche Musik wird übrigens nicht immer gleich gedruckt, sondern vorab in handschriftlichen Kopien einem ausgewählten Schüler- und Liebhaberkreis gegen Extrahonorar mehr oder weniger exklusiv zur Verfügung gestellt.

Namentlich in der Anfangszeit ist Mozart auf Klavierschülerinnen angewiesen, will sich jedoch nicht gemein machen und nur gegen hohes Honorar unterrichten, möglichst auch die Ausfälle in den Sommermonaten bezahlt bekommen. «mein Preis ist für 12 lectionen 6 dukaten, und da gieb ich ihnen noch zu erkennen, daß ich es aus gefälligkeit thue»[190]. Derartige Honorare wollen freilich nur wenige Schülerinnen zahlen – darunter allerdings solche vom Niveau der Josepha Barbara von Auernhammer: Ihr sind die zuletzt genannten Violinsonaten gewidmet; und Mozart musiziert sie mit ihr gemeinsam aus den Druckfahnen, um Stichfehler zu finden. Sein Freund Maximilian Stadler hat sich später erinnert, dass Mozart die Auernhammer nicht auf der Violine, sondern auf einem zweiten Klavier begleitet habe – man fragt sich, warum.

Im November 1781 spielen Lehrer und Schülerin anlässlich eines Hauskonzerts bei den Auernhammers das Konzert für zwei Klaviere KV 365, dessen Partitur Mozart ad hoc um Klarinetten, Trompeten und Pauken erweitert hat, sowie die eigens komponierte Sonate für zwei Klaviere KV 448. Im Mai des folgenden Jahres kommt man noch einmal im Augarten zusammen: Dort veranstaltet der schon genannte Unternehmer Martin Dilettantenkonzerte auf Abonnementbasis, und Mozart hat Gelegenheit, seine Salzburger Sinfonie KV 338 und das Konzert für zwei Klaviere vorzustellen.

Als sich die Auernhammer im November 1782 eine eigene Akademie im Kärntnertor-Theater zutraut, hat sie Mozarts Unterstützung. Wie hoch er diese Schülerin auch noch später einschätzt, zeigt sein Brief aus Dresden, wo er auf der Durchreise mit dem damals gefeierten Johann Wilhelm Häßler, einem Enkel-Schüler Bachs, zusammentrifft: «auf dem forte piano finde ich nun die Auerhammer eben so stark»[191]. Dürften aus dieser Einschätzung auch Ressentiments gegenüber einem Rivalen sprechen, so fällt ihm immerhin als Vergleichsperson zuerst die Auernhammer ein. Gewiss hat sie ihm nicht nur durch Korrekturlesen geholfen: Wer gute Schüler unterrichtet und beiläufig auf kompositorische Finessen hinweist, bringt sich ein Stück weit auch selbst voran. Gerade ein Komponist wie Mozart bedarf solchen Austauschs.

Ein a k t u e l l e r Rivale ist Muzio Clementi, mit dem sich Mozart am 24. Dezember 1781 in der Wiener Hofburg vor Joseph II. und seinem Staatsgast, der russischen Großfürstin Maria Feodorowna, in einem Klavierwettstreit misst. Dem Kaiser ist die Angelegenheit so wichtig, dass er noch ein Jahr später während einer Gesellschaft bei Philippine Gabriele Gräfin Pergen darauf zurückkommt, «infinement» über die Musik im Allgemeinen und speziell über «du combat entre Mozhardt et Clementi» redet.[192]

Am Abend des Wettspiels spricht er Mozart «heimlich» auf dessen Heiratsangelegenheit an – sofern man einem diesbezüglichen Brief Glauben schenkt,[193] in dem Mozart dem Vater zu suggerieren versucht: Die Sache ist nicht mehr aufzuhalten, denn selbst der Kaiser weiß davon. D a s s Joseph zu diesem Zeitpunkt davon weiß, ist in der Tat gut denkbar, denn zum einen ist Wien mit seinen 200 000, vor allem in der Innenstadt zusammengedrängten Einwohnern ein überschaubarer Ort, und zum anderen verkehrt Mozart mit dem kaiserlichen Leibkammerdiener Johann Kilian Strack, den er fälschlich für seinen Freund und Fürsprecher hält.

Interessanter als solcher Klatsch ist der Wettstreit selbst. Nach Mozarts Bericht legt die Großfürstin eine ihr gewidmete Sonate von Giovanni Paisiello auf, aus der Mozart das *Allegro*, Clementi das *Andante* und das *Rondo* spielen müssen. Danach improvisieren sie an zwei Klavieren über ein Thema aus dieser Sonate. Vorher hat Mozart heute nicht mehr zu identifizierende «variazionen»[194], Clementi die wegen schwieriger Terzpassagen bekannte Toccata aus seiner Es-Dur-Sonate op. 11 und die Sonate in B-Dur op. 24,2 gespielt, an deren Anfangsmotiv Mozart mit dem Anfangs-Allegro der *Zauberflöten*-Ouvertüre erinnern wird.

Wiederum Jahre später erinnert sich Clementi des Wettstreits mit den Worten: «In [den kaiserlichen] Musiksaal eintretend, fand ich daselbst Jemand, den ich seines eleganten Äußern wegen für einen kaiserlichen Kammerherrn hielt; allein kaum hatten wir eine Unterhaltung angeknüpft, als diese sofort auf musikalische Gegenstände überging, und wir uns bald als Kunstgenossen – als Mozart und Clementi – erkannten und freundlichst begrüßten.»[195]

Erstaunlich, dass Mozart in seinem ersten Bericht von seinem Besuch am Kaiserhof noch nichts von einem Wettstreit schreibt: «vorgestern als den 24:ten habe ich bey hofe gespiellt – es ist noch ein clavier spieller hier angekommen, ein Welscher er heist. Clementi, dieser war auch hineinberufen. – gestern sind mir davor 50 Duccaten geschickt worden; welche ich dermalen recht nöthig brauche.»[196] Weniger erstaunlich ist, dass Mozart gleich zweimal in rasch aufeinander folgenden Briefen an den Vater kritisch über Clementi urteilt: «der Clementi spielt gut, wenn es auf execution der rechten hand ankömmt. – seine force sind die terzen Paßagen – übrigens hat er um keinen kreutzer gefühl oder geschmack, mit einem Wort ein blosser Mechanicus.»[197] So heißt es nicht nur am 12. Februar 1782, sondern auch vier Tage später in fast identischen Worten. Und als im Jahr darauf Marie Anna Sonaten Clementis studiert, geht der Bruder noch einmal – wiederum mit ähnlichen Formulierungen – auf den welschen «Ciarlattano» los.[198]

Der vier Jahre Ältere hat seinen Wiener Aufenthalt, der vor allem der Werbung für die neuen englischen Broadwood-Klaviere dient, noch nicht beendet, als Mozart am 3. März 1782 – vermutlich im Burgtheater – seine erste eigene Akademie gibt.[199] Er lässt Teile aus dem *Idomeneo* aufführen, spielt sein Salzburger Klavierkonzert D-Dur KV 175 mit dem neuen Konzert-Rondo KV 382 als umjubeltem Finale und eine freie Phantasie – diese nicht zuletzt im Blick auf den vermutlich anwesenden Clementi, welcher Ähnliches nach Meinung Mozarts nicht fertig bringt. Doch was hätte er wohl zu Clementis bedeutender c-Moll-Phantasie op. 48 von 1821 gesagt?

Wie kleidet sich Mozart bei seinen Auftritten? Das von Johann Nepomuk della Croce zur *Idomeneo*-Zeit gemalte Familienporträt – das Bildnis der verstorbenen Mutter hängt an der Wand – zeigt ihn im spitzenbesetzten roten Rock. Rot ist augenscheinlich seine Lieblingsfarbe, und so nimmt es nicht wunder, wenn es in einem Brief an die Baronin Waldstätten vom September 1782 heißt: «wegen dem schönen rothen frok welcher mich ganz grausam im herzen kitzelt, bittete ich halt recht sehr mir recht sagen zu lassen *wo man ihn bekommt,* und *wie theuer,* denn daß hab ich ganz vergessen, weil ich nur die schönheit davon in betrachtung gezogen, und nicht den Preis. – denn so einen frok muß ich haben, damit es der Mühe werthe ist die knöpfe darauf zu setzen, mit welchen ich schon lange in meinen gedanken schwanger gehe; – ich habe sie einmal, als ich mir zu einem kleide knöpfe ausnahm, auf dem kohlmark in der Brandauischen knöpffabrique vis a vis dem Milano gesehen. – diese sind Perlmutter, auf der seite etwelche weisse Steine herum, und in der Mitte ein schöner gelber Stein. – Ich möchte alles haben was gut, ächt und schön ist! – woher kommt es doch, daß die, welche es nicht im Stande sind, alles auf so was verwenden möchten, und die, welche es im Stande wären, es nicht thun?»[200]

Geschickter kann man den Wunsch, die Gönnerin möge den erwünschten roten Frack mit den Perlmuttknöpfen herbeischaffen und keine Rechnung dazulegen, kaum vortragen. Mozart beginnt kindlich schmeichelnd und endet mit leichtem moralischem Druck: Kann man einem Genius des Schönen Schönheit vorenthalten, nur weil das Geld sich in den falschen Händen befindet? Frau von Waldstätten kann es jedenfalls nicht, und daher liest man vier Tage später: «Ich habe gestern einen großen Bock geschossen! – es war mir immer als hätte ich noch etwas zu sagen – allein meinen dummen Schädel wollte es nicht einfallen! und das war mich zu bedanken daß sich Euer Gnaden gleich so viel Mühe wegen dem schönen Frack gegeben – und für die Gnade mir solch einen zu versprechen!»[201]

Möge er seinen Frack tatsächlich bekommen und auch damit jenen Erfolg gehabt haben, den seine Wiener Anfangszeit generell auszeichnet: Mozart hat sich zumindest äußerlich vom Vater emanzipiert und eine eigene Familie gegründet; er hat mit der *Entführung* seine erste Oper komponiert, die nicht nur ein Tageserfolg ist, sondern in Deutschland alsbald die Runde macht; er hat Schülerinnen gefunden und mit den Violinsonaten einen gewichtigen Musikdruck herausgebracht; er hat Anschluss an einige adelige Zirkel gewonnen, mehrere Konzerte gegeben und insgesamt besser verdient, als anfänglich zu erwarten war.

Außerdem gibt es, abgesehen von der Heirat, eine ganz spezielle Genugtuung: Der Fußtritt des Grafen Arco wird überstrahlt von einem persönlichen, augenscheinlich wohlwollenden Gespräch mit dem Kaiser – s e i n e m Kaiser. Vielleicht ergibt sich sogar noch einmal die Möglichkeit zu einer Anstellung unter würdigen Bedingungen! Doch darauf wäre er im Augenblick nicht einmal angewiesen: Sollte die Zu-

Einstand in Wien 115

kunftsvision einer freien Künstlerexistenz anfänglich nur als trotzige Alternative zu einem demütigenden Dienstverhältnis existiert haben, so ließe sie sich jetzt zum Lebensprinzip erheben ...

Kann er es so sehen, will er es so sehen? Am 17. August 1782, der Ent*führungs*-Erfolg ist gerade einen Monat alt, schreibt er dem Vater: «die H: Wienner |: worunter aber haubtsächlich der kayser verstanden ist :| sollen nicht glauben daß ich wegen Wienn allein auf der Welt seye. – keinen Monarchen der Welt diene ich lieber als dem kayser – aber erbetteln will ich keinen dienst. – Ich glaube so viel im Stande zu seyn daß ich Jedem Hofe Ehre Machen werde. – will mich Teütschland, mein geliebtes vatterland, worauf ich |: wie sie wissen :| stolz bin, nicht aufnehmen, so muß im gottes Nammen frankreich oder England wieder um einen geschickten Teutschen Mehr reich werden. [...] ich habe mich die zeither täglich in der französischen sprache geübt – und nun schon 3 lectionen im Englischen genommen.»[202]

Möchte er, wo es gerade losgeht, am liebsten schon wieder weg? Obwohl er wenig später noch nachlegt und den Sieg der Briten über die französische Flotte bei Gibraltar als erklärter «ErzEngelländer» lebhaft begrüßt,[203] sollte man die Kirche im Dorf lassen: In erster Linie will Mozart dem Druck ausweichen, den der Vater nach wie vor ausübt: Kümmere dich um eine feste Stelle, lautet seine beständige Mahnung, der Mozart als gebranntes Kind entgegensetzt: Nicht um jeden Preis, und notfalls lieber im Ausland. Daraus spricht eine Mischung von hohem Selbstbewusstsein und Angst um die eigene Würde, aber keine konkrete Lebensperspektive.

Über seine lebhaften sozialen Kontakte übersieht man leicht, dass diese Lebensperspektive in Mozarts Wiener Zeit kaum weniger von kunstimmanenten Gesetzlichkeiten bestimmt ist als im Fall Beethovens, der sich zwar auch gelegentlich von Wien wegdenkt, vor allem aber in seiner Kunst jenes «Weitergehen» erleben will, das nach seiner Meinung der «ganzen großen Menschheit Zweck» ist. Das m u s s nicht in Wien realisiert werden, doch es k a n n dort geschehen.

Und gerade das Beispiel Mozarts zeigt, dass ausgerechnet Wien gleich zu Anfang einen künstlerischen Impuls zu bieten hat, der in seiner Bedeutung gar nicht zu überschätzen ist: die Begegnung mit der

Musik Bachs und Händels beim Baron Gottfried van Swieten. Über dessen Junggesellenwohnung in der Hofburg notiert der passionierte Tagebuchschreiber Graf Zinzendorf: ein nettes Zimmer für den Kammerdiener, ein geschmackvoll eingerichtetes Speisezimmer mit blauweißer Damastbespannung ohne Goldornamente, ein mit gelbem Damast ausgekleidetes Schlafzimmer und ein Arbeitszimmer, dessen Wände grün und mit gelben Arabesken versehen sind.[204]
In diesem hübschen Ambiente geht der Baron sein Projekt «Wiener Klassik» an. Natürlich kann er nicht im Voraus wissen oder planen, was im Werk von Haydn, Mozart, Beethoven und Schubert als so genannte Wiener Klassik tatsächlich ans Licht treten wird; doch er kann Weichen stellen – in Richtung einer hoch gestimmten nationalen Kunst mit dem Zentrum Wien. Als Diplomat in österreichischen Diensten hat van Swieten Erfahrungen in Brüssel, Paris, London und vor allem Berlin gesammelt. Seit 1781 ist er Präses der kaiserlichen Studienhofkommission und damit Leiter des gesamten Schul- und Hochschulwesens sowie der Zensurbehörde; ohnehin untersteht ihm die Hofbibliothek, deren prächtige und für Hauskonzerte bestens geeignete Galerie er von seiner Wohnung aus direkt erreichen kann.

Der Komponist von zwei «opéra comiques» und einigen Sinfonien wächst innerhalb der Wiener Gesellschaft zu einem «Patriarchen der Musik» heran: «Sein Geschmack ist blos für das Grosse und Erhabene»[205]. In Wiener Adelskreisen findet er damit starken Widerhall; auch der Kaiser ist nicht nur bekanntermaßen ein Freund kontrapunktischer Arbeit, sondern auch «Liebhaber vom Pathetischen»[206]. Er trägt van Swieten auf, eine Akademie der Wissenschaften ins Leben zu rufen; doch der zaudert und gründet lieber eine adelige «Gesellschaft der Associierten», die sich der Pflege des Oratoriums zur Beförderung humanitärer Ideen verschreibt. Im Lauf der Jahre wird er – unter maßgeblicher Beteiligung Mozarts – Privataufführungen zum Beispiel von Händels (ins Deutsche übersetztem) *Messias* und von Carl Philipp Emanuel Bachs *Auferstehung und Himmelfahrt Jesu* organisieren. Um für würdige Nachfolger der Händel'schen Oratorien im deutschen Raum zu sorgen, schreibt van Swieten für Joseph Haydn die Libretti zur *Schöpfung* und zu den *Jahreszeiten* und nimmt sogar auf ihre Vertonung

Einfluss. Er protegiert den jungen Beethoven und erhält als Dank die Widmung der 1. Sinfonie.

So viel van Swieten Händel und Vater Bach schätzt, so wenig ist ihm an einer historistischen Musikpflege gelegen. Wie seine engen Beziehungen zu dem bis 1788 lebenden und komponierenden Carl Philipp Emanuel Bach zeigen, will er vielmehr das Erbe der Altklassiker in die Gegenwart produktiv hineinwirken lassen. «Wie müßte deutsches originelles Produkt seyn? Körnicht, gründlich, also auch gedacht, und durchgedacht, mit dem stätigen Gepräg eines Systems!»[207] So schreibt im Jahre 1776 der Pfarrer und Musikgelehrte Carl Ludwig Junker nicht etwa im Blick auf Johann Sebastian, vielmehr zum Lob von Carl Philipp Emanuel Bach; und van Swieten hätte sich dieser Auffassung vermutlich angeschlossen. Es geht um Vorstellungen, die Beethoven eine Generation später angesichts seines eigenen Studiums von Bach und Händel in die Worte fassen wird: «Freyheit, weiter gehn ist in der Kunstwelt, wie in der ganzen großen schöpfung, zweck. u. sind wir neueren noch nicht ganz so weit, als unsere altvordern in Festigkeit, So hat doch die verfeinerung unsrer Sitten auch manches erweitert.»[208]

Wenngleich Mozart in künstlerischen Dingen kein Prinzipienreiter war, mag er bereits ähnlich gedacht haben: In der Zeit seiner Messias-Bearbeitung schickt er seinem Logenbruder Michael Puchberg *Händels Leben*. Falls es sich, wie zu vermuten, um die deutsche Ausgabe von John Mainwarings *Memoirs* handelt, können die beiden dort lesen, dass Händel einerseits einen Herkules der Harmonie abgegeben und aus lauter Muskeln und Sehnen bestanden habe, andererseits aber eine Venus der anmutigen Melodie genannt zu werden verdiene.[209]

Solche Äußerungen zielen nicht zuletzt auf den aktuellen Überdruss einiger Zeitgenossen am «allzu einfachen, zierlichen und heiteren» Geschmack der 1750er und -60er Jahre.[210] Zugleich machen sie verständlich, weshalb Johann Georg Sulzer im Artikel «Genie» seiner ab 1771 erscheinenden *Allgemeinen Theorie der Schönen Künste* ausgerechnet Händel die Ehre zuteil werden lässt, neben dem Dichter Homer und dem Bildhauer Phidias als einer der drei «Sterne der ersten Größe» zu figurieren:[211] Augenscheinlich sollen Wucht, Komplexität und Unvereinnahmbarkeit – das heißt letztlich: Überzeitlichkeit – seines Werks gewürdigt werden.

Es geht nicht um Alt gegen Neu, sondern um geniales gegen bloß modisches und oberflächliches Komponieren. Genie aber kann nur zeigen, wer sich seiner Vorgänger bewusst ist: Ohne den Rekurs auf die Festigkeit der Altvordern steht musikalischer Fortschritt im Sinn von Erweiterung und Verfeinerung auf tönernen Füßen. Das aber ist – ausgesprochen oder stillschweigend umgesetzt – wichtiges Moment einer «Wiener Klassik», die van Swieten sich nicht hat träumen lassen und die er doch zu nicht unerheblichen Anteilen aus der Taufe gehoben hat.

Man mag sich fragen, ob es eine solche «Wiener Klassik» überhaupt gibt und ob ausgerechnet Mozart in ein für sie gezimmertes Geschichtsbild hineinpasst. Doch vermutlich hätte er ohne Anteilnahme am Van-Swieten-Projekt weder c-Moll-Messe noch Requiem, weder *Haydn-Quartette* noch *Jupiter-Sinfonie* so komponiert, wie wir diese Werke kennen.

Mehr als das: Auch ohne der problematischen Vorstellung einer im späten 18. Jahrhundert gründenden deutsch-idealistischen Musikanschauung anzuhängen, darf man in Mozarts Begegnung mit van Swieten mehr an Ergebnis hineinlesen als ein «sich verstärkendes Bemühen um eine Integration kontrapunktischer Verfahrensweisen in die Musiksprache insgesamt» oder die gesteigerte Fähigkeit zur «Zusammenführung musikalischer Gestaltungsmittel aus unterschiedlichen stilistischen Kontexten»[212]. Denn stärker als bisher wächst in Mozart auch die allgemeinere Erkenntnis, dass Musik nicht unabdingbar an Zeit und Situation gebunden ist, sondern zugleich eine vielschichtige und unterschiedliche geschichtliche Erfahrungen überbrückende Wahrheit vorstellen kann. «Kontrapunkt» ist vor diesem Denkhorizont kein kompositionstechnischer Terminus, sondern ein Sinnbild für jene Komplexität, die nicht nur Mozarts Wiener Instrumentalmusik, sondern auch seine Opern kennzeichnet. Auf den ersten Blick haben die Erfahrungen im Haus van Swietens mit *Don Giovanni* nichts zu tun; auf den zweiten vernimmt man – etwa in der Arie der Elvira «Ah, fuggi il traditor» – ein Pathos, das von Händel herkommt und nun zu einem Teil der musikalischen Sprache schlechthin wird. Auch dem «Gesang der Geharnischten» aus der *Zauberflöte* wird man nicht gerecht, wenn man nur auf die vielleicht von Johann Sebastian Bach übernommene Technik der Choralbearbeitung schaut, nicht aber die Tiefendimension wahrnimmt, welche die Zauberoper auf diese und andere Weise gewinnt.

Dass die Traditionspflege mit künstlerischer Innovation sehr wohl zusammengehen kann, zeigt beispielhaft der Salon der Fanny Arnstein, geborener Itzig – bis in die Zeiten des Wiener Kongresses hinein geistig-kultureller Mittelpunkt der Kaiserstadt. Die Bankierstochter und -gattin ist durch ihr Elternhaus mit der Berliner Bach-Tradition vertraut, gibt jedoch ganz selbstverständlich einem «Aufklärer» wie Beethoven großartige Entfaltungsmöglichkeiten. Und ihre entfernte Verwandte Fanny Mendelssohn-Hensel wird im Berlin der 1820er Jahre die Wiederentdeckung der *Matthäuspassion* zusammen mit frühen Aufführungen von Beethoven-Sinfonien als Zeichen des künstlerischen Fortschritts werten – im generellen Protest gegen Eindimensionalität und Niveaulosigkeit.

Das «neue Zimmer» auf dem Graben, in das Mozart in seiner Verlobungszeit aus dem «Auge Gottes» wechselt, gehört übrigens zum Anwesen der Arnsteins. Doch nicht davon soll die Rede sein, sondern von seiner ersten Matinée bei van Swieten im April 1782. Der Salieri-Schüler Joseph Weigl erinnert sich: «Mozart accompagnirte auf dem *Fortepiano*. *Salieri, Starzer, Teyber* u. der *Baron* sangen. Diesen Genuss kann sich Niemand vorstellen. Einen Mozart die schwersten *Partituren* mit der ihm eigenen Fertigkeit spielen, zugleich singen u. die Fehler der Anderen corrgiren zu hören, musste die grösste Bewunderung erregen»[213]. Doch so wichtig die Vokalmusik ist: Mozarts Interesse konzentriert sich auf einen speziellen Punkt: «ich gehe alle Sonntage um 12 uhr zum Baron von Suiten – und da wird nichts gespiellt als Händl und Bach. – ich mach mir eben eine Collection von den Bachischen fugen. – so wohl sebastian als Emanuel und friedemann Bach. – Dann auch von den händlischen.»[214]

Obwohl er mit Kontrapunkt und Fuge umzugehen weiß, packt ihn das Thema auf nunmehr höherem Niveau: Er studiert Fugen unter anderem aus dem *Wohltemperierten Klavier* und arrangiert sie für Streicherbesetzung – wobei anzumerken ist, dass nicht alle kontrapunktischen Arbeiten, welche die siebte Auflage des Köchelverzeichnisses unter der Nr. 404 a aufführt, tatsächlich aus den Jahren 1782/83 stammen. Auch

Mozarts eigene Fugenkompositionen verteilen sich nach neueren Erkenntnissen über seine gesamte Wiener Zeit. Dass sich unter dem erhaltenen handschriftlichen Material viel Fragmentarisches findet, muss man deshalb nicht auf Unsicherheiten in einer Umbruchsituation zurückführen; vielmehr experimentiert Mozart mit den neu entdeckten Möglichkeiten, ohne bedeutsame Werke oder Werkreihen nach Art des *Wohltemperierten Klaviers* im Sinn zu haben. Um eine neue Tiefendimension für sein ‹eigentliches› Schaffen zu gewinnen, genügt es, sich mit entsprechenden Problemaufrissen zu beschäftigen.

Werden bis zur eigentlichen Ernte zum Teil Jahre vergehen, so gibt es doch auch ad hoc schöne Ergebnisse. Diese zeigen sich zum Teil in Nuancen wie der kanonischen Struktur des Menuetts aus der Serenade KV 388, zum Teil in speziellen Werken wie die Fuge für zwei Klaviere KV 426, einem in seiner Rigidität grandiosen Durchmarsch durch die Gattung. Nicht zu vergessen das Fragment einer Klaviersuite im «alten» Stil KV 399, das einen jeden hilflos macht, der nur innerhalb fester musikhistorischer Kategorien analysieren kann: Ist das Händel oder Mozart, Stilübung oder gezielte Unterwanderung der Tradition, oder einfach nur ein hauchzartes Gebilde, das sich aus unerfindlichen Gründen im Jahr 1782 materialisiert, obwohl es bis an die Grenzen der Tonalität geht?

1783/84
Favorit der Gesellschaft

Im Dezember 1782 sind die Mozarts innerhalb des Viertels umgezogen: ins «Kleine Herbersteinsche Haus» bei der Hohen Brücke. Der Hausbesitzer, Baron Raimund Wetzlar von Plankenstern, verkehrt freundschaftlich mit seinen neuen Mietern und überlässt ihnen zwei leer stehende Zimmer, als im Januar ein Hausball ansteht. Da jeder der Herren zwei Gulden beisteuert, können alle von sechs Uhr nachmittags bis sieben Uhr in der Früh feiern: die Baronin Waldstätten und – jeweils mit ihren Damen – Hausherr Wetzlar, Benedikt von Edlenbach, Freund Gilowski, Belmonte-Sänger Adamberger, Librettist Stephanie d. J. und Schwager Lange, «etc. etc: – Ich kann ihnen ohnmöglich alle hersagen»[215].

Dann kommt die Faschingszeit: «wir haben am fasching Monntag unsere Compagnie Masquerade auf der Redoute aufgeführt. – sie bestund in einer Pantomime, welche eben die halbe stunde, da ausgesetzt wird, ausfüllete. – Meine schwägerin war die Columbine, ich der Harlequin, Mein schwager der Piero, ein alter Tanzmeister / Merk / der Pantalon. ein Maler (graßi) der Dottore. – die Erfindung der Pantomime, und die Musick dazu war beydes von mir. – der Tanzmeister Merk hatte die güte uns abzurichten; und ich sag es ihnen wir spielten recht artig. [...] die Verse, wenn sie schon knittelverse sind, könnten besser seyn, das ist kein Product von mir. – der schauspieller Müller hat sie geschmiert»[216].

Man hat die Handlung, die leider ebenso fragmentarisch überliefert ist wie die Musik KV 446, als «gesellschaftskritische Diagnose der bürgerlichen Aufklärung» interpretiert, derzufolge «eheliche Verbindungen in den höheren Ständen von ehrgeizigen Müttern und rechnenden Vätern gestiftet» würden.[217] Das hat im Kontext eines späteren, noch zu erwähnenden Faschingsauftritts von 1786 seine Berechtigung.

Sprechender ist jedoch Mozarts Eintauchen in die Welt der Commedia dell'arte: Obwohl oder weil er sich als Musiker der flüchtigsten aller Künste verschrieben hat, drängt er beständig zu Verkörperung, Präsenz und Konkretheit. Als Künstler will er nicht nur gehört, vielmehr in persona wahrgenommen werden – freilich hinter der Distanz schaffenden Maske versteckt. Sie verkündet keine bleibenden «Wahrheiten» im Sinn Beethovens, sondern ist so wahr, wie es der Mensch in einer j e d e n seiner Facetten ist.

Man griffe zu kurz, wollte man unter Commedia dell'arte hier nur deren reputierliche, im wahrsten Sinn des Wortes hoffähige Spielart verstehen, wie sie zu der Zeit Goldoni pflegt; denn es gibt zugleich ein deutschsprachiges «Teatro dell'arte», dessen exterritorialer Wildheit Rudolf Münz unter dem Titel Das «andere» Theater eine ergiebige Studie gewidmet hat.[218] In Wien existieren damals außer den etablierten Vorstadttheatern Dutzende von Privattheatern, deren Repertoire und Spielweise dem «veredelten» Geschmack ein Ärgernis, Publikum und Akteuren jedoch eine Quelle der Lust sind.

In Joseph Felix Freiherrn von Kurz, genannt Bernardon, hat dieses «andere Theater» in Wien sogar einen offiziell geduldeten Repräsentanten, der seine Harlequinaden im Kärntnertor-Theater aufführen darf – so auch die folgende, hier pars pro toto genannte: *Eine neue Tragoedia betitult: Bernardon, die getreue Prinzessin Pumphia und Hanns-Wurst der tyrannische Tartar-Kulikan. Eine Parodie in lächerlichen Versen nebst einer Kinder-Pantomime Betitult: Arleckin, der glücklich gewordene Bräutigam*. Kurz, ein Anhänger Rousseaus, hat nicht nur Serien von Harlequin-Stücken geschrieben, sondern auch als sein Markenzeichen die dem Harlequin ähnliche Rolle des Bernardon kreiert.

Dass es der von Kurz geschaffene und oft selbst gespielte Bernardon gelegentlich auf 25 Verkleidungen in einem Stück bringt, wird vom wohlerzogenen Teil des Publikums als abgeschmackt betrachtet, von einem neueren Kenner des Wiener Theaters jedoch mit den Worten beschrieben: «Kurz verkörperte in dieser Rolle einen Jungen, der von einer Situation in die andere geschleudert wird, sich in rasch wechselnden Affekten überstürzt und sich jeder Empfindung mit einer ans Manische grenzenden Heftigkeit hingibt.»[219]

Bernardon ist mehr als stereotype Dienerfigur, nämlich eine «Weltanschauung»[220], und als Träger einer solchen so beliebt, dass auch andere Wiener Possenschreiber so genannte Bernardoniaden verfassen. Die Komödien-Entwürfe, die Mozart selbst hinterlassen hat,[221] sind gewiss

Favorit der Gesellschaft

keine bloß privaten Späße, vielmehr regelrechte Bernardoniaden und damit Teil seiner aktuellen Wiener Theaterpraxis. Vielleicht hat es aus seiner Feder ursprünglich noch mehr gegeben als die beiden erhaltenen Entwürfe: einen kürzeren mit der Überschrift *Der Salzburger Lump in Wien* und einen längeren unter dem Titel *Liebes=Probe*. Man stellt sich gern vor, dass Mozart in entsprechenden Privataufführungen selbst mitgewirkt hat. In der *Liebes=Probe* stehen u. a. die Herren von Dummkopf und von Knödl, die Bedienten Wurstl und Kasperl, die Hexe Slinzkicotinzki sowie eine Zwergin und eine Riesin als zwei groteske Bräute auf dem Programm. Ein Regiescherz des Sinnes, dass eine Herrin zur Riesin heranwächst, während ihre Zofe zur Zwergin schrumpft, findet sich bereits in der Bernardoniade *Der begeisterte Brunnen-Amper*.²²² Der antiautoritär gesonnene Mozart liebt es freilich anders herum: Die Zofe wächst, die Herrin schrumpft.

Wir kehren ins Frühjahr 1783 zurück. Am 11. März wirkt Mozart bei der Akademie seiner Schwägerin Aloisia Lange mit, bringt seine *Pariser Sinfonie* KV 297, das Klavierkonzert C-Dur KV 415 und das so beliebte Konzertrondo KV 382 zu Gehör. Während die Lange mit der Arie «Non so d'onde viene» ein Stück Musik vorträgt, das beide in ihre gemeinsame Vergangenheit entführt, sitzt Gluck, der zu diesem Zeitpunkt weit Angesehenere der beiden musikalischen Ritter vom goldenen Sporn, in seiner Loge und staunt. Wie schon nach seinem Besuch der *Entführung* lädt er das Ehepaar Mozart und diesmal auch das Ehepaar Lange zum Essen ein.

Am 23. April hat Mozart im Burgtheater seine eigene Akademie. Der Wiener Korrespondent von Cramers *Hamburger Magazin der Musik* berichtet: «Die Academie war mit ausserordentlich starken Zuspruch beehrt, und die zween neuen Concerte und übrigens Fantasien, die Hr. M. auf dem Forte Piano spielete, wurden mit dem lautesten Beyfall aufgenommen. Unser Monarch, der die ganze Academie, gegen seine gewohnheit, mit seiner gegenwart beehrte, und das ganze Publicum ertheilten denselben so einstimmig Beyfall, daß man hier kein Beyspiel davon weiß. Die Einnahme der Academie wird im ganzen auf 1600 Gulden geschätzt.»²²³

Mozart spielt die Klavierkonzerte in D-Dur KV 175 mit dem neuen Schlussrondo KV 382 und in C-Dur KV 415 und improvisiert die Paisiello- und die Gluck-Variationen KV 398 und KV 455. Vom Orchester erklingt – jeweils in neuer Fassung – die Serenade KV 320 und die ein Jahr zuvor für Salzburg komponierte *Haffner-Sinfonie* KV 385; Johann Valentin Adamberger, Therese Teyber und Aloisia Lange singen – Letztere die Arie der Ilia «Se il padre perdei» aus *Idomeneo*.

Wie eine Statistik über das öffentliche und private Wiener Konzertleben der Mozart-Zeit dokumentiert,[224] wird Mozart in seinen Wiener Jahren so viele eigene Konzerte haben wie kein anderer Künstler. Dennoch gilt seine bleibende Leidenschaft der Oper – vorab sein Sorgenkind. Zwar wird die *Entführung* – freilich ohne ihm etwas einzubringen – selbst im fernen Warschau begeistert aufgenommen; gleichwohl wartet er sehnlichst auf einen neuen Auftrag – möglichst wieder aus dem Lager des deutschen Singspiels. «Ich glaube nicht daß sich die Welsche oper lange Souteniren [halten] wird», schreibt er dem Vater; «und *ich* – halte es auch mit den Teutschen. – wenn es mir schon mehr Mühe kostet, so ist es mir doch lieber. – jede Nation hat ihre Oper – warum sollen wir Teutsche sie nicht haben? – ist die teutsche sprache nicht so gut singbar wie die französische, und Englische? – – nicht singbarer als die Russische? – Nun; – Ich schreibe izt ein teutsche opera *für mich*: – Ich habe die Comoedie vom goldoni – Il servitore i Due Padroni – dazu gewählt.»[225]

Vielleicht gehören die Arien «Müßt' ich auch durch tausend Drachen» KV 435 und «Männer suchen stets zu naschen» KV 433 zu diesem augenscheinlich nicht weit gediehenen Projekt, das von andern Plänen abgelöst wird, denn «nun hat die italienische opera Buffa alhier wider angefangen; und gefällt sehr». Mozart hat «leicht 100 – Ja wohl mehr bücheln durchgesehen», jedoch keines gefunden, mit dem er ganz zufrieden wäre: «wenigstens müsste da und dort vieles verändert werden. – und wenn sich schon ein dichter mit diesem abgeben will, so wird er vieleicht leichter ein ganz Neues machen. – und Neu – ist es halt doch immer besser. – wir haben hier einen gewissen abate da Ponte als Poeten. – dieser hat nunmehro mit der Correctur im theater rasend zu thun. – muß *per obligo* ein ganz neues büchel für dem Salieri machen. – das wird vor 2 Monathen nicht fertig werden – dann hat er mir ein Neues zu machen versprochen; – wer weis nun ob er dann auch sein Wort halten kann – oder will!»[226]

Mit anderen Worten: Gerade hat Mozart sich auf das deutsche Singspiel eingestellt, ist schon wieder die italienische Buffa en vogue und da Ponte als Librettist der Hahn im Korb. Zwischen 1782 und 1791 wird er für Wien insgesamt 17 Libretti schreiben, darunter fünf für Salieri und je drei für Vicente Martín y Soler und Mozart. Auf Letzteren ist man jedoch zunächst nicht angewiesen, da außer den beiden genannten Komponisten auch Pasquale Anfossi, Vincenzo Righini, Stephen Storace, Giuseppe Gazzaniga bereitstehen. Das sind vor allem italienische Komponisten; und es könnte sein, dass Hofopernintendant Orsini-Rosenberg ihnen so lange den Vorzug gibt, bis der Kaiser im Fall des *Figaro* für eine Verbindung von da Ponte und Mozart eintritt.

Zunächst aber werkelt Mozart allein weiter; und man sieht mit Bedauern, dass Projekte wie *L'oca del Cairo* (Die Gans von Kairo) KV 422 und *Lo sposo deluso* (Der enttäuschte Verlobte) KV 430 Fragment bleiben. Mit dem Libretto von *L'oca del Cairo* beauftragt Mozart seinen *Idomeneo*-Librettisten Varesco – augenscheinlich in der Hoffnung, sich anlässlich eines Besuchs in Salzburg detailliert mit ihm besprechen zu können. Doch obwohl dies offenbar geschieht, kommt die Oper über den ersten Akt nicht hinaus: «meine gemachte Musique liegt und schläft gut», heißt es im Februar 1784 mit der Begründung: «Ich habe dermalen sachen zu schreiben, die mir in *diesen augenblick* geld eintragen»[227].

Zugleich äußert Mozart Unzufriedenheit mit Varescos Libretto, das nach *Zaide* und *Entführung* erneut ein Entführungsthema behandelt: Ein reicher junger Mann soll die Tochter eines übel wollenden Marchese erst zur Frau bekommen, wenn es ihm gelingt, sie in einem unzugänglichen Turm aufzusuchen, wo man sie unter Verschluss hält. Er beschließt, sich im Innern einer künstlichen Gans einzuschmuggeln etc. Die erhaltene Musik schwankt ein wenig unentschlossen zwischen deutschem Singspiel und Buffa, sodass man sich mit Prognosen, wie das fertige Werk hätte aussehen können, lieber zurückhält und stattdessen Mozarts Selbsteinschätzung zitiert: «unter allen opern die wehrender zeit bis meine fertig seyn wird aufgeführt werden können, wird kein einziger gedanke einem von den meinen ähnlich seyn, dafür stehe ich gut.»[228]

Noch weniger wissen wir von *Lo sposo deluso*: Selbst der Name des Dichters, welcher das Libretto zu Cimarosas Oper *Le Donne rivali* nicht ungeschickt aufpoliert hat, ist unbekannt – da Ponte scheint dieser «wälsche Poet», dessen Buch sich Mozart nach seinem Sinn «zuschnizeln» will,[229] entgegen älterer Forschungsmeinung nicht gewesen zu sein. Mozart bringt in der zweiten Hälfte des Jahres 1783 fünf Nummern zu Papier. Auch notiert er sich in seinem Textbuch die Namen der Wiener Sängerinnen und Sänger, welche seine Oper zum Erfolg führen sollen. Doch obwohl dies die Ersten und Besten sind, scheitert auch dieses Projekt an den widrigen Verhältnissen – vielleicht aber auch an letztlicher Unzufriedenheit mit der Handlung, in deren Mittelpunkt das Verlöbnis zwischen dem reichen, aber schon etwas älteren Bocconio und der jungen Eugenia steht, die alsbald einen Verehrer bekommt, der seinerseits von zwei Damen umschwärmt wird. Da warten wir lieber die *Hochzeit des Figaro* ab!

Mozart selbst hat seine Hochzeit schon hinter sich, kann jedoch am 17. Juni 1783 die Geburt eines Sohnes melden, welcher auf die Namen des Barons Wetzlar, der auch nach dem Umzug zum Judenplatz ein guter Hausfreund geblieben ist, und des Großvaters getauft wird. Nach seinem Willen soll Raimund Leopold weder von seiner Frau gestillt werden noch «einer andern Milch [...] hineinschlucken», vielmehr wie er selbst und seine Schwester «bey Wasser» aufgezogen werden. Weil jedoch «hier die meisten kinder beym Wasser darauf gehen», lässt er sich schließlich zu einer Amme überreden.[230] Gleichwohl stirbt der Säugling zwei Monate später am «Gedärmfrais». Die Eltern haben ihn vor ihrer Reise nach Salzburg einer Ziehmutter übergeben und werden – so die Vermutung des Mozart-Forschers Otto Erich Deutsch – wohl erst bei ihrer Rückkehr im November von seinem Tod erfahren.[231] Was an diesem Vorgang als zeitüblich, was als individuell auffällig gelten muss, lässt sich kaum mehr entscheiden. Bemerkenswert ist jedenfalls, dass die Eltern das Kind seinem Großvater vorenthalten, der sich einige Jahre später über Besuch seines Enkels aus Maria Annas Ehe ganz begeistert zeigen wird.

Zu dem genannten Besuch bei Leopold und Marie-Anna Mozart machen sich die Mozarts im Juli 1783 auf. Um die c-Moll-Messe KV 427, welche Mozart halb fertig mitbringt, rankt sich die Spekulation, sie verdanke ihre Entstehung einem Gelübde, das er im Zusammenhang mit seiner Eheschließung getan habe. Weil die als Beleg dienende Briefstelle unklar ist, erscheint es jedoch plausibler, dass man Mozart im Vorfeld einer 1782 in Wien stattfindenden Festlichkeit Hoffnung gemacht hatte, mit einer prächtig besetzten Messe aufwarten zu können. Als sich diese Pläne zerschlagen, lässt er die unfertige Partitur enttäuscht liegen, um sie dann nach Salzburg mitzunehmen: Vielleicht lässt sie sich dort notdürftig abschließen und aufführen! Dass er zuvor die Solfeggien KV 393 aufsetzt, um seine Frau angemessen auf die Sopran-Partie der Messe vorzubereiten, lässt sich nur vermuten. Doch immerhin schreibt Marie Anna in ihrem Salzburger Tagebuch, dass Ende Oktober eine Messe ihres Bruders geprobt und aufgeführt worden sei – mit ihrer Schwägerin als Solistin.

Es ist wahrscheinlich, jedoch nicht sicher, dass sie damit die c-Moll-Messe meint, die Mozart dann kurz vor seiner Abreise aus Salzburg wenigstens in Teilen aufgeführt hätte. Denn obwohl Mozart an diesem beeindruckenden, später ausführlicher behandelten Werk in Salzburg weiterarbeitet, wird es nicht fertig; und das Fehlende – Teile des *Credo* und das *Agnus Dei* – bleibt für alle Zeiten unkomponiert. Mit Bedacht findet die Aufführung vom 26. Oktober 1783 in der Erzabtei St. Peter statt, also außerhalb des Einflussbereichs von Fürsterzbischof Colloredo. Immerhin erwähnt Marie Anna eine Mitwirkung der Hofmusik – ein Hinweis darauf, dass viele Mitglieder der Hofkapelle Mozart privat die Ehre geben möchten, mit zumindest stillschweigender Genehmigung des Dienstherrn.

Mit dem hat Mozart sicherlich keinen Umgang, umso mehr mit seinen alten Freunden und Leopold Mozarts neuen Kostzöglingen Heinrich, Gretl und Hanni. Wie ehedem vergehen die Tage mit Bölzelschießen, Kartenspiel, Theaterbesuch und Musik. Er denkt an seine Opernvorhaben, ohne doch mit der Arbeit an *L'oca del Cairo* recht weiterzukommen. Hat er, während er mit Varesco über den Fortgang des Librettos diskutiert, vorsichtshalber bereits *Lo sposo deluso* im Blick? Jedenfalls ist genug Zeit, um dem erkrankten Kollegen Michael Haydn einen aktuellen Auftrag des Fürsterzbischofs abzunehmen und die Duos für Violine und Viola KV 423 und KV 424 zu schreiben. Auch das kleine

Corpus der Klaviersonaten KV 330 bis KV 333 stammt aus den Salzburger Monaten bzw. aus der Zeit kurz davor oder danach.

Am 27. Oktober 1783 geht es von Salzburg über Vöcklabruck, Lambach und Ebelsberg nach Linz, wo Mozart mit Constanze beim Vater seines Gönners, dem Grafen Franz Joseph Thun, ehrenvolle Aufnahme findet und Hals über Kopf eine Sinfonie schreibt – die *Linzer Sinfonie* KV 425 – äußerlich ein Auftragswerk für ein vielleicht zu seinen Ehren organisiertes Konzert, ihrem Wesen nach das erste von fünf Meisterstücken, mit denen Mozart sein sinfonisches Werk krönen wird.

Nach Wien zurückgekehrt, sieht Mozart einem höchst erfolgreichen Konzertjahr 1784 entgegen. Wie hatte er doch dem Vater am 16. Mai 1781 verkündet: «Mein whnocu, und alfnl usinhng ist – afr lurl, Rhua und Gled zu machen»![232] Das hat er damals, in der Zeit seiner Kämpfe mit dem Fürsterzbischof, verschlüsselt niedergeschrieben. Nun kann er offen dazu stehen: «Mein Wunsch, und meine hofnung ist – mir Ehre, Ruhm und Geld zu machen»[233]. Durch zwei biographische Daten bekommt dieses Jahr 1784 seinen charakteristischen Rahmen: Im Januar hält Mozart im «Trattnerhof», im Dezember in der Loge «Zur Wohltätigkeit» Einzug.

Der neu erbaute Gebäudekomplex am Graben, der nach seinem Investor Trattnerhof benannt ist und jährlich 30 000 Gulden einbringt, zählt zu den besten Adressen Wiens. Mozart mietet dort nicht nur für einen Halbjahreszins von 65 Gulden eine Wohnung, sondern gemeinsam mit dem befreundeten Kollegen Georg Friedrich Richter auch einen prächtigen Saal, dessen Inneneinrichtung aus der gerade kassierten St. Georgenkirche stammt. Dafür sind halbjährlich 550 Gulden fällig; und Mozart darf froh sein, dass der erfolgreiche Unternehmer, dessen Gattin Therese zu seinen besten Klavierschülerinnen zählt, den Vertrag generös auflöst, als die Bäume doch nicht in den Himmel wachsen.

Zunächst lässt sich alles prächtig an, und Mozart darf sich als Mittelpunkt des Wiener Konzertlebens betrachten. Im März konzertiert er an jedem zweiten Abend entweder beim russischen Botschafter, dem Fürsten Galitzin, beim Grafen Johann Esterházy, einem Mitglied von van Swietens Kavaliersgesellschaft zur Pflege alter Musik, oder beim Grafen Karl Zichy. Wie ein Wiener Adels- und Honoratiorenverzeichnis liest sich dann die Liste der weit über hundert Subskribenten, die Mozart für ein Eintrittsgeld von 6 Gulden in drei Abonnementskonzerten hören wollen. Diese finden im Saal des Trattnerhofes statt – auch dafür ist im Monat März noch Zeit – und haben als Glanzpunkt ein jeweils neues Klavierkonzert Mozarts auf dem Programm: KV 449, KV 450 und KV 451.

Die Gattung des Klavierkonzerts ist Mozarts genialer Coup. Was noch Gegenstand eines gesonderten Kapitels ist, soll hier nur angedeutet werden: Ihm gelingt es auf einzigartige Weise, Kommunikation zwischen dem am Klavier sich aussprechenden Künstler und einem hoch motivierten Publikum herzustellen, das ganz nach seinen Fähigkeiten bedient wird, ohne dass der Komponist zu faulen Kompromissen genötigt wäre. «die Concerten sind eben das Mittelding zwischen zu schwer, und zu leicht», so hatte er bereits über die ein Jahr zuvor komponierten Klavierkonzerte KV 413, KV 414 und KV 415 geschrieben; und dasselbe trifft gewiss auch auf die neue Serie zu.

Doch damit nicht genug: Die Aufmerksamkeit des Publikums ist so groß, dass Mozart neben dem kleinen Trattnersaal auch das große Burgtheater nutzen kann, wo er am 30. März 1784 eine große Akademie gibt und außer der *Haffner-*, der *Linzer Sinfonie* und anderen Kompositionen sein neues Quintett Es-Dur KV 452 für Klavier, Oboe, Klarinette, Horn und Fagott aufführt. Es ist «das beste, was ich noch in meinem leben geschrieben habe», teilt er dem Vater hochgemut mit;[234] und man kann nur bedauern, dass dieses Werk wegen seiner damals leicht, inzwischen jedoch umständlicher zu realisierenden Besetzung heute wenig zu hören ist.

Denn viel markanter als die gut drei Jahre später komponierte, umso vieles berühmtere *Kleine Nachtmusik* KV 525 charakterisiert es den Mozart, den einige bald nach seinem Tod «klassisch» nennen. Da ist eine neue Souveränität in der Verschmelzung von sinnlichem Klang, obligater Stimmführung, Spiel mit diversen Formen und Bedeutungsreichtum. Mag auch das einer Gavotte nachempfundene Schlussrondo die Vorstellung aufkommen lassen, dass sich vier «Hoboisten» zu heiterem Musizieren um ein Klavier scharen, so hat doch diese Heiterkeit bei allem Witz einen Ton von Festlichkeit, Fülle, ja Humanität. Geht es zu weit, zu behaupten, dass sich hier – der geistigen und technischen Verfassung des Komponisten nach – der *Figaro* ankündigt?

Indessen ist das Konzertjahr 1784 für Mozart noch längst nicht zu Ende: Er spielt unter anderem bei einer Akademie im Haus des Grafen Leopold Pálffy, führt in einem Konzert der Geigerin Regina Strinasacchi in Gegenwart des Kaisers seine Violinsonate KV 454 auf und wirkt in Konzerten von Therese Trattner und Barbara Ployer, einer weiteren begabten Schülerin, mit. Der Letzteren ist das neue Klavierkonzert KV 453 gewidmet, der blinden Virtuosin Maria Therese Paradies vielleicht das nachfolgend komponierte Klavierkonzert KV 456. Apropos KV 453: Den Anfang des Variationen-Finales beherrscht ein junger Star, den Mozart seit dem 27. Mai 1784 beherbergt. Wirklich ein echter Star: Mozart hat ihn für 34 Kreuzer erworben, notiert den Kaufpreis in einem Ausgabenbuch, das er damals für kurze Zeit führt, nebst musikalischem Thema und Kommentar: «Das war schön»![235] Als er den Sänger am 4. Juni 1787 im Garten seiner Wohnung auf der Landstraße begraben muss, dichtet er zu seinem Gedenken: «Hier ruht ein lieber Narr, Ein Vogel Staar ...» Constanzes zweiter Ehemann Nissen ergänzt in seinen handschriftlichen Notizen: «Wenn ein Vogel starb, veranstaltete er einen Leichenzug, in dem alles, was singen kann, mit groß[en] Schleiern folgen mußte, machte eine Art Requiem, Epitaph in Versen.»[236]

Ab dem oben genannten Klavierkonzert KV 449 lassen sich Mozarts Werke übrigens trefflich datieren, denn er hat inzwischen ein «Verzeichnüß aller [s]einer Werke vom Monath Februario 1784 bis Monath [Lücke] 1 [Lücke]» angefangen – wobei auffällt, dass die letzte Zahl nicht 17 [Lücke], sondern 1 [Lücke] lautet, sodass man annehmen darf, er habe auch noch nach 1800 komponieren wollen. Der Kenner weiß Mozarts Entschluss, ein Dokument zur Vergegenwärtigung und Planung des eigenen Schaffens anzulegen, hoch zu schätzen. Hinsichtlich des zuvor entstandenen Œuvres ist die Forschung nämlich vielfach auf hypothetische Datierungen angewiesen; und was das bedeutet, weiß jeder Benutzer des an sich so verdienstvollen Köchel-Verzeichnisses aus eigener Erfahrung. Dieser Dr. Ludwig Alois Ferdinand von Köchel ist ein durchaus interessanter Mann gewesen. Als Lohn für seine Tätigkeit als Lehrer im kaiserlichen Haus in den Ritterstand erhoben und danach zeitweilig als Schulrat tätig, ist er in späteren Jahren vor allem seinen gelehrten Liebhabereien nachgegangen: Reisen führten ihn von Algier bis zum Nordkap, aber auch nach Deutschland, England und Frankreich, wo er Quellen für sein *Chronologisch-thematisches Verzeichnis sämtlicher Tonwerke Wolfgang Amadé Mozarts* erfasste, das 1862 in erster Auflage erscheint. Inzwischen ist man bei der sechsten, mehrfach nachgedruckten Auflage angelangt, doch viele Neudatierungen, welche in späteren Auflagen des «Köchel» vorgenommen wurden, sind durch verbesserte Methoden der Quellenforschung ihrerseits überholt. So ist der Benutzer immer noch mit den oft gewagten Neudatierungen des großen Mozart-Forschers und KV-Bearbeiters Alfred Einstein konfrontiert – übrigens eines Vetters von Albert Einstein, mit dem zusammen er das gleiche Münchner Gymnasium besuchte. Probleme bereiten auch die von ihm eingeführten a-, b- und c-Nummern, die mithelfen sollen, den vom alten Herrn von Köchel chronologisch falsch eingeordneten Werken ihren richtigen (?) Platz anzuweisen. Die zuverlässigsten Datierungen findet man im 2004 erschienenen Artikel «Mozart» der Enzyklopädie *Die Musik in Geschichte und Gegenwart*.

Wir kehren in den September 1784 zurück und vermelden die Geburt des zweiten Sohnes Karl Thomas, welcher dereinst, im Alter von 74 Jahren, als österreichischer Staatsbuchhaltungs-Offizial in Mailand sterben wird. Einer seiner Paten ist der reiche Trattner, aus dessen Wohnung im Trattnerhof Vater Mozart gerade wieder auszieht: Sie ist zwar repräsentativ, aber augenscheinlich zu klein für eine Familie mit Kind. So wechselt man Ende des Monats ins «Camesina-Haus» in der Schulerstraße 8. Mozart mag es gefallen haben, dass eines der beiden zur Straße gelegenen Zimmer vom Vater der Hauseigentümer, einem Stukkateur, als Musterraum besonders schön dekoriert worden ist. Vielleicht wird dies sein Arbeitszimmer. Jedenfalls gibt es nun genug Platz, allerdings auch weitaus höhere Kosten: Anstatt 65 zahlt Mozart nunmehr 230 Gulden halbjährlich – und das, obwohl er schon jetzt gelegentlich in Geldnot ist.

Da scheint der Name der Freimaurerloge, in die er am 14. Dezember als Lehrling aufgenommen wird, durchaus passend: «Zur Wohltätigkeit».

Klingt dies auch ein wenig boshaft, so hat es doch – vor allem in der Vorausschau – einen wahren Kern. Indessen ist es sinnvoll, den möglichen Gründen für Mozarts Logeneintritt differenziert nachzugehen.

Meister der Loge «Zur Wohltätigkeit», die Mozart als zwanzigstes Mitglied führt, ist Otto Freiherr von Gemmingen-Hornberg, der schon als – ein vom jungen Schiller geschätzter – Dramaturg der Mannheimer Nationalbühne im Jahr 1778 für Mozart eingetreten ist. Nach Wien übergesiedelt, tritt der «treffliche junge, schöne Mann voll Geist und Feuer» zwar für die von Joseph II. propagierten Ziele eines aufgeklärten Christentums ein,[237] wird von diesem jedoch kritisch beäugt – vielleicht auch wegen seiner theosophisch-esoterischen Tendenzen: Ein dem Kaiser von der Zensur vorgelegtes Schreiben an die Loge der «Neugekrönten Hoffnung», der Mozart seit ihrer Gründung im Jahr 1786 angehört, lässt Joseph mit dem Vermerk passieren: «Dieses dumme Zeug kann der gekrönten Hoffnung zum brüderlichen Trost ohnbedenklich anhero überreicht werden.»[238]

Schon aus diesen wenigen Splittern lässt sich ein Bild zusammensetzen, das freilich ebenso vage bleiben muss wie die Sache selbst. Indem Mozart Logenbruder wird, tritt er in Kreise des Adels und gehobenen Bürgertums ein, die den Künstler nunmehr nicht nur als Dienstleister, sondern auch als «Bruder» sehen – was immer das bedeuten mag. Dass die noblen Subskribenten der Trattnerhof-Konzerte zu einem guten Teil Freimaurer sind, spricht für sich – speziell die Tatsache, dass der beim Kaiser hoch angesehene Ignaz von Born unter ihnen ist: Meister vom Stuhl der Elite-Loge «Zur wahren Eintracht», Großsekretär der großen Landesloge von Österreich und eine Art Wiener Sarastro.

Mozart hat es «gesellschaftlich» geschafft und seinen Wunsch, mit den Großen auf Augenhöhe zu verkehren, nun auch institutionell verwirklicht. Was hält er von den aufklärerischen Moralvorstellungen, was von den esoterischen Zügen der Freimaurerei? Wir wissen es nicht im Einzelnen, dürfen aber vermuten, dass Mozart nach beiden Seiten offen, jedoch ohne Fanatismus war. Vermutlich tritt die Loge an die Stelle des Vaters: Nicht zuletzt durch ihr festes Ritual vermittelt sie das Gefühl von Zugehörigkeit und Geborgenheit, und dies unter Personen, die überwiegend seiner eigenen Generation angehören.

Favorit der Gesellschaft 135

Ein anonymes Gemälde aus den Jahren um 1790 zeigt ein Treffen von Mozarts Loge «Zur gekrönten Hoffnung» mit seinem Gönner Johann Graf Esterházy als Meister vom Stuhl. Mozart, wenn er es denn wirklich ist, sitzt vorn rechts. Die Situation ist entspannt – man unterhält sich – und doch feierlich. Die zwei bis drei Dutzend Anwesenden tragen festliche Kleidung und den Degen in der Hand (nur Mozart hat ihn beiseite gelegt). Augenscheinlich wird das Zeremoniell der Initiation vorbereitet; ein «Suchender», die Binde vor den Augen, wird gerade mit Handschlag begrüßt.

Diesem Zeremoniell hat sich Mozart im Dezember 1784 selbst unterzogen, ist vom «fürchterlichen Bruder» aus der «dunklen Kammer» geholt worden, um eine symbolische Wasser- und Feuerprobe zu bestehen, hat einen Initiationseid geleistet, den weißledernen Gesellenschurz des Ordens angelegt, die Lehrlingstafel studiert. Außerdem hält der Kanzlist und Logenbruder Friedrich Hegrad eine Rede auf Mozart und seinen Mitgesellen, den Kaplan Wenzel Summer. «Ihr Leben wird Ihrer Musik gleichen, eben so harmonisch und eben so liebevoll», heißt es da im Blick auf Mozart.[239] Dem wird das alles sicherlich nicht zuwider sein; doch vielleicht denkt er auch an mögliche Kompositionsaufträge aus Freimaurerkreisen, die er tatsächlich in nicht geringer Zahl erhalten wird: etwa das vermutlich zur Initiation seines Vaters komponierte Lied Die Gesellenreise KV 468; die zu Ehren von Ignaz Born geschriebene Kantate Die Maurerfreude KV 471, mit der er selbst in seinem Todesjahr bei einem Logenbesuch in Prag begrüßt wird; die Maurerische Trauermusik KV 477, die Freimaurer-Lieder KV 483 und KV 484; die Kantate Die ihr des unermeßlichen Weltalls Schöpfer ehrt KV 619; schließlich die Freimaurerkantate KV 623 – die letzte Nummer in seinem eigenhändigen Werkverzeichnis überhaupt.

Menge und Gewicht dieser Arbeiten verbieten es, die entsprechenden Aktivitäten auf die leichte Schulter zu nehmen. Gleichwohl gehört – wie in der Zauberflöte – zum gebotenen Ernst auch das Satyrspiel. Mozarts Logenbruder in der «Gekrönten Hoffnung» ist seit etwa 1789 Karl Ludwig Giesecke, ein Komödiant, wie er im Buche steht, und Emanuel Schikaneders Gehilfe oder gar Ghostwriter bei der Geburt der Zauberflöte. Anfang 1790 steht er – um nur diese Episode zu erzählen – im

Theater auf der Wieden auf der Bühne: In Begleitung von zwei verwahrlosten Kindern und als Bettler verkleidet, rezitiert er ein Gedicht, das der dortige Gemeindepfarrer und Logenbruder Franz Cantes zugunsten der Armen verfasst hat, so ergreifend, dass das Publikum zu Tränen gerührt ist. Theaterleiter Schikaneder lässt daraufhin eine vorbereitete Wolke mit der illuminierten Inschrift «Dank der Armen» herabschweben.[240]

Selbiger Giesecke (oder Gieseke), der offenbar auch mit solch spezieller Begabung in eine Loge aufgenommen werden kann, soll dem Wiener Kapellmeister Ignaz von Seyfried später erzählt haben: «*Schikaneders* persönliche Bekanntschaft mit *Mozart*, so wie auch jene spätere mit [seinem Kompagnon] *Zitterbarth*, – datirt sich aus einer Freymaurer Loge her, – freylich nicht jene hochberühmte *Born*'sche, welche Wiens erste Dignitäten, u: die Elite der damaligen literarischen Kaste unter ihre Mitglieder gezählt haben soll, – sondern schlechtwegs eine so genannte Winkel- oder Freß-Loge, woselbst man sich in den wöchentlichen Abendzusammenkünften mit Spiel, Musik, u: den vielen Freuden einer wohlbesetzten Tafel beschäftigte.»[241]

Hat es womöglich Treffen unterschiedlicher Art gegeben – offizielle fürs Höhere und informelle fürs Profane? Wir lassen die Antwort offen und berichten stattdessen, dass Mozart nach einer Lehrlingszeit von drei Wochen am 7. Januar 1785 zusammen mit dem Marchese Vincenzo Canarisi in den Gesellenstand befördert wird. Das wiederum sehr umfangreiche Ritual wird diesmal von der befreundeten Loge «Zur wahren Eintracht» vorgenommen; und deren Meister ist ausgerechnet jener Ignaz von Born, der laut Giesecke in der Hierarchie der Freimaurer turmhoch über Mozart stehen müsste: Wie immer ist bei der Bewertung postumer Äußerungen Vorsicht geboten!

Diese besagen freilich eindeutig, dass Mozart im Winter 1784/85 nicht nur seine Aufnahme in eine Freimaurerloge betreibt, sondern auch Kontakt zur Wiener Tonkünstler-Sozietät sucht. Damit will er weitere gesellschaftliche Verbindungen knüpfen, vermutlich aber auch Vorsorge für seine Familie treffen; denn die Konzerte der Gesellschaft dienen ausdrücklich der Auffüllung eines Pensionsfonds zugunsten von Musikerwitwen und -waisen. Zwar kommt es zu keiner formellen

Mitgliedschaft, weil Mozart anfänglich keinen Taufschein vorlegen kann und danach die Angelegenheit aus den Augen verliert. Doch immerhin liefert er der Sozietät im Frühjahr 1785 für das traditionelle Fastenkonzert die Kantate *Davidde penitente* KV 469 – eine möglicherweise von da Ponte gedichtete italienische Kantate über den für seine Sünden büßenden biblischen Propheten David. Da die Zeit zu einer Neukomposition fehlt, unterlegt er Teilen des Textes *Kyrie* und *Gloria* aus der unvollendeten c-Moll-Messe KV 427; zwei Arien und eine Kadenz komponiert er neu. Derweilen bereitet sich Größeres vor: Es ist *Figaro*-Zeit.

1785/86
Figaro-Zeit

Trattnerhof, Loge «Zur Wohltätigkeit», Burgtheater, Tonkünstlersozietät – unser wissendes Nicken bei der Erwähnung solcher biographisch belegter Orte und Institutionen kann nicht darüber hinwegtäuschen, dass wir über Mozarts Umgang herzlich wenig wissen. Wie ist es etwa zu jenem engen Kontakt mit da Ponte gekommen, ohne den wir die Opern Figaro, Don Giovanni und Così nicht hätten; welcher Funke hat gezündet, bevor der für diese Kunstwerke notwendige Witz vom einen auf den anderen überspringen konnte?

Kein Zufall, dass Mozart, was die Lieferanten seiner Libretti angeht, am besten mit Abenteurern kann: mit Stephanie dem Jüngeren, mit da Ponte, mit Schikaneder. Womit durchaus nicht Blender gemeint sind, sondern Leute, die in ihrer Kunst mit allen Wassern gewaschen und in ihrer Lebensführung als Vagabunden bekannt sind. Offensichtlich liegen Mozart Theatermenschen, die ungezwungene Umgangsformen lieben und doch einen guten Blick für seine Sache haben: Weil sie ihm darin verwandt sind, wecken sie in ihm schlafende Potenzen, Lust und Laune.

So ist es letztlich kein Zufall, dass es ausgerechnet Schikaneder ist, der Mozart auf den Figaro bringt, welcher ihn wiederum zu da Ponte führt. Denn Schikaneder, den unsere Vorstellung gern zum Impresario eines Possentheaters degradiert, hat als Pächter des Kärntnertortheaters im Winter 1784/85 tatsächlich die Courage, eine Aufführung von Beaumarchais' berühmt-berüchtigter Gesellschaftskomödie La folle journée ou le mariage de Figaro vorzubereiten. Zwar lässt Joseph II. das Stück, welches «viel Anstößiges» enthalte,[242] wenige Tage vor der für den 3. Februar 1785 geplanten Premiere verbieten, doch wird sich Mozart schon aus bloßer Neugier bei Schikaneder alsbald das Manuskript besorgt haben. Dass die Zensur dem Wienerblättchen schon wenig später erlaubt, die Komödie in Auszügen zu drucken, ist nicht als Inkonsequenz, sondern als Taktik zu verstehen: Auf diese Weise tut der Kaiser etwas für sein aufgeklärtes Image, verhindert jedoch unliebsame Publikumsreaktionen, wie sie der Zeitzeuge Johann Pezzl beschreibt: «Ein Teil des Parterre hat sich an eine niedrige, tückische Unart gewöhnt, die nahe an Ungezogenheit grenzt. Wenn in einem Stücke Ausfälle auf den Adel geschehen, klatschen die Hohlköpfe ihren plebeischen Beifall dazu»[243].

Mozart kommt das adelskritische Sujet natürlich nur recht. Weiß er davon, dass der französische König Louis XVI. den Autor Beaumarchais im März 1785 aus Wut über den triumphalen Erfolg von *La folle journée* in Saint-Lazare, einer Mischung von Gefängnis und Besserungsanstalt, auf unwürdigste Weise festsetzen lässt? Jedenfalls geht es nun los. Mozart wird bei da Ponte vorstellig, und beide arbeiten gemeinsam am *Figaro*-Projekt. Da Ponte hebt in seinen Memoiren hervor, die Initiative sei von Mozart ausgegangen, und dessen Freund, Baron Wetzlar, habe sich ganz begeistert erboten, die Entwicklung der Oper vorzufinanzieren und das fertige Werk in Paris oder London unterzubringen.

Vielleicht ist das Werk tatsächlich unter solchen Auspizien begonnen worden; doch natürlich möchten es die beiden am liebsten in Wien hören. So begibt sich da Ponte mit dem Libretto zum Kaiser, um ihm zu suggerieren, dass in seiner Opernversion die bedenklichen Stellen des Originals umgangen seien. Joseph II. habe ihm vertraut und alsbald nach Mozart geschickt, welcher ihm in der Hofburg einige der fertigen Nummern vorspielen musste: «Sie gefielen ihm ausgezeichnet, ja sie setzten ihn, und ich übertreibe nicht, in Erstaunen. Er hatte in der Musik den gleichen hervorragenden Geschmack wie in allen Künsten überhaupt.»[244]

Da Pontes Erinnerungen stammen aus seinem letzten Lebensdrittel, das er als Italienischlehrer am Columbia College, als Opernimpresario, aber auch als Händler mit Violinsaiten, Wein und Medikamenten vor allem in New York verbringt. Vorausgegangen ist das bewegte, von fern an Casanova erinnernde Leben eines Weltpriesters und genialen Librettisten, der sich bei seinen Oberen sowohl wegen politischer Aufmüpfigkeit als auch wegen seiner Unmoral unbeliebt macht. Aus Venedig muss er im Jahre 1779 wegen einer Anklage flüchten, die auf Entführung einer ehrbaren Person, öffentliches Konkubinat und Ehebruch lautet.

Sein «Asyl» Wien gerät dann zu einem Glücksfall: Als Librettist der

1783 wieder zugelassenen italienischen Oper gelangt da Ponte nach einigen Anfangsschwierigkeiten in eine Schlüsselposition, aus der heraus er nicht nur Mozart, sondern auch Hofkapellmeister Salieri sowie Publikumsliebling Martín y Soler zu wichtigen Erfolgen verhelfen wird. Nach einem Jahrzehnt, im Jahr 1792, ist alles wieder vorbei: Vielleicht im Zuge einer Intrige weist Leopold II. den Schützling seines Vorgängers Joseph II. aus Wien aus. 1826 wird da Ponte in New York für die erste Aufführung des *Don Giovanni* sorgen.

Wir dürfen den virtuellen Dritten im Bunde nicht vergessen: Beaumarchais. In Lion Feuchtwangers historischem Roman *Waffen für Amerika* ist er ein Abenteurergenie, das als Dichter die Pariser Gesellschaft bis in die innersten Hofkreise hinein mit gesellschaftskritischen Komödien in Atem hält und mit *Le Mariage de Figaro* in kürzester Zeit 350 000 Goldfrancs verdient; das als Lebe- und Geschäftsmann ein beständiges Auf und Ab erfährt, sich jedoch letztlich mit Königtum, Revolution und Bonapartismus arrangiert; das als Politiker und Diplomat unter Einsatz seines Lebens für die amerikanische Unabhängigkeitsbewegung kämpft, ohne die Neue Welt jemals mit eigenen Augen zu sehen. Dafür sieht Beaumarchais 1793 Mozarts *Figaro* und schreibt dem Personal der Pariser Aufführung alsbald lange Anmerkungen zur Regie. Kein Wort verliert er über die Musik. Schon leicht ertaubt, spricht er sich lediglich für Zwischenaktmusiken aus, «um die langen Pausen auszufüllen und Abwechslung zu schaffen»[245].

Zurück zu da Ponte und Joseph II.: Wie deren Gespräch im Winter 1785/86 im Einzelnen verlaufen ist, bleibt ungewiss, denn wir haben nur die Erinnerungen des Librettisten. D a s s der Kaiser auch an dieser Opernangelegenheit persönlich Anteil nimmt, dürfte jedoch unstrittig sein. Übrigens handelt er keineswegs unvernünftig, wenn er das *Figaro*-Libretto passieren lässt, Beaumarchais' Sprechstück jedoch weiterhin zurückhält: In der italienischen Oper herrscht nicht das potenziell aufmüpfige Parterre, sondern der Adel, an dessen laxem Lebenswandel der sittenstrenge Joseph so manchen Anstoß nimmt. Vielleicht tut es einigen der Almavivas, welche die Adelslogen seines Hofburgtheaters besetzt halten, ganz gut, sich einmal im Spiegel zu sehen.

Man soll das Interesse des Kaisers an aktuellen Themen nicht unterschätzen. So sorgt er persönlich dafür, dass auf einem Hoffest in Schloss Schönbrunn am 7. Februar 1786 zwei Einakter aufgeführt werden, die sich satirisch-moralisch mit jenem Theaterklüngel auseinander setzen, mit dem der Hausherr selbst beständig zu tun hat: eitle und konkurrenzhafte Sänger, raffgierige und opportunistische Impresarii, kooperationsunwillige Librettisten und Komponisten, ein adeliger Geldgeber, der unbedingt seine Favoritin ins Spiel bringen will, etc. Die Rede ist von einer «Komödie mit Musik», Der Schauspieldirektor, zu der Mozart die Ouvertüre und vier Gesangsnummern KV 486 beisteuert, und von dem Buffo-Einakter Prima la musica e poi le parole des Hofkapellmeisters Salieri.

Bei Mozart wirken die ersten Kräfte des Wiener Singspiels mit: Aloisia Lange, Catarina Cavalieri und Valentin Adamberger; bei Salieri singt unter anderem Mozarts erste Susanna, die berühmte Ann Storace. In ihrer Rolle als eitle Primadonna parodiert sie den noch berühmteren Kastraten Luigi Marchesi mit einer Arie aus Giuseppe Sartis Giulio Sabino so trefflich, «dass man wirklich ihn selbst zu hören glaubte»[246]. Dass die Storace den Marchesi, welchen sie nicht leiden kann, anlässlich seines gerade beendeten Wiener Engagements zuvor im kleinen Kreis imitiert hat, spricht ebenso für die Aktualität dieser Buffa wie die Tatsache, dass auch da Ponte in seiner Eigenschaft als Librettist durch den Kakao gezogen wird.

In Wien gibt es zur Figaro-Zeit nach dem Willen Josephs II. eine rege Buffa-Szene, die nicht nur L'art pour l'art treibt, sondern sich selbst auf die Schippe nimmt und für Tagesaktualitäten, Parodien und allerlei kommunikative Späßchen offen ist. Die Frage, warum Mozart mit seinem Figaro «erst» in dieser Saison 1785/86 zum Zuge kommt, erhellt der vordergründig marginale Theaterabend in der Schönbrunner Orangerie wie in einem Brennspiegel: Auch in der Kaiserstadt kann man jene Kabalen, von denen die beiden Einakter handeln, realiter erleben; es gibt den Konkurrenten Salieri, der natürlich nicht freiwillig hinter Mozart zurücktritt, auch wenn er keineswegs jener Meisterintrigant ist, zu dem ihn die Mozart-Rezeption gemacht hat.

Schließlich trifft Mozart auf eine Konkurrenz, die ihr Handwerk versteht und nicht nur aus dem geschickt komponierenden Salieri besteht, sondern auch aus Komponisten wie Martín y Soler, Domenico Cimarosa, Giovanni Paisiello und André-Ernest-Modeste Grétry, dessen Oper *L'Amant jaloux* im Jahre 1786 nicht nur mit Mozarts *Figaro* die Wiener Bühne teilt, sondern ihm in der deutschen Fassung von Stephanie d. J. auch wichtige Impulse gibt.[247]

Was verlangt man von einer Buffa? Körperlichkeit und rasch wechselnde Aktion – Liebe, Eifersucht, Heuchelei, Spott, Verkleidung, Verwechslung, Intrige, Täuschung, Angst, Streit, Gewalt, Versöhnung. So geht es in hunderten von Libretti zu, die damals im Schwange sind; so geht es auch in da Pontes und Mozarts *Figaro* zu. Und wie lautet der Urplot der Buffa? Ein «matrimonio», eine Ehe, auf den Weg zu bringen und die dabei auftretenden Hindernisse aus dem Weg zu räumen! Auch d a s finden wir in dieser Buffa aller Buffe: Figaro und Susanna wollen heiraten, als plötzlich Marcellina, welcher Figaro in bedrängter finanzieller Lage einst die Ehe versprochen hat, auf ihre älteren Rechte pocht. Selbst die Lösung ist vollkommen buffonesk: Vor Gericht erkennt die Klägerin im Beklagten ihren Sohn wieder, worauf Marcellina, Figaro, Susanna, Graf, Doktor Bartolo und Don Curzio nicht müde werden, sich gegenseitig die Worte «figlio», «madre» und «padre» zuzurufen – ja auch «padre», denn der Doktor entpuppt sich unversehens als Figaros Vater.

Alles wie gehabt, wenn es da nicht ein Ehehindernis gäbe, welches man in keinem der hundert und mehr gängigen Libretti findet: den Grafen Almaviva. Dieser wünscht sich Susanna als Mätresse und versucht deshalb ihre Heirat mit Figaro mit allen Mitteln hinauszuzögern, wo er schon auf das Jus primae noctis – von Joseph II. realiter unter Strafe gestellt – verzichten soll. Plötzlich bricht ein Stück skandalöser Wirklichkeit in die Handlung ein: Wir befinden uns in den 1780er Jahren. So erlebt es jedenfalls jeder Zuschauer, der das Verbot von Beaumarchais' *Figaro*-Vorlage zur Kenntnis genommen und die Gründe nachvollzogen hat.

Und ein Weiteres bekommt er vorgeführt. Die Weisheit der Buffa, dass es keine Guten und Bösen, sondern nur Schlaue und Dumme gibt, triumphiert in da Pontes und Mozarts *Figaro* in einer für die Buffa nicht unbedingt typischen Spielart: S c h l a u ist das Dienerpaar, dessen «matrimonio» zu guter Letzt nichts mehr im Wege steht; dumm gelaufen ist es für das Grafenpaar, dessen versöhnlicher Abgang nicht verschleiern kann, dass es keine rosige Zukunft hat.

Ohne entscheiden zu wollen, wie «politisch» Mozart dies alles sieht, erinnern wir uns des originalen Beaumarchais', der Figaro in *Le Barbier de Séville* sagen lässt: «Was in unsern Zeiten nicht erlaubt ist, gesagt zu werden, wird gesungen.» Das könnte auch s e i n Motto gewesen sein; jedenfalls macht es sich der *Figaro*-Rezensent der *Wiener Realzeitung* wortwörtlich zu Eigen.[248] Noch wichtiger ist die Einsicht, dass da Pontes Libretto Mozart in seinem spezifischen Verhalten als Komponist entgegenkommt: In der Handlung geht es um die Unterwanderung des gesellschaftlichen Systems, ohne dass dieses absolut infrage gestellt würde. In Mozarts Oper bleibt die Buffa gültiges System und wird doch beständig überwunden.

Das aber ist nur möglich, weil da Ponte und Mozart auch in der heißen Phase der Komposition, die von Mitte Oktober bis Ende November 1785 dauert, eng zusammenarbeiten. Der unglaublich kurz erscheinende, jedoch durch die Quellen belegte Zeitraum von etwa sechs Wochen dient nicht nur dazu, die Partitur in einem Zuge auszuführen; vielmehr nutzt Mozart die Zeit augenscheinlich auch, um mit da Ponte über das Libretto zu ‹verhandeln›, Szenen um- und neuschreiben zu lassen. Zudem arbeitet er sich nicht Nummer für Nummer voran, springt vielmehr vor und zurück, um sich jeweils die Abschnitte des Librettos vorzunehmen, die ihm jeweils besonders ins Auge springen. Beobachtungen am Partitur-Autograph sprechen ferner dafür, dass er Nummern ähnlichen Charakters tendenziell in ein und demselben Arbeitsgang vertont.

Mozarts Äußerung anlässlich des *Idomeneo*, «komponirt ist schon alles – aber geschrieben noch nicht»[249], ist gelegentlich so verstanden worden, als habe er seine Kompositionen in der Regel mit traumwandlerischer Sicherheit aus dem Gedächtnis niedergeschrieben. Das wird es immer wieder gegeben haben; indessen sind auch viele Skizzen überliefert: Das eine Mal notiert Mozart erste Einfälle, um sie vor dem Vergessen zu bewahren; bei anderer Gelegenheit leistet er auf dem Papier regelrechte kompositorische Arbeit – für knifflige kontrapunktische Probleme ein unumgängliches Verfahren, in vielen anderen Fällen zumindest sehr hilfreich.

Anstatt hier die schöne Arbeit von Ulrich Konrad über *Mozarts Schaffensweise* zu referieren,[250] betrachten wir zu diesem Punkt die Rosenarie der Susanna, «Deh viene non tardar» anhand der Edition in der *Neuen Mozart-Ausgabe*. Es gibt eine Melodieskizze und eine etwas weiter ausgeführte Skizze für Sopran und Bassfundament zu einer Arie, die ursprünglich die Stelle der Rosenarie einnehmen sollte, mit dieser aber – vom einleitenden Rezitativ abgesehen – textlich und musikalisch nicht viel zu tun hat.

Mozart ist mit seinem Entwurf augenscheinlich nicht zufrieden, bittet vielmehr da Ponte um einen neuen Text und schreibt daraufhin eine ganz neue, die heute bekannte Arie – nicht ohne zuvor wiederum eine Melodieskizze anzufertigen. Fazit: Manche seiner Einfälle sind sicherlich präexistent, das heißt schon vor Kenntnis des Librettos in seinem Kopf; andere aber entwickelt er in der Auseinandersetzung mit dem Libretto und dem Librettisten. So ist es schon im Fall des *Idomeneo* und der *Entführung* gewesen, und so lässt es sich auch für den *Figaro* nachweisen.

Von ihm nehen wir vorübergehend Abschied, um über andere wichtige Ereignisse des Jahres 1785 zu berichten. Die ersten Monate – das Opernprojekt wird gerade erst bedacht – stehen im Zeichen der sechs *Haydn-Quartette*, mit denen Mozart sich schon seit 1782 beschäftigt: Offenbar versteht er sie als sein eigentliches Meisterstück im Bereich der Kammermusik und arbeitet demgemäß an ihrer Optimierung bis zur Veröffentlichung beständig weiter. Als «il frutto di una lunga, e laborosa fatica» bezeichnet er sein Werk im Vorwort der im September 1785 erscheinenden Erstausgabe, die Joseph Haydn gewidmet ist – dem damals unumstrittenen Wortführer in dieser erlesenen Gattung. Doch wie Mozart auf Haydns Quartett op. 33 reagiert hat, wird dieser mit seinen Quartetten op. 50 wiederum auf Mozart antworten: ein schönes Beispiel künstlerischen Austauschs, wie man ihn in unserer Gegenwart wohl kaum finden wird. Ein wenig Eifersucht mag freilich auch im Spiel gewesen sein: Nachdem Ignaz Pleyel sich in seinen Streichquartetten op.1–5 ausdrücklich als Schüler des großen Haydn bekannt hat, will Mozart nicht nachstehen.

Drei von ihnen führt Mozart erstmals am 15. Januar 1785 in seiner Wohnung in Gegenwart des Widmungsträgers auf. Noch einmal drei Quartette – KV 387, KV 464 und KV 465 – erklingen vier Wochen später; diesmal sitzt Mozart zusammen mit seinem Vater oder aber mit Haydn – die Berichte darüber sind undeutlich – an den Pulten der Violinen; die Logenbrüder Anton und Bartholomäus von Tinti spielen Bratsche und Violoncello. Haydn, jedenfalls anwesend, richtet an Leopold die denkwürdigen Worte: «ich sage ihnen vor gott, als ein ehrlicher Mann, ihr Sohn ist der größte Componist, den ich von Person und den Nahmen nach kenne: er hat geschmack, und über das die größte Compositionswissenschaft»[251].

Überhaupt kommt Leopold Mozarts erster Besuch bei Mozart und Constanze gerade zur rechten Zeit; denn alles läuft, wie Maria Anna in Salzburg erfährt, bestens: «deines Bruders Fortepiano Flügel ist wenigst 12 mahl, seit dem hier bin, aus dem hause ins Theater oder in ein andres Haus getragen worden. er hat ein grosses Forte piano pedale machen lassen, das unterm flügel steht»[252]. Mit anderen Worten: Mozart tritt gern mit seinem Pedalflügel auf und ist mit Konzerten ständig beschäftigt.

Schon gleich nach seiner Ankunft kann Leopold Mozart den Sohn im ersten von sechs Freitags-Abonnementskonzerten im städtischen Kasino «Zur Mehlgrube» mit dem d-Moll-Klavierkonzert KV 466 hören, das trotz seines leidenschaftlich-düsteren Charakters gut ankommt: «als dein Bruder weg gieng, machte ihm der kayser mit dem Hut in der hand ein Compl. hinab und schrie bravo Mozart. als er herauskam zum spielen, wurde ihm ohnehin zugeklatscht.»[253]

Unmöglich, alle Konzerte des ersten Quartals 1785 zu erwähnen: Mozart spielt auf einer Akadamie der Sängerin Luisa Laschi eines seiner Klavierkonzerte – vermutlich das in B-Dur KV 456, er wiederholt auf einer Akademie der sechzehnjährigen Sängerin Elisabeth Distler das d-Moll-Klavierkonzert; er nimmt an Akademien des Grafen Karl Zichy, des Künstler-Ehepaars Le Brun und der Josepha Auernhammer teil; er trägt auf seiner eigenen Akademie das nur einen Tag zuvor vollendete Klavierkonzert in C-Dur KV 467 vor und verdient an diesem Abend 559 Gulden; er führt auf einem Konzert der Tonkünstler-Sozietät die schon erwähnte, im Wesentlichen aus der c-Moll-Messe gewonnene Kantate Davidde penitente auf.

Figaro-Zeit

Ehe dann die Arbeit am Figaro in ihre entscheidende Phase tritt, schreibt Mozart die Klavierphantasie c-Moll KV 475, Das Veilchen KV 476 auf die Verse Goethes und das g-Moll-Klavierquartett KV 478 – Werke ganz unterschiedlicher Couleur und Stimmungslage, doch jedes für sich hoch bedeutend und einer eigenen Untersuchung wert. Kaum ist Figaro in den Grundzügen vollendet, komponiert Mozart noch vor Jahresende die Sonate für Klavier und Violine KV 481 und das Es-Dur-Klavierkonzert 482. Im Frühjahr 1786 folgen die Klavierkonzerte in A-Dur KV 488 und c-Moll KV 491.

Kann der Vater die Erfolge seines Sohns wirklich genießen, die er zehn Wochen lang, von Februar bis April 1785, in Wien miterleben kann? Falls es da tief sitzende Vorbehalte gibt, so lässt er sie sich nicht anmerken. Gleich anfänglich berichtet er der Tochter Maria Anna von einem «unvergleichlichen» Konzert auf der Mehlgrube, aber auch, «daß dein Bruder ein schönes quartier mit *aller zum Hauß gehörigen Auszierung hat*», dafür freilich auch 480 Gulden Miete zahlt.[254] Er lässt sich von Schwiegertochter Constanze anlässlich einer starken Erkältung hegen und pflegen, äußert sich auch freundlich über seinen Enkel Karl Thomas: Dieser «ist ungemein freundlich, und lacht so oft man [ihn] anredet»[255].

Leopold Mozart lobt das üppige Essen bei der vormals eher verachteten Mutter Weber über alle Maßen, akzeptiert aber auch die Sparsamkeit (!) Constanzes: «Ich glaube, daß mein Sohn, wenn er keine Schulden zu bezahlen hat, jetzt 2000 fl. [Gulden] in die bank legen kann: das Geld ist sicher da, die Hauswirthschaft ist, was Essen und Trinken betrifft, im höchsten Grad öconomisch»[256] – so soll er sich in einem inzwischen verschollenen Brief geäußert haben.

Er genießt die vielen gesellschaftlichen Kontakte, die ihm sein Sohn ermöglicht, und lässt sich von ihm in die Loge «Zur Wohlthätigkeit» einführen, die ihn am 6. April sogar in den ersten Grad erhebt – nach demselben Ritual, dem sich nur Wochen zuvor sein Sohn unterzogen hat. In kürzester Zeit wird er erst zum Gesellen, danach zum Meister erhoben und fortan als Ehrenmitglied der Loge geführt. Dass der Sohn immer zugegen ist, legt die Vermutung nahe, dass beide, da sie sich menschlich vielleicht nicht mehr nahe sein können, durch das Band des Freimaurertums verbunden sein möchten.

Dafür spricht eine Episode aus dem Fasching des folgenden Jahres: Mozart tritt am 19. Februar 1786 in der Maske des Zoroaster auf und verteilt Flugblätter mit vermutlich selbst verfassten Rätseln und Aphorismen der Art: «Bist du ein armer Dummkopf – so werde K[lerike]r. Bist du ein reicher Dummkopf, so werde Pächter [= Domprobst]. Bist du ein adelicher, aber armer Dummkopf – so werde, was du kannst, für Brod. Bist du aber ein reicher, adelicher Dummkopf, so werde, was du willst; nur kein Mann vom Verstande – das bitte ich mir aus.»[257]

Daheim in Salzburg ist der Vater von solchen Maximen, die mit josephinischen Reformen und Freimaurertum konform, gleichwohl durchaus aufmüpfig sind, so begeistert, dass er sie voller Stolz in die örtliche *Oberdeutsche Staatszeitung* einrücken lässt – natürlich ohne Namensnennung. Im Kontext von Mozarts Biographie interessiert vor allem die Koinzidenz der Ereignisse: Der Zoroaster-Auftritt fällt in die Zeit der Proben am *Figaro*, dem ständekritische Weis- und Bosheiten ja keineswegs fremd sind. Man sollte diese Parallele weder überbewerten noch unterschätzen und sich erinnern, dass Mozart im Fasching 1783 als Harlekin aufgetreten ist: Augenscheinlich gibt es eine Affinität zu beiden Masken.

Jetzt, im Frühjahr 1786, finden wir Mozart vor allem mit den *Figaro*-Proben beschäftigt, von denen Michael Kelly, der erste Darsteller des Don Curzio und des Basilio, in seinen 1826 erschienenen Erinnerungen so plastisch berichtet, dass man ihm am liebsten jedes Wort glaubte, obwohl manche Einzelheiten phantasiert sein dürften: «Von der ersten Probe mit vollem Orchester erinnere ich mich», so heißt es in einer frühen Übersetzung, «wie Mozart im rothen Pelz und Tressenhut bei der ersten Generalprobe auf der Bühne stand und das Tempo angab. Benuci sang Figaro's Arie ‹Non più andrai› mit der größten Lebendigkeit und aller Kraft seiner Stimme. Ich stand dicht neben Mozart, der sotto voce wiederholt rief: bravo, bravo, Benuci; und als die schöne Stelle kam: ‹Cherubino, alla vittoria, alla gloria militar!›, welche Benuci mit Stentorstimme sang, war die Wirkung auf alle, die Sänger auf der Bühne, wie die Musiker im Orchester, eine wahrhaft elektrische. Ganz ausser sich vor Entzücken rief alles: ‹bravo! bravo, maestro! viva! viva grande Mozart!› Im Orchester konnten sie kein Ende finden mit Klatschen,

Figaro-Zeit

und die Geiger klopften mit den Bogen auf die Notenpulte. Der kleine Mann sprach in wiederholten Verbeugungen seinen Dank für den enthusiastischen Beifall aus, der ihm auf so ausserordentliche Weise ausgedrückt wurde.»[258]

Schon dieser eine Absatz beleuchtet Glanz und Elend von Rezeptionsgeschichte und Interpretationsforschung: Den «karmesinroten Mantel», wie ein späterer Autor «crimson pelisse» übersetzt,[259] wird sich kein Mozart-Biograph entgehen lassen – und muss es auch nicht, denn Mozarts Vorliebe für rote Röcke ist bekannt. Der «gold-laced cocked hat» lässt sich hingegen nicht nachprüfen, noch weniger Kellys Erinnerungen an Benuccis Wiedergabe von «alla vittoria»: Sollen diese Worte Figaros nicht hämisch, wenigstens spöttisch klingen, und passt da eine Stentorstimme? Hat Kellys Ghostwriter Theodor Hook diese prägnante Formulierung erfunden oder entspricht sie Kellys eigener Erinnerung, ist diese vierzig Jahre nach dem Geschehnis noch glaubwürdig, und – wenn ja – hat Mozart Figaro an dieser Stelle immer «with Stentorian lungs» singen oder hier nur einmal gewähren lassen?

Viele Forscher wollen sich mit solchen Fragen nicht abgeben und tun Äußerungen wie die Kellys deshalb von vornherein als apokryph ab. Doch wird unser Mozart-Bild besser, wenn wir es von allem anekdotisch Klingenden reinigen? Ist der «authentische» Briefwechsel der Familie Mozart frei von anekdotischen Momenten? Lässt sich aus einem Quellenausschnitt, der mehr oder weniger zufällig auf uns gekommen ist, überhaupt ein authentisches Mozart-Bild zeichnen? Hier geht es letztlich um eine erkenntnistheoretische Frage, die der amerikanische Historiker Hayden White in seiner Essay-Sammlung *Auch Klio dichtet oder Die Fiktion des Faktischen* in dem Sinn beantwortet hat, dass Geschichte-Schreiben von Geschichten-Schreiben nicht zu unterscheiden sei und deshalb den Segen Klios, der Muse der Geschichtsschreibung, brauche. Daraufhin hat der französische Philosoph Paul Ricœur von dem Zwang gesprochen, «den das vergangene Ereignis über die bekannten Dokumente auf den historischen Diskurs» ausübe.[260] Mehr lässt sich nicht sagen: Wir «dichten», wenn wir über Mozarts Leben schreiben, sollten jedoch das existente Faktengerüst möglichst wenig verbiegen – vor allem nicht aus Begeisterung über unsere eigenen Thesen. Ohnedies hat vielleicht nicht weniger, sondern mehr Gewicht als eine nüchterne Tatsachenanalyse, was Hanns-Josef Ortheil in seinem schönen Buch *Mozart im Innern seiner Sprachen* aus dessen Briefen liest.

Die Erinnerungen Kellys lassen übrigens eine Vermutung aufkommen, die von anderer Seite bestätigt wird: Mozart hat zur *Figaro*-Zeit einen Kreis von Anhängern und Bewunderern um sich. Der junge englische Sänger Kelly, der gerade sein erstes größeres Engagement in Wien angetreten hat, gehört dazu, ebenso sein britischer Landsmann Thomas Attwood, der damals zu intensivem Kompositionsunterricht in Mozarts Haus kommt. (Seine Arbeiten sind bis heute in einem Studienbuch erhalten – ebenso diejenigen der Mozart-Schüler Barbara Ployer und Franz Jakob Freistädtler.)

Auch die Mehrheit des ersten *Figaro*-Ensembles dürfte zu Mozarts Bewunderern gezählt haben: Stefano Mandini als Graf Almaviva, Luisa Laschi-Mombelli als Gräfin, Ann Storace als Susanna, der schon genannte Franceso Benucci als Figaro, Dorothea Bussani als Cherubino, die erst zwölfjährige Anna Gottlieb als Barbarina usw. Es ist die beste Besetzung, die Wien damals aufzubieten hat, und die meist jüngeren Sängerinnen und Sänger stammen nicht aus der Tradition der Seria, sondern aus derjenigen der Buffa: Sie möchten agieren und sind Mozart sicherlich dankbar, dass sie bei ihm ihre komödiantischen Züge ausleben können! Kein Zufall, dass Ann Storace, als Primadonna die höchstbezahlte Sängerin der Wiener Buffa, nicht die Gräfin, sondern die agile Susanna singt!

Dann gibt es ein nach Dutzenden zählendes Stammpublikum: musikgebildete Mitglieder der Wiener Oberschicht, die wissen, was sie an Mozart haben. Es gibt ausgesuchte Kenner wie den Baron van Swieten; es gibt einen Joseph Haydn, der – im Jahr nach der *Figaro*-Premiere um die Komposition einer Buffa gebeten – auf den «großen Mozart» verweist, dem er auf diesem Feld nicht das Wasser reichen könne, und seinen Brief an einen Prager Interessenten mit den Worten schließt: «Verzeihen Sie, wenn ich aus dem geleise komme, ich habe den Mann zu lieb.»[261] Es gibt schließlich einen Kaiser, der – nach allem, was wir wissen – seinem besten deutschsprachigen Komponisten wohl gesonnen ist.

Das ist zu bedenken, ehe man über die Intrigen urteilt, die einer Aufführung des *Figaro* angeblich oder tatsächlich hinderlich sind. Vergleichbares trifft damals – wie heute – jede zweite Oper; und jeder Komponist muss zusehen, wie er sich seiner Hausmacht versichert. Mozart ist da kaum schlechter dran als seine Konkurrenten. Allerdings sieht es so aus, als zählte Intendant Orsini-Rosenberg in diesem Kontext nicht zu seinen Freunden. Jedenfalls macht ihn da Ponte in seinen Erinnerungen für Probleme verantwortlich, die es mit der Tanzeinlage des dritten Aktes gibt. Der Kaiser habe Ballette in Opern verboten, teilt der Graf den Künstlern während der Proben mit – was stimmt: Joseph II. will auf diese Weise dem Adel die italienischen Opern vermiesen und ihn «zum Besuche deutscher Stücke zwingen»[262].

Doch ein Kaiser kann seine Anordnungen aufheben; und so geht *Le nozze di Figaro* am 1. Mai 1786 mit Tanzeinlage über die Bühne des Burgtheaters. Der ungarische Dichter Franz Kazinczy schwärmt von einer der ersten Aufführungen: «Storace, die schöne Sängerin bezauberte Auge, Ohr und Seele. – Mozart dirigierte das Orchester, sein Fortepiano schlagend; aber die Freude, welche die Musik verursacht, ist so fern von jeder Sinnlichkeit, daß man nicht darüber sprechen darf. Wo gäbe es Worte, würdig, eine solche Freude zu schildern?»[263]

«Das Publikum», so schreibt etwas verspätet am 11. Juli die *Wiener Realzeitung*, «wußte am ersten Tage nicht eigentlich, wie es daran war. Es hörte manches Bravo von unpartheiischen Kennern, aber auch ungestüme Bengel im obersten Stockwerke sprengten ihre gedungenen Lungen nach Kräften»[264]. Dessen ungeachtet müssen in der zweiten Aufführung fünf, in der dritten sogar sieben Nummern wiederholt werden, und ein kleines Duett wird sogar dreimal gesungen. Wohl vor allem deshalb verfügt der Kaiser, dass nur noch Solonummern wiederholt werden dürfen – «um die Dauerzeit der Opern nicht allzuweit zu erstrecken, dennoch aber den von den Opernsängern in der Wiederholung der Singstücken offt zu suchenden Ruhm nicht kränken zu lassen»[265].

Dass seit dem 7. Mai 1786 auch die *Entführung aus dem Serail* wieder einmal auf dem Spielplan ist, spricht ebenso für die Beliebtheit von Mozarts Musik wie ihre rasche Verbreitung in Noten. Schon am 3. Mai bietet der Verleger Torricella – und das ist eine Seltenheit – eine handschriftliche Partitur des *Figaro* an, ferner einen Klavierauszug und ein Arrangement für Streichquartett. Die Lauschische Musikalienhandlung verkauft die ganze Oper auch in Einzelausgaben, «gut übersetzt beym Klavier zu singen, den Bogen zu 7 Kreuzer»[266].

Spielt wohl die Schriftstellerin Karoline von Pichler aus diesen Bögen «Non più andrai», als Mozart ihr Elternhaus besucht und hinter sie ans Klavier tritt? «Ich mußte es ihm wohl recht machen, denn er brummte die Melodie mit und schlug den Tact auf meine Schultern; plötzlich aber rückte er sich einen Stuhl heran, setzte sich, hieß mich im Basse fortspielen und begann so wunderschön aus dem Stegreife zu variieren, daß alles mit angehaltenem Atem den Tönen des Orpheus lauschte. Auf einmal aber ward ihm das Ding zuwider, er fuhr auf und begann in seiner närrischen Laune, wie er es öfters machte, über Tisch und Sessel zu springen, wie eine Katze zu miauen, und wie ein ausgelassener Junge Purzelbäume zu schlagen.»[267]

Dies die gedruckte Erinnerung der inzwischen 74-Jährigen; und man fragt sich einmal mehr, was Dichtung, was Wahrheit ist. Das will zwar zu Mozart «passen» – doch zu w e l c h e m Mozart: zu dem ewigen Kind, das wir uns aus anderen, teils besseren, teils schlechteren Quellen zurechtmachen? Aber schön hört sich die Episode doch an!

Es gibt aus dem Jahr 1786 nicht nur über *Figaro* zu berichten. Im Juni vollendet Mozart das für Ignaz Leutgeb komponierte Hornkonzert Es-Dur KV 495. Es ist nicht das erste Konzert, das Mozart dem Salzburger Hornisten aus Gefälligkeit auf den Leib schreibt – mit dessen offenbar gutmütig-schwerfälliger Art seine Späße treibend. So steht in der Partitur des Vorgängerwerks KV 412 beim Eintritt des Solos: «Adagio – a lei Signor Asino [Esel], Animo – presto – su via – da bravo – Coraggio – bestia – oh che stonatura – Ahi! – ohimè – bravo poveretto». Im Fall von KV 495 ist das Autograph zum Scherz bunt durcheinander mit blauer, roter, grüner und schwarzer Tinte geschrieben: Harlequin lässt grüßen!

In die zweite Jahreshälfte fallen die Trios für Klavier, Violine und Violoncello KV 496 und KV 502; in späteren Jahren werden Werke gleicher Besetzung hinzukommen: KV 542, KV 548 und KV 564. Erhält Mozart für Leutgebs Hornkonzerte ein vermutlich so geringes Honorar, dass er sich mit Späßen entschädigen muss, so liegen den genannten Trios vermutlich lukrative Aufträge von Liebhabern der Kammermusik zugrunde. KV 496 bietet Mozart zum Beispiel Joseph Wenzeslaus von Fürstenberg in Donaueschingen an, der sich aber für drei Sinfonien und drei Konzerte entscheidet und dafür 119 Gulden und 39 Kreuzer einschließlich Maut und Porto bezahlt.

Das im August 1786 fertig gestellte *Kegelstatt-Trio* KV 498 für Klavier, Klarinette und Viola soll Mozart nach der Erinnerung Karoline von Pichlers für seine Schülerin Franziska von Jaquin beim Kegelschieben komponiert haben. Vermutlich ist nicht mehr dahinter, als dass er sich bei dieser Gelegenheit Einfälle notierte. Auch andere kammermusikalische Besetzungen reizen Mozart: Er schreibt die anspruchsvolle Sonate für Klavier zu vier Händen KV 497 sowie die Streichquartette KV 493 und KV 499. Im Dezember 1786 ist wieder ein Klavierkonzert fertig – dasjenige in C-Dur KV 503: Er will es in einer Reihe von vier Adventsakademien im Trattner'schen Casino aufführen, die jedoch möglicherweise nicht zustande kommt.

Am 18. Oktober wird Mozarts und Constanzes dritter Sohn, Johann Thomas Leopold, geboren, genannt nach dem Gönner und Verehrer Johann Thomas von Trattner und dem Großvater Leopold. Das Kind stirbt schon am 15. November an «Stickfrais» genannten Erstickungskrämpfen. Zwei Tage später – da kann er die Todesnachricht noch kaum erhalten haben – schreibt Leopold Mozart seiner Tochter Maria Anna einen merkwürdigen Brief: Wolfgang habe ihm «keinen geringeren Vortrag gemacht, als *seine 2 Kinder* in meine Versorgung zu nehmen, da er im halben fasching eine Reise durch Teutschland nach Engelland machen möchte». Der Silhouettenmacher Miller habe ausgeplaudert, dass Leopold Mozart gerade auf das Kind von Maria Anna aufpasst, weil diese mit ihrem Mann auf Reisen ist: «welches ihm niemals geschrieben hatte: also kam ihm oder vielleicht seiner Frau der gute Einfahl. das wäre freilich nicht übl, – Sie könnten ruhig reisen, – könnten sterben, – – könnten in Engelland bleiben, – – da könnte ich ihnen mit den Kindern nachlauffen etc: oder der Bezahlung für die Kinder die er mir für Menscher [Pflegepersonen] und Kinder anträgt etc.»[268]

Der grimmige Ton steht in erstaunlichem Kontrast zu den liebevollen Worten, mit denen Leopold Mozart in jedem seiner Briefe an die

Tochter vom «Leopoldl» – seinem Enkel aus deren Ehe – schwärmt: Mit dem beschäftigt er sich gern und intensiv! Damals wie heute schaut man in Familien nicht hinein; doch auch ohne viel Spekulation lässt sich vermuten, dass etwas nicht stimmt im Verhältnis zwischen Vater und Sohn.

Mozart aber, obwohl er genug Englisch kann, um Thomas Attwood Kompositionsunterricht in seiner Muttersprache zu erteilen, lässt seine aktuellen britischen Freunde im Februar 1787 allein nach England ziehen: Attwood, den Sänger Kelly, den Komponisten und Sänger Stephen Storace sowie dessen Schwester Ann Storace. Schade – so lautet unser Kommentar: Wie vergnügt wäre Mozart im Kreis seiner Künstler gereist, und was alles hätte er in seinem aus der Ferne geliebten England anstellen können! Immerhin gibt es alsbald Ersatz: Prag.

Doch bevor die Mozarts dorthin aufbrechen, komponiert Mozart sein Abschiedsgeschenk für Ann Storace: die Szene mit Rondo KV 505 «Ch'io mi scordi di te? / Non temer amato bene». Sein eigenhändiges Werkverzeichnis teilt außer der Orchesterbesetzung mit: «mit Klavier Solo. für Mad.^{selle} Storace und mich».

Das ist ein deutlicher Hinweis darauf, dass eine der schönsten und ausführlichsten Konzertarien Mozarts mit viel Sentiment komponiert worden ist; selbst ein seriöser Mozart-Forscher wie Alfred Einstein nennt sie umstandslos «eine Liebeserklärung in Tönen, die Verklärung eines Verhältnisses, das keine Verwirklichung finden konnte, in einer idealen Sphäre», um reichlich dumm hinzuzufügen: «Glücklicherweise hatte Konstanze für dergleichen kein Organ.»[269] Die wegen ihrer Schönheit und ihres Temperaments in komischen Rollen gerühmte «Nancy» – so wird sie genannt – hat zu diesem Zeitpunkt eine ebenso kurze wie unglückliche Ehe hinter sich: Ihr Mann hat sie so misshandelt, dass er auf Befehl des Kaisers aus Wien ausgewiesen worden ist. Fast ein Wunder, wenn Mozart sich während der *Figaro*-Proben nicht in sie verliebt hätte. Doch weiterzudenken artet schnell in Klatsch aus. Übrigens wird Nancy Storace ihre Karriere in England erfolgreich fortsetzen, einige Jahre lang auch an deutschen und italienischen Bühnen gastieren und erst im Jahre 1808 ihren Abschied nehmen, ohne freilich der Mozart-Biographik durch Memoiren weiteren Stoff zu bieten.

1787/88
Jubel in Prag

Mozart auf der Reise nach Prag, Eduard Mörikes letzte Novelle, antwortet auf Signale, die einige Jahre zuvor Alexander Oulibicheff ausgesandt hatte: Im Don-Giovanni-Kapitel seiner mehrbändigen Biographie reflektiert dieser passionierte Mozart-Verehrer das ebenso «verschwenderische» wie «verhängnißvolle» Leben Mozarts;[270] und dementsprechend zeichnet Mörike einen Komponisten, der seinen Weg zur Prager Erstaufführung des Don Giovanni zwar ganz frei und heiter geht, gleichwohl von der jungen Eugenie als einer erkannt wird, «der sich schnell und unaufhaltsam in seiner eigenen Glut verzehre» und «nur eine flüchtige Erscheinung auf Erden sein könne, weil sie den Überfluß, den er verströmen würde, in Wahrheit nicht ertrüge»[271].

Da wird der Komponist zu jenem Don Giovanni, der lieber zur Hölle fährt, als dass er seiner sagenhaften Virilität verlustig geht: Auch Mozart möge doch bitte auf dem Höhepunkt seines Schaffens abtreten, anstatt wie Salieri als verbitterter alter Mann in geistiger Umnachtung zu enden. Doch halt – wovon sprechen wir: von seriöser Biographik, von E. T. A. Hoffmanns Don-Juan-Novelle, von Kierkegaards Entweder – Oder, von Mörikes Mozart auf der Reise nach Prag, von Alexander Puschkins kleiner Tragödie Mozart und Salieri oder von Milos Formans Film Amadeus?

In einem Kapitel über die Jahre 1787/88 sind solche Fragen fällig. Denn oft genug ist die Einschätzung zu hören, dass Mozart mit der Prager Uraufführung des Don Giovanni seinen Zenit erreicht habe und danach «irgendwie» eingebrochen sei. In der Tat lassen sich bestimmte Nachrichten zu Hiobsbotschaften verdichten: Der Vater stirbt, die Schulden wachsen, die Verhältnisse in Wien werden schwieriger. Gleichwohl ist die entsprechende Sichtweise reine Konstruktion: Man will Mozart nicht alt werden lassen, er soll «seinem» romantischen Mythos folgen!

Wir verzichten hier auf düstere Prognosen und beginnen mit Mozarts Prag-Reise vom Januar 1787 – eine Art Generalprobe zu der von Mörike geschilderten Situation. Eingeladen hat die «Gesellschaft grosser Kenner und Liebhaber», mit von der Partie sind Constanze und der Geiger Franz de Paula Hofer als künftiger Schwager. Zur weiteren Reisegesellschaft gehören die gerade vierzehnjährige Geigerin Marianne Crux in Begleitung ihrer Tante Qualenberg, der Klarinettist Anton Stadler, der Geiger Kaspar Ramlo und Mozarts damaliger Schüler Franz Jakob Freystädtler – der «Gaulimauli» des in dieser Zeit für ihn geschriebenen Kanons *Lieber Freistädtler* KV 232.

Das ist der gängigste der Spitznamen, die Mozart vergibt. Weitere kann man seinem ersten Reisebericht aus Prag entnehmen, in dem er Gottfried von Jaquin mit den Worten anredet: «Nun leben sie wohl liebster freund, liebster HinkitiHonky! – das ist ihr Name, daß sie es wissen. Wir haben uns allen auf unserer Reise Nämen erfunden, hier folgen sie. Ich. Pùnkitititi. *Meine Frau.* SchablaPumfa. *Hofer:* Rozka=Pumpa. *Stadtler:* Nàtschibinìtschibi. *Joseph mein bedienter.* Sagadaratà. *der gauckerl mein hund.* Schamanuzky. – *die Madme Quallenberg.* Runzifunzi. – *Mad:selle Crux. Ps. der Ramlo.* Schurimuri. *der freystädtler.* Gaulimauli. haben sie die güte letztern seinen Namen zu comuniciren.»[272]

Das ist ein Spaß und hat zugleich schaffenspsychologische Aspekte: Mozart ist nicht damit zufrieden, dass seine Bezugspersonen beliebige Namen haben. Er will sie selbst benennen und zugleich zwischen ihnen ein Beziehungsgeflecht schaffen: Nun sind sie Personen mit bestimmten Funktionen in s e i n e m Reich. Vergleichbare Prozesse könnten sich beim Komponisten Mozart abspielen: Beliebig im Kopf herumschwirrende Gedanken werden daraufhin geprüft, wie sie sich anfühlen und zueinander passen könnten. Zugleich werden diese Anmutungsqualitäten zueinander in Beziehung gesetzt: Analog zu Mozarts ‹Reich› haben sie ihre Auftritte in einem musikalischen ‹Satz›, dessen Sinnzusammenhang seine persönliche Regie stiftet – jedenfalls stärker als bei anderen Komponisten: Was sich bei Haydn e n t w i c k e l t , was bei Beethoven als zwingend notwendiger P r o z e s s erscheint, was Wagner als s c h i c k s a l h a f t propagiert, stellt sich bei Mozart als ein von ihm nach unbekannten Regeln wunderbar geleitetes Spiel dar.

Mozart wohnt im Palais des Grafen Johann Joseph Thun-Hohenstein und stürzt sich gleich in den Fasching: «um 6 uhr fuhr ich mit grafen Canal auf den sogenannten breitfeldischen ball, wo sich der kern der Prager schönheiten zu versammeln pflegt. – das wäre so was für sie gewesen mein freund [Jaquin]! – ich meyne ich sehe sie all den Schönen Mädchens, und Weibern nach --laufen glauben sie? – Nein nachhinken! – Ich tanzte nicht und löffelte [poussierte] nicht. – das erste, weil ich zu müde war, und das leztere aus meiner angebohrnen blöde [Schüchternheit]; – ich sah aber mit ganzem Vergnügen zu, wie alle diese leute auf die Musick meines figaro, in lauter Contretänze und teutsche verwandelt, so innig vergnügt herumsprangen; – denn hier wird von nichts gesprochen als vom – figaro; nichts gespielt, geblasen, gesungen und gepfiffen als – figaro: keine opera besucht als – figaro und Ewig figaro; gewis eine grosse Ehre für mich.»²⁷³

Das Eigenlob scheint nicht übertrieben: Seit seiner Prager Premiere Ende 1786 ist der *Figaro* dort in der Tat in aller Munde. Und obwohl die Oper von der glänzenden italienischen Sängertruppe Pasquale Bondinis – mit dessen Gattin Caterina als Susanna, Felice Ponziani als Figaro und dem 20-jährigen Luigi Bassi als Almaviva – aufgeführt wird, «regnet es», wie die *Prager Oberpostamtszeitung* am 19. Dezember schreibt, «von deutschen Gedichten, die man von der Gallerie» herabwirft.²⁷⁴ Ein als Flugblatt verteilter Huldigungsgesang schließt mit der Strophe:

> Sieh! Deutschland, Dein Vaterland, reicht Dir die Hand,
> Nach Sitte der Deutschen, und löset das Band
> Der Freundschaft mit Fremdlingen auf, und verehrt
> In Dir nun den deutschen Apoll, und versöhnt
> Sich so mit Germaniens Musen, und höhnt
> Des schielenden Neides, der selbst sich verzehret.

In einer dem k. k. Zentralismus mit Skepsis begegnenden Residenzstadt ohne Residenten wird der *Figaro* von Beaumarchais, da Ponte und Mozart ersichtlich zu einer nationalen, ja politischen Angelegenheit: Prag, dessen deutschsprachige Oberschicht ihr Nationaltheater als eine Art herrschaftsfreien Raum versteht und einige Jahre zuvor mit Lessings *Emilia Galotti* – einem der ersten politischen Dramen der neueren deutschen Literatur – eröffnet hat, spitzt bei den Stichworten «Machtanmaßung» und «Freiheitsdrang» die Ohren. Nur auf den ersten Blick erscheint es unlogisch, dass eine italienischsprachige Oper als Symbol deutscher Gesinnung herhalten soll: Es geht um die Botschaft des Librettos und den Geist der Musik, die offenbar als «radikal vermenschlicht» und damit als Hoffnungsträger gesellschaftlicher Emanzipation erlebt wird.[275]

Am 13. Januar 1787 hat Mozart seine Akademie im Nationaltheater, präsentiert die schon in Wien komponierte D-Dur-Sinfonie KV 504 – die Prager – und phantasiert auf dem Klavier, zuletzt über das auch in Prag beliebte «Non più andrai» aus dem Figaro. Mit dem Auftrag Bondinis, für die nächste Saison eine Oper zu schreiben, reist er dann Mitte Februar nach Wien zurück, um Ann Storace mit der schon genannten Konzertarie KV 505 zu verabschieden. Für eine Akademie seines ersten Osmin, Karl Ludwig Fischer, schreibt er wenig später die Konzertarie KV 512 über «Non sò, d'onde viene» – einen Text aus Metastasios Olimpiade, der ihn augenscheinlich nicht loslässt: In seiner Mannheimer Zeit hat er ihn bereits zu Ehren Aloisia Webers vertont und damit zugleich seiner Bewunderung für Johann Christian Bach ein Denkmal gesetzt. Denn dessen Arie über «Non sò, d'onde viene» wurde von Mozart so geschätzt, dass er es als eine künstlerische Herausforderung betrachtete, sie mit der Aloisia Weber gewidmeten Vertonung KV 294 zu übertreffen.

Ehe im Herbst 1787 die Arbeit am Don Giovanni aktuell wird, hat Mozart Gelegenheit zu Werken höchst unterschiedlichen Charakters. Mit Die Alte KV 517, dem Lied von der Trennung KV 519, Abendempfindung KV 523 und Als Luise die Briefe ihres ungetreuen Liebhabers verbrannte KV 520 deckt er eine ganze Palette von Lied-Charakteren ab; und auch im kammermusikalischen Bereich wechselt die Höhenlage zwischen heiteren Werken wie der Kleinen Nachtmusik KV 525 und dem Musikalischen Spaß KV 522 auf der einen Seite und den höchst gewichtigen Streichquintetten KV 515 und KV 516 auf der anderen. Auf dem Feld des Quintetts ist Mozart seinem Lehrmeister in der Quartettkomposition, Joseph Haydn, unbedingt voraus: Wird diesem die Äußerung zugesprochen, «daß er die fünfte Stimme nicht finden könne»,[276] so fühlt Mozart sich in der «fünften Dimension» – derjenigen des klangräumlichen Komponierens – ganz zu Hause.

Nicht nur dem Liebhaber, auch dem Kenner ist es immer wieder rätselhaft, wie nichts anderes als eine zweite Bratsche eine neue Welt der Kammermusik für Streicher aufzutun vermag. Und tritt uns im C-Dur-Quintett KV 515 eine unangestrengte, reife Klassizität entgegen, welche die Buntheit der Haydn-Quartette hinter sich lässt, so jagt uns die bittere Süße oder süße Düsternis des Quintetts KV 516 in g-Moll – eine von Mozarts Schmerzenstonarten – Schauer über den Rücken: Man muss nicht auf Beethoven und Schubert vorausblicken, um eine Kammermusik zu finden, die nicht nur affekthaft, das heißt subjektiv sprechend im Sinne der Klavierphantasien eines Carl Philipp Emanuel Bach ist, sondern den Widerspruch menschlicher Verfasstheit schlechthin zur Sprache bringt.

Übrigens wird Haydn auf das g-Moll-Quintett mit seinem Streichquartett op. 54, 2 deutlich reagieren und Mozart geradezu zitieren.[277] Dessen Verleger sind hingegen nicht ohne weiteres bereit, solch anspruchsvolle Werke zu veröffentlichen; so besetzt Mozart die nächste vergleichbare Komposition für Streicher-Ensemble nur mit Violine, Bratsche und Violoncello: KV 563. F o r m a l gesehen, trägt das im September 1788 vollendete sechssätzige Werk die Bezeichnung «Divertimento» ganz zu Recht; geradezu ironisch wirkt der Begriff freilich angesichts der Nachdenklichkeit, die der Musik innewohnt.

Die Ambivalenz ist typisch für den ganzen Mozart, besonders aber für den Komponisten des Don Giovanni im Vergleich zu dem des Figaro: Wie an anderer Stelle hervorgehoben, nennt er zwar auch Don Giovanni eine «Buffa»; doch wie KV 563 im Kleinen mit der Vorstellung des Divertimento spielt, tut es die neue Oper im Großen mit der Vorstellung des «giocoso». Immer wieder hat man auf die Ursprünge des Don-Giovanni-Stoffes im spanischen «Theatrum mundi» hingewiesen, welches das große göttliche Gelächter über die kleinen Probleme der Menschen zum Thema macht. Immerhin denkt da Ponte bei der Niederschrift des Librettos an Dantes Divina Commedia! Hat er etwas Wesentliches an Mozart erkannt?

Doch bevor wir ihn bei seiner Arbeit an drei Libretti gleichzeitig – Don Giovanni für Mozart, L'arbore di Diana für Martín y Soler und Tarar für Salieri – aufsuchen können, sind Ereignisse in Mozarts Leben nachzutragen. Dieser hat im Frühjahr 1787 seine England-Pläne trotz seines aktuellen *Don-Giovanni*-Projekts nicht aufgegeben, nimmt vielmehr Sprachunterricht bei Johann Georg Kronauer – vermutlich neu animiert durch Haydn, der damals gerade Angebote aus London prüft. Immerhin hatte schon im Dezember 1786 der Wiener Korrespondent einer Hamburger Zeitung gemeldet: «Der berühmte Compositeur, Herr Mozart, schickt sich an, auf künftige Frühjahr nach London zu reisen, wohin er die vortheilhaftesten Anträge hat.»[278]

Bereits im April ist der sechzehnjährige Beethoven in Wien gewesen, um bei Mozart zu lernen, wegen der Erkrankung seiner Mutter aber bald wieder abgereist. Damals übersiedelt Mozart um der günstigeren Miete willen von der Schulerstraße in ein Haus seines Logenbruders Jacob Schosulan in der Vorstadt Landstraße; in derselben Zeit verewigt sich der große Born, Haupt aller Freimaurer, in wohl klingenden lateinischen Sentenzen im Stammbuch des «dulcis Apollo»[279].

Inzwischen liegt der Vater so schwer darnieder, dass Mozart ihm am 4. April 1787 – im letzten Brief der gemeinsamen Korrespondenz – philosophisch kommt: «da der Tod |: genau zu nemmen :| der wahre Endzweck unsers lebens ist, so habe ich mich seit ein Paar Jahren mit diesem wahren, besten freunde des Menschen so bekant gemacht, daß sein Bild nicht allein nichts schreckendes mehr für mich hat, sondern recht viel beruhigendes und tröstendes.»[280] Man mag dies weder als eine in Freimaurerkreisen geläufige, von Mozart unreflektiert übernommene Maxime noch als hilflosen Trost für den Vater abtun, auch nicht als Bemäntelung unterschwelliger Aggressionen: Da ist ein Ton, der zum g-Moll-Quintett zu passen scheint. Wie auch immer: Am 28. Mai 1787 stirbt Leopold Mozart.

Wolfgang schlägt bei Maria Anna und deren Gatten den unverhältnismäßig hohen Erbschaftsanteil von 1000 Gulden heraus: Ihre vornehme Zurückhaltung bei der Erbteilung kann oder mag er sich nicht leisten, lieber zahlt er dem Logenbruder Michael Puchberg einen Teil dringlicher Schulden zurück. Ein Glück, dass ihn der Kaiser im Dezember 1787 zum Kammermusiker ernennt – für ein Jahresgehalt von 800 Gulden, auf die 5 Prozent Steuern zu zahlen sind.[281] Dies ist seine erste förmliche Anstellung in Wien – im Grunde genommen ein Ehrensold, der bei bürgerlichem Lebenswandel als materielle Grundsicherung ausreichen könnte. Mit der herausgehobenen Stellung des kurz zuvor verstorbenen Gluck, der als Hofkompositeur 2000 Gulden bekommen hatte, ist der Posten jedoch nicht zu vergleichen.

Zum Zeitpunkt der Ernennung hat Mozart gerade den Erfolg des *Don Giovanni* hinter sich. Am 1. Oktober 1787 ist er mit Constanze nach Prag abgereist, um gemäß gängiger Praxis die noch fehlenden Nummern – etwa ein halbes Dutzend – zu komponieren, die Proben zu überwachen und die Aufführung zu leiten. Da Ponte folgt ihm einige Tage später, bleibt aber nur für eine Woche – immerhin so lange, dass beide vor Ort gemeinsam am Werk feilen und ändern können.

Offenkundig ist Mozart mit der Komposition in Verzug geraten. Die Ouvertüre schreibt er ohnehin erst in der letzten Nacht – allerdings nicht vor der Premiere, wie es die Legende will, sondern vor der Generalprobe. Natürlich ist auch in diesem Fall zu bedenken, dass «Schreiben» nicht «Komponieren» bedeutet, sondern das Ausformulieren eines im Kopf mehr oder weniger fertigen Konzepts.

Kein Zufall, dass es stets die Ouvertüre ist, die zuletzt entsteht: Hinsichtlich der gesungenen Teile muss sich der Komponist mit den Sängern absprechen, die ja in der Hierarchie des Unternehmens «Oper» wichtiger sind als er selbst. In die Ouvertüre aber redet ihm kein Librettist oder Sänger hinein, da kann er zum guten Schluss frei schalten! Wie damals ein Orchester klingt, das die Noten zu einer anspruchsvollen Ouvertüre erstmals in der Generalprobe zu Gesicht bekommt, muss nicht nur deshalb offen bleiben, weil sich nicht rekonstruieren lässt, wie gut es technisch mit einer solchen Situation fertig geworden ist, vielmehr wissen wir auch nichts über den Willen der Spieler und Hörer, ein großes Ereignis als solches vorzustellen und wahrzunehmen.

Die Präsentation einer Oper ist damals ein «work in progress»; vor allem Logenbesitzer sehen sie möglicherweise drei-, vier- oder fünfmal in Folge und wachsen auf diese Weise in das «Werk» hinein. (Ähnlich verhält sich Prinz Louis Ferdinand von Preußen im Bereich der Sinfonie, indem er sich die *Eroica* vom Privatorchester des Fürsten Lobkowitz dreimal nacheinander vorspielen lässt: Was heute der Dirigent an «Struktur» und «Charakter» zu verdeutlichen hat, muss damals der Kenner durch mehrmaliges Hören selbst generieren.)

Eigentlich soll *Don Giovanni* am 14. Oktober aufgeführt werden – als Festoper zu Ehren der Vermählung der Erzherzogin Maria Theresia mit dem Prinzen Anton Clemens von Sachsen. Es gibt jedoch Hindernisse, die Mozart vielleicht mitzuverantworten hat; jedenfalls sind zehn Tage zur Einstudierung einer Oper auf inzwischen nicht mehr unbekanntem, aber doch fremdem Terrain recht knapp bemessen. Der Kaiser befiehlt daraufhin eine Aufführung des *Figaro*, den die Prager unverändert lieben und geradezu als «ihre» Oper reklamieren. Erst unter dem 28. Oktober, dem Tag vor der Premiere, findet sich dann im eigenhändigen Werkverzeichnis die Eintragung: «Il dißoluto punito, o, il Don Giovanni. opera Buffa in 2 Atti. – Pezzi di musica. 24.»[282]

Auch die Interpreten des *Bestraften Wüstlings* sind dort genannt: die Primadonna Caterina Bondini, diesmal als Zerlina; Teresa Saporiti als Donna Anna und Felice Ponziani als Leporello; last but not least Luigi Bassi als Don Giovanni: immer noch nicht älter als einundzwanzig und – wenn der Gewährsmann Alfred Meißner Recht hat – unverändert «bildschön, aber erzdumm»[283]. Von der Regie ist wieder einmal nicht die Rede: Sie spielt in diesen frühen Aufführungen kaum eine Rolle; gleichwohl erwartet man von den Sängerinnen und Sängern ein beredtes Spiel.

Zugleich ist vor allem zwischen den großen Nummern viel Raum für Komödiantisches. Luigi Bassi hat sich in der Rückschau auf die Prager Aufführung erinnert, man habe in den Tafelszenen des zweiten Aktes den Takt «nicht so strenge gehalten», weil in den mit Bühnenmusik begleiteten Passagen bei jeder Aufführung andere Witze gemacht worden seien. «Alles parlando und beinahe improvisiert», so habe Mozart es gewünscht, um «Lebendigkeit» und «Freiheit» sicherzustellen.[284]

Die Aufführung im Prager Ständetheater wird für Mozart zum Heimspiel. Sie findet zwar ohne den inzwischen abgereisten da Ponte statt, vielleicht aber in Gegenwart Giacomo Casanovas, der seit 1785 als Bibliothekar des Grafen Joseph Karl Emanuel Waldstein auf dem nahe gelegenen Schloß Dux lebt und kurz zuvor nach Prag gereist ist. Die Zeitungen berichten begeistert; und wie schon nach dem *Figaro*-Erfolg im Februar verlässt Mozart auch im November 1787 die Stadt Prag als hoch geehrter Mann – nicht ohne der Sängerin Josepha Duscheck, seiner liebenswürdigen Prager Gastgeberin, die längst versprochene Konzertarie «Bella mia fiamma / Resta, oh cara» KV 528 zu komponieren.

Die Mozarts kommen in ein von Überschwemmungen heimgesuchtes Wien und mieten angesichts der Prager Erfolge wieder eine Wohnung in der Innenstadt, wo Constanze am 27. Dezember – im Haus der Mohrenapotheke unter den Tuchlauben – ihr viertes Kind zur Welt bringt: Therese Konstantia Adelheid Friderika Maria Anna. Das Kind, das u. a. Theresia von Trattner und Marie Anna zu Patinnen hat, bleibt nur ein halbes Jahr am Leben.

Im Januar 1788 musiziert Mozart bei einem Konzert in der venezianischen Gesandtschaft, im Monat darauf bei einer Akademie des Baritons Stefano Mandini. Offenbar im Blick auf eigene Konzertunternehmungen komponiert er das Klavierkonzert D-Dur KV 537; seine für den Frühsommer dokumentierten Bemühungen, im Trattnerhof oder im neuen Kasino in der Spiegelgasse Akademien zu geben, scheinen freilich vergeblich gewesen zu sein. Dafür engagiert er sich in van Swietens adeliger Kavaliersgesellschaft und führt im Februar Carl Philipp Emanuel Bachs Oratorium *Auferstehung und Himmelfahrt Jesu* auf – zunächst im privaten Kreis und danach im Burgtheater.

Für dieselbe Gesellschaft arrangiert er im Dezember dieses Jahres Händels Pastorale *Acis und Galathea* – eine Arbeit, die er ebenso in sein eigenhändiges Werkverzeichnis aufnimmt wie seine Einrichtungen von Händels Oratorium *Messias* im März 1789 sowie von dessen *Caecilien-Ode* und *Alexanderfest* im Juli 1790. Bei allen Arbeiten für van Swieten mögen Sinn für Tradition, ein Faible für den «Engländer» Händel und der Wunsch nach gesellschaftlicher Anerkennung sich die Hände gereicht haben. Selbstverständlich ist auch finanzielles Kalkül im Spiel: Immerhin fließen ihm die beträchtlichen Einnahmen aus der vom Grafen Johann Esterházy ausgerichteten und vom Baron van Swieten geleiteten Aufführung von *Acis und Galathea* vollständig zu.

Und warum komponiert er im März 1788 gemäß Werkverzeichnis «Ein teutsches kriegs-lied für den jüngern Bauman, Schauspieler in der Leopolds-Stadt. in A. – Ich möchte wohl der kayser seyn &c: begleitung: 2 violini, 2 oboe, 2 corni, 2 fagotti, 1 flauto piccolo, Piatti, Tamburo grande, viole e baßi» KV 539? «Ich möchte wohl der Kaiser sein! /

Den Orient woll't ich erschüttern, / die Muselmänner müßten zittern, / Constantinopel wäre mein», heißt es in dem Gedicht von Gleim, und Mozart findet dafür einen Ton, wie er harmlos-populärer nicht sein könnte.

Ein Militarist ist er nicht, doch mit seinem Kaiser identifiziert er sich – nicht ahnend, dass der leichtsinnig wieder aufgenommene Türkenkrieg auch für ihn selbst höchst unangenehme Folgen haben wird. Aus dem Feld gibt Joseph II. im Sommer 1788 die Anweisung, die Oper in der kommenden Saison zu kassieren und niemanden zu engagieren. Mozart kann von Glück sagen, dass zu diesem Zeitpunkt der Wiener *Don Giovanni* schon unter Dach und Fach ist: Die Premiere hat am 7. Mai stattgefunden. Im Lauf des Jahres 1788 gibt es weiterooe vierzehn Aufführungen, danach keine einzige mehr zu Lebzeiten Mozarts.

Über die Aufnahme der Oper beim Wiener Publikum schweigen sich die Zeitungen im Wesentlichen aus. Beim Grafen Zinzendorf, der wie immer eine ganze Reihe von Vorstellungen besucht, findet das Libretto keine Erwähnung, Mozarts Komposition jedoch Beifall. Ohne das Werk schon selbst gesehen zu haben, äußert sich der Kaiser aus dem Feld mit den Worten: «La Musique de Mozard est bien trop difficile pour le chant.»[285] Sie sei also zu schwierig, um gesungen zu werden: Wer hat ihm das hinterbracht?

Für die Aufführung am Burgtheater hat Mozart im Wesentlichen die bewährten Sängerinnen und Sänger zur Verfügung: Aloisia Lange singt die Donna Anna, Luisa Mombelli die Zerlina, Catarina Cavalieri die Donna Elvira, Francesco Benucci den Leporello, Francesco Bussani den Komtur und den Masetto. Neu im Ensemble sind Francesco Albertarelli als Don Giovanni und Franceso Morella als Don Ottavio. Letzterer scheint die für Antonio Baglioni in Prag komponierte Arie als zu schwierig empfunden zu haben. Deshalb komponiert Mozart für ihn die Ersatzarie «Dalla sua pace la mia dipende» (Von ihrem Frieden hängt der meine ab). Für Donna Elvira wird die Arie «Mi tradì quell'alma ingrata» (Diese undankbare Seele verriet mich) eingelegt, für Zerlina und Leporello das Duett «Per queste tue manine» (Wegen deiner Händchen). Leporellos Arie «Ah pietà, signori miei» wird gestrichen.

Jubel in Prag 167

Aus diesen Änderungen, die auch solche in den Rezitativen nach sich ziehen, auf eine schützenswerte «Wiener Fassung» schließen zu wollen, widerspräche der damaligen Opernpraxis. Dieser ist die Vorstellung eines Werks fremd, das aus einer kompositorischen Grundsubstanz und mehr oder weniger gleichberechtigten Fassungen besteht. Vielmehr hat jede Oper einen Ausgangspunkt: Das ist diejenige Version, die für eine bestimmte Truppe, ein spezielles Haus, eine konkrete Aufführungssituation geschaffen worden ist. Danach ist sie Freiwild: Nicht nur der Komponist, auch die anderen können nach Belieben ändern, wegnehmen und hinzusetzen, was ihnen einer veränderten Aufführungssituation angemessen erscheint.

Auch im Konkreten wird Mozart kaum darüber nachgedacht haben, ob er zum Beispiel dem Wiener Sänger des Don Ottavio dessen neue Arie mit Freuden oder unter Bauchschmerzen liefere, ob er sie als Bereicherung oder Beeinträchtigung seines «Werks» ansehe: Er kommt einfach seinem Beruf nach. Das hat Konsequenzen für die moderne Regie: Sie darf Fassungen mischen, selbst Arien doppeln, wenn sie dabei Geschmack zeigt. N i c h t darf sie, davon wird noch die Rede sein, an der Musik vorbeiinszenieren: Da steht das «Werk» Mozarts dann doch turmhoch über dem eines Regisseurs!

Um den 17. Juni 1788 bittet Mozart Freund Puchberg – nicht das erste Mal – um 1000 oder 2000 Gulden, oder «wenigstens bis Morgen ein paar hundert gulden»[286]. Der Logenbruder schickt 200, sodass Mozart seinen ungeduldigen Vermieter auszahlen und stehenden Fußes in ein neueres, billigeres Quartier ziehen kann. Dieses liegt wieder in der Vorstadt und heißt «bei den drei Sternen». Die Familie bewohnt eine Gartenfront und bekommt dort im Spätsommer Besuch von dem Kopenhagener Schauspieler Johann Daniel Preisler, der zu Studienzwecken in Österreich weilt und sich später an eine Idylle erinnern wird: «Am Nachmittag holten uns Jünger, Lange und Werner ab, zum Kapellmeister Mozardt zu gehen. Dort erlebte ich die glücklichste Stunde Musik, die mir je beschieden war. Dieser kleine Mann und grosse Meister phantasierte zweimal auf einem Pedal-Flügel, so wundervoll! so wundervoll! dass ich nicht wusste, wo ich war. Die schwierigsten Passagen und die lieblichsten Themen ineinander verwoben. – Seine Frau schnitt Kielfedern für den Notenschreiber, ein Schüler komponierte, ein kleiner Knabe von vier Jahren ging im Garten herum und sang Rezitative.»[287]

Bei dem Schüler könnte es sich um den neunjährigen Johann Nepomuk Hummel gehandelt haben, den Mozart damals in seinem Haus wohnen lässt und kostenlos unterrichtet. – Derzeit, so schließt Preisler seinen Bericht, habe Mozart mit dem Theater nichts zu tun. Wohl wahr, jedoch ist gerade ein instrumentales Großprojekt fertig geworden: die Trias der Sinfonien in Es-Dur KV 543, in g-Moll KV 550 und in C-Dur KV 551. Vielleicht will Mozart damit die nächste Wintersaison vorbereiten, vielleicht die nicht weit zurückliegende Ernennung zum kaiserlichen Kammermusiker mit Kompositionsaufgaben rechtfertigen. Möglicherweise rechnet er auch mit einem Engagement in London.

Außerdem könnte es seinen Ehrgeiz geweckt haben, dass im Jahr zuvor zwei prominente Kollegen neue Sinfonien in Wien zum Druck gebracht haben. Das gilt für Joseph Haydns sechs *Pariser Sinfonien*, die das Wiener Publikum außerdem im Belvedere-Garten hören kann,[288] und es betrifft eine Sinfonien-Trias des Logenbruders und potenziellen Konkurrenten Leopold Kòzeluch. Interessant, dass der erste Schub der *Pariser Sinfonien* in C-Dur, g-Moll/G-Dur und Es-Dur steht, und dass unter den Sinfonien Kòzeluchs ein g-Moll-Werk ist.

Soll von den Kompositionen selbst in einem späteren Kapitel die Rede sein, so interessieren hier die Nachklänge: Augenscheinlich hat Mozart die Lösung kontrapunktischer Probleme in der *Jupiter-Sinfonie* KV 551 so viel Spaß gemacht, dass er bei der Materie bleibt und ein Dutzend von Kanons komponiert. Die Palette der Texte reicht von «Alleluja» KV 553 über «Ave Maria» KV 554 und «Lacrimoso son 'io» KV 555 bis zu «Gehn wir im Prater, gehn wir in d'Hetz» KV 558, «O du eselhafter Martin» KV 560 und «Bona nox, bist a rechta Ox» KV 561 mit dem abschließenden, deutlich einen der Bäsle-Briefe erinnernden Satz «gute Nacht, schlaff fei g'sund und reck' den Arsch zum Mund».

Das Jahr endet, wie es angefangen hat: mit Tänzen für die Faschingsredouten. Im Januar waren es die auf absehbare Kriegsereignisse anspielenden Kontretänze *Das Donnerwetter* KV 534 und *La Bataille* KV 535 sowie sechs *Deutsche Tänze* KV 536 gewesen; im Dezember kom-

Jubel in Prag 169

men sechs *Deutsche* KV 567 und zwölf Menuette KV 568 hinzu. Noch Beethoven hat dergleichen in seiner frühen Wiener Zeit gern komponiert – unter anderem für die Maskenball-Redouten der Pensionsgesellschaft bildender Künstler. Für den neu ernannten Hofkompositeur und zudem begeisterten Tänzer Mozart ist dergleichen geradezu selbstverständlich.

1789/90
Sorgen

Allmählich drücken auch i h n die Schulden – den Biographen. Gern begänne er das Kapitel mit einem Blick auf die Werke – die Messias-Bearbeitung KV 572, die drei Preußischen Streichquartette KV 575, KV 589 und KV 590, das Klarinetten-Quintett KV 581, Così fan tutte und das Streichquintett D-Dur KV 593. Doch immer wieder drängen sich Überlegungen zu Mozarts Arbeitsbedingungen in den Vordergrund: Leidet sein Schaffen, stagniert es womöglich, wendet sich die Wiener Gesellschaft ab? Wir haben keine schlüssigen Erklärungen, jedoch einige Vermutungen und beginnen mit einem Rückblick auf die gerade erwähnte Trias der «späten» Sinfonien.

Da es keine eindeutigen Belege für ihre Aufführung zu Lebzeiten des Komponisten gibt, hat die Forschung immer wieder mit dem Gedanken gespielt, Mozart habe sie in erster Linie gar nicht für das Wiener Publikum, sondern für ein imaginäres Pantheon der Kunst geschrieben – wie Johann Sebastian Bach seine Kunst der Fuge. Darin steckt zwar ein Körnchen Wahrheit; viel konkreter ist aber der Verdacht, dass eine Abonnementsreihe, in der Mozart die neuen Werke aufführen will, nicht zustande gekommen ist: In einem Bittbrief an Puchberg, den man traditionell in den Juni 1788 verlegt,[289] ist von einem solchen Plan die Rede.

Er dürfte nicht nur an ungünstigen Umständen gescheitert sein – also an der Kriegszeit, die einen Teil des Adels auf seinen Gütern festhält –, sondern auch an Mozarts unseriösem Geschäftsgebaren. Dass er im Voraus kassieren will, ist verständlich: Schließlich muss er einschätzen, ob er die Saalmiete hinterlegen und die mitwirkenden Musiker entlohnen kann. Doch e i n e s erwarten die Subskribenten für den Fall, dass eine Konzertreihe nicht zustande kommt, unter allen Umständen: die Rückerstattung ihres Geldes. Und in dieser Hinsicht mag sich zunehmend Skepsis breit gemacht haben.

Des Weiteren: Welcher Wiener Geschäftsmann hat Lust, im Auftrag Mozarts Subskriptionsbillette anzubieten, wenn mögliche Reklamationen auf ihn zurückfallen. Es ist interessant, zu beobachten, dass eine der letzten Subskriptionen Mozarts – sie stammt vom April 1788 und betrifft die drei Streichquintette KV 406, KV 515 und KV 516 – über das Textilgeschäft des Gläubigers Puchberg läuft: Dem bleibt nichts anderes übrig als die Hoffnung, dass ein gutes Echo zur Verringerung seiner Forderungen an Mozart beitragen werde.

Da sich diese Erwartung als trügerisch erweist, wird auch Puchberg künftig ausfallen. Somit muss Mozart selbst Subskriptionslisten herumschicken; doch wer wird – bei aller Wertschätzung – Geld zeichnen, das so gut wie verloren ist? Zwei Briefe an Puchberg könnten sich in diesem Kontext gegenseitig erklären: «Wenn Sie werthester Br[uder] mir in dieser meiner Laage nicht helfen, so verliere ich meine Ehre und Credit», schreibt Mozart im Juni 1788; und ein gutes Jahr später: «ich habe 14 Tage eine Liste herumgeschickt, und da steht der einzige Name *Swieten!*»[290]

Puchberg hat auf den Originalen der auf uns gekommenen Bettelbriefe die übersandten Beträge notiert: Sie addieren sich in den Jahren von 1788 bis 1791 auf 1415 Gulden. Das ist eine stattliche, jedoch nicht horrende Summe: Immerhin hat Mozart zwischenzeitlich Schulden abgetragen und im Jahr 1791 dem Klarinettisten Anton Stadler seinerseits 500 Gulden geliehen. Indessen gibt es nicht nur weitere Schuldverschreibungen, sondern auch ein kurz vor Mozarts Tod bei der Hofkammer eingereichtes Ersuchen des Fürsten Lichnowsky, wegen einer Schuld von 1435 Gulden zuzüglich 24 Gulden Gerichtskosten Mozarts Gehalt als Hofkomponist zu pfänden – eine für seinen Ruf desaströse Angelegenheit.

Wie lässt sich ein wenig Licht in die Finanzmisere bringen?

Mozart lebt üppig. In der Rauhensteingasse etwa, wo ihn der Tod ereilt, bewohnt er die Beletage eines noblen Stadthauses mit Kutscheneinfahrt und Unterkunftsmöglichkeit für ein Reitpferd, wie er es sich in seinen Wiener Jahren für morgendliche Ausritte hält. Die Wohnung selbst umfasst ca. 145 Quadratmeter und besteht aus Wohnzimmer, Billard-Zimmer, Musik- und Arbeitszimmer, Schlafzimmer, Küche und Nebenräumen einschließlich einer Dachkammer.

Die Ehegatten beschäftigen – wo möglich – eine Köchin, ein Dienstmädchen und einen Diener. Der Nachlass Mozarts registriert je einen weißen, blauen und roten Tuchrock mit Manchesterweste, einen roten Tuchrock aus China-Seide, einen Rock aus Atlas-Seide mit seidenbestickter Hose, einen Pelzrock, einen mit Pelz gefütterten Rock, vier Westen, neun Hosen, Hüte, drei Paar Stiefel, seidene Strümpfe, Westen, Halsbinden, achtzehn Schnupftücher aus wahrscheinlich Brüsseler Spitzen, acht Gardehosen.

Eigentlich müssten Mozarts Einnahmen zur Bestreitung eines dergestalt aufwendigen Lebenswandels ausgereicht haben. Allein die 800 Gulden an jährlichem Ehrensold entsprechen dem Gehalt eines Oberwundarztes; Kapellmeister Salieri bekommt 1200 Gulden, ein Universitätsprofessor 300 Gulden, ein einfacher Schulmeister 22 Gulden, Mozarts Dienstmädchen 12 Gulden plus Kost und Logis. Die 10 000 Gulden und mehr, auf die er in seiner ersten Wiener Zeit jährlich kommt, erreicht Mozart am Ende zwar nicht mehr; doch immerhin sinken selbst die dokumentierten Verdienste aus freier Tätigkeit – es werden realiter mehr gewesen sein – niemals unter 1000 Gulden pro Jahr.

Geht das alles ins Wohlleben – oder in Constanzes Kuren, die nach neueren Berechnungen allerdings weniger gekostet haben, als von der Mozart-Überlieferung gern und oft behauptet wird? Ist das Ganze nur die Folge jener «grossen häuslichen Unordnung»[291], welche Maria Anna im Alter beklagt hat, oder eines generell leichtsinnigen Umgangs mit dem Geld, der sich dann tiefenpsychologisch und familiensystemisch trefflich-unverbindlich ausloten ließe?

Man würde kaum wagen, die alte, aber bisher unbewiesene These vom Glücksspieler Mozart neu aufzutischen, wäre nicht 1992 im Antiquariatshandel ein Zettel von der Hand Mozarts aufgetaucht, der entsprechenden Spekulationen Nahrung gibt. Dort notiert Mozart – vermutlich Ende des Jahres 1786 oder zu Beginn des Jahres 1787 – unter der Überschrift «Meine Cassa bestund verflossenes Jahr aus» eine Reihe von Einnahmen und Ausgaben, spezifiziert nach Kremnitzer, Salzburger und Holländer Dukaten, französischen Souverains, deutschen Talern und Banco-Zetteln. Da die amtlichen Wechselkurse hinzugesetzt sind, lässt sich der Kassenstand in Gulden ermitteln: 6843 Gulden und 14 Kreuzer Einnahmen, 2465 Gulden und 40 Kreuzer Ausgaben.

Eine solche Rechnung macht Mozart jedoch nicht auf; vielmehr schreibt er am Ende: «Den rest dann habe ich in 5 theile getheilt. Nun ist die frage wieviel Jeder bekommen hat?»[292] Aufgrund dieses Schlusseintrags fordert ein Mozart-Spezialist wie Ulrich Konrad mit Entschiedenheit, die Aufstellung als «Rechenexempel in Form einer Textaufgabe» zu betrachten;[293] mit Mozarts tatsächlichen Finanzen habe sie nichts, aber auch gar nichts zu tun. Volkmar Braunbehrens und Ulrich Drüner plädieren hingegen dafür, den Zettel als Hinweis auf einen realen Geschäftsvorgang zu deuten; und noch konkreter wird Walther Brauneis, indem er Mozarts «Cassa» als eine Spielkasse versteht,[294] wie er sie von seinen Zeiten als Kassenhalter beim Bölzelschießen her kennt. Damit ließe sich auch das breite Spektrum der auf dem Zettel notierten Währungen plausibel erklären.

Vor allem aber hätte man einen Beleg für Mozarts Spielleidenschaft und damit eine Erklärung für Züge von Unrast, die in seinen letzten Lebensjahren erkennbar werden. Hat ihn das Spielerglück zunehmend verlassen, oder waren seine regulären Einnahmen inzwischen nicht mehr hoch genug, um Spielschulden auszugleichen? Betrachtete man Mozart als Spieler, so ließen sich auch die offensichtlichen Schwankungen seines Kassenstandes einigermaßen nachvollziehen: Viele Male ist er in höchster Bedrängnis, doch manchmal kann er auch größere Summen zurückzahlen oder gar selbst verleihen.

Man hat eingewendet, Glücksspiele seien im Wien des sittenstrengen Kaisers Joseph verboten gewesen, und dabei auf den Zeitzeugen Pezzl verwiesen: «Die Strafgesetze auf die Glücksspiele werden scharf exekutiert; die Chevaliers d'industrie sind teils verjagt worden, teils von selbst verschwunden, die Spielbankerotte sind eine fast unerhörte Sache. Der edlere Teil des Publikums fängt an, sich ehrenvollere und geistigere Unterhaltungen zu wählen. Hauskomödien, Musiken, freundschaftliche Diskurse verdrängen allmählich das Spiel.»[295]

Doch welcher Kulturhistoriker würde leugnen, dass ungeachtet solcher Schönfärberei der Reiz des Verbotenen weiterhin ausgekostet worden ist! Freilich: Spielschulden sind Ehrenschulden; man kann sie nicht einklagen, seinen Schuldner, wenn gar nichts mehr zu holen zu sein scheint, jedoch nach Kräften gesellschaftlich ruinieren. Hat Karl

Sorgen 175

Fürst Lichnowsky, dieser große Musik-Mäzen, Mozart nur deshalb wegen regulärer Schulden verklagt, weil dieser zuvor seine Spielschulden nicht bezahlt hatte?

Ehe wir tief in Spekulationen geraten und damit selbst zu Spielern werden, ziehen wir das Fazit: Ob Mozart in größerem Umfang gespielt hat, ist nicht bekannt. Sollte er tatsächlich beim Kartenspiel oder beim Billard – auch dort konnte es um hohe Summen gehen – Geld eingesetzt haben, so würde dies jedoch wichtige Facetten seiner Biographie besser erklären, als es bisher gelingt. Kleinherzig erscheint der Versuch, ihn mit allen Mitteln vor dem Odium des Spielers bewahren zu wollen: Er ist keine reine Seele, sondern ein ingeniöser Künstler, dem das Etikett «Spieler» in einem charakterologischen Sinne sogar gut anstünde.

Freilich: In seiner K u n s t kann er bei aller Phantasie Maß halten; im L e b e n wäre es ihm, wenn er denn gespielt hätte, nicht geglückt. Doch könnte man sich etwas anderes als diese Dialektik vorstellen? Selbst Josephus Knecht, Held des *Glasperlenspiels* vom großen Mozart-Verehrer Hesse, flieht letztlich aus der perfekt behüteten Kunstrepublik Kastalien: Er will sich i m L e b e n verausgaben und verwirklicht dies glücklich. Wir sollten nicht nur auf die – theatralisch? – verzweifelten Bittbriefe an Puchberg schauen, sondern auch auf die Hochgefühle, welche Mozart bei seinen irdischen Exzessen erfasst haben mögen.

An dieser Stelle gesteht der Autor, dass er zwar seine Leser über den Stand der Forschung hat informieren wollen, jedoch nicht daran glaubt, dass man Mozart mit Hilfe einiger Zettel ausrechnen könne. Wohl aber meint er ihn in einem zentralen Punkt zu verstehen – ob es nun um Luxusbedürfnis, um mögliche Spielleidenschaften, um Faxen oder auch nur unangepasstes Benehmen im Alltag geht: Hinter allem steht die Sorge des Genies, ohne solche Eskapaden unterwürfig zu wirken. Schon das Wunderkind soll es jedem Deppen recht machen; und noch dem reifen Künstler wird abverlangt, sich beständig nach seinem Publikum umzuschauen.

Beethoven, der in den ersten Wiener Jahren direkt in Mozarts Fußstapfen tritt, entscheidet sich für gezielte Provokationen, um die alles entscheidende Differenz zum Anderen der Kunst deutlich zu machen.

Mozart stellt sich – von der freilich höchst markanten Arschtritt-Affäre abgesehen – niemandem ostentativ entgegen, sondern bricht aus. Wer Letzteres nicht zu sehen vermag, verfehlt auch seine Musik. Diese changiert, das können wir von der gegenwärtigen Kunst her besser sehen als die Zeitgenossen, zwischen Formschönheit und Ausbruch: ein Balanceakt, der wie in moderner Lyrik stets im Zeichen möglichen Absturzes steht. Es gibt kein System, an das man sich halten könnte, nur ein Spiel mit dem freien Fall, das den anderen verborgen bleibt.

Mit weiterem Philosophieren hat es noch Zeit; hier geht es mit dem Jahr 1789 weiter. Constanze ist bettlägerig, liegt – vermutlich seit dem vergangenen Herbst und offenbar mit der mehrfach beschriebenen «Lähmung am Fusse» – darnieder.[296] In Wien findet zwar trotz trüber Kriegszeiten der Fasching statt – davon zeugen die sechs *Deutschen* KV 571; ansonsten ist jedoch außer den schon genannten zwei Messias-Aufführungen für Mozart offenbar nicht viel zu holen. So entschließt er sich zu einer Reise nach Potsdam – angeregt durch seinen Schüler und Logenbruder Lichnowsky, einen Schwiegersohn seiner Gönnerin Gräfin Thun. Der hat einen preußischen Offiziersrang und deshalb Gründe, gelegentlich am Hof des preußischen Königs Friedrich Wilhelm II. zu erscheinen, einem Kenner und Liebhaber des Violoncello.

Mozart leiht sich im April 1789 beim künftigen Logenbruder Franz Hofdemel 100 Gulden und reist danach in Lichnowskys Kutsche vermutlich auf derselben Route nach Prag, die der Fürst sieben Jahre später wählen wird, um diesmal Beethoven dorthin zu führen. Anschließend geht es nach Dresden, wo Mozart am Hof konzertiert und sich mit dem Erfurter Organisten Johann Wilhelm Häßler sowohl am Fortepiano des russischen Gesandten als auch an der Silbermann-Orgel der Hofkirche misst.

Der Enkelschüler Bachs brilliert zwar mit seinem Doppelpedal, hat aber ansonsten «nur Harmonie und Modulationen vom alten Sebastian auswendig gelernt, und ist nicht im Stande eine fuge ordentlich auszuführen – und hat kein solides Spiel – ist folglich noch lange kein Albrechtsberger». Das meint jedenfalls Mozart in seinem Brief an Constanze, die gegen Ende zu lesen bekommt: «5to bitte ich Dich nicht allein auf *Deine* und *Meine Ehre* in deinen Betragen Rücksicht zu nehmen, sondern auch auf den *Schein*. – seye nicht böse auf diese Bitte. – Du mußt mich eben dießfalls noch mehr lieben, weil ich auf Ehre halte.»[297]

Im Brief zuvor hatte es zärtlich geheißen: «wenn ich dir alles erzehlen wollte, was ich mit deinem lieben Porträt anfange, würdest du wohl oft lachen. – zum beySpiell; wenn ich es aus seinem Arrest herausnemme, so sage ich; grüss dich gott Stanzerl! – grüss dich gott, grüss dich gott; – Spitzbub; – knallerballer; – Spizignas – bagatellerl – schluck und druck! – und wenn ich es wieder hinein thue; so lasse ich es so nach und nach hinein rutschen, und sage immer, Stu! – Stu! – Stu! – aber mit dem *gewissen Nachdruck*, den dieses so viel bedeutende Wort, erfordert; und bey dem lezten schneller, gute Nacht; Mauserl, schlaf gesund»[298].

Ein Besuch beim Oberkonsistorialrat und Schiller-Freund Körner, dem Vater des preußischen Dichters Theodor Körner, ist Anlass für Dora Stocks vermutlich sehr gelungenes Mozart-Porträt – eine Silberstiftzeichnung auf Elfenbein-Karton. (Nur wenige Monate zuvor könnte in Wien das kaum weniger treffende, jedoch unvollendete Ölbildnis des Schwagers Lange entstanden sein.)

In Leipzig improvisiert er auf der Orgel der Thomaskirche und lässt sich – der Überlieferung nach – vom Thomaskantor Friedrich Doles die Stimmen der Bach-Motette «Singet dem Herrn ein neues Lied» zeigen, welche ihm die Thomaner zuvor gesungen haben. «Das ist doch einmal etwas, woraus sich was lernen läßt», soll er gesagt haben.[299] Wichtigstes Ergebnis seines Besuches am Hof in Potsdam und Berlin ist der Auftrag, für 100 Friedrichsdor, also etwa 700 Gulden, dem König sechs Streichquartette und seiner Tochter Friederike, späterer Herzogin von York, sechs Klaviersonaten zu komponieren.

Mit diesem Ergebnis wagt er Constanze, welcher er zuvor das Dresdner Honorar von etwa 450 Gulden verschwiegen hat, kaum unter die Augen zu treten: «Mein liebstes Weibchen, du must dich bey meiner Rückunft schon mehr auf *mich* freuen, als auf das *gelde*», schreibt er, und dann weiter: «den 1:ᵗ Juny werde ich in Prag schlafen, und den 4: – den 4:ᵗ? – *bey meinem liebsten weiberl*; – richte dein liebes schönstes nest recht sauber her, denn mein bübderl verdient es in der That, er hat sich recht gut aufgeführt und wünscht sich nichts als dein schönstes [von Nissen unleserlich gemachtes Wort] zu besitzen. stelle dir den Spitzbuben vor, dieweil ich so schreibe schleicht er sich auf den Tisch und [zeigt?] mir mit [fragen?] ich aber nicht faul [geb?] ihm einen derben Nasenstüber – der [bursch?] ist aber nur [...] jetzt brennt [auch] der Schlingel noch mehr und läßt sich fast nicht bändigen. ich hoffe doch du wirst mir auf die erste Post entgegen fahren?»[300]

Nach Wien zurückgekehrt, tut sich Mozart mit den preußischen Auftragswerken schwer: Von den bestellten sechs Quartetten entstehen binnen eines knappen Jahres nur drei; von dem halben Dutzend Klaviersonaten überhaupt nur die eine KV 576. Freilich sorgt er sich um seine nach wie vor leidende Frau. Nach der Verordnung des Hausarztes Dr. Closset nimmt sie nun Schwefelbäder in Baden bei Wien und erhält von ihrem Mann Briefe des Inhalts: «gehe *nie* allein – ich erschrecke bey den Gedanken»[301].

Sicherlich bekommt er mit, dass in Paris die Revolution ausgebrochen ist; doch mehr wird es ihn interessieren, dass die Hofoper nach einer eingeschränkten Spielzeit wieder an Fahrt gewinnt und seine individuelle Kritik am Ancien Régime durch die Wiederaufnahme des *Figaro* im August 1789 neues Publikum findet. Alsbald komponiert er für Adriana Ferrarese del Bene, die aktuelle Darstellerin der Susanna, die neuen Arien KV 577 und KV 579; der Ersteren muss die Rosen-Arie «Deh viene» weichen. Auch Darsteller in anderen Neuinszenierungen wünschen Einlagen, die ihrer jeweiligen Stimme liegen: Für Cimarosas *I due Baroni di Rocca Azzurra* schreibt Mozart «Alma grande» KV 578, für die deutsche Bearbeitung von Paisiellos *Barbier* die Arie «Schon lacht der holde Frühling» KV 580 und last not least für Martín y Solers *Il Burbero* die Arien «Chi sà, chi sà, qual sia» KV 582 und «Vado, ma dove? – oh Dei» KV 583.

Die beiden letzten Titel könnte man sich als Leckerbissen für Stilforscher denken, da sie denselben Texten gelten, die da Ponte drei Jahre zuvor für die Erstaufführung gedichtet hatte: Wie macht es der im Wien der achtziger Jahre äußerst beliebte Martín y Soler, wie macht es Mozart? Was beim konkreten Vergleich herauskommt, ist freilich nicht sensationell: Mozart komponiert spontan, phantasievoll, komplex, vielperspektivisch. Vor allem in Satztechnik, Harmonik und Instrumentation schöpft er aus einem Reichtum, über den die Zeitgenossen nicht verfügen oder nicht verfügen wollen.

Sorgen 179

Und was ist von den süßen Melodien zu halten, die da Ponte generell an Martín y Soler rühmt? Mozart gibt der Sängerin Louise Villeneuve, seiner künftigen Dorabella, ebenso viel Koloraturen wie Martín y Soler seiner ersten Primadonna, ohne dass wir im Detail nachvollziehen könnten, welche Passagen für die eine, welche für die andere geeigneter gewesen sein könnten. Doch insgesamt komponiert Mozart lyrischer, introvertierter und musikalisch autarker, ohne dass es ihm deshalb an melodischem Schmelz fehlte.[302]

Ähnlich haben es bereits interessierte Zeitgenossen gesehen; indessen standen sie Mozarts anspruchsvoller Schreibart manchmal weniger wohlwollend gegenüber als Joseph Haydn, der bekanntlich nicht genug davon bekommen konnte. Doch auch bei den Sängern scheint er damals unverändert Anklang zu finden: Sie müssten ja nicht i h n um neue Arien bitten – Opernkomponisten hat Wien zur Genüge. Auch der neue Auftrag für *Così fan tutte*, die letzte seiner drei Da-Ponte-Opern, verdeutlicht, dass Mozart unverändert in Ansehen steht.

Die Anregung wird wie bei *Don Giovanni* vom Librettisten ausgegangen sein, doch der Kaiser muss genehmigen: Mozarts Verpflichtung generell und das Sujet speziell. Und in welch desaströsen persönlichen Zuständen sich der Komponist zu diesem Zeitpunkt auch befinden mag – als Künstler agiert er unbeirrt auf der Höhe der Zeit. Das betrifft eine Handlung, deren psychologische Subtilitäten dem von Frankreich vorgegebenen gesellschaftlichen Diskurs durchaus gerecht werden; und es gilt für eine Partitur, die in der dialektischen Verschränkung von selbstbezüglicher Musikalität und handlungsorientierter Ironie *Figaro* und *Don Giovanni* vielleicht noch in den Schatten stellt. Und offenkundig spielt Mozart, was seine Opernästhetik angeht, besonders genussvoll mit der Differenz zwischen sich und seinen aktuellen Zeitgenossen – auch d a s eine Art intertextuellen Komponierens.

Gleich im Anschluss an das Klarinettenquintett KV 581, das er im September 1789 für den Freund Anton Stadler schreibt, stürzt er sich in die Arbeit, welche auch durch Geburt und Tod des fünften Kindes Anna Maria am 16. November nicht ernsthaft aufgehalten werden kann. Schon am 31. Dezember findet in seinem Hause eine erste «kleine Oper=Probe» statt,[303] zu der die Treuesten – Haydn und Puchberg – geladen sind; und am 21. Januar 1790, als im Burgtheater die erste Orchesterprobe stattfindet, dürfte die Partitur im Wesentlichen vorgelegen haben.

Mozart hat sogar genug Zeit und innere Ruhe, um die bedeutende, ursprünglich für Guglielmo vorgesehene Arie «Rivolgete a lui lo sguardo» KV 584 durch «Non siate ritrosi» zu ersetzen: ein besonders schönes Beispiel für die intime Zusammenarbeit von Komponist, Sänger und Librettist. Vielleicht weil dem Sänger des Guglielmo die ihm eigentlich zugedachte Arie nicht passt, vielleicht weil Textdichter und Komponist rechtzeitig erkennen, dass sich Guglielmo mit der ursprünglichen Arie viel weiter vorwagen würde, als es dem Handlungsverlauf entspräche.

Wer hier ins Nachdenken kommt, ist gegen die Vorstellung gefeit, formale Analysen würden dem Wesen Mozart'scher Arien gerecht. Deren subtile Schwingungen sind nicht Erzeugnis kompositorisch reinen Geistes, gehen vielmehr von einem kommunikativen Milieu aus, das wir Heutigen zwar nicht mehr rekonstruieren können, jedoch in der Musik mitbekommen. Es wäre interessant, zu wissen, ob ein Martín y Soler seinerseits mehr als die übliche Rücksichtnahme auf die Sänger geübt, ob er also wie Mozart jedes Mal ein Ganzes im Auge gehabt hat.

Sänger des Guglielmo ist Francesco Benucci, Mozarts erster Figaro und erster Leporello. Den Ferrando stellt Vincenzo Calvesi dar, den Don Alfonso Francesco Bussani, der gleichfalls schon in *Figaro* und *Don Giovanni* mitgewirkt hat. Als erste Fiordiligi steht jene Adriana Ferrarese del Bene auf der Bühne, für die Mozart anlässlich der jüngsten Wiederaufnahme des *Figaro* zwei Einlagearien geschrieben hat; er kennt die Stimme seiner Primadonna also auf das Beste. Letzteres gilt auch für Louise Villeneuve, die Sängerin der Dorabella: Für sie waren die in den zurückliegenden Monaten komponierten Einlagearien KV 578, KV 582 und KV 583 bestimmt. Bleibt Dorotea Bussani – ehemals Mozarts Cherubino, jetzt seine Despina.

Die Aufzählung der Namen mag ermüden und geschieht doch nicht ohne Grund: So wenig wir damit rechnen können, dass eine Premiere wie diejenige von *Così* von jener Geschlossenheit gewesen ist, die wir heute von großen Opernabenden erwarten, so viel dürfen wir über einen heute nicht mehr denkbaren Ensemble-Geist spekulieren, im Zeichen dessen sich die Stimmen der Sänger und die Noten des Komponisten wechselseitig beflügelt haben.

Und da gerade von Cherubino die Rede war: Dessen Arietta «Voi che sapete che cosa è amor» liegt in einer dem bekannten zeitgenössischen Gesangspädagogen Domenico Corri zugeschriebenen Fassung so reich verziert vor, dass man sich die Augen reibt. Hier der Schluss nach Mozart und Corri:[304]

Und doch kann man damit rechnen, dass es eine ähnliche Praxis auch in Mozarts Umfeld gegeben hat, und wird vorsichtig, in Mozarts Arien zwischen Essenz und Akzidenz zu unterscheiden.

Über die vom Komponisten geleitete Premiere vom 26. Januar 1790 oder die neun sich anschließenden Aufführungen ist nicht mehr als das an späterer Stelle mitgeteilte Lob des Grafen Zinzendorf bekannt. Dass sein Honorar 200 Dukaten gleich 900 Gulden betragen werde, ist zwar Mozarts Hoffnung, entspricht jedoch nicht den Rechnungsbüchern, wo nur die Hälfte dieses Betrags ausgewiesen ist. Vielleicht hat es eine private Abmachung mit Joseph II. gegeben, die dann nach dessen Tod am 20. Februar hinfällig geworden wäre. Hat der verstorbene Kaiser offenkundig seine schützende Hand über Mozart gehalten, so kann dieser vom Nachfolger augenscheinlich keine besondere Protektion erwarten.

Zwar mag man nicht mehr als ein schlechtes Omen darin sehen, dass Leopold II., um ein Überschwappen der Französischen Revolution in sein Land zu verhindern, die Organisationen der Freimaurer schärfer überwachen lässt – speziell Mozarts Loge «Zur neugekrönten Hoffnung», welcher von Brüdern aus Bordeaux ein Geheimschreiben mit «aufrührerischen Anreizungen» zum Thema «Freiheit, Gleichheit, Gerechtigkeit, Toleranz, Philosophie, Wohltätigkeit und gute Ordnung» zugeleitet worden ist.[305]

Schwerer wiegt jedoch, dass Mozarts wichtigster Mentor, Gottfried van Swieten, Leopolds Vertrauen entweder von vornherein nicht genießt oder aber rasch verliert. Wie es der Zufall will, geht er ausgerechnet am Tag nach Mozarts Tod, gerade mit der Abwicklung der Beerdigungsformalitäten beschäftigt, seiner Ämter bei Hof verlustig: Den Bereich «Zensur» hatte seine einflussreiche Studienhofkommission schon vorher verloren; nunmehr wird der 58-Jährige ganz entmachtet.

Am meisten mag Mozart die Entscheidung des Kaisers getroffen haben, ihn nicht zu den Krönungsfeierlichkeiten nach Frankfurt mitzunehmen, wo er am 4. Oktober 1790 mit einem Gefolge von 1493 Reitern, 1336 Mann zu Fuß sowie 104 Kutschen und Wagen seinen Einzug hält. Dass Hofkapellmeister Salieri und sein Vertreter Umlauff mit fünfzehn Kammermusikern dazugehören, für den Hofkompositeur Mozart jedoch kein Platz ist, muss man nicht voreilig als Affront werten, um gleichwohl festzustellen: Joseph II. wäre das vermutlich nicht passiert, denn er hätte mit «seinem» Mozart prunken wollen.

Die Zurücksetzung – anders kann er den Vorgang kaum erleben – trifft Mozart zur falschen Zeit, denn die Monate seit *Così* sind für ihn ohnehin nicht glücklich verlaufen. Außer den zwei *Preußischen Quartetten* KV 589 und KV 590 und zwei Händel-Bearbeitungen für van Swieten hat er wenig komponiert, und seit Mai 1790 weilt seine Frau wieder zur Kur. Letzteres ist für ihn offenkundig eine Quelle der Aufregung – vielleicht nicht nur der Kosten wegen. Er reist selbst nach Baden, dirigiert zwischendurch in Wien Aufführungen von *Così*, entwirft mit flüchtiger Schrift eine Petition, die ihn mit Hilfe des Erzherzogs Franz einer festen Stellung am Hof näher bringen soll, und ächzt unter seiner Schuldenlast.

Einem vom 14. August datierten Bittbrief an Puchberg stellt er den Seufzer voraus: «So leidentlich als es mir gestern war, so schlecht geht es mir heute; ich habe die ganze Nacht nicht schlafen können vor Schmerzen; ich muß mich gestern von vielem gehen erhizt und dann unwissend erkältiget haben; – stellen sie sich meine laage vor – krank und voll kummer und Sorge»[306]. Der Logenbruder, welcher die entliehenen Summen zur Freude aller Chronisten jeweils auf dem Originalbrief vermerkt hat, schickt diesmal nur 10 Gulden. Das ist natürlich ein Hohn gegenüber dem trotzigen Plan, auf eigene Faust zur Krönung nach Frankfurt zu reisen und Leopold dort zu imponieren: Soll der neue Kaiser doch sehen, mit wie vielen hohen Herrschaften er dort auf vertrautem Fuß steht und wer alles in seine Konzerte strömt.

Um herrschaftlich, mit Diener und eigener Kutsche, bei der Kaiserkrönung aufkreuzen zu können, verpfändet er einem nicht weiter bekannten Handelsmann Heinrich Lackenbacher sein gesamtes Mobiliar, ohne doch in Frankfurt große Erfolge zu erzielen. Zwar gibt die Böhmsche Truppe dort seine *Entführung*, und am 15. Oktober spielt er auf seiner eigenen Akademie im großen Stadtschauspielhaus das Klavierkonzert KV 459 und das so genannte Krönungskonzert KV 537. Doch der finanzielle Erfolg ist offenbar mager.

Derweilen wechseln die Stimmungen. Hatte es am 28. September, unmittelbar nach der Ankunft in Frankfurt, geheißen: «In Regensburg Speisten wir prächtig zu Mittag, hatten eine göttliche TafelMusick, eine Englische bewirthung, und einen herrlichen MoslerWein»[307], so wälzt ein zwei Tage jüngerer Brief – wieder an die Frau – vor allem Schuldenprobleme, um mit den Worten zu schließen: «ich freue mich wie ein kind wieder zu dir zurück – wenn die leute in mein herz sehen könnten, so müsste ich mich fast schämen. – es ist alles kalt für mich – eiskalt.»[308]

Das klingt ersichtlich matter als auf der Reise des Vorjahrs. Auch die Nachschrift zu einem Brief vom 17. Oktober beginnt melancholisch: «als ich die vorige Seite schrieb, fiel mir auch manche Thräne auf das Papier. nun aber lustig. – fange auf – es fliegen erstaunlich viele busserl herum.»[309] Sind das Momentaufnahmen, oder zeigt sich da eine Tendenz? Übrigens fährt er, nachdem Frankfurt ausgereizt ist, nicht gleich nach Wien zurück, gastiert vielmehr noch in Mainz, Mannheim und München – nirgendwo erfolglos, nirgendwo der absolute Held, als der er jetzt gesehen werden müsste.

Nach sieben Wochen in Wien zurück, findet er ein Angebot vor, das ihm Auftrieb geben könnte: Der Londoner Impresario Robert May

O'Reilly bietet für eine Saison und zwei Opern 300 Pfund Sterling. Doch während Haydn eine vergleichbare Offerte des Londoner Unternehmers Johann Peter Solomon annimmt und in England für ein paar Jahre regelrecht zweite Karriere macht, ist von Mozart nicht einmal bekannt, wie er reagiert hat. Vielmehr soll er beim Abschiedsmahl für Haydn am 14. Dezember 1790 gefrotzelt haben: «Papa! Sie sind nicht für die große Welt erzogen und reden zu wenig Sprachen.» Hätte Haydns stolze Antwort: «Aber meine Sprache versteht man in der ganzen Welt»[310] nicht auch für ihn gegolten?

Während dem Papa bei der Kanalüberfahrt speiübel wird, sitzt Mozart über *Adagio und Allegro* KV 594 für ein mechanisches Orgelwerk – eine schon in Frankfurt begonnene, höchst verhasste Brotarbeit. Sie ist gleich den Schwesterwerken KV 608 und KV 616 für das Wachsfigurenkabinett des Grafen Deym bestimmt, des späteren Gatten von Beethovens mutmaßlicher «unsterblicher Geliebter». Oder schreibt er gerade am Streichquintett KV 593 – neben KV 614 eine letzte, hoch experimentelle und doch zutiefst gelassene Antwort auf die Quartettkunst jenes Haydn, der nach seiner Rückkehr aus England keinen Mozart mehr vorfinden wird?

1791
Das frühe Ende

König David, der große Sänger vor dem Herrn, stirbt alt und lebenssatt – Thema für ein Epos. Wolfgang Amadé Mozart erreicht nur 35 Jahre – Sujet für eine Tragödie: Aufstieg, Peripetie, Niedergang und rasches Ende. So stellt sich der Kleinbürger die Erdentage eines Bohemiens vor, und so wird auch Mozarts Lebens- und Schaffensgang häufig aufgefasst ...

Zu seinem Schaden, wie einer denken mag; denn was wird auf diese Weise nicht alles verzerrt, missverstanden, übersehen und abgeschnitten! Wohl wahr: Wir sollten Kunst und Leben rhizomatisch sehen, als ein Geflecht von Wurzelsträngen, die irgendwo herkommen und irgendwo hingehen – eine wilde Vegetation, die wir nicht verstehen, sondern höchstens unter dem Mikroskop genauer betrachten können.

Der Autor wünschte sich ein solches Buch über Mozart – es müsste ein literarisches oder philosophisches sein, vergleichbar *Zettels Traum* von Arno Schmidt oder *Mille Plateaux* von Gilles Deleuze und Félix Guattari. Er selbst kann es nicht schreiben, jedoch seine eigenen Deutungen, anstatt sie als selbstverständlich auszugeben, zur Diskussion stellen – wie auch diejenigen anderer.

Und schon ist er bei der bereits im 19. Jahrhundert erdachten, von Peter Shaffer mit dem Bühnenstück *Amadeus* erfolgreich aufgegriffenen und neuerdings musikwissenschaftlich nicht ungeschickt untermauerten Vorstellung[311] von einer Tragödie Mozart, die das Prag-Kapitel noch nicht belasten sollte: kometenhafter Aufstieg bis ins Jahr 1787 mit anschließendem Absturz. Die Peripetie, das heißt die schicksalhafte Wende der Lebenskurve, würde dann durch die Koinzidenz zweier Ereignisse markiert: Der Vater stirbt, das «dramma giocoso» *Don Giovanni* erwacht zum Leben.

Die Opernbühne bildet ab, was Mozart in seinem Leben tatsächlich widerfährt: Wie der tote Komtur am Ende Macht über den unbeugsamen Libertin gewinnt, beherrscht Leopold Mozart den schuldbeladenen Sohn aus dem Jenseits. Dieser vermag angesichts des imaginierten väterlichen Strafgerichts sein sorgloses Leben nicht weiterzuführen. Doch wo er anfängt, die praktischen Aufgaben des Lebens beflissen zu erfüllen, versagt er, zeigt Öffentlichkeitsscheu, wird haltlos, macht Schulden, vereinsamt. Vor allem quält ihn die Wahrnehmung, weder vom Publikum noch von der Gattin so geliebt zu werden, wie er es gewohnt ist. Fazit: Weil der Konflikt mit dem Vater nicht mehr r e a l ausgetragen werden kann, unterminiert er das Lebenskonzept.

Derweilen wird, so die gängige These, das k ü n s t l e r i s c h e Konzept zwar nicht zerstört, jedoch transformiert. Zunächst häufen sich Werke düsteren Charakters; dann verlieren Mozarts Opern den Biss, welchen Figaro und Don Giovanni hatten: Così, Zauberflöte und La clemenza di Tito sind bei aller Großartigkeit «irgendwie» unkriegerischer, reflexiver, jenseitiger. Schließlich der «Klang des einen Unendlichen» und die «Spuren der Transzendenz», die der Theologe Hans Küng erklärtermaßen im Klarinettenkonzert KV 622 erlebt.[312] Man hat auch die Süße der Motette «Ave verum corpus» KV 618 sowie Teile der Zauberflöte und des Requiems im Ohr: Chiffren von reiner Klangseligkeit im Kontext von Fragilität und Gefährdung.

Wir lassen die «Spuren der Transzendenz» gelten: Gute Zuhörer dürfen sich weiter vorwagen als Experten, die in ihrem Köcher zwar reichlich Pfeile des Widerspruchs bereithalten, meist jedoch eher ihre Mitjäger als das Wild treffen. Was jedoch die Konstruktion «Tragödie» i n s g e s a m t betrifft, so ist sie zumindest bezüglich der S c h a f f e n s geschichte kaum haltbar: Eine Musterung aller Werke zwischen 1787 und 1791 ergibt zu viel Querständiges, als dass sie für einen Paradigmenwechsel – vom selbstverständlich zum gebrochen Komponierten – spräche. Nicht zu vergessen, dass der Charakter der drei letzten Bühnenkompositionen – Così, Zauberflöte und La clemenza di Tito – wesentlich von Libretti vorherbestimmt ist, die Mozart sich nicht ohne weiteres aussuchen kann. Auch musikalisch sperrt sich diese heterogene Trias gegen vorschnelle Klassifizierungen.

Dass Mozart sich in seiner p e r s ö n l i c h e n Existenz auf abschüssiger Bahn und nicht nur in einer vorübergehenden Talsohle erlebt hat, ist denkbar, jedoch aus den erhaltenen Dokumenten keinesfalls zu belegen: Auch in dieser Hinsicht gibt es viel Uneindeutiges. Niemand kann wissen, mit welchen Perspektiven er am 20. November 1791 sein letztes Krankenlager aufgesucht hat. Und w e n n wir es wüssten – was würde es besagen: Wie viele Menschen haben ihr Ende kommen sehen und sind hernach steinalt geworden! Ein charakteristisches Beispiel für diese Widersprüchlichkeit bietet der 32-jährige Beethoven im Oktober 1802: In der ersten und zweiten Woche dieses Monats bringt er die tödliche Verzweiflung des *Heiligenstädter Testaments* zu Papier, in der dritten kämpft er mit Breitkopf & Härtel um gute Konditionen für seine Werke, und bei alledem hat er längst die *Eroica* im Sinn.

Letztlich, so die These des Autors, macht es keinen Sinn, in ein Leben von gerade 35 Jahren eine T e n d e n z hineinlesen zu wollen: Dahinter verbirgt sich nur unsere eigene Sinnsuche. Eher gelingt es, in Mozarts Lebensführung eine bestimmte S t r u k t u r zu erkennen: Um sich als Künstler zu spüren und darzustellen, muss er beständig die Differenz zwischen Bohemien und Kleinbürger herausarbeiten. Hat er genug Geld, um mühelos den unbekümmerten Bohemien zu geben, so lebt er stimmig. Fehlt es daran, müsste er nach bürgerlichen Maximen dem Realitätsprinzip Genüge tun. Doch lieber setzt Mozart, um sich treu bleiben zu können, alles auf eine Karte; lieber geht er mit dem Kopf durch die Wand.

Mögliche Folgen kennt er: Der Vater hat sie ihm oft genug vor Augen gestellt. Doch eher demütigt er sich vor seinem Gläubiger Puchberg, und eher geht er unter, als dass er von der Devise «seines» Don Giovanni abrückte: «Viva la libertà». Und er wäre kein Spieler, wenn er nicht dächte, sich irgendwie und irgendwann wieder aus allen Bedrängnissen zu lösen und so viel Geld zu haben, dass er sorglos neue Schulden machen kann. Das ist er dem Glauben an sein Genie schuldig. Wir aber sind es i h m schuldig, über das Jahr 1791 so zu berichten, als ginge es aufwärts. Und geht es nicht aufwärts?

Los geht es wie die Jahre zuvor: mit Menuetten, Deutschen, Kontratänzen und «Landlerischen» KV 599 bis KV 611 zum Wiener Fasching. Schon am 5. Januar ist das letzte Klavierkonzert KV 595 fertig geworden. Es ist dasjenige in B-Dur mit dem Schluss-Rondo, aus dessen Thema ein eigenes Werk wird: «Komm, lieber Mai, und mache die Bäume wieder grün» KV 596. Das Lied ist nebst KV 597 und 598 für eine aktuelle

Liedersammlung für Kinder und Kinderfreunde am Klavier bestimmt; das Konzert trägt er im März auf einer Akademie des Klarinettisten Josef Beer vor. Die bis dahin wohl noch unaufgeführte g-Moll-Sinfonie KV 550 erklingt möglicherweise im Monat darauf im traditionellen Konzert der Tonkünstler-Sozietät.

Im Mai macht der Wiener Magistrat Mozart zum Adjunkten des Domkapellmeisters von St. Stephan. Mozart hat sich auf diese unbesoldete Stelle beworben, um gegebenenfalls als Nachfolger des kränklichen Amtsinhabers Johann Leopold Hofmann bereitzustehen. Als er am 5. Juni in Vertretung Hofmanns erstmals ein Hochamt dirigieren soll, sieht er die *Krönungsmesse* KV 317 vor. Gesteigertes Interesse an Kirchenmusik belegt auch die erwähnte Fronleichnamskomposition *Ave verum corpus* für den Chorregenten Anton Stoll in Baden.

Dort weilt die schwangere Constanze seit dem 4. Juni mit Sohn Karl zur Kur. Mozart kommt gelegentlich zu Besuch – mit oder ohne seinen 25-jährigen Kompositionsschüler Franz Xaver Süßmayr. Dass dieser sich auch mit der Gattin des Lehrers gut versteht, ist ersichtlich; inwieweit Mozart Grund zur Eifersucht hat, lässt sich aus der Distanz nicht entscheiden. Eine alte Überlieferung will in dem am 26. Juli 1791 geborenen Franz Xaver Wolfgang einen Sohn Süßmayrs sehen; in der Tat hat Mozart, vorher auf Reisen, das Kind erst nach dem 10. November 1790 zeugen können. Die Namengebung schafft kaum mehr Klarheit: Wer will wissen, wie sie zu deuten ist? Der Junge wird übrigens am Leben bleiben, von Salieri im Gesang unterrichtet werden, den Musikerberuf ergreifen und 1844 in Karlsbad sterben.

Was die Möglichkeit ehelicher Untreue angeht, ist gleichfalls früh die Gegenrechnung aufgemacht worden: Mozart habe ein Verhältnis mit seiner Schülerin Magdalena Hofdemel, der Frau eines Wiener Beamten, gehabt. Dieses Gerücht war auch Beethoven bekannt: Nach der Erinnerung seines Schülers Carl Czerny soll er sich gesträubt haben, vor ihr zu spielen.[313]

Man kann da leicht im Trüben fischen; und wer Sensationen verkaufen möchte, wird immer welche finden. Umgekehrt steht, wer allzu kämpferisch die Moral seiner Heroen verteidigt, schnell im Verdacht der Naivität. Doch selbst wenn wir mehr «Fakten» hätten, würden sie nicht viel besagen: Wir könnten ihren Stellenwert im engeren familiären und im weiteren gesellschaftlichen Kontext kaum einschätzen.

Selbst die zweifelsfrei «authentischen» Briefe, die Mozart im Sommer 1791 seiner Frau in Baden schickt, stecken voller Fragen. Was bedeutet es, wenn er Constanze um einen sittsamen Lebenswandel bittet: Gibt es dazu Anlass, oder benimmt sie sich nur wie jede andere auch? Wie liest man die unendlich sprechenden Bekundungen der Liebe, Zärtlichkeit, Fürsorge: Sind sie Ausdruck einer ehelichen Liebe, die Constanzes Gegenbriefe bestätigen würden, wenn sie nur erhalten wären? Oder spricht da aus Mozart ein habituell oder aktuell schlechtes Gewissen, das die Gattin womöglich geschickt ausnützt? Was bedeutet der ständige Wechsel von Schelmerei und Melancholie, Grobheit und höchster Zerbrechlichkeit?

Nicht zuletzt gibt es in diesen Briefen ein beständiges Raunen um die Themen «Geld» und «Schulden», das umso suggestiver akutes Unheil signalisiert, als der Nachlassverwalter Nissen die Namen einiger Geschäftspartner in den Originalen unkenntlich gemacht hat. Unlängst ist mit Hilfe moderner Technik – beispielsweise – der Name des Baron von Wetzlar wieder lesbar gemacht worden; doch dass der zu den angesprochenen Darlehensgebern gehören könnte, hatten wir uns ohnehin gedacht.

Insgesamt bleibt dem Leser nur ein Gefühl von Rührung angesichts verzweifelter Kämpfe um Glück und Sicherheit sowie die leise Ahnung, dass dieser Mozart in einer Weise außer sich ist, die ihn weder Ehe noch Finanzverhältnisse aus so genannter vernünftiger Perspektive beurteilen lässt. Ein Hamster im Rad seiner Schulden und enttäuschten Liebeswünsche? Der Brief vom 6. Juli lädt zu anderen Assoziationen ein: Da ist vom eben geglückten Ballonstart des Franzosen François Blanchard die Rede! Was sein S c h a f f e n angeht, kann Mozart sich in der Tat im aufsteigenden Ballon sehen, denn er verfügt über drei große Aufträge: die *Zauberflöte*, *La clemenza di Tito* und das *Requiem*.

Beginnen wir mit der *Zauberflöte*: Am 5. September 1790 schreibt Emanuel Schikaneder: «Lieber Wolffgang! Derweilen schicke ich Dir Dein Pa Pa Pa zurückh, das mir ziemlich recht ist. Es wirds schon thun. Abends sehen wir uns bei der bewußten – Krippen.»[314] Das scheint auf das Finale des zweiten Aktes hinzudeuten, könnte jedoch auch eine aktuelle Zusammenarbeit beider beleuchten. Sechs Tage nach diesem Brief hat nämlich Schikaneders *Stein der Weisen* Premiere, eine heroischkomische Oper, an deren Komposition offenbar mindestens fünf Autoren beteiligt sind. Als vor einigen Jahren eine Aufführungspartitur des *Steins der Weisen* auftauchte, gab es um die Anteile Mozarts vorübergehend einigen Wirbel; mit letzter Sicherheit lässt sich ihm jedoch nach wie vor nur das Duett «Nun liebes Weibchen» KV 625 zuschreiben.

Ein Pasticcio also, das jedoch unsere Aufmerksamkeit verdient, weil es das Sujet der *Zauberflöte* in manchem vorwegnimmt und somit fast als Versuchsballon betrachtet werden kann. Jedenfalls kommt für Mozart der bedeutendere Anschlussauftrag nicht von ungefähr; und er verdankt ihn keineswegs dem neuen Kaiser Leopold und seinem Hoftheater, sondern dem alten Bekannten und Logenbruder Emanuel Schikaneder, damals Pächter des Freihaustheaters auf der Wieden.

Besitzerin des 1787 errichteten zweistöckigen Baus ist zwar die Gattin Eleonore, mit der er zerstritten ist. Da sie ihn als Frau jedoch nicht bewirtschaften darf, eilt der Mann aus Regensburg zur Hilfe herbei – und dies zu ihrem Glück. Denn im Gegensatz zu zwei mehr oder weniger erfolglosen Vorgängern agiert Schikaneder mit Stücken wie *Der dumme Anton im Gebirge* oder *Die zween Anton* sehr erfolgreich. Offensichtlich bekommt er nicht nur das Volk in sein Theater, sondern auch bessere Herrschaften, welche derlei Vergnügungen mit amüsierter Herablassung wahrnehmen. Solches legt jedenfalls eine Tagebuchäußerung des Grafen Zinzendorf zur *Zauberflöte* nahe, der Musik und Dekorationen «jolies», das Übrige jedoch «une farce incroyable» findet.[315]

Vielleicht sorgt im Fall der *Zauberflöte* der Name Mozart für Zugkraft, möglicherweise aber auch die Handlung, welche keineswegs von allen so «schlecht» gefunden wird, wie sie der Wiener Korrespondent des Berliner *Musikalischen Wochenblatts* macht,[316] sondern das offenkundige Interesse von Freimaurern findet: Dass diese nach dem Verbot ihrer Logen die *Zauberflöte* als eine Art Kultstück betrachten und zeitweilig ganze Vorstellungen belegen, deutet die 1795 in London erscheinende *Geheime Geschichte des Verschwörungssystems der Jacobiner in den Österreichischen Staaten* an.[317]

Dürftig darf man sich Schikaneders *Zauberflöten*-Projekt ohnehin nicht vorstellen: Die Dekorationen der «Maschinen Comödie» kosten 7000 Gulden,[318] und das Orchester soll mit 35 Mann kaum schwächer als dasjenige des Nationaltheaters besetzt gewesen sein.[319] Da ist sich selbst Salieri nicht zu schade, in Begleitung der mit ihm liierten Sängerin Caterina Cavalieri eine der ersten Aufführungen zu besuchen. Dass dies aufgrund einer Einladung Mozarts geschieht und der Hofkapellmeister hernach seinen Respekt vor dem Werk bekundet, spricht gegen die gern beschworene Feindschaft beider.

Dass sie allerdings Konkurrenten sind, verdeutlicht die Geschichte von Mozarts letzter Seria, *La clemenza di Tito*: Bevor Mozart im Juli 1791 den definitiven Kompositionsauftrag erhält, hat Salieri offenbar abgewunken. Es geht um die Festoper anlässlich der Krönung des neuen Kaisers Leopolds II. zum böhmischen König in Prag; und die böhmischen Stände legen als Ausrichter Wert auf prächtige Besetzung und prunkvolle Ausstattung.

Mozart ist zwar noch mit der *Zauberflöte* beschäftigt, sagt gleichwohl zu und berät sich alsbald – so steht zu vermuten – mit Cattarino Mazzolà, welcher damals für kurze Zeit den in Ungnade gefallenen da Ponte als Hofdichter ersetzt und in dieser Funktion ein 55 Jahre altes Metastasio-Libretto den aktuellen Gegebenheiten anzupassen versucht. Die Besetzung steht zu diesem Zeitpunkt noch nicht fest, da der verantwortliche Prager Opernunternehmer erst auf dem Weg nach Italien ist, um ansehnliche Sänger zu engagieren.

Mozart gerät in Verzug und scheint große Teile der Oper tatsächlich in den berühmten achtzehn Tagen komponiert zu haben, von denen in der älteren Literatur die Rede ist. Salieri hat übrigens ähnlich schnell geschrieben, und Jomelli soll allein im Jahre 1753 zehn Opern komponiert haben. Wie dem auch sei: Als Mozart sich Mitte August mit Constanze, dem Säugling Franz Xaver Wolfgang und Süßmayr auf seine letzte Reise nach Prag macht, benutzt er angeblich auch die Kutsche zur Arbeit. Der Rest wird an Ort und Stelle im Kontakt mit den Sängern fertig gestellt.

Die *Zauberflöte* ist derweilen nicht völlig vergessen. Erholt sich Mozart in einem der Prager Kaffeehäuser und beim Billardspiel von der

Komposition des *Tito*, so geht ihm das Quintett «Hm hm hm hm ... der Arme kann von Strafe sagen» durch den Kopf. Zum Ausgleich muss Schüler Süßmayr bei den Secco-Rezitativen des *Tito* aushelfen. Gleichwohl ist das immerhin elf Arien, drei Duette sowie je fünf Ensembles und Chöre umfassende Werk nicht mit der linken Hand komponiert: Ob und wie es Mozart gelingt, an seine letzte Seria, den *Idomeneo* von 1781, anzuknüpfen, wird an anderer Stelle dieses Buches erörtert.

Am 30. August tanzt man beim großen Bankett im Thronsaal zu den Klängen einer Harmoniemusik, die ihr Repertoire nicht zuletzt aus *Don Giovanni* bezieht, und zwei Tage später wird die Oper selbst im Nationaltheater von Mozart «im grünsammtnen Rocke» dirigiert.[320] Am 6. September findet dann die Krönungszeremonie statt, nachdem der Erzbischof zuvor die linke Schulter des Kaisers entblößt und mit Öl begossen hat, welches nach vollendeter Einsegnung mit Semmel und Salz abgerieben wird; Salieri dirigiert eine Festmesse, vielleicht von Mozart.

Abends dann endlich *La clemenza di Tito* mit dem aus Italien herbeigeeilten Kastraten Domenico Bedini als Sesto und einer Reihe von Arien, die für die gebührende «italianità» der Oper sorgen. Gleichwohl bleibt der in Musikdingen konservative Leopold II., der diese seine zweite Krönung übrigens nur um ein Jahr überleben wird, reserviert: Obwohl er mit Mozart aus seiner Zeit als Großherzog der Toskana durchaus bekannt ist, bittet er nicht zum Empfang. Gattin Maria Louisa soll die Oper sogar als «una porcheria tedesca», eine deutsche Schweinerei, bezeichnet haben.[321] Mag man diesem Kraftausdruck zwar nicht ohne weiteres trauen, so gibt es doch die obligatorische Äußerung des Tagebuchschreibers Zinzendorf, der für dieses Mal festhält: «plus enneyeux» – sehr langweilig![322]

Das Prager Publikum, dem Komponisten seit Jahren wohl gesonnen, scheint weit positiver reagiert zu haben. Die Aufführung vom 30. September wird, wie Anton Stadler nach Wien meldet, mit «ausserordentlichen beifall» aufgenommen, «alle Stücke sind applaudirt worden. – der Bedini sang besser als allezeit. – das Duettchen *ex A* von die 2 Mädchens wurde wiederhollet»[323].

Eine Akademie Stadlers, der für den Prager *Tito* als Soloklarinettist engagiert worden ist, wartet Mozart nicht ab, obwohl er sich damit vielleicht die Erstaufführung seines Klarinettenkonzerts KV 622 entgehen lässt. Bleibt dies vorerst nur Vermutung, so ist nachgewiesen, dass Mozart KV 622, übrigens seine letzte Instrumentalkomposition, der «Bassettklarinette» zugedacht hat – einer Erfindung des Freundes und Logenbruders, durch welche der Umfang der gewöhnlichen Klarinette um eine Terz nach unten erweitert wurde.

Als er Mitte September wieder zurück in Wien ist, sondiert dort gerade Graf Andreas Kyrillowitsch Razumowsky wegen einer Einladung nach Russland. Wenig später folgen, wenn man einer Eingabe der Witwe Mozarts an den Kaiser Glauben schenkt, konkrete Angebote aus Ungarn und Amsterdam, die für den Komponisten freilich zu spät kommen.

Der setzt am 28. September mit der Ouvertüre und dem Priestermarsch den Schlusspunkt unter seine *Zauberflöte*, deren Proben angesichts der nur zwei Tage später stattfindenden Premiere natürlich längst begonnen haben. Muss man Mozart ob des Zeitdrucks bedauern? Er braucht wohl solche Herausforderungen und hat seine besten Einfälle vermutlich im unmittelbaren Kontakt mit den Künstlern, während der Proben fertiger Teile, also im Kontext einer offenen und munteren Theaterwerkstatt.

Das schließt freilich den a n d e r e n Mozart nicht aus – nämlich denjenigen, der «gerne langsam und mit überlegung»[324] auch an rein kompositorischen Problemen arbeitet: an einer melodischen Linie, einem harmonischen Übergang, einer originellen Klangfarbe, einer witzigen Formgebung. Der Reiz seiner Opernkomposition liegt ja gerade darin, dass sie ganz der Szene zuzuarbeiten scheint und doch in dieser nicht absolut aufgeht.

Mozart dirigiert am 30. September 1791 vom Kielflügel aus, Süßmayr blättert um. Die inzwischen siebzehnjährige Anna Gottlieb, einstmals die Barbarina in *Le nozze di Figaro*, singt die Pamina; für Josepha Hofer, geborene Weber, schreibt er die Koloraturarien der Königin der Nacht. Seine älteste Schwägerin wird in dieser ihrer Glanzrolle am 23. November 1792 zum 100., knapp drei Jahre später zum 200. Mal auftreten – auch dies ein Indiz für den anhaltenden Erfolg der Oper!

Franz Xaver Gerl hat ein Studium der Logik und Physik hinter sich gebracht, bevor er, ganz zum Musiker geworden, die weisen Lehren des Sarastro verkünden darf. An anderen Häusern wird er auch den Osmin, den Figaro und den Don Giovanni geben. Der Darsteller des Tamino, Benedikt Emanuel Schack, muss sich nach einem Studium der Philosophie, der Medizin und des Gesangs zeitweilig als wandernder Musikalienhändler durchschlagen, ehe er zu Schikaneder stößt. Wenn Constanze in Baden zur Kur weilt, ist er oft Mozarts Gast und begleitet ihn auf seinen Spaziergängen. Der Komponist dürfte ihm seine Partie ebenso auf den Leib geschnitten haben wie diejenige des Papageno dem Theaterdirektor Schikaneder; dessen älterer Bruder Urban findet immerhin noch als erster Priester Verwendung, seine damals 24-jährige Nichte Nanette als erster Knabe.

Der Erfolg ist groß und Mozart dementsprechend vergnügt: «Eben komme ich von der Oper», schreibt er Constanze am 7. Oktober nach Baden. «Sie war eben so voll wie allzeit. – das Duetto *Mann und Weib* etc: und das Glöckchen Spiel im ersten Ackt wurde wie gewöhnlich wiederhollet – auch im 2:t Ackt das knaben Terzett – was mich aber am meisten freuet, ist, der *Stille beifall!* – man sieht recht wie sehr und immer mehr diese Oper steigt.» Und weiter: «Nun meinen lebenslauf; – gleich nach Deiner Abseeglung Spielte ich mit Hr: von Mozart |: der die Oper beim Schickaneder geschrieben hat :| 2 Parthien Billard. – dann verkauffte ich um 14 duckaten meinen kleper, – dann liess ich mir durch Joseph den *Primus* rufen und schwarzen koffé hollen, wobey ich eine herrliche Pfeiffe toback schmauchte; dann Instrumentirte ich fast das ganze Rondó vom Stadtler».[325]

Hat er das Klarinettenkonzert, von dem die Rede ist, noch rechtzeitig zu Stadlers Akademie am 16. Oktober nach Prag expedieren können? Das wissen wir nicht, wohl aber, dass er inzwischen mit dem *Requiem* beschäftigt ist; doch wir nehmen es gleich vorweg: Von dem Mythos, der sich mit diesem unvollendet gebliebenen Werk verbindet, bleibt bei nüchterner Betrachtung nicht allzu viel übrig!

Auftraggeber des *Requiems* ist der Musikliebhaber Franz Graf Walsegg, der in seinem Schloss Stuppach im südöstlichen Niederösterreich erlesene Musik macht und dabei gern selbst das Violoncello oder die Flöte spielt. Daran ist eine Besonderheit: Im kleinen Kreise erweckt er den Anschein, als stamme die Musik, welche er in Wahrheit unter strenger Geheimhaltung bei angesehenen Komponisten bestellt hat, von ihm selbst; die Musiker und sein kleiner Hofstaat machen augenzwinkernd mit.

Als im Februar 1791 die Gattin des Grafen stirbt, packt ihn der Ehrgeiz: Er will ein Requiem «komponieren» und macht Mozart zu seinem Ghostwriter. Der wird freilich nicht eingeweiht, erhält vielmehr über einen anonymen Mittelsmann den Auftrag, für 50 Dukaten – bei 25 Dukaten Vorschuss – ein entsprechendes Werk zu komponieren. Der berühmte graue Bote, der im *Requiem*-Mythos zugleich als Todesbote auftritt, dürfte ein Vertreter der Wiener Anwaltskanzlei Sortschan gewesen sein, über welche der Graf seine Geschäfte abwickelt.

Wann er bei Mozart angeklopft hat, ist nicht bekannt; dass dieser erst nach Beendigung der *Zauberflöte* mit der Komposition hat beginnen können, scheint jedoch plausibel. An diesem Punkt bekommt die Geschichte doch noch etwas Mysteriöses, ohne dass in der seriösen Literatur darauf hingewiesen würde: Einen anonymen Kompositionsauftrag zu bekommen mag a n   s i c h nicht überraschen, denn so mancher schmückt sich vermutlich gern einmal mit fremden Federn. Jedoch ist ein Requiem weder ein Flötenquartett noch eine Sinfonie. Es ist für eine konkrete, durchaus sensible Situation bestimmt, und seine Komposition ist so gewichtig, dass ähnliche Mechanismen greifen wie bei einem Opern-Auftrag.

Der Komponist möchte etwas über die Umstände der Aufführung, über die Sänger und über die Instrumentalisten wissen: Gibt es am Ort zum Beispiel die beiden Bassetthörner, die er durchgehend einsetzen möchte; und kann er Freund Stadler dort hinschicken, um in dieser Hinsicht nach dem Rechten zu sehen? Mehr noch, er will eigentlich bei den Proben anwesend sein und die Aufführung leiten.

Mit anderen Worten: Von den unvollendeten Opernprojekten abgesehen, ist es das erste und – so makaber es klingt – das letzte Mal in seinem Leben, dass Mozart ein Werk dieses Umfangs ins Blaue hinein komponiert – freilich vor dem Horizont eines fast lebenslangen Engagements für die Kirchenmusik und sicherlich in der Hoffnung, das *Requiem* später einmal auch in eigener Initiative aufführen zu können.

Gut, dass er sich mit seinem Schüler Süßmayr so weit austauschen kann, um ihm in seinen letzten Stunden – dieser Überlieferung darf man vielleicht trauen – Hinweise zur Weiterführung oder gar Fertigstellung zu geben. Dennoch wird sich niemals ganz klären lassen, was Süßmayr und andere Freunde oder Schüler – Franz Jacob Freystädtler, Joseph Eybler und Maximilian Stadler – bei ihrem gemeinsamen Rekonstruktionsversuch an «authentischem» Mozart aus den erhaltenen Bruchstücken gerettet, was sie ihrerseits zum Werk hinzugetan haben.

Am 16. Oktober fährt Mozart mit Sohn Karl nach Baden, um Constanze aus der Kur zu holen. Am Tag darauf dirigiert er anlässlich der Einweihung des neuen «Tempels» seiner Loge «Zur neugekrönten Hoffnung» die Freimaurerkantate KV 623 «Laut verkünde unsere Freude» – sein letztes vollendetes Werk. Am 20. November legt er sich mit Fieber zu Bett; acht Tage später beraten die Ärzte Dr. Nikolaus Closset und Dr. Matthias Sallaba gemeinsam über den Fall. Vom *Requiem* lässt Mozart derweilen nicht ab. Nachdem am 3. Dezember eine leichte Besserung zu verzeichnen ist, findet am Tag darauf um zwei Uhr nachmittags eine Art Probe am Krankenbett statt: Mozart singt den Alt zu Schacks Sopran-Falsett, Schwager Hofers Tenor und Gerls Bass.

Der anonyme Bericht, der sich offenkundig auf eine Erinnerung des Sängers und Hausfreundes Schack stützt, fährt fort: «Sie waren bei den letzten Takten des Lacrimosa, als Mozart heftig zu weinen anfing, die Partitur bey Seite legte, und eilf Stunden später um ein Uhr Nachts, verschied.»[326] Die Schwägerin Sophie Haibel, geborene Weber, die Mozart in seiner letzten Krankheit zur Seite steht, berichtet in ihren Erinnerungen an die Sterbenacht, sie sei am 4. Dezember noch spätabends aus einer inneren Unruhe heraus zu Mozart gegangen. «Sie müssen heute Nacht da bleiben, Sie müssen mich sterben sehen», habe dieser gesagt; und ihre Schwester Constanze habe sie wegen der Letzten Ölung zu den Geistlichen von St. Peter geschickt, «allein selbe weigerten sich lange, und ich hatte viele Mühe, einen solchen geistlichen Unmenschen dazu zu bewegen»[327].

Demgegenüber heißt es in Nissens Biographie, die einige Passagen aus Sophie Haibels handschriftlichen Aufzeichnungen von 1825 wörtlich übernimmt, andere aber, wenn sie einer Hagiographie nicht dienlich erscheinen, weglässt oder umformuliert: «Die Geistlichen weigerten sich, zur letzten Ölung zu kommen, weil der Kranke sie nicht selbst rufen liess.»[328] Damit stellt der protestantische Staatsrat Nissen dem Katholizismus Mozarts nicht gerade das beste Zeugnis aus. Das soll der zur Letzten Ölung gerufene Geistliche freilich auch nicht getan, vielmehr gesagt haben: «Dieser Musikant ist immer ein schlechter Katholik gewesen. Zu dem geh ich nicht!»[329]

Bedenkt man, dass Mozart im Mai seines Todesjahrs vom Wiener Magistrat zum Adjunkten des Domkapellmeisters – mit Aussichten auf dessen Nachfolge – bestimmt worden ist, so möchte man den Wahrheitsgehalt der Quelle eher gering einschätzen. Diesbezügliche Skepsis ist jedoch gegenüber a l l e n Augen- und Ohrenzeugen angebracht, die einschlägige «Erinnerungen» dreißig bis vierzig Jahre nach der Zeit formuliert haben – und andere gibt es im Grunde genommen nicht. Eine Generation nach Mozarts Tod haben nicht nur Constanze und ihr Mann Interesse an einem ihnen passend erscheinenden Mozart-Bild; vielmehr gibt es längst den skizzierten romantischen Mozart-Mythos, der sich wirklichkeitsnahen Erinnerungen gegebenenfalls drohend entgegenstellt.

Muss jemand, der Mozart, nicht aber irgendwelche Räuberpistolen über ihn liebt, überhaupt bedauern, dass man über Tod, Todesursache, Beerdigung etc. wenig Authentisches weiß? Wie wäre es mit der Vorstellung, dass Hans Werner Henzes «herabgestiegener Gott Apollo» wieder in den Himmel aufgenommen worden ist,[330] ohne Akten über die damit verbundenen Vorgänge zu hinterlassen! Oder werden diese Akten ganz woanders geführt – in der wissenschaftlichen Ausgabe seiner Werke vielleicht? Der Autor möchte es jedenfalls mit Mozart nicht verderben. Er berichtet deshalb nur kursorisch über den letzten Erdenrest, zu tragen peinlich, um sich danach Wichtigerem zuzuwenden: dem Werk.

Als Todesursache gibt der Hausarzt Dr. Closset, der nach der Erinnerung Sophie Haibels aus einer Theatervorstellung geholt wird, ohne jedoch noch helfen zu können, im Sterberegister der Domkanzlei ein «hitziges Friesel Fieber» an.[331] Neuere Medizinhistoriker sprechen traditionell von einer langen Nierenkrankheit im urämischen Koma.

Außerdem gilt es als sicher, dass die üblichen Aderlässe Mozarts Körper stark geschwächt haben.

Inzwischen gibt es internationale Ärztekongresse zum Thema und einander ergänzende oder ausschließende Vorschläge wie: immunologische Gefäßerkrankung («Schönlein-Henoch Purpura»), Streptokokkeninfektion, rheumatisches Fieber, Trichinose nach Verzehr eines Schweinekoteletts, akutes Nierenversagen wegen unsachgemäßer Selbstmedizinierung mit einem Arsenpräparat («acqua tofana») als Aphrodisiakum oder mit Quecksilber zur Behandlung einer Syphilis.

Schließlich die Vergiftungstheorie, welche im Berliner *Musikalischen Wochenblatt* unter Berufung auf einen Prager Korrespondenten immerhin schon im Todesjahr geäußert wird. Mozarts erster Biograph Niemetschek hat sie in der ältesten erhaltenen Auflage seines Buches – später nicht mehr – unter Berufung auf Constanze aufgegriffen, der er folgende Äußerungen Mozarts in den Mund legt: «Ich fühle mich zu sehr [unwohl], mit mir dauert es nicht mehr lange: gewiß, man hat mir Gift gegeben!»[332] Da im gleichen Zusammenhang von einer «düstern Schwermuth» die Rede ist, muss allerdings offen bleiben, was Ursache, was Wirkung ist – vorausgesetzt, man nimmt die Quelle überhaupt ernst.

Bis in die Gegenwart wird weiter spekuliert und, weil Einzelpersonen schwer dingfest zu machen sind, gar ein ganzes Komplott konstruiert, in das Graf Walsegg, sein Hofbeamter Leitgeb, Süßmayr, Salieri, Constanze und die katholische Kirche einbezogen sind. Nein, wir nennen hier keinen Autor bei Namen, empfehlen jedoch dem allzu phantasievollen «Genieforscher», beim Hören und Spielen von Mozarts Musik auf bessere Gedanken zu kommen oder bei Cees Nooteboom zu lesen: «Menschen können sich nicht abfinden mit dem Rätsel ihres Todes oder des Todes anderer, sie können sich nicht abfinden mit dem Rätsel des Warum und des Wohin. Aus irgendeiner Sehnsucht beschmutzen sie das Rätsel mit unausgegorenen und unbewiesenen Theorien, anstatt höflich den Hut vor ihm zu ziehen.»[333]

Van Swieten kümmert sich am Tag nach der Sterbenacht um die Formalitäten und bestellt ein Begräbnis der einfachsten Klasse, das dem Schuldenstand des Toten Rechnung trägt, gleichwohl kein Armenbegräbnis ist: In Wien gilt damals noch die spartanische Begräbnisordnung Josephs. Über diese hätten sich die Angehörigen vermutlich in Details hinwegsetzen können, haben es aber nun einmal nicht getan; man wüsste auch nicht recht, w e r van Swieten überhaupt hätte korrigieren sollen.

In den Nachmittagsstunden des 6. Dezember wird der Leichnam in der Kruzifixkapelle außerhalb des eigentlichen Doms eingesegnet und noch am Abend ohne Begleitung von Angehörigen auf den Friedhof vor der St. Marxer Linie überführt. Damit Mozart die unentgeltliche Fuhre mit anderen Särgen erspart bleibt, bestellt man für drei Gulden einen mit zwei Pferden bespannten Leichenwagen. Das Wetter ist – entgegen allen Legenden – unauffällig.

Die Bestattung durch die Totengräber findet am nächsten oder übernächsten Tag statt – wie üblich, ohne jedes Ritual. Immerhin wird der Sack mit der Leiche nicht in einem Massen-, vielmehr in einem «allgemeinen einfachen Grab» beigesetzt, das allerdings nach Ablauf von zehn Jahren wiederbelegt werden kann.[334] Ein Grabstein wird nicht gesetzt, obwohl dies mit der Friedhofsordnung vereinbar gewesen wäre. Ohnehin interessiert sich Constanze erst im Jahre 1808 für die Grabstätte ihres Gatten und muss nunmehr feststellen, dass es zu spät ist.

Ein Seelenamt findet am 10. Dezember in der Hofpfarrkirche St. Michael statt; Schikaneder und sein Kompagnon Joseph von Bauernfeld sind die Stifter und bezahlen, da sie gerade an der *Zauberflöte* prächtig verdienen, vermutlich auch die Musik: In diesem Fall mögen Teile von Mozarts *Requiem* aufgeführt worden sein.

Der Witwe wird ein Benefizkonzert im Hoftheater und außerdem eine Gnadenpension in Höhe von 266 Gulden bewilligt. Offiziell geltend gemachte Schulden – Spielschulden fallen nicht darunter – wird sie im Lauf der Zeit durch den Verkauf von Mozarts musikalischer Hinterlassenschaft abtragen. Wie stark sie der Verlust ihres Mannes über den Augenblick hinaus getroffen hat, wissen wir nicht – auch nicht, ob sie sich im letzten Jahr ebenso zärtlich um ihn gesorgt hat wie er um sie. Sie ist nicht Cosima, sie ist Constanze; und als solche erscheint sie im Spiegel von Mozarts Briefen – viel anderes haben wir nicht – stark in ihrer sinnlichen Präsenz, jedoch undeutlich in ihrem Wesen. Gilt für i h n womöglich dasselbe, wenn wir *sinnlich* durch *künstlerisch* ergänzen? Und ist sein Leben gegenüber dem Werk überhaupt mehr als eine göttliche Farce?

Das letzte Wort gebührt Joseph Haydn als dem einzigen der Zeitgenossen, welcher das Genie in seinen Tiefen erfasst haben wird. Aus London schreibt er seiner Muse Marianne von Genzinger Ende des Jahres: Er freue sich kindisch, wieder nach Wien zu kommen, habe aber Sorge, Mozart nicht mehr unter den Lebenden zu treffen. «Die nachweld beckomt nicht in 100 Jahren wider ein solch Talent.»[335]
Inzwischen sind mehr als 200 Jahre daraus geworden.

Der Autor schreibt
Muss man Mozarts Musik erklären?

> Und bis zuletzt
> zärtliche Wissenschaft.
> Das Vergebliche kann sein
> nicht umsonst. Das
> wirklich Nichtige aber
> ist voll deutlich
> immer da.
>
> Ernst Meister[336]

Zärtliche Wissenschaft – das ist Mozarts Musik: Zärtlich begegnet sie jedem; als «Compositionswissenschaft» hat ihr schon Haydn gehuldigt. Und hält sie nicht dem, der sie liebt, beständig den Spiegel von Vergeblichkeit vor, ohne deshalb umsonst erklungen zu sein?

Zärtliche Wissenschaft ist auch das Motto meines Schreibens. Zwar wird man sich vergeblich mühen, Mozarts Musik auf den Grund kommen zu wollen; doch vielleicht ist der Annäherungsversuch nicht umsonst. Zu ehrgeizig sollte man nicht sein. Denn, so spottet Ernst Meister, ein Lyriker in der Nachfolge Paul Celans: Nur das wirklich Nichtige aber ist voll deutlich immer da. Zielvorstellungen darf man freilich haben: «Es gibt eine zarte Empirie», heißt es in Wilhelm Meisters Wanderjahren, «die sich mit dem Gegenstand innigst identisch macht und dadurch zur eigentlichen Theorie wird.»[337]

Wer schreibt, hat Vorgänger und muss sich überlegen, was er will; sonst bleibt zärtliche Wissenschaft ein bloßes Schlagwort. Nichtig sind für den Autor Sensationsbiographien. Ihm ist deshalb im Einzelfall die Entscheidung für oder gegen die Aufnahme stimmungsvoller Anekdoten und zweifelhafter Spekulationen über Mozarts Leben nicht schwer gefallen: Was auf ungeklärte Punkte verweist, musste gesagt, was nach bloßem Klatsch aussieht, konnte vernachlässigt werden.

Da bleibt selbstverständlich ein subjektives Moment, das sich freilich aus einer Biographie niemals heraushalten lässt. Wichtig ist, dass der Respekt vor dem Komponisten gewahrt bleibt, dessen Musik man liebt, und dass niemals vergessen wird, wie wenig – beispielsweise – die Momentaufnahme eines Briefs über das ganze Leben, der Tenor einer Zeitungskritik über die Stimmung im Publikum aussagt.

W e n n man schon, um die Leser zu erfreuen, aus den so genannten Fakten ein zusammenhängendes Ganzes macht, so muss dies in dubio pro reo ausfallen – also so, wie wir es auch für unsere eigene Biographie wünschten. Ohnehin legt der Autor den Akzent auf die S c h a f f e n s b i o g r a p h i e : In welchem biographischen, zeit- und kulturgeschichtlichen Umfeld entstehen die Werke – das interessiert ihn, und dafür möchte er auch die Leser gewinnen.

Das eigentlich Heikle ist ohnehin nicht das L e b e n , über das wir nur so bruchstückhaft berichten können, wie es uns überliefert ist, sondern das W e r k , das uns oft als die Vollkommenheit selbst erscheint und doch nur so unvollkommen beschrieben werden kann. M u s s man es überhaupt beschreiben? Der französische Ästhetiker Vladimir Jankélévitch meint: «Die Musik existiert nicht an sich, sondern nur während jener gefährlichen halben Stunde, in der wir sie entstehen lassen, während wir sie spielen.»[338] Da denkt man fast zwangsläufig an Wittgensteins Forderung: «Wovon man nicht reden kann, darüber muss man schweigen.»

In der Tat ist über Musik als ä s t h e t i s c h e n Gegenstand in der Kulturgeschichte der Menschheit jahrtausendelang geschwiegen worden: Man sprach über ihre Herkunft, über ihre Wirkungen und – recht zögernd – auch über ihre handwerklichen Grundlagen. Auf die Idee, den Schleier der Maja zu zerreißen und das Schöne der Musik am einzelnen Werk beschreiben zu wollen, ist erst die Aufklärung gekommen. Hatte sich der barocke Universalgelehrte August Wilhelm Leibniz noch an der theologischen Frage abgearbeitet, ob und wie die göttliche Schöpfung als beste aller Welten verstanden werden könne, so treibt eine Generation später den Aufklärungsphilosophen Alexander Baumgarten die ästhetische Frage um, unter welchen Bedingungen die menschliche Schöpfung der K u n s t als wohl geordnete zweite Natur anzusehen sei.

Da es zwar nur e i n e n Welten-, jedoch v i e l e Kunstschöpfer gibt, braucht man Geschmacksrichter, die das Publikum über gute und schlechte Kunsterzeugnisse aufklären. Nicht von ungefähr finden sich Kants Gedanken über das Schöne und Erhabene in seiner *Kritik der Urteilskraft*. Musik ist allerdings nicht die Stärke des großen Philosophen, der mit der «freien Schönheit» textloser, das heißt rein instrumentaler Musik nichts anfangen kann und sie mit Tapetenmustern oder Rankenwerk auf Bilderrahmen vergleicht.[339]

Das geschieht just in den Jahren, als Mozart mit seinen Wiener Quartetten, Konzerten und Sinfonien an die Öffentlichkeit tritt. Doch Kant muss sich nicht schämen: Auch Mozarts Verehrer widmen seiner Musik höchstens beiläufige Worte; außerdem mangelt es an geeigneten Publikationsorganen. Die erste groß angelegte deutschsprachige Besprechung eines bedeutenden musikalischen Werks gilt Beethovens *Eroica* und erscheint im Februar 1807 in der Leipziger *Allgemeinen Musikalischen Zeitung*.

Fast nichts daran ist zufällig: Mit der *Eroica* sind die Zeiten vorbei, in denen sich eine Komposition zumindest vordergründig ‹rein gesellschaftlich› vermittelte: Ideenkunstwerke bedürfen augenscheinlich der Erklärung; und für solche erscheint die erste große Zeitschrift für Musikliebhaber geeignet, zumal der Verlag Breitkopf & Härtel, der sie verlegt, damals viele Werke Beethovens herausbringt und deshalb interessiert ist, seinen Lesern den großen, aber schwierigen Meister angelegentlich zu empfehlen. Und um solches geht es bis heute: Kunstmusik nach Mozart bedarf, um eine Aura bilden und erhalten zu können, verbalen Räucherwerks. Ob der jeweilige Diskurs kundig oder dilettantisch, wissenschaftlich oder poetisch ausfällt, ist nicht gleichgültig, jedoch auch nicht entscheidend.

Ein zweites Motiv der Kunstkritik im weitesten Sinn dieses Wortes ist der Versuch, das Œuvre eines Komponisten als Beleg für das eigene Weltbild heranzuziehen. Einer der ersten musikkritischen Essays, in denen ein konkretes Werk von Mozart genannt wird, stammt von E. T. A. Hoffmann, erscheint 1810 in besagter *Allgemeinen Musikalischen Zeitung* und drei Jahre später auch in der *Zeitung für die elegante Welt*, einem weiteren für die Entstehung des Musikfeuilletons maßgeblichen Publikumsblatt. Der romantische Dichter schreibt zwar vor allem über

Beethovens *Fünfte*, würdigt jedoch als deren Vorboten auch Mozarts Sinfonien, namentlich die späte in Es-Dur KV 543. Schon Mozart führe «in die Tiefen des Geisterreichs». Und weiter: «Furcht empfängt uns: aber, ohne Marter, ist sie mehr Ahnung des Unendlichen [als dessen tatsächlicher Beschwörung wie durch Beethoven]. Liebe und Wehmuth tönen in holden Stimmen, die Macht der Geisterwelt geht auf in hellem Purpurschimmer, und in unaussprechlicher Sehnsucht ziehen wir den Gestalten nach, die, freundlich uns in ihre Reihen winkend, in ewigem Sphärentanze durch die Wolken fliegen.»[340]

Was bei Hoffmann als allgemeine Schwärmerei erscheint, ist in der ersten großen Mozart-Biographie, Otto Jahns vierbändiger Darstellung aus den Jahren 1856 bis 1859, zwar konsequenter am einzelnen Werk orientiert, der Intention nach jedoch kaum anders. Über die Es-Dur-Sinfonie, die wir als Referenzwerk beibehalten wollen, heißt es nunmehr: «Der üppige Reiz des Wohllauts, der Glanz einer zur vollsten Reife erblüheten Schönheit, mit welchem diese Symphonie wie gesättigt ist, daß sie einen Eindruck macht, wie wenn das Auge durch die leuchtende Farbenpracht und den reichen Segen eines schönen Sommertags entzückt wird, sind der volle Ausdruck für das Gefühl einer in sich befriedigten Glückseligkeit. Nicht eine nur im sinnlichen Genuß schwelgende Erregung, sondern die Empfindung des Glücks, welche auf dem Gefühl der vollen Gesundheit und Kraft, des durch keine inneren oder äußeren Hemmungen gestörten Vermögens zu schaffen und zu genießen, der liebevollen Hingabe an ein schönes und reiches Dasein beruht, ist es welche voll und rein dieses köstliche Tongebilde durchdringt und ihm seine Schönheit verleiht.»[341]

Die blumige Ausdrucksweise ist geblieben; doch ist es nun nicht mehr die Nacht, sondern der Tag. Auch werden nicht «Furcht» und «Wehmut», sondern «volle Gesundheit» und «reiches Dasein» beschworen – und das nicht ohne Grund: Jahn steht als kämpferischer, 1849 vorübergehend seines Amtes enthobener Republikaner den in seinen Augen morbiden Schwärmereien der überwundenen romantischen Epoche skeptisch gegenüber. Mozart dient nunmehr als Bollwerk gegen jenes «Unreine und Trübe»[342], das Jahn am späten Beethoven, an Berlioz und Wagner irritiert.

Die Aufgabe, Jahns großes Opus so gründlich zu überarbeiten, dass ein neues und eigenständiges Standardwerk daraus wird, fällt zwei Generationen später an Hermann Abert, einen der konservativen Väter neuerer deutscher Musikwissenschaft. Noch immer soll kein Schatten auf den Heros Mozart fallen; und trotz größerer musikgeschichtlicher Kompetenz und fachspezifischer Genauigkeit herrscht die inzwischen auch über populäre Konzertführer verbreitete Praxis vor, entlang des Werks zu kommentieren. So heißt es in dem 1921 erschienenen zweiten Band des bis heute faute de mieux einschlägigen «Abert» über das einleitende *Adagio* der Es-Dur-Sinfonie: «Die Tonart Es-dur entfaltet gleich zu Beginn, unterstützt von dem auch anderen Mozartschen Es-dur-Stücken eigentümlichen, straff punktierten Rhythmus, die ganze dunkle Pracht, die für sie nach italienischem Vorbild bei Mozart charakteristisch ist. Dieses hochgestimmte, schwere Pathos hält das ganze Adagio fest und steigert es in seinem Verlauf bis ins Finstere und Unheimliche; dazwischen hinein mischen sich nach Mozarts Art kurze Augenblicke des Bangens und Zagens, die die ungewöhnliche Erscheinung im Menschenherzen hervorruft. Das sind zugleich die einzigen Stellen einer kantableren Melodik (auf eine ausgebildete Kantilene im Sinne früherer Einleitungen hat Mozart hier verzichtet); beide gemahnen zugleich deutlich an die Sphäre des Don Giovanni.»[343]

Es wird weitere zwei Generationen dauern, bis die Musikforschung aus der unhinterfragten Identifikation mit einem imaginären Komponisten-Ich und der geradezu selbstverständlichen Gleichsetzung des Musikwerks mit einem Roman oder Drama herausfindet. Exemplarisch für den Versuch, stattdessen die Dynamik des kompositorischen Prozesses am jeweiligen Kunstwerk zu verdeutlichen, stehe hier ein Passus aus Peter Gülkes Arbeit über Mozarts späte Sinfonien aus dem Jahr 1998. Die langsame Einleitung der Es-Dur-Sinfonie wird nunmehr mit den Worten beschrieben: «Das Pathos der Tonart in der Es-Dur-Sonorität des vollen Orchesters, der szenische Gestus der abwärts rollenden Skalen, das Maestoso der Punktierungen verdeutlichen zunächst nur den Anspruch, nicht die Art des Unternehmens, sie schaffen Raum und Rahmen und artikulieren ein Bekenntnis zu deren Historizität, etwa zu den feierlichen Entrées französischer Ouvertüren. Zugleich aber erscheint die historische Einrahmung kompositorisch als Aussparung, als vorerst freigehaltener Raum für etwas Thematisches, handele es sich dabei um melodische Gestalten oder um freimaurerische Kontexte. Indem dieser Raum jedoch für eben diese Spezifikation freigehalten wird, muß er bereits auf sie zugeschnitten sein – auch dies ein Teil der Paradoxie des Anfangs.»[344]

Auch d a s ist eine Form von Kunstkritik, die jedoch überleitet zu einem dritten, nämlich philosophischen Motiv des Schreibens über Musik. Wie Claude Lévi-Strauss herausgearbeitet hat, lassen sich die Werke der abendländischen Kunst, sofern sie entsprechend ernst genommen werden, als neue Mythen begreifen, welche im Zug der Aufklärung an die Stelle der nunmehr nicht mehr geglaubten Originale treten. Einerseits handelt es sich um einen vollgültigen Mythenersatz im Sinn romantischer Kunstreligion. Andererseits ist das Kunstwerk durch Konkurrenz, Kritik und Zweifel beständig in Gefahr und deshalb der Erklärung bedürftig.

Gern mythisieren die Erklärer ihre eigene Tätigkeit. Das gilt auch für einen so nüchtern auftretenden Musikforscher wie Carl Dahlhaus, der den «Triumph» der Musikanalyse in dem Nachweis erblickt, «daß sämtliche Teile eines Werkes sinnvoll aufeinander und auf das Ganze bezogen sind und daß jeder von ihnen in der Funktion aufgeht, die er erfüllt» – dem Nachweis also, dass «ein Werk, mindestens ein geglücktes, nicht anders sein kann, als es ist»[345].

Da gibt Mozart viel zu tun, möchte man boshaft anmerken, oder auf den französischen Philosophen Roland Barthes verweisen, der Musik eine «gelungene Beziehung» nennt, die bei aller Genauigkeit der Artikulation vom Nichtartikulierten lebt: «Im Unausgesprochenen setzt sich die Lust fest, die Zärtlichkeit, die Feinfühligkeit, die Erfüllung sämtlicher Werte der feinfühligsten Phantasie»[346].

Natürlich freut es jeden professionellen Analytiker, einer kompositorischen Strategie auf die Schliche zu kommen – wie einem genialen Schachzug. Doch was schon generell unmöglich erscheint, müsste angesichts der speziellen Kunst Mozarts geradezu lächerlich wirken, nämlich für eine k o m p l e t t e Schachpartie, mit der ein Werk verglichen werden müsste, den Nachweis zu erbringen, dass sie nicht anders hätte verlaufen können. Wäre es dann noch ein Schach- oder nicht nur ein Computerspiel?

Überhaupt ist es ein unerträglicher Gedanke, dem musikalischen Kunstwerk eine Art Aufpasser mitgeben zu wollen, der jeden seiner Schritte registriert und begutachtet. Besser ist der Vorschlag von Carl Philipp Emanuel Bach, der das «analysiren» von Werken dem Kompositionsunterricht vorbehalten wissen will. Geht es darum, «Liebhaber zu bilden», so «zeige man ihnen das Schöne, das Gewagte, das Neue darin; man zeige zugleich, wenn dieses alles nicht drinn wäre, wie unbedeutend das Stück seyn würde»[347].

Damit ist der Zeitgenosse nahe an dem, was angesichts der Musik Mozarts bestenfalls möglich erscheint. Und doch bleibt das apostrophierte «Unausgesprochene» – zumindest all das, was so subtil und rhizomatisch ineinander verwoben ist, dass man zehn Seiten zur Erläuterung von zehn Tönen bräuchte und dennoch nichts wirklich «erklärt» hätte.

Es scheint an der Zeit zu sein, die Kontingenz des Kunstwerks anzuerkennen: das Unverfügbare, nicht Auszurechnende, nicht Logische. Die Konsequenz daraus ist interpretatorische Bescheidenheit – und das Eingeständnis, dass die einzig wirklich angemessene Reaktion auf Kunst Kunst ist. Deswegen sind primäre «Antworten» auf Mozart virtuell diejenigen seiner komponierenden Kollegen vor, neben und nach ihm: Monteverdi, Bach, Händel, Haydn, Rossini, Beethoven, Wagner, Debussy, Schönberg, Boulez. Einer interpretiert den anderen; und in der D i f f e r e n z erscheint etwas von dem «Unausgesprochenen» jedes Komponisten. Vergleichbares gilt für die Differenz zwischen den Werken ein und desselben Autors. Daher können musikgeschichtliche Einordnungen und intertextuelle Vergleiche durchaus zum Verstehen beitragen.

An die «große Erzählung» vom Verstehen des Schönen vermag der Autor allerdings nicht mehr zu glauben. Er teilt Anselm Kiefers Einschätzung: «Die ganze Malerei, aber auch die Literatur und alles, was damit zusammenhängt, ist ja nur immer ein Herumgehen um ein Unsagbares, um ein schwarzes Loch oder um einen Krater, dessen Zentrum man nicht betreten kann.»[348]

Wird das Bild des Kraters nicht mystifizierend gebraucht, so ist es ein wichtiger Beitrag zum Thema «Schreiben über Musik». Es kann ja aufregend sein, um den Vulkan herumzugehen und sein Umfeld zu rekognoszieren: das musik- und kulturgeschichtliche, das philosophische, soziologische und politische. Das Reden über das «Eigentliche», die Musik, muss deshalb zwar nicht ausfallen, wird jedoch kaum ohne Metaphern auskommen.

Die Musikästhetik kennt Meister der Metapher: Robert Schumann, Friedrich Nietzsche, Theodor W. Adorno; und Umberto Eco hat kürzlich noch einmal verdeutlicht, was wir an «kreativen Metaphern» haben: Ihnen gehe eine «Wahrnehmungs-Katastrophe» voraus,[349] das heißt: eine Kunsterfahrung, die sich in technischen Kategorien nicht fassen lässt.

Dem steht Reinhold Brinkmanns Satz «Jeder Weg zum Gehalt der Musik führt über die Technik» nicht entgegen.[350] Denn in der Tat wird das Reden über Musik ohne Kenntnis ihrer Technik schnell phrasenhaft. Jedoch gilt für die Technik der musikalischen Analyse, was für alle Technik gilt: Wir müssen wissen, mit welchem Erkenntnisinteresse wir sie einsetzen wollen: Wir brauchen also Fluchtpunkte. D i e aber können nur von außerhalb kommen – etwa über die Metapher.

Einer für dieses Buch grundlegenden Metapher ist das nächste Kapitel gewidmet: «Harlequin komponiert»!

Harlequin komponiert
Von der «Kunst, das Schwere angenehm zu machen»

Zwischen Bach und Beethoven das große Aufatmen: keine Predigt, kein Bekenntnis, kein Ethos, kein deutscher Tiefsinn, sondern Freiheit. Freiheit des Agierens, des Fühlens und Denkens. Zugleich Ahnung von absolutem Glück: Geborgenheit bei einer Mutter namens Musik, die schön und jung ist und doch alles versteht – auch den Kummer. Und die ihrerseits alles mit uns teilt. Wollen Bach, Beethoven, Wagner, Schönberg mit uns teilen, wenn sie zu uns sprechen? Mozart teilt: seine Lust an den Verwirrspielen des *Figaro*, seine Freude an einer überraschenden harmonischen Wendung.

Mozart hat seine «Freiheit» k o m p o n i e r t ; die Späteren haben sie in meistenteils hochtönenden Worten r e f l e k t i e r t . Um die Mitte des 19. Jahrhunderts kommt der Hegelianer F. Th. Vischer nicht mehr ohne den Weltgeist aus, wenn er den Komponisten des *Figaro* als «Erhebung des Geistes zur Freiheit und zur vollen Bewegung mit ihr» feiern möchte.[351] Und ein Jahrhundert später preist Karl Barth, Vater der dialektischen Theologie, in einem Festvortrag *Mozarts Freiheit* als diejenige des Evangeliums: «Wer [Mozart] recht hört, der darf sich als der Mensch, der er ist – als der schlaue Basilio und als der zärtliche Cherubino, als Don Juan, der Held, als der Feigling Leporello, als die sanfte Pamina und als die tobende Königin der Nacht, als die alles verzeihende Gräfin und als die entsetzlich eifersüchtige Elektra, er darf sich als der weise Sarastro und als der närrische Papageno, die in uns allen stecken – er darf sich als der dem Tod Verfallene und als der noch und noch Lebende, die wir ja alles sind, verstanden und selber zur Freiheit berufen fühlen.»[352]

Da schlägt Harlequin Purzelbäume und rezitiert unter Gelächter die Anekdote, der zufolge an den Wänden von Barths Arbeitszimmer zwei Bilder hingen: eines von Mozart und eines von dem an grausamer Sittenstrenge unübertroffenen Genfer Reformator Calvin. Und Harlequin lässt uns mit der Frage zurück, ob wohl ein Zusammenhang bestünde zwischen einer Sinnenfeindlichkeit, wie sie sich bereits in Hegels Definition von der Kunst als «sinnlichem Scheinen der Idee» niederschlägt, und dem offenkundigen Bemühen, Mozarts «Freiheit» im Geistigen anzusiedeln: Wasch mir den Pelz, aber mach mich nicht nass!

Harlequin spitzt auch die Ohren, wenn der Musikwissenschaftler Thrasybulos Georgiades die «geistige Tat des Klassikers» am *Zauberflöten*-Marsch demonstriert. Dieser löse «ein eigentümliches Gefühl von geistiger Aktivität, von Spontaneität der geistigen Kräfte aus. Ja, die weder kausal und final zu begründenden, sondern stets frei einsetzenden eigenwilligen festen Gestalten wirken wie ein Sinnbild der *geistigen Freiheit*, wie ein Sinnbild des menschlichen, des freien Willens»[353].

Und während die Priester gemäß Regieanweisung «in feierlichen Schritten» und mit Palmzweigen in den Händen dem Isis-Heiligtum zustreben, ist Harlequin auf die Bühne geschlichen, um sich heimlich ihrem Zug anzuschließen und eine kleine Pantomime aufzuführen: Zu den ersten beiden Takten des Notenbeispiels schreitet er mit gehörigem Ernst hinterdrein, dann verfällt er in Trippelschritte, erschrickt alsbald über sich selbst, möchte in die gemessene Gangart zurückfinden, kann sich aber schließlich des Hüpfens nicht erwehren.

Lässt sich nicht auch d a s aus der Partitur herauslesen, und wird durch diese Sicht in puncto «Freiheit» womöglich einiges vom Kopf auf die Füße gestellt?[354]

Freiheit ja – doch es muss keine Freiheit in der Tradition des deutschen Idealismus sein! Seit ein paar Jahren ist auf europäischen Bühnen die Tanztheater-Produktion *Wolf* von Alain Platel und Sylvain Cambreling zu sehen: Zu Mozart'scher Vokal- und Instrumentalmusik läuft eine harlequineske Show ab; die Zuschauer sind Zeugen einer grotesk-farbigen Straßenkultur voll verspielter Anarchie und Akrobatik. Das mag nicht jedermanns Sache sein, demonstriert jedoch auf das Schönste, dass die genial artistische Körperlichkeit der Inszenierung Mozarts Musik nicht nur nichts anhaben kann, sondern sie sogar originell akzentuiert und etwas von ihrem Subtext zum Vorschein bringt.

Noch einmal: Freiheit ja – indessen eine Freiheit, die im Harlequinesken zwar nicht aufgeht, von dort aber Impulse bezieht, die es dem Komponisten Mozart ermöglichen, rasch durch die sekundären Kommunikationssysteme zu den primären zu gelangen. S e k u n d ä r nenne ich Spezialsysteme, wie sie handwerklich erlernt und von Musiktheoretikern – manchmal erst Generationen später – im Sinne einer «Formenlehre» kodifiziert werden: Fuge, Sonate, Rondo, Arie. P r i m ä r e Kommunikationssysteme basieren auf sehr viel allgemeineren Codes: Es geht um Interaktion im weitesten Sinne – körperlich, emotional, sprachlich, logisch.

Die These dieses Kapitels lautet somit: Der Charme von Mozarts Musik beruht nicht zuletzt darauf, dass der Komponist sehr schnell von den Formengerüsten herabsteigt, um sich unters Volk zu mischen und in einem Modus zu kommunizieren, der aus der Interaktion von Mutter und Kind, aus primären Erzählstrukturen etc. vertraut, kultursemiotisch jedoch dort am besten zu greifen ist, wo er seine rezenten Traditionen hat, nämlich in einer Figur wie der des Harlequin.

Ehe wir uns diesen aus der Nähe anschauen, müssen wir das Thema jedoch in Kürze musikhistorisch und wissenschaftsgeschichtlich angehen. Schon die Zeitgenossen haben an Mozarts Musik, ohne diese Bezeichnung zu wählen, harlequineske Züge entdeckt. 1793 schreibt die *Berlinische Musikalische Zeitung*: «Mozart war ein großes Genie; allein [er] hatte eigentlich wenig höhere Cultur und wenig, oder vielleicht gar keinen wissenschaftlichen Geschmack»[355]. Und drei Jahre später heißt es in einer Konzertbesprechung aus demselben Berlin: «Hier eine Hoboe, da ein Klarinett, dort ein paar Waldhörner, Flöten, Fagotten und dergleichen, die alle lauter Verschiedenheiten produciren, die von der Absicht des Komponisten nichts verrathen als einen geistvollen unruhigen Genius, der sich tummelt und tanzt, und darüber zuletzt in sich selbst zusammenfällt, wenn die übersatte Imagination in dem endlosen Reiche der Möglichkeiten lange ganz ohne Schutz und Führer umhergeirrt hat.»[356]

Beide Äußerungen stammen aus dem musikästhetischen Umfeld der Berliner Schule, welche – um diese Zeit bereits ein wenig anachronistisch – gegen den so genannten komischen Stil kämpft, der einem ihrer Gewährsmänner schon längst ein Dorn im Auge ist: «Alles muß närrisch und komisch sein»[357], schimpft Carl Philipp Emanuel Bach in den 1760er Jahren ein um das andere Mal; und besonders ärgert er sich über seinen Halbbruder Johann Christian, das damals aktuelle Vorbild Mozarts. Doch auch Blondchens ganz auf Melodie und einfache Begleitung gestellte Arie «Welche Wonne, welche Lust» aus der *Entführung* hätte ihn in ihrer Körperlichkeit und unverhohlenen Lebensfreude vermutlich provoziert.

Die vom Berliner Rezensenten angemahnte «Absicht des Komponisten» ist ein höherer Plan, eine erkennbare Systematik, eine durchgehende Linie; und ebendies lässt der aus Italien stammende komische Stil vermissen, welcher seinen Namen vor allem von der Opera buffa eines Pergolesi etc. hat. Es geht um gefällige Melodik, überschaubare, liedhafte Verläufe und vor allem um Reaktionsschnelligkeit, die aus der Sicht der Kritiker allzu oft in Faxenmacherei ausartet: Nach der Devise «Ständig etwas Neues» biedere sich der komische Stil, so ihre Klage, schamlos beim Publikum an, ohne genügend an das große Ganze zu denken. Zusammenhang werde nämlich allein durch rhythmisch-metrisch-harmonische Korrespondenzen im Rahmen der Periode hergestellt – also auf reichlich lässige Weise. Wenn Georgiades meint, Mozarts «klassischer» Satz schaffe sich «ein Gegenüber ad hoc»[358], wendet er diese Kritik ins Positive.

Wir setzen Mozart nicht mit dem «komischen Stil» gleich, bemerken jedoch, dass er eine Geschmacksrichtung vorfindet, die ihm für vielerlei Anregung gut ist. Und wir ergänzen, dass sich die moderne musikwissenschaftliche Analyse den Zugang zu Mozart selbst erschwert hat, indem sie diesen Zug nicht recht wahrhaben wollte, vielmehr die eher verlegene Auskunft gab, man könne Mozart leider nicht so analysieren wie die anderen großen Meister in deutsch-idealistischer Tradition.

In dieser Tradition sucht man – wie einst der Berliner Anonymus –

nach einer kompositorischen Absicht, nach Zusammenhang und höherem Sinn des Kunstwerks. Man analysiert dementsprechend die motivisch-thematischen Verläufe, die Stringenz immanenter Prozesse, die Originalität im Umgang mit der Sonatensatz-Form und die logische Fügung von Mikrostrukturen.

Das hat für die «energetischen» oder «logisch-entwickelnden» Formen[359] eines Bach, Beethoven, Brahms oder Schönberg – obwohl es dort m e h r als das aufzuspüren gäbe – seinen guten Sinn, weil die Komponisten s e l b s t entsprechende Intentionen verfolgt haben mögen. (Ich drücke mich vorsichtig aus.) Im Fall Mozarts sind solchen Analysen, wo sie über die schulmäßige Darstellung grober Sachverhalte hinauszukommen trachten, jedoch enge Grenzen gesteckt. Ein Versuch beispielsweise, die Kopfsätze seiner 27 Klavierkonzerte so lange zu rütteln und zu schütteln, bis eine Systematik im Umgang mit der Konzert- respektive der Sonatensatzform herauskommt, ist kaum anders als rührend zu nennen: Man erfährt auf diesem Wege nichts Wesentliches; denn nicht in der A u s e i n a n d e r s e t z u n g mit sekundären Formen zeigt sich Mozarts Kunst, sondern in deren T r a n s z e n d i e r u n g in Richtung primärer Kommunikationsstrukturen.

Theodor W. Adorno ahnt dergleichen, wenn er in seiner *Ästhetischen Theorie* über Mozart schreibt: «Nur darum ist seine Klassizität vorm Vorwurf des Klassizismus gefeit, weil sie am Rande einer Desintegration angesiedelt ist.»[360] Muss es jedoch das etwas säuerlich klingende Wort «Desintegration» sein? Offenkundig geht auch Adorno wie selbstverständlich von einem Paradigma des Komponierens aus, das in Bach, Beethoven, Brahms, Schönberg und des Letzteren Konzept einer «entwickelnden Variation» gründet, auf Mozarts aber nur bedingt passt.

Versuchen wir es stattdessen mit der Metapher «Harlequin komponiert»! Vorab erinnern wir an Mozarts lebhafte Auseinandersetzung mit der Harlequin-Figur in seiner Wiener Zeit (s. vor allem S. 124ff.). Und damit erst gar nicht der Verdacht aufkomme, Harlequin werde als eine bloß dumme, komische Figur missverstanden, ist unser erster Kronzeuge Leibniz, der ihn als «Empereur de la Lune», als Herrscher des Mondes betrachtet, als jemanden, der sich auf die Kunst verstehe, das Schwierige angenehm zu machen («l'art d'egayer une matière dif-

ficile») – eine Vorstellung, deren Übertragung auf Mozart unmittelbar
‹einleuchtet›.³⁶¹

An anderer Stelle äußert sich der Philosoph über das W e s e n Harlequins: Man habe, als man ihn auf der Bühne entkleiden wollte, kein Ende finden können, weil unter jedem Gewand ein neues zum Vorschein gekommen sei; und das stehe für die unendlich vielen Entfaltungen («replications») des organischen Lebens, die sich der Systematisierung widersetzen.³⁶²

Auch das trifft ins Schwarze. Denn wir tun uns schwer, Mozart einen einzigen Stil zuzuschreiben. Was Laien dafür halten, ist ein territorial gebundener Zeitstil und hat viel mit den Eigenschaften des skizzierten komischen Stils zu tun. Dessen Transzendieren lässt sich indessen kaum mittels handfester Kriterien, vielmehr nur in Form von Komparativen beschreiben, die sich an jeder Komposition im Detail bewähren müssen: origineller, witziger, plastischer, gestischer, vielschichtiger, tiefgründiger als andere.

So wenig wie Harlequin lässt auch Mozart sich entblättern, das heißt auf einen Wesenskern zurückführen, wie dies im Blick auf Bach oder Wagner, selbst auf Beethoven oder Schubert zumindest in Ansätzen möglich erscheint. Alfred Einstein postuliert, Mozart sei der größte Meister «aller musikalischen Stile» gewesen. Dieser selbst rühmt sich, jeden Stil nachahmen zu können,³⁶³ und macht davon auch immer wieder Gebrauch. Doch selten steckt eine parodistische Absicht dahinter; vielmehr nimmt Mozart interessantes Material in die Hand, um alsbald damit zu spielen und in seinem Sinn etwas Neues daraus zu machen.

Auch in seinen Opern hat er keinen unverwechselbaren Stil, wie man dies einmal von Wagner oder Verdi sagen wird. Vielmehr nimmt er Handlung und zeittypisches Komponiergehabe als Ausgangspunkt für Musikszenen, die a u s dem Augenblick und f ü r den Augenblick ein kleines Universum entstehen lassen, das mit dem Ende der Oper wieder verschwindet. Er hat mit seinen Opernfiguren keine idealistischen Pläne wie Beethoven mit Leonore oder Wagner mit Siegfried; und er begegnet ihnen letztlich weder mit Mitleid noch mit Abscheu, setzt sie vielmehr in Gang – nicht mehr und nicht weniger. Was er selbst dabei fü h l t , ist nicht wichtig. «Nicht das Ich, sondern dessen ausbalancierte Tätigkeit steht im Zentrum seines musikalischen Denkens.»[364]

Dass Mozart, ähnlich wie Harlequin, sich in nahezu jede beliebige Person versetzen kann, bedeutet freilich nicht, dass ihm der Typus des charakterlosen Mimen entspräche, auf den der späte Nietzsche Richard Wagner verachtungsvoll festgelegt hat. Hier gelangt die Parallele Harlequin–Mozart offenkundig an ihr Ende, denn es gibt für Mozart keine Differenz zwischen eigenem Charakter und unendlich variablem Rollenspiel. Das macht das Geheimnis seiner Kunst und zugleich seine einzigartige Stellung in der Musikgeschichte aus. Man kann das ebenso wenig in Worte fassen wie den Auftritt einer Tänzerin oder eines Tänzers, die in jeder ihrer Rollen vollkommen aufgehen und doch stets sich selbst tanzen.

Indem ich einen Vergleich mit dem modernen Ausdruckstanz ziehe, will ich zugleich verdeutlichen, dass die barocke Affektenlehre für Mozart spätestens seit seinen Wiener Jahren passé ist: Da greift die stereotype Zuordnung von Affekttypen wie Hass, Liebe, Trauer zu bestimmten Arienformen nicht mehr. Was allerdings nicht besagt, dass Mozart sich den neuen Postulaten von Irrationalismus, Empfindsamkeit oder Sturm und Drang beugte: Er ist kein Carl Philipp Emanuel Bach, dessen persönlicher Genius mit seinen Klavierphantasien verschmilzt oder dies jedenfalls vorgibt: «Seine Augen stunden unbeweglich, seine Unterlippe senkte sich nieder und seine Seele schien sich um ihren Gefährten nicht weiter zu bekümmern», berichtet der Augenzeuge Charles Burney von einer solchen Darbietung im Hause Bach.[365]

Natürlich wird auch Mozart von seiner Musik ergriffen. Da gibt es die – allerdings unterschiedliche Deutungen zulassende – Erinnerung Constanzes, derzufolge ihr Mann, als im Sommer 1783 in kleinem Kreise das Quartett «Andrò ramingo e solo» aus *Idomeneo* gesungen wurde, in Tränen ausgebrochen und aus dem Zimmer gestürzt sei. Und dem muss die schon erwähnte Schilderung Caroline von Pichlers nicht widersprechen, derzufolge er eine bewegende Klavierimprovisation plötzlich abgebrochen und jungenhaft wie eine Katze miaut habe.

Doch insgesamt gewinnt man nicht gerade den Eindruck, Mozart habe wie Carl Philipp Emanuel Bach oder wie Beethoven den mit sich identischen Helden geben wollen: Er drückt nicht seine Ichheit aus, sondern präsentiert seine Musik – wie ein guter Schauspieler seine Rollen. Es ist somit auch nichts an jener «Unmittelbarkeit», welche für die Musikästhetik der Aufklärung seit Rousseau und Herder ein so hohes Gut ist: Mozart komponiert nicht nur artifiziell, sondern macht daraus nicht einmal einen Hehl. Dass er den direkten Draht zu seinen Hörern findet, ist die Folge geradezu lebenslangen Trainings, und das Ergebnis w i r k t nur leicht: In Wahrheit gleicht es der Vorführung eines Balance-Aktes auf dem Seil – oft genug probiert, und doch immer wieder aufregend.

Wer in Mozart den K l a s s i k e r sehen möchte, setzt freilich ohnehin nicht auf Qualitäten wie Empfindsamkeit, Subjektivität oder Unmittelbarkeit. Ihm gefällt vermutlich besser, was Christian Gottfried Körner, Schillers Gewährsmann in musikästhetischen Fragen, der Instrumentalmusik verordnet, auf dass sie der Dichtung gleichrangig werde: Charakter. Der allein verheiße das höchste menschliche Gut, nämlich Freiheit. Wolle die Kunst dieser Freiheit dienen, so müsse sie von einer «Kraft» gespeist sein, die «gegen alle Einwirkungen der Außenwelt, und gegen innere Stürme der Leidenschaft ihre Unabhängigkeit behauptet»[366].

Das ist 1795 für die Horen aufgesetzt – zur Zeit des jungen Beethoven, der ein Verehrer Schillers ist und solche Worte wohl unterstrichen haben mag. Führen die klassisch-klassizistischen Paradigmen jedoch näher an Mozart heran? Ich halte es, was «Freiheit» angeht, lieber mit dem Paradigma «Harlequin» und will auf diesem Wege weitergehen.

Wir sprachen in Anlehnung an Leibniz von Harlequin als Herrscher des Mondes, durch den das Schwierige angenehm wird, und von seinen Häutungen, die es unmöglich erscheinen lassen, einen idealen Wesenskern aufzufinden; wir sahen ihn schließlich in professioneller Distanz zu seinen Kunstprodukten, die weder Stilwillen bekunden noch Bekenntnischarakter haben, sondern – bei wachsender kompositorischer Kompetenz – das a k t u e l l Sinnvolle tun. Vom Komponieren im Hier und Jetzt zu sprechen müsste pathetisch oder auch bloß modisch klingen, geschähe es nicht im Zeichen Harlequins und gäbe es nicht Opern wie den Figaro.

«Hier und Jetzt» ist das Stichwort zur Kennzeichnung einer Verhaltensweise, die Adorno im Blick auf Mozarts Rondos «nominalistisch» nennt, was auf das Prinzip der ‹bloßen› Reihung abzielt.[367] Sollte da Skepsis mitschwingen, wäre sie unnötig: Es geht um ein Moment der Volkskultur, das aus Mozarts artifiziellem Komponieren nicht wegzudenken ist. Die Vorstellung, dass ohne Rücksicht auf übergeordnete Kriterien ‹einfach der Reihe nach› erzählt wird, ‹was gerade dran› ist, gehört zur Volkstradition; und wir können diesen Teil des Buches nicht guten Gewissens Harlequin widmen, ohne ein ihm adäquates Beispiel zu bringen, über das Mozart – natürlich nur in Abwesenheit des Vaters – vermutlich selbst amüsiert gewesen wäre: Es hat zwar nicht unmittelbar etwas mit seiner Musik zu tun, beleuchtet aber deren karnevaleske Struktur. Und damit die Geschichte mit dem Titel Die Witwe zu Ephesus nicht allzu grob daherkommt, verpacken wir sie in einen feinen kulturhistorischen Kontext.

Michail M. Bachtin, ein zur Zeit des Stalinismus unterdrückter, inzwischen namentlich im angelsächsischen und französischen Sprachraum stark beachteter Literaturwissenschaftler und Kultursemiotiker, interpretiert diese Erzählung im Rahmen seiner Romantheorien, die vor allem das Werk von Rabelais, Dostojewski und den Surrealisten auf Spuren der karnevalesken und der Lachkultur untersuchen,[368] jedoch auch anderes Material berücksichtigen – so auch eine Episode aus dem Satyrikon des antiken Schriftstellers und zeitweiligen Nero-Vertrauten Petronius Arbiter. Dessen Werk und Lotterleben galten zwar schon dem sittenstrengen Zeitgenossen Tacitus als degoutant, stießen jedoch noch an den Fürstenhöfen des 18. Jahrhunderts auf großes Interesse.

Kein Geringerer als Leibniz hat die Beschreibung eines Karnevalfestes hinterlassen, das 1702 am Hofe zu Hannover stattfindet und bis in die Einzelheiten hinein dem Gastmahl des Trimalchio, dem Kernstück von Petronius' Satyrikon, nachgebildet ist.[369] Nach demselben Modus feiert man 1751 am preußischen Hof; und 1773 bringt Wilhelm Heinse die erste deutsche Übersetzung des Satyrikon heraus. Dies findet hier nicht Erwähnung, um eine trügerische Nähe zu Mozart zu suggerieren, sondern um zu verdeutlichen, dass bestimmte Diskursthemen von langer Dauer und historische Längsschnitte erlaubt sind.

Der französische Kulturhistoriker Georges Duby hat in seinem

Werk Die drei Ordnungen. Das Weltbild des Feudalismus dafür plädiert,[370] Geschichte nicht als schnelle Folge von Ereignissen, sondern als langfristigen Mentalitätswandel zu verstehen. Große Künstler sind nicht nur Ausdruck ihrer Zeit, sie treiben vielmehr zugleich Diskurse weiter, mit welchen die Menschheit untergründig über lange Strecken hinweg beschäftigt ist. Aus ähnlicher Perspektive vertritt Florens Christian Rang, origineller Kulturhistoriker von expressionistischer Wortgewalt und Gesprächspartner Walter Benjamins, die Meinung, dass «die moderne Freiheit des Geist- und Seelen-Lebens in die Zeit gesprungen ist als ein Faschings-Bocksprung und -Freisprung»[371]. Demgemäß will ein Werk wie der Figaro, pars pro toto genommen, nicht nur an der aktuellen Strömung der Aufklärung gemessen sein, sondern auch als karnevaleske Kulturäußerung ernst genommen werden.

Hier die Geschichte aus Petronius' Satyrikon: Eine wegen ihrer Schönheit und Keuschheit im ganzen Land bewunderte Frau aus Ephesus muss eines Tages ihren Mann zu Grabe tragen. Voller Verzweiflung und über alles Maß hinaus harrt sie auf dem Friedhof aus, in dessen unmittelbarer Nähe gerade drei Gauner ans Kreuz geschlagen worden sind, bewacht von einem jungen und schönen Offizier, dem die gleiche Strafe droht, wenn er zulässt, dass Angehörige die Leichen stehlen.

Die beiden verlieben sich ineinander und machen nach langem Sträuben der Witwe in der Gruft Hochzeit, derweilen einer der Gauner tatsächlich vom Kreuz geholt wird. Der schöne, junge Offizier will sich ins Schwert stürzen, lässt sich jedoch von der mitleidigen Witwe überreden, den Leichnam ihres Mannes aus dem Sarg zu heben und ans Kreuz zu schlagen. Die Vorübergehenden aber wundern sich, wie es die gestohlene Leiche wohl wieder dorthin geschafft hat.

In keinem Volksmärchen steuert die Handlung so lakonisch von einer Pointe auf die nächste zu; insofern handelt es sich um eine durchaus kunstvolle Erzählweise. Der Grundtenor ist jedoch karnevalesk: Weder handeln die Betroffenen nach herrschendem Sittengesetz, noch liegt den Geschehnissen ein tragischer Konflikt zugrunde: Die Witwe ist keine antike Antigone, welche lieber den Strick nimmt, als sich vom hybriden Herrscher Kreon die Bestattung ihres Bruders Polyneikes verbieten zu lassen. Vielmehr nimmt sie sich nebst ihrem neuen Gatten die Freiheit, die ihr der Augenblick schenkt; und das einzige Gesetz, das sie kennt, ist das des Lebens, das allen die gleichen Triebe zubilligt.

Der «Triumph der Außerordentlichkeit über die Ordentlichkeit», den der erwähnte Kulturhistoriker Rang der Jahrtausende alten Karnevalskultur attestiert,[372] ist nach herrschender Moral blasphemisch; und Mozarts Zeitgenosse Goethe wünscht sich im *Römischen Karneval* am Vorabend der Französischen Revolution, «daß Freiheit und Gleichheit nur in dem Taumel des [Karnevals] genossen werden können», ringt sich aber immerhin zu der Empfehlung durch, dass Menschen «durch diese unbekümmerte Maskengesellschaft an die Wichtigkeit jedes augenblicklichen, oft gering scheinenden Lebensgenusses erinnert werden» möchten.[373]

Der Fortschreibung des Lebens, welche in der Erzählung des Petronius zum Thema gemacht wird, entspricht ein einfacher Erzählduktus, der keine Verzögerungen oder Beschleunigungen, keine Vor- und Rückbezüge, keine Einschübe, Reflexionen oder ironischen Brechungen kennt, sondern eines aus dem anderen – eben nicht entwickelt, sondern h e r a u s s p i n n t.

Wo es um solche f o r m a l e n Kriterien geht, sind wir wieder unmittelbar bei Mozart; und am Rande sei vermerkt, dass ein Mozart-Forscher wie Friedrich Blume in einem einst viel beachteten Aufsatz *Fortspinnung und Entwicklung* die Fortspinnungstechnik Mozarts der Entwicklungstechnik Haydns gegenübergestellt hat.[374] Zwar ist diese Fortspinnungstechnik durchaus nicht so einfach wie die Struktur der von Petronius erzählten Geschichte,[375] doch oft genug e r s c h e i n t sie einfach. Und wo sie diesen Eindruck zu erwecken vermag, besteht für uns keinerlei Anlass, für Mozart in die Bresche zu springen und ihm die strategischen Künste, über die er sicherlich verfügt, beständig zu bescheinigen. Stattdessen nimmt man bessser den Common sense beim Wort, demzufolge Mozart mit volkstümlichen Elementen gearbeitet habe: In diesem Fall geht es nicht nur um Lied- und Tanzmäßiges, sondern um einen spezifischen E r z ä h l f a l l.

Dieser Erzählfall rechnet mit – für manche Musikforscher ein Schreckenswort – Kontingenzen: Etwas k a n n so sein, wie es ist, m u s s aber nicht so sein. Zwar kommt die Strategie des Schöpferischen nirgendwo ohne solche Kontingenzen aus; bei Mozart sind sie jedoch besonders augenfällig – und zwar deshalb, weil streng geregelte Momente mit kontingenten wechseln.

Wir erleben eine bemerkenswerte Dialektik: Auf der einen Seite ist Mozart ein Formkünstler, der sich niemals gehen lässt – viel weniger jedenfalls als Beethoven oder Wagner, die immer noch Erklärungen abzugeben haben, wenn Mozart längst fertig ist. (Man vergleiche nur die Finali der *Jupiter-Sinfonie* und der *Neunten* von Beethoven!) Auf der anderen Seite gibt es bei ihm jene geniale Zerstreutheit, die wir beim Schöpfergott vermuten.

Die viel gerühmte Evidenz Mozart'scher Musik beruht auf dieser Ambivalenz. Und was für die Experten so schwer zu analysieren ist, ist gerade das Bestechende: das schön geordnete Chaos. Betrachtet man es als Mozarts persönliche Eigenart, so kommt man freilich nicht weit. Besser fragt man aus der Sicht des Rezipienten, wohin es gehört, und erhält dann die Antwort: in die Welt des Karnevals, in die des Harlequins – beides Paradigmen für den Versuch des Menschen, Reste seiner Natur in die repressive Kultur zu retten, oder: in der repressiven Kultur ein Stück Natur aufscheinen zu lassen. Keinesfalls darf man die karnevaleske mit einer oberflächlichen Spaßkultur gleichsetzen. Julia Kristeva sieht in ihr «die Spur einer Kosmogonie» mit «antitheologischen und tief volkstümlichen» Zügen.[376]

Zwar ist die Dialektik von Logik und Kontingenz, von Determinierung und Chaos, von Dauer und Augenblick ein Bestandteil aller modernen Kunst im weitesten Sinn dieses Wortes. Das Besondere an Mozart ist, dass er die karnevalesken Strukturen mit harlequinesker Leichtigkeit in Musik überträgt, sodass nirgendwo eine Anstrengung spürbar wird. Mozarts kompositorische Strategien erscheinen als wunderbare Nachahmung des Evolutionsprinzips auf engstem Raum und in kürzester Zeit: eine beständige Suche nach neuen Möglichkeiten des Daseins – gerade wenn sie nicht auf vorgezeichnetem Weg liegen, sondern durch Findigkeit und Hakenschlagen aufgetan werden müssen.

Sowohl karnevaleske als auch harlequineske Strukturen überleben am besten auf dem Theater. (Der Karneval ist ein Theater voller Akteure.) Deshalb ist es fast zwangsläufig, dass Mozart uns mit seiner Musik auf das Theater führt. Was nicht meint, dass er Opern schriebe, sondern dass er theatralische Räume öffne. Wichtigste Voraussetzung für den Karneval war und ist die Freiheit auf Straßen und Plätzen, die nun allen gehören. Vielleicht das Wichtigste an Mozarts Musik ist das Öffnen von Räumen, die solche Freiheiten im Bereich der musikalischen Kunst gestatten.

Das beginnt bei einzelnen klanglichen und harmonischen Raffinessen und führt über Mozarts Faible für raumgreifendes Ensemble-Musizieren bis zu den Finali der Opern, die den Bühnenraum auch in einem metaphorischen Sinn weiten. Darüber hinaus ist diese von Georgiades akzentuierte Theaterhaltung bestimmend für den räumlich-dramatischen Gestus seiner Musik überhaupt, wobei der Zusatz «räumlich» andeutet, dass das «Drama» sich nicht in einem imaginären Innern abspielt, sondern Schauplätze braucht, in denen sich Körper zeigen und Gesten ausbreiten können.

Was das im Einzelnen bedeutet, wird in den folgenden Kapiteln anhand konkreter Werke zur Sprache kommen. Hier sollte die Struktur von Mozarts Strategien vorgestellt werden: Diese ist mehr vom Agieren als vom Argumentieren bestimmt, setzt mehr auf eine originelle – nicht planlose – Folge der Aktionen als auf dialektische Spannung oder rhizomatische Verflechtung. Formvorstellungen werden nicht unbedingt erfüllt, wie man es von einem «Klassiker» erwartet; sie werden oft genug auch düpiert, indem Einfaches und Künstliches, Erwartetes und Verblüffendes charmant sich abwechseln.

Es ist der Charme Harlequins, von dessen eng definierter Figur wir uns inzwischen wegbewegt haben – hin zum Mimen und Tänzer schlechthin. Die Welt sei eine nimmer ruhende Schaukel, behauptet Montaigne. Der Mensch kann sich auf ihr nur halten, indem er selbst zum Tänzer wird. Für Alain Badiou ist Tanz jedoch keine primitive Ekstase oder bewusstlose, seinsvergessene Entäußerung, sondern eine «Metapher des Denkens», das sich «der spontanen Gemeinheit des Körpers» entgegenstellt.[377] Ich kenne keine schönere Metapher für die Musik Mozarts, sofern nicht an eine Überwindung des Körpers gedacht ist, der Tanz vielmehr die Brücke zwischen Körperlichkeit und Geistigkeit darstellt.

Und damit sind wir wieder beim Anfang – beim «Subtext» und bei den «primären Kommunikationssystemen». Zwar wird auch Mozarts Musik von Fachleuten zu Recht auf ihre differenzierte Struktur hin untersucht. Das schließt jedoch nicht aus, sie auf primärer Ebene als Tanz zu erleben, als d i a l o g i s c h e n Tanz, den man mit dem lustvollen, im Grenzbereich von Natur und Kultur angesiedelten Primärdialog Mutter-Kind vergleichen könnte. Da gibt es Begegnung und Trennung, Suchen und Finden, Verlieren und Wiederfinden. Es gibt Treffen und Verfehlen; Ankleiden, Verkleiden und Entkleiden; Erwartung und Erfüllung; Einhüllen, Enthüllen und Neu-Verhüllen; die Zeit schwankt zwischen Alltag und Ereignis.

A l l e musikalische Kunst partizipiert an solchen primären Allgemeinerfahrungen und Kommunikationssystemen. Mozarts Musik ist jedoch insofern ein Sonderfall, als sie mit den entsprechenden Gestaltungselementen ganz unbefangen umgeht – wohlbemerkt: unbefangen, nicht kunstlos. In diesem Sinn mag die viel beschworene «Freiheit» Mozarts seine Freiheit im Umgang mit dem Kind in ihm sein – und mit Harlequin, den sein Zeitgenosse, der französische Theaterexperte Marmontel, innerhalb seines kleinen Lexikons *Éléments de Littérature* als «grand enfant» beschreibt.[378]

Besser als viele Worte kann Pablo Picassos *Gitarrespielender Harlekin* von 1918 deutlich machen, in welcher Weise Mozarts geordnete Kunst mit harlequinesker und karnevalesker Energie zusammengeht: Auch der Maler schafft bei höchster formaler Disziplin in jenem Modus, den Michail Bachtin mit den Worten kennzeichnen würde: «fröhliche Relativität, Instabilität, Offenheit und Unabgeschlossenheit, das Metamorphotische, die Ambivalenz, die Materialität-Leiblichkeit, der Überfluss, das Austauschen [von] Wertpositionen»[379].

Manchem begegnet man erst auf der Flucht vor anderem. In diesem Sinn soll Nietzsche mit dem 368. Aphorismus aus der *Fröhlichen Wissenschaft* das letzte Wort haben: «Meine Einwände gegen die Musik Wagners sind physiologische Einwände: wozu dieselben erst noch unter ästhetische Formeln verkleiden? Meine ‹Tatsache› ist, daß ich nicht mehr leicht atme, wenn diese Musik auf mich wirkt; daß alsbald mein Fuß gegen sie böse wird und revoltiert – er hat das Bedürfnis nach Takt, Tanz, Marsch, er verlangt von der Musik die Entzückungen, welche in *gutem* Gehen, Schreiten, Springen, Tanzen liegen. – Protestiert aber nicht auch mein Magen? mein Herz? mein Blutkreislauf? mein Eingeweide? Werde ich nicht unvermerkt heiser dabei? – Und so frage ich mich: was *will* eigentlich mein ganzer Leib von der Musik überhaupt? Ich glaube, seine *Erleichterung*: wie als ob alle animalischen Funktionen durch leichte kühne ausgelassne selbstgewisse Rhythmen beschleunigt werden sollten; wie als ob das eherne, das bleierne Leben durch goldene, gute, zärtliche Harmonien vergoldet werden sollte. Meine Schwermut will in den Verstecken und Abgründen der *Vollkommenheit* ausruhn: dazu brauche ich Musik. Was geht mich das Drama an!»[380]

Mozart reflektiert
Wer spricht da von Wiener «Klassik»?

Hat sich der Autor mit seiner Harlequin-Metapher womöglich auf reichlich dünnes Eis begeben? Gibt es nichts Solideres, etwa die Wiener Klassik? Da würde Mozart von Haydn und Beethoven flankiert, und alles wirkte gleich viel reputierlicher!

Doch Vorsicht: Wer meint, er könne diese «Wiener Klassik» als machtvolle stilistisch-semantische Einheit fassen, begibt sich seinerseits auf dünnes Eis. So anregend Charles Rosens Buch von 1971, The Classical Stil, gewesen ist,[381] sein Thema hat es verfehlt; denn letztlich werden seine Analysen der Werke Haydns, Mozarts und Beethovens keinem der drei Komponisten gerecht. Doch wie hätte sein Versuch, einen «klassischen Stil» zu konstruieren, angesichts eklatanter Differenzen innerhalb der Wiener Trias auch gelingen sollen?

Als man Haydn, Mozart und Beethoven mit Beginn des 19. Jahrhunderts als Einheit zu betrachten lernt, geschieht dies n i c h t unter einem Vorzeichen «Klassik», sondern in den Kategorien des aktuellen Romantik-Diskurses: E. T. A. Hoffmann spricht 1810 anlässlich einer Besprechung von Beethovens Fünfter Sinfonie von den «drey Meistern», welche «einen gleichen romantischen Geist [athmen], welches eben in dem gleichen innigen Ergreifen des eigenthümlichen Wesens der Kunst liegt»[382]. Auch Johann Friedrich Reichardt knüpft unmittelbar an den Romantik-Diskurs an, wenn er im Jahre 1808 von den «drei echten Humoristen» schwärmt und speziell deren «humoristische Quartetts» rühmt;[383] denn der Humor ist eine, wenn nicht d i e Kategorie frühromantischer Kunsttheorie.

«Klassisch» will man in der Zeit Mozarts, Haydns und des heroischen Beethovens gar nicht gern sein, und einzelne deutsche Dichter betonen das ausdrücklich: Für Herder ist «klassisch» in den Jahren des Sturm und Drang ein geradezu «verwünschtes Wort»[384]. Und im siebenten Jahr der Französischen Revolution warnt Goethe: «Wir wollen die Umwälzungen nicht wünschen, die in Deutschland klassische Werke vorbereiten könnten.»[385] Da werden politische Konnotationen sichtbar:

Am Horizont steht die Forderung nach einer Nationalliteratur, wie sie die Franzosen schon seit Molière und Racine besitzen.

Freilich ist das Streben nach nationaler Identität auch und gerade im kulturellen Bereich nicht aufzuhalten; und daher kommt man zur Zeit des späten Goethe dann doch nicht umhin, einem romantisch-kranken Weltgefühl das Klassisch-Gesunde einer nationalen Kunst gegenüberzustellen. Ohne die Erzeugnisse der Romantik ganz zu verdammen, stellt man immerhin Wertehierarchien auf; und in diesen rangieren Goethe und Schiller weit über dem zu seiner Zeit viel häufiger gelesenen Jean Paul.

Die Musik will da nicht nachstehen: Seit etwa 1830 findet sie ihre Klassiker in Haydn, Mozart und Beethoven, während beispielsweise Robert Schumann im offiziellen musikästhetischen Diskurs so lange nicht mitreden soll, wie er sich nicht von seinen exzentrischen Klavierträumereien verabschiedet und die Befähigung zu «klassischen» Instrumentalwerken nachgewiesen hat.

Entsprechende Kategorisierungen verstärken sich in der Musikgeschichtsschreibung des 20. Jahrhunderts. Walther Vetter will seinem Helden Schubert einen Gefallen tun, indem er ihn akzentuiert zum «Klassiker» macht;[386] und vice versa schreibt Arnold Schmitz ein Buch mit dem Titel *Das romantische Beethovenbild* in der erklärten Absicht, die «Wesensverschiedenheit romantischer und Beethovenscher Musik» herauszuarbeiten.[387] Wer jedoch – gleich dem frühen Mozart-Biographen Alexander Oulibischeff – Beethoven nicht gewogen ist, macht ihn flugs zum morbiden Romantiker.

Nun hätte es wenig Sinn, vor der Leerformel «Klassik» in diejenige der «Romantik» zu flüchten; denn die romantische Musikästhetik ist vor allem eine Rezeptionsästhetik. Und welcher Nutzen könnte darin liegen, Haydn, Mozart und Beethoven – mehr als nur im Sinn eines Experiments – mit den Augen E. T. A. Hoffmanns oder Johann Friedrich Reichardts zu sehen! Gleichwohl gibt es eine Kategorie romantischer Ästhetik, die durchaus helfen kann, schließlich doch noch substanzielle Gemeinsamkeiten zwischen Haydn, Mozart und Beethoven zu finden – nämlich diejenige der Kunstkritik.

Wie der immer noch einschlägigen Dissertation Walter Benjamins zu entnehmen, ist damit nicht etwa die Beurteilung eines Werks nach heutigem Verständnis gemeint, sondern «einerseits Vollendung, Ergänzung, Systematisierung des Werkes, andrerseits seine Auflösung im Absoluten». Die «Kritik des Werkes ist seine Reflexion». Und während man heute Kritik vor allem als subjektive Äußerung wertet, ist sie für die Romantiker gerade umgekehrt «das Regulativ aller Subjektivität, Zufälligkeit und Willkür im Entstehen des Werkes»[388].

Damit sind wir beim wesentlichen Punkt dieses Kapitels: Die Metapher «Harlequin komponiert» bedarf in der Tat so verstandener Kritik. Doch dabei helfen keine nebulösen Vorstellungen von Klassizität oder Romantizismus, sondern nur eine beim einzelnen Werk des Komponisten ansetzende Darstellung der reflexiven Dimension. Es geht um Mozarts kompositorisches «Gewissen» – eine kritische Instanz, die nicht nur prüft, ob eine Komposition regelgerecht und inspiriert ausgefallen ist, vielmehr auf höherer Warte diskutiert, welchen S i n n eine kompositorische Entscheidung angesichts der Denkfigur hat, dass Musik immer mehr ist als ein im vordergründigen Sinn gelungenes Werk.

Im vorangegangenen Kapitel war von Harlequin Mozart die Rede, der findig nach Nischen sucht und behände Haken schlägt, um der Evolution – wir können auch sagen: der Schöpfung – ein Höchstmaß an Artenreichtum und phantastischem Sein abzulisten. Nunmehr sprechen wir vom Komponisten Mozart, der nicht spontan wie Harlequin handelt, sondern – auch nach eigener Aussage – beständig «speculirt» und sich mit jedem Werk in ein neues Verhältnis zur Welt setzt.

Mozart «spekuliert» schon früh, vor allem im Bereich der Oper. Dort geht es um Möglichkeiten, Text, Musik und Szene in immer neuen Konfigurationen zusammenzuführen und dabei in möglichst unverwechselbarer Weise Weltsinn aufscheinen zu lassen. In so großartigen Gebilden wie dem zweiten *Figaro*-Finale, von dem noch ausführlich die Rede ist, feiert das Ergebnis solcher eng mit seiner Theaterhaltung verschwisterten Reflexion spezielle Triumphe.

Die auf S. 117ff. ausführlich beschriebene Begegnung mit der Musik vor allem Bachs und Händels im Haus des Baron van Swieten bringt allerdings eine neue Qualität in sein reflektierendes Denken: Die Objekte der Geschichte sind von ihrem Betrachter so weit entfernt, dass er in ihnen mehr sehen kann als nur nachahmenswerte oder auch abgestandene Muster: nämlich Beispiele eines souveränen Umgangs mit dem G a n z e n der Musik.

Nachdem Mozart sich zunächst an so eigengeprägten Nachschöpfungen wie der unvollendeten «Händel»-Suite KV 399 versucht hat, wird ihm bald deutlich: Es kann nicht darum gehen, die alte Fugen- oder Suitenkunst zu erneuern (wie dies im 20. Jahrhundert ein Hindemith fast unverfroren unternommen hat); entscheidend ist vielmehr die Überlegung: «Was mache ich damit?»

Eine exemplarische Antwort gibt er mit dem auf S. 372ff. eingehend gewürdigten Fugenfinale des *Haydn-Quartetts* KV 387. Dort wird «Fuge» als ein Gut reflektiert, das man bewahren sollte, ohne es jedoch einfach übernehmen zu können. In diesem Fall – Mozart wird auch andere Möglichkeiten durchspielen – führt das zum Zusammenprall von kontrapunktischem und konzertantem Stil im Zeichen des H u m o r s , den Reichardt nicht von ungefähr gerade an den Quartetten Haydns, Mozarts und Beethovens rühmt.

Das verweist auf die Kategorie der Kunstkritik und -reflexion, zu der wir Benjamin das Wort gegeben hatten: Romantischer Humor liefert sich der Welt aus, um sich zugleich über sie zu erheben; er gründet in den Dingen und steht doch über ihnen. Für Novalis entsteht Humor, «wo sich Vernunft und Willkühr paaren»[389]. Das ist eine gute Definition angesichts der Leidenschaft, mit der Komponisten wie Haydn, Mozart und Beethoven – jeder auf seine Weise – den Widerspruch von Tradition und Gegenwart, Individualität und Norm, Freiheit und Notwendigkeit, Perfektion und Unvollkommenheit, Willkür und Determiniertheit zum Thema ihres Komponierens machen.

Jean Paul bestimmt den Humor als die romantische Brechung des Komischen – etwa am Beispiel des Sancho Pansa: Wenn dieser sich des Nachts über einem seichten Graben mühevoll in der Schwebe hält, weil er sich über einem Abgrund wähnt, so ist dies k o m i s c h .[390] Würde er die «Zerschmetterung wagen» und erleben, dass ihn nur ein seichter Graben aufnimmt, so wäre dies ein Beispiel r o m a n t i s c h e n Humors. Wir lachten dann nämlich nicht über Sancho Pansa, sondern fänden uns in ihm wieder: Wie oft geraten nicht auch unsere heroischen Taten ins Lächerliche!

Ein solcher Gedanke ist auch musikästhetisch ergiebig: Wie bereits angedeutet, hat der so genannte komische Zeitstil auf Haydn und Mozart großen Einfluss ausgeübt. Mit der Vorstellung seiner romantischen Brechung haben wir ein sinnvolles Instrumentarium in der Hand, um die vom komischen Stil aus-, aber nicht in ihm aufgehende reflexive Haltung ihres Komponierens zu würdigen. Namentlich in Mozarts Opern zeigt sich das Zusammentreffen von Erhabenem und Komischem recht deutlich; und Beethoven wird angesichts seiner Sinfonik von den Zeitgenossen nicht zu Unrecht als Jean Paul der Musik bezeichnet.

In der Tat kann man den erhabenen Gestus der *Fünften Sinfonie* – ohne damit den Wert des Werks schmälern zu wollen – als Ankündigung jenes ohnmächtigen Gefuchtels deuten, als das Teile der *Achten Sinfonie* dann tatsächlich komponiert sind. Die angestrengte Hymnik im Chorfinale von Beethovens *Neunter* als Groteske im Sinne Bachtins zu deuten[391] ist gleichfalls keine Entgleisung, erinnert vielmehr an die Praxis des Frankfurter Operndirektors Michael Gielen, zwischen den dritten Satz der *Neunten* und die so genannte Schreckensfanfare, welche dem Finale vorausgeht, Schönbergs Komposition *Ein Überlebender aus Warschau* einzuschieben: Nur auf diesem Wege – so verstehe ich Gielen – lässt sich ermessen, was Beethoven mit der Schreckensfanfare über den Zustand der Welt habe sagen wollen. Und nur auf dem Weg über solch groteske Kontraste vermag man abzuwägen, ob der anschließende Freudenhymnus unsere eigenen Schrecken wirklich noch beschwichtigen kann.

Keine fiktive Stilgemeinschaft, sondern der höhere Standpunkt des Komponierens, wie er in den Termini «Reflexion», «Kritik» und «Humor» fixiert ist, macht den Zusammenhang im Werk von Haydn, Mozart, Beethoven und Schubert aus. Während man die Gemeinsamkeit in klassizistischer Sicht gern als eine zentripedale Kraft sieht, die zur Reinheit, Eindeutigkeit und Geschlossenheit des Systems tendiert, dominieren in Wahrheit die zentrifugalen Kräfte, die von einem idealen Zentrum wegdrängen und eine Vielfalt von Mutationen hervorbringen. «Seine Form ist die des Auseinanderstrebenden, nicht dessen Einordnung», meint Adorno über Mozart.[392]

Weil ich die kritisch-reflexive Dimension in Mozarts Komponieren in den folgenden Kapiteln im Einzelnen beleuchte, will ich nur diejenige Spielart der «Kunstkritik» diskutieren, welcher in diesem Zusammenhang g r u n d s ä t z l i c h e Bedeutung zukommt: Intertextualität. Es geht um die Eigenschaft eines Textes, auf andere Texte bezogen zu sein; und es liegt auf der Hand, dass es Intertextualität auch in der Musik gibt. Ganz konkret bewährt sich die Kategorie, wenn man ein gemeinsames Band zwischen den Kompositionen Haydns, Mozarts und Beethovens sucht, den vagen Begriff «Klassik» aber vermeiden will.

In puncto Intertextualität sind die drei Wiener allein deshalb unschlagbar, weil sie sich entschiedener als ihre Zeitgenossen auf die Kunst Bachs und Händels – im Fall Haydns geht es im Wesentlichen nur um Händel – berufen und damit bei der Entwicklung ihrer kompositorischen Strategien von einer gemeinsamen Basis ausgehen können. Uns interessiert natürlich vor allem Mozarts Diskurs mit Haydn – auf dem Feld des Streichquartetts, der Sinfonie und der Klaviersonate. Man steht in engem und persönlichem Kontakt miteinander und komponiert in einigen Fällen in konkretem Bezug auf das Werk des anderen.

Beethoven, der Dritte im Bund, ist Schüler Haydns und Verehrer Mozarts. Dass er seine erste große Wiener Akademie im Jahre 1800 mit Mozarts letzter Sinfonie beginnen und mit seiner *Ersten* schließen lässt, ist mehr als ein Akt der Pietät: Er knüpft dort an, wo Mozart mit der *Jupiter-Sinfonie* aufgehört hat. Vergleichbares gilt für seine Klaviersonaten und Streichquartette. Ist er gegenüber Haydn und Mozart bloß Nehmender, so gegenüber Schubert auch Gebender. Obwohl Schubert als der Jüngste nur nehmen und nicht geben kann, gehört er gleichwohl in den hier skizzierten Diskurs: Indem er nicht nur absichtsvoll an die Älteren anknüpft, sondern manche ihrer Vorstellungen weiterführt, hat er wesentlichen Anteil an der gesammelten Kraft, als welche die Wiener Musik in dem halben Jahrhundert zwischen etwa 1780 und 1830 imponiert.

Im Blick auf Mozart ist die Kategorie der Intertextualität besonders geeignet, um das reflexive Moment seiner Kunst darzustellen. Denn so ersichtlich das hohe kritische Anspruchsniveau dieser Kunst ist, so wenig lässt sie sich doch von der Idee jener «absoluten Musik» her verstehen, die ihr Gütesiegel für Eigenschaften wie «Selbstbezüglichkeit» und «Selbstreflexion» vergibt. Ihr eigenes Signum – Lebendigkeit auf hohem Niveau – hat Mozarts Musik ja nicht aufgrund der ihr immanenten Logik, sondern wegen ihrer Offenheit, ja Diskussionsfreudigkeit.

Da sind Bach, Händel und Haydn als strategisch wichtige Partner zwar an erster Stelle zu nennen; jedoch darf der Dialog, welchen Mozart ganz allgemein sowohl mit der Tradition als auch mit seiner musikalischen Gegenwart führt, darüber nicht vergessen werden: Man ist schnell dabei, dem jungen Komponisten mit leichter Herablassung Nachahmung des jeweiligen Modegeschmacks zu attestieren; stattdessen sollte man lieber würdigen, wie viel Innovation seine Auseinandersetzung mit den verschiedenen «goûts» letztlich auslöst.

Wache Zeitgenossen haben vermutlich mit kennerhaftem Vergnügen auseinander gehalten, welcher «goût» jeweils woher kommt und dann doch ganz neu klingt; heutige Hörer freuen sich immerhin unwillkürlich an Reichtum und Vielschichtigkeit seiner Musik. Versteht man «absolut» im Wortsinn als «losgelöst» und unter «absoluter Musik» demgemäß den freien Diskurs über Möglichkeiten des Komponierens, so mag man Mozarts Musik in Gottes Namen hinzurechnen. Besser ist es jedoch, Goethe zu folgen, der – wie andere vor ihm – beim Vortrag eines Streichquartetts die Vorstellung hat, dass «vier vernünftige Leute sich untereinander unterhalten»[393].

Das ist mehr als ein unverbindlich musikfreundliches Statement, nämlich Ausdruck eines Paradigmenwechsels. «Sonate, que me veux-tu»? – «Sonate, was soll mir das?», hatte der französische Frühaufklärer Fontenelle gespottet.[394] Nunmehr erreicht die vermeintlich nichts sagende Instrumentalmusik – auch mit Hilfe Mozarts – eine diskursive Höhe, die sie zum Sinnbild vernünftiger Unterhaltung werden lässt. Wohlgemerkt: a u c h mit Hilfe Mozarts; denn Haydn, Beethoven und Schubert sind im gleichen Atemzug zu nennen. Während das bloße Schwärmen von einer «Wiener Klassik» wenig Sinn macht, fördert es unser Verständnis von Musik, wenn wir das diskursive Niveau gerade dieser vier Komponisten würdigen. Denn welcher andere Zeitgenosse wäre hier zu nennen, mag er unter anderen Gesichtspunkten nicht weniger herausragend sein!

Die skeptische Frage, ob die vier denn überhaupt philosophisch interessierter gewesen seien als ihre Kollegen, ob Haydn und Mozart jemals den Namen Kant oder Schubert oder den von Hegel gehört hätten, geht ins Leere. Die Zeiten Wilhelm Diltheys, der die Äußerungen einer Epoche aus Philosophie und Literatur deduziert und Musik demzufolge als ein eher sekundäres System gesehen wissen wollte, sind vorbei: Dass Musik begriffslose Erkenntnis ist, muss man in jener Zeit nicht mit Kant belegen. Nach Claude Lévi-Strauss gelingen im Zeichen der Aufklärung ja gerade der Musik Werke «mit spekulativen Formen», die als Ersatz für die alten Mythen taugen und dem Menschen die «heilsame Illusion» vermitteln, «daß Widersprüche überwunden und Schwierigkeiten gelöst werden können»[395]!

Natürlich kann man rätseln, weshalb ausgerechnet die Stadt Wien den Boden für die skizzierte Kraftkonzentration abgegeben hat. Paris und London sind damals sicherlich machtvollere Musikstädte und keineswegs nur dem kommerziellen Mainstream verfallen. Möglicherweise gibt die sozial vielschichtige Musikkultur der Donaustadt mit ihrem regen Nebeneinander von anspruchsvoller Kennerkunst und volksmusikalischer Praxis eine gute Voraussetzung für jenes diskursive Komponieren ab, das sich auch als kommunikatives Handeln im Interesse eines neuen, von Habermas «kulturräsonierend» genannten Publikums verstehen lässt.[396] Letztlich bleibt das Ganze jedoch ein Wunder der Geschichte.

Und was hat Mozart mit diesem Wunder zu schaffen? Ist es nicht unseriös, ihn erst als Harlequin auftreten zu lassen und dann für geistige Heldentaten zu reklamieren? Eine rhetorische Frage – denn natürlich ist dieser Zusammenprall kalkuliert wie ein romantischer Witz! Harlequins komponieren zwar nicht, können aber einem reflektierenden Komponisten die Feder führen. Und umgekehrt: Reflektierende Komponisten sind keine Harlequins, können sich aber so aufführen. Dass solches jedem Mozart-Liebhaber nur recht sein kann, möge das Folgende zeigen.

Von «Idomeneo» zu «La clemenza di Tito»

Noch in Wien nennt der Komponist den *Idomeneo* umstandslos «die grosse opera»[397], und in der Tat ist er sein schönstes Geschenk an die alte Seria: Leidenschaftlich verströmt sich Mozarts Talent an jene Gattung, die vom Pathos lebt, ihre Glanzzeit allerdings hinter sich hat. Piccinni und Johann Christian Bach tragen zwar beachtlich zur Verjüngung bei, kränken damit jedoch die alte steife Würde.

Der Mozart des *Idomeneo* kennt die aktuellen Reformansätze; und in der Choridylle «Placido è il mar» scheint man Gluck auf offener Straße zu begegnen. In den opernästhetischen Grundsatzfragen ist Mozart dem berühmten Zeitgenossen im *Idomeneo* allerdings ferner denn je. Aufmerksamkeit erfordert vorab die konkrete Situation: Da ist der neue bayerische Kurfürst mit klaren Vorstellungen von dem, was er sich für seine Karnevalsoper 1781 wünscht; und da ist Mozart, der diesen Wünschen gern entsprechen und doch s e i n e erste ganz große Oper schreiben will.

Der Musikkenner Karl Theodor hat im Zuge der Erb-Übernahme Bayerns seine Residenz aus der Rheinpfalz nach München verlegt, die meisten seiner berühmten Mannheimer Sinfoniker mitgenommen und dem Münchner Opernwesen neue Aufmerksamkeit geschenkt: Alsbald ist die Bühnenmaschinerie des Residenztheaters erneuert und der Theaterfundus um Dekorationen wie «Felsen» und «Meerwasser, bewegt» bereichert worden. Mit dem gewiss von ihm selbst ausgesuchten *Idomeneo*-Sujet knüpft der Kurfürst an die Vorliebe der französischen Oper für spektakuläre Natur- und Massenszenen an. Könner wie Ballettmeister Claudius Legrand, für den Mozart im Rahmen des Sturm-Balletts am Ende des zweiten Aktes Musik zu einem Pas seul schreiben wird, sowie Bühnenbildner Lorenzo Quaglio werden für die entsprechenden optischen Reize sorgen. Und fraglos ist das durch die fähigsten Mannheimer Musiker verstärkte Münchner Opernorchester in der Lage, einer illustrativ-dramatischen Musik, wie man sie in diesem Kontext von Mozart erwartet, zu guter Wirkung zu verhelfen.

Das Kernthema der schon 1712 als *Idoménée* auf die Pariser Opernbühne gebrachten Handlung ist zwar archaisch, um 1780 jedoch nicht abgestanden, vielmehr im Zug der inzwischen neu aufgeflammten Antikenverehrung wieder zu Ehren gekommen: Ein Gelübde des Kreter-Königs Idomeneo, bei glücklicher Rettung aus einem Seesturm dem Neptun die erste ihm entgegentretende Person zu opfern, wird zur Katastrophe, weil das Schicksal verfügt, dass dieser unglückliche Mensch der eigene Sohn Idamantes zu sein hat. Als Idomeneo nach Auswegen sucht, droht der Meeresgott dem ganzen Land.

Man ist an die alttestamentlichen Erzählungen von der Opferung Isaaks und Jephtas oder an die antike Tragödie von Antigone mit ihrem zentralen Konflikt zwischen familiärer Bindung und Staatsräson erinnert. Indessen wünscht der Kurfürst entgegen der Vorlage ein «lieto fine», ein Happy End, welches im neuen Libretto des Salzburger Geistlichen Giambattista Varesco freilich nicht durch vernunftgemäßes Handeln, vielmehr durch den sprichwörtlichen Deus ex Machina herbeigeführt wird: Eine «tiefe, schwere Stimme» verkündet den Spruch des Himmels, demzufolge sich die Himmlischen damit zufrieden geben, dass Idomeneo zugunsten seines Sohnes Idamantes abtritt. Reichlich lose ist die Verknüpfung mit der Nebenhandlung, sie erzählt die Liebe zwischen Idamantes und der Sklavin Ilia, von der eifersüchtigen Prinzessin Elettra immer infrage gestellt.

Hat Mozart sich unter Wert verkaufen und einem Libretto Tribut zollen müssen, das ohne jenes dramatische Geschick konzipiert ist, das man von Metastasio, dem Altmeister der Opera seria, kennt? Eine falsch gestellte Frage, denn es duldet keinen Zweifel, dass er seiner «Arbeit auf Bestellung» mit höchster Lust und größter Konzentration nachkommt und sich von der neuen Auftragssituation geradezu inspirieren lässt. Mozart ist weder so abgebrüht, um jedes Libretto zu nehmen, wie es kommt, noch Opfer fürstlicher Willkür. Vielmehr sitzt er mit dem Intendanten, dem Kapellmeister, dem Bühnenbildner, dem Ballettmeister und den Sängern zusammen, um in jeder Weise situationsgerecht komponieren zu können.

Ob ihn das «Ethos» des Textbuchs sonderlich interessiert hat, wissen wir nicht. Doch offenkundig beschäftigt ihn die Frage, wie Handlung und Musik eine überzeugende Einheit ergeben. Beständig bittet er aus München, wo er den zweiten und dritten Akt komponiert, den erst willigen, dann ein wenig beleidigten Varesco in Salzburg um Änderungen, welche die jeweilige Szene dramatisch glaubwürdiger machen sollen. Allein die Ausdehnung der ursprünglich recht lang ausgefallenen Orakelstimme, welche das «lieto fine» verkündet, führt zu umfangreicher Korrespondenz mit Salzburg: «Wäre im Hamlet die Rede des Geistes nicht so lang, sie würde noch von besserer Wirkung seyn»[398]. Am Ende bleiben nur dreizehn Wörter übrig.

Intensiv ist die Arbeit mit den Sängern. Der junge Kastrat Vincenzo dal Prato, den der mehr am deutschen Nationaltheater interessierte Kurfürst mit Rücksicht auf das konservative Münchner Publikum aus Italien kommen lässt, ist ohne Bühnenerfahrung, nicht in der Lage, seine «Eingänge» und «Kadenzen» gegebenenfalls zu improvisieren, und schnell am Ende seiner Kräfte. Mozart, der zu Kastraten ein kritisches Verhältnis und seinen guten Bekannten Francesco Ceccarelli ein «Thier» genannt hat,[399] bemerkt demgemäß: «der Bub kann doch gar nichts. – seine stimme wäre nicht so übel, wenn er sie nicht in den hals und in die Gurgel nehmete – übrigens hat er aber gar keine Intonation – keine Methode – keine Empfindung»[400]. Gleichwohl wird dal Prato vom Komponisten ganz ernst genommen und so liebevoll bedacht, dass die Rolle des Idamantes zwar nicht als die letzte, wohl aber als die schönste Kastratenpartie Mozarts in die Geschichte eingehen wird.

«[...] und Raaff ist eine statue»[401], bemerkt er über den zwar immer noch gefeierten, doch inzwischen in die Jahre gekommenen Sänger der Titelrolle, der gleich dal Prato die Rezitative «ohne geist und feuer» singt, allzu sehr «die geschnittenen Nudeln» liebt und nur auf die Aria cantabile aus ist.[402] Bei den Arien gibt sich Mozart dann auch «alle mühe», selbigen Anton Raaf «recht zu Bedienen»[403]. In der Arie «Fuor del mar» – für ihn ist es «die Prächtigste aria in der ganzen opera» – fehlt es nicht an virtuosen «Passagen», die jedoch auf das Wort «minacciar» fallen, auf dass sie vor allem «das drohen», um das es hier geht, «gänzlich ausdrücken»[404].

Kritik an seinem geliebten Quartett will Mozart freilich nicht zulassen. Als der Sänger befürchtet, darin keinen «Effect» zu machen, kontert er: «als wen man in einem quartetto nicht viel mehr reden als singen sollte – dergleichen sachen versteht er gar nicht. – Ich sagte nur; liebster freund! – wenn ich nur eine Note wüste, die in diesen quartetto zu ändern wäre, so würde ich es sogleich thun. – allein – ich bin noch mit keiner sache in dieser oper=sozufrieden gewesen wie mit diesen quartett»[405].

Dieses Ensemble aus dem dritten Akt ist in der Tat ein Wunderwerk – schon hinsichtlich der Besetzung mit drei Sopranen (Ilia, Elettra, Idamante) und einem Tenor (Idomeneo). Moderne Aufführungen sollten einmal den Versuch wagen, die Kastratenpartie nicht durch einen Tenor zu ersetzen, wie es Mozart im Rahmen einer Wiener Privataufführung vielleicht nicht ungern tat, vielmehr einen Sopran-Falsettisten oder eine Sängerin zu gewinnen. Doch auch abgesehen von solchen Klangnuancen ist das Quartett ein Ereignis: In dieser Form vielleicht erstmals in der Musikgeschichte und wie im Vorgriff auf das *Don-Giovanni*-Sextett, das *Fidelio*-Quartett und das *Meistersinger*-Quintett artikulieren die Hauptpersonen ihre jeweiligen Seelenzustände – als ganz unterschiedlich leidende und sich artikulierende Individuen und zugleich Mitglieder der gleichen Leidensgemeinschaft: «Mehr kann man nicht ertragen! Schlimmer als der Tod ist ein so großer Schmerz!» Unter den Auffälligkeiten des musikalischen Satzes entdeckt Winfried Zillig Harmoniefolgen, «die tonale Dreiklänge zu Zwölftonkomplexen binden»: G-dur, es-moll, F-dur, des-moll.[406]

Die Chöre müssen sich dahinter nicht verstecken. Noch während der Proben zeigt Vater Leopold in Salzburg einen Brief des im Orchester mitwirkenden Flötisten Johann Baptist Becke herum, demzufolge der Eindruck des Chores «Corriamo, fuggiamo quel mostro spietato» («Entflieht dem schrecklichen Ungeheuer») am Ende des zweiten Aktes so stark sei, «daß er Jedem, auch in der größten Sommerhitze, eiskalt machen müßte»[407].

Indem Mozart mit allen denkbaren vokalen und instrumentalen Farben malt, ist er der Pariser Oper und der französischen Nachahmungsästhetik besonders nahe – ohne sich solcher «Äußerlichkeit» schämen zu müssen: Denn noch beeindruckender ist sein Bemühen um psychologische Glaubwürdigkeit der Figuren und ihres Verhältnisses zueinander. Unverdrossen ist er um entsprechende Änderungen am Libretto bemüht; vor allem aber steht seine Musik dafür: Von «wilder heißer Leidenschaft» hat der würdige englische Musikforscher Edward J. Dent angesichts des *Idomeneo* gesprochen.[408] Freilich geht es nicht nur um die entfesselten Naturgewalten, sondern auch um große Leidenschaften, die nicht im Sinn der alten Seria nach typisierten Standards ausgedrückt, sondern in ihrer Vielschichtigkeit, ja Widersprüchlichkeit dargestellt werden.

Schon in der ersten Szene, dem Auftrittsmonolog der Ilia, verbinden sich die widersprüchlichsten Gefühle: «Wie viele unbarmherzige Henker hausen in meinem Innern? Nur zu – Rache, Eifersucht, Haß und Liebe zerfleischt dieses unglückliche Herz!» Und diese Worte werden von Mozart nicht als unumgänglicher Vorspann zur nachfolgenden Arie als Accompagnato mit konventionellem Pathos komponiert, sondern als Szene, die nuanciert auf die konflikthafte Befindlichkeit der Ilia eingeht. Programmatisch für die ganze Oper trägt das begleitende Orchester die Hauptlast, sodass das Ganze schon fast an ein Melodram erinnert – eine Gattung, die Mozart von Paris und Mannheim her wohlvertraut und keineswegs unsympathisch war.

Die sich anschließende g-Moll-Arie der Ilia wächst aus dem Accompagnato heraus, bringt den Konflikt auf den Punkt. Und trotz der Geschlossenheit ihrer Form handelt es sich nicht um die bei den Sängern beliebte, weil den Szenenbeifall herausfordernde Abgangsarie im Sinne der alten Seria, sondern um ein elastisches Gebilde, das in ein Secco übergeht, in dem der Auftritt des Idamantes kommentiert wird. In der Fassung der Münchner Aufführung sind nur noch vier der elf verbliebenen Arien vom Typ der Abgangsarie. Der dramatisch konsequente Ablauf von Recitativo con istromenti und Arie / Chor und Orchestermusik mit Pantomime / Recitativo con stromenti in der Mitte des ersten Aktes wird überhaupt erst möglich, nachdem Mozart merklich ins Libretto eingegriffen hat. Mehr noch: Ohne großes Zaudern erleichtert er zu guter Letzt den Schlussakt, damit dieser ganz auf die Opferszene fokussiert ist, um drei eindrucksvolle Arien; denn man müsse, so erklärt er dem Vater, auf alle Fälle vermeiden, dass eine «scene durch eine aria oder Duetto matt und kalt wird»[409].

Das Denken in zusammenhängenden Szenen kennzeichnet nicht erst die Wiener Da-Ponte-Opern Mozarts, sondern bereits den *Idomeneo*, wobei im Fall dieser Seria natürlich nicht die Situationskomik, sondern der Gestus des Leidenschaftlich-Erhabenen herausgearbeitet wird. Dergleichen fällt nicht vom Himmel; vielmehr gibt es einzelne gewichtige Vorübungen,[410] zum Beispiel die Szene «Ah, lo previdi» KV 272, die Mozart 1777 für einen Salzburger Gastauftritt der Sängerin Josephine Duschek schreibt und wenig später der Aloisia Weber angelegentlich zum Studium empfiehlt. «Accurat» für die Angebetete komponiert er wenig später das Rezitativ «Alcandro, lo confesso» mit der Arie «Non so d'onde viene» KV 294, wobei es mit der Letzteren eine besondere Bewandtnis hat: Wie erwähnt, hat Johann Christian Bach sie zuvor so vollendet komponiert, dass Mozart nicht davon loskommt, bis er sich geradewegs die Aufgabe stellt, denselben Text gleich schön, aber eben anders als sein großes Vorbild zu vertonen.

Solche Beobachtungen sind keine Marginalien, machen vielmehr deutlich, dass Mozart sich in den mageren Jahren ohne Scrittura auf eine Aufgabe wie den *Idomeneo* systematisch vorbereitet: Was mit traumwandlerischer Sicherheit niedergeschrieben scheint, ist meist durch einen intensiven Klärungsprozess hindurchgegangen, zu dem auch die Komposition der *Zaide* gehört – eines wegen seiner Unabgeschlossenheit unnötig gering geachteten Werks.

Ganz konkret nimmt Mozart ins Visier, was für das Sängerpersonal und fürs Orchester gut ist. Noch während der Komposition des *Idomeneo* ändert er seine Pläne angesichts der phantastischen Mannheimer Bläser, die mit Karl Theodor nach München gekommen sind. «kommen Sie doch bald und hören sie – bewundern sie das Orchestre», so schreibt er dem Vater, und noch konkreter: «wir haben uns verabredet hier eine aria Andantino mit 4 Concertirenden Blas=Instrumenten anzubringen, nämlich auf eine flaute, eine oboe, ein Horn, und ein Fagott»[411]. Da muss Varesco nolens volens den zweiten Akt um die Arie der Ilia «Se il padre perdei» erweitern. Letztlich verdanken wir diese Arie, deren leidenschaftliche Harmonik Züge der späten g-Moll-Sinfonie vorwegnehmen, Mozarts aktueller Begeisterung für sein Instrumentalensemble. Dieses darf sich geradezu als gleichberechtigter Partner der

Sänger verstehen. Dass ein spürbarer Hang zum Sinfonischen in diesem Fall augenscheinlich goutiert worden ist, dürfte mit der Zugehörigkeit des *Idomeneo* zum pathetischen Genre zusammenhängen. Die Singspiele und Opere buffe aus Mozarts Wiener Zeit sind diesbezüglich beim Publikum weniger gut weggekommen: Oft hat man ihnen den Vorwurf instrumentaler Überladenheit gemacht.

Was hat es in diesem Kontext mit Mozarts bekanntem, ausdrücklich auf den *Idomeneo* gemünztem Ausspruch auf sich: «in meiner Oper ist Musick für aller Gattung leute; – ausgenommen für lange ohren nicht»?[412] Vordergründig empfiehlt Mozart dem Vater, nicht «wegen dem sogenannten Popolare» besorgt zu sein.[413] Im Hintergrund steht freilich seine eigene Kunstauffassung, die wir noch einmal mit unserer anfänglichen Einschätzung konfrontieren wollen, *Idomeneo* sei Mozarts schönstes Geschenk an die Opera seria.

Gewiss gibt er der Seria, was der Seria ist. Lässt man die Arien – einschließlich der in der Uraufführung gestrichenen – nacheinander Revue passieren, so erhält man eine Folge, die der Opera seria vollkommen würdig ist. Von der Gattungstradition her gesehen, hätte sich Mozart weitere Arbeit gar nicht machen müssen! Doch er will mehr schaffen: nämlich eine deutsch empfundene, eine dramaturgisch wie psychologisch fesselnde und eine musikalisch reiche Oper.

Dass ein italienischsprachiges Bühnenwerk «deutsch» empfinden soll, ist für Mozart, der darin den «kulturpolitisch» interessierten Kurfürsten vermutlich auf seiner Seite weiß, kein Widerspruch, sondern eine Herausforderung. Obgleich Italienisch zur künstlerischen Muttersprache und «italianità» der Musik zur zweiten Natur geworden ist: Kritik an der Oberflächlichkeit «welscher Musik», an der Vergötterung von Sängern, an der Bewunderung bloßer Kehlfertigkeit gehört zum Standard von Mozarts Äußerungen. Manches stammt gewiss vom Vater, der einer der vielen italienischen Opernaufführungen in Salzburg bei Gelegenheit das Urteil mitgibt: «hübsche Musik, welsch, mehr für die Ohren als fürs Herz, weils mit dem WortenAusdruck und der wahren Leidenschaft oft schlecht übereinskamm»[414]. Doch das ist inzwischen auch Auffassung des Sohnes, der freilich nicht behauptet, die deutschen Opernkomponisten leisteten unbedingt Besseres.

Vielmehr urteilt er über Anton Schweitzers *Rosamunde*, die er Ende 1777 in Mannheim hört: «es ist keine Natur darinen, und alles übertriben»[415], obwohl es sich doch um eine Art deutscher Reformoper mit einem Libretto des von Mozart bewunderten Weimarer Dichters Christoph Martin Wieland handelt. Wichtiger als die Frage deutsch oder welsch ist für Mozart: Man muss mit Leib und Seele hinter dem stehen, was man macht, denn Opernschreiben ist über das Handwerk hinaus Konfession. Es genügt nicht, die Ohren zu kitzeln; man muss authentisch sein – in der Anlage von Szenen und Charakteren wie in der Wahl der kompositorischen Mittel: Diese müssen in ganzer Fülle über die Partitur ausgegossen werden, damit jedem Detail sensible Gerechtigkeit widerfährt, ohne dass das Ereignis Oper in seiner Totalität Schaden leidet.

Mozarts Geschenk an die Seria enthält freilich auch Forderungen: Ist der Komponist den Liebhabern schöner Arien und geläufiger Kehlen auch ganz zu Diensten, so legt er ihnen doch zugleich nahe, ihre Vorstellung von Oper in Richtung selbständiger, sich nicht auf Begleitfunktionen beschränkender Musik und glaubhafter Szene zu transzendieren. Das schaffen, so erklärt er dem Vater, Kenner und Liebhaber aller Art – nur eben keine Esel.

Eine «Karnevalsoper» ist um 1780 kein Werk minderer Güte, in München sogar d a s Opernereignis der Saison. Freilich geht es nicht ohne Balletteinlagen ab, die im Fall des *Idomeneo* nicht aus anderen Zusammenhängen übernommen, sondern von Mozart ad hoc komponiert und auf die Handlung bezogen sind. Dass man das Werk heute ohne diese Ballette aufführt, ist im Interesse der Fasslichkeit nicht zu beanstanden. Den ambitionierten Versuch von Richard Strauss, *Idomeneo* durch weitergehende Eingriffe als musikalisches Drama aufzuwerten, darf man jedoch getrost vergessen: Der große musikalische Atem überzeugt unabhängig von Detailfragen zur Dramaturgie oder zu den einzelnen, situationsbedingten Fassungen.

Ist *Idomeneo* ein «Schwellenwerk»? Diese Benennung verfängt nur dann, wenn sie nicht relativierend, sondern als Auszeichnung verstanden wird: Dass ein Höhepunkt den anderen ablöst, ist zwar kein Zeichen höchster Ökonomie, wohl aber Ausdruck erstmals gewonnener

Meisterschaft; und wir registrieren mit Genugtuung, dass auch musikalische Wunderkinder ins Mannesalter kommen müssen, ehe sie zu wirklich Großem fähig sind.

An Kühnheit des kompositorischen Zugriffs ist *Idomeneo* den späteren Opern gewachsen. Gleichwohl gibt es Unterschiede: Geht uns die Musik als solche oftmals ebenso nahe wie die des *Figaro* oder *Don Giovanni*, vermissen wir ein Vertrauen stiftendes Komponisten-Ich. Doch das liegt vor allem am Genre: Während sich Beethoven schon in jungen Jahren «ganz für das Große und Erhabene» entscheidet,[416] ist Mozart erst dort ganz bei sich angekommen, wo er Musik nach menschlichem Maß schaffen und dabei jene Ironie ins Spiel bringen darf, die dem *Idomeneo* noch ganz fremd ist. Freilich wird auch umgekehrt ein Schuh daraus: Mit *Figaro* und *Don Giovanni* destruiert Mozart jene große Gattung des Ancien Régime, der er zuvor ohne höhere Absicht zu letztem Glanz verholfen hat.

Kann er im Bereich der Seria mit *La clemenza di Tito* am Ende seines Lebens noch einmal neu ansetzen?

Er kann es und kann es nicht! Und schon rattert die große Mozart-Sinnfindungs-Maschine: Was soll man mit diesem Spätling anfangen? Ihn ohne viel Aufhebens auf ein Nebengleis schieben oder mit allen Mitteln aufwerten?

Der prüfende Blick gilt natürlich vor allem dem Libretto: Was taugt die vom Wiener Interims-Hofdichter Mazzolà aus Anlass der Krönung Leopolds II. zum König von Böhmen neu bearbeitete Metastasio-Dichtung? Siebenunddreißig Jahre ist sie alt und über siebzigmal vertont worden: u. a. von Hasse, Gluck, Jomelli, Traetta und Anfossi. Tito – das ist jener römische Kaiser Titus Vespasian, den sein Biograph Sueton bei Tisch erschrocken «diem perdidi» («den Tag vertan!») ausrufen lässt, als ihm einfällt, seit Sonnenaufgang noch keine gute Tat begangen zu haben.

Auch im Libretto macht Titus seinem Ruf alle Ehre, kennt nur seine Pflicht und lässt die schönen Frauen seiner Umgebung, wenn er sie denn überhaupt richtig begehrt haben sollte, im Falle eines Interessenkonflikts bereitwillig fahren. Und ob man seine sprichwörtliche «clemenza» auf noch so harte Proben stellt: Von d e r wird er sich nicht trennen. Das erfährt auch der engste Vertraute Sextus, welcher sich der Verschwörung und des Mordkomplotts schuldig macht – getrieben von seiner hemmungslosen Leidenschaft zu Vitellia: Die Tochter des gestürzten Kaisers Vitellius rast vor Zorn, weil sie sich von Titus zurückgestoßen wähnt, und nutzt die Ergebenheit ihres Verehrers geschickt für eigene Intrigen.

Dabei hat sich der Kaiser in seiner Güte gerade dafür entschieden, die eigentlich zur Gattin ausersehene Servilia ihrem heißen Verehrer Annius zu überlassen und sich stattdessen neuerlich Vitellia zuzuwenden. Doch da ist es zu spät: Der Aufruhr ist bereits im Gang, das Kapitol brennt, und Titus entgeht dem Anschlag des Sextus nur, weil dieser ihn im Trubel mit einem anderen verwechselt. Ohne seine Anstifterin zu verraten, steht Sextus mannhaft zu seinem Vergehen und möchte lieber heute als morgen sterben. Zu guter Letzt schlägt auch Vitellia das Gewissen: Sie offenbart sich als Drahtzieherin, wird aber gleich Sextus begnadigt. Titus fordert hernach die Götter auf, sein e i g e n e s Leben nicht zu schonen, falls er sein geliebtes Rom einmal vernachlässigen sollte. Dem Volk bleibt am Ende der Oper zu tun übrig, was es von Anbeginn bereitwillig getan hat: dem hehren Herrscher zu huldigen.

Wahrlich – eine ausgelaugte Seria, und dies nicht nur inhaltlich, sondern auch formal: Wenig an dramatischer Aktion oder spannenden Ensembleszenen, viele trockene Rezitative. Doch augenscheinlich wollen die böhmischen Stände als Auftraggeber kein Risiko eingehen. Und es erscheint ein wenig spitzfindig, in die von Mazzolà vorgelegte Neufassung der *Clemenza di Tito* aktuelle Bezüge hineinzulesen. Etwa in dem Sinn, dass das Prager Bürgertum zu einem Zeitpunkt, als die Französische Revolution allmählich ihr grausames Gesicht zu zeigen beginnt, gemäß seiner neu erworbenen humanistischen Wertvorstellungen doch lieber auf einen gnädigen Souverän setze.

Noch weniger plausibel ist die These, dass die der Prager Festaufführung beiwohnenden Vertreter des Kaiserhauses beanstandet haben könnten, dass die Handlung mit einer Verschwörung gegen den gütigen Tito beginnt. Sollte ausgerechnet dieser Umstand die mitgekrönte Kaiserin, übrigens eine Spanierin, zu der erwähnten Kritik an der «deutschen Schweinerei» veranlasst haben, die jedoch nicht einmal verbürgt ist?

Nein, die offenbar von Mozart angeregten Neuerungen des Librettos betreffen vor allem die formale Seite: Konzentration der Handlung auf zwei Akte, starke Verringerung der Arienzahl, Einfügung eines kompositorisch brauchbaren ersten Finales und je dreier Duette und Terzette. Das motiviert einen Komponisten, der nach seiner Beschäftigung mit drei Da-Ponte-Libretti nicht klaglos einer lange abgesetzten Tagesordnung folgen will, vermag freilich nicht zu verhindern, dass das Ergebnis hinsichtlich dramatischer Prägnanz und szenischer Beweglichkeit immer noch einen Rückfall selbst hinter Idomeneo bedeutet.

Vermutlich macht Mozart sich selbst Mut, indem er im Werkverzeichnis unter La clemenza di Tito vermerkt: «ridotta à vera opera dal Sig:^{re} Mazzolà» und somit den Genannten dafür lobt, aus Metastasios «Drama» ein wirkliches Opernlibretto gemacht zu haben. In der Tat ist das definitive Textbuch inhaltlich und formal gut durchkonstruiert, keineswegs eine Notlösung, jedoch ein Anachronismus. Und damit kommen wir zum Wesentlichen: Mozart tut, was er kann, und das reicht auch in La clemenza di Tito – wen erstaunt es? – zur Ausbreitung eines großen musikalischen Reichtums.

Wir könnten uns unnötige Gedankenakrobatik sparen, wenn wir für einen Augenblick von unserem teleologischen Geschichtsbild abließen und das Werk als eine Oper von H ä n d e l betrachteten: Dann wäre von vornherein stimmig, was im Anschluss an Figaro, Don Giovanni und Così der Rechtfertigung zu bedürfen scheint; und niemand fragte zweiflerisch, ob und wie man es inszenieren könne: Es würde nur gefallen.

Indessen ist La clemenza di Tito k e i n wiedererstandener Händel, sondern ein Werk aus der Praxis heraus. Verhandlungen über eine Seria hat Mozart vermutlich schon während seines Prag-Aufenthalts im Frühjahr 1789 geführt – ohne dass man damals bereits an Krönungsfeierlichkeiten gedacht hätte. Nun erhält er den ehrenvollen Auftrag, ausgerechnet während der Arbeit an der Zauberflöte, will ihn nicht ablehnen, bastelt mit Mazzolà an einer passablen Form des Librettos und geht dann gleich an die Ensembles, die er auch ohne Kenntnis der Prager Sängerbesetzung ausführen kann. Für die Rolle des Sextus sieht Mozart einen Tenor vor – nicht ahnend, dass die Prager Nostalgiker einen Kastraten engagieren möchten. Die zahlreichen Secco-Rezitative interessieren ihn zunächst so wenig, dass er die Komposition schließlich aus Zeitdruck einem wenig einfallsreichen Schüler überlassen muss.

Der ganze Vorgang ist symptomatisch für Mozarts pragmatische Haltung dem *Titus* gegenüber – eine Pragmatik, die jedoch nicht nur der aktuellen Situation geschuldet, sondern typisch für die alte Seria ist: Diese war kein bis in die feinsten Verästelungen pulsierender Organismus gewesen, sondern eine Ansammlung schöner Stücke. Und ebendiese liefert Mozart – und mehr: etwa das Quintett mit Chor «Deh, conservate, oh Dei» zum Aktschluss, das den Formalismus der Seria weit überholt und den Finali der Da-Ponte-Opern gewachsen ist – nicht an Ausdehnung, Simultancharakteristik oder wirbelnder Spielfreude, wohl aber im Sinne eines eindrucksvoll «komponierten» Tableaus.

Ein solcher Vergleich scheint der Theaterhaltung Mozarts wenig angemessen, kann sich aber hier bewähren. Man denkt, um eine Generation vorauszuschauen, an eine wild bewegte Szene des Historienmalers Delacroix, wenn die ihrer Integrationsfigur Titus beraubten Hauptakteure vor der Kulisse des brennenden Kapitols ihre individuell bedrängte Lage reflektieren, während der Chor im Hintergrund mit nur wenigen Einwürfen, jedoch machtvoll wie in der antiken Tragödie, die allgemeine Dimension des Geschehens verdeutlicht.

Zumindest was die kompositorische Kunst angeht, hätte Mozart dergleichen im *Idomeneo* noch nicht schreiben können: eine Szene, die von Es-Dur – einer Tonart zeremoniellen Charakters – ausgeht und auch dort endet, zwischenzeitlich aber unter anderem alle diatonischen Stufen von es-Moll – hier als Parallele zu Ges-Dur zu verstehen – offen oder latent berührt. So ergibt sich eine düster schillernde Farbigkeit, welche nicht nur die Gesamtsituation, sondern auch die jeweils ganz unterschiedlich motivierte Betroffenheit der Protagonisten vorzustellen vermag.

Die Szene hat etwas Doppelbödiges, denn das Publikum weiß, dass Titus in Wahrheit nicht tot ist, den Anschlag vielmehr überlebt hat. Es muss sich deshalb gemeinsam mit dem Komponisten mit dem aktuellen Bühnengeschehen identifizieren, wenn es ernstlich betroffen sein will. In den Da-Ponte-Opern hat es diese naive Perspektive der alten Seria kaum noch gegeben; nun greift Mozart auf sie zurück, jedoch mit solcher kompositorischen Souveränität, dass ein Weiteres deutlich wie nie in Erscheinung tritt: Die Musik hat Text und Handlung zum Anlass und löst sich doch von beidem. Nicht im Sinn einer Partitur, die man als selbstbezügliches System analysieren könnte, wohl aber nach dem Verständnis Adornos, der Mozart einmal zum «höchsten Fall» einer «losgelösten, buchstäblich absoluten Musik» erklärt hat.[417]

Es ist nicht zu verkennen, dass es in La clemenza di Tito Passagen gibt, die von Text und Handlung nicht im idealen Sinne losgelöst, sondern ihnen auf eine inzwischen eher überholte Weise verhaftet sind; das gilt etwa für einen aus den Szenen vier und fünf des ersten Aktes bestehenden Handlungsblock, in dem die Elemente Marsch, Chor und Secco-Rezitativ in einer höchstens zweckdienlichen Weise präsentiert werden. Dem steht jedoch eine große Zahl an Arien, Duetten und Ensembles gegenüber, die in der Tat durch Momente losgelösten Musizierens auf sich aufmerksam machen. Da wird Not zur höheren Tugend. Die «Not» erklärt sich aus konkreten Gegebenheiten: Weder ist Mozart frühzeitig mit der Zusammensetzung seines Prager Sänger-Ensembles vertraut, noch kann oder will er in kürzester Zeit auf die letzten Feinheiten eines ihm grundsätzlich fremden Librettos reagieren. Die «höhere Tugend» besteht in dem Beschluss, deshalb gleichsam auf sich selbst zu bauen und eine Musik von relativer Unabhängigkeit zu schreiben.

Der Vorgang ist ein Lehrstück über Mozarts autonom-musikalisches Denken: Dieses ist prägend für sein g e s a m t e s theatralisches Werk, wird aber im Wirbel der Buffa- oder Singspielaktionen und in dem analytischen Bemühen, Feinheiten im Verhältnis von Handlung und Musik herauszuarbeiten, oftmals unterschätzt. Im Titus gibt es jedoch viele Nummern, welche dieses autonome Moment gerade deshalb deutlich hervortreten lassen, weil Mozart angesichts des schwächer ausgebildeten Textbezugs auf eine der Musik immanente Dramatik setzt.

So ist die wunderschöne Arie der Servilia «S'altro che lagrime» Nr. 21 vom Libretto her ein moralischer Appell an Vitellia, endlich Charakterstärke zu zeigen, musikalisch hingegen voller Zärtlichkeit. Im Zug einer Zusammenarbeit mit da Ponte hätte Mozart den Arientext vermutlich als zu sperrig zurückgewiesen. Unter den herrschenden Bedingungen macht er sich selbständig – und siehe: Man geht bedenkenlos mit der Musik.

Angesichts der beiden Gesangsnummern mit obligatem Klarinetteninstrument – der Arie des Sextus «Parto, ma tu ben mio» Nr. 9 und der Rondo-Arie Vitellias «Non più di fiori» Nr. 23 – spräche man fast besser von Autarkie als von Autonomie: Mozart konzipiert sie nicht nur als ausgedehnte Konzertarien, die als solche weder im Singspiel noch in der Buffa Platz hätten und selbst im Titus aus dem Rahmen fallen; zudem besetzt er Klarinette bzw. Bassetthorn mit seinem Freund Anton Stadler, der deshalb mit nach Prag kommen und heimatliches Kompositionsmilieu bieten muss.

Das heroisch-expressive Pathos, welches im Titus vor allem in der Kastratenpartie des Sextus und den Primadonnenauftritten der Vitellia durchschlägt, scheint einigen Zeitgenossen gefallen zu haben; doch auch für die im Kontext von «Ave verum», Klarinettenkonzert und Zauberflöte bedeutungsvolle Weltentrücktheit des Chores «Ah grazie si rendano», mit dem das Volk dem höchsten Schöpfer für die Errettung seines Kaisers dankt, hat man offensichtlich ein Ohr gehabt: Die Oper wird, ehe sie für viele Generationen in der Versenkung verschwindet, gern gespielt – wiewohl man nicht recht glauben mag, dass sie anfänglich sogar Mozarts «beliebteste» gewesen sei.[418]

Dafür käme wohl eher Die Entführung aus dem Serail infrage, in der sich die karnevalesken Töne zu Wort melden, welche im würdevollen Auftragswerk dezent schweigen.

«Die Entführung aus dem Serail»

Deutschland drängt auf eine Nationaloper – auf ein «deutsches Singspiel», wie es die Aufklärer nennen. Johann Friedrich Reichardt, Komponist und Goethe-Freund, hofft im Jahre 1774 geradezu auf einen Fürsten, der das fremdsprachige Theater abschafft und die ausländischen Akteure aus dem Land weist. Und sollten nicht alle italienischen Virtuosen «das Glück haben können, in Rom für den Papst zu singen, so könnten sie doch ihren Landsleuten dadurch gefälliger und nützlicher werden, daß sie die Gegend um Rom herum ein wenig fruchtbarer an Bäumen, Gras und Kräutern und Vieh und Menschen machten»[419].

Farinelli beim Harken der Parkwege, seine letzte Erfolgsnummer vor sich hin trällernd – so krass ist die Empfehlung zwar nicht gemeint; doch die Erbitterung über die Geringachtung alles Deutschen auf der Bühne ist groß, und vor allem die italienische Oper gilt manchen als Inbegriff von Luxus und Verweichlichung. Johann Gottfried Herder wünscht sich 1769 «eine neu zu schaffende deutsche Oper! Auf menschlichem Grund und Boden; mit menschlicher Musik und Deklamation und Verzierung, aber mit Empfindung»[420].

Selbst der überzeugte Kosmopolit Mozart stößt voll Pathos in das nationale Horn: «wäre nur ein einziger Patriot mit am brette – es sollte ein anders gesicht bekommen! – doch da würde vielleicht das so schön aufkeimende National-theater zur blüthe gedeihen, und das wäre ja ein Ewiger Schandfleck für teutschland, wenn wir teütsche einmal mit Ernst anfiengen teutsch zu denken – teutsch zu handeln – teutsch zu reden, und gar teutsch – zu Singen!!!»[421] Das schreibt er 1785 dem «Hoch Schätzbaresten Herrn geheimen Rath» Anton von Klein, der sich bei ihm über die aktuelle Situation des deutschen Singspiels erkundigt.

Dazu wendet sich dieser Mannheimer Dichter und Librettist bewusst nach Wien, denn dort hat 1778 Joseph II. die Initiative ergriffen und sein deutsches Singspiel im Nationaltheater nächst der Hofburg eröffnen lassen: mit den *Bergknappen* seines Hofmusikers Ignaz Umlauff als Musterstück.[422] In dem knappen Einakter wechseln gesprochene Dialoge mit Gesangsnummern ab; vor der Pause spielt man eine Sprechkomödie. Das Libretto entspricht dem Ethos, das sich die junge Gattung schnell und einvernehmlich zugelegt hat – orientiert an Werken wie Lessings *Minna von Barnhelm*, jedoch noch ein wenig volksnäher: In gesundem deutschem Milieu siegen beherzte Menschen über Katastrophen innerer und äußerer Art; Wohlanständigkeit und Gemeinsinn lassen partikulären Egoismen und Schrulligkeiten keine Chance. Komisches oder Grauenvolles ist erlaubt, wenn es die Moral letztlich nicht verdunkelt.

Der Kaiser ist hocherfreut: Seiner sparsamen Aufgeklärtheit gefällt es, dass er die hohen Kosten für die italienische Oper aussetzen und überhaupt ein öffentliches Zeichen in Richtung Mäßigung und Volkserziehung setzen kann. Ein paar Jahre lang läuft das deutsche Singspiel mit dem großenteils von ihm selbst bestimmten oder jedenfalls zensierten Repertoire bestens. Das Wiener Publikum ist begeistert – vermutlich nicht das alte, sondern ein neues: Der Adel hält wenig von solch biederem Vergnügen; entzückt sind vielmehr Bürger, die mit dem üppigen italienischen Opernwesen nichts am Hut haben und sich vielleicht zum ersten Mal in ein Musiktheater gehobenen Niveaus trauen – in der Hoffnung, ein paar schöne Stimmen zu hören, ohne gleich in endlose Tongirlanden verwickelt zu werden.

Vor dem historischen Hintergrund wird deutlich, weshalb es lohnt, über Mozarts Musik nicht allein wortlos oder metaphernreich zu schwärmen, sondern ihr ein Buch zu widmen, das den Komponisten als ebenso selbstbewussten wie reflektierten Operndramatiker und Gattungsästhetiker vorstellt. Dieser schwimmt weder mit dem Strom noch gegen ihn, baut sich vielmehr alsbald sein eigenes Schiff, für das dieser Strom freilich bald zu eng wird, sodass das offene Meer lockt. Wie gesagt: ein Schiff, kein Luftschloss. Es ist nach durchdachten Plänen für bestimmte Zwecke gezimmert und gewinnt doch selbständige Fahrt. Man muss sich vor Augen halten, wie schwer sich Beethoven im *Fidelio* mit dem Singspielelement getan oder welche Mühe Richard Wagner lebenslang gehabt hat, seine musikdramatischen Utopien Realität werden zu lassen.

Was Mozart in diesem Sinn leistet, fällt nur deshalb weniger auf, weil er nicht ins Schwitzen kommt, als er vier Jahre nach der Initiative

Josephs II. ein Singspiel in die Welt schickt, das schon in der Ouvertüre aufhorchen lässt: Dass diese dem Hörer alsbald ein Lachen aufs Gesicht zaubert, liegt nicht am «türkischen» Kolorit, so gut es dazu passt, sondern an der komödiantischen Behändigkeit ihrer so hervorragend einstudierten Bewegungen. Doch was besagt diese Charakterisierung, der sich leicht eine andere, ebenso unvollkommene gegenüberstellen ließe! Stefan Kunze, ein kluger Mozart-Forscher, hat versucht, dem Geheimnis durch die Analyse der kompositorischen Details näher zu kommen; doch auch er kann kaum mehr als nacherzählen, was in den Noten steht. Mozart selbst belässt es bei den Worten: «– die [ouverture] ist ganz kurz – wechselt immer mit forte und piano ab; wobey beym forte allzeit die türkische Musick einfällt. – modolirt so durch die töne fort – und ich glaube man wird dabey nicht schlafen können, und sollte man die ganze Nacht durch nichts geschlafen haben.»[423]

Man teilt das Glück über diesen Einfall absoluter Lebensfreude und muss zugleich feststellen, dass diese nicht ewig währt: Schon nach eineinhalb Minuten vollzieht Mozart, einem Filmregisseur vergleichbar, einen totalen Schwenk auf Belmonte, der uns fern und sehnsuchtsvoll vom Schiff aus zuwinkt. Natürlich wissen wir, sofern wir das Opernbuch nicht vorher gelesen haben, in der Ouvertüre noch nichts von Belmonte, seiner Fahrt über das weite Meer und der Suche nach seiner im Serail gelandeten Konstanze; doch wir hören etwas, das Richard Wagner ein «Motiv der Ahnung» genannt hätte. Danach geht wieder das vergnügte «lärmen» los – doch wir sind gewarnt: Bloß türkisch und beschwingt wird es in der Entführung aus dem Serail nicht zugehen.

Mozart nähert sich seinen eigenen Opernvorhaben sehr reflektiert; und speziell die Arbeit an der Entführung lässt ihn geradezu eine kleine Opernästhetik entwickeln: pragmatisch, selbstbewusst, die Möglichkeiten der Singspiel-Gattung abwägend und zu guter Letzt ihre Grenzen hinter sich lassend. Nachdem er bereits mit dem kompositorisch unabgeschlossenen Zaide-Projekt beim Wiener National-Singspiel vorstellig geworden, jedoch im Vorfeld der Verhandlungen gescheitert ist, disponiert er beim zweiten Anlauf besonders sorgfältig: Er greift zu einem Libretto des jüngeren Stephanie, der neuer Direktor des Singspiels geworden und deshalb bester Garant für einen Erfolg ist.

Wie im Fall des *Idomeneo* dringt er auf Änderungen, veranlasst den Librettisten gar zur Einführung einer ganz neuen Intrige am Schluss des zweiten Aktes, um kompositorisch mehr Spielraum zu gewinnen: «alles schmelt über den Stephani – es kann seyn daß er auch mit mir nur ins gesicht so freundschaftlich ist – aber er arrangirt mir halt doch das buch – und zwar so wie ich es will – auf ein haar – und mehr verlange ich bey gott nicht von ihm!»[424] Wenig später fallen gegenüber dem Vater die berühmten, der aktuellen Aufklärungsästhetik widersprechenden Worte: «bey einer opera muß schlechterdings die Poesie der Musick gehorsame Tochter seyn. – warum gefallen denn die Welschen kommischen opern überall? – mit allem dem Elend was das Buch anbelangt! – so gar in Paris – wovon ich selbst ein Zeuge war. – weil da ganz die Musick herscht – und man darüber alles vergisst. – um so mehr muß Ja eine opera gefallen wo der Plan des Stücks gut ausgearbeitet; die Wörter aber nur blos für die Musick geschrieben sind, und nicht hier und dort einem Elenden Reime zu gefallen.»[425]

Wenn er berichtet, er habe zu Osmins Arie, «Solche hergelauf'ne Laffen», die «hauptsache der Musick» schon fertig gehabt, «ehe Stephani ein Wort davon wuste»[426], so heißt dies, dass ihm die dramatische Situation auch ohne genaue Textvorlage schon so plastisch vor Augen steht, dass er eine deutliche Musik komponieren kann. Und um solche Deutlichkeit ist es ihm – Melodram hin, Singspiel her – zu tun. Stolz beschreibt er dem Vater die Arie des Belmonte: «O wie ängstlich, o wie feurig, wissen sie wie es ausgedrückt ist – auch ist das klopfende liebevolle herz schon angezeigt – die 2 violinen in oktaven. – dies ist die favorit aria von allen die sie gehört haben – auch von mir. – und ist ganz für die stimme des Adamberger geschrieben. man sieht [!] das zittern – wanken – man sieht wie sich die schwellende brust hebt – welches durch ein crescendo exprimirt ist – man hört das lispeln und seufzen – welches durch die ersten violinen mit Sordinen und einer flaute mit in unisono ausgedrückt ist.»[427]

Im Gegensatz zur barocken Opera seria, die ja in seiner Zeit noch kräftig nachwirkt, legt sich der Arien-Komponist nicht auf einen überpersönlichen Grundaffekt – etwa den des Zorns – fest; er begnügt sich auch nicht damit, gemäß den musikästhetischen Forderungen seines

Zeitgenossen und Schiller-Freundes Christian Gottfried Körner, einen «Charakter» darzustellen. Vielmehr interessiert ihn die lebende Figur, die Person in actu; und hat er in dieser Hinsicht auch von der Opera buffa gelernt, so ist er doch einzigartig im detailliert liebevollen Ausmalen von Aktionen und Situationen, was der aufgeklärten Opernästhetik eines Diderot entspricht, jedoch nicht in ihr aufgeht.

Nicht genug zu bewundern ist die Beachtung, die Mozart dem situativen Moment schenkt, ohne dabei zwischen der Interaktion von Personen und derjenigen von Handlung und Musik zu trennen. Bereits das erste Zusammentreffen von Osmin und Belmonte zeigt, wie beides ineinander greift: Haremswächter und Seiteneinsteiger reden oder singen nicht einfach aneinander vorbei; vielmehr ist die anfängliche Nicht-Kommunikation nebst der daraus entstehenden Spannung und anschließenden Entladung kunstvoll in die Partitur einkomponiert. Ähnlich in der Romanze des Dieners Pedrillo, die als Signal für den Beginn der Entführung dienen soll: Es bricht während des letzten Ritornells ab – in dem Augenblick, als sich ein Fenster öffnet. Der Schluss des Ritornells ist jedoch nicht einfach abgeschnitten, sondern auf eine merkwürdig zögerliche Kadenz verkürzt, die zugleich ahnen lässt: Mit dieser Aktion wird Hasenfuß Pedrillo keinen Erfolg haben. Und in der Tat erscheint alsbald Osmin auf der Bildfläche, um sein «O, wie werd' ich triumphieren» anzustimmen.

Was die Kunst der Ensembles und Finali angeht, ist Mozart in der *Entführung* noch nicht auf dem Niveau von *Figaros Hochzeit* und *Don Giovanni* – trotz des witzigen Finales zum zweiten Akt, wo sich jedes der beiden Liebespaare auf spezifische Weise mit der Eifersucht herumschlägt. In der Personenzeichnung, der Simultancharakteristik und in spritzigen Details aber ist der Komponist vielfach schon auf der Höhe seines Könnens; und das macht Menschlichkeit und Glaubhaftigkeit seiner Bühnengestalten aus – selbst in einem Rührstück, welches die *Entführung* von Haus aus ist. Man darf ruhig die These vertreten, dass Mozarts Musik der Gattung des Singspiels das erst wirklich gibt, was sie zuvor nur theoretisch anstrebt: Ehrlichkeit. Freilich nicht als ethische Forderung, sondern im Sinn unverkürzter Weltsicht.

Das Publikum hat verstanden und die *Entführung* damals zur beliebtesten Oper Mozarts gemacht. Die Elite, die es besser weiß, reagiert mit Vorbehalten. Goethe, von eigenem Singspiel-Ehrgeiz getrieben, bemerkt im Jahr 1787 neidisch-gespreizt-resigniert: «Alles unser Bemühen daher, uns im Einfachen und Beschränkten abzuschließen, ging verloren als Mozart auftrat. Die *Entführung aus dem Serail* schlug alles nieder»[428]. Und Freiherr Adolph von Knigge – nicht nur Anstandswächter, sondern auch aufrechter Republikaner – urteilt ein Jahr später in seinen *Dramaturgischen Blättern*, Mozarts «herrliche Music» habe zwar eine «allgemein vortheilhafte Würkung» gemacht, das Herz mancher Leute aber leer gelassen. Dem selbst ernannten Experten für Publikumsgeschmack fehlt jene rührende Schlichtheit, die das Singspiel nun einmal haben muss. Es geht nach Knigge nicht an, dass instrumentale Geschwätzigkeit oder harmonischer Eskapismus den schönen, einfachen Gesang verdunkeln. Überhaupt ist es eine Vergeudung von Kräften, auf dem Theater ein «zu großes Kunstgewebe» auszubreiten, wenn dieses ohnehin im Trubel untergeht.[429] Denkt er dabei auch an die schon erwähnte Romanze «In Mohrenland gefangen», in welcher der heimwehkranke Pedrillo in nur siebzehn Takten sieben Tonarten berührt, ohne in einer von ihnen wirklich zu Hause zu sein?

Das erinnert geradezu an die 25 Verkleidungen, in denen der von Knigge noch heftiger kritisierte Theatermann Kurz in Wien gelegentlich als Bernadon auftritt. Dem Komponisten wie dem Theatermann gilt seine Aufforderung: «Sei, was Du bist, immer ganz, und immer Derselbe! Nicht heute warm, morgen kalt; heute der lustigste gesellschafter, morgen trocken und stumm, wie eine Bildsäule.»[430]

Bei aller Sachkunde will der Aufklärer Knigge nicht verstehen, dass es in jeder genialen Musik Unverfügbares, Kontingentes und Provokatives gibt. Und schon gar nicht kann er nachvollziehen, dass der Mozart der *Entführung* nicht nach stilistischer Reinheit strebt, vielmehr mit seiner Musik optimal die Szene besetzen möchte. Auf dieser Szene agiert er mit durchaus historischem Bewusstsein. Demnach ist zum Beispiel nicht alles unbrauchbar, was die alte Opera seria an Rollenkonzeptionen und Versatzstücken bereitstellt. Mozart rüttelt nicht an der Konstellation des Herren- und Dienerpaars; und dass er die Arie «Ach ich liebte» notgedrungen «ein wenig der geläufigen gurgel der Mad:selle

Cavallieri aufgeopfert» hat, besagt nach eigener Einschätzung nicht, dass in dieser «wälschen Bravour aria» nicht auch leidenschaftliche Gefühle ausgedrückt würden.[431]

Fast noch eindrucksvoller in ihrer Doppeldeutigkeit ist «Martern aller Arten», das andere Bravourstück der Primadonna: Konstanze hat sich für ihre Exzesse vor dem Bassa Selim aufgebaut, dem während ihrer Arie ein ausdrucksvolles stummes Spiel abverlangt wird: Wie verhält sich jemand, so fragt sich der Zuschauer neugierig, wenn er mit solchen Gesangstiraden konfrontiert wird – eine Metaebene von Kommunikation, die den Gesang ins Uneigentliche, Experimentelle hebt. Und weiter gefragt: Wie verhalten sich beide, Konstanze und Bassa Selim, angesichts eines Arien-Vorspiels, das im Gewand einer Sinfonia concertante Gefühlswelten anspricht, an welche die beiden vorher noch gar nicht gedacht haben? Da herrscht in der Tat «ganz die Musick»!

Experimentell und im Ergebnis besonders farbig ist die Figur des Osmin angelegt: Nicht zufällig animiert sie Mozart zu ausgedehnten opernästhetischen Reflexionen über die Frage, was sich Musik innerhalb – aber auch außerhalb – des Dramas erlauben darf. Osmins Zorn, so erklärt sich Mozart gegenüber dem Vater, «wird dadurch in das kommische gebracht, weil die türkische Musick dabey angebracht ist». Am Schluss, als man die Arie schon am Ende wähnt, bricht die Leidenschaft noch einmal ganz unerwartet aus: «denn, ein Mensch der sich in einem so heftigen zorn befindet, überschreitet alle ordnung, Maas und Ziel, er kennt sich nicht – so muß sich auch die Musick nicht mehr kennen – weil aber die leidenschaften, heftig oder nicht, niemal bis zum Eckel ausgedrücket seyn müssen, und die Musick, auch in der schaudervollsten lage, das Ohr niemalen beleidigen, sondern doch dabey vergnügen muß, folglich allzeit Musick bleiben Muß, so habe ich keinen fremden ton zum f|: zum Ton der Aria :| sondern einen befreundten dazu, aber nicht den Nächsten, D minor, sondern den weitern, A minor, gewählt.»[432]

Wir lassen die Devise, dass Musik stets Musik und Spiel stets Spiel bleiben möge, zunächst beiseite; sie soll uns jedoch später beim Verständnis des *Don Giovanni* weiterhelfen. Hier interessiert vor allem die Rolle des Osmin. Mozart schreibt sie geradezu um – bereits im Libretto, mehr jedoch in der Musik, welche aus einem Typus eine vollgültige

Rolle mit «individualisierendem Gestus» macht und so eine zentrale Forderung aus Lessings *Hamburgischer Dramaturgie* erfüllt.[433] In Mozarts Musik ist Osmin kein kalter Bösewicht, sondern eine vielschichtig-deftige Figur – der bekannt cholerische Nachbar von nebenan, von dem man nie weiß, ob man ihn fürchten oder auslachen soll, mit dem sich immerhin verhandeln lässt.

Auch Mozart scheint mit «seinem» Osmin zu verhandeln, um allerlei aus ihm herauszulocken – oder besser: aus sich selbst. Denn da gibt es, mit Joachim Kaiser zu sprechen, einen «Überschuß, einen präfabrizierten Reichtum an musikalischer Energie, Buntheit und Fülle»[434]. Wenngleich Mozart dem Vater versichert, er habe sich bei der Gestaltung der Rolle nicht gehen lassen, merkt man ihm das Vergnügen an, einmal selbst die Sau rauszulassen – dieses Wort bringt Mozart in einem anderen, gleichfalls der *Entführung* gewidmeten Brief unter, und zwar in verräterischem Kontext: Librettisten sollten ihre Figuren nicht reden lassen, «als wenn schweine vor ihnen stünden. – hui Sau» heißt es dort.[435]

Man ahnt das Verlangen, selbst «säuisch» zu sein, und freut sich, dass Mozart ihm in den Tiraden des Osmin musikalisch nachgegeben hat. In die *Hochzeit des Figaro* wird das schon nicht mehr hineinpassen, in den *Don Giovanni* gerade noch einmal in der gemäßigteren Form von Leporellos Register-Arie, die ja auch für einen Bass-Buffo komponiert ist. Der erste Darsteller des Osmin, Johann Ignaz Ludwig Fischer, war übrigens nicht ein bloßer «Schauspieler, der singen konnte», wie sich dies Walter Felsenstein aus dem Anspruch auf präzise Darstellerleistungen an der Komischen Oper Berlin zurechtphantasiert hat,[436] galt damals vielmehr als der erste Bassist Deutschlands und sang trotz seines enormen Stimmumfangs mit der Leichtigkeit eines Tenors.

Auch das muss Mozart animieren, den Osmin in seiner Arien-Suada «Solche hergelauf'ne Laffen» kollern, drohen und wüten zu lassen – und das alles innerhalb eines springlebendigen musikalischen Satzes, der zugleich viele alte Kompositionstechniken aufgreift: für den Kenner mit ersichtlicher Ironie, für den Liebhaber bizarr vergnüglich. Entscheidend für die Wirkung ist, dass die Musik nicht allein malt, sondern vor allem gestisch arbeitet; denn das gibt uns Hörern das Gefühl, aktuell dabei zu sein, mitgestikulieren zu können.

In sublimer Form findet sich diese genuine Theaterhaltung auch in Mozarts Instrumentalmusik – darauf hat Thrasybulos Georgiades mit Nachdruck hingewiesen. Doch dort muss alles auch immanent verständlich sein! Im Kontext der Szene dürfen hingegen Wendungen auftauchen, die innerhalb eines Sinfoniesatzes rätselhaft erscheinen könnten; denn nunmehr sind sie geradezu im Wortsinn nachvollziehbar. Auf dieser Ebene – nicht vor dem Hintergrund irgendwelcher Libretti – zeigt sich der spezifische Opern-Realismus Mozarts. Dieser löst damit opernästhetische Grundsatzfragen so unaufdringlich, dass ein knappes Jahrhundert später Richard Wagner bei aller Wertschätzung für seinen Vorgänger es gar nicht merkt: Während er dem Musikdramatiker Mozart bloß «besonnene Einfachheit» bescheinigt, rühmt er sich selbst harmonischer Kühnheiten, die in reiner Instrumentalmusik «geradeweges unsinnig» wirken müssten, im Kontext des musikalischen Dramas und der Leitmotivtechnik jedoch von höchster Wirkung seien.[437]

Nicht zu vergessen: Mozart schreibt fürs Publikum! Der Schluss des ersten Akts der *Entführung* «wird recht viel lärmen machen – und das ist Ja alles was zu einem schluß von einem Ackt gehört – Je mehr lärmen, Je besser; – Je kürzer, Je besser – damit die leute zum klatschen nicht kalt werden»[438]. Das alles fügt sich zur Einheit, weil der Komponist sinngemäß von sich sagt und sagen darf: Ich kann's, ich habe Einfälle und Geschmack, doch ich übertreibe nicht; und weil er – darin Verdi verwandt – auf die Szene schaut und nicht beständig – wie Beethoven oder Wagner – auf hehre Ziele.

Man kann sich freuen, dass der 25-jährige Komponist in Wien nicht gleich dem Signor da Ponte, sondern zunächst dem Hallodri Stephanie junior begegnet ist, an dessen meistenteils gestohlenem Libretto er zum letzten Mal seine Jugendkraft austoben wird. Ein schulgerechtes National-Singspiel ist diese wichtige «Drehscheibe» in Mozarts Opernschaffen zwar nicht geworden,[439] wohl aber das Singspiel aller Singspiele – die prallste deutschsprachige Oper des 18. Jahrhunderts. Von dort geht der Weg in direkter Linie weder zur *Zauberflöte* noch zum *Fidelio*, eher schon zum *Freischütz* und zum *Fliegenden Holländer*.

«Le nozze di Figaro»

Ein treffender Titel: Denn das Einzige, was vor dem Wirbel jenes «tollen Tages» standhält, den die Librettovorlage beschwört, ist Figaros Entschlossenheit, mit seiner Susanna Hochzeit zu machen. In drei von vier Aktschlüssen drängt dieser Virtuose im Überstehen der «bizarre suite d'événements», der turbulenten Verwicklungen, die Beaumarchais' Gesellschafts- und Aktionskomödie La Folle journée den Esprit geben, auf Heirat. Den entsprechenden Dispens muss der Diener seinem Herrn Almaviva abtrotzen – ein Faustpfand, das der Graf ob eigener Interessen an Susanna nicht gern aus den Händen gibt. Natürlich ist auch die Gräfin involviert, desgleichen der ständig verliebte Page Cherubino. Dazu ein buntes Ensemble von Nebenfiguren, welche die Intrige behände in Gang halten.

Von Anfang bis Ende Erotik und Eifersucht, Listen und Lügen, Verwicklungen und Verwechslungen – mit schließlicher Versöhnung: «Contessa perdono!» – «Più docile io sono, e dico di sì.» Doch morgen wird es weitergehen, und dies so lange, wie es solcherart Gesellschaft gibt, und wohl noch über sie hinaus. Hinter den angefaulten feudalen Ordnungen lauern Begehrlichkeiten aller Art. Wir erleben Schillerndes und Zweideutiges, aber auch Naives und Inniges – wobei sich urplötzlich das eine im anderen entpuppt.

Für das Gespann von Librettist und Komponist ist es eine Mutprobe höchsten Grades, sich an Beaumarchais' Sprechkomödie heranzuwagen. Denn dessen Toller Tag bedarf keiner Musik. Goethe lobt seine «humoristischen Kühnheiten» über alles,[440] und ein trefflicher Literatur- und Musikkenner unserer Tage nennt ihn «das vollkommenste Lustspiel des 18. Jahrhunderts»[441]. Er ist es in einem ganz unmittelbaren Sinn, nämlich in der Dichte und atemberaubenden Perfektion seiner Aktionen. Und auch angesichts der Dynamik einer Handlung, die auf schon fast strukturalistische Weise demonstriert, wie sich das Verhalten einer Person aus Verhaltenselementen der anderen zusammensetzt.

Kann und soll man das durch Musik verdoppeln oder interpretieren? Da Ponte und Mozart sind sich klar darüber, dass nur ein grundsätzlich neuer Zugang zum Musiktheater Erfolg verspricht; und tatsächlich können beide im Vorwort zum deutschen Textbuch mit Fug und Recht von einer «fast neuen Art des Schauspiels» sprechen. Der Hinweis, dass *Die Hochzeit des Figaro* in Mozarts eigenhändigem Werkverzeichnis als «opera buffa» bezeichnet ist, im italienischen Libretto aber als «Comedia per musica» und sinngemäß im deutschen als «Schauspiel in Musik», ist da nur für Kenner interessant. Denn ohnehin entsteht – auf dem Boden der Buffa und deren Mechanismus zugleich aushebelnd – etwas zuvor nicht Gekanntes, musikhistorisch Einmaliges. Rossini meinte: Während er selbst und andere Italiener nur «opere buffe» gemacht hätten, sei Mozart mit dem *Figaro* ein wahres «dramma giocoso» gelungen.

Einmalig jedoch nicht nur wegen gattungsästhetischer Experimente, sondern auch ob des mutigen Umgangs mit dem Zeitgeschehen; und eines bedingt das andere. Beaumarchais' Komödie ist ja gerade erst auf dem «Markt» und politisch hoch umstritten: Als schonungslose Kritik an den verrotteten Zuständen im Ancien Régime ist sie eine satirische Aufkündigung jener alten Gesellschaftsordnung, der Rousseau kurz zuvor seinen idealen *Contrat social* gegenübergestellt hat. Es ist müßig, zu fragen, ob der Dichter des *Tollen Tags* damit eine Revolution vorbereiten wollte – denn wer hätte sich vorab vorstellen können, dass das Volk im Juli 1789 die Bastille stürmen wird, worauf sich Beaumarchais mit der Überwachung der Abbrucharbeiten beauftragen lässt, um seine nahe gelegene Villa vor Übergriffen schützen zu können ... Jedenfalls wird das Stück des auf alle möglichen Züge aufspringenden Literaten, Diplomaten und Geschäftsmanns als so gefährlich eingeschätzt, dass es in Paris unter der Zensur zu leiden hat und seine Aufführung im josephinischen Wien dauerhaft verboten ist.

Indem Mozart den *Tollen Tag* da Ponte als Grundlage für ein Operntextbuch empfiehlt und selbiger mit dem Kaiser ausführlich wegen einer Libretto-Fassung verhandelt, ist beiden das politisch Brisante ihres Vorhabens bewusst. Zwar ist es dem aufgeklärten und sittenstrengen Monarchen trotz aller Bedenken möglicherweise nicht unlieb, wenn einem einzelnen Vertreter «seines» Adels der Spiegel vors Gesicht gehalten wird; doch letztlich gehen beide Künstler ein hohes Risiko ein – augenscheinlich aus Lust am Gegenstand und am Spiel mit dem Feuer.

Daher ist der Versuch, dem großmütigen Kaiser gleichsam postum zu Hilfe zu kommen und das allgemein Menschliche, ja explizit Unpolitische am Figaro hervorzuheben, nur wenig wert. Doch es gibt ihn! Die Tradition der Abstinenzler reicht von Goethes Schwager Christian August Vulpius, der schon 1788 eine verharmlosende Übersetzung verfasst, bis zu Wolfgang Hildesheimer: Da regiert das Vorurteil, dass Politisches und Ästhetisches – oder besser: Menschliches – sich ausschließen müssten. Gerade die Person Mozarts zeigt jedoch, dass dies nicht zutrifft. Zwar lässt sich nicht leugnen, dass da Pontes Libretto die satirische Schärfe der Vorlage abschwächt und zum Beispiel Beaumarchais' Gerichtsszene, die von den Moralvorstellungen des Grafen nichts übrig lässt, weitgehend übergeht – was Gustav Mahler im Jahr 1906 auf die abenteuerliche Idee brachte, sie durch die Einfügung selbst komponierter Accompagnati zu restituieren. Indessen wird durch da Pontes Verzicht auf einzelne Wortpointen zugunsten einer gestischen Profilierung der Hauptcharaktere manches sogar klarer. Das gilt besonders für die Rolle des Figaro, mit der sich Mozart zu wichtigen Anteilen identifiziert – anderes ist nicht denkbar: Man muss nur seine lebenslangen Zornesausbrüche angesichts der Ungerechtigkeit von Standespersonen wahrnehmen, um zu wissen, wie tief der Groll schon vor dem berühmten Fußtritt des Grafen Arco sitzt und wie lange er nachwirkt.

Freilich darf man Mozarts Klassenbewusstsein nicht genuin politisch deuten und schon gar nicht mit dem Wunsch nach Revolution verwechseln: Ein solcher hätte seinen Denkhorizont sicherlich überstiegen; und selbst der Terminus «sozialkritisch» klingt im Blick auf den Figaro reichlich eifernd. Doch offenkundig gilt Mozarts Sympathie einem Libretto, das zum guten Schluss nicht ein königliches Paar oder einen Bassa Selim hochleben lässt, vielmehr dem Dienergespann Figaro/Susanna eine freundlichere Zukunft eröffnet als dem gräflichen Paar, das trotz einer mit allgemeinem Schlussapplaus bedachten Versöhnungsgeste nicht so schnell aus den eigenen Querelen herauskommen wird. Was schreibt der 22-jährige Mozart seinem Vater: «dem H:

von schidenhofen war es nothwendig sich eine reiche frau zu wählen; das macht sein adl. Noble leüte müssen nie nach gusto und liebe heyrathen, sondern Nur aus intereße, und allerhand nebenabsichten; es stünde auch solchen hohen Personen gar nicht gut wenn sie ihre frau etwa noch liebeten, nachdemm sie schon ihre schuldigkeit gethan, und ihnen einen Plumpen Majorads=herrn zur welt gebracht hat. aber wir arme gemeine leüte, wir müssen nicht allein eine fraunehmen, die wir und die uns liebt, sondern wir därfen, können, und wollen so eine nehmen.»[442] Das ist aktuell aus seinen Beziehungen zu den «Weberischen» in Mannheim zu erklären, doch zugleich ein Credo.

Doch nun das andere: Mozart schreibt keine Oper zu Ehren Figaros, der im Wirbel der Geschehnisse letztlich kaum mehr die Übersicht behält als alle anderen; seine Anteilnahme gilt vielmehr allen Mitgliedern des Ensembles. Diese sind an ein und dieselbe Lebensquelle angeschlossen und agieren ohne Wertgefälle miteinander – das gilt zumindest für die Hauptpersonen. Da muss gleiches Recht für alle gelten: Nicht allein scheint die Sonne der Musik auf Gute und Böse, Gerechte und Ungerechte; vielmehr gibt es derlei Wertungen erst gar nicht. Dafür sorgt nicht allein, wie man gern unterstellt, die alles verklärende Musik, sondern bereits die Handlung, in welcher – ganz anders als beim beständig moralisierenden Wagner – für charakterliche Wertungen gar keine Zeit ist: Es gibt genug von einem auf den nächsten Augenblick zu tun! Mozarts Logenbruder Johann Pezzl erwähnt in seiner *Skizze von Wien* einen «Spanier», der beim täglichen Theaterbesuch regelmäßig einschläft und, durch die «Final-Klatscherei» geweckt, stereotyp fragt: «Ist schon alles verheiratet?»[443] Beim *Figaro* ist solches kaum denkbar, obwohl es auch dort um Heirat geht.

Indessen gibt es zweierlei Handlung: die aktuelle, geradewegs im Jahr der Uraufführung, also 1786, angesiedelte – dies schon eine kleine Sensation für sich, weil damals nahezu alle Libretti ein historisches Mäntelchen tragen. Und diejenige einer Musik, die sowohl konkretisiert als auch verallgemeinert. Konkret wird das ästhetische Erlebnis dadurch, dass körperliche wie seelische Regungen nicht – wie im Sprechtheater – den Zuschauern bloß von außen nahe gelegt, vielmehr von ihnen via Musik als Schwingung des eigenen Innern erlebt werden.

Goethe wusste, warum er seinen Faust II gern in einer Vertonung durch Mozart vernommen hätte.

Allgemeinheit erhält das Vorgestellte dadurch, dass die aktuell erklingende Musik dem Strom von Tönen zugeordnet wird, der beständig in unserm Innern fließt. Die von Schopenhauer artikulierte Vorstellung, dass Musik den allgemeinen Weltwillen ausdrücke und deshalb vom Unbewussten als unhintergehbare Macht erfahren werde, ist im Menschen weit stärker verankert als die Überzeugung, der Sprache zu bedürfen.

Gibt es dieses Wechselspiel von Konkretheit und Allgemeinheit grosso modo zwar in a l l e r Musik, so erreicht es uns wachen Sinnes doch vor allem angesichts großer Kunst nach Art des Figaro – nicht zuletzt aufgrund der Spannung zwischen Handlung und Musik, die in diesem Werk einzigartig ist. Es zählt nun nicht mehr Mozarts Maxime aus der Entführungs-Zeit, dass die Poesie der Musik gehorsame Tochter sein müsse; ebenso wenig gilt freilich die traditionelle Arbeitsteilung, derzufolge den Anforderungen der Handlung mit gesprochenen oder gesungenen Dialogen Genüge getan wird, während sich die Musik in Arien und Ensembles ausleben darf, die man – nach dem Vorbild Händels oder des frühen Gluck – mit neuem Text problemlos von einer Oper in die nächste verpflanzen kann. Über der Arbeit am Figaro einigen sich Librettist und Komponist vielmehr auf ein höheres Drittes.

Im aktuellen Fall sind die Voraussetzungen besonders gut, indem nicht etwa nacheinander Libretto und Musik entstehen, Dichter und Komponist sich vielmehr gemeinsam der Prosavorlage von Beaumarchais annehmen und überlegen, was daraus zu machen ist. Wie man den überlieferten Äußerungen entnehmen oder plausibel schließen kann, geht Mozart von animierenden Schlüsselszenen aus – in der selbstbewussten Erwartung, dass «unter allen opern die wehrender zeit bis meine fertig seyn wird aufgeführt werden können, kein einziger gedanke einem von den meinen ähnlich seyn» wird.[444] Das passt, obwohl auf das Fragment L'oca del Cairo gemünzt, durchaus auch auf den Figaro und zielt schwerlich nur auf schöne Einfälle für einzelne Arien und Ensembles, vielmehr vor allem auf die Neuheit der Konzeption; und dazu passt das

Selbstbewusstsein, mit dem da Ponte seinerseits die Kunst seiner Finalkonstruktionen entwickelt und beschreibt.

«Finale»: Da grummelte Mozarts älterer Zeitgenosse Niccolò Jomelli, ein solches mache mehr Arbeit als acht Arien;[445] für das Verständnis des *Figaro* ist es ein Schlüsselwort: Das Finale des zweiten *Figaro*-Akts umfasst 939 Takte, also 194 Takte mehr als die fünf vorangegangenen Szenen zusammen! Da wirkt die Bezeichnung «Finale» geradezu deplaziert; denn Librettist und Komponist sind voller Lust damit beschäftigt, die alte Ordnung zu demontieren, derzufolge ein Finale, seinem Namen entsprechend, den Akt so furios schließt, wie Mozart dies für die *Entführung* noch selbst gefordert hatte. Nunmehr geben sie der Tendenz nach, den ganzen Akt in furiose Handlung aufzulösen! Indessen will das Wort «Auflösung» zu Mozarts Musik nicht passen. Denn diese begnügt sich keineswegs damit, das Ihre zu einem perfekten Schauspiel beizutragen. Vielmehr komponiert Mozart trotz allen Sich-Einlassens auf die Handlung autonom: Indem er das zweite *Figaro*-Finale schreibt, hat er nicht nur die konkrete Handlung vor Augen, sondern zugleich eine Art musikalischer Urszene, in der auch ohne Worte eines zum andern passt.

Doch zunächst zur Szene selbst: Sie beschreibt einen Ausschnitt aus jenem Hürdenlauf, den Figaro im Kampf um seine Heirat vollführen muss. Gräfin und Susanna versuchen nach Kräften zu helfen, was freilich oft genug nur neue Verwirrungen nach sich zieht, die Cherubino noch steigert, indem er beständig den Frauen nachstellt – so auch der Gräfin. In deren Suite rüttelt Graf Almaviva zu Beginn des Finales in rasender Eifersucht an der Tür zu einem Seitenkabinett, in dem beide Cherubino versteckt wähnen. Als die Gräfin nach langen Ausflüchten und trotz größter Sorge um ihre Ehre und um das Leben des Pagen endlich mit dem Schlüssel herausrückt, wird das Kabinett von innen entriegelt, und zur grenzenlosen Überraschung des gräflichen Paars tritt Susanna heraus, die kurz zuvor unbemerkt von beiden anstelle des Pagen hineingeschlüpft ist, während Cherubino über den Balkon entwichen ist. Der Graf muss sich bei seiner Comtessa entschuldigen und scheitert anschließend auch bei dem Versuch, eine von Figaro, Gräfin und Susanna gemeinsam ausgeheckte Intrige zu durchschauen, die ihn mittels der fingierten Einladung zu einem Stelldichein in eine kompromittierende Situation und damit in die Defensive bringen soll: Trotz einander widersprechender Erklärungsversuche können die drei den Kopf aus der Schlinge ziehen.

Doch da meldet der angetrunkene Gärtner Bartolo, es sei jemand vom Balkon in den Garten gesprungen und in seinen Blumen gelandet. War das wohl Cherubino? *Ich war's*, erklärt Figaro dreist dem Grafen, *denn Ihr habt so heftig an der Tür zum Kabinett gerüttelt, dass ich Angst bekam!* Doch weshalb hat dann Bartolo bei den Fußspuren das Offizierspatent Cherubinos gefunden? *Ich habe es an mich genommen*, lügt Figaro weiter, *denn es fehlte ... – Ja, was fehlte denn da?*, insistiert der Graf hämisch. – *Euer Siegel*, souffliert die Gräfin Susanna und diese Figaro. Wieder zieht der Graf den Kürzeren, als endlich seine lang erwartete Geheimwaffe, die alte Marcellina, erscheint, um mit Doktor Bartolo als Rechtsbeistand und Musiklehrer Basilio als Zeugen ein Eheversprechen einzuklagen, das sie vor Zeiten von Figaro gegen ein Darlehen erpresst hat. Ist dieser somit für die Heirat mit Susanna gar nicht frei? Das muss erst einmal untersucht werden ...

Wie soll man die Atemlosigkeit des Geschehens, dessen besonderer Witz darin besteht, dass jede Aktion von der nachfolgenden konterkariert wird, in Musik setzen? Mozart schafft dafür ein Konzept von Musiktheater, das ganz neuartig, wenngleich in *Idomeneo*, in der *Entführung* und bei Zeitgenossen wie Paisiello oder Cimarosa erahnbar ist. Die Alternative von offener und geschlossener Form, von Rezitativ und Arie wird zwar nicht außer Kraft gesetzt, aber im Wortsinn unterlaufen: Unterhalb der vermeintlichen Primärphänomene Sprache bzw. Lied und Tanz, auf denen Rezitativ und Arie basieren, gibt es einen interaktiven Raum, in dem die Musik regiert,[446] ohne dass gesprochen oder gesungen würde. Platon nennt ihn in seinem Dialog *Timaios* die «Chora». Dort erwacht der Mensch zum Leben, um in vielen Anläufen, mit Überraschungs- und Wiedererkennungseffekten zu sich und zur Welt zu finden. Es ist das Privileg großer Komponisten, mit ihrer Kreativität an diese Chora angeschlossen und in der Lage zu sein, spontane Impulse aufzunehmen und Kontingenzen zu riskieren, bevor noch das Handwerkliche greift. Mozart übertrifft darin alle – speziell im Finale des zweiten *Figaro*-Akts.

Von dem Dichter Jorge Luis Borges stammt die berühmt gewordene Nonsense-Taxonomie, nach der «die Tiere sich wie folgt gruppieren: a) Tiere, die dem Kaiser gehören, b) einbalsamierte Tiere, c) gezähmte, d) Milchschweine, e) Sirenen, f) Fabeltiere, g) herrenlose Hunde, h) in diese Gruppierung gehörige, i) die sich wie Tolle gebärden, j) unzählbare, k) die mit einem ganz feinen Pinsel aus Kamelhaar gezeichnet sind, l) und so weiter, m) die den Wasserkrug zerbrochen haben, n) die von weitem wie Fliegen aussehen»[447]. Was die Heterogenität orgineller Einfälle angeht, scheint auch das zweite *Figaro*-Finale dem Verfahren zu folgen, voller Neugier aufzunehmen, was gerade im Blickfeld ist. Doch das ist nur die eine Hälfte der Wahrheit, während die andere lautet: Nur ein Mozart, der die *Entführung* geschrieben, beim Baron van Swieten wichtige Bach-Erfahrungen gemacht und die *Linzer Sinfonie*, das d-Moll-Klavierkonzert und die *Haydn-Quartette* im Rücken hat, verfügt über das notwendige handwerkliche Rüstzeug, um mit der Ereignisfülle des Librettos fertig zu werden.

Es reicht nicht aus, in die Chora abzutauchen, um die Spaltung von Aktion, Poesie und Musik zu hintergehen und sich an ein Ganzheitserleben anschließen zu lassen; es genügt auch nicht, die Lust, einen so großen interaktiven Raum, wie ihn das zweite *Figaro*-Finale darstellt, angemessen mit Musik zu erfüllen – man muss k ö n n e n , das heißt in der Lage sein, einerseits fast tausend Takte oder zwanzig Minuten lang geschmeidig mit der Handlung zu gehen, andererseits mit Hilfe der Musik ein diskursives Netz aufzuspannen, das den Hörern ein Gefühl von Prägnanz, Stimmigkeit und Geborgenheit jenseits der Einzelaktionen gibt.

Der Ausgleich zwischen beiden Ebenen – emphatischer gesprochen: Weltzugängen – ist bis dato auf namhaftem Niveau nicht versucht worden. Man denke nur, dass der lange Chor am Ende des ersten *Idomeneo*-Akts den gemessenen Formen einer Chaconne folgt und die Aktion zugunsten einer konventionellen Huldigung des Meeresgottes Neptun zurückstellt. Dafür sind zwar im Wesentlichen spezifische Gattungstraditionen verantwortlich; gleichwohl darf man behaupten, dass Mozart zur *Idomeneo*-Zeit Finali nach Art des *Figaro* noch nicht hätte schreiben können und vice versa in den Tagen des *Figaro* auf die Idee eines Chaconne-Finales kaum mehr verfallen wäre.

Was er – auf der Basis seiner neuen Definition von Musiktheater – an Kompetenz hinzugewonnen hat, lässt sich unter mimetischem und strukturellem Aspekt betrachten. Im mimetischen Bereich verschiebt Mozart, um dem Libretto vollkommen gerecht zu werden, den Akzent von der Schilderung eines Charakters oder aktuellen Seelenzustandes innerhalb der einzelnen Arie – «O wie ängstlich, o wie feurig klopft mein liebevolles Herz» – auf das Nacherleben der Aktion und Interaktion. Seismographisch reagiert das Orchester auf sich ankündigende oder plötzlich eintretende Veränderungen der Situation. Es staunt mit offenem Mund, wenn Susanna aus dem Kabinett tritt, in dem das gräfliche Paar Cherubino zu wissen meint. Und während wir auf die nächste peinliche Enthüllung warten, liegt das Orchester mit drohenden Orgelpunkten auf der Lauer – wie ein Raubtier vor dem großen Sprung.

Die Sängerinnen und Sänger stellen sich ganz in den Dienst der Szene, poltern oder sprechen unsicher beiseite, wie es gerade angebracht ist. Doch das hat nichts mit dem traditionellen Secco-Rezitieren zu tun; vielmehr schafft Mozart der Musik allzeit ihr eigenes, durchaus üppiges Bett. Und obwohl dieses Finale keine ausgeführten Arien oder Duette kennt, sind die Stimmen sanglich geführt, auch wenn der Duktus der Handlung immer wieder zu ironischen Brechungen führt. Wenn Gräfin und Susanna sich zum terzenseligen Duo «Le vostre follie non mertan pietà» («Eure Narreteien verdienen keine Gnade») vereinen, erinnert das einerseits an die Gesangsstunden, die sie beim Musikmeister Basilio nehmen; andererseits hat es etwas vom synchronen Geschnatter derer, die noch einmal davongekommen sind und nun dem Grafen gegenüber den Spieß umdrehen möchten: Die Dienerin triumphiert in den höchsten Tönen und mit dem größten Vergnügen, die Herrin hingegen steht noch unter Schock und folgt ihr eher mechanisch.

Der springende Punkt ist, dass Mozart nicht an der Handlung entlangkomponiert, sondern ein energetisches Feld aufbaut, das a priori, rein musikalisch, sinnvoll ist. Wie man Hanns Eislers Musik zu Joris Ivens Film *Regen* auch ohne die bewegten Bilder, nämlich als das Quintett *Vierzehn Arten, den Regen zu beschreiben*, aufführen kann, ließe sich auch das zweite *Figaro*-Finale nach einigen Retuschen in einer Instrumentalfassung hören, die zwar merkwürdig, jedoch durchaus interessant klänge. Kein Zufall, dass Arnold Schönberg an der kompositorischen Struktur der Szene nach dem Heraustreten Susannas aus dem Kabinett beobachtet hat, dass sie weitgehend seinem Prinzip der «entwickelnden Variation» folge.[448]

Interessant zu sehen, dass Mozart den Hörgewohnheiten seiner Klientel zum Aktschluss mit einem affirmativ klingenden Schlusstableau noch einmal ausdrücklich entgegenkommt. Zunächst zweifelt man, dass der festlich militärische Hofton zu jener kritischen Situation passe, die Marcellina durch ihre Heiratsansprüche zu guter Letzt noch einmal heraufbeschwört. Bei genauerem Hinhören ist dann freilich deutlich zu vernehmen, wie erbittert die Parteien weiterhin streiten; und alle überragt die Stimme der Susanna – der Einzigen, die auch hier mit warmer Leidenschaft um ihre natürlichen Rechte kämpft.

Doch ganz gleich, ob man das vollständige Finale als Rondo, als Sonatensatz oder als Steigerungsform mit einer Fülle von motivisch-thematischen Vernetzungen analysiert: Unüberhörbar ist hier ein Meister nicht nur der Personenführung, sondern auch der ungezwungen ordnenden Architektur am Werk.[449] Die enorme Dichte des Librettos ist nicht punktgenau in Musik übersetzt; vielmehr pulsiert diese Musik in ihrem eigenen Körper. Schwärmerisch gesagt: Der Reiz dieses Finales, hier pars pro toto der Oper betrachtet, besteht darin, dass sich in jeder geglückten Aufführung die Körper von Handlung und Musik aufs Neue vereinen – und dies nicht mit der Bedeutungsschwere, die uns in Wagners *Tristan und Isolde* entgegenkommt, sondern mit einer Behändigkeit, die sich gern mit der Chiffre «mozartisch» belegen, jedoch nur schwer beschreiben lässt.

Auch Mozarts Wiener Antipode Salieri nimmt buffoneske Leichtigkeit für sich in Anspruch und will sie von seinem Lehrer Florian Gaßmann haben.[450] Doch an Anzüglichkeiten und feiner Ironie kann er es sicher nicht mit Mozart aufnehmen. Wenn Figaro in seiner Arie «Non più andrai farfallone amoroso» («Aus und vorbei, verliebter Schmetterling») gleichsam Arm in Arm mit dem Grafen seinen Spott über den wegen seiner ständigen Tändeleien vom Hof verbannten Cherubino ausgießt, erklingt dazu eine Musik, die man im Sinn beschwingten Marschierens deuten kann. Indem jedoch der Tonfall des eifersüchtigen Figaro immer hämischer und seine Schilderung der bevorstehenden Entbehrungen und Gefahren immer zynischer wird, wandelt sich auch die Musik: Sich geradezu verselbständigend, intoniert das Orchester einen regelrechten Militärmarsch, zu dessen Klängen unser inneres Auge den armen Cherubino «über Berge, durch tiefe Täler, bei Schnee und Hitze» stolpern sieht, während ihm «die Kugeln in allen Tönen um die Ohren pfeifen». Das ist nicht etwa passgenaue Tonmalerei; vielmehr schafft Mozart einen Freiraum, in dem unsere Phantasie vor ihrem jeweils eigenen Erfahrungshorizont Handlung und Musik – vergleichbar moderner Filmmusik – verschmelzen kann.

Das autonom Musikalische ist freilich nicht nur in solchen Finessen oder in hintergründigen kompositorischen Strategien präsent, sondern auch in den ja gar nicht wenigen Nummern, die dem Anspruch der traditionellen Arie gerecht werden. Mozart ist klug und konservativ genug, selbige im *Figaro* trotz großer Ereignisdichte nicht zu verschmähen, vielmehr – vor allem in der Tradition der Seria – in Ehren zu halten. Susannas Ständchen lebt nicht nur von der Situation: Ungeachtet der vollendeten Verse da Pontes ist es ein Juwel an sich – ein Eintauchen in die Natur, ein Aufgehen im Eros, ein Sentiment, das dem Klavierlied des 19. näher ist als der Kanzonette des 18. Jahrhunderts. Auch die traurige Cavatine der Gräfin «Porgi amor qualche ristoro» zu Anfang des zweiten Akts ist in diesem Sinn so sehr reine Musik, dass darüber die charakteristischen Arien der Nebenrollen – freilich ganz zu Unrecht – in den Hintergrund treten oder gar gestrichen werden. In unnachahmlicher Weise bedient die Musik des *Figaro* unser Kurz- u n d unser Langzeitgedächtnis: jenes in fesselnden Aktionen, dieses im beständigen Zauber einzelner Gesangsnummern.

Den Opernkomponisten Mozart in die Mitte von vier Jahrhunderten europäischer Operngeschichte und *Figaros Hochzeit* wiederum ins Zentrum von Mozarts Bühnenschaffen zu rücken, ist nur ein Gedankenspiel, aber ein schönes – angesichts der einmaligen Konstellation, in der dieses Werk ans Licht kommt. Ein Libretto mit Ausnahmequalitäten trifft auf einen Komponisten, der inzwischen souverän genug ist, um ihm gerecht zu werden. Die Koinzidenz reicht jedoch tiefer: Mozart entzündet sich an dem im Textbuch thematisierten Widerspruch zwischen einer äußerlich intakten, substanziell jedoch zerfallenden Feudalgesellschaft. Einerseits wahrt er die «Form», komponiert wie gehabt Arien, Cavatinen, Secco-Rezitative, Accompagnati und festliche Ensembles, andererseits weiß er die im Libretto vorgegebenen Grenzverwischungen zwischen Herrschaft und Dienerschaft und damit die faktische Auflösung der höfischen Formen genial zu nutzen, um die Interaktion von Individuen anstatt von Standesvertretern vorzuführen.

Die Musik kann dies leisten, ohne zu werten oder zu gewichten: Gern genügt sie dem humanistischen Anspruch, Menschen in ihrer Ungleichheit als gleichwertig zu sehen. Ohne an seinem realistischen Blick für die heillosen Alltagsverhältnisse am Hof des Grafen Almaviva zu zweifeln, darf man Mozart unterstellen, dass es ihm mit solchem Ethos ernst ist. Dieses übernimmt nicht die optimistische Welterkenntnis naiver Aufklärung, will auch nicht mit Beethoven durch Nacht zum Licht gelangen, sondern tanzt wie ein Boot auf bewegter See ohne Furcht und Hoffnung – zwar aktuelle Versöhnung, aber keine triumphalen Siege kennend.

Figaro – ein Werk des klassischen Ausgleichs von Form und Inhalt, von Schein und Wirklichkeit? So will es die Wirkungsgeschichte wissen; jedoch verliert, was von der idealen Mitte vereinnahmt wird, sehr bald seine Ecken und Kanten. Es bedarf dann nur eines weiteren Schrittes, und wir befinden uns im Rokokotheater,

... um einen *Don Giovanni* bittend!

«Don Giovanni»

> «Wir bringen die Indianer», sagt der ältere Missionar, «einfach nicht von der Grundvorstellung weg, daß unser gewöhnliches Leben nur eine Illusion darstellt, hinter der sich die Realität der Träume versteckt.» – «Das interessiert mich sehr», unterbricht ihn Fitzcarraldo, «wissen Sie, ich bin ein Mann der Oper.»
>
> Werner Herzog: Fitzcarraldo[451]

Um *Flüchten oder Standhalten* geht es – jedenfalls aus der Sicht des Diener-Herren-Paars Leporello und Don Giovanni. Der mit dem Namen Hasenfuß stiehlt sich gern davon und warnt auch seinen Herrn ein ums andere Mal vor halsbrecherischen Abenteuern – «Ich rieche Weib» – nicht der Moral, sondern der Gefahr wegen. Als am Ende der Geschichte der Steinerne Gast an die Tür pocht, um dem Wüstling eine letzte Gelegenheit zur Reue zu geben, bleibt der Diener bei seinem Stil: «O je! Er hat gar keine Zeit, entschuldigt!» Doch sein Herr dementiert umgehend: «Feige soll man mich niemals nennen!» Noch seine Höllenfahrt begleitet er mit den Worten: «Nein, nein, ich bereue nichts!»

Was der eine zu viel, hat der andere zu wenig. Eine Welt voll feiger Leporellos wäre nicht zu ertragen; noch weniger allerdings eine Welt voller Wüstlinge, die in ihrer sexuellen Begierde nichts anderes kennen als Schrankenlosigkeit oder Tod. Selbst d e r wird als Triumph gesehen: Die Todesgöttin sei seine größte Eroberung, «seine treueste Freundin», meint Ortega y Gasset.[452] Da gleicht Don Giovanni Fausts Wagner, dessen Credo «Zwar weiß ich viel, doch möcht ich alles wissen», sich mit entsprechender Abwandlung Don Juan in den Mund legen ließe: «Zwar liebt ich viel, doch möcht ich alle lieben.» Triebmenschen, die weder Kompromisse schließen noch einer höheren Macht sich beugen wollen, sind sie beide – der eine im Geist, der andere im Fleisch.

E r t r a g e n kann die Gesellschaft beide nicht; und deshalb hat es seinen guten Sinn, dass die Prager Originalfassung der Oper mit einem «lieto fine», nämlich mit der fugiert vorgetragenen Moral endet: «Wir alle, o liebe Leute, wiederholen freudig das uralte Lied: Dies ist das Ende dessen, der Böses tut!» Doch v e r f a l l e n waren ihm alle: Jeder wollte in seinem Gefolge verführen oder verführt werden. So signalisiert es jedenfalls die Musik der «scena ultima», welche die Beteiligten nur an der Oberfläche als triumphierende Sieger, unterschwellig jedoch als ausgelaugte, um Fassung ringende Verlierer zeigt.

Vordergründig betrachtet, gibt es nur einen ausschweifenden jungen Adeligen – geradezu ein Prototyp der alten Gesellschaft. Und der steht nach herrschendem Moralkodex der Zeit am Ende zwar als notorischer Gotteslästerer da, jedoch nicht als Mörder oder Vergewaltiger. Dass er den Komtur im Duell um die Ehre der Donna Anna niedersticht, wird er selbst als Kavaliersdelikt betrachten: Er hat den alten Mann gewarnt. Und ob er zuvor der Tochter im strikten Sinn Gewalt angetan hat, wissen wir nicht. Vielleicht will Leporello mit einer solchen Behauptung – er war ja nicht dabei – seinen Herrn nur zu dem Eingeständnis provozieren, zurückgewiesen worden zu sein! So sieht es jedenfalls Walter Felsenstein, der um seine «Wahrheit» mit nicht geringerer Verbissenheit kämpft als andere Interpreten – in der Tradition E. T. A. Hoffmanns – um die ihre.

Als ob ein Libretto formale Wahrheit haben könnte und müsste! Vermutlich hat da Ponte diesen Punkt ganz bewusst offen gelassen: Muss man mehr wissen, als dass Donna Anna von der Begegnung mit dem maskierten Unbekannten tief erschüttert und getroffen ist? Das verbleibende Halbdunkel ist geradezu Bedingung einer Titelfigur, die ihre wahre Existenz im Untergrund kollektiver Phantasie führt, wo Verführung und Gewalt als Einheit erlebt werden, wo Lust keinen Aufschub duldet und alle rationalen Vorstellungen von individueller und gesellschaftlicher Ordnung überschwemmt. Hinter Don Juan steht die Verzweiflung darüber, dass der Mensch allein nicht das Ganze, vielmehr bis zum Verbluten dem anderen Geschlecht ausgesetzt ist.

Lässt sich diese archetypische, vieldeutige Gestalt überhaupt materialisieren? Für Kierkegaard ist der Titelheld zwar «Nenner» und «Grundkraft» von da Pontes und Mozarts Oper, jedoch nicht durch seine Person, sondern durch sein «Wesen»; und das ist nichts als «Musik»[453]. Ähnlich argumentiert Hans Neuenfels in seiner Stuttgarter Inszenierung von 2002: Don Giovanni ist eine Projektion in den Köpfen der anderen, die freilich von ihm nicht loskommen und deshalb nach seinem Abgang nur noch Leere empfinden – oder in jene Normalität zurückkehren, die der Zählappell der Ko-Abhängigen im Schluss-Sextett beschwört: Die Verlobten Donna Anna und Don Ottavio wollen nach einjähriger Bedenkzeit heiraten und werden – nach der boshaften Vision von George Bernhard Shaw – zwölf Kinder haben; das bäuerliche Paar Masetto und Zerlina möchte erst einmal essen; die aller Hoffnungen beraubte Donna Elvira sucht im Kloster Ruhe und Leporello in der Schänke den nächsten Herrn.

Weshalb Mozart das «lieto fine» der originalen Fassung für die Wiener Aufführungen von 1788 preisgegeben hat, ist nicht dokumentiert; möglicherweise hat es Druck von außen gegeben. Deshalb besteht kein Anlass, so vehement auf der Streichung der «scena ultima» zu bestehen, wie dies Richard Wagner, Gustav Mahler und Theodor W. Adorno getan haben. Denn das zerstört textlich wie musikalisch den Aufriss eines Werks, das nach seiner Herkunft als barocke Theater-Allegorese vom bestraften Wüstling zu verstehen ist. Und zu solchem Theatrum Mundi gehört nicht nur die Höllenfahrt des Unbußfertigen, sondern auch die anschließende Selbstvergewisserung der verbleibenden Gesellschaft. Das Moment ironischer Distanzierung, das da Ponte und Mozart beim Umgang mit diesem traditionellen Sujet spüren lassen, kann überhaupt nur vor einem intakten Hintergrund wirksam werden. Deshalb ist es keine Verlegenheitslösung, wenn Mozart Don Giovanni in seinem eigenhändigen Werkverzeichnis als «opera buffa» anführt, auch wenn dies etwas altmodischer klingt als «dramma giocoso», wie es im Libretto heißt. Vielmehr ist die Buffa das Trapez, von dem aus Mozart arbeitet.

Hinweise auf die damals aktuelle Gattung der Semiseria oder Diskussionen möglicher Grenzüberschreitungen sind akademisch: Da Ponte hat ein «dramma giocoso» geschrieben, und Mozart hat es als Buffa komponiert – das ist der Ausgangspunkt. Mehr als das: Auch die possenhaften Züge des Sujets werden von da Ponte und Mozart nicht unterschlagen – umso weniger, als dergleichen auf dem Wiener Volkstheater damals gerade fröhliche Urständ feiert. Am Allerseelentag lädt man zu der Stegreifposse *Das steinerne Gastmahl, Oder Die redende Statua*, samt Arie Welche Hanns-Wurst singet; Nebst denen Versen Des Eremiten und denen Verzweiflungs-Versen des Don Juans bey dessen unglückseeligen Lebens-Ende; nur vorübergehend wird sie durch eine Gruselversion von Macbeth ersetzt.⁴⁵⁴

Das Leopoldstädter Theater ist derweilen mit einer dramatischen Bearbeitung erfolgreich, die trotz höheren Anspruchs auf die Rolle des Kaspers nicht verzichten mag, nämlich Karl Marinellis Dom Juan, oder Der steinerne Gast. Obendrein ist das «sujet scandaleux», wie Beethoven es in moralischer Entrüstung nennen wird, nur Monate zuvor in einem Libretto Giovanni Bertatis buffa-tauglich behandelt worden, an welches da Ponte nunmehr anknüpft. Immerhin treffen wir dort auf einen Bösewicht, der am Ende seine gerechte Strafe bekommt, auf eine verlassene Geliebte, ein ernstes aristokratisches und ein heiteres bäuerliches Paar sowie auf einen schlitzohrigen Diener.⁴⁵⁵

Also eine Buffa – jedoch nicht ohne zeitgeschichtliche Relevanz. Zwar hat schon Molière in seiner Komödie «Dom Juan» als letztlich unwürdigen Vertreter des Adels an den Pranger gestellt; doch wenige Jahre vor der Französischen Revolution hat dieses Thema höhere Brisanz – sogar als im Figaro, denn der Bauer Masetto, dem Don Giovanni seine Zerlina abspenstig machen will, hat bei aller Tölpelhaftigkeit ein größeres Kämpferherz als der Diener des Grafen Almaviva; und Zerlina/Masetto sind mehr unverdorbenes Volk als Susanna/Figaro. – Mozart trägt zur Konkretisierung des zeitgeschichtlichen Kontextes bei, indem er in der Gastmahlsszene des zweiten Akts als Tafelmusik Hits aus drei aktuellen Erfolgsopern erklingen lässt: «O quanto un si bel giubilo» aus Martín y Solers Erfolgsstück Una cosa rara, «Come un agnello» aus Giuseppe Sartis Fra i due litiganti und «Non più andrai» aus dem eigenen Figaro.

Freilich eine Buffa, die Besuch bekommt: nicht nur vom Steinernen Gast, sondern von Don Giovanni persönlich, der wie aus der Vorzeit in die Gegenwart einbricht. Da muss die traditionelle Intrigenhandlung, deren Mechanik selbst noch den Figaro mitbestimmt hat, zurücktreten und den Blick freigeben auf ein Stück spanischen Welttheaters, das seit jeher die Allegorie liebt: Hinter der bunten Vielfalt der Erscheinungen, so lautet dessen erbauliche Lehre, stehen Grundwahrheiten, derer wir, wenn überhaupt, nur in theatralischer Verdichtung inneverden können.⁴⁵⁶

Gleichwohl bleibt genug von da Ponte: seinem realitätsnahen Witz und seiner Fähigkeit, Personen und Situationen ebenso intelligent wie einfühlend zu zeichnen. Vielleicht hat er beim Thema sogar an den leibhaftigen Casanova gedacht, der sich damals gerade anschickt, seinen abenteuerlichen Lebenswandel gegen das Schreiben seiner Memoiren einzutauschen. Wie auch immer: T r a g i k liest in die Handlung nur hinein, wer nicht vom Publikum der Zeit her denkt, sondern E. T. A. Hoffmanns *Fantasiestücke in Callots Manier* und Søren Kierkegaards *Entweder – Oder* im Kopf hat. Erst im Nachhinein ist Don Giovanni zu jenem «gefallenen Engel» geworden, den das 19. Jahrhundert in ihm sieht,[457] oder gar zu einem Wegbereiter von Wagners *Holländer* und *Tannhäuser*. Zwei Jahrhunderte einschlägiger Aufführungsgeschichte haben das Ihre hinzugetan.

Andererseits können Warnungen vor falscher Dämonisierung nicht der Weisheit letzter Schluss sein – davor ist Mozart mit seiner Musik! Nicht von ungefähr hat der mit drei Büchern gleichzeitig beschäftigte da Ponte den Don-Giovanni-Stoff ausdrücklich i h m zugedacht, und nicht einem Martín y Soler, dem er ein Textbuch liefert, das nach seinen Lebenserinnerungen «ganz seinen so süßen Melodien angepaßt war, jenen Melodien, die in der Seele widerhallen»[458]. Trifft das auf Mozarts Melodien etwa nicht zu? Weil da Ponte dazu schweigt, dürfen wir annehmen, nach den Erfahrungen des *Figaro* habe er Mozart aus der Sicht des Librettisten vor allem für ein Genie der Situationsbeschreibung gehalten. Und das wäre zumindest eine Teilwahrheit.

Was beispielsweise Don Giovanni in Mozarts Oper musikalisch bedeutet, lässt sich kaum nur im Spiegel der ihm selbst zugedachten Arien betrachten. Die Champagner-Arie aus dem ersten Akt, «Fin ch'han dal vino», zeigt immerhin seine Energie: Rauschhaft, binnen weniger Augenblicke, zieht sie vorbei. Das Orchester hat keinen eigenen Willen, muss einfach mit; und als es dem Sänger eine Pause gönnen will, setzt dieser schon nach dem zweiten Takt wieder ein: Er kann nicht warten, denn der Augenblick ist kostbar und das Leben ein atemloser Kontratanz!

Dann das Ständchen im zweiten Akt: Don Giovanni bringt es der mysteriösen Zofe Donna Elviras, von der wir nicht wissen, ob sie leibhaftig existiert oder aber ein Phantom des beutegierigen Don Giovanni ist. Jedenfalls klimpert er, als Leporello verkleidet, unter ihrem Fenster auf dem Mandolino und singt dazu sein banales «Deh vieni alla finestra, o mio tesoro». Es hat Regie-Tradition, den Darsteller zu ironischer Distanz oder falschem Pathos anzuhalten – doch warum das? Don Giovanni heuchelt nicht, er inszeniert auch diesen Augenblick des Lebens als den einzigen, den er hat, und singt die schönste Canzonetta, die ihm gerade einfällt. (Mozart mag solcher Haltung Sympathie entgegengebracht haben; umso erstaunlicher erscheint es deshalb, dass Wolfgang Hildesheimer weniger Don Giovanni denn Leporello als «Selbstverkörperung» Mozarts mit der «potenziellen Versatilität des Schöpfers» postuliert.[459])

Bleibt Don Giovannis Handlungs-Arie «Metà di voi quà vadano», mit der er anschließend und immer noch in den Kleidern Leporellos den von Masetto angeführten Bauernhaufen in die Irre schickt: «Auf dem Kopf trägt er einen Hut mit weißen Federn, einen weiten Mantel hat er umgehängt ...» Allein mit Masetto zurückgeblieben, drischt er ohne Gnade auf ihn ein. Die Arie ist ein Wunder an musikalischer Präsenz, was die Situationsbeschreibung angeht: Genüsslich erklärt Don Giovanni den armen Tröpfen, was sie zu tun haben; und die Musik nickt zustimmend, gibt mit kleinen Gesten und Erläuterungen Hilfestellung und ist dabei doch höchst ironisch – jedenfalls im Erleben der Zuschauer, die es ja besser wissen. Doch auch das ist nur einer von vielen Don Giovannis, und schon gar kein dämonischer! Don Giovanni teilt sich nicht wirklich mit – er hält die Fäden in der Hand.

Hält er sie wirklich in der Hand? Um dies behaupten zu können, ist die Handlung viel zu doppelbödig: Da gibt es Masetto, der Don Giovanni scheinbar hoffnungslos unterlegen ist, ihn aber in Wahrheit in höchste Verlegenheit bringt. Er muss ihm ausweichen, sich seinetwegen verkleiden, ihn verprügeln und zu guter Letzt erleben, dass Zerlina ihm treu bleibt. Da sieht er als Vertreter des Adels schlecht aus: Don Giovanni verliert ausgerechnet in der Konfrontation mit Masetto seinen Charme und seine Fortune. Bliebe im *Don Giovanni* der Adel unter sich, so wäre alles nur ein – fatales – Gesellschaftsspiel. Das Paar Masetto / Zerlina macht daraus ein politisches Stück, das nicht gerade zugunsten der Oberen ausgeht.

Freilich gilt die Sympathie des Komponisten – man möchte sagen: selbstverständlich – allen Personen, also zum Beispiel auch Donna Elvira, die vom Librettisten als «Repräsentantin des hohen Standes und der tragischen Fallhöhe» nicht ohne Ironie gezeichnet ist.[460] Ihre Arien haben etwas von der Schroffheit versunkener Seria-Welten, zeigen aber zugleich ein Maß an Exaltiertheit, das leicht in Lächerlichkeit umschlägt. Mozart macht zwar nicht s i c h zum Voyeur ihrer Seelenqualen, wohl aber das Gespann Don Giovanni / Leporello, welches das Pathos von «Ah chi mi dice mai quel barbaro dov'è» («Ach wer sagt mir, wo der Grausame ist») aus sicherem Versteck mit zynischen Kommentaren versieht.

Noch schlimmer trifft es gleichwohl Donna Anna, die ihre Gemütsregungen nicht einfach – wie Elvira – auf unbedingte Liebe und absoluten Hass zu verteilen hat, sondern mit geradezu diffusen Gefühlen fertig werden muss. Es gibt zum einen die Trauer um den toten Vater und die Verpflichtung, ihn zu rächen. Da tappt zum anderen Don Ottavio ergeben, aber blässlich an ihrer Seite: Sollte man ihn, müsste man ihn zum guten Ende heiraten? In seiner großen Arie «Il mio tesoro intanto» («Folget der Heißgeliebten») verweilt der Verlobte immerhin über drei Takte hinweg so souverän auf dem hohen f, dass Richard Wagner dem gefeierten Tenor Giovanni Rubini bei Gelegenheit ironisch attestiert, er habe sich als Sänger des Don Ottavio so geschickt – nämlich «wie der Trambolin=Springer zur Vorbereitung auf dem Schwungbrette» – auf diesem f aufgestellt, dass er danach in «göttlicher» Mühelosigkeit über das a zum b habe gelangen können.[461] (Die hohen Töne a und b überlässt Mozart zwar den Violinen, der Pariser «Trillerkünstler» nimmt sie ihnen jedoch einfach weg!)

Zum Dritten gibt es, um zu ernsthafteren Dingen zurückzukehren, die düstere Bindung Donna Annas an Don Giovanni, welche nach Meinung Walter Felsensteins so fest ist, dass Anna ihre Bedenkzeit nicht durchstehen, vielmehr vorher sterben wird. (Eine Vorstellung, die deshalb nicht ohne Pikanterie ist, weil die Donna Anna der Prager Uraufführung, die damals 24-jährige Teresa Saporiti, 106 Jahre alt wurde.) Natürlich würde die mutmaßliche Seelenverfassung einer Donna Anna vor und nach ihrer Begegnung mit Don Giovanni heute nicht mehr interessieren, gäbe es nicht Mozarts Komposition: ein Wunder an Einfühlung in ihre ambivalente Situation. Noch so viele Druckseiten würden nicht ausreichen, um die Melange aus dramatischen Höhenflügen, gebrochenen Affekten und subtilen Anspielungen, als die Mozart die Rolle anlegt, angemessen darzustellen. Einerseits will jede Note im Kontext des Geschehens verstanden sein; betrachtet man andererseits Donna Anna aus der Distanz, so gewinnen die ihr zugedachten Töne jenes Eigenleben, das die Romantiker vom absoluten Wesen der Musik auch angesichts von Bühnenwerken sprechen ließ.

Hector Berlioz schimpft angesichts ihrer «Aria di sortita» «Non mi dir, bell' idol mio» über «eine Reihe hoher, spitzer, gackernder und hüpfender Koloraturen»[462]. Doch damit tut er Mozart unrecht: Permanent schlägt Virtuosität in existenzielle Erregung um: Wo es um die widersprüchlich-dunkle Macht der Gefühle geht, lässt sich zwischen seelischen und stimmlichen Drahtseilakten kaum noch unterscheiden, und eine Hysterie bemächtigt sich der anderen.

Mit Zerlina, der Dritten im Bunde, sind wir zurück in der Buffa, welche hier freilich die rousseauistischen Glücksvorstellungen des zeitgenössischen Singspiels in sich aufnimmt. Im Ensemble der jungen Leute – außer dem Komtur darf man sich bestenfalls Leporello älter als 25 Jahre vorstellen – ist sie die größte Hoffnung. Denn in ihrer erwartungsfreudigen Sinnlichkeit ruht sie ganz in sich, muss sich auch ihrer Anfechtungen seitens Don Giovanni nicht schämen. Wenn dieser für die Worte «Là ci darem la mano» (populär als «Reich mir die Hand, mein Leben») den ihr gemäßen innig-schlichten Ton wählt, so ist dies nicht Herablassung, sondern unwillkürliche Huldigung, die Zerlina, ohne ihren Masetto ganz zu vergessen, unschuldig zurückgibt. Ist Don Giovanni in Mozarts Oper der Primo Uomo, so Zerlina die Primadonna – und nicht etwa Donna Anna oder Donna Elvira: Catarina Bondoni, welche die Zerlina in der Uraufführung gibt, ist die höchstbezahlte Sängerin des Prager Ensembles; und noch generationenlang wird diese Rolle begehrteste weibliche Gesangspartie der Oper sein.

Freilich ist im Duettino «Là ci darem la mano» – wie so oft bei Mozart – ein Maß an freudiger Erwartung, das nicht dem Paar, auch nicht der Situation, sondern dem Glück der Liebe schlechthin gilt. Schon die

Bläserfiguren im jeweils vierten Takt quellen aus der strengen Liedperiode heraus; und der sinnfällig als 6/8-Pastorale komponierte, von beiden in vollendetem Gleichklang gesungene Allegro-Schluss «Andiam, andiam, mio bene» («Gehen wir, gehen wir, mein Schatz») hebt vollends ab – in eine Welt utopisch freier Liebe, die so ganz anders ist, als Don Giovanni sich es vorstellen kann, die er jedoch wider Willen für einen Augenblick selbst heraufbeschwört,

... dank der Kunst Mozarts, die alles noch einmal so schön macht. Das gilt besonders für Leporello, den freilich schon da Ponte mit großer Kunst gezeichnet hat: Man wüsste nicht, was Don Giovanni ohne ihn machen sollte. Beider Verhältnis wird gern mit demjenigen von Don Quijote zu Sancho Pansa verglichen: Jeweils trifft Pathos auf Alltag; und gerade das ist es, was den Zuschauer in ständiger Spannung zwischen Bewunderung für den genial-wahnsinnigen Höhenflieger und Spott über seine trivialen «Berufs»-Praktiken hält.

Interessanterweise sind schon sehr früh Vergleiche zwischen Mozart und Shakespeare gezogen worden – von englischen Mozart-Verehrern ebenso wie von dem Stettiner Prediger Johann Carl Friedrich Triest: «Tiefe, kühne, glückliche Griffe in's menschliche Herz und lebhafte Darstellung der Affekte sind beyden gemein. Eben so der Hang und das Talent zum Grotesken, sowohl im Tragischen wie im Komischen. Beyde hatten tiefes ästhetisches Gefühl ohne ganz geläuterten Geschmack, aus Mangel an wissenschaftlicher Bildung. Daher die öftere Verletzung des Schicklichen, – bey Shakespeare durch Anachronismen und Greuelscenen – bey Mozart durch häufigen Kontrast des Komischen mit dem Tragischen und durch bizarre Tongänge.»[463]

Gottlob ist auch Leporellos Register-Arie nicht zu einem Beispiel «geläuterten Geschmacks» geworden, sondern zu einem unkonventionellen Paradestück der Oper: Unter allen Mozart-Arien hält keine eine vollendetere Balance zwischen situativer Behändigkeit und formaler Stabilität. Das liegt vorab am Genre der Ansprache: Da Ponte hat sie so genial konzipiert, dass sie nur in den originalen italienischen Versen vollkommen zu genießen ist; und Mozart hat die – ungewöhnliche – Herausforderung angenommen, den dreißig Zeilen langen Redefluss Leporellos wahrhaftig als Arie zu vertonen, und nicht als ein Rezitativ oder melodramatisches Auf und Ab. Wer außer ihm kann das – von Monteverdi bis Strauss?

«Kleines Fräulein,
dies ist das Verzeichnis der Schönen, die mein Herr geliebt hat. Ich habe alles eingetragen – seht, lest mit mir! In Italien – sechshundertvierzig, in Deutschland – zweihunderteinunddreißig, hundert in Frankreich, in der Türkei einundneunzig, aber in Spanien – tausendunddrei.

Da gibt es Bäuerinnen, Kammermädchen, Bürgersfrauen, es gibt Gräfinnen und Baronessen, Fürstinnen und Marquisen – Frauen jeden Standes, jedes Alters, jeder Figur!

An den Blonden schätzt er den Feinsinn, an den Brünetten die Ausdauer, an den Blassen die Sanftmut. Im Winter steht er auf Dicke, im Sommer auf Dünne; die Großen findet er majestätisch und die Kleinen niedlich. Die Alten erobert er aus Spaß, um die Liste zu füllen; seine Leidenschaft aber sind die kleinen Anfängerinnen. Ob reich, schön, häßlich, das ist ihm gleich. Hauptsache, ein Weiberrock. Ihr wißt schon, was er macht!»[464]

Mozart geht vollkommen im Text auf: Auch ohne Bühne wird erlebbar, wie sich Leporello gravitätisch vor seiner Madamina aufbaut, wie er die Abenteuer seines Herrn zunächst als sachliche Statistik präsentiert, angesichts der jüngsten Daten für Spanien freilich erstmals ersichtlich in Begeisterung gerät: Die magische Zahl «mille e tre» gibt Anlass zu einem ersten großen Ausrufzeichen, welches das Orchester, plötzlich mit einer Stimme redend, ehrfurchtsvoll verstärkt.[465] (Tausendunddrei: das ist übrigens das Produkt der beiden Primzahlen 17 und 59; da spekuliere, wer will.)

Die nachfolgende Aufzählung unterschiedlichster Frauentypen hat Mozart – abweichend vom Libretto – mit einem genialen Kunstgriff zweigeteilt: Während es im soziologischen Abschnitt im Geschwindschritt weitergeht, beginnt mit dem anthropologischen – der Differenzierung nach Aussehen – ein gemächlicher Mittelteil. Dieser ist dem galanten Menuett anverwandelt: Leporello vergisst sich, bedient sich der Sprache seines Herrn und schwärmt angesichts der vielen Möglichkeiten, die sich ihm nun geradewegs als die eigenen darstellen. Indem Mozart diesen neuen, emphatischen Ton bei der Rückkehr zur Anfangsmotivik nicht ganz aufgibt, zwingt er uns Zuhörer in eine doppelte Perspektive: Einerseits lauschen wir amüsiert den männlichen Aufschneidereien; andererseits geraten wir unmerklich in den Sog der schwelgerischen Musik und beginnen selbst zu schwärmen und zu schwelgen – wenn auch möglicherweise über etwas anderes als Leporello. Spätestens an diesem Punkt findet eine Überblendung statt: Der Gestus des Komisch-Rhetorischen wird von musikalischer Poesie überlagert, die nicht auf buchstäbliche Übersetzungen abzielt, sondern vom Text abhebt und ein Eigenleben entfaltet – in der Konstruktion ebenso wie in der Semantik.

Was sich an der Register-Arie im Kleinen zeigt, gilt in ähnlicher Weise für den Bau ganzer Szenen. Mozart achtet mit großem Feingefühl auf die jeweilige Situation und schafft zugleich längere Verläufe, in denen offene und geschlossene Form, Textdeutung und musikalisches Spiel ungezwungen ineinander greifen. Richard Wagner hat bei all seiner Verehrung für Mozart letztlich nicht würdigen können, dass dieser vor allem im *Don Giovanni* ein musikalisches Drama kreiert, welches gerade dadurch so glaubhaft wirkt, dass es ohne Gestaltungsprinzipien auskommt, die zuvor am opernästhetischen Reißbrett entworfen worden sind. Stattdessen lebt die Oper von einer Kombinatorik, die improvisiert und deshalb wie ein Abbild der eigenen kontingenten Erfahrungswelten wirkt.

Dem kommt die Handlung entgegen; denn sie ist mehr episch als dramatisch und – anders als der *Figaro* – ohne die berühmte Einheit von Zeit und Raum konzipiert. Wie viel man auch rechnet und konstruiert: Zum einen lassen sich die Ereignisse schwerlich auf die knappe Zeitfolge von einer Nacht, einem Tag und einer weiteren Nacht zusammendrängen; stimmiger wird die Handlung jedoch, wenn man ihre einzelnen Episoden als eine Folge von Bildern ansieht, die teils sich überschneiden, teils beträchtlich auseinander liegen. Es wäre erstaunlich, wenn Donna Anna bereits am Abend nach dem Tod ihres Vaters auf einen Ball ginge (freilich nicht zum Vergnügen); und es müsste verwundern, dass der von Don Giovanni niedergestochene Komtur zur selben Zeit bereits sein Standbild auf dem Kirchhof hätte – mit der aktuellen Inschrift «Hier warte ich auf die Rache an dem Schändlichen, der mir das Leben raubte».

Zum anderen sind die Geschehnisse nicht immer plausibel zu verorten: Was irrt Donna Elvira des Nachts ohne Zofe in der «spanischen Stadt» herum, und warum teilt sie ihren Liebesschmerz den leeren Gassen mit? Wo befindet sich das «düstere Gemach», in dem Don Ottavio schon bald nach dem Tod des Komturs auf das Ja-Wort Donna Annas dringt? Welcher Zufall lässt Don Giovanni gerade dort auf eine Bauernhochzeit treffen, wo er mit aller Lässigkeit zur Braut sagen kann: «Dieses Schlösschen da gehört mir»? Nicht minder zufällig gelangt er später mit Leporello auf den Kirchhof und zur Statue des Komturs, um jedoch letztlich nicht wegen dessen Tötung, sondern ob seiner lästerlichen Reden zur Hölle geschickt zu werden.

Das soll keine Beckmesserei sein, sondern verdeutlichen, dass da Ponte sein großartiges Libretto in solchen Punkten offenbar bewusst verschwommen gehalten und dadurch etwas vom Charakter des Volksstücks bewahrt hat. Dort macht Mozart instinktsicher weiter: mit Szenenkomplexen, die zwar strategische Planung und sorgfältige Tonarten-Disposition verraten, jedoch dem äußeren Eindruck nach so locker und unschematisch gefügt sind, wie man es weder aus der Seria noch aus der Buffa kennt. Weit weniger als im *Figaro* sind die Arien aus der Aktion heraus entwickelt, sie verstehen sich vielmehr als Einlagen, die uns – als wären wir im epischen Theater Brechts – innehalten und staunen lassen: über die Suada Leporellos oder die Raserei Elviras.

Es ist kein Zufall, dass Don Giovanni solche Arien nicht singt: Er hat keine Zeit für dergleichen, ist vielmehr die reine Aktion und sorgt für solche. Gleich zu Anfang der Oper unterbricht er das läppische Liedchen, in dem Leporello buffatypisch sein hartes Los als Diener beklagt, um Donna Anna mit Taten und höhnenden Worten in Wut und Verzweiflung zu treiben. Da gibt er den Ton der Oper vor, den man auch über den heiteren Partien nicht vergessen wird. Bemerkenswert, dass Mozart diesen Ton von Dämonie, Wut und Trauer in der zuletzt komponierten Ouvertüre – nicht von ungefähr steht sie in d-Moll, seiner Tonart für Düsternis und Drohung – als wichtigstes Signum seiner

Oper ausdrücklich bestätigt: Das dokumentiert unter anderem der chromatische Quartgang, welcher unter der gelehrten Bezeichnung «passus duriusculus» schon seit Jahrhunderten das Außer-sich-Sein von Menschen ausdrückt.

Dass in diesem «dramma giocoso» in der Tat alle nur allzu oft außer sich sind, verdeutlicht nicht zuletzt die berühmte Ballszene im ersten Finale – und zwar auf rein musikalische Art. Don Giovanni hat die bäuerliche Hochzeitsgesellschaft auf sein Schloss geladen, um sich dann im allgemeinen Trubel Zerlinas bemächtigen zu können. Doch nicht nur diese und Masetto sind anwesend, sondern auch drei Masken, hinter denen sich Donna Anna, Don Ottavio und Donna Elvira verbergen – auf Rache an Don Giovanni aus, jedoch auch gemeinsam recht erfolglos. Obwohl die Ereignisse sich überstürzen, ist die Musik, geradezu choreographisch geführt, Hauptakteur des Geschehens.

Noch bevor der Blick auf den Ballsaal freigegeben wird, hört man aus dem geöffneten Fenster Fragmente eines höfischen Menuetts erklingen, zu dem mit Beginn des Festes Donna Anna und Don Ottavio den Tanz beginnen. Fast gleichzeitig wird Zerlina von Don Giovanni zum Kontratanz geführt, der seiner Herkunft nach ein Countrydance ist: Wie schon in «Là ci darem la mano» lässt sich der junge Adelige zum Bauernmädchen herab.[466] Derweilen versucht Leporello den zu Recht misstrauischen Masetto beiseite und zu einem «Deutschen» zu drängen.

Man vernimmt drei kleine, in durchdachten Inszenierungen auf der Bühne postierte Orchester zugleich: Eines spielt im ¾-, ein anderes im ²⁄₄- und ein drittes im ³⁄₈-Takt. Mozart hätte die drei Tänze ohne große Mühe so komponieren können, dass sie reibungslos übereinander gepasst hätten; indem er sich für eine Konfliktmetrik und -harmonik entscheidet, zerstört er die Illusionen, die der aufgeklärte Kaiser damals auf seinen Redouten erwecken möchte: dass nämlich jeder jedes tanzen dürfe, eine gesellschaftliche Revolte somit überflüssig sei. In der «realistischen» Ballszene des *Don Giovanni* droht der musikalische Fortgang demgegenüber beständig aus dem Ruder zu laufen: Das zweifelhafte Bemühen der drei Tanzkapellen, sich gegeneinander durchzusetzen, ist geradezu auskomponiert – und damit das konkrete Erleben von Dissoziation, das Alban Berg übrigens in der

Wirtshausszene seines *Wozzeck* dem Vorbild Mozarts kongenial nachempfunden hat.

Das über die Tanzenden hereinbrechende Gewitter unterstreicht die Anzeichen eines Zerfalls, der fraglos politisch konnotiert ist: Da deutet sich die Fragmentierung der Adelsgesellschaft an; und mit Zerlinas Schrei – nur so weiß sie sich dem Drängen Don Giovannis zu erwehren – bricht nicht nur der m u s i k a l i s c h e Rahmen auseinander, sondern auch die längst bedrohte Stände-, ja Weltordnung: Alles stiebt in wilder Aufregung auseinander.

Nicht nur Zerlinas Schrei ist in der Oper zu vernehmen, sondern auch der von schneidenden Dissonanzen begleitete Entsetzensruf der Donna Elvira gegenüber dem Steinernen Gast; der Todesseufzer des Komturs und das fassungslose Stammeln Donna Annas beim Anblick seiner Leiche; das laute Gebrüll Masettos ob der ihm von Don Giovanni verabreichten Prügel; das angstvolle Greinen Leporellos, als es ihm an den Kragen gehen soll. Das alles sind Äußerungen materialer Art – aus der Anfangszeit des Theaters stammend, als die Akteure noch nicht Rollen oder gar Sinn, vielmehr nur sich selbst und damit gesteigerte Präsenz produzierten.[467]

Was tut Don Giovanni, während die anderen schreien, stammeln, brüllen, weinen und der französische Dichter Pierre Jean Jouve sogar das Orchester «stöhnen» hört?[468] Er l a c h t – angesichts der Schwächlinge um sich und des Standbilds über sich. «Ride molto forte»: Diese Regiebemerkung meint ein lautes und hartes Lachen, unter dem Mozarts Musik ihr Lächeln einbüßt. Als ihn jedoch die eiskalte Hand des Standbilds zu fassen bekommt, kann auch der Meister des hybriden Gelächters sich eines lauten Schreies nicht erwehren; und mit einem schauerlichen «Ah!» fährt er zur Hölle.

Nicht allein die Arien und Ensembles, die dramatischen Dialoge und Finali prägen den *Don Giovanni* unverwechselbar, sondern auch derlei körpersprachliche Regungen in der Tradition der Hanswurstiaden, aber auch der *Divina Commedia*. Die französische Sprachwissenschaftlerin Julia Kristeva zählt sie zur «Genosprache» und versteht darunter «die Gesamtheit der unbewußten, subjektiven, gesellschaftlichen Beziehungen in der Form von Angriff, Aneignung, Zerstörung und Aufbau»[469].

Das passt gut auf diese von Baudelaire favorisierte Oper und macht begreiflich, was der Existenzialismus in der Tradition Kierkegaards an einem *Don Giovanni* hatte.

Zu dessen Ehren enden wir dieses Kapitel mit einem doppelten Schluss. Zunächst der melodramatische: Im *Steppenwolf* spricht Hermann Hesse vom *Don Giovanni* als der «letzten großen Musik, die geschrieben worden ist». Als seinen Kronzeugen lässt er Mozart selbst auftreten und einen «gewaltigen Zug von einigen zehntausend schwarzgekleideten Männern» mit Johannes Brahms an der Spitze imaginieren. Es handelt sich um «die Spieler jener Stimmen und Noten», welche sich der Komponist hätte ersparen können. «Zu dick instrumentiert, zuviel Material vergeudet», lautet das vernichtende Urteil von Mozart alias Hesse; und Wagners Musik kommt im gleichen Atemzug nicht besser weg![470]

Solch liebenswerte Schwärmerei lädt immerhin zum Nachdenken ein: Zwar nicht am E n d e einer Entwicklung mag man sich *Don Giovanni* vorstellen, wohl aber in einer glücklich getroffenen M i t t e , wo Elastizität und Stärke, Luzidität und Leidenschaft, Einfühlung und Distanz schaffende Ironie in einmaliger Konstellation aufeinander treffen! Übrigens sind das Eigenschaften des Titelhelden selbst – der einzigen Mozart-Figur, die nach Eckhard Henscheid «frei von Trug und Selbstbetrug» ist.[471] Da steht uns die ganz am Ende komponierte Ouvertüre vor Augen: Sollen ihre edel-tragischen Töne vielleicht a u c h besagen, dass der Komponist seinem Helden nachtrauert?

Hier das «lieto fine»: Als Oskar Kokoschka, Verehrer Mozarts und Bühnenbildner seiner Opern, im April 1966 in Cadenabbia weilt, um Konrad Adenauer zu porträtieren, meint er gesprächsweise: «Don Giovanni kommt immer als junger Mann daher, sehr lebendig, falls jemand ihn tötete, erstäche, ins Wasser würfe, lebendig verbrennte ... um die Ecke käme er wieder als junger Mann, unbekümmert wie immer.»[472]

Und weil Mozart sein «lieto fine» mit einem kurzen, spöttischen Gelächter des Orchesters über die Hilflosigkeit des Restpersonals beschließt, erlaubt sich der Autor zu guter Letzt ein – böses – Gelächter über modische *Don-Giovanni*-Präsentationen à la David Alden, Köln 2002. Da wird der Komtur nicht vom Degen Don Giovannis getroffen, schlitzt sich vielmehr die Pulsadern auf, weil Töchterchen Anna sich nicht zwischen ihm und Don Giovanni entscheiden kann. Nichts gegen verfremdende Inszenierungen, sofern sie verborgene Züge der Musik ans Licht bringen. Eine Grenze ist jedoch erreicht, wo notorisch amusische Regisseure die handlungsbezogenen Feinheiten der Musik gröblichst überhören, um ihrem Event-Spleen zu frönen. Dann doch lieber ein Purist wie Walter Felsenstein, der seinen Sängern keinen Wimpernschlag gestattete, der ihm nicht durch die Partitur legitimiert erschien!

«Così fan tutte»

Es ist nichts an der Legende, Mozart habe ein miserables Libretto da Pontes aus Geldnot gewählt, um sich rasch den nächsten Opernauftrag zu sichern. Vielmehr dürften Textdichter und Komponist vergnügt die Köpfe zusammengesteckt haben, um eine deftige Buffa zustande zu bringen. Ist auch mehr daraus geworden, so bleibt doch bestehen, dass die neapolitanische Buffa für *Così fan tutte* jene gattungsspezifische Basis bereitstellt, welche zuvor die Opera seria für den *Idomeneo*, das Singspiel für die *Entführung*, die ans französische Sprechtheater angelehnte Buffa für den *Figaro* und die vom Volkstheater inspirierte Buffa für den *Don Giovanni* gebildet hatte.

Schon im Frühjahr 1783 unterbreitet Mozart dem Vater die Idee einer Buffa mit sieben Personen, darunter drei Sängerinnen: einer Seria, einer Mezzo Carattere und einer Buffa. Die männlichen Rollen kann er sich, falls notwendig, sämtlich buffonesk vorstellen, denn «die hauptsache muß das komische seyn; denn ich kenne den Wienner geschmack»[473]. Sechs Jahre später ist es dann so weit: Nachdem *Figaro* und *Don Giovanni* mit eher unkonventionellen Rollenkonfigurationen aufgewartet haben, lässt sich in *Così fan tutte* die gewünschte buffaübliche Übersichtlichkeit fast vollständig herstellen. Die beiden Schwestern Fiordiligi und Dorabella werden von der Primadonna bzw. der Sängerin «di mezzo carattere» geboten und mit jenen virtuosen Partien ausgestattet, die Mozart sich augenscheinlich vor allem für die weiblichen Hauptrollen wünscht; Despina ist als Dienerin der beiden vornehmen Damen eine typische Buffafigur. Aus den in Mozarts einstigem Plan nicht näher bestimmten Männerrollen werden die beiden Verlobten des Schwesternpaars, nämlich der schwärmerische Ferrando und der eher pragmatische Guglielmo.

Bleibt Don Alfonso als der Drahtzieher einer Handlung, die nach dem Verständnis der Zeit so skandalös nicht ist, wie man sie später ansehen wird. Der Partnertausch zwischen zwei Paaren ist ein altes, in vielen Varianten durchgespieltes oder zumindest diskutiertes Sujet, nicht zuletzt in der Commedia dell'arte und der Buffa heimisch und für Mozart gewiss kein Stein des Anstoßes. «nicht wahr das loch in der thür ist eine gute komödie?»[474], schreibt er im Jahr 1781 an seine Schwester und meint damit ein Lustspiel von Stephanie d. J., dem Librettisten seiner *Entführung*. Dort bittet Adolph seinen Freund Klings, zum Schein um Rikchen zu werben und sie damit auf eine «Liebesprobe» zu stellen.

Man denkt natürlich auch an die Liebesprobe in Mozarts eigenem, S. 126 bereits erwähnten «LustSpiel»-Versuch von 1781, wo Rosaura sich in eine Zwergin, ihr Kammermädchen Trautel in eine Riesin verwandelt, um die Treue des jeweiligen Liebsten zu prüfen.[475] Das ist zwar nur eine Farce ohne alle moralische Bedenklichkeit und deshalb mit dem *Così*-Libretto nicht zu vergleichen; gleichwohl ist nicht anzunehmen, dass Mozart vor da Pontes derben, heute nur Eingeweihten verständlichen Anzüglichkeiten zurückgeschreckt ist,[476] geschweige denn vor der Rolle der Despina, die weder eine charmante Susanna noch eine rührend naive Zerlina abgibt, vielmehr eine ebenso patente wie aufmüpfige, jedenfalls mit allen Wassern gewaschene Dienerin in neapolitanischer Buffa-Tradition.

Selbige Despina ist es, die das Spiel wieder in Gang bringt, das Don Alfonso – der abgeklärt-zynische Spielmacher – den beiden Offizieren eingangs vorschlägt: 50 Zechinen, wenn es ihm nicht gelingt, die Bräute binnen eines Tages jeweils einem anderen zuzuführen. Dabei müssen die beiden Verlobten freilich mitspielen: Sie werden zum Schein zum Militärdienst abberufen und, als reiche Albaner verkleidet, wieder auftauchen!

Kritiker, die es fast so lange gibt wie die Oper selbst, haben sich nicht vorstellen wollen, dass die Damen auf solch alberne Komödie hereinfallen – oder gar auf diejenige Despinas: Als agierte sie in einer der im damaligen Wien beliebten volkstümlichen «Bernardoniaden», erscheint sie im ersten Akt als Doktor, der die zwei Neuen von jener tödlichen Vergiftung kuriert, die sie sich aus Liebeskummer selbst beigebracht haben wollen; und im zweiten Akt als Notar, der die Formeln eines fingierten Vertrags herunterleiert, durch den Fiordiligi und Dorabella nach langem Sträuben endlich doch die Ehe mit den beiden attraktiven Fremden eingehen – nicht einmal wissend, dass sie dabei ihre ursprünglichen Partner getauscht haben! Vor allem über diesen Zynismus war das 19. Jahrhundert empört: Wenn man schon den Partner tauscht oder wechselt, so aus einer Leidenschaft, die nicht rückgängig zu machen ist. Zu den alten Verhältnissen zurückzukehren, wie dies am Ende von *Così fan tutte* geschieht, ist nach dem Verrat an der Moral ein noch schlimmerer am Ideal der absoluten Liebe: Hätte etwa Isolde nach der tödlichen Verwundung Tristans zu Marke zurückkehren sollen?

An diesem Punkt wird es interessant; denn schon die Buffa neigt dazu, die Partner im «lieto fine» in ihrem neu gefundenen Glück zu bestätigen, anstatt die alten Verhältnisse wiederherzustellen und damit ein Chaos der Gefühle zu produzieren. Da Ponte geht hier ebenso spürbar eigene Wege wie in der Einführung der Rolle des Don Alfonso, dessen kühl kalkulierte Regie nach sich zieht, dass sich der Partnertausch regelhaft wie ein Schachspiel vollzieht und den Zuschauern bei näherer Betrachtung kaum noch zum reinen Vergnügen dient.

Das Stichwort, mit dem wir den Diskurs «neapolitanische Buffa» verlassen, um uns einem vor allem zeitgeschichtlich relevanten zu nähern, heißt E x p e r i m e n t . Schon im 18. Jahrhundert gibt es eine philosophisch-naturwissenschaftliche Traditon des Materialismus. Nachdem bereits Baruch Spinoza behauptet hatte, Ohnmacht und Unbeständigkeit seien keineswegs Fehler, vielmehr Ausdruck menschlicher Natur,[477] postulierte der 1751 unter dem Schutz Friedrichs des Großen gestorbene französische Philosoph La Mettrie in seinem anonym veröffentlichten Skandalerfolg *L'homme plus que machine*, dass der Mensch nicht die Krone der Schöpfung, vielmehr gleich allen Dingen des Kosmos der Materialität des Lebens und seiner Ursachen unterworfen und sein Charakter jenseits der Vorstellung vom freien Willen aufgrund der Verteilung von Körpersäften zu bestimmen sei.

Man kann natürlich auch experimentell erforschen, wie sich Partner im Wechselspiel des Begehrens oder Verweigerns gemäß bestimmter Naturgesetze verhalten, und daraus sogar Literatur machen – wie zum Beispiel Pierre Marivaux in Gestalt erfolgreicher Komödien, Diderot in seinem avantgardistischen Roman *Jacques le Fataliste et son Maître* oder Choderlos de Laclos in *Les Liaisons dangereuses* – einem skandalumwitterten Briefroman, den auch die französische Königin Marie Antoinette,

Schwester des Mozart wohl gesonnenen Josephs II., zu ihrer Lektüre zählt.[478] Selbige spielt bei Hofe in einer 1768 veröffentlichten Komödie mit, deren Sujet-Ähnlichkeit mit *Così fan tutte* frappierend ist: *Les fausses infidélités* von Nicolas Thomas Barthe.

Goethes *Wahlverwandtschaften* geben eine späte und sublime Variante des Themas, mit dem auch da Ponte selbst so stark befasst ist, dass er seinem Skeptikerpaar Alfonso/Despina Redewendungen in den Mund legt, die aus dem Traktat von La Mettrie oder aus Marivaux' Komödien *La double inconstance* oder *Le Jeu de l'amour et du hasard* stammen könnten.

Vor diesem Horizont ist auch sein Einfall, Despina als falschen Doktor mit einem «Mesmerschen Stein aus Frankreich» auszurüsten, nicht nur als Buffa-Hokuspokus zu verstehen, vielmehr zugleich als ein kleines Schlaglicht auf den animalischen Magnetismus, den sein Verfechter, Franz Anton Mesmer, damals unter großem Publikumsandrang praktiziert. Schließlich spielt die Oper laut Libretto im Jahr 1790; und ausgerechnet in diesem Jahr weilt Mesmer, der seine Heilmethode als experimentelle Naturwissenschaft versteht, zur Regelung von Erbschaftsangelegenheiten in Wien.

Muss man das alles wissen? Während der Hinweis auf die Französische Revolution, die in den Tagen von *Così* ausbricht, für die Oper höchstens atmosphärisch im Sinne eines «Endzeitbewußtseins im Ancien Régime» erhellend ist,[479] erscheint das Stichwort «Experiment» hoch bedeutsam. Dessen Ergebnis ist freilich ernüchternd: Zwei lebens- und heiratslustige junge Frauen können zwei jungen Männern, die sich selbst als «forti e ben fatti» – also stark und gut gebaut – anpreisen, ‹beim besten Willen› nicht widerstehen. Don Alfonso behält Recht mit seinem «Così fan tutte» (wobei angesichts des weiblichen Plurals «tutte» nur die Frauen im Visier sind), ohne jedoch darüber erschrocken zu sein: Natur bricht Ideale, so lautet seine Botschaft – vor allem, wenn es solche «del secolo passato», also aus dem letzten Jahrhundert sind. Danach führt er die ursprünglichen Paare wieder zusammen, weil ihm das am vernünftigsten erscheint, und kommt zur Schlusssentenz: «Glücklich der Mensch, der jede Sache von der guten Seite sieht und in den Wechselfällen des Lebens von der Vernunft sich führen lässt.»

Die beiden Paare machen gute Miene zum bösen Spiel, singen fleißig mit und befinden sich doch in einem Zustand erschreckender aktueller Sinnleere: Welche Werte gelten, worauf kann ich mich verlassen, wer oder was produziert meine Gefühle, habe ich eigene Substanz oder nur ein psychophysisches System von Reiz und Reaktion? Diese Fragen sind umso drängender, als es keine äußeren Zwänge gibt, die Beteiligten sich vielmehr selbst – wenn auch mit Don Alfonso und Despina im Hintergrund – inszenieren. Denkbar, dass man über dieses hochmoderne Thema nicht weiter nachdenken, vielmehr lieber dem praktischen Zynismus von Don Alfonso und Despina folgen will: Was für die Männer bedeuten würde, die Frauen fortan besser einzusperren; und für diese, mit Abenteuern künftig vorsichtiger zu sein. Mit den Augen einer naiven Aufklärung betrachtet, hat Natur über Konvention gesiegt – und speziell den Männern die Zähne gezeigt: Wer mit kreatürlichen Regungen experimentiert, ist schnell der Dumme. Clément Rosset spricht lapidar vom «grausamen Feuer der Liebe» in einem dafür nicht geschaffenen, da gesellschaftlich definierten Beziehungsgefüge,[480] Charles Ford von «negative enlightement»[481].

Empfindet auch Mozart, der in der vorangegangenen Oper den Libertin Don Giovanni aufs Schild gehoben hat, ein Bedauern zumindest ob des unfrohen Ausgangs? Man mag es angesichts der Ouvertüre denken, die wie üblich zuletzt entstanden ist und deshalb als persönliches Resümee verstanden werden könnte. Stefan Kunze, mit solchen Deutungen generell vorsichtig, spricht von «organisiertem Leerlauf» und postuliert, dass Mozart, um seine ironische Distanz anzuzeigen, in der Ouvertüre «so wie alle» komponiere: Così fan tutti![482] Wer dem zustimmt, müsste dann das kurze Aufseufzen des Orchesters ab Takt 231 als Ausdruck nicht ganz zu unterdrückender Traurigkeit angesichts der Unvollkommenheit der Verhältnisse wahrnehmen.

Das klingt schön – doch was wissen wir überhaupt vom Komponisten: Wo steht er, mit welchen Rollen ist er identifiziert, oder wenigstens: Welche Grundidee verfolgt er? Ehe wir uns die Antworten selbst zurufen, könnten wir beherzigen, was Mozart im November 1777 dazu meint: «Allerliebster Papa! Ich kann nicht Poetisch schreiben; ich bin kein dichter. ich kann die redens=arten nicht so künstlich eintheilen, daß sie schatten und licht geben; ich bin kein mahler. ich kann sogar durchs deüten und durch Pantomime meine gesinnungen und gedanken nicht ausdrücken; ich bin kein tanzer, ich kan es aber durch töne; ich bin ein Musikus.»[483]

So steht es in der Nachschrift zu einem Brief der Mutter – wohl nicht nur als Entschuldigung für die aktuelle Schreibfaulheit, sondern auch im Zug ästhetischer Debatten, die es zu dieser Zeit an seinem Aufenthaltsort Mannheim reichlich gibt. Auch ohne postmodernen Dekonstruktionsgelüsten nachzugeben, kann man daraus für sein Opernschaffen folgern: Wenngleich Mozart der ideale Gesamtsinn eines Sujets nicht gleichgültig ist, so ist ihm doch vor allem darum zu tun, als Musiker etwas daraus zu machen.

Im Fall von Così befindet er sich diesbezüglich in einer prekären Situation: Der vom Librettisten vorgegebene formale Rahmen lässt ihm nur wenig Freiheit. Die beiden Akte sind vollkommen symmetrisch angelegt, und innerhalb dieser Symmetrie gibt es wiederum eine strenge Choreographie, nach der die Einzelpersonen oder Paare ihre Soli und Duette vortragen oder sich zu grösseren Formationen vereinen. Sie folgt geradewegs der Anordnung eines Experiments: Schritt für Schritt werden Männer und Frauen von den beiden Drahtziehern in ihre «Labor»-Situation gebracht, um in dieser einzeln, im Männer-, Frauen- oder gemischten Duett, im Quartett oder vollen Ensemble situationsgerecht zu agieren.

Aus heutiger Sicht hat die Konstellation etwas von einer modernen Boulevardkomödie, welcher gutwillige Kritiker verzweifelt Tiefsinn zu attestieren versuchen. Doch solcher ist nur vorhanden, was die M o r a l, nicht aber, was die einzelnen P e r s o n e n des Stücks betrifft. In die Akteure lässt sich nichts hineinlesen, denn es ist nichts drin: Absichtsvoll zeichnet da Ponte sie nur in der Funktion, die sie ‹im Experiment› haben; und da chargieren sie, sind gleichsam ad hoc angeworben, um mitzumachen. Fiordiligi und Dorabella sind keine Donne Elvira und Anna; Despina ist kein Leporello. Speziell mit Ironie und Humor kann es nicht wie gewohnt klappen: Weder liegt über dem Beziehungsgefüge des Inventars ein feines Spinnengewebe der Ironie, wie es im Fall des *Figaro* schon Beaumarchais angelegt hat, noch ist die Handlung wie im *Don Giovanni* a priori im Bereich jenes metaphysischen Humors angesiedelt, der von Shakespeare herkommt und auf die Frühromantik vorausweist.

Mozart ist vor allem auf sich selbst gestellt, und das betrifft viererlei: die Erzeugung von Atmosphäre, die Gestaltung großer Szenen und Aktschlüsse, die Zeichnung der einzelnen Figuren und last but not least die Darstellung von Komik, die aus Sicht des Librettos weniger situativ als standardisiert ist. Sehr zu Recht sagt der Kulturphilosoph und Opernkenner Slavoj Žižek, man brauche einen «anerzogenen Geschmack», um hier Mozarts Leistung zu schätzen und zu genießen.[484] Ich möchte hinzufügen: Es bedarf auch eines abwägenden Urteils ohne falsche Heroenverehrung.

Großartig gelingt Mozart die Atmosphäre – vermittelt vor allem auf orchestraler Ebene. Così ist eine der ersten, wenn nicht die erste Oper, auf die sich die später von Verdi zu Ehren gebrachte Kategorie der «tinta musicale» anwenden lässt, einer für das jeweilige Werk typischen Grundfarbe.[485] In Così ist es der Klarinettenklang, der sich allenthalben im Wortsinn einmischt und für einen warm-sinnlichen Mittelbereich des Holzbläserensembles sorgt.

Nachdem Mozart damit bereits in einigen Instrumentalwerken – unter anderem in den Klavierkonzerten KV 482, KV 488 und KV 491 – experimentiert hat,[486] überträgt er das moderne Verfahren, nicht allein durch motivisch-thematische Arbeit, sondern auch durch instrumentalfarbliche Kombinationen zu strukturieren, nun auch auf die Oper – ein erstes Indiz für die Tendenz zum Musikalisch-Autonomen, die uns in Così noch mehrfach begegnen wird. Darüber hinaus setzt Mozart die Holzbläser merklicher als in früheren Opern als subtile Begleiter und Interpreten der Singstimmen ein; oft sind sie privilegiert, den situativ geäußerten, manchmal geradezu doppeldeutigen Affekten der Sänger die zarte Ahnung von Allgemeinheit, ja Ewigkeit zu geben.

Probleme bereiten die beiden Finali, vor allem das zweite: Bankett zu Ehren der beiden neuen Paare, Auftritt des Notars, Rückkehr der ursprünglichen Verlobten sowie Aufdeckung des Schwindels mit «lieto fine» – das alles folgt so atemlos und zwangsläufig aufeinander, dass der Komponist die einzelnen Etappen nolens volens mitgehen muss und trotz wundervoller Details kein Finale auf dem Niveau von *Figaro* oder

Don *Giovanni* fertig bringt. Sechzehn verschiedene Tempoanweisungen und 48 Fermaten allein im zweiten Finale deuten auf ein Flickenwerk hin, freilich auch auf Mozarts Versuche, seine kompositorischen Interessen zu wahren, nämlich Tempo herauszunehmen, Atem zu holen und Gliederungspunkte zu setzen. In der Tat zeigt die Partitur jenseits der handlungsbedingten Turbulenzen – fast schon auf einer reflexiven Metaebene – die Tendenz zu Wiederholungen, Verklammerungen und Anspielungen auf Erklungenes.

Angesichts der Ensembles verstärkt sich der Eindruck, Mozart sei einmal ganz bei der Sache, das andere Mal in seiner eigenen Welt. Einerseits geht er der Situationskomik nicht aus dem Wege. Andererseits gibt es Momente, in denen er vom aktuellen Geschehen abzusehen scheint, um zu seiner sprichwörtlichen reinen Schönheit zu finden. So wächst zum Beispiel das Terzettino zu den schönen Versen «Soave sia il vento / Tranquilla sia l'onda / Ed ogni elemento / Benigno risponda / Ai vostri desir» weit über den Anlass hinaus: In Begleitung Don Alfonsos schauen Fiordiligi und Dorabella ihren Geliebten nach, die gerade zu den Klängen eines mehr als einfältigen Militärmarsches in See gestochen sind – um als bärtige Verführer wiederzukommen. Die Gefühlslage ist unterschiedlich: Don Alfonso lebt in seiner eigenen Komödie; die Schwestern haben sich soeben – reichlich exaltiert – ihrem Abschiedsschmerz hingegeben. Nun ist es Zeit, sich zu entspannen, auf das Plätschern der Wellen zu hören und seinen Gefühlen nachzugehen. Das Terzett versteht sich als Segenswunsch für die am Horizont Entschwindenden und ist zugleich von der aktuellen Situation ganz losgelöst – eine kleine Insel des Glücks im Ozean der Turbulenzen.

Ein Musikologe mag an dieser Stelle sagen: Der Autor beschreibt zwar Seelenlagen, sagt aber nichts über die Musik; wenigstens e i n Notenbeispiel hätte er hierhin setzen können, damit man sieht, was gemeint ist! Indessen schreibe ich zwar a u c h, aber nicht in erster Linie für Fachleute. Somit könnte ich ohnehin keine Analysen bieten, sondern nur Adjektive – gemäß der Formulierung eines Konzertführers: «Auf ein feuriges Allegro folgt ein noch lieblicheres Andante»! Da erinnert man sich der Polemik von Roland Barthes: «Untersucht man die gängige Praxis der Musikkritik (oder der Gespräche ‹über› Musik:

das ist oft das gleiche), so ist deutlich ersichtlich, daß das Werk (oder seine Ausführung) immer nur anhand der ärmsten sprachlichen Kategorie übersetzt wird: des Adjektivs. Diese Musik ist dies, dieses Spiel ist jenes.»[487] Ausweg aus diesem Dilemma bietet nach seiner Meinung allein die Metapher: Sie erklärt nichts, schärft aber die Sinne, macht vielleicht Lust, selbst zu sehen und zu hören.

Kommen wir zur Rollenkonstellation von Così und ihren Konsequenzen für die Komposition: Die Personen sind vom Librettisten nach Klischees gezeichnet, welche die Musik teils übernimmt, teils mildert. Vor allem die beiden Drahtzieher haben es schwer, musikalisches Profil zu entwickeln, da ihnen als bloßen «Versuchsleitern» keine Eskapaden erlaubt sind. Don Alfonso wird mit seinen Weisheiten und Regieanweisungen – übertrieben formuliert – geradezu an den Rand zur Sprechrolle gedrängt. (Generell ist nicht zu übersehen, dass nicht zuletzt die ausgedehnten Secco –, also die «trockenen» Rezitative dafür verantwortlich sind, dass die Gesamtlänge von Così diejenige von Don Giovanni übertrifft!)

Etwas besser hat es Despina, wenngleich sie von Mozart nicht ganz ernst genommen wird und als Doktor – entgegen dem Wortlaut des Librettos – falsches Latein sprechen muss: «Salvete, amabiles bones puelles» anstatt richtig: «bonae puellae». Immerhin kriegt sie zwei ausgewachsene Arien, deren eine – «Una donna a quindici anni» («Eine Frau von fünfzehn Jahren») – freilich im Mittelteil neapolitanischen Buffa-Stil nahezu persifliert. Das Ergebnis ist eine anmutige Musik, die gleichwohl mit der für Leporello geschriebenen nicht konkurrieren kann.

Die eigentliche Irritation beginnt bei den verlobten Paaren. Von der Besetzung her hat Mozart in Così dasjenige, was er, wie erwähnt, schon 1783 avisiert hat: ein Seria-Paar und ein solches Mezzo carattere. Doch gemäß welchem Charakter sollen sie angesichts der Eigenheiten des Librettos singen? Zwar erscheint Fiordiligi in der Rolle einer seriösen Primadonna; doch soll sie in ihrer Leidenschaft nicht zugleich komisch wirken? Zumindest tut sich der Hörer schwer, mit Gefühlswallungen umzugehen, die nur der theatralischen Situation zuliebe geäußert scheinen. Lohnt die Einfühlung in eine manipulierte Figur? Doch vielleicht wird ja auch keine Emotionalität, sondern, wie im

Rosenkavalier, interessierte – und amüsierte? – Beobachtung der Situation erwartet.

Interessanterweise sind sich die Auguren nicht einig, ob Mozart Fiordiligis Rolle ernst oder ironisch angelegt habe. Die berühmte Arie «Come scoglio immoto resta» («Standhaft wie der Felsen») wird von Ernst Bloch als Verspottung des «großartigen Stils der Scarlatti-Arie» gewertet;[488] und das nicht minder bekannte Rondo «Per pietà, ben mio» («Hab Mitleid, mein Liebster»), das Beethoven übrigens zu Leonores «Komm, Hoffnung, laß den letzten Stern» angeregt hat, glänzt in den Augen Hermann Aberts und Alfred Einsteins in ironischem Licht. Der schon zitierte Slavoj Žižek macht Unterschiede: Der Treueschwur «Come scoglio» sei eine pathetisch-komische Übertreibung, das um Verständnis flehende «Per pietà» Ausdruck ehrlicher Verzweiflung.[489]

Wer über Ernst oder Scherz in Mozarts Behandlung der Paarkonstellation spekulieren will, sollte bei den männlichen Liebhabern beginnen; denn die gehören ja zum Komplott und haben es deshalb leicht, Spitzen zu verteilen. Das geschieht zum Beispiel bei der plötzlichen Rückkehr von der Einberufung: Die paarige Genüsslichkeit, mit der sie innerhalb ihrer jubelnden Begrüßung die Worte «fidissime amanti» breittreten, soll selbigen treuen Bräuten einen Schauer über den Rücken rieseln lassen.

Doch bereits in diesem offenbar eindeutigen Fall ist der Aufforderungscharakter der Fermate, die dafür eingesetzt wird, nur aus dem Kontext zu verstehen. Wie deutet man dann erst die Liebeserklärung «Tutto, tutto, o vita mia, al mio foco or ben risponde», die kurz zuvor ergangen ist – nämlich während der Scheinhochzeit mit den vertauschten Bräuten. Die Männer geben vor, am Ziel ihrer Wünsche zu sein; ihr Gesang ist von – geheuchelter? – terzenseliger Zärtlichkeit und wird von Fiordiligi mit der vielleicht innigsten Gesangsphrase der ganzen Oper beantwortet. Ferrando und Dorabella greifen sie alsbald auf: Vom Hörer fast unbemerkt, entsteht zwischen den dreien ein kunstvoller Kanon, an dem nicht wichtig ist, w e r empfindet, sondern w a s empfunden wird.

Es geht nicht um Personen, sondern um Situationen. Und die zeichnet Mozart mit einer spezifischen Sensibilität, für die weniger in den buffonesken Handlungsabläufen als in herausragenden Einzelnummern Raum ist – zum Beispiel im Duett zwischen Fiordiligi und Ferrando «Fra gli amplessi in pochi istanti» («Bald liege ich in deinen Armen»). Diese nur als Todesbereitschaft zu deutenden Worte ruft die vor Zerrissenheit halb wahnsinnige Fiordiligi ihrem in der Ferne vermuteten Bräutigam zu, um am Ende derselben Szene gleichwohl dem neuen Liebhaber in die Arme zu sinken. Solcher Metamorphose binnen fünf oder sechs Minuten Bühnenzeit wird Mozart mit einem solchen Wunder an differenzierter Zeichnung gerecht, dass man zweifeln mag, ob Fiordiligi den Werbungen des Mannes oder nicht vielmehr dem Sog einer Musik erliegt, die sie führt, wie der Komponist es will.

Und so soll es nach dem Verständnis Mozarts sein: «ich bin kein dichter ... ich bin kein mahler ... ich bin kein tanzer, ich kan es aber durch töne; ich bin ein Musikus». Ein Musikus, der im Fall von Così die handlungsbestimmende Intrige immer wieder ‹vergisst›, weil Musik nur die Wahrheit des Augenblicks geben kann. Deshalb ist jede der genannten Arien Fiodiligis «gültig»; denn in jeder beschwört die Kunst Mozarts einen Augenblick höherer Wahrheit, wie immer sich die Szene im aktuellen Kontext interpretieren lässt. Und was ist mit den Gesangskünsten, mit Fiorituren aller Art, welche in diesen Arien mehr als in den Opern zuvor ihr Wesen treiben – um nicht zu sagen: als Geist der alten Seria herumspuken? Vielleicht will Mozart in Così besonders italienisch sein; vielleicht hat er einen speziellen Grund, den Sängerinnen gefallen zu wollen; vielleicht scheint ihm eine gewisse Gespreiztheit zur Rolle zu passen – wir wissen es nicht.

Die eingangs geäußerte Phantasie, da Ponte und Mozart hätten über dem Così-Libretto vergnügt die Köpfe zusammengesteckt, soll nicht suggerieren, die Musik passe auf die Worte wie der Handschuh um die Finger; schon die forcierte Suche nach Stellen, wo dies tatsächlich zutrifft, würde an der Sache vorbeizielen! Der Komponist, welcher an Così herangeht, hat die drei großen «späten» Sinfonien, die Streichquartette, das Klarinettenquintett und fast alle Klavierkonzerte hinter sich: Das sorgt für enorme Souveränität im Umgang mit einem Material, das sich nicht nur für mimetische Aufgaben eignet, sondern auch für selbstbezügliche, das heißt «autonom»-musikalische.

Hans Werner Henze erzählt in seiner Autobiographie von einer
Così-Aufführung unter Solti, die er mit dem für Mozart offenbar nicht
besonders empfänglichen Luigi Nono besucht: Ich «stieß ihn dauernd
zart mit den Ellenbogen an bei den ja nun wirklich recht zahlreichen
schönen Stellen und besonders natürlich bei Fiordiligis webernhaft angehauchter Arie Per Pieta»[490]. Ist es das, was an Così vor allem Wirkung tut:
schöne Stellen, wunderschöne, vielleicht die ‹absolut› schönste Musik
von allen Opern Mozarts?

Wer das nicht ertragen, stattdessen beharrlich wissen will, ob die Raserei Dorabellas in ihrer Eumeniden-Arie «Smanie implacabili» – «Unerbittliche Qualen» – nun abgründig oder lächerlich gemeint sei, ist auf
den Wunsch nach hermeneutischer Einheit zwischen Text und Musik
fixiert; und die gibt es hier nicht. Wer sie sucht, macht sich das Leben
schwer – wie Stendhal, der in seinen Vies de Haydn, de Mozart et de Métastase
von 1814 phantasiert, da Ponte habe sein Così-Libretto ursprünglich für
Cimarosa bestimmt, denn Mozart sei ein Faible für das alberne Liebesgetändel nicht zuzutrauen!

Herbert Rosendorfer widerspricht diesem sonst so aufgeklärten Autor von «Rot und Schwarz» mit dem Hinweis, auch Mozart selbst habe
schließlich recht leichtsinnig mit der Liebe getändelt;[491] und dorthin
würde dann noch die kleine Klatschgeschichte passen, dass die Fiordiligi in der Uraufführung von da Pontes Mätresse Ferrarese del Bene gesungen wurde – sicherlich mit uneingeschränkter Billigung des Komponisten. Indessen tut beides nichts zur Sache; denn so wenig wie eine
zwangsläufige Kongruenz zwischen Libretto und Musik gibt es eine
solche zwischen Mensch und Künstler: Der Ausdruck, den ein Komponist durch Töne herstellt, hat nur bedingt etwas mit seiner Seelenlage
zu tun, ist vielmehr das Ergebnis von Handwerk, so vollendet es einer
beherrschen mag. Da gilt, was Mozarts Zeitgenosse Denis Diderot dem
Schauspieler ins Stammbuch schreibt: Wehe, er glaube mehr an die eigenen Tränen als an seine mimetischen Qualitäten![492] Fazit: Nur wer
vom 19. Jahrhundert her denkt, wird die Oper als ein Gesamtkunstwerk
mit einer zentralen, auf alle Teile abstrahlenden Botschaft verstehen
wollen.

Gilt diese Skepsis nur für Così, oder bleibt den Hermeneutikern im

«Così fan tutte» 311

Geist Kierkegaards und Wagners auch angesichts anderer Opern Mozarts die Verstehenskrise nicht erspart? Die Antwort muss lauten: W i r konstruieren den Sinn – allerdings, wenn wir ernst genommen werden wollen, nicht ins Blaue, sondern als Teilnehmer eines Open-End-Diskurses, der Werk und Wirkungsgeschichte in eins sieht. Vermutlich finden wir in den Diskursen über *Figaros Hochzeit* oder *Don Giovanni* eher den gewünschten Gesamtsinn als in *Così*. Indessen warnt uns die Beschäftigung mit diesem Werk auch generell vor allzu viel Spekulation.

Wir müssen ja, was die Abstinenz gegenüber großen Worten angeht, nicht gleich dem Wiener Zeitgenossen Johann Karl Graf von Zinzendorf nacheifern! Dieser passionierte Tagebuchschreiber und Opernbesucher belässt es nach der Premiere von *Così* bei der knappen Bemerkung, Mozarts Musik sei «charmante» und das Sujet «assez amusant»[493]. Es ist interessanterweise die einzige Oper Mozarts, die der fromme Diplomat uneingeschränkt gelobt hat.

«**Die Zauberflöte**»

Als Zwölfjähriger durfte ich sie nicht sehen, weil ein altkluger Bruder meinen Eltern weismachte, sie sei eigentlich gar nicht für Kinder bestimmt. Gilt sie Erwachsenen? Von einer der ersten Aufführungen schreibt Mozart seiner Frau nach Baden, er habe mittendrin den Einfall verspürt, Schikaneder, den Darsteller des Papageno, zu necken: Also «gieng ich auf das theater bey der Arie des Papageno mit dem GlockenSpiel, weil ich heute so einen trieb fühlte es selbst zu Spielen. – da machte ich nun den Spass, wie Schickaneder einmal eine haltung [Fermate] hat, so machte ich eine Arpegio – der erschrak – schauete in die Scene und sah mich – als das 2:te mal kamm – machte ich es nicht – nun hielte er und wollte gar nicht mehr weiter – ich errieth seinen Gedanken und machte wieder einen Accord – dann schlug er auf das Glöckchenspiel und sagte *halts Maul* – alles lachte dann – ich glaube daß viele durch diesen Spass das erstemal erfuhren daß er das Instrument nicht selbst schlägt»[494].

Eine kommunikative Situation, die etwas vom Zirkus hat und in Wien nur im Theater auf der Wieden denkbar ist. Richard Wagner hat Mozarts Brief sicher nicht gekannt, sich gleichwohl in die Zeit gut hineinversetzt, wenn er ein knappes Jahrhundert später in seinem Essay *Das Publikum in Zeit und Raum* über die *Zauberflöte* schreibt: «Hier ist das Ewige, für alle Zeit und Menschheit Giltige auf eine so unlösbare Weise mit der eigentlichen trivialen Tendenz des vom Dichter absichtlich auf gemeines Gefallen Seitens eines Wiener Vorstadtpublikums verbunden, daß es einer erklärenden und vermittelnden historischen Kritik bedarf, um das Ganze in seiner zufällig gestalteten Eigenart zu verstehen und gut zu heißen. [...] Wollten wir jetzt die *Zauberflöte* vollständig beurtheilen und genießen können, so müßten wir sie – durch irgend einen der heutigen spiritistischen Zauberer – uns im Theater an der Wien im Jahre ihrer ersten Aufführungen vorstellen lassen.»[495]

«So ein Specktackel hat mann hir noch nicht erlebt», schreibt Goethes Mutter am 9. November 1793 aufgekratzt an ihren Sohn über eine

Frankfurter Aufführung der *Zauberflöte*.[496] Und darin liegt wohl der
Schlüssel zum Werk, das dieser selbst als Weimarer Theaterintendant
82 Mal aufführen ließ: Es ist ein Spektakel mit vielen Maschineneffekten. Zugleich gibt es die «ernsten» Szenen, deren gelegentlich falsches
Pathos uns Heutigen nicht unbedingt sympathisch ist.

Unlängst ist die These vertreten worden, Mozart habe dies ähnlich
empfunden und den Isis-Priester Sarastro mit absichtsvoller Steifheit,
vielleicht sogar spöttisch, als eine Art Moralapostel des Singspiels gezeichnet.[497] In der Tat liegen ja Welten zwischen der behänden Ansprache, die Leporello im *Don Giovanni* der Donna Elvira hält, und Sarastros
auch musikalisch reichlich salbungsvoller Mahnung: «In diesen heilgen Hallen kennt man die Rache nicht». Lohnend ist in diesem Zusammenhang auch ein Blick auf das Priesterduett «Bewahret euch vor Weibertücken»: Dort verweisen zwei untergeordnete Sittenwächter auf das
warnende Beispiel eines Mannes, der sich trotz besseren Wissens «berücken» ließ: «Tod und Verzweiflung war sein Lohn». Mozart schreibt
dazu eine trivial-triumphierende Musik, die nur ironisch gemeint sein
kann; außerdem zitiert er dieselbe Textzeile in den Tagen der *Zauberflöte*
in einem Brief an Constanze, als wäre es ein aktueller Spaß unter den
beiden.[498]

Komponiert er also gar nicht fürs Volk, vielmehr augenzwinkernd
für das urbane Publikum im Theater auf der Wieden?[499] Oder darf man
von seiner Fähigkeit sprechen, Ernst und Spaß, Erwachsenes und Kindliches miteinander zu verschmelzen? Augenscheinlich kann er mühelos
umschalten: vom Rührstück der *Entführung* zu den literarisch wertvollen
Da-Ponte-Libretti und von diesen wiederum zum Märchen mit allegorisch-belehrendem Horizont in der Tradition der Wiener Volksoper.

Die *Zauberflöte* besticht nicht durch affektive Stimmigkeit oder gedankliche Konsequenz, sondern durch starke Bilder von archetypischen Konstellationen. Viel deutlicher als in den anderen Opern ist die
Musik Versatzstück der Handlung – und dies im buchstäblichen Sinn,
nämlich in Gestalt der titelgebenden Flöte Taminos, der Syrinx Papagenos und des zauberischen Glockenspiels. Sie ist es aber auch in einem
weitergehenden dramaturgischen Verständnis: Obwohl weit mehr
gesungen als gesprochen wird, hat man doch immer wieder den Ein-

druck, Musik komme vor allem in «passenden Momenten» zum Einsatz – und dies in Gestalt von Strophenliedern, von einfachen Duetten, Terzetten oder Chören, von Märschen. Die beiden Koloraturarien der Königin der Nacht sind demgegenüber schon fast Zitat aus einer anderen Welt – vergleichbar dem Kleid der Königin im Kasperl-Theater: aus einem Restchen reiner Seide geschneidert und sich dadurch protzend vom übrigen Kostümflitter abhebend.

In all diesen Nummern ist die Musik nicht autonom, sondern funktional eingesetzt, das heißt: die Handlung verstärkend, nicht aber sie sublimierend. Kierkegaard, freilich akzentuiert vom *Don Giovanni* herkommend, nennt die Gesamtkonzeption der *Zauberflöte* geradezu «unmusikalisch»[500]. Mozart selbst hat sein Opus sicher nicht als minderwertige Lösung betrachtet, vermutlich jedoch als eine einmalige, auf das Theater auf der Wieden zugeschnittene und gute Einnahme versprechende. Als Nachgeborenen fällt es uns schwer, in einem *Zauberflöten*-Ton zu schwingen, wie wir einen *Figaro*-, einen *Don-Giovanni*- oder einen *Così*-Ton im Ohr haben. Wir nehmen vielmehr, wie aus der Puppenkiste, die Einzelstücke zur Hand: den Vogelfänger mit seinem naiv-paarungssüchtigen Lied «Ein Mädchen oder Weibchen wünscht Papageno sich»; die Königin der Nacht, welche mit ihrer Arie «Der Hölle Rache kocht in meinem Herzen» Koloraturen zu Hasstiraden werden lässt; den gleichermaßen verachtens- und bedauernswerten Mohren Monostatos mit seiner dem Nachtdunkel geflüsterten Anklage «Alles fühlt der Liebe Freuden»; die zwei Geharnischten mit dem an Luther und Bach gemahnenden Cantus firmus «Der, welcher wandert diese Straße voll Beschwerden»; die verlassene Pamina mit ihrem verzweiflungsvollen «Ach, ich fühl's, es ist verloren»; die drei Knaben mit der anmutigen Festigkeit derer, die von Anfechtungen des Mannes noch nichts wissen sollen; et cetera et cetera.

Fügt sich das zu einem Ganzen? Vor allem die auf Mozarts Deutschtum fixierte Rezeption wollte nur ungern wahrhaben, dass sich die *Zauberflöte* nicht als letztes Opus magnum eignet. Angestachelt von der – ein wenig bemüht klingenden – Bewunderung Goethes und der Verehrung Beethovens, welcher angesichts der *Zauberflöte* die Hände gefaltet, seinen Blick nach oben gerichtet und «O Mozart!» ausgerufen haben soll,[501] hat man versucht, wenn schon nicht in einem übergeordneten musikalischen Konzept, doch immerhin in den «humanistischen» Tendenzen ein zeitloses Element zu finden. Der Komponist selbst hat vorab der Ouvertüre, einer genialen Mischung von Kultiviertheit und Spontaneität, die Funktion eines alles überspannenden Bogens zugewiesen.

Wie immer zuletzt komponiert und in ihrer Vielschichtigkeit auf die Ideen-Sinfonik des 19. Jahrhunderts vorausweisend, nimmt sie die untergründige Energie auf, welche von der Oper ausgeht – von einem «in sich gewundenen Zauberbild von höchster Meisterschaft» spricht Constanze Mozarts zweiter Mann, Georg Nikolaus Nissen.[502] An entscheidenden Stellen erklingt die numinose Signatur des ganzen Werks in Gestalt eines Bläsersignals, das im Verlauf der Handlung nur ein einziges Mal real heraufbeschworen wird, um die Initiation Taminos in das Heiligtum von Isis und Osiris anzukündigen. Dazwischen ein Fugato, das Behändigkeit mit herben Leidenstönen paart. Ein traditioneller Kontrapunkt ist das bei aller Kunstfertigkeit nicht: Gleich die erste Sechzehntelfigur ist ungeeignet zum Satz Note gegen Note; und im weiteren Verlauf ist das Fugato-Thema heftigeren dynamischen Wechseln und rhyhmisch-metrischen Veränderungen ausgesetzt, als man sie schwerlich in einem traditionell kontrapunktischen Satz findet.

Dass beim schnellen Wechsel zwischen piano und forte das Letztere ausgerechnet den Sechzehnteldrehern auf leichter Taktzeit zugedacht ist, hat schon fast etwas von einem *Musikalischen Spaß*, um den es hier freilich nicht geht. Was der Komponist leistet, zeigt ein Vergleich mit Ignaz Holzbauers 1777 entstandener Oper *Günther von Schwarzburg*.[503] Mozart hat dieses Werk ausdrücklich begrüßt und sich von der Ouvertüre möglicherweise inspirieren lassen – und doch gelingt ihm etwas ganz anderes: die Kunst, innerhalb eines kompositorisch bis ins Letzte durchdachten Satzes feierliche Spannung zu erzeugen, unsere Sinne zu schärfen und unseren Wahrnehmungsapparat derart in Schwung zu bringen, dass wir dem Kommenden in heiterer Erwartung entgegensehen können und doch auf Ernstes gefasst sind.

Betrachten wir die ganze Oper von dieser Initiation aus, so löst sich manche ‹Ungereimtheit› des Librettos in Luft auf – vor allem der vermeintliche Bruch der Handlung. Dass die Königin der Nacht zunächst als bemitleidenswerte Mutter, später als unbelehrbare Intrigantin erscheint und vice versa Sarastro erst als Tyrann, danach als weiser Herrscher, ist dann kein Widerspruch mehr: Der Zuschauer ist in keiner anderen Rolle als Tamino oder ein Logenbruder, dem auf dem Weg zur Weltweisheit erst allmählich die Augen aufgehen: «Die Strahlen der Sonne vertreiben die Nacht, zernichten der Heuchler erschlichene Macht», so wird demgemäß der Perspektivenwechsel im Schlusstableau begründet. Freilich spricht nichts dagegen, ganz ins Archetypische einzutauchen und sich ein mythenübergreifendes «Projekt» vorzustellen, in dem sich männliches und weibliches Prinzip verbünden, um die Menschheit so recht auf die Probe zu stellen.

Lange kann man darüber streiten, ob Sarastro, Herr des Weisheitstempels, ein aufgeklärter Patriarch mit kleinen Fehlern oder ein frauenverachtender Sklavenhalter ist. Auch darüber, ob es eine zynische Spaltung zwischen den an der Weltweisheit partizipierenden Elitemenschen auf der einen und den zur Beherrschung unfähigen Naturkindern auf der anderen Seite gibt, oder ob die Schöpfung nicht gerade auf die Unbeherrschbaren mit Wohlwollen blickt. In der Tat ist nicht ausgemacht, dass wir mit der abstrakten Devise «In diesen heil'gen Hallen kennt man die Rache nicht, und ist ein Mensch gefallen, führt Liebe ihn zur Pflicht» und der Quintessenz «Wen solche Lehren nicht erfreun, verdienet nicht, ein Mensch zu sein» weiterkommen als mit dem Geschnäbel: «Es ist das höchste der Gefühle, wenn viele, viele, viele, viele Pa – Pa – Pa – Pa – geno, Pa – Pa – Pa – Pa – gena, der Eltern Segen werden sein»! Nach dem Zeugnis Nissens komponierte Mozart Papagenos Lieder so, «dass sie Jedermann nachsingt, tändelnd, leicht, aber nichts desto weniger wahr und gefühlvoll. Er zeichnet uns einen einfachen Natursohn, nicht einen Possenreisser»[504].

Gewiss ist, dass die Welt beides braucht: unsublimierte Sinnlichkeit und elterliche Autorität, Unverbogenes und Gestutztes. So betrachtet, zeigt die Handlung der *Zauberflöte* das lebensfreundliche Chaos unserer kollektiven Energiefelder – freilich vor dem Erwartungshorizont eines «utopischen Gutwerdens von Menschen und Dingen», wie Ernst Bloch es ausdrückt,[505] der gleichwohl an der *Zauberflöte* und ihrer «siebzehnjährigen Musik» das lodernde Feuer des *Fidelio* vermisst.[506]

Was hat sich bei alledem Schikaneder gedacht? Oder Karl Ludwig Giesecke – jener Alleskönner aus seiner Truppe, der gern zu seinem Ghostwriter gemacht wird? Oder der Souffleur Christoph Helmböck alias Haselbeck, welcher für das Reimen zuständig gewesen sein soll? Wir sollten von einem idealen Autoren-Ich absehen und stattdessen alle zusammen als gewitzte Stimme ihrer Zeit und ihr Elaborat als Abbild von deren komplex-widersprüchlicher Struktur betrachten. Das auf Publikumserfolg bedachte Libretto bedient sich ungeniert aller nur denkbaren populären Vorlagen, kommt dem naiven Wunsch nach Märchen und Maschinen nach und jongliert zugleich mit den erhabenen Zielen der Freimaurerei. Es zitiert die Aufklärung und spottet ihrer. Es gibt sich konservativ und doch unterschwellig revolutionär; denn immerhin sind die «Strahlen der Sonne», welche die Königin der Nacht entmachten, schon anlässlich einer gefeierten Mannheimer Aufführung von 1794 als die Kräfte der Revolution gegenüber dem herrschenden Despotismus und Pamina als Ausdruck der «duldenden Volksseele» angesehen worden.[507]

Doch damit nicht genug: Schikaneder weiß, was ‹wir Kinder› brauchen: Identifikationsfiguren wie Papageno, die ohne alles Zutun über schlechte Mütter triumphieren und sich vor zweifelhaften Vätern in Acht nehmen. Wer nicht auf ein vermeintlich souverän agierendes Autorensubjekt fixiert, sondern diskursanalytisch orientiert ist, wird die Zauberflöte nicht beständig auf Wahrscheinlichkeiten, Widersprüche und Unvereinbarkeiten hin abklopfen, sondern ein geniales Geflecht von Sinn und Unsinn wahrnehmen, das uns ohnehin nur deshalb bis heute beschäftigt, weil es die Musik gibt.

Diese stellt eine Wahrheit dar, welche das ihr anvertraute Libretto zwar nicht unbedingt als Machwerk entlarvt, jedoch als Konversation von Personen, die bevorzugt aneinander vorbeireden, hinter sich lässt. Das klingt emphatisch, ist jedoch konkret gemeint: Während ein gut gearbeitetes Textbuch à la da Ponte dem Komponisten geradezu die Aufgabe stellt, mit seiner Musik einen überzeugenden affektiven Spannungsbogen aufzubauen und überdies die Handlung in höhere Sinnsphären zu heben, ist dergleichen in einem Singspiel mit gesprochenen Zwischentexten kaum möglich. Denn der Weg zu einem Sprechtext mit

Gesangseinlagen ist dann nicht weit, und die Letzteren tendieren fast zwangsläufig zur Selbständigkeit und Loslösung von der Handlung.

Die konventionell-realistische Handlung der *Entführung* hatte es Mozart noch einigermaßen leicht gemacht, in seinen Musiknummern situationsgerecht und psychologisch glaubwürdig auf den vorangegangenen Sprechdialog zu reagieren. Angesichts der Phantastik der *Zauberflöte* kann dies nicht gelingen: Einem solchen Libretto, das selbst schon starke Akzente setzt, kann man nicht hinterherkomponieren, man kann ihm nur von Nummer zu Nummer seine Signatur aufdrücken. Und das tut Mozart mit starken Einzelstücken, die letztlich keines Kontextes bedürfen, sondern – gleich einem Zauberspruch – zur rechten Zeit ‹da› sind.

In diesem Sinn sind die kleiner dimensionierten Nummern der *Zauberflöte* – einige größere Arien gehören nicht in diesen Kontext – trotz ihrer Handlungsbezogenheit vor allem Ausdruck eines musikalischen Zaubers ante rem – älter als alles Nachdenken und Reflektieren. In schöner Dialektik meint Nissen, Mozarts Musik sei «nöthigen Falls auch ohne Worte verständlich, weil er die Worte gar wohl verstanden und geführt hat»[508]. Wenn Monostatos und seine Sklaven zu Papagenos zauberischem Glockenspiel «Das klinget so herrlich, das klinget so schön! Larala la la larala la larala» singen und tanzen, ist der Text nahezu überflüssig; denn dass die Musik herrlich und schön ist, sagt sie in diesem Augenblick selbst! Darin liegt ihre Autonomie – nicht die beim Intellekt geborgte Autonomie gehobener Kunstmusik, sondern die Autonomie unserer Primärschichten. Übrigens ist es billig, enthusiastisch oder kritisch auf die Einfachheit der *Zauberflöten*-Musik hinzuweisen: Man könnte eine ganze Doktorarbeit darüber schreiben, in welcher Vielfalt der Komponist das Wort «Einfachheit» dekliniert – bis es sich auflöst in dem Wort «Schönheit».

Wolfgang Hildesheimer hielt die *Zauberflöte* für «überschätzt»: «Konzipiert als anspruchsvolle Unterhaltung, ist sie dem Anspruch, mit dem man sie später und immer anwachsend ausgestattet hat, nicht gewachsen.»[509] Indessen muss man wissen, worauf man setzen will: auf die Autonomie des Komponistensubjekts und sein virtuoses Spiel mit den Angeboten eines Textbuchs von Niveau, oder auf die Autonomie des

Märchens, die sich den ästhetischen Ansprüchen von Salonlibrettisten nicht fügt. Man sollte die *Zauberflöte* als Protest gegen die Gleichmacherei der Aufklärung hören – überhaupt gegen die Neigung der Moderne, alles und jedes einem einheitlichen Stilwillen zu unterwerfen. Ob Glockenspiel, Flöte, Syrinx, Posaunenstöße, Tanz, Marsch, Knabenterzett, Gesang der Geharnischten, Koloraturenhysterie: Allesamt sind sie Relikte, die aus der Vorzeit in unsere profane Gegenwart hineinragen. Mit der Aufrichtung starker Zeichen innerhalb des sonst selbstbezüglichen Regelkreises «Oper» nimmt Mozart Einstellungen auf, die Johann Sebastian Bach in seiner geistlichen Musik entwickelt hat, die sich im *Heiligen Dankgesang eines Genesenen* aus Beethovens Streichquartett op. 132 fortsetzen; oder in den vielen Liedern aus Wagners *Siegfried*, dessen märchenhafte Züge ganz allgemein auf die *Zauberflöte* zurückweisen; im Alphornruf aus Brahms' *Erster Sinfonie*; in den transmusikalischen Ereignissen innerhalb Mahlers Sinfonien; im Bach-Choral «Es ist genug» aus Bergs Violinkonzert; im exotischen Eigenleben der Instrumente in Henzes *El Cimarrón*. Miteinander verglichen, sind diese Beispiele inkommensurabel; ohnehin werden die Zeichen der Tendenz nach im Lauf der Musikgeschichte immer kunstvoller in ihren Kontext eingefügt. Umso sublimer an sich sind sie in der *Zauberflöte* – dort allesamt Wiegenlieder einer ursprünglichen Liebessehnsucht.

Natürlich kann man «dieses sakral-monumentale Element, das Palmenwedeln, das Gewändertragen, das weihevolle Wandeln» auf den Spuren Hildesheimers als unmozartisch verachten;[510] und ebenso abwartend bis skeptisch mag man den neuerdings aus dem Kraut schießenden Versuchen gegenüberstehen, das Werk nicht nur als Mysterienspiel, sondern auch als zur Gänze zahlensymbolisch strukturiert zu verstehen. Doch gibt es nicht einen Papageno, dessen archaische Syrinx ihn vor dem Prokrustesbett schützt – ein Sieg kindlicher Kreatürlichkeit über alles Duckende und Geduckte; und eine Pamina, die liebend und leidend gleich stark und todesmutig ist?[511]

Es ist wohl kein Zufall, dass gerade dieses Paar ungleichen Standes sich zweimal zum Duett zusammenfindet: Im Anschluss an den Glöckchenzauber singt es «lachend» von der auf Freundschaft gründenden «Sympathie» – ein familiärer, hier fast altklug wirkender Terminus der Aufklärung; und zu den Worten «Mann und Weib und Weib und Mann reichen an die Gottheit an» huldigt es den humanistischen Vorstellungen der «Wiener Klassik» gewiss nicht unglaubwürdiger als Fidelio und Florestan! Freilich hält Pamina am Ende zu ihrem Weichei Tamino, der – vornehmer ausgedrückt – wie Wachs in den Händen der Mächtigen ist; doch will sie wirklich an seiner Seite ihr Glück im Reich Sarastros finden, das nicht nur keine Rache, sondern auch kein Lachen kennt? Zuvor muss sich der Hüter des Isis-Tempels wohl noch ein wenig ändern! Das meint jedenfalls Goethe in seinem Fragment Der Zauberflöte zweyter Theil, um Sarastro und seine Priester auf einsamer Wanderschaft «die erhabene Sprache der Natur, die Töne der bedürftigen Menschheit» erlernen zu lassen.[512]

Man sollte wahrnehmen, dass sich das ethische Moment, welches in den drei vorangegangenen Da-Ponte-Opern nicht eigentlich zentral war, in der Zauberflöte in den Vordergrund spielt. Interessant, dass Jean Starobinski die Zauberflöte (und danach Beethovens Sinfonien) als Beleg dafür anführt, dass «die Entwicklung des 18. Jahrhunderts von der Subjektivität des Gefühls zur Subjektivität des Willens» geführt habe: «Eine Bresche öffnet sich, durch welche die Kräfte endlich in der sozialen Welt eine Anwendung finden können, in der ‹konkreten› Wirklichkeit, in einem Raum, den man erobern und beherrschen kann»[513]. Da sieht der Rousseau-Kenner im Märchenspiel das Ideen-Kunstwerk, in dem letztlich alle Figuren um die Sonne von Tugend und Gerechtigkeit gruppiert sind – wenngleich in unterschiedlichen Ausrichtungen bis hin zur Abkehr.

Lässt sich dieser Gedanke in Richtung Freimaurertum und Esoterik vertiefen, wie es manche Autoren neuerdings mit Macht versuchen? Als Ergänzung oder gar als Alternative zum traditionellen, dogmengläubigen Christentum ist die Freimaurerei damals attraktiv: In unterschiedlichen Nuancen verbindet sie das aktuelle humanistisch-politische Aufklärungsideal mit den ewig jungen Anschauungen der Mysterienkulte zu einer Praxis, die zwischen Rotary-Club und Geheimbund pendelt. Schikaneder ist Freimaurer, Mozart ist Freimaurer – doch wer ist damals kein Freimaurer?

Freilich prangen auf dem Titelkupfer des originalen Textbuches neben allerlei phantastisch-exotischen Motiven unübersehbar wichtige freimaurerische Symbole – zum Beispiel der fünfzackige Stern mit dem Buchstaben G. Überdies wiederholt das für die *Zauberflöten*-Handlung konstitutive Zeremoniell der Initiation auf frappante Weise jene Rituale, denen sich Mozart bei seinem Eintritt in die Loge «Zur Wohltätigkeit» unterzogen hat. Und schließlich geht dessen Hang zur Esoterik so weit, dass er gemeinsam mit dem Klarinettisten Stadler eine inzwischen leider verschollene Abhandlung über eine «Grotta» verfasst, worunter nach Auskunft seiner Witwe ein «Orden oder Geselschaft die er errichten wollte» zu verstehen war.[514] Anstatt dergleichen leichtfertig oder hochmütig zu übergehen, könnte man unbefangen dem Gedanken gegenübertreten, dass die *Zauberflöte* eine Huldigung an das Freimaurertum darstellen könnte, zugleich aber nicht übersehen, dass die Oper ihren Erfolg beim Wiener Publikum gerade in den Jahren ab 1794 steigert, als Kaiser Franz II. die Freimaurerei streng verbietet.

Nicht nur Vorsicht, sondern regelrechte Skepsis ist gegenüber kabbalistischen Zahlenspielen angebracht, die man – nach dem Vorbild der esoterischen Bach-«Forschung» – nunmehr auch der *Zauberflöten*-Partitur angedeihen lässt. Da werden nach Herzenslust Noten und Takte zu mystischen Zahlen addiert, deren Bedeutung dann nach einem Geheimcode zu entschlüsseln ist. Solches geht weit über die mehr oder weniger originelle Feststellung hinaus, dass die magische Zahl drei nicht nur im Libretto, sondern auch in Mozarts Komposition eine bedeutende Rolle spielt, und provoziert den Hinweis auf eine Szene in Umberto Ecos Roman *Das Foucaultsche Pendel*, wo mit solchen Zahlenspekulationen ironisch wohlwollend abgerechnet wird: Natürlich, so meint Agliè im Anschluss an einige wilde Rechnereien, sei «das Universum ein wunderbares Konzert von Zahlenkorrespondenzen», doch das bedeute letztlich nicht mehr, als dass eins das andere erkläre.[515]

Als Friedrich Wilhelm II. die *Zauberflöte* bald nach der Wiener Erstaufführung in seinem Berliner Nationaltheater sehen wollte, musste er sich von seinem aufgeklärten Intendanten Johann Jakob Engel zweimal die Banalitäten des Librettos vorhalten lassen, die zunächst schwerer wogen als die vom preußischen König geschätzten populären Züge. Die machten es immerhin möglich, Papagenos Lied «Ein Mädchen oder

Weibchen wünscht Papageno sich» in den alsbald weit verbreiteten Freimaurer- und Schulgesang «Üb immer Treu und Redlichkeit bis an dein kühles Grab» umzuwandeln. Und das ist nicht einmal eine Gemeinheit gegenüber dem Original, weil schon dieses ein wenig treudeutsche Geradheit ahnen lässt.

Inzwischen ist die *Zauberflöte* zur meistgespielten Oper des Weltrepertoires geworden. Das lässt sich mit dem eingangs bemühten Bild einer Puppenkiste, der wir vergnügt oder nachdenklich diese und jene Figur entnehmen, wohl kaum erklären! Längst steht mir ein anderes Bild vor Augen – das eines gefrorenen Waldsees, unter dessen Eisschicht wir ein geheimnisvolles Leben von Fischen, Pflanzen und Strudeln erblicken oder erahnen. Eine Welt für sich, nah und doch unerreichbar fern. Der Komponist wagt sich aufs Eis, um dort mit seinen Schlittschuhen gestochen scharfe Figuren zu ziehen – unvergleichliche Gravuren auf die Oberfläche eines Terrains, in dessen Tiefe seltsam schillernde Geheimnisse schlummern. Die *Zauberflöte* – eine Archäologie des Wissens.

Ein allzu kühler Schluss? Holen wir also noch einmal die spöttische Erinnerung hervor, derzufolge das Paar Mozart / Schikaneder in seiner Wiener «Winkel- oder Freß-Loge» so manchen Abend mit Tafelfreuden, Spiel und Musik zugebracht habe. Dass solche Elemente – die sinnliche Liebe hinzugenommen – gerade die *Zauberflöte* stark machen, darf über altklugen Bemerkungen nicht in den Hintergrund geraten. Überhaupt die L i e b e: Dass Mozart ihr in allen seinen Opern «in reichster, überschwenglichster Fülle» huldige,[516] wusste schon Richard Wagner anzuerkennen. Denkt auch Ingeborg Bachmann daran, wenn sie auf dem *Blatt für Mozart* schreibt, dessen Musik sei «nur die vollkommenste Variation über das von der Welt begrenzte, uns überlassene Thema»? Die *Zauberflöte* – eine Archäologie der Liebe.

Und gibt es ein schöneres Beispiel für harlekineske Freundlichkeit als Mozarts Musik zur *Zauberflöte*? Sie stimuliert unsere kindliche Vitalität und trasformiert sie alsbald in Kunstgenuss. Sie amüsiert Kinder und gibt ihnen gleichwohl das Gefühl, am affektiven Erleben der Großen teilhaben zu dürfen. Die *Zauberflöte* – ein spätes Geschenk der einstmals ungeschiedenen Volkskultur.

Aus der Nähe betrachtet
Masken für Susanna, Donna Elvira und die
Königin der Nacht

Im nachtdunklen Garten könnten die Gegensätze größer nicht sein. Eben hat Figaro in einer Arie voll grimmiger Verzweiflung das Geschick gehörnter Ehemänner beklagt (die Hörner im Orchestergraben kommentieren es drastisch); und gerade hat er sich wieder ins Versteck zurückgezogen, um seine Verlobte bei dem vermuteten Stelldichein mit dem Grafen zu belauschen,

... da tritt Susanna auf den Plan, um in ihrer Arie «Deh viene non tardar» anrührend vom Glück ihrer Liebeserwartung zu singen: «Komm, säume nicht, mein schöner Liebster. Komm dahin, wo dich Amor zur Freude aufruft. [...] Hier verlockt alles zu den Freuden der Liebe. Komm mein Liebster; mitten in diesem verborgenen Grün will ich deine Stirn mit Rosen kränzen.»

Im Sängerensemble von *Le nozze di Figaro* ist Susanna die Primadonna, in der Handlung jedoch die Dienerin: selbstbewusst, tatkräftig, einfallsreich und charmant – und eben doch nur Dienerin, die anderen zur Hand geht, Cherubino auf der Gitarre begleitet und für die Gräfin ein vermeintliches Liebesbrieflein zu Papier bringt. Nun kommt endlich i h r großer Auftritt: Sonst immer in der Interaktion mit anderen, steht sie allein im Garten, darf sich selbst zur Laute begleiten und von den Wundern singen, die Amor vollbringt. Signor da Ponte hat ihr eines seiner schönsten – in der Theatervorlage Beaumarchais' gar nicht vorgesehenen – Gedichte geschrieben, und der Kapellmeister hat mehrere Anläufe gebraucht, um den richtigen Ton zu treffen.

Doch was ist der richtige Ton? Susanna agiert ja wieder nicht ganz aus sich heraus, sondern hinter einer Maske: Sie trägt die Kleider der Gräfin, die derweilen in die ihren geschlüpft ist, um den Grafen bei einem erotischen Angriff auf die vermeintliche Susanna zu ertappen. Und Figaro, der sie nur hören, nicht aber in ihrer Verkleidung als Gräfin sehen kann, soll glauben, ihr Lied gelte dem G r a f e n , und dadurch noch rasender werden, als er ohnehin schon ist – verdiente Strafe für die Eifersucht, mit der er Susanna neuerdings quält.

Außer in der *Hochzeit des Figaro* gibt es in der gesamten Buffa der Zeit keine F r a u , die in der Rolle des Troubadours – genauer: der Troubadoura – auftritt, und schon gar keine D i e n e r i n . Allein das macht deutlich, dass es sich nicht etwa um eine komische Szene handelt, sondern – wie in vielen anderen Situationen der auch darin genialen Oper – um ein verwirrendes Spiel mit Schein und Sein, mit echten und gespielten Gefühlen, Geradheit und Berechnung, mit Treue, Verführung und Untreue. Für die Zuschauer mag das zwar ein Spaß sein; für die Akteure bedeutet es jedoch beständige Aufregung: Wie viele kleine Tode werden da – nicht nur von Cherubino – gestorben; und wie oft stellt sich der Lebensgenuss überhaupt nur durch ein kleines Wunder wieder ein!

Weiß Susanna, was sie da tut, als sie, um Figaro zu ärgern, im Kleid der Gräfin den abwesenden G r a f e n ansingt – oder tatsächlich nur F i g a r o in seinem Versteck? Doch welcher Figaro wäre das dann – das eifersüchtige Mannsbild oder der schöne Geliebte?

Für Wolfgang Hildesheimer ist es «nicht völlig klar, ob Susannas Worte und Töne einer kühlen Prüfung ihres Verlobten gelten oder dem Traum von Erfüllung im zukünftigen Vereintsein»[517]. Walter Felsenstein meint die Antwort zu kennen: «Deh vieni» beginne als «Rachearie», die Figaro den Anfang eines erotischen Tête-à-tête mit dem Grafen vorgaukle. Doch dann komme der Umschlag: Susanna vergesse sich und mache aus dem Komödienspiel eine Liebeserklärung.[518] Dietmar Holland kennt schließlich sogar den Zeitpunkt: Die Wende erfolge mit dem dritten Teil der Arie, also zu den Worten «Vieni, ben mio».[519]

Indem solche Spekulationen voraussetzen, dass Handlung und Musik allezeit feinstens aufeinander abgestimmt sein müssten, gehen sie in diesem Fall an der Sache vorbei. Natürlich kennt *Figaros Hochzeit* auch solcherart Sensibilitäten. Doch immer wieder gibt es andere, fast noch kostbarere Momente, in denen Mozart die Handlung auf der Wolke des Komponisten und wie aus weiter Ferne verfolgt – selbst nicht so genau wissend, was die kleine Susanna da unten eigentlich will. Doch er weiß, was er s e l b s t will: die Vorstellung einer Musik, die weder Figaro noch Almaviva, sondern der Liebe gilt.

Und er weiß, was er Susanna zutrauen kann. Sie hat keine sentimentalischen Töne wie die junge Gräfin, welche sich den Kummer, nicht zu genügen, zum ständigen Begleiter wählt; sie kann auch nicht leidenschaftlich werden wie Donna Elvira. Noch als Vertraute der Gräfin und in deren Kleidern bleibt sie das Dorfmädchen, welches im Chor der Landleute den Ton angibt. Was könnte sie daher in der nächtlichen Gartenlandschaft, zu der sich die Bühne im vierten Akt weitet, Schöneres verkörpern als die Natur selbst und die Freiheit einer Liebe, die nur außerhalb der bei aller Weitläufigkeit beengten Räume des Schlosses besungen werden kann?

So schreibt Mozart ihr ein Pastorale im charakteristischen 6/8-Takt, in dem für das Genre fast obligatorischen F-Dur und in der zweiteiligen Form «a – b», die damals schon zu altmodisch ist, um in Mozarts Da-Ponte-Opern noch anderweitig Verwendung zu finden. Die Melodik erinnert an einen ländlichen Tanz; und den Anfang spielen die Bläser Susanna schon einmal vor, als diese noch auf der Laute präludiert. Dann singt sie sich frei, windet die im Text apostrophierten Blumenkränze um das Haupt des Liebsten und lässt sich in einer kleinen Emphase zum Spitzenton a hinauftragen. Doch schon naht das Ende: Ebenso graziös, wie das kleine Orchester den Vorhang zum Schauspiel im Freien geöffnet hat, zieht es ihn auch wieder zu.

Librettist und Komponist haben Susanna eine kleine Bühne bereitet, die vordergründig für eine Camouflage und den letzten Höhepunkt im *Figaro*-Verwirrspiel zu dienen hat. In den Tiefen gilt Susannas Lied jedoch weder dem einen noch dem anderen und überhaupt gar keinem Liebhaber, vielmehr dem kommenden Liebesglück. D e m bereitet sie das Bett – mit der Selbstverständlichkeit einer Frau, die sich ihrer Natur überlässt und das Gestellte der Situation zunehmend vergessen macht: Einmal mehr produziert Mozarts Musik Vorstellungen, die nicht an die Bühnenhandlung gebunden sind, sondern Phantasie freisetzen. Ihre vollen Schwingungen entfaltet die Arie erst, wenn die letzten Staccato-Töne der Holzbläser das Notensystem verlassen und den Hörer eingeladen haben, die Souveränität des Auftritts zur Gänze nachzuerleben.

Letztlich also k e i n Maskenspiel, sondern eine Selbstvergewisserung, die vollkommen auf Natur gründet und dabei nichts als mit sich im Reinen ist? So einfach macht es uns Mozart nicht: Le nozze di Figaro kennt keine naiven Gestalten – eine jede handelt nach einer Strategie. Doch Susanna hat eine ganz spezielle: Just in der Verkleidung führt sie vor, wie sie sich vielleicht am liebsten sähe: ledig jener habituellen Gewitztheit, derer sie sich auch jetzt wieder bedienen muss, um zum Ziel zu kommen. Erst in der Maske der Gräfin darf sie ganz zu sich selbst kommen und ihre Gefühle so intensiv leben, wie sich die Gräfin dies mit den ihren jederzeit erlaubt.

Auf solche Ambivalenzen hinzuweisen ist nicht überflüssig; denn gerade auf ihrer Wahrnehmung beruht unser Genuss an Mozarts Opern. Ob wir es bewusst oder auch nur beiläufig mitbekommen: Das Eigentliche spielt sich in den N i s c h e n zwischen Handlung und Musik und zwischen den einzelnen musikalischen Modi ab – Gilles Deleuze würde sagen: in den F a l t e n.[520] Es sind die Gewürze, die den Gaumen kitzeln ...

Das gilt freilich nicht für alle ‹großen› Opern gleichermaßen – für diejenigen Mozarts jedenfalls mehr als für Beethovens Rettungsoper Fidelio. Wo Leonore in der Maske des Fidelio um das Leben Florestans kämpft, herrscht allein idealistischer Eifer; und es passt kein Millimeter zwischen den Komponisten und seine Idealgestalt. Der Hörer vernimmt die Worte «Ich folg' dem i n n e r n Triebe, ich wanke nicht, mich stärkt die Pflicht der treuen Gattenliebe» mit Respekt und ist doch etwas erschrocken über die Gewaltsamkeit, mit welcher Beethoven die zweite, moralische Natur über die Triebnatur stellt. Gerade bei den genannten Worten wird die bis dahin sehnsuchtsvoll klingende Musik kämpferisch-betriebsam: Es setzt jenes pathetische Opern-Getue ein, das wohl nur für Bewunderer dieses Genres erträglich ist.

Namentlich der Schluss von Leonores Arie ist in seiner im Leerlauf rasselnden Mechanik von schwer erträglichem Optimismus. Beethovens humanistisches Kämpfertum lässt dem Zuhörer nicht die Freiheit des freundlichen Beobachters, schleift ihn vielmehr auf Biegen und Brechen mit. Der atemlose 64stel-Lauf des Hornisten im langsamen Anfangsteil hat solches bereits signalisiert, die virtuose Schlusskadenz mit dem ausdrücklich noch einmal angesteuerten Spitzenton bestätigt es.

«Der Humanismus gibt vor, Probleme zu lösen, die er sich nicht stellen darf – die Beziehungen des Menschen zur Welt, das Problem der Realität, das Problem des künstlerischen Schaffens, des Glücks und all die Zwangsvorstellungen, die es in keiner Weise verdienen, theoretische Probleme zu sein», – so äußert sich Michel Foucault in einem Interview aus dem Jahr 1967.[521] Für eine generelle Abrechnung mit Beethovens *Fidelio*-Emphase taugt das nicht; wohl aber mag der Perspektivenwechsel noch einmal deutlich gemacht haben, was wir an Mozart, Susanna und ihrer Rosen-Arie haben.

Wie Susanna mit sich im Reinen, so ist Donna Elvira in sich zerrissen. Die «Dame aus Burgos» ist Don Giovanni nach Sevilla gefolgt, um ihn der Treulosigkeit anzuklagen. Um den Frauenhelden, den sie als Gatten reklamiert, zurückzugewinnen, wäre sie zu jedem Opfer bereit. Doch das sagt sie nicht laut. Erst einmal wütet sie in ihrer Auftrittsarie in Seria-Manier gegen den «Grausamen», will ihn zerfleischen und ihm das Herz herausreißen.

Don Giovanni, aus sicherem Versteck zuhörend, schickt seinen Diener vor, um die Rasende zu ernüchtern. Allein in Spanien, so tut ihr Leporello in der berühmten «Register»-Arie kund, besaß sein Herr tausendunddrei: Da soll Elvira doch besser wieder nach Burgos gehen! Doch das tut sie nicht. Vielmehr erwischt sie Don Giovanni, als dieser gerade seine Verführungskünste an Zerlina erprobt: «Rechtzeitig bin ich gekommen, diese Unglückliche, Unschuldige deiner brutalen Klaue zu entreißen!» – «Ist es wahr, was sie sagt», fragt Zerlina daraufhin erschrocken; und Don Giovanni gibt schlau einen Teil der Wahrheit preis: «Die bedauernswerte Unglückliche ist toll nach mir!»

Wenn Zerlina das für bare Münze nimmt und gar Don Giovannis späteren Worten glaubt, Elvira sei «pazza», also gestört, wird sie niemals das Feld räumen. Also muss sich Donna Elvira maskieren – als eine Person von heroischer Größe, die nichts für sich, sondern allein das leicht verführbare junge Blut warnen will. Und das muss ihr so machtvoll, ja einschüchternd gelingen, dass nicht einmal der Charme eines Don Giovanni dagegen ankommt.

Sie hüllt sich also in ein antikisierendes Gewand – was zunächst einmal bedeutet, dass der Librettist für ihre Arie «Ah fuggi il traditor» auf das altmodisch-steife Versmaß des Endecasillabo zurückgreift und damit ihren hochtönenden Worten den angemessenen Rahmen gibt: Ah, fliehe den Betrüger und glaub' nicht dem Geflüster. Die Lippen lügen, die Blicke trügen ... Der Komponist zieht mit und schreibt eine für ihn höchst ungewöhnliche Arie: Diese ist nicht nur in einem veralteten Seria-Stil gehalten, sondern erinnert geradezu an Händel und Bach. Letzteres behaupten jedenfalls die Zeitgenossen: Friedrich Rochlitz spricht 1798 von Mozarts «Grille, eine Arie in seinem D. Giovanni in Händels Manier zu setzen», und weiß – fälschlicherweise – sogar zu berichten, dass Mozart in seiner Partitur einen entsprechenden Vermerk angebracht habe. Fünf Jahre später bezeichnet Ignaz Ferdinand Arnold, ein früher Biograph, die Arie als «kontrapunktisches Kunststück», mit dem Mozart habe zeigen wollen, «daß er auch in Bachischer Manier setzen könne»[522]. Beim Publikum ist sie ob ihrer Sperrigkeit bis ins 20. Jahrhundert hinein oft mit Skepsis aufgenommen und deshalb in frühen Aufführungen des *Don Giovanni* gern gestrichen worden.

In der Tat muss den Zeitgenossen einiges barock-spröde erschienen sein. Ungewöhnlich für Mozart ist zum Beispiel die Kargheit des reinen Streicher-Ensembles, welche freilich durch die Aufwertung des Bratschenparts wettgemacht wird. Mozart braucht das von ihm im Orchestersatz gelegentlich etwas stiefmütterlich behandelte Instrument, um jene barock anmutende Kontrapunktik zu realisieren, die in «Ah fuggi il traditor» zwar eher als Scheinpolyphonie auftritt, jedoch gerade darin – boshaft formuliert – einem Händel durchaus nahe kommt: Auch dieser bietet in seinen vielstimmigen Klanggemälden oft nicht mehr Polyphonie, als der Hörer unmittelbar als solche auffassen kann.

Erstaunlich starken Gebrauch macht Mozart von der musikalischen Rhetorik. Darunter ist ein besonders für die Zeit des Generalbasses charakteristisches, jedoch bis in die Beethoven-Ära nachwirkendes Verfahren zu verstehen, eine Komposition nach dem Vorbild einer kunstvollen Rede aufzubauen und mit allerlei gewählten Redefiguren zu schmücken. Dass ein solches Verfahren angesichts einer Donna Elvira, die alle Register der Rhetorik ziehen möchte, sinnvoll ist, liegt auf der Hand, führt gleichwohl aber zu ungewohnten Effekten.

Wir beobachten rhetorische Momente vor allem in Mozarts Umgang mit dem ostinaten Motiv, das nicht nur den gesamten Instrumentalpart der Arie beherrscht, sondern auch auf den Vokalpart Einfluss nimmt:

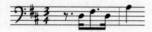

Der semantische Kontext dieses Motivs ist recht eindeutig: Es erscheint in ähnlicher Form in Mozarts Lied *Beim Auszug in das Feld* KV 552, das ein Vierteljahr nach der Uraufführung des *Don Giovanni* komponiert ist und die Vortragsbezeichnung «Mit Würde» trägt. Und darauf kommt es Donna Elvira an: Würde zu zeigen. Parallelstellen in der Musik des Bach-Händel-Zeitalters und bei Mozart selbst zeigen, dass die Figur außerdem eine Geste der Macht darstellt. In diesem Kontext besonders interessant ist die Tatsache, dass Mozart sie auch Don Giovanni zuordnet – etwa im Finale des zweiten Akts, als sich der Titelheld zum letzten Mal mit dem Komtur zu messen versucht: Wer hat größere Macht?

Doch hinter Macht verbirgt sich oft Ohnmacht – für wen gälte das mehr als für Elvira! Und gerade an diesem Punkt bewährt sich der Einsatz musikalisch-rhetorischer Figuren, von denen hier nur diejenige der «perfidia» genannt sei – der Fixierung auf ein bestimmtes kompositorisches Verfahren zur Darstellung insistierenden Verhaltens: Indem das Orchester in Donna Elviras Arie auf der Machtgeste des Eingangs insistiert, sie ständig wiederholt, verkommt sie zum Leerlauf, wird hilflos.

Letzteres kann man gut an der Arie «Ach, mein Sinn» aus Bachs *Johannespassion* beobachten, die sich von möglichen barocken Mustern am besten für einen Vergleich eignet: Dort ist es der unerbittliche Treueanspruch Gottes, vor dem sich Petrus in Gewissensqualen in vielen Wiederholungen dreht und windet.

Zwar hat Mozart Bachs Arie mit großer Wahrscheinlichkeit nicht gekannt; mit der Lehre von den musikalisch-rhetorischen Figuren dürfte er jedoch seit seiner Ausbildungszeit in Salzburg ein wenig vertraut gewesen sein. Nunmehr genügt es, entsprechende Spuren, wie er sie gelegentlich sogar noch im Bereich der zeitgenössischen Seria – zum

Beispiel in Glucks *La clemenza di Tito* – antreffen kann, aufzunehmen und das Seine daraus zu machen. Da ist er der Imitator, der Harlequin, der wie ein Karikaturist mit wenigen Strichen die ganze Person charakterisiert: Nach der Vermutung von Leopold M. Kantner könnte die Altertümlichkeit des Stils darauf hinweisen, dass Elvira «nicht mehr die Jüngste» ist und sich auch deshalb aufdonnern muss![523]

Wir wollen uns jedoch nicht bei der Frage aufhalten, ob Mozart diese kleine Malice gegenüber der von ihm insgesamt als leidenschaftlich gezeichneten Donna Elvira zuzutrauen ist, sondern lieber die Sicherheit bewundern, mit der er das zum intendierten Charakter der Arie passende Grundmotiv findet: Dessen penetrant punktierter Rhythmus hat Einfluss auf die Metrik des ganzen Satzes. Er verbietet nämlich jene gefällig anhebenden und schließenden Perioden, wie wir sie von Mozart gewohnt sind, und zwingt stattdessen zu Sequenzen und harten Kadenzen, die einerseits barock anmuten, andererseits Elviras Auftritt angemessen begleiten.

Allerdings geht es in «Ah fuggi il traditor» um anderes als die perfekte Kopie eines mitteldeutschen Generalbassliedes à la Adam Krieger, welche das hierin geradezu geniale Lied *Die Alte* KV 517 mit den Anfangsworten «Zu meiner Zeit bestand noch Recht und Billigkeit» darstellt. Vielmehr soll eine konkrete Person mit den ihr eigenen Brechungen vorgestellt werden. Und da zeigt Mozart, dass Donna Elvira den uneigennützig heroischen Gestus, mit dem sie zu überzeugen versucht, letztlich nicht auszufüllen vermag. Sind die Linien ihres Gesangs anfänglich zu zerklüftet, um Erhabenheit zu signalisieren, so erscheinen sie im Mittelteil seelenvoll genug, um die unveränderte Liebe zum Streitobjekt Don Giovanni deutlich ahnen zu lassen. Erst im Schlussteil wird das hartnäckige «Macht»-Motiv gänzlich aufgegeben und mittels zweier kleiner Koloraturen ein Abschluss eingeleitet, der versöhnliche Glätte freilich nur vortäuscht: Über dem schweigenden Bass – im Sinn der musikalischen Rhetorik als eine «Ellipsis» zu deuten – breiten sich Leere und Ratlosigkeit aus.

Trotz der Anklänge an Bach und Händel sollte man «Ah fuggi il traditor» übrigens nicht zu pathetisch geben. Gemäß einer zeitgenössischen Typologie des Briten John Brown könnte es sich um eine der

«Aria agitata» verwandte «Aria parlante» handeln.[524] Als solche wäre sie höchstens mezzoforte zu singen – wie eine fast nur geraunte Warnung, die in kürzester Zeit an Zerlina vorbeizieht. Das ist keine Musik, die wie Susannas «Deh viene non tardar» noch lange nachschwingt. Das ist vielmehr wie ein Spuk, der plötzlich wieder vorbei ist, allerdings – abermals ein doppelter Boden! – große Wirkungen hinterlässt; denn «Ah fuggi il traditor» markiert eine frühe Peripetie des Don-Giovanni-Dramas: Von nun an wird dem Frauenhelden nichts mehr gelingen.

Angesichts von *Figaro*, *Don Giovanni* und *Così* stelle ich mir Mozart und da Ponte in angeregtem Diskurs über Perspektiven und Details ihrer gemeinsamen Vorhaben vor – Grund genug, diesen Diskurs anhand der vollendeten Musik aufzunehmen und womöglich produktiv fortzuspinnen. Auch im Fall der *Zauberflöte* mag es einen intensiven Meinungsaustausch – diesmal zwischen Mozart und Schikaneder – gegeben haben. Indessen ist Schikaneder vor allem Impresario, dem es angesichts einer Zauberposse, als die sein neues Projekt zumindest dem Grundriss nach verstanden werden darf, weniger auf psychologische Feinheiten als auf Bühnenwirksamkeit ankommt.

Das bedeutet nicht, dass Mozart weniger gründlich und nuanciert gearbeitet hätte, kann aber als Warnung vor allzu sophistischen Rolleninterpretationen dienen – vor allem, was die Figur der Königin der Nacht angeht. Speziell an ihrer ersten, an Tamino gerichteten Arie – «Zum Leiden bin ich auserkoren» – scheiden sich die Geister: Trauert sie ehrlich um ihre Tochter Pamina, die Tamino aus den Klauen Sarastros retten soll? Oder ist ihr Leiden nur eine Maske, hinter der sich der machtgierige Wunsch verbirgt, sich Sarastros Sonnenkreis einzuverleiben?

Walter Felsenstein, der das jeweilige Ensemble seiner Komischen Oper Berlin – wo gäbe es dergleichen im heutigen Opernbetrieb! – vor Beginn der Probenarbeit versammelte, um es ebenso leidenschaftlich wie diktatorisch auf sein Regiekonzept einzuschwören, vertrat fast schon fanatisch die zweite Version. Hat man das Ergebnis seiner Inszenierungskunst gesehen, so mag man ihm auf den ersten Blick Recht geben: Vor dem Auftritt der Königin der Nacht verdunkelt sich unter Donnergrollen die Bühne; derweilen wird ein Wagen mit der von schlangenähnlichem Getier umzüngelten Sängerin hereingefahren, die alsbald in nächtlich-strahlendem Licht und funkelndem Galakleid erscheint. Einerseits will sie auf Tamino durch einen glanzvoll majestätischen Zauber wirken, ihn andererseits in der Pose einer «Mater dolorosa» zum Kampf anstacheln.[525]

Felsenstein sieht die Königin der Nacht im Bund mit dunklen Mächten, die sich der Aufklärung – symbolisiert durch Sarastros Sonnenkreis – in den Weg stellen, und er hat dabei manche zeitgenössischen Deutungen der *Zauberflöte* auf seiner Seite. Eine andere Frage ist freilich, ob Mozart ihre Falschheit kompositorisch habe ausdrücken wollen oder nicht vielmehr der Situation Taminos nachgegangen sei, welcher ja zunächst einmal alles glaubt.

Für den Berliner Regisseur ist die erste Arie der Königin der Nacht auch musikalisch reine Verstellung. Er spricht von den «wunderbar verlogenen Oboen-Trillern» zu den Worten «Durch sie ging all mein Glück verloren» und lässt die Sängerin zu den Worten «Du wirst sie zu befreien gehen» die Schmerzensmaske abwerfen und in ihren Koloraturen «den höchsten Grad der Ekstase» erreichen.[526] Gunthard Born assistiert, indem er auf harmonische Härten und schlechte Deklamation im vorangestellten Rezitativ zu den Worten «Du bist unschuldig» hinweist und die Tonrepetitionen in den Koloraturen der Arie als Dolchstöße gegen Sarastro deutet.[527]

Man kann solche Vorschläge machen, muss jedoch immer den Grad ihrer Plausibilität im Kontext von Mozarts kompositorischer Bühnenpraxis insgesamt im Auge haben; und d e r scheint hier eher gering. Prüfen wir deshalb, was wir gewinnen, wenn wir die Szene nicht als besserwissende Zuschauer verfolgen, sondern mit den Augen der Umstehenden sehen – mit denen Taminos, Papagenos und der drei Damen.

Dann bleibt die Königin der Nacht zwar eine machtbewusste Person, mit der nicht gut Kirschen essen ist. Obwohl Papageno, der für sie Vögel fängt, sie bisher noch nie zu Gesicht bekommen hat, kennt er bereits ihre Strafen: Für Angeberei gibt es statt Wein nur Wasser, statt Zuckerbrot oder süßen Feigen nur einen Stein und zu alledem ein Schloss vor den Mund. Auch dass sie den «bösen» Sarastro tödlich hasst, werden ihr die Untertanen unbesehen abnehmen – da ist Borns Assoziation von den Dolchstichen der Koloraturen nicht ganz grundlos.

Doch muss man ihr deshalb die Mutterliebe absprechen, und weint sie in den entsprechenden Passagen tatsächlich Krokodilstränen? Interessanterweise setzt Mozart, der auch in der *Zauberflöte* mit den Tonarten sorgfältig disponiert, den von Leidenstönen bestimmten Larghetto-Teil ihrer Arie in dasselbe g-Moll, in dem auch Paminas todtraurige Arie «Ach, ich fühl's, es ist entschwunden» steht. Da scheint der Komponist eine ehrliche Mutter-Tocher-Beziehung konstruieren zu wollen.[528]

Doch natürlich ist auch das Spekulation. Sinnvoller ist es, im Modus des Märchens zu bleiben und Mozart zu unterstellen, dass er in diesem Fall ganz mit der vordergründigen Handlung geht, allerdings die Figuren – wie in einem Puppenspiel – überzeichnet: Da ist Sarastro in seiner Abgeklärtheit von bald schon greisenhafter Steifheit, die Königin der Nacht jedoch ein höchst leidenschaftliches Weib – heftig in ihrer Mutterliebe wie in ihrem Machtanspruch.

Zu ihrem exaltierten Wesen scheinen die Koloraturen, mit denen sie sich im Allegro-Teil der Arie in die höchsten Höhen schwingt, vortrefflich zu passen. Doch Vorsicht: Wir wissen wenig darüber, wie man dergleichen damals gedeutet hat. Arien in anderen Opern Mozarts enthalten oftmals schwierigere Koloraturpartien, sind aber gleich der hier diskutierten meist nach demselben Muster komponiert: Skalenbewegungen, gebrochene Dreiklänge im Staccato, je und dann große Intervallsprünge.

Die beiden großen Arien der Königin der Nacht hat Mozart seiner Schwägerin Josepha Hofer auf den Leib geschrieben, die im Koloraturfach weit weniger firm war als zum Beispiel ihre Schwester Aloisia Lange. Noch in der 1789 für die Hofer komponierten Einlage-Arie «Schon lacht der holde Frühling» KV 580 muss er Rücksicht darauf nehmen, dass die Sängerin nicht jenes dreigestrichene f zu erklimmen vermag, das sie zwei Jahre später als Königin der Nacht schaffen wird – jedenfalls auf dem Papier: Immerhin weiß der Theaterexperte Friedrich Ludwig Schröder, der sie im gleichen Jahr als Oberon hört, von einer «unangenehmen Sängerin» zu berichten, die für ihre Partie nicht genug Höhe habe und sie «erquieke»[529].

Natürlich sollte das Verständnis der Rolle nicht davon abhängig gemacht werden, was ein vielleicht giftiger Zeitgenosse über die Gesangskünste ihrer ersten Interpretin vermeldet. Indessen darf allgemein gelten, dass man sich umso leichter in Spekulationen verliert, je weniger man das historische Umfeld kennt. Was die Königin der Nacht angeht, muss wohl offen bleiben, ob Mozart ihren Koloraturen einen besonderen Charakter geben oder nur andeuten wollte, dass diese Rolle unbedingt ins dramatische Fach gehöre.

Doch so viel ist sicher: Die Königin der Nacht ist ein Versatzstück aus der Seria und wohl ein wenig spitzbübisch in Schikaneders Singspiel versetzt. Da muss sie nicht eigens eine Maske tragen, tritt vielmehr als ihre eigene Parodie auf. Doch auch als solcher lässt Mozart ihr Gerechtigkeit widerfahren: Die Töne, in denen sie den Verlust ihres Kindes beklagt, sind weder Seria noch Buffa, vielmehr in der differenzierten Darstellung des Gefühlsablaufs schönster Mozart. Mit solchen Äußerungen ist die Königin der Nacht weiter, reifer als Susanna oder Elvira – die noch Kinderlosen.

Insgesamt macht sie sich in Glanz, Elend und Exzentrik prächtig als eine karnevaleske Erscheinung, die im biederen Singspiel zwar nichts zu suchen hätte, dem Theatrum Mundi, welches die *Zauberflöte* zumindest a u c h darstellt, jedoch gut ansteht. Freilich will die Königin der Nacht nicht zu intensiv auf ihre psychologische Glaubwürdigkeit hin befragt werden: Anders als Susanna oder Donna Elvira ist sie nicht Person, sondern Figur.

Was in das Kapitel «Harlequin komponiert» gepasst hätte, dort aber zugunsten überschaubarer Argumentation weggefallen ist, sei hier nachgeholt: Mozart ist in der frühen Rezeption seiner Werke keineswegs nur als Raffael der Musik bezeichnet worden; vielmehr bringen ihn manche Zeitgenossen ausdrücklich mit dem phantastischen Wesen Shakespeares in Verbindung. So spricht Friedrich Rochlitz 1798 von «Mozarts shakespear'scher, allmächtiger Kraft im Großen, Prachtvollen, Schrecklichen, Furchtbaren, Erschütternden»[530]. Und Julius Wilhelm Fischer, der zu Beginn des 19. Jahrhunderts von Dessau aus Österreich-Ungarn besucht, vergleicht Kompositionen Mozarts mit *Hamlet* und *Macbeth*.[531]

Solche Vergleiche gewinnen an Konkretheit, wenn man Mozarts Partner Schikaneder nicht nur mit der *Zauberflöte* in Verbindung bringt, sondern bedenkt, dass er in seinem Theater auf der Wieden auch *Hamlet*, *Macbeth*, *King Lear* sowie *Romeo und Julia* aufführt – Hinweis darauf, dass die karnevaleske Struktur, die in der *Zauberflöte* durchscheint, nicht gerade von schlechten Eltern ist.

Mit den Maskierungen der Despina in *Così fan tutte* und der Vitellia in *La clemenza di Tito* können wir uns hier leider nicht mehr beschäftigen, weil unerwartet drei Masken aus der Werkstatt Richard Wagners eingetreten sind: die Rheintöchter. In der ersten Szene des *Rheingolds* spielen sie Alberich, den sie in Wahrheit für einen «haarigen, höckrigen Geck» halten, gekonnt ihre Verliebtheit vor.

Der Komponist hat es in diesem Fall allerdings verhältnismäßig leicht: Inmitten seiner Prosamelodik, die Eduard Hanslick als «Verkehrtheit des Wagner'schen Hintereinander-Styls» geißelt,[532] klingt schon das altdeutsch-schlichte Liedchen Flosshildes auf die glatten Verse «O singe fort so süß und fein, wie hehr verführt es mein Ohr!» schmeichlerisch. Freilich spart Wagner nicht mit Ironie: Als sich die vermeintliche Huldigung zu einem Liebes-Duettchen zwischen Flosshilde und Alberich ausweitet, ergänzen Fagott und Bassklarinette die konventionelle Streicherbegleitung um ein paar chromatische Läufe – als ob sie das Geschehen von außen betrachteten und mit obszönen Gesten spöttisch kommentierten.

Postscriptum des Autors: Der in einem früheren Kapitel diskutierte intertextuelle Austausch zwischen Komponisten auch unterschiedlicher Generationen darf keine Theorie bleiben, muss vielmehr an Beispielen belegt werden. In diesem Fall fußt Wagner zwar nicht substanziell auf Mozart; jedoch er hat dessen Wiener Opern wie seine Westentasche gekannt und deshalb sicherlich in demselben Sinne aufgesogen, in dem Mozart seinerseits von seinen Vorgängern gelernt hat. Auf jeden Fall kann es für den Biographen nur von Vorteil sein, die Horizonte immer wieder zu weiten.

Ein Kapitel für Liebhaber: Die Klavierkonzerte

Gleich anderen Menschen stecken auch Komponisten ihre Reviere ab – äußere und innere. Mozart führt es markant im Bereich des Klavierkonzerts vor. Gäbe es – analog zum Klarinettenkonzert – nur ein einziges, so würden wir uns zwar daran freuen, jedoch keinerlei Vorstellung von der Welt des Klavierkonzerts haben, die der Komponist geradezu aus dem Stand auf ihr definitives Niveau bringt – in der festen Überzeugung, das sei s e i n Revier.

Von seinen 21 Konzerten für ein Klavier und Orchester stammen mehr als zwei Drittel aus den Jahren 1782 bis 1786 – der Zeit zwischen *Entführung* und *Figaro*. Damals hat Mozart große öffentliche Erfolge, zu denen die Klavierkonzerte – neben der *Entführung* – wohl das Wichtigste beitragen. Dem Publikum ist die junge Gattung zwar nicht ganz unbekannt; doch erst Mozart macht sie zu einem bedeutenden Faktor des Wiener Musiklebens.

Aus dem Vielen, das man an seinem Schaffen bewundern kann, sticht insbesondere die Leistung hervor, innerhalb von gut vier Jahren ein Corpus von fünfzehn Werken zu schaffen, das der Gattung erstmals unverwechselbares Profil gibt und z u g l e i c h glaubhaft für Mozarts Person steht – oder besser: für persönlichen Ausdruck schlechthin. Denn es geht nicht um Freuden und Leiden des empirischen Mozart, sondern um eine Musiksprache, die objektivierbar ist und doch als subjektive Schöpfung beeindruckt.

Zwar imponiert auch die ausschöpfende Art, mit der sich zum Beispiel Haydn und Beethoven jahrzehntelang mit Sinfonie, Streichquartett oder Klaviersonate beschäftigt haben. Mozarts Umgang mit dem Klavierkonzert löst jedoch eine spezielle Hochachtung aus: Da gibt es keine jahrzehntelange Suche, auch keine theologisch oder philosophisch motivierte Selbstverpflichtung zur ‹Einheit in der Mannigfaltigkeit›, sondern den Charme des Künstlers, der seine Einfälle präsentiert, wie man sorgsam eine Blume nach der anderen pflückt und am Ende einen vollendeten Strauß in Händen hält.

Gewiss gibt die in Wien entstandene Folge der fünfzehn Klavierkonzerte von KV 413 bis KV 503 – es folgen dann noch die beiden bedeutenden «Nachzügler» KV 537 und KV 595 – dem Kenner Gelegenheit, Entwicklungslinien zu ziehen und zu prüfen, ob und wie Mozart in dem kurzen Zeitraum ihrer Entstehung kompositorisch weiterkommt. Doch das ist weit weniger ergiebig als etwa den Weg zu verfolgen, den Beethoven mit seinen Sinfonien geht. Hier fasziniert vielmehr die verschwenderische Fülle, die Mozarts Künstlernatur geradezu in e i n e m Augenblick vor uns ausbreitet.

Wir sind dadurch auch dagegen gefeit, die düsteren Töne, welche vor allem die beiden Moll-Konzerte – das in d-Moll KV 466 und das in c-Moll KV 491 – anschlagen, in platter Weise lebensgeschichtlich zu deuten: Natürlich hat wohl jeder Lebensgang seine düsteren Momente; und vielleicht braucht ein Komponist entsprechende Erfahrungen, um sich düsteren Sphären künstlerisch öffnen zu können. Doch gerade der rasche Wechsel zwischen Werken oder gar Sätzen festlichen, heiteren, verspielten, schwermütigen oder meditativen Charakters zeigt, dass Mozarts Kunst nicht seinen Alltag, sondern das Leben reflektiert.

Auch und gerade in seinen Klavierkonzerten ist er der Harlequin, von dem der Philosoph Leibniz erzählt, man habe ihm das Gewand ausziehen wollen, sei jedoch auf immer neue gestoßen. Jedes dieser Gewänder ist authentisch, aber keines das «wahre»; gemeinsam gehören sie jedoch zur Wahrheit von Mozarts Welt. Die Errungenschaft seiner Klavierkonzerte liegt nicht zuletzt darin, dass er sich weder mit der unverbindlich heiteren Miene begnügt, die den zeitgenössischen Dichter und Ästhetiker Wilhelm Heinse an Johann Christian Bach störte, noch wie dessen Halbbruder Carl Philipp Emanuel das betroffene Ich hervorkehrt.

Es lohnt, zu lesen, was Mozart dem Vater über seine drei ersten, allesamt gleich zur Veröffentlichung bestimmten Wiener Klavierkonzerte KV 413, KV 414 und KV 415 schreibt: «die Concerten sind eben das Mittelding zwischen zu schwer, und zu leicht – sind sehr Brillant – angenehm in die ohren – Natürlich, ohne in das leere zu fallen – hie und da – können auch *kenner allein* satisfaction erhalten – doch so – daß die nichtkenner damit zufrieden seyn müssen, ohne zu wissen, warum.»

Der Brief geht weiter. Mozart berichtet, dass er von einer ungarischen Dame um die Vertonung eines neu erschienenen *Bardengesangs auf Gibraltar* mit den Anfangsworten «O Calpe, dir donnerts am Fuße» gebeten worden sei, jedoch den Text zwar «erhaben, schön, alles was sie wollen – allein – zu übertrieben schwülstig für meine feinen Ohren» finde. (Er hat die Komposition KV 386 d dann auch unvollendet liegen lassen.) Und er resumiert: «aber was wollen sie! – das mittelding – das wahre in allen Sachen kennt und schätzt man izt nimmer – um beyfall zu erhalten muß man sachen schreiben die so verständlich sind, daß es ein fiacre nachsingen könnte, oder so unverständlich – daß es ihnen, eben weil es kein vernünftiger Mensch verstehen kann, gerade eben deswegen gefällt». Und damit nicht genug: «ich hätte lust ein Buch – eine kleine Musicalische kritick mit Exemplen zu schreiben – aber NB: nicht unter meinem Nammen.»[533]

Der Brief ist ein wahres Juwel, indem er den vielleicht tiefsten Einblick in Mozarts Ästhetik gewährt. Mit dem Problem beschäftigt, wie er beim Wiener Publikum ankommt, ohne sich selbst wegzuwerfen, will er sogar ein kleines Buch über Fragen des musikalischen Geschmacks verfassen. Doch dann schreibt er nicht das, sondern – als seine eigenen «Exemplen» – die Wiener Klavierkonzerte.

Bis dahin hat er den Wienern nur ältere Klavierkonzerte geboten, dem Salzburger D-Dur-Konzert KV 175 allerdings ein neues Rondo-Finale (KV 382) verpasst, «welches hier so grossen lärm macht», dass er den Vater vorsichtshalber bittet, die Kopie «wie ein *kleinod* zu verwahren» und niemandem als seiner Schwester zu spielen zu geben.[534]

Ist er auch selbst von diesem Finale vollkommen überzeugt, mit dem er – gerade ein Jahr in Wien und noch vor dem großen Erfolg der *Entführung* – wie mit der Wurst nach dem Speck wirft? Es geht um einen entzückenden Variationssatz über ein niedliches, in Wien offenbar bekanntes Thema; freilich fehlt weder eine Variation von edler Kantabilität noch eine solche in Moll; Liebhaber gediegener Satzart können außerdem bei dem kleinen kontrapunktischen Exkurs zu Beginn der Kadenz aufhorchen. Gleichwohl überwiegt eindeutig das schlicht-variative Moment, das dem Satz immer wieder so viel Beifall einträgt, dass Mozart von einem «ordentlichen Plazregen» spricht.[535] In der Tat lässt er im wahrsten Sinn des Wortes die Puppen tanzen, führt sie mittels originell wechselnder Instrumentierung in immer neuer Choreographie vor.

Wie soll man das Rondo-Finale KV 382 verstehen? Alfred Einstein spricht von einem «kleinen humoristischen Wunderwerk, wenn man bedenkt, was alles sich aus dem Wechsel von Tonika und Dominante machen lässt»[536]. Joseph Kerman nennt es «a shamelessly popular display piece»[537]; und Manfred Hermann Schmid sieht es in «gefährlicher [Nähe] einer Persiflage»[538]. Das L etzte scheint plausibel, kann für Mozart aber nicht der Weisheit letzter Schluss sein. Vielmehr will er das Verhältnis von Unterhaltung und Bildung, Anmut und Würde, Natur und Kunst so grundsätzlich diskutieren, dass alle zufrieden gestellt sind: seine eigenen «feinen Ohren», die Kenner, die sich am Besonderen freuen dürfen, und die Liebhaber, die einfach ihren Spaß haben.

Das klingt nach einem ganz selbstverständlichen Programm und ist es doch nicht: Haben Bach oder Beethoven um derlei Ausgleich gerungen; oder ist es Wagner in den Sinn gekommen, zwischen dem Geschmack von Kennern und solchem von Liebhabern zu differenzieren? Alle drei betrachten es als verständlich, dass man ihnen ohne weiteres zu folgen hat, während Mozart sich mit den Wünschen der Leute auseinander setzt.

Und d i e danken es ihm – als Besucher der Konzerte, die Mozart zwischen März 1784 und Dezember 1786 gibt: im Saal des Trattnerhofs, im städtischen Kasino zur Mehlgrube und im Burgtheater. Vor allem mit den drei Abonnementskonzerten, zu denen Mozart im Frühjahr 1784 in den Trattnerhof einlädt, schafft er sich ein exzellentes Forum. Weil er zu dieser Zeit in dem ebenso noblen wie weitläufigen Gebäudekomplex seine eigene Wohnung hat, kann er als echter Gastgeber auftreten. Und die Liste seiner Gäste – der Abonnenten – liest sich (davon war schon die Rede) nicht allein wie ein Verzeichnis des Wiener Adels und gehobenen Bürgertums; sie weist zugleich auch viele offensichtlich sachkundige Hörerinnen und Hörer auf – natürlich auch solche, die selbst Klavier spielen oder Klavier spielende Angehörige haben. Wenn Mozart dort am 17., 24. und 31. März 1784 jeweils ein neues Klavierkonzert – KV 449, KV 450 und KV 451 – spielt, kann er sicher sein, eine geradezu ideale kommunikative Situation vorzufinden und seinerseits zu schaffen. Er trägt ja keine Repertoirestücke, sondern von Woche zu Woche neue Kompositionen vor; und er kann sicher sein, dass einer großen Zahl seiner Hörer das in der letzten Woche aufgeführte Werk noch im Ohr ist, wenn das neue erklingt. Da ist ein Gedankenaustausch von einzigartiger Subtilität möglich – vor allem dann, wenn es der Komponist auf einen solchen anlegt.

Ein Musikhistoriker sollte mit der Formulierung «zum ersten Mal» vorsichtig sein und in diesem konkreten Fall daran denken, dass etwa auch Bach in Köthen oder Haydn auf Esterházy die Möglichkeit gehabt haben könnten, den Kennern unter ihren Zuhörern eine bestimmte künstlerische Strategie relativ kleinschrittig vorzustellen. Indessen scheint dieser höfische Rahmen noch recht entfernt von der Kommunikation jener bürgerlichen Öffentlichkeit, die Jürgen Habermas, ohne konkret zu werden, auch innerhalb des zeitgenössischen Musiklebens ausmacht: «Der Eintritt gegen Entgelt machte die Musikdarbietungen zur Ware, zugleich entsteht aber so etwas wie zweckfreie Musik: zum erstenmal versammelt sich ein Publikum, um Musik als solche zu hören, ein Liebhaberpublikum.»[539]

Mozarts Trattnerhof-Konzerte sind der schönste Beleg für diese These, die der schon zitierte Joseph Kerman – angesehener Kritiker einer traditionell europäisch ausgerichteten Musikwissenschaft – im Blick auf diese Konzerte noch erweitern möchte: Die Art und Weise, mit der Mozart Solo- und Orchesterpart behandele und aufeinander beziehe, sei eine musikalische Metapher für Mozart, sein Publikum und deren Beziehung.[540] Das klingt reichlich soziologistisch und ist doch der Diskussion wert: Denn so notwendig es des **kompositorischen Genies** Mozarts bedarf, um der subtilen Interaktion zwischen Solist und Orchester eine musikalisch überzeugende Gestalt zu geben, so offensichtlich scheint es doch, dass der Komponist die entsprechenden

Potenzen erst abzurufen vermag, als ihn die entsprechende kommunikative Situation inspiriert.

Da lässt sich bei allem Vorbehalt die Gegenprobe machen: Von den Klavierkonzerten der älteren, Salzburger Zeit nähert sich nur das geniale *Jenamy-Konzert* KV 271 (früher *Jeunehomme-Konzert* genannt) dem später erreichten Niveau an kommunikativem Austausch zwischen Solisten und einzelnen Orchestergruppen. Und auch die beiden «Nachzügler» unter den Wiener Klavierkonzerten, KV 537 und KV 595, überzeugen eher durch andere Qualitäten: Ersteres, das *Krönungskonzert*, ist für einen Virtuosenauftritt in Frankfurt geschrieben und gönnt dem Solisten, der sich gehörig zeigen soll, kaum eine Pause. Letzteres scheint in seiner meditativen Gestimmtheit über lebhafte Diskursivität erhaben.

Dabei liegt der Akzent auf dem Adjektiv «lebhaft». Denn es gibt zeitgenössische Äußerungen, welche die Gattung des Konzerts ganz allgemein mit literarischen Kategorien in Verbindung bringen. So spricht Heinrich Christoph Koch 1793 im dritten Band seiner *Anleitung zur Composition* von einer «leidenschaftlichen Unterhaltung des Concertspielers mit dem ihn begleitenden Orchester»: «kurz ich stelle mir unter dem Concerte etwas ähnliches mit der Tragödie der Alten vor, wo der Schauspieler seine Empfindungen nicht gegen das Paterre, sondern gegen den Chor äußerte, und dieser hingegen auf das genaueste mit in die Handlung verflochten, und zugleich berechtigt war, an dem Ausdrucke der Empfindungen Antheil zu haben. Alsdann aber ist der Zuhörer, jedoch ohne etwas dabey zu verlieren, erst die dritte Person, die an dem leidenschaftlichen Vortrage des Concertspielers an das ihn begleitende Orchester Theil nehmen kann.»[541]

Die neueste Musikforschung ist damit nicht zufrieden gewesen, hat Mozarts Klavierkonzerte vielmehr mit der Dialogstruktur des zeitgenössischen, das heißt aufgeklärten Dramas in Verbindung gebracht. Simon P. Keefe argumentiert vor allem mit der poetologischen Kategorie der Stichomythie (Zeilenrede), worunter ein lebhafter Wortwechsel zu verstehen ist.[542] Anstatt dies gleich dem Autor mit hochtönenden Dramen von Voltaire, Lessing und Goethe zu belegen, bringe ich ein unernstes Beispiel aus meinen unveröffentlichten *Mozart-Lektionen*, in dem

freilich – von der phantasierten Topographie abgesehen – alle Angaben
stimmen:

Mozart-Lektion Nr. 5: Bastien und Bastienne
LEHRER Mit zwölf Jahren führten Reisen
 Mozart auch nach Böhmisch-Eisen.
SCHÜLER Meister, war's nicht Böhmisch-Holz?
LEHRER So heißt's h e u t e! Doch was soll's?
 Ganz egal – Holz oder Eisen –
SCHÜLER heute werden Sie beweisen,
LEHRER dass in Böhmens schönen Landen
 KV 50 ist entstanden.
SCHÜLER Besser: 46 b!
LEHRER Und dass dort das große g
 auf die Worte «O, zum Geier»,
SCHÜLER ... Colas drängt zur Hochzeitsfeier,
LEHRER also erst zum Schluss erscheint,
BEIDE wenn die Liebenden vereint.

Ich versichere die Leser, dass die klassischen Texte für dieses Thema
nicht mehr hergeben und demnach Belege aus *Candide, Nathan der Weise*
oder *Iphigenie* etwas weit hergeholt erscheinen. Ein Blick auf die Secco-
Rezitative in Mozarts *Figaro* macht deutlich, wo man virtuelle Vorbilder
für das dialogische Verfahren der Klavierkonzerte findet: in der Buffa.
Ohnehin ist ein Verweis auf Stichomythie zu allgemein, um deren musikalische Differenziertheit auch nur annähernd zu erfassen: Man sollte
wenigstens auf den komplexen Dialog-Begriff von Michail Bachtin zurückgreifen, den er innerhalb seiner Untersuchung karnevalesker Romanstrukturen entwickelt hat. Dort geht es, wie in früheren Kapiteln
angedeutet, um die Relativierung grammatikalischer und syntaktischer
Wertigkeiten, «folgenlose Reden», um «Abstände, Relationen, Analogien, nicht-ausschließende Gegensätze», um Intertextualität, «double
talk», ironische Brechungen, Vertauschung des Hohen und Niedrigen,
des Lachens und der Tränen.[543]

Im Folgenden soll – anstelle einer Spezialstudie – an einigen Beispielen gezeigt werden, dass sich in Anlehnung an d i e s e Strukturen einige wichtige Züge von Mozarts Klavierkonzerten besser erklären lassen als mit Hilfe traditioneller Musiktheorie. Zugleich aber sei davor gewarnt, die Suche nach Analogien zu weit zu treiben: Jede Kunst hat ihre eigenen Gesetze, und man gewinnt nichts bei dem Versuch, Strukturen der einen passgenau auf die andere legen zu wollen. Vielmehr genügt die Beobachtung, dass jede Kunst eine M e t a p h e r zum Verständnis der anderen anbietet.

Dass dies nicht wenig ist, zeigt bereits ein spezieller Punkt. Angesichts von Mozarts Wiener Klavierkonzerten und Streichquartetten wird gern die Vorstellung bemüht, sie stellten eine Verbindung von gelehrtem und galantem Komponieren dar. Das trifft das Wesen der Sache jedoch nur unzureichend und greift besonders dort zu kurz, wo man es auf die Klavierkonzerte anwendet. Denn Mozart schreibt i m m e r «gelehrt», weil er sich über sein Tun beständig mehr Gedanken macht als die bloß handwerklich vorgehenden Komponisten. Und er will insofern i m m e r «galant» sein, als seine Musik allzeit gefallen und eine verwickelte Stelle niemals um ihrer selbst willen dastehen soll, wie dies in den Quartetten des jüngeren Mozart schon einmal vorkommt.

Gehen wir von einer karnevalesken Struktur aus, so verschwindet nicht nur die Fehlkonstruktion einer binären Opposition, es kommt vielmehr auch Substanzielleres zutage: nämlich das in den Tiefen Antiautoritäre, Nicht-Hierarchische der Musik – ihr angstfreies Spiel mit den Möglichkeiten. Was es da an Unkonventionellem gibt, lässt sich nicht einfach als Verbindung von «gelehrt» und «galant» neutralisieren: Innerhalb des Rahmens, den Mozart dem Schönen steckt, will es nicht eingefangen, vielmehr als spezifische Äußerung gewürdigt werden.

Es ist eine Äußerung, die ihre Logik – noch einmal sei es gesagt – im Detail nicht aus sekundären musiktheoretischen Systemen bezieht, sondern aus dem primären, auch nonverbalen Dialog der Menschen mit all seinen nichtlinearen Zügen: Stereotypen, Variierungen, Nachfragen, Bestätigungen, Widersprüchen, Neuansätzen, Vermischungen, Verhüllungen, Umleitungen; dem Wechselspiel von An-sich-Ziehen und Überlassen, von Überbieten und Nachgeben sowie ungezähltem anderen. A l l e musikalische Kunst – auch das sei wiederholt – lebt von dieser Struktur; denn sonst würde sie uns nicht in den Tiefen erreichen. Doch oft wird dieses Moment von der kompositorischen Kunst lieber überspielt als so deutlich hervorgehoben, wie es in Mozarts Klavierkonzerten geschieht. Warum gerade dort? Die Gründe sind subjektiver und objektiver Art. D a s Instrument Mozarts ist seit frühester Kindheit das Klavier. Sucht er eine Situation, in der er einem Ensemble als individueller Künstler besonders authentisch gegenübertreten kann, so eignet sich dafür die Gattung des Klavierkonzerts wie keine zweite. Und soll ein Konzert mehr als den bloßen Dialog zwischen einem Solisten und einem Ripieno darstellen, nämlich die nuancierte Interaktion zweier charakteristischer Klangkörper, so kann dies eigentlich n u r mit einem Tasteninstrument als Partner geschehen; denn allein dieses vermag vollstimmig zu spielen und damit dem Orchester gleichwertig gegenüberzutreten.

So hätte Mozart bereits den originellen Anfang des erwähnten Salzburger Klavierkonzerts KV 271 kaum für eine andere Besetzung komponieren können: Orchester und Solist können sich den Vortrag des Eingangs-«Ritornells» nur deshalb teilen, weil das Klavier die Mittel hat, dem vom Orchester vorgetragenen Vordersatz einen ausharmonisierten Nachsatz entgegenzusetzen.

Solche Möglichkeiten werden freilich keineswegs von allen Zeitgenossen genutzt. Auf diesem Feld ist Mozart vielmehr der unbestrittene Vorreiter. Sicherlich komponieren auch andere schöne Klavierkonzerte; und es ist interessant, zu sehen, dass eine Phrase aus Johann Christian Bachs spätem Klavierkonzert op. 13, 4 die unbewusste oder absichtliche Vorlage für eine Lieblingswendung Mozarts abgibt: Sie erscheint nacheinander in den Klavierkonzerten KV 414, KV 413 und KV 415:[544]

Doch ganz unabhängig von der Frage, ob es sich hier tatsächlich um eine Übernahme oder nur um Nutzung von zeitüblichem Material handelt, gibt es keinen Zweifel, dass weder Johann Christian Bach noch Joseph Haydn oder gar ein anderer Zeitgenosse mit gleichen Schöpferqualitäten an die Gattung des Klavierkonzerts herangehen. Wo gäbe es dort eine vergleichbare Vielfalt an Einfällen, Perspektiven, Ausdrucks- und Vermittlungsformen innerhalb eines elastisch-stabilen Rahmens? Es ist kein Zufall, dass gerade Mozarts Klavierkonzerte Anlass zu den erwähnten kultursoziologischen Reflexionen geben: Wenn überhaupt eine Gattung, dann sind sie Spiegel einer Gesellschaft, die einerseits ihre produktive Vielfalt genießt, andererseits in einer ebenso verbindenden wie verbindlichen Ordnung lebt. Dabei ermöglicht die Mitwirkung des Klaviers die Darstellung des dialogischen Charakters dieser Gesellschaft, ihre beständige Suche nach einem Ausgleich zwischen den Interessen des Einzelnen und der Gesamtheit.

Natürlich liegt diesem Gedanken ein aufgeklärtes Idealbild von Gesellschaft zugrunde; doch das macht ihn ebenso wenig wertlos wie Habermas' positive Zeichnung von «Öffentlichkeit» im späteren 18. Jahrhundert: Gerade die Musik hat sich im Lauf ihrer Geschichte immer wieder zum heimlichen Anwalt von Gesellschaftsutopien gemacht. Kann man im barocken Konzert das Abbild des hierarchisch, aber durchaus zweckmäßig organisierten absolutistischen Staates sehen, so geht es im Fall von Mozarts Klavierkonzerten zwar nicht um die aufgeklärte Bürgergesellschaft im Habermas'schen Sinn, wohl aber um die lustvoll spielerische, gegebenenfalls respektlose Auslotung ihrer Möglichkeiten im Sinn eines Probehandelns im Medium der Kunst.

Hier kommen die Reflexionen des Zeitgenossen Heinrich Christoph Koch über die Gattung des Konzerts noch einmal zu Ehren. Nicht zu Unrecht vergleicht er dieses mit einer theatralischen Veranstaltung. Was er unter der «Tragödie der Alten» versteht, sollte man jedoch nicht allein auf die inzwischen zum Maßstab gewordene klassisch-griechische Tragödie beziehen, sondern auf das viel ältere, in Volkskulturen fortlebende mythologische Spiel, das groteske Momente mühelos integriert, während diese in der Hochkunst der Tragödie nur noch im abschließenden Satyrspiel fortleben.

Dass der Autor die Metapher Kochs im Blick auf Mozart einer ausführlichen Diskussion wert erachtet, mag den Musikhistoriker befremden, der sie gerade einmal zur Kenntnis nimmt, um sich alsdann Kochs ausführlicher Formen- und Kompositionslehre der Gattung Konzert zu widmen. Doch weshalb sollte dieser angesehene Zeitzeuge, für den Mozarts Konzerte übrigens «Meisterwerke in diesem Fache» darstellten,⁵⁴⁵ in der metaphorischen Einschätzung kompositorischer Neuheiten unbedarfter gewesen sein, als wir uns selbst einschätzen? Wir können größere Nähe zum Gegenstand nicht nach Belieben einmal als Hinweis auf Authentizität, das andere Mal als verdächtig einstufen!

Freilich bleibt eine Metapher eine Metapher: Sie kann den analytischen Umgang mit der Partitur nicht ersetzen, vermag allerdings die Augen für Strukturen öffnen, die ohne ihre Hilfe bestenfalls beschrieben, nicht aber erklärt würden. In diesem Sinn steht die Metapher einer karnevalesk eingefärbten Theatralik im Hintergrund der folgenden Gedanken zu ausgewählten Klavierkonzerten Mozarts.

«nun können sie sich leicht vorstellen», teilt Mozart dem Vater im März 1784 vor allem im Blick auf die unmittelbar bevorstehende Konzertreihe im Trattnerhof mit, «daß ich nothwendig Neue Sachen spiellen muß – da muß man also schreiben.»⁵⁴⁶ Und Mozart schreibt – zunächst das Konzert in Es-Dur KV 449, dessen Anfänge in die Zeit zurückreichen, als er mit der ersten Folge seiner Wiener Klavierkonzerte – KV 413, KV 414 und KV 415 – beschäftigt war. Nun greift er – gewiss nicht ohne Bedacht – auf das schon vorhandene Material zurück: Der festliche, nahezu pompöse Anfang und das erstaunlich lange erste Orchestertutti scheinen ihm für die Eröffnung der Abonnementsreihe besonders gut geeignet.

Doch allein das rasche Ausweichen der würdevollen Anfangsgeste zur Dominante zeigt, dass Mozart es bei diesem konventionellen Ton nicht belassen, vielmehr höhere Ziele verfolgen wird: Den Besuchern der Trattnerhof-Konzerte soll schon beim ersten Mal deutlich werden, dass ein Klavierkonzert à la Mozart mehr ist als eine Komposition, die nach Form und Inhalt vor allem dem Auftritt des Solisten zuarbeitet – nämlich ein differenziertes, ebenso lebens- wie geistvolles Gebilde mit allen Qualitäten eines autonomen Kunstwerks.

Die dem Denken der Frühromantik entstammende Kategorie der «absoluten Musik» ist hier durchaus anwendbar, wenn man sie nicht im Sinn einer selbstbezüglichen Struktur missversteht, sondern ihren poetischen Reichtum vor Augen hat, der sein Werk gleichsam selbst ernährt. Während das Bild vom Gerippe der Konzertsatzform, das vom Komponisten mit Fleisch und Blut umgeben werde, selbst auf ein geniales Werk wie Bachs 5. *Brandenburgisches Konzert* – in gewissem Sinn das erste Klavierkonzert der Gattungsgeschichte – noch zutrifft, geht eine solche Unterscheidung bei Mozart ins Leere: Es gibt da nicht länger ein Gefälle zwischen Allgemeinem und Speziellem; vielmehr ist jede kompositorische Entscheidung eine solche des Augenblicks, die weniger durch eine objektivierbare Form als durch den Formsinn des Komponisten legitimiert ist.

Demgemäß zeichnet sich der erste Satz von KV 449 durch eine Vielfalt unterschiedlicher, gleichsam der Fülle des Lebens entsprechender Gedanken aus, die weniger durch die Form als durch die sinnstiftende Interaktion zwischen Orchester und Solist zusammengehalten werden. Auf diese Weise entsteht weit mehr als zeitüblich der Eindruck, dass keine musikalische F o r m vorgestellt, sondern gelebte und erlebte Z e i t in Musik umgesetzt werde. Und das umso mehr, als Formkategorien wie «Exposition», «Durchführung» und «Reprise» zwar dem Spezialisten erkennbar bleiben, jedoch keine wirkliche Macht über ein Geschehen haben, das von den «Auftritten» der Dialogpartner und ihrer jeweiligen Redebeiträge bestimmt ist. Und anstatt uns an das Abziehbild eines Konzertsatzschemas zu halten, denken wir lieber an ein Finale des wenig später am Horizont erscheinenden *Figaro*: Auch dort herrscht, wie bereits beschrieben, ein großes Formgefühl, ohne dass darüber die Auftritte der Personen an Aktualität verlören.

A u f t r i t t ist auch das richtige Wort für die Beschäftigung mit dem Rondo-Finale von KV 449. Getreu seinem Konzept, den Wienern Besonderes zu bieten, ist dieser Satz einerseits zwar ein munterer Kehraus, andererseits aber mit ersichtlicher Lust am Kontrapunkt geschrieben, dessen höhere Lesart Mozart gerade in den Matineen des Baron van Swieten hat studieren und sich nutzbar machen können.

Wie dies geschieht, ist nicht mit den kontrapunktisch gearbeiteten Finali eines Haydn zu vergleichen, in denen der Komponist gerade planmäßig Humor verbreitet – freilich vor allem in der dafür besonders geeigneten Gattung des Streichquartetts. Demgegenüber treibt Mozart keine intellektuellen Spiele mit der Vereinigung des eigentlich Unvereinbaren, sondern verströmt sich in beidem: in der schönen Melodie wie im Kontrapunkt. Da ist er der Harlequin in der Beschreibung von Leibniz, indem er die Kunst beherrscht, das Schwere heiter zu machen. Und er ist es in diesem Fall ersichtlicher als Haydn, weil man weniger die Kunst des Komponisten als Harlequin in seinem neuen Gewand bestaunt.

Als achtungsgebietendem Auftakt für seine Trattnerhof-Reihe ist Mozart mit KV 449 sicherlich hochzufrieden, es soll jedoch Woche für Woche eine Überraschung geben. Da kommt es ihm gelegen, dass er eine andere Veranstaltung – eine Akademie im Burgtheater – verschieben muss und das eigens zu diesem Zweck komponierte Klavierkonzert KV 450 nunmehr erst einmal den Abonnenten im Trattnerhof vorstellen kann. Und schon ergibt sich eine neue, interessante Situation. Denn im Burgtheater hätte Mozart über die zum Hoforchester zählenden Bläser der kaiserlichen Harmoniemusik verfügen können, und mit denen überrascht er nun sein Publikum im Trattnerhof.

Erstmals – und künftig immer wieder – erhalten die Bläser in seinen Klavierkonzerten eine tragende Rolle; und jeder Kenner bemerkt, dass hier nicht erst komponiert und d a n n instrumentiert, vielmehr von vornherein die spezielle Besetzung berücksichtigt wurde. Wie aus Briefen an den Vater hervorgeht, ist Mozart stolz auf seine Neuerung, die bedeutende Auswirkungen auf die Gesamtkonzeption hat: Das zweidimensionale Gegenüber von Solist und Orchester ist ersetzt durch eine dreidimensionale Konstellation, die dem Komponisten größere Elastizität ermöglicht und neue Kombinationsmöglichkeiten beschert. Das würdigt kein Geringerer als der Zürcher Musikpädagoge und -schriftsteller Hans Georg Nägeli, welcher in seinen 1826 veröffentlichten *Vorlesungen über Musik* an Mozarts «fehlerhaftem Styl» zwar generell herumkrittelt, an Mozarts Klavierkonzerten jedoch in eidgenössisch demokratischer Tradition rühmt, dass sie nicht nur den Kontrast von Solo und Tutti pflegten und damit «Fürst und Volk in einfachem

Verhältniß» zeigten, vielmehr Ebenen von «Ministern» und «Edelleuten» dazwischenschalteten und dadurch den «höhern Organismus der Kunstwelt» differenziert darzustellen wüssten.[547] Davon macht Mozart in KV 450 alsbald reichlich Gebrauch, dem man in einem Analyseseminar in aller Ruhe nachgehen könnte. Hier müssen einige charakteristische Beobachtungen zum Anfang genügen.

Der Kopfsatz hat einen konventionell anmutenden ersten Orchesterblock: Die Takte 14 bis 25 bringen die typische heroische Eingangsgeste der Streicher, die Takte 26 bis 41 den liedhaften Seitengedanken, und danach geht es im Orchestercrescendo à la Mannheim wie im Sturmschritt zum ersten Einsatz des Solisten.

Doch ich sehe die Leser unruhig werden – und dies zu Recht: Was ich beschreibe, ist nur die seriöse Mitte des Eingangsblocks; an seinen Rändern agieren karnevaleske Elemente. Mozart lässt – wie könnte es anders sein? – gleich zu Beginn die Bläser einziehen; und die kundigen Hörer wissen natürlich, dass hier die kaiserliche Harmoniemusik mit ins Treffen geschickt wird. Je zwei Oboen, Fagotte und Hörner bilden eine schunkelnde «marching band», auf deren Vortrag die Streicher mit einem Juchzer antworten. Beide Phrasen schließen sich zu einem Vordersatz zusammen, dem ein ähnlich aufgebauter, aber erweiterter Nachsatz folgt; und erst danach ist Zeit für das würdige Orchestertutti.

Der Schluss des Eingangsblocks korrespondiert mit dem Anfang: Wiederum sind es die Bläser, die zu einem Abgesang mit buffonesken Zügen ansetzen. Die Streicher fallen ein, doch der Solist will nun nicht länger warten: Mit einem arpeggierten Akkord schneidet er den Belanglosigkeiten das Wort ab, um sich danach mit behänden Läufen – die Zeitgenossen sprechen von einer «Cadenza in tempo» – gebührend in Szene zu setzen, den Umfang seines Instrumentes fast zur Gänze auszunutzen und theatralisch mit einem Oktavsprung und zweimaliger Fermate zu enden.

Man hat keine rechte Vorstellung, wie es nun weitergehen könnte, und freut sich umso mehr, der «marching band» wiederzubegegnen, deren Part der Pianist erst getreu wiedergibt, dann mit immer keckeren Sprüngen und Läufen variiert. Auch der Schluss des Satzes gehört vor allem den Bläsern: Zum Abschied intonieren sie noch einmal im piano das buffoneske Motiv des Eingangsblocks, als ob sie wie beiläufig Ade sagten; doch dann folgen doch noch vier abschließende Forteschläge des ganzen Orchesters.

Der Szenenwechsel zum anschließenden *Andante* ist so krass, dass eine Harmoniemusik nunmehr fehl am Platz wäre. Von KV 382 abgesehen, ist es der erste Variationensatz, den Mozart in einem seiner Konzerte anbringt; und in seinen hymnischen Ton teilen sich vor allem Streicher und Klavier. Erst gegen Ende, wenn ihr Auftritt im ersten Satz vergessen ist, dürfen sich die Bläser wieder zu Wort melden, im Wechsel mit dem Klavier einen vollständigen Durchgang vortragen und mit einer kleinen Erweiterung zugleich das Ende des Satzes einleiten.

Dieser kennt kaum thematische oder modulatorische «Arbeit», beeindruckt vielmehr – trotz mancher Raffinessen vor allem metrischer und instrumentatorischer Art – durch seine meditative Gestimmtheit. Reinhard Strohm hat dargelegt, dass sich der virtuellen Liedstrophe, als die man das Variationenthema verstehen kann, Arientexte wie «Sento pietade, non son crudele» unterlegen lassen, die dem traditionsreichen Versmaß des Quinario folgen und demgemäß mit einer Häufung starker Akzente aufwarten.[548] Dem folgerichtig bedeutungsschweren Textvortrag entspricht in Mozarts Instrumentalsatz der feierliche, geradezu religiöse Gestus der Musik. Doch einmal mehr gelingt es dem Komponisten, das Schwere leicht zu machen: Das Klavier umgibt den Cantus firmus immer aufs Neue mit den Girlanden seiner Variationen.

Was Mozart hier in einem seiner Klavierkonzerte zwar nicht versteckt, bei aller Ernsthaftigkeit aber eher unspektakulär präsentiert, hat Beethoven geradezu zum Programm gemacht: Dass viele seiner fürs Klavier bestimmten langsamen Sätze zum Inbegriff des Sich-Aussprechens und, damit einhergehend, des tröstlichen Zuspruchs werden konnten, verdankt er solchen Sätzen Mozarts, die in Wien zu seinem eigenen Konzertrepertoire gehörten. Noch in Felix Mendelssohn

Bartholdys Liedern ohne Worte oder in dem langsamen Variationensatz aus Brahms Klaviersonate op. 1 schwingt dieser Ton nach.

Es besteht Anlass, gerade in diesem Fall jedoch nicht nur auf das 19. Jahrhundert vorauszublicken, sondern auch dem zeitgenössischen Kontext des *Andante* aus dem B-Dur-Klavierkonzert KV 450 Aufmerksamkeit zu schenken. Mozart hat dessen hymnisches Thema nämlich nicht selbst erdacht, sondern – mehr als nur umrisshaft – Joseph Haydns Sinfonie in D-Dur Hob I:75 entnommen. Dass es sich um eine bewusste Adaption handelt, zeigt ein Manuskriptblatt unter anderem zum Klavierkonzert KV 415, auf dem die Anfänge von drei Haydn'schen Sinfonien notiert sind, darunter auch derjenige zur D-Dur-Sinfonie. Die intensive kompositorische Arbeit am *Andante* aus KV 450, welche das (wie durch ein Wunder vom jüngsten Brand der Weimarer Amalienbibliothek verschonte) Autograph dokumentiert, lässt Ulrich Konrad vermuten, Mozart habe «die Relation zum Vorbild» bewusst «verschleiern» wollen oder womöglich beide Werke auf dasselbe Programm gesetzt.[549] Dann wären dem Publikum – und vielleicht Haydn persönlich – die entsprechenden Nuancen zwischen Rezeption und Individuation geradezu absichtsvoll vorgeführt worden. Zuzutrauen wäre Mozart dergleichen!

Den Schlusssatz von KV 450 vor Augen, möchte der Autor das Spiel mit möglichen Intertextualitäten noch etwas fortführen. Haydns Sinfonie *La Chasse* Hob I:73, Mozart sicherlich ebenfalls bekannt, trägt ihren Namen nach dem Presto-Finale, das im 6/8-Takt steht und Jagdsignale adaptiert. Auch Mozarts Finale steht im 6/8-Takt und bringt gegen Ende im Klavier ebensolche Jagdsignale, wie sie später einmal auch Anton Bruckner in seiner 4. Sinfonie verwenden wird:

Das ist wie ein letzter kleiner Hinweis darauf, was alles in dem satzbeherrschenden Rondothema verborgen ist, das schon zu Anfang, über einem langen Bordunton des Fagotts und ohne weitere Bassstütze vorgetragen, durchaus an Volksmusik erinnert:

Doch das ist nur e i n e Wahrnehmungsebene dieses wegen seiner habituellen Leichtigkeit rasch unterschätzten Satzes. Eine weitere ist diejenige der Virtuosität. Mozart selbst äußerte gegenüber dem Vater, die «schwürrigkeit» des Werks mache «schwizen»[550]; und in der Tat verlangen heikle Sechzehntelpassagen einem mit wenig Pedal spielenden Pianisten höchste Fingerfertigkeit ab, während der Zuhörer unter anderem bewundert, wie zielsicher und elegant der Solist mit seinem «Eingang» – das ist eine kleine improvisierte Kadenz vor dem neuerlichen Eintritt des Rondo-Themas – auf dieses zustößt.

Auf einer dritten Ebene freut man sich an der Kunst filigraner Instrumentierung, welche in solch absichtsvoller Unabsichtlichkeit kein anderer Komponist beherrscht. Wo Mozart in einem durchführungsartigen Abschnitt unbefangen von g-Moll nach A-Dur moduliert und von dort rasch wieder in die Haupttonart in B-Dur zurückfindet, lässt er sich von den Bläsern helfen, die auf dem Hinweg unauffällig Geleitschutz geben und bei der Rückkehr deutlich die Richtung weisen.

Mit dem Terminus «Durchführung» ist ein letzter Punkt berührt: Erstmals in Mozarts Schaffen kann man ein Rondo ohne schlechtes Gewissen auch in den Kategorien des «Sonatensatzes» beschreiben. Solches erlaubt die Machart des zuletzt erwähnten Abschnitts, welcher neben den angedeuteten harmonischen Eskapaden auch allerlei dialogisch-kecke Arbeit mit Themensegmenten zeigt, auf dass sich mit dem letzten Einsatz des Rondothemas wieder alles zusammenfüge. Während also die Frage, ob ein Rondo zugleich «Sonatensatz» sein könne, g e - n e r e l l von der Formenlehre des 19. Jahrhunderts her gedacht und damit im Blick auf Mozart fast unzulässig ist, mag sie h i e r dabei helfen, unseren Blick auf die wachsende Fähigkeit des Komponisten zu lenken, seine Finali bei aller Leichtigkeit formal spannend zu machen. Und das wird sich bis zum letzten Klavierkonzert KV 595 nicht ändern, kann hier jedoch nicht verfolgt werden, weil der für die Klavierkonzerte vorgesehene Raum längst ausgefüllt ist.

Doch bei der etwas genaueren Besprechung nur eines Werks darf es nicht bleiben: Spricht doch Georgi W. Tschitscherin – der hochgebildete, als Pianist beachtliche und als Mozart-Essayist höchst originelle erste Außenminister der Sowjetrepublik – dem Autor aus der Seele: «Wie Beethovens Sinfonien sind Mozarts Klavierkonzerte jedes für sich eine besondere Welt mit unermeßlichem Inhalt.» In ihnen pulsiere «das vollblütige Leben und ein vielsagender Wechsel hier klarer, dort verhaltener, hier düsterer, dort lichter Episoden»[551]. Kaum weniger emphatisch assoziiert Norbert Miller «eine lange, durch alle Stufen [von Mozarts] Entwicklung reichende Reihe vollkommener Selbstzeugnisse, vergleichbar der Reihe von Rembrandts Selbstportraits»[552]. Stellen wir wenigstens noch ein weiteres Porträt vor, und zwar eines, das mit KV 450 deutlich kontrastiert: das Konzert in d-Moll KV 466.

Es eröffnet am 11. Februar 1785 die Reihe von Abonnementskonzerten, welche in diesem Jahr nicht im Saal des Trattnerhofs, sondern im städtischen Kasino «Zur Mehlgrube» stattfinden. Mit dem Schauplatz hat sich auch der Gestus der Musik gewandelt: Nicht nur in diesem, sondern auch in den nachfolgenden Klavierkonzerten KV 467 und KV 482 wartet Mozart erstmals mit großer sinfonischer Besetzung auf, also mit Trompeten und Pauken. Er ist auf dem Höhepunkt seiner Erfolge; und man darf vermuten, dass er mit der erweiterten Besetzung auch einem Drang zur Selbstüberbietung nachgibt.

Doch das ist nur die eine Seite. Die andere: Mozart stellt sich innerhalb der Gattung neue, «schwürrige» Aufgaben, die ihn nunmehr auch kompositorisch «Schwizen» machen. Die erweiterte Besetzung mit Trompeten und Pauken ist damals ein Signum der «großen» Sinfonie in den traditionell dafür vorgesehenen Tonarten C-Dur, D-Dur und Es-Dur. Der große Apparat will genutzt sein; und das führt unausweichlich zu einer tendenziell plakativen Kompositionsweise mit starken dynamischen Kontrasten, stabilen Tuttiblöcken und machtvollen Forte-Schlägen. Das ist den repräsentativen Ansprüchen dieses speziellen Genres gerade recht, wird aber zum Problem, wo nicht-affirmative Ausdruckswelten erschlossen werden sollen: Es ist kaum Zufall, dass Mozart in seiner g-Moll-Sinfonie KV 550, deren Anfang demjenigen des d-Moll-Klavierkonzerts gut vergleichbar ist, auf Trompeten und Pauken verzichtet.

Die Situation wird dadurch kompliziert, dass Mozart – auch das ein Moment der Selbstüberbietung – mit KV 466 sein erstes Konzert in Moll schreibt, was dem zweiten Thema eines Konzertsatzes spezielle Qualitäten abverlangt. Mozarts Lösung ist strukturell und semantisch gleich originell: Indem er das zweite Thema von vornherein zwischen Dur und Moll changieren lässt, kann er mit der Regel, dass es in der Orchesterexposition in Moll, in der Soloexposition und in der Reprise jedoch in der Dur-Parallele erscheinen soll, genial spielen: Einmal hellt er das Thema zum Entzücken der Hörer von Moll nach Dur auf; dann wieder lässt er es aus Dur scheu nach Moll zurückweichen – für Denis Forman geradezu ein «devastating effect»[553].

Indessen zeigt sich, dass Mozart unter den selbst gewählten Bedingungen das in den bisherigen Wiener Klavierkonzerten verfolgte Prinzip eines gleichsam herrschaftsfreien Dialogs zwischen dem Solisten und den einzelnen Instrumentengruppen nicht aufrechterhalten kann, es freilich durch etwas anderes, zumindest für das 19. Jahrhundert Höherwertiges ersetzt. Es ist kein Zufall, dass dieses Jahrhundert das d-Moll-Konzert als einziges unter Mozarts Klavierkonzerten von Anbeginn mit offenen Armen aufgenommen, dass Beethoven es bevorzugt gespielt und mit eigenen Kadenzen versehen hat – wie später auch Brahms.

Um den Gründen für die Sonderstellung dieses Werks auf die Spur zu kommen, beginnt man am besten bei dem sich selbst fortzeugenden Mythos der d-Moll-Tonart. Es ist diejenige von Johann Sebastian Bachs *Chromatischer Phantasie* und *Fuge* und seinem Klavierkonzert sowie von hochbedeutenden Klavierkonzerten seiner persönlichen Schüler Carl Philip Emanuel Bach, Johann Gottlieb Goldberg und Johann Gottfried Müthel. In d-Moll stehen Beethovens *Sturm-Sonate* op. 31,2 und seine *Neunte Sinfonie* sowie Brahms' erstes Klavierkonzert und seine *Tragische Ouvertüre*.

Es muss hier nicht erörtert werden, was Ursache und was Wirkung ist. Fest steht, dass die Musiktheoretiker an diesem Mythos fleißig mitgewebt haben, indem sie seit Vater Bachs Zeiten d-Moll als Tonart eines Außer-sich-Seins beschreiben, das sich freilich in vielen Facetten zeigen kann: in Zorn, Rache, Wut, Verzweiflung und nicht zuletzt in der Erschütterung durch Machtgesten und Drohgebärden.[554] Die Barockoper ist voll von Beispielen, welche die Äußerungen der Theoretiker bestätigen; auch Mozarts eigenes Werk bietet genügend Belege – von der Ouvertüre zu Betulia liberata KV 118 über die Klavierphantasie KV 397, das Streichquartett KV 421 und die Ouvertüre zu Don Giovanni bis hin zu Kyrie und Dies irae aus dem Requiem.

Die Tonart ist freilich nur die Folie: Wesentlicher ist, was auf ihr abgebildet ist. Da hält es Mozart im d-Moll-Klavierkonzert tatsächlich mit den Machtgesten, die das Genre der Sinfonie mit Trompeten und Pauken vorgibt. Der Moll-Tonart entsprechend, sind sie jedoch ins Düstere gewendet; und da der einleitende Tuttiblock im Piano beginnt, klingen auch die Tiraden der Streicher dementsprechend raunend und unheimlich – und dies umso mehr, als der synkopisch gestaute Rhythmus, der uns schon in der Arie der Königin der Nacht, «O zitt're nicht, mein lieber Sohn», begegnet ist, nur mühsam unterdrückte Erregung verrät.

Übrigens liefert die zweite, in d-Moll stehende Arie der Königin der Nacht zu den Worten «Der Hölle Rachen kocht in meinem Herzen» einen schönen Beleg für ein weiteres wesentliches Element der Eingangstakte von KV 466: eine Tirade mit anschließendem Abstieg zur Oktave auf den Tönen des Dreiklangs. Doch ein Konzertsatz ist keine Arie: Ihm fehlt ein Text, der die semantische Situation eindeutig machte. Im vorliegenden Fall fehlt nicht nur er, sondern auch eine melodische Gestalt, die man als prägnantes Thema bezeichnen könnte. In der ersten Phase des Ritornells wird nur «Stimmung» gemacht und mittels einer harmonischen Zuspitzung bei gleichzeitiger rhythmisch-metrischer Instabilität ein «Gefühl düsterer Vorahnung» erzielt.[555]

Dass dieses «Gefühl» fünfzehn lange Takte währt und sich damit geradezu verselbständigt, ist in solcher Zuspitzung innerhalb der Instrumentalmusik neuartig: Mozart versetzt seine Hörer in einen Zustand der Unruhe, fast des Unbehagens, der nicht zuletzt dadurch zustande kommt, dass kein Sänger erscheint, um seiner Bedrängnis prägnanten Ausdruck zu geben, die Kulissen vielmehr leer bleiben. Da müssten die H ö r e r aktiv werden, sich gleichsam selbst in die Partitur eintragen; und gerade in dieser verschwiegenen Aufforderung liegt die Modernität des Stücks, seine Affinität zum 19. Jahrhundert.

Die Szene wandelt sich nur wenig, wenn in Takt 16 das Tutti einsetzt, die Instrumente mit energischen Dreiklangschritten den Tonraum durchmessen und pathetisch grollend Unterwerfung fordern. Vielmehr sind damit die Weichen definitiv gestellt: Ein so machtvoll auftretendes Orchester wird einen gleichberechtigten Dialog mit dem Klavier, ein gegenseitiges Geben und Nehmen nicht gestatten, vielmehr Unterwerfung fordern. Und diese findet im ersten Satz tatsächlich statt, darf sich der Solist auch noch so dringlich äußern.

Das tut er, nachdem er das drohende, jedoch mit klagenden Tönen durchsetzte Orchesterritornell 76 Takte lang abgewartet hat, mit einem empfindsamen «Lied», das in einem zwei Jahre zuvor erschienenen Rondo von Carl Philipp Emanuel Bach ein markantes Vorbild hat.[556] Es lässt an Harlequin denken, der das Schwere leicht macht, ihm aber zugleich aus dem Wege geht und sich irgendwo auf der Bühne zu schaffen macht, als ginge sie ihn nichts an: ein Kind unter zerstrittenen Eltern. Peter Schleuning hat herausgefunden, dass sich die zwölf Takte seines Auftritts ohne übermäßige Härten in die Anfangsphrase des einleitenden Ritornells eintragen lassen, die dort vermisste prägnante Melodiegestalt also gleichsam nachliefern.[557] Da könnte es doch zu einem Dialog kommen!

Doch den gestattet das Orchester nicht: Anstatt auf den Solisten einzugehen, führt es ihn zum «offiziellen» zweiten Thema, das unverbindliche Episode bleibt, so schnell wird es von den bekannten Drohgebärden wieder abgelöst. Das Klavier will freilich nicht nachgeben: Die ganze Durchführung über kämpft es mit seinem introvertierten Auftrittsgedanken gegen die beständigen Schläge eines Orchesters, das von ihm nichts wissen will; schließlich führt es das Orchester selbst zur Reprise, in welcher der Auftrittsgedanke des Klaviers folgerichtig nicht mehr erscheint.

Verständlich, dass Beethoven dergleichen gefallen hat, erinnert es doch von fern an die philosophische Konzeption von Beethovens *Fünfter*: der genialische Einzelne in heroischer Auseinandersetzung mit dem Weltgeschehen. Doch das ist pures 19. Jahrhundert: Mozart geht n i c h t in seinem d-Moll-Klavierkonzert auf wie Beethoven in seiner *Fünften*! Er ruft vielmehr e i n e n Posten seines seelischen Inventars auf und geht dabei an die Grenzen der Konvention, aber nicht über sie hinaus – anders wäre weder das überschwängliche Lob des Vaters noch das begeisterte Hutschwenken des Kaisers denkbar. Um an noch Größeres zu denken: Hier bereitet sich, noch ehe überhaupt *Le nozze di Figaro* komponiert ist, eine andere Buffa vor: *Don Giovanni*. Zu dieser Sicht passt das «lieto fine» des d-Moll-Konzerts in Gestalt der wundersamen Wendung nach Dur gegen Ende des Finales: Harlequin schlägt einen letzten Haken und verlässt nunmehr die d-Moll-Misere endgültig in Richtung D-Dur – der «wahren» Tonart für Pauken und Trompeten.

Mozarts Klavierkonzerte aber werden weiterhin ihr Gesicht wechseln wie Harlequin sein Gewand. Denken wir nur an den Anfang des wenig später komponierten Konzerts in A-Dur KV 488: wiederum ein ganz neues Gesicht. Hat es das unergründliche Lächeln der Mona Lisa, das Tschitscherin für Mozarts Musik insgesamt in Anspruch nimmt?

Ein Kapitel für Kenner: Die «Haydn-Quartette»

Nirgendwo zeigt Mozart das Profil eines kritisch reflektierenden Komponisten so deutlich wie in den sechs Joseph Haydn gewidmeten Streichquartetten – einer zwischen Herbst 1782 und Frühjahr 1785 komponierten Werkreihe, die laut Widmungsvorrede «il frutto di una lunga, e laboriosa fatica», also das Ergebnis langer und harter Arbeit darstellt.

Es geht um die Zeit, in der auch das große Corpus der Klavierkonzerte Gestalt gewinnt. Man hat den Eindruck, als wolle Mozart in gleich zwei Bereichen der Instrumentalmusik – die Buffa ist erst später dran – den großen emanzipatorischen Sprung wagen: w e g von der schützenden Norm der Gattungskonventionen und h i n zur Freiheit eines überlegen spielerischen Umgangs mit ihnen.

Das Sich-Zeigen in neuem Glanz und Sich-Erklären in gesteigerter Sprachmächtigkeit geschieht, was das Klavierkonzert betrifft, im ö f f e n t l i c h e n Modus einer zwar phantasievollen, gleichwohl aber allgemein verständlichen Kommunikation, die dem Publikum auch insofern leicht fällt, als es in Gestalt des Solisten ein leibhaftiges Subjekt als Dialogpartner gibt. Demgegenüber hat sich die Kunst des Streichquartetts im i n t i m e n kammermusikalischen Modus zu bewähren: Diese Werke sind sowohl für die jeweiligen Spieler als auch für ein kleines Kennerpublikum bestimmt, das auf den zwar homogenen, jedoch in sich hochdifferenzierten Streicherklang zwar auch mit sinnlichem Vergnügen reagiert, zugleich aber disponiert ist, die Struktur durchzuhören und womöglich anhand der Noten zu verfolgen.

Für einen solchen Kennerkreis komponiert man natürlich anders als für ein mehr oder weniger anonymes Konzertpublikum: Man stellt eine Kunst vor, die nicht nur das «Ah» und «Oh» entzückter Hörer provoziert, sondern dazu einlädt, subtilen Konzepten nachzuspüren und sie auch intellektuell auszukosten. Die entsprechende Musik kann man freilich nicht aus dem Hut zaubern; und auch Mozart versichert sich, als er sich in Wien auf dieses Feld wagt, geeigneter Vorbilder, nämlich derjenigen Bachs und Haydns.

Das Studium älterer Musik beim Baron van Swieten, das KV 387, dem ersten der *Haydn-Quartette*, vorausgeht, hat Mozart zwar nicht nur mit Johann Sebastian Bach in Berührung gebracht; speziell für die Konzeption der *Haydn-Quartette* dürfte jedoch vor allem das Studium des *Wohltemperierten Klaviers* bedeutsam gewesen sein. Allerdings ist es nicht der Fugenmeister im engeren Sinn, der Mozart ein Licht aufsteckt, sondern – so abstrakt das zunächst klingen mag – Bach als Protagonist eines komplexen Komponierens, das zumindest in deutscher Tradition Schule machen wird. Bach erscheint da als der Universalist, der nicht auf einzelne Werke oder Gattungen schaut, sondern das W e s e n der Musik ergründen will und dabei als Erster über so viel Materialbeherrschung verfügt, um vor diesem Horizont durchartikulierte und vielfältig reflektierte Kunstwerke zustande zu bringen.

Mozart hätte theoretisch auch von anderen Werkreihen Bachs lernen können: von den – ihm vermutlich unbekannten – *Brandenburgischen Konzerten*, den Violin- und Orgelsonaten oder gar den Suiten. Dass es jedoch – nach heutiger Kenntnis – vor allem das *Wohltemperierte Klavier* ist, gibt gleichwohl einen guten Sinn: Diese Sammlung ist in Wien um 1780 nicht Geschichte, sondern lebendige Tradition, von der Mozart, wenn ihn seine Wege nicht zum Baron van Swieten geführt hätten, bis zum Jahr 1777 zum Beispiel auch im Unterricht des Wiener Hofkomponisten und Organisten Georg Christoph Wagenseil hätte erfahren können.

Wenn Heinrich Christoph Koch im Jahr 1793 fordert, ein Streichquartett müsse wie eine Fuge «wirklich aus vier obligaten Stimmen» bestehen, «von denen keine der andern das Vorrecht der Hauptstimme streitig» mache, wird deutlich, wie viel das Studium des *Wohltemperierten Klaviers* auch einem Quartettkomponisten nützen kann. Und der Autor unterstreicht dies enthusiastisch, indem er just Mozarts *Haydn-Quartette* als musterhafte Erfüllung dieses Ideals betrachtet: Gerade diese Werke seien «wegen ihrer eigenthümlichen Vermischung des gebundenen und freyen Stils, und wegen der Behandlung der Harmonie einzig in ihrer Art»[558].

Um noch einen Schritt weiterzugehen: Am Wohltemperierten Klavier kann Mozart lernen, dass ein Fugenthema kein feststehendes Gebilde sein muss, welches lediglich in wechselnden Konfigurationen vorgeführt wird, sondern als auslösendes Moment eines musikalischen Prozesses verstanden werden kann, der die motivisch-thematische Arbeit des Sonatensatzes ankündigt.[559]

Wir wollen jedoch die Kirche im Dorf lassen: Um sich als kritisch reflektierender Komponist zu bewähren, braucht Mozart nicht nur Bach, sondern auch Haydn. Denn die entsprechende Haltung verlangt nicht nur tiefes Eindringen in die immanenten Gesetzmäßigkeiten der Musik, sondern auch die aktive Auseinandersetzung mit den erklärten oder unausgesprochenen Forderungen, welche das verständige Publikum an die Musik als Metapher gesellschaftlicher Verhältnisse hat. Und weil sich die Gesellschaft von Bach zu Mozart geändert hat, muss alles neu durchdacht werden: Für eine gehobene Kunst, wie sie diejenige des Streichquartetts darstellt, genügt es nicht, d a s s alle Stimmen gemäß Bachs Ideal «mit einander und mit gleicher Schwierigkeit arbeiten»[560]; wichtig ist, w i e sie es tun – nämlich im Sinne eines aufgeklärten Dialogs, in dem die Partner das jeweils unverwechselbar Ihre zum Ganzen hinzutun.

Es ist alles andere als ein Zufall, dass bereits Haydns Quartett-Opus 1 im Jahr 1764 in Paris unter der Bezeichnung *Quatuors dialogués* erscheint.[561] Denn das Adjektiv «dialogué», ein Leitbegriff philosophisch aufgeklärter Unterhaltung, findet damals in kammermusikalischen Werktiteln gern Verwendung.[562] Demgemäß kann Johann Adam Hiller 1768 in seinem angesehenen musikalischen Wochenblatt bemerken: «Vielleicht sucht sich der Franzos durch die Musik nur zu amusiren; aber nein, er empfindet, er raisonnirt, wenigstens thut es der edlere Theil der Nation, zumal wenn er Kenner ist.»[563]

Dasselbe gilt natürlich für die deutschen Kenner; und nicht von ungefähr wird Goethe später einmal gerade Joseph Haydn mit einem «Wunderkind» vergleichen, welches «unsere Kunst von dem Gängelbande und fremden Formenwesen [zu] erlösen» auserwählt worden sei,[564] und – wie schon erwähnt – das Streichquartett mit einer Unterhaltung von vier wohlbemerkt «v e r n ü n f t i g e n» Leuten.[565] Innerhalb der so verstandenen Gattung ist Haydn in der Tat ein Meister, um dessen Werke sich die Kenner schon vor der Drucklegung reißen, indem sie auf teuer angebotene handschriftliche Vorausexemplare abonnieren.

Speziell Haydns op. 33 – als Stimulus für Mozarts *Haydn-Quartette* hier besonders herausgegriffen – zeigt ungeachtet seines gefälligen Wesens ein witzig souveränes Spiel mit tradierten Formen und Hörgewohnheiten. Was der Laie als die eigentliche Schönheit von Musik erlebt: schöne Melodien und übersichtliche Formen, wird beständig zurückgehalten, was das Vergnügen des Kenners an der originellen Formung im Sinne geistreicher Gesprächsführung freilich nur steigern kann. Von einem seiner Zeitgenossen wird Haydn schon 1782 mit dem – ihm in der Tat bekannten – englischen Kultschriftsteller Laurence Sterne verglichen: Beide beherrschten den virtuosen Umgang mit der «verzweifelt schweren» Kunst des «hohen Komischen»[566].

Markus Bandur vertritt die Meinung, dass ein solches Komponieren des «Plots» bedarf,[567] das heißt einer Grundidee, die den eigentlichen Reiz eines Satzes oder eines Werks ausmacht und es dem Kenner ermöglicht, sich gemeinsam mit dem Komponisten über die jeweils hinterfragte traditionelle Form zwar nicht lustig zu machen, sie aber lustvoll auseinander zu nehmen. Und gerade das gibt ihm das im weitesten Sinne auch politisch relevante Gefühl, über Sinn und Unsinn von Ordnungen mitzureden.

Der Plot des ersten Satzes aus Haydns h-Moll-Quartett op. 33,1 könnte darin bestehen, die Tonalität dieses Satzes nach Kräften zu verschleiern. Seine anfängliche Zweistimmigkeit ist dergestalt, dass dem Ohr eine Entscheidung, in welcher Tonart der Satz stehe, unmöglich gemacht wird. In den folgenden Takten wird die Irritation so lange gesteigert, bis in Takt 11 endlich h-Moll erreicht ist. Wenigstens die Reprise oder auch nur Scheinreprise, so sollte man meinen, wird nun von vornherein mit der Grundtonart einsetzen, da es nicht sinnvoll wäre, das Verwirrspiel des Anfangs noch einmal zu wiederholen. Haydn weiß jedoch Besseres: Er potenziert die Verwirrung, indem er einen übermäßigen Dreiklang über fis einführt, der nochmals alles offen lässt, ohne jedoch ganz aus der Luft gegriffen zu sein: Das befremdliche ais (statt eines zu h-Moll passenden h) übernimmt die zweite Violine stimmig aus dem Vortakt:

Einige Leser mögen angesichts dieses nach den Originalquellen mitgeteilten Notenbeispiels stutzen – sofern sie nämlich die gängige Eulenburg-Ausgabe der Partitur vor Augen haben. Dort ist der Satzbeginn, um den Eindruck von D-Dur zu erwecken, dreistimmig notiert und ferner das anstößige ais zu Beginn der Reprise zugunsten eines eindeutigen D-Dur-Sextakkordes zu a verbessert. Nach dieser vermeintlich verständlicheren Lesart, die in Wahrheit den Plot frech zerstört, habe ich selbst das Werk noch 1957 bei dem als Haydn-Spezialisten gerühmten Friedrich Blume studiert – eine auch im Falle Haydns beherzigenswerte Warnung davor, sich selbst aufgeklärter als die zeitgenössischen Kenner zu finden!

Zu denen zählt Mozart; und angesichts der *Haydn-Quartette* spürt man förmlich, wie er dem hochberühmten älteren Kollegen und Freund nacheifert, ohne ihn jedoch nachzuahmen. Gleich das erste Stück der Reihe, das am Silvesterabend des Jahres 1782 fertig gestellte G-Dur-Quartett KV 387, zeigt eine im Vergleich mit Haydn zwar nicht minder reflektierte, jedoch grundsätzlich andere Haltung: Auch in der noblen Gattung des Streichquartetts meldet sich alsbald Harlequin zu Wort und stellt sicher, dass an die Stelle des tendenziell intellektuellen, jedenfalls strukturell allzeit abgesicherten Humors à la Haydn die riskante Spannung zwischen Konstruktivität und Vitalität tritt. Letzteres ist kein Plot, wohl aber ein übergeordnetes Kriterium zum Verständnis der *Haydn-Quartette*.

Anders als Haydn beginnt Mozart das ganze Opus nicht sophistisch oder die Erwartungen spannend, sondern im Ton konzentrierter, leuchtender Freude und im Zeichen «absoluter Kantabilität». Für Wilhelm Seidel ist das Allegro-Thema eines der ersten, das die Begleitstimmen mitsingen lassen kann, weil es einer Markierung seines rhythmisch-metrischen Hintergrunds nicht bedarf.[568] Und von vornherein wird klargestellt, dass die vier Instrumente – freilich unter Führung der ersten Violine – gleichgestellt sind, und dies in einem modernen Sinn. Sie spielen nämlich nicht wie in einer Fuge nacheinander das Gleiche, leisten vielmehr ihren individuellen Beitrag zum Dialog: Bereits in den Takten 5 bis 7, also noch vor der ersten Vollkadenz, beginnt ein lebhaftes Wechselspiel zwischen Viola, Violine 2 und Violine 1, das jedoch bald wieder im Nachsatz aufgeht.

Dass ein so reichhaltiger und nuancierter Satz nicht zur musikalischen Prosa wird, verdankt er vor allem der «rhyming termination», also Angleichung von Phrasenschlüssen.[569] Durch metrische und harmonische Korrespondenzen gestützt, gewährleistet solches «Reimen» jenen Zusammenhalt, den Haydn vor allem durch motivisch-thematische Entwicklung herstellt.

In das ohnehin empfindliche Gleichgewicht kommt mit der Wiederholung der ersten Periode neue Bewegung: Diesmal fühlt sich die zweite Violine zur Führung berechtigt; die erste Violine gibt jedoch nicht nach, fällt der zweiten vielmehr ins Wort, sodass schon früh der Eindruck einer kleinen, unser Formgefühl ein wenig verwirrenden Engführung entsteht.

Irritationen gibt es auch in dem in D-Dur stehenden Seitensatz. Bei seinem ersten Vortrag durch die zweite Violine war das Thema in Takt 27 von einem e-Moll-Sextakkord begleitet worden. In der Wiederholung wird es von der ersten Violine übernommen; doch damit nicht genug: Die Bratsche will mitmachen und hängt sich mit Dezimen an die erste Violine an. Diese Austerzung hat jedoch Folgen für die Harmonik: An der Parallelstelle zu Takt 27, nämlich in Takt 33, ergibt sich nunmehr anstelle des Sext- ein Sekundakkord, der nicht weiter auffiele, wenn Mozart ihn nicht so eigenwillig in den nächsten Takt verlängern würde, dass wir nunmehr gleichzeitig die Grundtöne g und a von Subdominante und Dominante zu hören meinen.[570]

Solche Härten und Uneindeutigkeiten fallen prinzipiell kaum weniger ins Gewicht als in dem diskutierten Beispiel aus Haydns op. 33, sind jedoch charakteristisch anderer Art: Arbeitet Haydn systematisch an einem originellen S a t z gefüge, indem er – zum Beispiel – auf kalkulierte Weise Spannung erzeugt und Lösung verzögert, hat Mozart keinen solchen inhaltlichen Plot, gibt sich vielmehr der von ihm selbst geschaffenen kommunikativen S i t u a t i o n als solcher anheim.

Setzt er in seinen Klavierkonzerten die eigenwillige Persönlichkeit des Pianisten in Szene, so hat er nunmehr die individuellen Ansprüche von vier Streichern zu «bändigen»; und das gelingt nicht ohne – vom Komponisten als höchster Instanz selbstverständlich kontrollierte – Konflikte. Es sind Augenblickskonflikte ohne tiefere Bedeutung, jedoch namentlich für die Spielenden von hohem Reiz: Sie werden als Agierende mit ihren Augenblicksimpulsen ernst genommen.

Die Spontaneität Harlequins zeigt sich auch zu Beginn der Durchführung. Anstatt zu tun, was das reichhaltige Themenmaterial problemlos erlaubte, nämlich mit diesem konzentriert, geistreich und zielorientiert auf die Reprise hin zu «arbeiten», träumt er sich in eine konzertante oder gar Opernszene. (Hatte Beethoven dergleichen im Auge, als er im Alla-Marcia-Teil seines späten a-Moll-Streichquartetts op. 132 mit einem ähnlichen Gestus aufwartete?) Erste und zweite Violine ergehen sich mit der Bratsche in einem längeren theatralischen Dialog, um danach Teile der Exposition noch einmal zur Sprache zu bringen – nunmehr zwar pathetisch aufgeladen, jedoch weiterhin ohne Haydn'sche Arbeitsmoral. Danach geht es gesprächsgesättigt in eine Reprise, die weniger strikte Wiederholung des Gewesenen als freie Darbietung des Erinnerten ist und ohne alle Schlussbestätigung in den Endreim der Exposition mündet.

Nicht zuletzt angesichts dieses stillen Ausgangs, der sich von dem markanten, freilich nicht unbedingt typischen Fortissimo-Schlusspunkt in Haydns op. 33, 1 deutlich unterscheidet, erinnert die Satzanlage von KV 387 von fern an den Kopfsatz einer Suite – was besagen will: Mozart begegnet Haydn auf dessen ureigenem Feld mit ebenbürtiger Phantasie- und Gestaltungskraft, ohne sich jedoch dessen Vorstellung zu fügen, ein würdiger Sonatensatz müsse ungeachtet aller kombinatorischen Vexierspiele konsequent prozesshaft gearbeitet sein. Anstatt sein kompositorisches Denken mit solchen Maximen zu belasten, vertritt er lieber die Philosophie des erfüllten Augenblicks. Sein Dialog setzt auf die Präsenz von Teilnehmern, die leibhaftig Position beziehen, sich in Räumen ausbreiten und das zum Wesentlichen erklären, was sie jeweils tun – nicht aber eine abstrakte höhere Idee.

Nur aus solcher Freiheit gelingt Mozart ein Satzbeginn wie der beschriebene: Vom ersten Akkord an ist das Leben in großer Fülle präsent. Mit einem prächtigen Sonnenaufgang – anstatt etwa mit Morgennebeln – anzufangen hat freilich Konsequenzen: Man kann einen solchen Sonnenaufgang weder beliebig wiederholen noch mit ihm «arbeiten»; er wirkt vielmehr in seiner Einmaligkeit. Folgerichtig muss der Kopfsatz von KV 387 ohne jene Keimzelle auskommen, aus der Haydn viele seiner Schöpfungen bis zur Reife entwickelt.

Mozart sieht das Problem und sucht in den Kopfsätzen der nachfolgenden Haydn-Quartette nach weiteren Möglichkeiten. Und was KV 387 angeht, wird er nicht den Kopf-, sondern den Schlusssatz zum Schwerpunkt des Quartetts machen und ein Fugenfinale schreiben – geradezu entgegen dem Bewusstseinsstand Haydns, der sein Streichquartett op. 20 zwar mit mehreren solcher Fugenfinali geziert, im aktuellen op. 33 jedoch auf kunstvoll verspielte Ausgänge im behänden $2/4$- oder $6/8$-Takt gesetzt hat.

Seit dem Frühjahr 1782 hat Mozart im Kontext seiner Besuche bei van Swieten die höhere Kunst des Kontrapunkts studiert, viele Blätter mit Fugenanfängen oder gar schon weiter gediehenen kontrapunktischen Entwürfen beschrieben, jedoch noch nichts wirklich Bedeutendes zu Papier gebracht: Präludium und Fuge in C-Dur KV 394, die er seiner Schwester Marie-Anna bereits im April 1782 als Beleg seiner neuen kompositorischen Leidenschaft zukommen lässt, reißen noch keine Bäume aus; und die auf großartige Weise eigenwillige und darin auf Beethovens *Große Fuge* op. 133 vorausweisende c-Moll-Fuge für zwei Klaviere KV 426 wird erst Ende 1783 ans Licht kommen.

So erscheint das Finale von KV 387 auch in schaffenspsychologischer Sicht als genialer Schachzug: Mozart, der ein beachtliches Fugenfinale schon lange Jahre zuvor, nämlich in seinem Streichquartett KV 173, zustande gebracht hat, will nicht etwa zu einem Fugenkomponisten höherer Ordnung mutieren, vielmehr mit dem Thema Kontrapunkt originell umgehen. Geradezu listig schafft er sich ein Design, das den Abbruch einer Fuge nicht nur erlaubt, sondern geradewegs zur Spielregel macht. So ist es nämlich im Finale des G-Dur-Quartetts KV 387: Gewichtige Fugenexpositionen werden nicht fortgeführt, vielmehr beziehungsreich mit konzertanten Abschnitten konfrontiert.

Die daraus resultierenden schroffen Gegensätze werden von der Mozart-Forschung gern verkleinert. Zwar bleibt keinem Kenner verborgen, dass die Fugen-Abschnitte «in das formale Gerüst eines Sonatensatzes integriert» sind,[571] dessen harmonisch vagierender Mittelteil freilich von einer gestandenen «Durchführung» noch weiter entfernt ist, als man dies ohnehin von Mozart kennt.[572] Jedoch verhindert der Respekt vor der Gattung Fuge und dem Namen Bach immer wieder die Wahrnehmung, dass die konzertanten Abschnitte keine bloßen Einschübe, sondern geradezu das Salz in der Suppe sind. Was mich allein aus der Erinnerung zum Lachen bringt, nämlich das kecke Tänzchen, mit dem die erste Violine in die Exponierung einer gravitätischen Doppelfuge hineinfährt, ist für Friedhelm Krummacher, den derzeit bedeutendsten Kenner der Geschichte des Streichquartetts, nur ein «Widerpart der Schlussgruppe, deren kantable Melodik sich über klopfenden Repetitionen aufschwingt»[573].

Dabei ist diesem Clou am Ende des Seitensatzes ein kaum minder auffälliger am Ende des Hauptsatzes vorausgegangen: Schon dort bereiten die Instrumente der ambitionierten Fugen-Exposition, mit der das Finale von KV 387 anhebt, mit einer Art ‹Aufforderung zum Tanz› ein jähes Ende. Wilhelm Seidel verleitet der plötzliche Szenenwechsel zu der Assoziation, das vom fugierten Stil ins Werk gesetzte «lebhafte Gegeneinander» rufe alsbald die «Gegenwehr» derer hervor, die es nur als «lästiges Durcheinander» empfänden und lieber Tanzmusik wünschten.[574] Erst im Anhang der Coda, die das satzprägende Fugen-Soggetto g-h-e-cis-d im Sinn eines letzten «Geniestreichs» als behutsam harmonisierte Melodie auftreten lässt,[575] finde eine definitive Versöhnung der Parteien statt.

In der Tat wird eine Analyse, welche die tänzerischen Elemente des Satzes in Überleitungen und Schlussgruppen versteckt, dessen kontroversem Wesen nicht gerecht: Man mag sich eine kleine dramatische Szene ausmalen, in der vier in Ehren ergraute Kontrapunktisten bei ihrer Probe von einem unbekümmert aufspielenden Divertimento-Ensemble immer wieder beiseite geschoben werden, bis sich beide Gruppen zum guten Schluss vereinen. Das würde unübersehbar machen, wie körperlich und räumlich Mozart mit dem diskursiven Prinzip der Gattung Streichquartett umgeht.

Doch letztlich fühlt man sich bei gar zu handfesten Bildern nicht recht wohl, wünscht sich vielmehr tiefer schürfende Vorstellungen und findet sie bei dem Philosophen George Steiner, der all den Diskursen höchste Bedeutung beimisst, die «wir unablässig mit uns selbst führen»[576]. Auf Mozart bezogen: So hoch dieser seine Neubegegnung mit dem Kontrapunkt einschätzen mag, so sorgfältig und lustvoll er an spannenden Fugenexpositionen arbeitet: Der Harlequin in ihm kommt nicht davon los, das Schwere angenehm zu machen und der Erhabenheit des Kontrapunkts die Lust am vitalen Musizieren entgegenzusetzen.

Wie mag Haydn beim ersten Spielen oder Hören reagiert haben, wo er in der Gattung des Streichquartetts lieber auf die subtilen Scherze setzt? Wir wissen es nicht, dürfen aber annehmen, dass Zeitgenosse Reichardt seine Rede vom «Humor» in Haydns, Mozarts und Beethovens Quartetten auch auf Mozarts Finale zu KV 387 bezogen hat. Jedenfalls lässt sich der Humor dieses Satzes durchaus im Sinn der frühromantischen Ästhetik als eine Kategorie verstehen, die das metaphysisch Erhabene mit irdisch Begrenztem und Lächerlichem konfrontiert. Und was der große Mozart-Verehrer E. T. A. Hoffmann in seinem Roman *Lebens-Ansichten des Katers Murr nebst fragmentarischer Biographie des Kapellmeisters Johannes Kreisler in zufälligen Makulaturblättern* trotz aller Kunst des Verschachtelns letztlich als Nacheinander präsentieren muss, kann Mozart dank der speziellen Möglichkeiten von Musik als ein widersprüchliches Ganzes darstellen.

Der letzte Vergleich reicht übrigens über formale Parallelen hinaus: Den Kapellmeister Kreisler zerreißt ja nicht i r g e n d e i n Spagat, sondern just derjenige zwischen der seichten Salonmusik, die er im Haus seines Arbeitgebers spielen oder zumindest hören muss, und der eigenen Liebe zu Johann Sebastian Bachs *Goldberg-Variationen*. Und die sind für ihn nicht nur Inbegriff phantastischen Kontrapunkts, sondern enden auch mit einem *Quodlibet*, das auf kunstvolle Weise die Melodien einiger Gassenhauer zusammenfügt. Ebenso wenig, wie wir wissen, was Bach sich bei diesem Schlusspunkt seiner Variationenreihe gedacht hat, können wir den Sinn ermessen, den Mozart seinem Streichquartett-Finale beilegt. Dass hier jedoch ein geradezu philosophischer Horizont angedeutet wird, kann und will dessen letztlich unangestrengter Ton nicht vergessen machen.

Harlequin-Mozart ist an diesem Punkt einiges zuzutrauen – wird er doch schon im Weimarer *Journal des Luxus und der Moden* vom Juni 1788 als «ein merkwürdiger [bemerkenswerter] Mann für jeden philosophischen Liebhaber der Tonkunst» bezeichnet.[577] Da passt eine Äußerung Friedrich Schlegels, der im Jahre 1798 von ganz anderer Warte als E. T. A. Hoffmann frühromantische Musikästhetik auf den Weg bringt: «Es pflegt manchem seltsam und lächerlich aufzufallen, wenn die Musiker von den Gedanken in ihren Kompositionen reden; und oft mag es auch so geschehen, daß man wahrnimmt, sie haben mehr Gedanken i n ihrer Musik als ü b e r dieselbe. Wer aber Sinn für die wunderbaren Affinitäten aller Künste und Wissenschaften hat, wird [...] eine gewisse Tendenz aller reinen Instrumentalmusik zur Philosophie an sich nicht

unmöglich finden. Muß die reine Instrumentalmusik sich nicht selbst einen Text erschaffen? und wird das Thema in ihr nicht so entwickelt, bestätigt, variiert und kontrastiert, wie der Gegenstand der Meditation in einer philosophischen Ideenreihe?»[578]
Ein widersprüchliches Ganzes hatte ich das Finale von KV 387 zuletzt genannt: In der Tat kann hier von klassischer Ausgewogenheit nicht die Rede sein. Ungeachtet der reinen Schönheit, mit der das Quartett anhebt, will Mozart im weiteren Verlauf offenkundig immer wieder r e i z e n – so auch am Anfang des Menuetts. In Haydns op. 33,1 steht an dieser Stelle ein mit *Scherzando* überschriebenes, nur mäßig stilisiertes Tanzmenuett. Gegen dessen betont unauffällige Eleganz scheint Mozart bewusst zu opponieren, denn auf sein «Menuett» lässt sich schwerlich tanzen – nicht nur, weil es der formalen Anlage nach einem kleinen Sonatensatz gleicht,[579] sondern weil schon der Anfangsgestus diesbezüglich nichts Gutes verheißt: Auf den metrisch instabilen Themenbeginn folgen in der ersten Violine zwei unbegleitete chromatische Aufwärtsgänge, deren auffälliger Betonungswechsel beim Hören ratlos macht, weil er das Dreiermetrum entschlossen zerstört, ohne dass dies durch spezielle Strukturmomente des Satzes gerechtfertigt erschiene:

Das ist eine originelle Variante Mozarts, die Dinge auf den Kopf zu stellen: Wird er im Finale über die gefürchten Stirnen der Kontrapunktisten lachen, so lässt er hier zunächst einmal das Menuett am Stock gehen. Doch noch einmal zurück zum «Fugen»-Finale: Von Bach im engeren Sinn ist darin nichts zu finden – und von Haydn auch nicht. Jedoch geben die beiden Komponisten, was reflektiertes Komponieren angeht, die Niveauhöhe vor; und in ähnlicher Weise wird dies Mozart im Blick auf Beethoven gelingen. Dessen Forderung, dass in «die alt hergebrachte Form» der Fuge «ein anderes, wirklich poetisches Element kommen müsse»[580], ist hier bereits erfüllt – wenn auch auf besondere Art: Im ersten seiner *Haydn-Quartette* will Mozart seinen eigenen inneren Dialog augenscheinlich auf höchst drastische Weise «auskomponieren», da will und soll keiner der ungleichen Brüder dem anderen nachgeben!

In dem anderen so genannten Fugen-Finale der *Haydn-Quartette*, demjenigen des A-Dur-Quartetts KV 464, wird dann aus der Konfrontation eine Art Partnerschaft: Auf feinste Weise sind kontrapunktische und motivisch-thematische Arbeit zu einem weitgehend durchchromatisierten, gleichwohl melodisch und harmonisch dunkel blühenden Satz verwoben. Das ist weit näher als das Finale von KV 387 an Haydns Geschmack und außerdem ein höchst konkretes Vorbild für Beethoven. Dieser hat sich höchstwahrscheinlich vom Finale dieses fünften der *Haydn-Quartette* eine Partitur ausgeschrieben, jedenfalls aber eins von seinen Streichquartetten op. 18 ersichtlich nach dem Muster von KV 464 komponiert: Wie eine Huldigung an Mozart steht es gleichfalls in A-Dur und an fünfter Stelle des Zyklus.

Beethoven unternimmt dieses Experiment übrigens noch im Jahrhundert Mozarts und nicht ohne einen Seitenblick auf die Quartette seines zu diesem Zeitpunkt als Quartettkomponist durchaus noch aktiven Lehrers Haydn zu werfen. Obendrein wird er sich mit KV 464 und weiteren von Mozarts *Haydn-Quartetten* neuerlich in seinem späten a-Moll-Quartett op.132 auseinander setzen – ein besonders weit reichendes Beispiel für Intertextualität, das hier nicht weiter verfolgt werden kann.[581] Der letzte Blick gilt stattdessen dem Schlussstück der *Haydn-Quartette*. Es ist das *Dissonanzen-Quartett* in C-Dur KV 465, welches seinen Namen nach den beiden scharfen Intervallreibungen der Anfangstakte trägt. Mehr provoziert den Hörer jedoch die diffuse Tonalität dieser Einleitung, die ihn erst nach einigem Umhertappen dorthin führt, wohin er gemäß der Konvention gelangen soll: zur Dominante, die dann alsbald die Bewegung des *Allegro*-Satzes auslöst.

Die Vorstellung einer «diffusen Tonalität» verweist freilich nicht auf Mängel der kompositorischen Strategie; vielmehr arbeitet Mozart in den 23 Einleitungstakten höchst kombinatorisch mit den aus der musikalischen Bildungstradition bekannten Verfahren zur Darstellung von Schmerz, Trauer und Bedrückung: Es gibt den symbolträchtigen chromatischen Quartabstieg des Violoncellos, «passus duriusculus» genannt; man vernimmt «sprechende» chromatische Motive, die nach den frei ausgelegten Regeln des Kontrapunkts in Engführung oder Gegenbewegung vorgetragen werden; und es erklingen charakteristische Seufzerfiguren.

Das alles wäre vollkommene Kost für Kenner der Gattung Streichquartett, wenn Mozart zu Beginn seines letzten *Haydn-Quartetts* nicht gleichsam überdosierte und auch das Ohr des Spezialisten zu dem Eingeständnis nötigte, mit seiner Harmonielehre am Ende zu sein. Dass solche Spezialisten generationenlang alles darangesetzt haben, um die entsprechenden Erklärungen zu Mozarts und ihrer eigenen Ehre wenigstens auf dem Papier nachzuliefern, wird nicht verwundern.

Erstaunlicher ist, dass ein großer Mozart-Kenner und Wissenschaftsorganisator wie Marius Flothuis noch in unseren Tagen viel Energie in den Beweis legte, dass in Mozarts *Adagio*-Einleitung alles, aber auch alles mit rechten Dingen zugehe.[582] Als ob man Mozart nach Wagner, Schönberg und Boulez einen Gefallen damit täte, dass man ihm Korrektheit auch in Extremsituationen bescheinigt! Immerhin hat schon August Halm, ein originell denkender Musiktheoretiker aus dem ersten Drittel des 20. Jahrhunderts, der Einleitung zu KV 465 ein «prophetisches Moment» zugeschrieben, dessen «musikalische Tiefe» vom nachfolgenden *Allegro* freilich nicht erreicht werde.[583]

Doch auch das ist letztlich nur ein Tiefschlag aus der anderen Richtung. Ich entgegne mit Hölderlins um 1800 geschriebenem Gedicht *Lebenslauf* – nicht um auf möglichen semantischen Übereinstimmungen herumzureiten, sondern um eine Diskussionsebene zu finden, von der aus musikästhetische Erfahrungen auch als allgemein ästhetische verständlich werden:

> Größeres wolltest auch du, aber die Liebe zwingt
> All uns nieder, das Leid beuget gewaltiger,
> Doch es kehret umsonst nicht
> Unser Bogen, woher er kommt.

> Aufwärts oder hinab! herrschte in heil'ger Nacht,
> Wo die stumme Natur werdende Tage sinnt,
> Herrscht im schiefsten Orkus
> Nicht ein Grades, ein Recht noch auch?
>
> Dies erfuhr ich. Denn nie, sterblichen Meistern gleich,
> Habt ihr himmlischen, ihr Alleserhaltenden,
> Daß ich wüßte, mit Vorsicht
> Mich des ebenen Pfads geführt.
>
> Alles prüfe der Mensch, sagen die Himmlischen,
> Daß er, kräftig genährt, danken für alles lern,
> Und verstehe die Freiheit,
> Aufzubrechen, wohin er will.[584]

Harlequin übersetzt sich das als Pfeifen im dunklen Wald – eine ihm wohl bekannte Situation. Und im Gewand der ersten Violine steigt er ebenso angstbebend wie wagemutig zum querständigen dreigestrichenen a hinauf: *Die Freiheit, aufzubrechen, wohin er will*, lässt er sich nicht nehmen, mag die Umgebung noch so einschüchternd sein.

Doch dort oben kann er nicht bleiben: *Die Liebe* (ich komme darauf zurück) *zwingt ihn nieder* – hinein in das nachfolgende *Allegro*. Dieses hat zwar gleich dem Kopfsatz des ersten *Haydn-Quartetts* KV 387 die übliche Form eines Sonatenhauptsatzes, zeigt jedoch eine ganze andere Struktur: Während das ältere Werk gleich zu Anfang mit einem vollkommen gerundeten ‹Gesang› aufgetrumpft hatte, mit dem sich dann im weiteren Satzverlauf nicht mehr viel machen ließ, setzt Mozart nunmehr auf eine zweitaktige Tonfolge, die vergleichsweise rudimentär, als Motor für motivisch-thematische Arbeit und prozesshafte Entwicklungen jedoch bestens geeignet ist:

In der Tat beschäftigt sich Mozart in weiten Teilen des Satzes damit, die melodischen, harmonischen und kontrapunktischen Potenzen dieses

Zweitaktmotivs auszuloten – bis hin zum Kanon zwischen erster Violine und Bratsche zu Beginn der Coda. Ließ sich der Kopfsatz von KV 387 von fern mit einem Suitensatz vergleichen, so kann man nunmehr auf jene prozesshaften Züge hinweisen, die man traditionell für Sonatensätze Haydns und Beethovens in Anspruch nimmt.

Unter semantischem Aspekt denkt man speziell an den ersten Satz von Beethovens Klaviersonate in As-Dur op. 110, dessen zweitaktiges, seinerseits satzbeherrschendes Motto beachtliche Ähnlichkeit mit dem oben mitgeteilten Kopfmotiv aus KV 465 zeigt:

Man hat diesem Motiv den Ausruf «liebe Josephine» unterlegt.[585] Das ist rein hypothetisch, im Sinn einer semantischen Spur jedoch nicht uninteressant. Jedenfalls ist der mit «con amabilità» vorzutragende Seufzer, dem der Texterungsvorschlag biographischen Hintergrund geben will, bei Mozart noch viel deutlicher, nämlich als fallende Sekunde ausgeprägt. Und generell ist Mozarts Zweitakt-Motiv so offen und drängend angelegt, dass sich beim ersten Hören die Erwartung einstellt, so könne es weitergehen: eine Kette von Seufzern.

Dass sich der Satz tatsächlich über weite Strecken in diesem Sinne verstehen lässt, relativiert die Vorstellung eines prozesshaften Komponierens à la Haydn: Mozart geht Ausdruck über Konstruktion, so sehr er sie beherrscht. Und dass eindringliche Gestik mehr wiegt als kunstvolle Kombinatorik, sieht man an der Abfolge *Adagio – Allegro* in KV 465: Die aufwendige Rhetorik der Einleitung spannt letztlich nur die Erwartung auf jenen ungekünstelten Gefühlsstrom, dem der Hauptsatz seinen Lauf lässt – jedoch ohne ihn am Ende zum Stillstand zu bringen. Denn im anschließenden *Andante cantabile* setzen sich die Seufzerfiguren entschieden fort; noch im Menuett klingen sie nach, und selbst im Untergrund des nur vordergründig munteren Schlussrondos treiben sie ihr Wesen.

Es ist von Symbolwert, dass es diesen letzten Satz der Haydn-Quartette im Minore-Teil (Takt 173) in so entfernte Regionen wie gis-Moll verschlägt. Das macht noch einmal die Spannweite einer Serie deutlich, die Mozart nach eigener Aussage viel Mühe gemacht, ihn aber auch auf einen Höchststand des Komponierens gebracht hat: Kaum wieder hat er die zu Anfang dieses Kapitels thematisierte Polarität zwischen Konstruktivität und Vitalität so konzentriert und zugleich gewaltlos auskomponiert. Zwar gibt es in der Zeit vergleichbare Einzelwerke – darunter die kurz nach dem letzten Haydn-Quartett komponierte c-Moll-Fantasie KV 475, in der Mozart das in der Gattung des Quartetts zuvor so schwer Erarbeitete in die ihm um vieles näher liegende Form eines wie improvisiert wirkenden Klavierstücks gießt. Doch mag er da – nunmehr sein eigener Interpret – auch aufgeatmet haben: Für die nachfolgende Geschichte des Komponierens ist gerade seine Meisterleistung im obligaten vierstimmigen Satz von immenser Bedeutung gewesen.

Haydn hat dies trotz andersartiger musikästhetischer Positionen in bewundernswerter Weise zu würdigen gewusst, indem er dem Komponisten der ihm gewidmeten Quartette ebenso viel «Geschmack» wie «Kompositionswissenschaft» attestierte. Zwei Jahrzehnte später hat es der mit Mozart fast gleichaltrige französische Musiktheoretiker Jérôme-Joseph de Momigny genauer wissen wollen und dem ersten Satz des fünften Haydn-Quartetts d-Moll KV 421 eine zusammen mit den Noten 144 Seiten umfassende Darstellung gewidmet – die erste große Mozart-Analyse und eine der ersten umfassenden Musik-Analysen überhaupt.[586] Indessen handelt es sich um mehr als eine fachmännische Arbeit, welche die konstruktiven Qualitäten des Werks ins rechte Licht setzt, nämlich zugleich um eine schöpferische Nachgestaltung: Auf der Grundlage eines von ihm selbst auf den Notentext hin gedichteten Dialogs zwischen Dido und Äneas legt Momigny eine Bearbeitung des Quartettsatzes für zwei Singstimmen mit Klavierbegleitung vor. Die Zeiten, in denen die Wissenschaft dergleichen als ein Kuriosum abtat, sind hoffentlich vorbei: Es ist eine Vitalitätsprüfung, von der wir lernen können.

Was noch fehlte: Vier späte Sinfonien

Mozart und das Wiener Publikum – das ist auf dem Feld des Klavierkonzerts eine jahrelange Erfolgsgeschichte, in puncto Sinfonie jedoch eine Terra incognita. Etwa drei Dutzend Sinfonien hat Mozart bis zu seinem großen Sprung nach Wien geschrieben. Im letzten Jahrzehnt folgen zwar noch sechs gewichtige Werke; doch die sind den Wienern nicht unbedingt auf den Leib geschrieben.

Die *Haffner-Sinfonie* KV 385 ist im Juli 1782 für eine Salzburger Festlichkeit komponiert, im Jahr darauf jedoch auch – in veränderter Form – in Wien aufgeführt worden. Ähnlich verhält es sich mit der *Linzer Sinfonie* KV 425: Mozart hat sie während eines Aufenthalts in Linz in aller Eile für ein Konzert beim Grafen Thun zu Papier gebracht, jedoch vermutlich in seiner Wiener Akademie vom April 1784 wiederverwendet. Dem Prager Publikum kommt die im Dezember 1786 fertig gestellte *Prager Sinfonie* KV 504 zu Ohren; dass sie auch in Wien erklungen ist, ist zu vermuten, jedoch vorerst nicht zu belegen.

Letzteres gilt erstaunlicherweise auch für die im Sommer 1788 komponierte Trias der Sinfonien in Es-Dur KV 543, g-Moll KV 550 und C-Dur KV 551. Man muss nicht dem romantischen Bild eines dem Publikum zunehmend entfremdeten Komponisten nachhängen, der diese Werkreihe – mit den Worten immerhin Alfred Einsteins – ohne «unmittelbare Absicht» geschrieben und geradewegs als «Appell an die Ewigkeit» verstanden habe,[587] um nüchtern festzustellen: So sehr sich Mozart Aufführungen gewünscht haben mag, so wenig sind sie – über plausible Vermutungen hinaus – definitiv nachweisbar. Und ohne die praktische Brauchbarkeit der letzten Sinfonien anzuzweifeln, darf man sich Gedanken darüber machen, wie sie in die Struktur des Wiener Musiklebens gepasst hätten.

Die im Wesentlichen aus der Opernouvertüre hervorgegangene Gattung der Sinfonie ist zur Zeit des jungen Mozart noch neu und vor allem in der höfischen Sphäre heimisch. Zur überzeugenden Vorführung der neuen Orchestertechnik, welche ihr seit den siebziger Jahren gesteigerte Aufmerksamkeit verschafft, bedarf es besonders geschulter Ensembles, wie sie in idealer Zusammensetzung vielleicht nur am Stuttgarter und Mannheimer Hof existieren. Die städtische Musikkultur verfügt in der Regel nicht über entsprechende Potenzen. Dass die Gattung im letzten Drittel des 18. Jahrhunderts zunehmend in den großen Musikstädten Paris und London floriert, ist da kein Widerspruch: Wo das Musikgeschäft blüht, können sich auch größere Orchester ohne Subventionen halten.

Zwar besitzt auch Wien zur Zeit Mozarts und Haydns ein ansehnliches Hoforchester; indessen kümmert sich Kaiser Joseph II. vor allem um die Oper. Mozart müsste somit, um der Gattung der Sinfonie in Wien gesteigerte Geltung zu verschaffen, durch eigene Werke aufhorchen lassen. Doch dazu sieht er keinen Anlass, solange er mit seinen Klavierkonzerten Erfolg hat: Mit ihm selbst als Solisten sind sie ein idealer Publikumsmagnet. Die Aufführung einer Sinfonie birgt da größere Risiken – nicht zuletzt in finanzieller Hinsicht: Es muss Mozart leichter fallen, Musiker zu engagieren und zu bezahlen, die vor allem begleitende Funktionen haben, als ein Orchester zusammenzustellen, das womöglich dem Stuttgarter oder Mannheimer nacheifert.

All das hat jedoch auch einen gravierenden kunstspezifischen Aspekt: Wie an Beethoven zu sehen, kann man ein halbes Leben damit zubringen, die Gattung der Sinfonie in eine Form zu gießen, die mehr transportiert als «den Geist höherer, formvollendeter, eleganter, galanter Empfindung und Unterhaltung»[588]. So beschreibt Stefan Kunze die ältere, «aristokratische» Sinfonie; und in ebendiese Kulisse passen auch die v o r seinen Wiener Jahren entstandenen Sinfonien Mozarts. Will er in Wien mehr, k a n n er mehr? Schon die Jugendsinfonien sind ja ein ums andere Mal Ereignisse, die man völlig verkennt, wenn man sie vor allem als Adaptionen fremder Einflüsse in den Blick nimmt oder am Sonatensatzschema misst – der einschläferndsten Droge, welche die musikwissenschaftliche Analyse je für sich und andere entdeckt hat.

Nikolaus Harnoncourt hat seiner schönen Einspielung von Mozarts Jugendsinfonien einen begeisterten Kommentar beigegeben: «Als wir die frühesten Sinfonien Mozarts aufnahmen (dann auch im Konzert spielten), fielen wir von einem Staunen, ja Schrecken, in den nächsten. Das sind ja die Werke eines 8- bis 12jährigen Kindes! Man kann verstehen, dass Vater Leopold angesichts dieser unfassbaren Inspiration und Kompetenz sehr bald aufhörte, selbst zu komponieren.»[589] Dem kann man nur beipflichten – etwa angesichts des *Andantes* aus der vom Zwölfjährigen komponierten D-Dur-Sinfonie KV 48 in der Interpretation durch den Concentus Musicus Wien: Dort herrscht eine meditative Gestimmtheit, die in solcher Einfachheit auch Bach und Händel nicht tiefgründiger und zauberischer zustande gebracht haben.

Das hält den Vergleich mit Mozarts Wiener Kompositionskunst aus, ist jedoch keine Ausgangsbasis für «große» Sinfonien. Die müssen sich in Wien allemal an der unumstrittenen Kunst Joseph Haydns messen lassen. Wäre es vielleicht sinnvoll, die beiderseitigen Reviere abzustecken: dem einen das Konzert, dem anderen die Sinfonie?

In der Tat ist es schon fast einschüchternd, was der große Haydn auf sinfonischem Feld leistet: In den gern als seine Sturm-und-Drang-Periode bezeichneten Jahren von 1765 bis 1772 hat er die Gattung mit hoch expressiven Werken, darunter zahlreichen Moll-Sinfonien, von einer Repräsentations- zu einer Ausdruckskunst gemacht; zwischen 1773 und 1781 führt er das am einzelnen Werk Erprobte zu einem reifen Sinfoniestil ohne extreme Ausschläge zusammen; und bei Mozarts Ankunft in Wien ist er gerade auf dem Sprung, die neu gewonnene Meisterschaft in eine populäre Spielart umzumünzen, die sich auf dem internationalen Parkett von Paris und London vor wenig vorgebildetem, jedoch neugierigem Publikum bewähren soll.

Wen nicht das törichte Vorurteil leitet, unter den hundert und mehr Sinfonien des Meisters könnten höchstens ein paar Glückstreffer sein, den überwältigt noch heute ein Reichtum Goethe'schen Maßstabs: die souveräne Vereinigung von Witz und Würde, von Innovation und Integration. Wo bleibt den anderen in diesem Universum überhaupt eine Nische? Was man später von Beethoven sagen wird, dass er nämlich jedem anderen Sinfonienkomponisten das Leben unendlich schwer mache, gilt in manchem schon für Haydn.

Mozart weiß Bescheid; und dass er den Hut vorerst nicht in den Ring wirft, dürfte nicht nur äußere, sondern auch schaffensbiographische

Gründe habe: Er braucht Zeit, um seinen Platz in einer sinfonischen Landschaft zu finden, in der seine schönen Jugendsinfonien anachronistisch wirken müssten. Dies umso mehr, als nicht nur Deutsche wie Haydn diese Landschaft prägen, vielmehr auch die Pariser Sinfoniekomponisten à la Gossec mit einem vorrevolutionären Pathos zur Stelle sind, das sich wachsender Beliebtheit erfreut.

Auf die französischen Werke trifft im Besonderen zu, was der norddeutsche Zeitgenosse Peter Abraham Schulz in Sulzers *Allgemeiner Theorie der schönen Künste* kurz nach 1770 über die Sinfonie sagt, dass diese nämlich «zu dem Ausdruck des grossen, des Feyerlichen und Erhabnen vorzüglich geschikt» sei. Und Kammer- mit Opernsinfonien vergleichend, fährt er fort: «Die Allegros der besten Kammersinfonien enthalten grosse und kühne Gedanken, freye Behandlung des Satzes, anscheinende Unordnung in der Melodie und Harmonie, stark marquirte Rhythmen von verschiedener Art, kräftige Bassmelodien und Unisoni, concertirende Mittelstimmen, freye Nachahmungen, oft ein Thema, das nach Fugenart behandelt wird, ploetzliche Uebergänge und Ausschweifungen von einem Ton zum anderen»[590].

Da hechelt die Theorie einmal nicht der zeitgenössischen Praxis hinterher, weist vielmehr schon fast seherisch auf Kommendes voraus, zum Beispiel auf das späte sinfonische Werk Mozarts, welches sich ersichtlicher als dasjenige Haydns am großen und erhabenen Stil orientiert. Es gibt zu denken, dass der Kantianer Christian Friedrich Michaelis schon um 1800 dem «guten Geschmack» Haydns die Fähigkeit Mozarts gegenüberstellt, «vorzüglich durch den Ausdruck des Leidenschaftlich-Großen oder Pathetisch-Erhabenen die Herzen der Zuhörer zu den lebhaftesten Affekten» zu bewegen.[591]

Das passt vortrefflich zur *Prager Sinfonie*, welche die unterschiedlichen Charaktere der drei letzten Sinfonien erstaunlich weit reichend vorwegnimmt und kaum nur als deren Vorläuferin Eindruck macht. Das Werk ist von einem Ton hoher Leidenschaft durchzogen, den Mozart in dieser Intensität für sein bisheriges Sinfonieschaffen nicht verfügbar hatte. Das mit einigem Zeitabstand vorher komponierte, ursprünglich vielleicht für eine Neuaufführung der *Pariser Sinfonie* geschriebene Finale bildet da keine Ausnahme: Die Moll-Eintrübungen, heftigen Orchesterausbrüche und wilden Durchführungsgesten machen den anfänglich signalisierten buffonesken Charakter zwar nicht nieder, setzen ihm aber einen pathetischen, wenn nicht drohenden Ton entgegen.

Noch deutlicher zeigt sich dieser Stilkontrast in dem über alles bisherige Maß ausgedehnten Eingangssatz. Dessen *Adagio*-Beginn ist keine tastende Hinführung zur Haupttonart, sondern Errichtung einer eindrucksvollen D-Dur/d-Moll-Kulisse. Die aus dem Instrumentenensemble hervorstechenden Trompeten und Pauken signalisieren nicht mehr in gewohnten Bahnen den Prunk festlicher Repräsentation oder zeremonieller Trauer, stehen vielmehr – sozusagen ohne gesellschaftlichen Anlass – für einen Ernst, welcher der Gattung der Sinfonie als s o l c h e r gilt.

Aus der Sicht Peter Schleunings scheint die Einleitung angesichts der «Erschütterungen und Unsicherheiten des gesellschaftlichen Aufbruchs» zu fragen: «Wird es gelingen? Erreichen wir unser Ziel in aller Unordnung und in all der erkämpften Regellosigkeit des persönlichen Strebens?»[592] Man kann kaum behaupten, dass das anschließende *Allegro* da uneingeschränkt mit Ja antwortet; ich höre den Satz eher vor dem Horizont eines Naturbildes: In das Frühlingserwachen fegen die Sturmböen hinein.

Was die Sinfonie als neue bürgerliche Referenzgattung betrifft, ist der Unterschied zu Haydns Kompositionen der achtziger und neunziger Jahre deutlich: Treibt dieser sein geistreiches Spiel mit den neuen, großen Möglichkeiten des Menschen und der Musik im Zeichen eines teils anfeuernden, teils nachdenklichen Optimismus, so ist in Mozarts späten Sinfonien seit der *Prager* der Fortschrittsglaube kein Thema. Vielmehr geht es um die Auseinandersetzung des Individuums mit mächtigen, bisweilen übermächtig erscheinenden Kräften; und am Ende des beständigen Auf und Ab stehen keine gefälligen Lösungen, sondern Gesten der Versöhnung.

Diese Haltung weist in Ansätzen auf Beethovens Sinfonik voraus, die im Technischen vor allem Haydn, im Ideellen mehr dem späten Mozart verpflichtet ist. Doch was Beethoven durch die Verbindung von Ethos und Pathos zum Ideenkunstwerk hochstilisiert, gelingt Mozart in seiner Rolle des jenseits von gut und böse agierenden Musikdramatikers. Es gibt zu denken, dass die Prager Sinfonie ihrer Entstehung nach zwischen Figaro und Don Giovanni einzureihen ist und mit diesen Opern bestimmte Intonationen teilt, welche die Handschrift ebendieses Dramatikers auch im Medium der Sinfonie hervortreten lassen.

Man muss kaum darauf hinweisen, dass der Kopfsatz als vorweggenommene Ouvertüre zum Don Giovanni durchgehen könnte. Da die Oper zu diesem Zeitpunkt das Licht der Welt noch gar nicht erblickt hat, kann jedoch gottlob niemand auf den Gedanken kommen, die Sinfonie sei ein instrumentaler Ableger der Oper. Vielmehr gibt es in Mozarts Schaffensprozess offenbar eine Instanz, die seine dramatischen Energien je nach Situation in instrumentale oder vokale Gattungen leitet.

Ähnliche Schlüsse lassen sich aus der Tatsache ziehen, dass ein im Schlusssatz der Prager Sinfonie von Anfang bis Ende herumgeisterndes Vierton-Motiv dem Duettino von Susanna und Cherubino «Aprite, p r e s t o aprite» («Schnell, die Tür geöffnet») im zweiten Akt des Figaro entlehnt ist: Man ahnt, dass Mozart das mit Presto überschriebene Finale seinerseits als Szene betrachtet und eine Folge von Bildern vor Augen hat, wenn er besagtes Vierton-Motiv in einer Fülle von Einkleidungen auftreten lässt: Einerseits schaffen solche Wiederholungen ein Handlungs- und Erlebniskontinuum, andererseits wechseln die Situationen beständig.

Schon im ersten Satz wird der Hörer entlang symmetrischer Taktgruppen und metrischer-harmonischer Korrespondenzen suggestiv von einer in die nächste Szene geführt. Er soll nicht analytisch oder synthetisch denken, sondern sich von der großrhythmischen Bewegung von einem zum nächsten Ereignis mitziehen lassen. In diesem Sinn erlebt er auch die kontrapunktischen Turbulenzen der «Durchführung» weniger als kunstvolle Arbeit denn als realen oder metaphorischen Sturm, ohne den es im Drama nicht abgeht.

Überhaupt hat es wenig Sinn, den Kopfsatz der *Prager Sinfonie* als «Sonatensatz» mit «Exposition», «Durchführung» und «Reprise» zu lesen. Mit guten Gründen empfiehlt ein Mozart-Kenner wie Stefan Kunze, stattdessen der zeitgenössischen Musiktheorie Gehör zu schenken und die Gebilde als z w e i teilig – mit dem Doppelstrich als Wendemarke – anzusehen. Erst dann werde die «ingeniöse Architektur» solcher Satzanlagen deutlich: «Sie verbleibt im Allgemeinsten und repräsentiert doch einen sinnfälligen, überzeugenden Vorgang.»[593] Dieser Vorgang lässt sich am besten choreographisch deuten: Es geht um Bewegung und Gegenbewegung, Position und Gegenposition, Stabilität und Labilität, Setzung und Öffnung, Aufbruch und Rückkehr, Öffnen und Schließen.

In der Hälfte vor dem Doppelstrich wird der Standort festgelegt und die Dominante gesucht, die als Plattform des neu gewonnenen und oftmals mit neuen «Themen» besetzten Terrains dient. Die Hälfte nach dem Doppelstrich dient im weitesten Sinn der Rückkehr zum Ausgangspunkt – freilich keine Rückkehr auf gebahntem Weg, sondern durch unbekannte, nicht selten gefahrvolle Regionen und mit so viel Erfahrungszuwachs im Gepäck, dass man am Ende nicht mehr der Alte ist.

Entscheidend ist freilich nicht die A r t der Metapher, die zur Verdeutlichung solcher Vorgänge gewählt wird: Tanz, Drama, Ode oder Gemälde – für jede von ihnen gibt es zeitgenössische Belege. Wichtig ist vielmehr die Anregung, einen musikalischen Satz – anstatt ihn einem unangemessenen Regelwerk ‹anzupassen› – in seinem phantastischen Reichtum zu sehen, der von den primären und daher allgemein verständlichen Ordnungssystemen, auf die Kunze zurückgreift, nur so weit aufgefangen wird, wie das ästhetische Gleichgewichtsorgan es einfordert. Dieses setzt Phantasie ja nicht mit Chaos gleich, sondern mit einem Höchstmaß an Freiheit im Rahmen möglichst natürlich erlebter Ordnungen. (Das zielt auf keine allgemein gültige Ästhetik, die insoweit unzulässig konservativ ausfiele, vielmehr allein auf Mozarts Musik.)

Es macht Spaß, den ersten Satz der *Prager Sinfonie* – es könnte natürlich auch ein anderes Werk sein – unter der Fragestellung wahrzunehmen: Welche «natürlichen» Ordnungen sind erlebbar, und wie bringt

Mozart im Rahmen dieser Ordnungen seine Phantasie ins Spiel? Da wird man auf suggestive, zwingende Spielzüge stoßen, dann wieder ein Zögern, Ausweichen, Abwarten oder Neuansetzen bemerken; zur Selbstvergewisserung dienen Wiederholungen und Variierungen. Es gibt Richtungskämpfe, aber auch Machtworte, die eine Diskussion – oft mittels Kadenz – abschließen, damit es weitergehen kann. Und dies alles geschieht – ein Spezifikum der sinfonischen Gattung – innerhalb eines wahrhaft vielstimmigen Ensembles, das zwar hierarchische Ordnungen kennt, diese aber immer neu und anders begründet.

In der *Prager Sinfonie* disponiert Mozart so souverän wie kaum zuvor in seinen Sinfonien mit den Instrumenten und Farben des Orchesters: Eine jede Gruppe hat einmal die Funktion des Führens, ein anderes Mal die des Begleitens. Und zwischenzeitlich dürfen einzelne Instrumente so individuell dreinreden, dass ein empfängliches Ohr schon fast erschrickt, zum Beispiel beim Einsatz der Oboe in Takt 46 des ersten Satzes. Das ist nicht die strukturell durchdachte und fein kontrollierte Arbeit, die wir an Haydn bewundern, sondern ein Durchtränken der Partitur mit emotionaler, gestischer Instrumentierung.

Die Vielfalt der Partitur erschöpft sich nicht im Reichtum des Thematischen, betrifft vielmehr die Konsistenz des ganzen Tonsatzes. So können beispielsweise so genannte Haupt- und Nebengedanken ihre Funktionen rasch wechseln; und aus Thematischem wird rasch Nichtthematisches oder umgekehrt. Auf s e m a n t i s c h e r Ebene lautet Mozarts Grundentscheidung, den Gestus des Erhabenen mit dem des Buffonesken zu kreuzen – wobei vorsorglich noch einmal daran erinnert sei, dass *Figaro* oder *Don Giovanni* keine habituell k o m i s c h e n Opern sind, sondern Werke, in denen ernste Wahrheiten immer wieder lächelnd präsentiert werden: Nur so lässt sich in den Augen des Komponisten eine humane Welt darstellen.

Man würde seiner hohen Kunst nicht gerecht, wenn man sie als Mischung von Ernstem und Heiterem ansähe; besser bekennt man sich zu der hybriden Vorstellung, dass sich eines im anderen ausspricht oder – etwas deutlicher gesagt – eines das andere überstrahlt. Manche Hörer sind damit umso weniger zurande gekommen, als Mozart diese ambivalente Haltung auf artifiziell höchstem Niveau kundtut. Am besten ist sie in der Oper verträglich, weil sie dort von der Aktion gedeckt oder auch überdeckt wird. Im Bereich des Klavierkonzerts gewährleistet der dialogische Charakter der Gattung eine Verständigung zumindest auf kommunikativ-sinnlicher Ebene. Die Sinfonie hat solche Hilfen jedoch nicht zu bieten. Es müsste deshalb nicht verwundern, wenn Mozart mit seinen letzten Sinfonien beim Wiener Publikum auch aus Geschmacksgründen nicht mit offenen Armen aufgenommen worden wäre.

Schon einige Zeitgenossen haben beanstandet, was Hans Georg Nägeli eine Generation später – die Klavierkonzerte bezeichnenderweise ausnehmend – dem «unreinen Instrumental-Componisten» sehr prägnant zum Vorwurf macht: dass er nämlich «die Cantabilität mit dem freyen, instrumentalischen Ideenspiel auf tausendfach bunte Art vermengte und vermischte, vermöge seiner Erfindungsgabe, seines Ideenreichthums eine ungeheure Fermentation in das ganze Kunstgebiet hineinbrachte, dadurch vielleicht mehr mißbildend als bildend, aber mächtig aufregend wirkte»[594].

Es ist nicht, wie im Fall des *Dissonanzenquartetts*, die einzelne Regelverletzung, die hier für mächtige Aufregung sorgt, sondern die vermeintliche Gleichgültigkeit des Genies gegenüber Gesetzen der Kunst schlechthin – eine Provokation für jeden, der sich der Kunst über das Verständnis dieser Gesetze zu nähern versucht. In der Tat ist die Vorstellung, dass wahre Kunst die Kunst immer infrage stellt, kein klassizistisches, sondern – da nicht schon wieder Harlequin und Karneval bemüht werden sollen – ein romantisches Ideal.

Doch hören wir Nägeli noch zur Es-Dur-Sinfonie KV 543 – einem nach seinem Urteil zwar «reichhaltigen» und «genievollen», jedoch mit Zügen «einer widerwärtigen Styllosigkeit» ausgestatteten Werk: Die «pompöse Introduktion» und das nachfolgende «feine, zarte Thema des Allegro» passen zusammen «wie die Faust auf's Auge»; und der Schluss des Finales erscheint in den beiden letzten Takten «so styllos unschließend, so abschnappend, daß der unbefangene Hörer nicht weiß, wie ihm geschieht»[595]. Man will gleich nachschauen, ob daran etwas sein könnte, und ist damit unversehens beim Eröffnungsstück der Sinfonien-Trias von 1788 gelandet.

Zweifellos hat Mozart die drei Werke im Zusammenhang gesehen: Allein für die pathetische *Adagio*-Einleitung des ersten Stücks und das gewichtige Finale des letzten kann man sich kaum andere Plätze innerhalb des Zyklus ausdenken. Ferner liegt es nahe, unter den drei binnen weniger Wochen komponierten Sinfonien nach motivischen Zusammenhängen zu suchen: Angesichts eines so reflektierten Komponierens, wie wir es beim späten Mozart erwarten dürfen, müsste es fast verwundern, wenn sich diese Zusammenhänge dem prüfenden Auge und Ohr n i c h t auftäten; und es mag zum Beispiel Befriedigung schaffen, den Vorboten des im Finale der C-Dur-Sinfonie triumphierenden Vierton-Motivs schon in der Einleitung zur Es-Dur-Sinfonie – und darüber hinaus in vielen früheren Werken Mozarts – zu begegnen.[596]

Darüber sollte man jedoch nicht vergessen, dass Mozart drei individuell unverwechselbare Werke geschaffen hat, denen man keinen Gefallen damit tut, wenn man sie über den Kamm einer thematischen Substanzgemeinschaft schert. Vorausgesetzt, dass er sie aufgeführt sehen wollte, musste jedes Werk an unterschiedlichen Abenden und vor jeweils neuem Publikum f ü r   s i c h wirken. Da mag der Gedanke einer zyklischen Einheit zwar die Arbeit des Komponisten inspirieren; als nicht nur ehrfürchtige, sondern auch neugierige Zuhörer tun wir jedoch gut daran, vor allem auf das Besondere der einzelnen Werke zu achten, die freilich auch in ihrer Gesamtheit den Eindruck erwecken, als wolle Mozart im Bereich der Sinfonie nun endgültig zum großen Schlag ausholen und noch einmal seine Eignung für das erhabene Genre herausstellen: Wie bereits in der *Prager Sinfonie* arbeitet er gern mit der materiellen Wucht des Orchesters.

Der Freude am machtvollen Orchesterklang steht freilich die Lust am originellen Bläsersatz gegenüber, den Mozart schon in den Klavierkonzerten so erfolgreich erprobt hat. Vor allem die Holzbläser haben die Aufgabe, immer wieder Einspruch gegen «Routine» zu erheben und dem «Apparat» ein subjektives Moment entgegenzusetzen. Anders als bei Haydn wird daraus jedoch kein delikates, den Zuhörern absichtsvoll präsentiertes Wechselspiel; vielmehr erscheinen die Bläser manchmal wie das Gewissen oder die innere Stimme des Komponisten – davon wird noch die Rede sein.

Beginnen wir mit der Es-Dur-Sinfonie! Ihr mag, wie Peter Gülke vermutet,[597] Haydns neue Sinfonie in B-Dur Hob I:85 als Anregung gedient haben. Doch schon ein Vergleich der beiden langsamen Einleitungen zeigt gravierende Unterschiede: Verbindet Haydn auf seine unnachahmliche Art repräsentative Glätte mit Nachdenklichkeit, so wandelt sich bei Mozart festliche oder auch nur gespannte Erwartung rasch in Unruhe und Aufregung. Schon bald erklingen herbe Dissonanzen, die nach weiteren tastenden Bewegungen in ein *Allegro* münden, dessen Anfangsgeste – ganz anders als in Beethovens erster Sinfonie – nichts optimistisch Zupackendes hat, sondern die Position eines ersten Themas mehr andeutet als wirklich ausfüllt.

Zwar wird man Nägeli kaum darin beipflichten, dass der unschlüssige Anfang des *Allegros* zur langsamen Einleitung passe wie die Faust aufs Auge; jedoch hat der Autor einen guten Blick für die nach traditioneller Ästhetik problematische Verbindung von *Adagio* und *Allegro*: Der mächtigen «Frage» des einen folgt keine entschlossene «Antwort» des anderen. Stattdessen pendelt der Satz zwischen unspezifischen Drohgebärden, denen die vielen nichtthematischen Tuttiflächen reichlich Plattform bieten, und eher zaghaften thematischen Bildungen, die sich gegen solche nackte Materialität nur schwer durchsetzen können.

Man hat spekuliert, dass in einem solchen Ton Mozarts bängliches Verhältnis zu den düsteren Seiten der Freimaurerei widerhalle. So misslich solche Verengungen auf lebensgeschichtliche Konstellationen sind, so hilfreich können sie sein, um Assoziationsfelder aufzuschließen, in die jeder seine eigenen Vorstellungen eintragen kann. Denn eines ist sicher: Mit einem Mozart, der mit dem ersten Satz der Es-Dur-Sinfonie ein schönes klassizistisches Eingangsportal errichten will, durch das sein Wiener Publikum hochgemut dem Rest der Sinfonien-Trias entgegenschreiten kann, kommt man hier nicht weiter.

Er k a n n oder – was dasselbe ist – w i l l dergleichen nicht. In diesem Sinn ist die Es-Dur-Sinfonie kein Muster im erhabenen Stil, sondern seine Reflexion, die bis in den letzten Satz hinein den Widerspruch gegen verordnete Feierlichkeit und Festfreude artikuliert: Es gibt keine Übereinstimmung zwischen den Bedürfnissen des Einzelnen und dem offiziellen Harmoniestreben der Gesellschaft, sondern nur die beständige Auseinandersetzung. Und während diese im *Figaro* an der Oberfläche noch freundlich ausgeht, im *Don Giovanni* jedoch bereits dunkle Schatten wirft, diskutiert sie die Sinfonien-Trias unter eher düsteren Vorzeichen, jedoch mit offenem Ende.

Ist ein Komponist problematischen Konstellationen künstlerisch gewachsen, so sind oftmals gerade sie diejenigen, die ihn originelle Musik hervorbringen lassen. Das gilt auch für die Es-Dur-Sinfonie und speziell für ihr Finale. Mozart beginnt dieses in Haydn'scher Vergnügtheit mit einem tänzelnden Zweitakt-Motiv und bleibt dem Vorbild auch insofern treu, als er dieses Motiv wie einen Irrwisch durch den ganzen Satz geistern lässt.

Indessen will Mozart es weder bei dieser munteren, im weiteren Verlauf des Satzes manchmal geradezu lärmenden Grundstimmung belassen noch sich damit begnügen, diese durch ein paar gezielte Moll-Eintrübungen infrage zu stellen, auf dass sie dann doch auf ganzer Linie siege. Da erscheint zum Beispiel vor dem Eintritt der «Reprise» (ab Takt 140) ein vierstimmiger Holzbläser-«Choral»,[598] dessen Funktion keineswegs darin aufgeht, das Eingangsmotiv nach allerlei harmonischen Ausschweifungen unauffällig nach Hause zurückzubringen.

Vielmehr scheinen die drei wie aus weiter Ferne kommenden und auch deshalb anrührenden Choralzeilen anzudeuten, dass es auch in der Buffa-Welt mysteriöse Vorgänge gibt. Zur Vermeidung von falschem Pathos belasse ich es bei der Assoziation einer Puppenbühne, auf der bei voller Aktion im Hintergrund der Tod erscheint: Kasperl selbst bemerkt ihn nicht, wohl aber die Zuschauer.

Schließlich der «stillos abschnappende» Schluss: Nägelis Empörung im Namen des guten Geschmacks erinnert an eine Äußerung von Louis Spohr über das in dreifaches Piano derb hineinfahrende cis im Finale von Beethovens *Achter* – die so genannte «Schreckensnote»:

Das sei, als ob ihm jemand mitten im Gespräch die Zunge herausstrecke.[599] Auch die Schlusstakte der Es-Dur-Sinfonie haben etwas ruhestörerisch Ruppiges. Anstatt dass Mozart den Satz in Haydn'scher Manier mit einer letzten Wiederholung der Eingangsphrase verspielt ausklingen lässt, nimmt er dieser die beiden letzten Kadenztöne ab, lässt also das Werk auf leichtem Takt und leichter Zählzeit enden; der abschließende Pausentakt versteht sich als mitkomponierte Verblüffung der Zuhörer. Will er das hohe Unendliche, das uns in der Einleitung der Sinfonie angeweht hat, am Ende mit dem trivial Endlichen konfrontieren? Das wäre ein genuin frühromantischer Gedanke und der vor allem von den Romantikern geliebten Sinfonie würdig.

Doch vielleicht ist Mozart nicht unglücklich, in der nachfolgenden g-Moll-Sinfonie, die in der Trias der drei späten Sinfonien den Platz einnimmt, der in einem dreisätzigen Werk dem liedhaften Mittelsatz zukommt, von der anstrengenden Auseinandersetzung mit dem «Pathetisch-Erhabenen» etwas wegzukommen. «Leidenschaftlich-groß» mag man zwar auch dieses Werk nennen – jedoch ist es eher von innerer Erregung geprägt als monumental. Und so kühn manche kompositorischen Techniken anmuten, so ersichtlich ist doch Mozarts Bestreben, zunächst keine weltbewegenden Themen zu verhandeln, sondern die Tiefen menschlichen Erlebens auszuloten – ohne Trompeten und Pauken, auch ohne jede Ironisierung.

Man hat über Robert Schumann den Kopf geschüttelt, der – im 19. Jahrhundert damit nicht allein stehend – die «griechisch schwebende Grazie» dieser Sinfonie bewundert.[600] Er setzt sie nicht zu Unrecht von Beethoven und Berlioz ab, während wir Heutigen dazu neigen, sie zu einem Bekenntniswerk à la Beethoven hochzustilisieren. Doch eben d a s ist sie nicht; und vielleicht haben gerade ihre buffonesken Elemente Glenn Gould veranlasst, sie zu «hassen»[601].

Ein Buffo-Ton ist von zwei unkonventionellen britischen Forschern schon früh hervorgehoben worden: von George Grove und Donald Francis Tovey. Dass der Letztere die Seufzer des Kopfmotivs mit der Ouvertüre zu Rossinis *Barbiere* vergleicht,[602] legt zumindest eine richtige Spur, nämlich diejenige zur Oper. Den Kopfsatz für das Ganze nehmend, sehe ich eine instrumentale «Aria agitata» vor mir, denke dabei aber nicht unbedingt an Mozarts bekannte g-Moll-Arien: «Padre, germani, addio» aus Idomeneo, «Traurigkeit ward mir zum Lose» aus der Entführung, «Ach, ich fühl's, es ist verschwunden» aus der Zauberflöte.

Vielmehr stehen mir Mozarts früheste g-Moll-Arie, «Nel sen mi palpita dolente il core» («Schmerzlich pocht im Busen mir das Herz») aus Mitridate und vor allem Cherubinos «Non sò più cosa son, cosa faccio» («Ich weiß nicht mehr, was ich bin, was ich tue») aus der Hochzeit des Figaro vor Augen. Die Es-Dur-Arie des Pagen teilt mit dem Beginn der g-Moll-Sinfonie nicht nur den Gestus hoher Erregung, sondern auch die Seufzerfiguren der Violinen und die pochenden Schläge der Bässe.

Es macht nichts aus, dass die Arie in Dur, die Sinfonie aber in Moll steht, wenn man die Vorstellung billigt, dass es in beiden Fällen zwar um die ernstesten Dinge menschlichen Lebens geht, der Ernst aber aufgefangen wird von der Heiterkeit des Daseins, die in der Oper allgegenwärtig ist, in der Sinfonie beständig durchschimmert und spätestens im Finale allen noch so massiven Anfechtungen trotzt.

Während in der Buffa die fortlaufende Handlung und der Strom des Gesangs suggerieren, dass es weitergeht und niemand fürchten muss, den Boden unter den Füßen ganz zu verlieren, ist es in der Sinfonie die Symmetrie der motivischen Zwei- und Viertaktgruppen, die uns nicht ins Bodenlose fallen lässt, sondern – wie das regelmäßige Versmaß eines Epos – bis zum Ende trägt.

Geht in dieser Perspektive das spezifisch Sinfonische der Sätze verloren – Mozarts an den Haydn-Quartetten gereifte Kunst, auch mit vergleichsweise kleinem Orchester aufregende Klangballungen zu erzielen und mit sprechenden Themensegmenten strukturell und semantisch gleich eindrucksvoll zu arbeiten? Keineswegs, denn was gibt es da alles an harmonischen Hexereien auf engem Raum – oder an sezierendem Umgang mit dem den ersten Satz bestimmenden Seufzermotiv!

Das gilt, was diesen Satz betrifft, nicht nur für die «Durchführung», sondern auch für die «Reprise», in der Mozart noch einmal zulegt. Zudem hat auch das Finale trotz buffonesker Verve seine sinfonischen

Potenzen: Nicht von ungefähr notiert sich Beethoven unter den Skizzen zum Scherzo seiner *Fünften* die Takte 146 bis 174 aus der Durchführung dieses Finales im Blick auf ihre kontrapunktische Technik. Und ebenso wenig ist es Zufall, dass Franz Schubert die g-Moll-Sinfonie als Vorlage für seine eigene B-Dur-Sinfonie D 485 geeignet erschien.[603] Letztlich bedarf Schumanns Vorstellung einer «griechisch schwebenden Grazie» dann doch erheblicher Einschränkung. Denn diese Grazie hat es schwer, bis zum Ende des Finales zu überleben; jedenfalls ist das Bang-Liebliche des Sinfonie-Beginns durch die Konfrontation mit den Schrecknissen der Welt um seine Unschuld gebracht. Man fragt sich, ob der Komponist hier noch zu der ästhetischen Maxime aus der Zeit der *Entführung* steht, der zufolge «die Musick, auch in der schauervollsten Lage, das Ohr niemalen beleidigen» dürfe! Deshalb muss die Sinfonie freilich nicht gleich zum Lebenslied des späten Mozart gemacht oder jenem «tiefen, fatalistischen Pessimismus» zugeschlagen werden, «der, in Mozarts Natur von Anfang an begründet, in den letzten Jahren seines Lebens besonders stark nach künstlerischer Gestaltung rang»[604].

Angesichts solcher Zuspitzung halten wir es dann doch lieber mit einem Sinfoniker, der zum einen die moderne Vorstellung aufgreift, dass unter einer Trias von Sinfonien gern ein interessantes Werk in Moll sein dürfe, und der zum anderen wissen möchte, was er nach der frühen g-Moll-Sinfonie KV 183 noch anders machen kann. Natürlich hat er seine kompositorischen Fähigkeiten und ästhetischen Ausdrucksqualitäten gewaltig erweitert; doch von seiner Theaterhaltung ist er nicht abgegangen.

Wir sollten Mozart nicht mit dem Gestus seiner Werke identifizieren, sondern auch in diesem Fall unbefangen fragen, wie sich dieser Gestus d e u t e n ließe – als schwebende Grazie, innere Zerrissenheit, Zwiegespräch mit der Ewigkeit oder eben «nur» Botschaft aus einer Buffa-Welt, die seit Mozarts Da-Ponte-Opern ja auch Leidenschaft auszudrücken weiß. Von einer «rücksichtslosen Sachlichkeit», welche die Sinfonie mit *Don Giovanni* teile,[605] ist bei Hermann Abert die Rede. Es ist eine Sachlichkeit der Selbstwahrnehmung, die ohne jeden larmoyanten oder ethischen Appell an die Hörer auskommt und damit vom Sturm und Drang ebenso weit entfernt ist wie von den sinfonischen Ideenkunstwerken des 19. Jahrhunderts.

Dass Letzteres auch für die C-Dur-Sinfonie gilt, bleibt nunmehr noch darzustellen. *Was sich spannt – was sich zusammenzieht – was sich ausdehnt*: So erlebe ich, auf eine einfache energetische Formel gebracht, die Folge der drei Sinfonien des Sommers 1788. Nach der Kraftprobe der Es-Dur-Sinfonie in puncto Repräsentationskunst hatte die g-Moll-Sinfonie den Rückzug in die kompakte Innenwelt gebracht. Nun erfolgt in der C-Dur-Sinfonie noch einmal der große Aufbruch ins Gesellschaftliche; und diesmal ist das heroische Finale gleich mitbedacht. Doch ist es wirklich ein h e r o i s c h e s Finale, das Peter Gülkes emphatischen Ruf «Introite, nam hic Dii sunt» («Tretet ein, denn hier sind die Götter») rechtfertigt?[606]

Betrachten wir zuvor die drei ersten Sätze. Mit dem Kopfsatz scheint Mozart denjenigen der Es-Dur-Sinfonie noch einmal neu schreiben und diesmal eine festlich-düstere Würde konzentriert durchhalten zu wollen. Dies gelingt generell so eindrucksvoll, dass die angeblich auf den Geiger und Impresario Johann Peter Solomon zurückgehende Bezeichnung The Jupiter durchaus gerechtfertigt erscheint.

Jedoch lassen einzelne weite Ausschläge auf der Ausdrucksskala auch in diesem Fall bezweifeln, dass Mozart einen klassizistisch ausgewogenen C-Dur-Satz schreiben will: Da schockiert auf der einen Seite ab Takt 81 ein Orchestersturm in c-Moll, dessen willkürliche, ja gnadenlose Schroffheit selbst bei Beethoven überraschen müsste; und da erscheint andererseits kurz vor dem Doppelstrich ein buffonesk tändelndes Thema, das Mozart der soeben komponierten Einlage-Arie KV 541 entnommen hat, wo es zu den Worten «Ihr seid ein wenig naiv, mein lieber Pompeo» erklingt.

Der zweite Satz ist freilich zu keinem Zeitpunkt naiv, vielmehr weitaus offizieller, ja distanzierter als sein Gegenstück aus der g-Moll-Sinfonie. Das Menuett behält den ernsten Grundton bei, schwört jedoch der selbstbewussten Gravität Haydn'scher Menuett-Sätze, die im Menuett der Es-Dur-Sinfonie noch dominiert, in dem der g-Moll-Sinfonie jedoch bereits auf dem Rückzug ist, vollends ab – zugunsten einer nachdenklichen, in den unbegleiteten Holzbläser-Partien fast lyrischen Diktion.

Dann das Finale – ein oftmals fehlgedeutetes Meisterstück! Die traditionelle Lehrbuchformel, derzufolge hier Fugen- und Sonatenform ineinander geführt würden, ist in dieser Vergröberung falsch und außerdem der Vorstellungswelt Mozarts vollkommen fremd. Und wer die sechsmal vier Takte im fünffachen Kontrapunkt, welche die Coda als Höhepunkt des Satzes aufbietet, als Gipfel von Mozarts kontrapunktischen Künsten wahrnimmt, erweist dieser Leistung zwar angemessene Reverenz, übersieht aber, dass es in seinem Werk durchaus vergleichbare Kunststücke gibt – zum Beispiel im Finale des Ende 1790 entstandenen Streichquintetts KV 593.[607]

Dass das Finale der C-Dur-Sinfonie ein weitaus prominenterer Beleg ist, hat dennoch seinen guten Sinn, denn dort ist Mozarts nunmehr zu diskutierende – übrigens schon im Finale des G-Dur-Streichquartetts KV 387 originell verwirklichte – Intention auf besonders prächtige Weise realisiert. Im Zug einer ersten Annäherung ließe sich sagen, Mozart wolle den Geist eines Finales aus *Figaro* oder *Don Giovanni* auf die Instrumentalmusik übertragen. Es gilt, die turbulenten Geschehnisse zusammenzufassen, die Handlung in eine Konstellation vorübergehenden Gleichgewichts zu bringen, die Leute zu «verheiraten», wie ich im *Figaro*-Kapitel zitierte.

Dabei geht es nicht um die Frage, ob diese «Leute» sich nunmehr v e r s t e h e n – wer versteht sich mit wem am Ende des *Don Giovanni*: Zerlina mit Masetto, Donna Anna mit Don Ottavio, Donna Elvira mit Leporello, Don Giovanni mit dem Komtur? Nein, es geht darum, sich zu a r r a n g i e r e n , damit die Welt fortbestehen kann. «Verstehen» ist eine Kategorie des 19. Jahrhunderts, die – grob gesprochen – zeitgleich mit dem philosophischen Gebrauch des Wortes «Hermeneutik» durch Friedrich Schleiermacher aufkommt – in unserem Kontext die Zeit Beethovens.

Das Finale der C-Dur-Sinfonie, die ich nunmehr nicht mehr *Jupiter-Sinfonie* nennen mag, ist für mich der Hymnus auf ein 18. Jahrhundert, das nicht v e r s t e h e n , sondern l e b e n will. Und zugleich ziehe ich den Vergleich dieses Schlusssatzes mit einem Buffa-Finale als zu vordergründig zurück. Es geht nämlich um ein Lebensgefühl Mozarts, das hinter den Gegensatz vokal-instrumental zurückreicht in die Tiefen der «Chora», des dramatischen Auf und Ab des Lebens im Strom des Unbewussten – auch davon war im Figaro-Kapitel die Rede. Da gibt es kein zeitliches Nacheinander, sondern die unablässige Synchronisation all dessen, ‹was vorliegt›. A l l g e m e i n beschäftigt das jeden Menschen, in einem speziell musikalischen Sinn jedoch bevorzugt Mozarts Genie: Dieses ist nach meiner Vorstellung beständig damit befasst, die generelle Synchronisationstätigkeit des Unbewussten auf die Ebene musikalischer Aktion zu heben und damit ä s t h e - t i s c h relevant zu machen. Was die Volkskultur in Lied und Tanz vollbringt, erscheint im Werk Mozarts in höchster Ausdifferenzierung. Die Anregung von Leibniz, Musik als unbewusstes Zählen der Seele zu verstehen, lässt sich hier gleichsam vom Kopf auf die Füße stellen: Musik ist unbewusstes Probehandeln.

In diesem Sinn kann das Buffa-Finale nur ein oberflächliches Bild davon geben, was Mozart gelingt – nämlich zu synchronisieren, was musikalisch ‹vorliegt›. Das kann im Medium der Oper geschehen, nach einem angemessenen Zuwachs an kompositorischer Kompetenz jedoch auch auf das Klavierkonzert und schließlich selbst auf die weniger geschmeidige Gattung der Sinfonie übertragen werden. Im Finale der C-Dur-Sinfonie gelingt Mozart dies auf einzigartige Weise.

Es ist hier kein Raum, das technische Raffinement zu beschreiben, welches ja nicht nur kontrapunktisches Geschick betrifft, sondern zum Beispiel auch den Taschenspielertrick, mit dem Mozart ab Takt 219 auf kürzestem Raum vom H-Dur-Septakkord nach C-Dur moduliert – eigentlich nach His-Dur, wenn er nicht in Takt 220 von ais enharmonisch nach b umschalten würde. Zu dergleichen Künsten kann noch Beethoven im Schlusssatz seiner Neunten aufsehen, der ansonsten mit Mozarts Finale natürlich nicht vergleichbar ist.

Denn Mozart geht es nicht um Ethos und Humanität, sondern um die ganz unideologische Lust, das Schwere leicht zu machen, das heißt: eigenwillige Dinge, die n i c h t um des gegenseitigen «Verstehens» willen in der Welt sind, zusammenzubringen und damit jenseits aller Moral ein Weltganzes zu schaffen, das von sich selbst nichts weiß. (Einer solchen Haltung entsprechen am besten Aufführungen festlichen, aber unpathetischen Charakters.) Mozart arbeitet mit drei melodischen Bausteinen: einer gleichsam zeitlosen Grundmelodie,

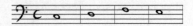

einer Art Brücke zum Leben

und einem vitalen Buffo-Thema:

In der «Grundmelodie» bestimmte Intonationen des gregorianischen Chorals, eine diatonische Variante des B-A-C-H-Motivs oder auch nur Formeln aus Kontrapunktlehrbüchern wiederzuentdecken ist nicht abwegig, jedoch recht weit hergeholt. Den Komponisten Mozart hat dieses Urmotiv beständig begleitet; es ist eine Art Lebensmelodie, die nunmehr zur Grundgestalt seines Finales wird – an sich wenig aussagekräftig, jedoch einem Ruf vergleichbar, der sich fortsetzt, vielstimmig wird, von nah und fern, von hier und dort, sieghaft oder zweiflerisch tönt, sich an Hindernissen bricht und doch keinen Zweifel daran lässt, dass er nie verstummen wird.

Zu dieser tragenden Grundmelodie gesellt Mozart ein buffoneskes Thema, welches das Leben als ein Fest beschreibt; und mit Hilfe des Brückenthemas inszeniert er ein kombinatorisches Spiel, in dem ausprobiert wird, was zu wem gehört, was gerüttelt und geschüttelt werden muss, ehe es passt, welche Opfer dabei zu bringen sind und welchen Spaß es am Ende macht. Das ist kein Prunken mit kontrapunktischem Sonderwissen, vielmehr – eine Generation später – für den jungen

Richard Wagner ein Musterfall dafür, wie man den «schwierigsten technischen Problemen» mit einer «leichten und fließenden Behandlung» begegnen könne.⁶⁰⁸ Anders als in manchen berühmten Fugenkompositionen Bachs sind im Finale der C-Dur-Sinfonie die verschiedenen Themen auch in dichtester Fügung immer deutlich präsent; und das erinnert – der Vergleich drängt sich ohnehin auf – an ein ganz s p e -
z i e l l e s Zeugnis Bach'scher Kontrapunktik: das *Quodlibet* aus den *Goldberg-Variationen* – kunstvoll verschmitzte Krönung dieses Zyklus.

Kunstvoll verschmitzt nenne ich auch das Finale der C-Dur-Sinfonie, weil es mit dem Kontrapunkt sein Spiel treibt und ihn im Zauber immer neu abgefeuerter Leuchtraketen geradezu verbrennt. Da darf abschließend noch einmal Harlequin aufgerufen werden, der den alten Johann Sebastian beileibe nicht vom Sockel stürzen will, ihn aber gern unter der Nase kitzelt. Er will damit nicht nur demonstrieren, wie elegant er auf dem Denkmal herumklettern kann, sondern auch Mozarts Bild von der Welt vorstellen: Diese ist ein tiefernster Spaß, kennt weder Anfang noch Ende, sondern nur eine komplizierte, ständig fließende Gleichzeitigkeit der Dinge. Solches kann man nicht v e r s t e h e n , jedoch als Komponist den nicht nur entzückten, sondern auch betroffenen Zuhörern als ein Stück ihrer eigenen Erfahrung im Kunstwerk v o r s t e l l e n . Und man kann dabei so triumphieren, wie das Leben es nur selten gestattet.

Ein «Lieblingsfach» und zwei Torsi: «c-Moll-Messe» und «Requiem»

Nicht nur die bildenden Künste kennen berühmte Torsi, die man sich vollendet gar nicht vorstellen möchte, sondern auch die Musik – etwa Bachs *Kunst der Fuge*. Ist es nicht schön, dass dieses kontrapunktische Riesenwerk innerhalb der Quadrupelfuge kurz nach Einführung des B-A-C-H-Themas abbricht und dass pietätvolle Erben ans Ende des postum erfolgten Drucks einen Sterbechoral gesetzt haben? Muss man darüber nachdenken, ob Bach womöglich noch drei weitere Quadrupelfugen geschafft hätte, wo doch die Möglichkeiten des Themas ohnehin unerschöpflich sind?

Mit dem *Requiem* verhält es sich anders. Gar zu gern wüsste man, was Mozart im Bereich der Kirchenmusik, die der erste Biograph Franz Xaver Niemetschek – vielleicht allzu emphatisch – zu seinem «Lieblingsfach» erklärt,[609] in seinem so produktiven letzten Lebensjahr geleistet hätte, wenn ihm die Zeit geblieben wäre, das Werk so vollständig zu hinterlassen, wie es ihm im Fall der *Zauberflöte* noch möglich war.

Man würde das Vorhaben *Requiem* falsch bewerten, wenn man nur auf den – in Wahrheit ja gar nicht so geheimnisvollen – grauen Boten blickte, der dem Komponisten einen von der Nachwelt alsbald romantisch gedeuteten Kompositionsauftrag überbringt. Immerhin rechnet sich Mozart zu diesem Zeitpunkt Chancen auf die Nachfolge des Domkapellmeisters Leopold Hofmann aus, was Niemetschek mit den Worten kommentiert: «Mozart würde in diesem Fache der Kunst seine ganze Stärke gezeigt haben, wenn er die Stelle bey St. Stephan wirklich angetreten hätte; er freute sich auch sehr darauf.»

Letzteres ist glaubhaft. Für die Salzburger Hofmusik hat Mozart nicht nur pflichtgemäß, sondern mit unübersehbarem Engagement große Mengen an Kirchenmusik geschrieben. Sicherlich weiß Mozart es früh auszunutzen, dass man in diesem Genre bildhafte und gestenreiche Musik komponieren kann, ohne nach einem geeigneten Libretto suchen und diesem nach bestimmten Gattungsnormen gerecht werden zu müssen: Da bieten Messe, Vesper oder Litanei manchmal mehr

Gedankenfreiheit als eine Oper. Und dass sich ein «Kyrie», ein «Gloria», ein «Dies irae» oder ein «Ave Maria» als dramatische «Charaktere» ebenso gut eignen wie der König von Pontus oder die Gärtnerin aus Liebe, versteht sich für ihn fast von selbst.

Denn Mozart behandelt die Texte der lateinischen Liturgie nicht im Sinn eines «opus operatum», als Nachvollzug eines bereits ein für alle Mal geschehenen Werks, sondern wie eine lebendige Sprache. Oft achtet er selbst auf Details der Textaussage – nicht nur in solistischen oder homophonen, sondern auch in polyphonen Partien. Beispielsweise komponiert der Zwanzigjährige den Satz «Pignus futurae gloriae, miserere nobis» aus der Sakramentslitanei KV 243 – nach gründlichem Studium entsprechender Sätze von Michael Haydn – als gekonnte und zugleich unmittelbar sprechende Doppelfuge: Von deren beiden Subjekten erhält die Anrufung Christi als «Pignus futurae gloriae», also als Anwärter künftiger Glorie, den Gestus des Majestätischen, während das gleichzeitig auf die Worte «miserere nobis» erklingende zweite Subjekt Lamento-Charakter hat.

Das nur als ein winziger Hinweis darauf, dass die einmalige Verbindung von Traditionsbewusstsein und Theaterhaltung, die an den beiden unvollendeten Wiener Messen imponiert, nicht von ungefähr kommt, sondern einschlägige Praxis voraussetzt. Doch anders als in den Gattungen der Oper, der Sinfonie oder des Streichquartetts kann Mozart seine Salzburger Erfahrungen im Bereich der Kirchenmusik nicht ohne weiteres anwenden: Zum einen fehlt ihm in Wien das entsprechende Amt; zum anderen geben die in der Kaiserstadt seit 1783 sorgfältig befolgten josephinischen Reformen auch etablierteren Komponisten kaum Möglichkeiten, groß besetzte liturgische Werke aufzuführen: Binnen kurzem sinken die Ausgaben der Wiener Kirchenmusik von rund 28000 Gulden jährlich auf die Hälfte dieser Summe.

Gleichwohl gibt Mozart sich nicht geschlagen: Die ausnehmend prächtig besetzte c-Moll-Messe KV 427 scheint er im Blick auf eine für 1782 in Wien zu erwartende große Festlichkeit in Angriff genommen zu haben. Als er damit nicht zum Zuge kommt, vielmehr in die aktuelle Reform zugunsten einer andächtig-bescheidenen Kirchenmusik hineingerät, lässt er die Arbeit mitten im Credo liegen, um den Torso im Folgejahr ohne Credo, dafür mit den nachkomponierten und dabei kleiner dimensionierten Sanctus- und Benedictus-Sätzen ein Jahr später wenigstens in Salzburg aufzuführen. Künftig steht zwar die Oper im Mittelpunkt, doch sorgt allein der rege Kontakt mit van Swieten dafür, dass die Kirchenmusik niemals ganz aus dem Blickfeld gerät. Auf Wunsch des Barons richtet Mozart, wie erwähnt, in den Jahren 1788/89 Carl Philipp Emanuel Bachs Auferstehung und Himmelfahrt Jesu und Händels Messias für Liebhaberaufführungen ein. Um die gleiche Zeit erbittet er von seiner Schwester die Partitur von zwei Messen Michael Haydns; und zu Studienzwecken kopiert er ein Kyrie und zwei Psalmen des 1772 verstorbenen Domkapellmeisters Johann Georg Reutter.

Seine eigenen kirchenmusikalischen Kompositionsinteressen dokumentieren insgesamt fünf aus den Jahren 1787 bis 1791 erhaltene Kyrie- und Gloria-Kompositionen, die zwar allesamt im Entwurfsstadium geblieben, jedoch ein deutliches Indiz dafür sind, dass Mozart von dem Thema im wahrsten Sinn des Wortes gefesselt ist. Man mag deshalb die Erinnerung Johann Daniel Preislers vom Sommer 1788 ernst nehmen, Mozart habe im Augenblick nichts mit dem Theater zu tun, «produziere» vielmehr «Kirchen-Musik»[610]. Damals mag der Besucher Einblick in entsprechende Skizzen genommen und die Auskunft erhalten haben, Mozart strebe ein kirchenmusikalisches Amt an.

Was er in entsprechender Position in Wien hätte leisten können, lassen die beiden dort ohne amtlichen Auftrag entstandenen Großwerke immerhin erahnen: die genannte c-Moll-Messe und das Requiem. Beide sind Torsi, die es einem nach Steigerungen und zyklischen Zusammenhängen suchenden Forscher nicht gerade leicht machen. Am besten nimmt man jeden Satz für sich und hat dabei die gattungsgeschichtliche Einsicht auf seiner Seite, dass Messkompositionen ohnehin nur selten als wirkliche Zyklen angelegt sind.

An der c-Moll-Messe hat die Mozart-Forschung sich vor allem für den Satz «Qui tollis peccata mundi» aus dem Gloria interessiert, weil dort die Rezeption hochbarocker Traditionen nunmehr auf höchstem Niveau stattfindet: Über einem in Halbtonschritten zur Quart absteigenden, über längere Strecken ostinaten Lamento-Bass – dem einschlägigen Sinnbild für die Schwere auferlegten Leidens – artikuliert ein achtstimmiger Doppelchor seine chromatischen Seufzerfiguren, dieweil die Streicher in abgerissenen, heftig punktierten Bewegungen pathetisch den Vorgang des Geißelns nachbilden.

Man hat diese Struktur generationenlang mit dem «Crucifixus» aus Bachs h-Moll-Messe in Verbindung gebracht, unlängst aber als Mozarts direktes Vorbild den Chor «The people shall hear» aus Händels ihm mit Sicherheit bekannten Oratorium Israel in Egypt ausgemacht.[611] So frappant die Übereinstimmung mit der Vorlage, so deutlich ist Mozarts Eigenanteil vor allem im Bereich der Harmonik: Wie schon die durchgehende Bezifferung der Bassstimme andeutet, gibt Mozart das barocke Generalbassdenken zwar nicht auf, setzt jedoch viel stärker als Händel auf einen «modernen», in jedem Augenblick spannungsreichen und auch im Detail formgliedernden harmonischen Verlauf.

Wer genau hinhört, kann den Satz ebenso wenig mit einem Werk Händels verwechseln wie die anderen barockisierenden Nummern der Messe: «Gratias agimus», «Cum sancto spirito», «Credo in unum deum» oder «Benedictus». Freilich ist in diesen Partien der Rekurs auf die alte Kirchenmusik überdeutlich, während man angesichts des Sopran-Solos «Laudamus te» an eine italienische Koloraturarie erinnert ist. Die Unbekümmertheit, mit der Mozart traditionsbewusste und unstrittig moderne Stücke nebeneinander stellt, erinnert an Bachs h-Moll-Messe. Auch deren Sätze im «stile antico» überraschen durch modern-harmonische Schärfungen; und auch dort lässt sich ein Prinzip, nach dem das Neben- und Übereinander von Alt und Neu einem hörbaren Gesamtplan folgte, nicht erkennen.

Uns bleibt noch übrig, die beiden Stücke zu nennen, die unabhängig von einem solchen Diskurs herausragen: das eröffnende Kyrie und das Sopransolo «Et incarnatus est», nach dessen Skizzierung Mozart die Arbeit am Credo in Wien zunächst abgebrochen hatte. Ersteres überzeugt durch das glückliche Zusammentreffen von Geschichtstiefe und mit modernen Mitteln komponierter Innigkeit – beides durchaus auf dem Niveau des ersten Requiem-Satzes. Manfred Hermann Schmid rühmt in einer schönen Studie die unaufdringliche, auch formal bis ins Letzte durchdachte szenische Konzeption des Satzes, den er mit der Gattung des geistlichen Theaters, der «sacra rappresentazione», in Verbindung bringt.[612]

Von Geschichtstiefe kann angesichts der virtuosen, von sanften Koloraturen wie von Girlanden geschmückten Arie «Et incarnatus est de spiritu sancto ex Maria virgine» natürlich nicht die Rede sein. «Gegrüßest seist du, Holdselige», so eröffnet der Engel der Jungfrau Maria seine Botschaft, sie werde einen Sohn vom Heiligen Geist empfangen. Genügt der Hinweis auf das «Holdselige» in Mozarts Musik, um sie gegen den Vorwurf extremer Weltlichkeit zu verteidigen? Offensichtlich ist nur, dass Mozart solchen Textvorlagen nicht mit bloßer Routine, sondern mit einem Gespür für ihre sinnliche Ausstrahlung begegnet ist.

Warnungen vor einer Verweltlichung der kirchenmusikalischen Kunst sind fast so alt wie diese selbst, haben jedoch in den siebziger und achtziger Jahren des 18. Jahrhunderts Hochkonjunktur. Der Wiener Schriftsteller Joseph Richter beklagt in seiner 1784 erschienenen *Bildergalerie katholischer Mißbräuche* den Eifer mancher Kirchenkapellmeister, «halbe und ganze Opernarien in den Kirchenstil» einzuführen und keine Bedenken zu tragen, «durch das Gekrächz wälscher Kapaunen die Kirche Gottes zu profaniren»[613].

Wie erwähnt, trifft solcherart Kritik bei Joseph II. auf offene Ohren – auch bei Mozart selbst, der dem Vater, kurz vor Inkrafttreten der josephinischen Reformen, am 12. April 1783, klagt, «daß sich die Verränderung des gusto leider so gar bis auf die kirchenMusic erstreckt hat; welches aber nicht seyn sollte – woher es dann auch kömmt, daß man die wahre kirchenMusic – unter dem dache – und fast von würmern gefressen – findet»[614]. Doch wie verträgt sich das mit dem «Et incarnatus est» aus der c-Moll-Messe?

Wir treffen auf Mozarts spirituelle Ader und dabei auf eine geradezu selbstverständliche Legierung von Alt und Neu. Das Alte ist in diesem Fall weder die lebendige kirchenmusikalische Tradition noch die Kunst gediegenen Kontrapunkts, sondern die ins Vergessen abgesunkene Spiritualität, die man bei früheren Generationen zu spüren meint. Ich denke in diesem Kontext an den Frühromantiker E. T. A. Hoffmann, einen speziellen Verehrer von Mozarts *Requiem*, der Bachs

Musik als «in Tönen ausgesprochene Sanskritta der Natur», als archaische Kultsprache, erlebte.[615]

Mozart hat vermutlich der Musik Händels näher gestanden. Dass er in der Zeit seiner *Messias*-Bearbeitung dem Logenbruder Michael Puchberg eine Schrift mit dem Titel *Händels Leben* überschickt, ist wohl mehr als eine Äußerlichkeit – man muss nur auf die vielen Adaptionen Händel'scher Kompositionen in seinen Wiener Messen schauen. Dabei geht es vielleicht weniger um geheimnisvoll Arabeskenhaftes als um jene «Festigkeit», die Beethoven vor dem Horizont seiner *Missa solemnis* an den «Altvordern», speziell an Bach und Händel rühmt, um hinzuzufügen, «die verfeinerung unsrer Sitten» habe auch so «manches erweitert»[616].

Damit sind wir beim zweiten Element der Legierung, dem Neuen. Ganz selbstverständlich übernimmt Mozart auch in die Kirchenmusik, was die Gegenwart an Verfeinerungen – nicht zuletzt durch ihn selbst – aufzuweisen hat; und dazu gehört auch virtuoser Gesang, wenn er mit dem notwendigen Maß an Einfühlung präsentiert wird. Gerade der spezielle Stein des Anstoßes, die Koloratur, kann da in neuem Licht erscheinen, wenn man an jenen wortlosen Jubilus denkt, den Augustinus angesichts des Psalmverses «Danket dem Herrn mit Harfen» vor Augen hat: «Und wenn du den Jubel nicht zu sagen vermagst und auch nicht schweigen darfst, was bleibt dann übrig, als dass du jauchzest, dass sich das Herz ohne Worte freut und die ungemessene Weite der Freude nicht das Ausmaß von Silben hat.»[617]

Ob sich Mozarts «Et incarnatus est» in diesem Sinn mit den überschwänglichen Vokalisen traditioneller Volksmusik, mit dem Augustinischen Jubilus oder gar mit den von Richard Wagner einmal scherzhaft als «Mückengeschwirr» bezeichneten Melismen der von Mozart seit seinem Besuch in Leipzig sehr geschätzten Bach-Motette «Singet dem Herrn ein neues Lied» vergleichen lässt,[618] ist letztlich eine Frage der eigenen enthusiastischen Wahrnehmung, die Musik immer möglich macht. Objektivierbar ist es nicht.

Zu Mozarts mystischer Auffassung von Liturgie gibt es eine sekundäre, jedoch keineswegs unseriöse Erinnerung von Friedrich Rochlitz, dem Musikgelehrten und Schriftleiter der Leipziger *Allgemeinen Musika-*

lischen Zeitung, an das Jahr 1789. Es geht um Mozarts Besuch in Leipzig und seine Gespräche u. a. mit dem Thomaskantor Johann Friedrich Doles und seinem damals zwanzigjährigen Schüler Rochlitz. Doles legt seinem Besucher das Manuskript einer Messe vor, die für ihn Inbegriff verweltlichter Kirchenmusik ist. Am nächsten Abend bemerkt Mozart spitzbübisch, er habe dieser Messe inzwischen bis zum Credo einen neuen Text unterlegt; und vergnügt extemporiert die Expertenrunde das «Ky-ri-e e-le-i-son» auf die neue Textierung «Hol's der Gey-er, das geht flink», und den Schluss der Gloria-Fuge «Cum sanc-to spi-ri-tu in glo-ria De-i pa-tris» auf «Das ist ge-stoh-len Gut, ihr Her-ren nehmt's nicht ü-bel!».

Als einer der Gesprächsteilnehmer sein Bedauern darüber äußert, dass im Lauf der Musikgeschichte viele große Meister ihr Talent an «geisttödende Süjets der Kirche wenden mußten», erwidert ein nun plötzlich «trübe» gestimmter Mozart – sinngemäß, wie Rochlitz einschränkend bemerkt: «Ihr [Protestanten] fühlt gar nicht, was das will: *Agnus Dei, qui tollis peccata mundi, dona nobis pacem.* u. dgl. Aber wenn man von frühester Kindheit, wie ich, in das mystische Heiligthum unsrer Religion eingeführt ist; wenn man da, als man noch nicht wußte, wo man mit seinen dunkeln, aber drängenden Gefühlen hinsollte, in voller Inbrunst des Herzens seinen Gottesdienst abwartete, ohne eigentlich zu wissen, was man wollte; wenn man die glücklich pries, die unter dem rührenden Agnus Dei hinknieeten und das Abendmal empfingen, und beym Empfang die Musik in sanfter Freude aus dem Herzen der Knieenden sprach: *Benedictus qui venit* etc. dann ist's anders.»[619]

Er sei dann, nach der zehn Jahre später niedergeschriebenen Erinnerung des Augenzeugen, auf das Te Deum zu sprechen gekommen, das er im Auftrag der Kaiserin Maria Theresia als Vierzehnjähriger zur Einweihung eines großen Krankenhauses oder einer ähnlichen Stiftung komponiert und an der Spitze der kaiserlichen Kapelle selbst aufgeführt habe: «Wie mir da war –! wie mir da war! –» Dass anstatt des Te Deum wohl die Waisenhausmesse KV 139 des noch nicht ganz Dreizehnjährigen einzusetzen und die Erinnerung von Rochlitz in diesem Punkt ungenau ist, spricht nicht gegen, sondern im Kern eher für sie. Doch ohnehin und ganz unabhängig von der Frage, wie hoch man den Grad ihrer Authentizität einschätzt, können derlei Anekdoten unseren eigenen Diskurs nicht ersetzen, sondern nur stimulieren.

Wir brauchen nicht zu wissen, wie katholisch und fromm Mozart gewesen ist: Er muss nicht glauben, sondern glaubhaft komponieren. Gleichwohl lässt uns die Erinnerung von Rochlitz mit e i n e m Schlag erahnen, was katholische Frömmigkeit Mozart als Künstler gegeben hat – nämlich die Schauer der Wonne und des Grauens, welche die Mysterien von Leben und Tod in uns wecken. Wer eine solche Vorstellung zu pathetisch findet, könnte sich immerhin vergegenwärtigen, dass niemand beim Anhören einer Haydn-Messe auf solche Gedanken käme!

Das Mysterium begegnet Mozart zwar in christlicher Gestalt, reicht jedoch in tiefere Schichten des Religiösen hinab. Im Blick auf das *Requiem* und Mozarts Vertonung des «Rex tremendae majestatis» (wörtlich: «König von zittern machender Hoheit») entsinnt man sich des «mysterium tremendum», des «schauervollen» Geheimnisses, das der Religionsphänomenologe Rudolf Otto in seinem 1917 erschienenen Buch *Das Heilige* untersucht und mit der Erfahrung des «Fascinosum» zusammenspannt, welche den Menschen mit Liebe, Hoffnung, Glück erfülle und dadurch über sich hinauswachsen lasse.[620]

Da Mozart zwar ein oppositioneller Geist, jedoch kein genuiner Aufklärer gewesen ist, wird er keine Schwierigkeiten gehabt haben, sich vom «Tremendum» und «Fascinosum» der katholischen Liturgie in ähnlicher Weise inspirieren zu lassen wie von den Sujets seiner Opern. Davon abgesehen, hat ihm die Direktion einer Messe vielleicht ebenso viel bedeutet wie die Leitung seiner Opern, die ja ohnehin beachtliche Nähe zu diesem spirituellen Erfahrungsbereich zeigen. Dass die Sphäre des Dämonischen in *Don Giovanni* oder diejenige des Mysteriösen in der *Zauberflöte* Affinitäten zum *Requiem* haben, braucht kaum erwähnt zu werden. Man kann diesbezüglich sogar bis zum *Idomeneo* zurückgehen – einer Oper, die Mozart keineswegs als ein Frühwerk abgetan, vielmehr zeitlebens in hohen Ehren gehalten hat, offenbar wegen der Tiefe der dort mitgeteilten Erfahrungen.

Auch wer mit lebensgeschichtlichen Parallelen vorsichtig umgeht, kann an dieser Stelle einem Hinweis auf Mozarts Mitgliedschaft bei den Freimaurern kaum aus dem Weg gehen: Wo konnte er – außerhalb der

Volkskirche – im kleinen Kreis der Auserwählten die «mysteria tremenda et fascinosa» unmittelbarer erleben als in deren Ritualen? Vielleicht ist es kein Zufall, dass Haydn an ihnen offenbar keinerlei Interesse gezeigt, es vielmehr beim Eingangsstatus eines Lehrlings belassen hat.

Der Respekt vor einem Messen-Fragment wie KV 427, das zur Zeit seiner Entstehung aus äußeren Gründen keine Chance hatte, vollendet zu werden, verbietet es, nach einer Gesamtkonzeption zu suchen. Ist sie im *Requiem* zu finden? Leider können wir es uns nicht so einfach machen wie Nikolaus Harnoncourt, der aus verständlicher Freude an seiner eigenen Einspielung erklärt, die «Architektur des Gesamtwerks [...] bei weitem zwingender als jemals früher» zu erleben und die vom Schüler Süßmayr ergänzten Teile «keineswegs als Fremdkörper», vielmehr – abgesehen von der Instrumentierung – als «im Wesen mozartisch» zu sehen: «Für mich sind diese Sätze eben auch von Mozart, sei es, daß Süßmayr entsprechendes Skizzenmaterial zur Verfügung hatte, sei es, daß ihm diese Kompositionen, im Laufe der Zusammenarbeit, von Mozart eindringlich vorgespielt worden waren.»[621]

Diese Auffassung lässt sich historisch nicht begründen und ästhetisch nur schwer nachvollziehen. Wir müssen davon ausgehen, dass Mozart außer dem Beginn des *Lacrymosa* kaum Einzelskizzen – die dann gleichbedeutend mit den durch die Literatur geisternden «Zetteln» wären – hinterlassen hat. Was nicht aufgrund der autographen Partitur für Mozart in Anspruch zu nehmen ist, wird daher von den Bearbeitern stammen, vor allem also von Süßmayr. Und der äußert in einem Brief aus dem Jahre 1800 die Sorge, sich mit der Ergänzungsarbeit zu «kompromittieren»[622], siedelt sie also nicht auf Mozart'schem Niveau an.

Doch zunächst eine Bestandsaufnahme, welche der mustergültigen Edition von Christoph Wolff[623] folgt: Den ersten Satz, den Requiem-*Introitus*, hat Mozart im Wesentlichen vollständig ausgearbeitet und instrumentiert. Von den übrigen authentischen Sätzen – *Kyrie*, *Dies irae* (bis zu Takt 8 des *Lacrymosa*), *Domine Jesu* und *Hostias* – hat er jeweils nur den Vokalsatz und die Basslinie in die Partitur eingetragen; die Instrumentalstimmen sind demgegenüber höchstens auszugsweise, wenn nicht gar nur «stichwortartig» notiert – als Erinnerungsstütze für die spätere vollständige Ausarbeitung.

Damit spiegeln die autographen Teile der Partitur – von dem in den Grundzügen «fertigen» Requiem-Introitus abgesehen – Mozarts übliches Kompositionsverfahren auf seiner e r s t e n Stufe. Es wäre nun vermessen, zu behaupten, man könne die z w e i t e Stufe, das heißt die Ergänzung der Instrumentalstimmen, mehr oder weniger problemlos vornehmen. Dieser Meinung dürften nicht einmal Constanzes Helfer bei «Fertigstellung» des Requiems gewesen sein, die sich nicht um ihre Aufgabe gerissen, sondern sich nach Kräften bemüht haben, der Witwe zu dem mit dem Auftraggeber vereinbarten Resthonorar von 25 Golddukaten zu verhelfen.

Diese Helfer haben vielleicht besser als wir Heutigen die blühende Phantasie zu würdigen gewusst, mit der Mozart auch auf der zweiten Stufe des Kompositionsprozesses arbeitete: Wie viel Unvorhersehbares kam da noch ins Spiel, um einem Werk den ihm eigenen Charme zu geben! Gesetzt den Fall, auch der Requiem-Introitus hätte sich nur als Vokalsatz mit unspezifizierten Instrumentalmarken erhalten: Welcher Rekonstrukteur wäre wohl auf die Idee gekommen, sich für ein Holzbläserensemble von zwei Bassetthörnern und zwei Fagotten zu entscheiden – also für die Instrumentierung, ohne die wir uns das Requiem gar nicht vorstellen könnten!

Oder in umgekehrter Richtung argumentiert: Hätte Mozart in dem Satz «Tuba mirum» nur die drei ersten Takte der Soloposaune notiert, so würde es wohl keinem Menschen eingefallen sein, deren Part so barock-konzertant-gravitätisch fortzuführen, wie es Mozart für richtig hält. Ich hätte mit dieser Stelle meine Schwierigkeiten, wenn sie nicht Teil eines theatralischen, für Mozart ungemein typischen Zusammenhangs wäre: Zu dem behäbigen Pathos der «Sarastro»-Sphäre, die das zunächst vorgetragene «Tuba, mirum spargens sonum» («Laut wird die Posaune klingen») beschwört, passt der anschließende Auftritt des Tenors «Mors stupebit et natura» («Schaudernd sehen Tod und Leben») wie die Faust aufs Auge – um die im Kapitel zuvor zitierte Kritik Nägelis am Schluss der Es-Dur-Sinfonie ins Positive zu wenden: Die je nach Interpretation schon fast hysterische Erregtheit, mit welcher das f-Moll des Tenors dem eher betulichen B-Dur des Basses in die Parade fährt, bezieht ihre Brisanz vor allem aus diesem Kontrast, der durch das sukzessive Eingreifen der beiden Frauenstimmen in einem Ensemblesatz von wunderbarer Innigkeit – «Quid sum miser tunc dicturus» («Weh!, was werd ich Armer sagen») aufgehoben wird.

Nun gibt es hinsichtlich der Komposition des Requiems außer den Stufen «eins» und «zwei» noch die Stufe «null» – also die Phase, in der Mozart zwar möglicherweise schon vieles im Kopf, aber noch nichts aufgeschrieben hat. Das betrifft die Sätze nach dem «Hostias», die Süßmayr freihändig hinzukomponiert hat – einerseits in vermutlich recht genauer Kenntnis der Mozart'schen Pläne, andererseits mit dem verständlichen Wunsch, die heikle Arbeit nicht unnötig ausufern zu lassen.

Es geht um *Sanctus, Benedictus, Agnus Dei* und *Lux aeterna*, wobei der letztgenannte Satz eine im Kern notengetreue Wiederholung der Takte 19 bis 48 des Requiem-*Introitus* und der anschließenden *Kyrie*-Fuge darstellt. Süßmayr, der – gleichsam als Einstimmung – die im Entwurf vorhandenen acht Takte des *Lacrymosa* auf beachtlichem Niveau zu einem Satz von 28 Takten vervollständigt hat, verdient auch für die nachfolgende, vermutlich fast vorlagenfreie Arbeit am *Requiem* postumen Respekt; jedoch mit Harnoncourt zu behaupten, die ganz von ihm stammenden Teile seien kein Fremdkörper, sondern im Wesentlichen mozartisch, ist Wunschdenken.

Auf der Basis von Süßmayrs Ergänzung, die als solche erstaunlicherweise niemand anzutasten gewagt hat, sind moderne Ergänzungsvorschläge gemacht worden: solche von Franz Beyer (1971/1979), Hans-Josef Irmen (1977), Richard Maunder (1986), H. C. Robbins Landon (1990/92), Duncan Druce (1993) und Robert D. Levin (1994).[624] Deren Ergebnisse mussten allein deshalb in Details «besser» als ihre Vorlage ausfallen, weil sich die Autoren für ihre Arbeit jahrelang Zeit nehmen und den inzwischen umfänglichen wissenschaftlichen Diskurs berücksichtigen konnten.

Man freut sich über die nunmehr große Auswahl an Rekonstruktionsversuchen, kommt jedoch nicht um die banale Einsicht herum, dass Mozart keine vollständige «Missa pro defunctis» hinterlassen hat. Als F r a g m e n t im emphatischen Sinne ist das Werk schon von der Romantik gesehen worden; und wir tun wohl gut daran, ähnlich zu verfahren, also weder gattungsgeschichtliche Fragen in den Vordergrund zu stellen noch nach einem potenziellen Gesamtorganismus zu fragen, vielmehr die aufregenden Aspekte ins Visier zu nehmen: Wie ein Brennspiegel konzentriert das *Requiem* Mozarts genuine, von Anbeginn geübte Fähigkeit, Nachahmung mit Schöpfertum zu verbinden – und dies vor dem Hintergrund seiner Theaterhaltung. Wie der gute Schauspieler seine Rolle «mimt» und zugleich eine Bühnengestalt real werden lässt, die man sich nicht hätte träumen lassen, geht Mozart mit seinen Vorlagen um – im Allgemeinen mit Gattungstraditionen oder formalen Normen und im Speziellen mit bestimmten Werken.

Letzteres ist für den Requiem-*Introitus* und das anschließende *Kyrie* in viel stärkerem Maß konstitutiv, als es der nicht spezialisierte Hörer weiß und überhaupt ahnen könnte. Diese beiden Stücke basieren nämlich weitgehend auf zwei Vokalwerken Händels: Der *Introitus* folgt dem Eingangschor zum *Funeral Anthem for Queen Caroline* HWV 264 und das *Kyrie* dem Schlusschor des *Dettinger Te Deum* HWV 265, den Mozart in Händels eigener Bearbeitung auch dem ihm bestens bekannten *Messias* entnehmen konnte.

Weil von solchen Übernahmen schon der Augenzeuge Maximilian Stadler wusste, ist zu vermuten, dass Mozart sein programmatisches Anknüpfen an die Tradition den Kennern bereitwillig offen gelegt hat. Das konnte ihm umso leichter fallen, als die Doppelfuge des *Kyrie* weit kunstvoller als ihr Vorbild gearbeitet ist. (Möglicherweise hat Mozart sie nicht ad hoc für das *Requiem* komponiert, sondern einem Fundus kontrapunktischer Studien entnommen und lediglich neu textiert.[625])

Neben diesen auffälligen gibt es eine Menge kleinerer Reminiszenzen oder Assonanzen. So bietet das c-moll-Requiem des von Mozart als Kirchenkomponisten geschätzten Michael Haydn eine potenzielle Vorlage für die Einführung des neunten Psalmtons an der Stelle «Te decet hymnus …» («Dir gebührt ein Loblied») oder für die prägnante Artikulation des «et lux perpetua» («und das ewige Licht»). Beim Anfang des «Tuba mirum» mag man an ein Requiem des Anton Cajetan Adlgasser, Mozarts Vorgänger im Amt des Salzburger Hoforganisten, denken,[626] beim Anfang des «Recordare, pie Jesus» («Milder Jesus, wollst erwägen») an das «Lacrymosa» aus einem Requiem von François-Joseph Gossec[627] oder an den zweiten Satz einer d-Moll-Sinfonie von Wilhelm Friedemann Bach; Letzterer liefert mit Adagio und Fuge in d-Moll eine ideelle Vorlage auch für den Requiem-Introitus.

Freilich machen Mehrfachbelege deutlich, dass es sich anders als im Fall Händels nicht um gezielte Übernahmen handelt, sondern um einen breit angelegten Diskurs mit der Tradition, aus der Mozart gleichermaßen wissentlich wie unwillkürlich schöpft. Das nicht beliebig gewählte Wort «Diskurs» mag verdeutlichen, dass Mozarts Vorgänger ihrerseits in einer Gattungstradition stehen, die sich durch bestimmte Topoi konstituiert. Weder hat Händel den chromatischen Quartabstieg oder die Seufzerfigur als Ausdruck des Leidens erfunden noch Adlgasser die Heroldsgeste des «Tuba mirum».

Von einem Diskurs «Requiem» kann im Vollsinn des Wortes deshalb die Rede sein, weil Mozarts Hörer an ihm Anteil haben. Diesen bleibt, wenn sie nicht privilegierten Kreisen angehören, überwiegend nur der Gottesdienst, um kunstvolle Musik zu hören. In diesem Kontext haben Rituale, in denen es um Leiden, Tod, Gericht und Auferstehung geht, einen besonderen Stellenwert, weil sie Existenzialien ansprechen, um die kein Mensch herumkommt. Und die Teilnehmer an solchen Ritualen erwarten geradezu, dass die Musik mit bestimmten, über viele Generationen hinweg tradierten Topoi kommt, die den Bestand im Unbeständigen garantieren: Alles wankt, die Symbole bleiben.

Aufgabe des Requiem-Komponisten ist es, solches zu inszenieren – und wer könnte dies zu seiner Zeit besser als Mozart? In großer Deutlichkeit setzt er die erwarteten Zeichen. Wie angedeutet, verlebendigt der Satz «Rex tremendae» die Erfahrung des «mysterium tremendum» geradezu lehrbuchartig: Der dreifache Ausruf «Rex! Rex! Rex!» artikuliert – übrigens in erstaunlicher Übereinstimmung mit dem Ruf «Herr, Herr, Herr, unser Herrscher» zu Beginn von Bachs *Johannespassion* – die Ehrfurcht vor der «majestas» Gottes; und die heftigen Punktierungen der Streicher unterstreichen, gleichfalls in traditioneller Manier, dessen Machtanspruch. Im vorausgegangenen «Dies irae» hatte der Komponist den «tremor», welchen der Text für das Jüngste Gericht vorhersagt, noch unmittelbarer in Musik gesetzt, indem er die Streicher in der dafür typischen Manier tremolieren, ‹zittern›, ließ.

Also viele Zeichen und zugleich viel Eigenes, das sich am besten an dem einzig vollendeten Satz, dem Requiem-Introitus, verdeutlichen lässt. Wie Mozart dort aus den Vorgaben der Gattung ein kleines Gesamtkunstwerk macht, dessen Fluidum man seit dem ersten Hören nicht wieder vergisst, ist seiner letzten Komposition würdig. Zur Abdunklung des Klanges setzt er – darin offenbar originär – auf den warmdunklen Ton der Bassetthörner und Fagotte, die im vierstimmigen Satz wie zur letzten Abschiedsserenade aufspielen und alles daransetzen, um eine tröstliche Stimmung zu erzeugen, in welche die Posaunen alsbald streng hineinfahren ...

In diesem Ton könnte man à la E. T. A. Hoffmann fortfahren und den Einsatz des Chors beschreiben, der zu den Worten «Requiem aeternam dona eis, Domine» («Herr, gib ihnen ewige Ruhe») die Seufzer-Figuren der Bläser aufnimmt und zu der Anrufung «et lux perpetua luceat eis» («und das ewige Licht leuchte ihnen») vom traditionell düsteren d-Moll ins hellere F-Dur wechselt: Das wirkt, zunächst unbegleitet und in scharfer rhythmischer Skandierung vorgetragen, wie eine Beschwörungsformel und leuchtet dann beim Wort «luceat» im wahrsten Sinn des Wortes auf. Der Chor endet in der neuen Tonart B-Dur, von der aus erste Violine und Fagott mit einer tröstlichen kleinen Figur zum Auftritt des Solo-Soprans überleiten.

Dessen Vortrag «Te decet hymnus» erfolgt auf den Psalmton, welcher dem *Magnificat* – dem «Canticum Beatae Mariae Virginis» – angehört, und lässt in der Tat für einen Augenblick den Eindruck jubelnder Innigkeit aufkommen. Als die «Magnificat»-Formel zu den Worten «Exaudi orationem meam, ad te omnis caro venit» («Erhöre mein Gebet, zu dir kommt alles Fleisch») vom Chor-Sopran übernommen und von erregten Ausrufen der anderen Gesangsstimmen untermalt wird, ist es mit dieser Lieblichkeit jedoch schon wieder vorbei; nicht zuletzt die harsche «Majestas»-Figur der Streicher, der wir im «Rex tremendae» wiederbegegnen werden, sorgt für neuerliche Verdüsterung.

Nachdem Mozart in den ersten 33 Takten des Requiem-Introitus ein ganzes Panorama ausgebreitet hat, bringen die letzten fünfzehn Takte im Sinn einer formalen Festigung im Wesentlichen Wiederholungen von bereits Gehörtem. Das Ganze ist wie ein großes, reiches Gemälde von Rembrandt – mit ähnlicher Verteilung von Licht und Schatten und mit der gleichen Kunst komponiert, die Gestalten des Vordergrunds prägnant und artikuliert herauszuarbeiten und dabei im Hintergrund «Stimmung» zu schaffen. Man muss jedoch gar nicht unbedingt die bildende Kunst bemühen, kann vielmehr auch an eine handlungs- und gefühlsintensive Opernszene denken; jedenfalls artikuliert Mozart die lateinischen Wörter und Sätze nicht wie objektives liturgisches Gut, sondern im Sinne «deutscher», in actu erlebbarer Sprache. Daher sind die Sopranzeilen auf den *Magnificat*-Ton auch keine Psalmodie, sondern ein blühender Hymnus. Man ahnt, wie sich Mozart bei solchen Höhepunkten seines Schaffens gefühlt haben mag: «Wie mir da war! wie mir da war!»

Auf den Halbschluss des *Introitus* folgt die *Kyrie*-Fuge, in der Mozart – anders als in der großartig eigenwilligen Fuge für zwei Klaviere KV 426 – den Gegenwartskomponisten ganz zurücktreten lässt. Die «dramatisch» eingesetzten Trompeten und Pauken in Süßmayrs Ergänzung suggerieren zwar eine gewisse Modernität, sind aber durch den Befund des Autographs nicht legitimiert: Wahrscheinlich waren nur mitgehende Instrumente vorgesehen. In diesem Sinn gibt es in den 52 Fugentakten, die mehr Raum einnehmen als die 48 Takte lange Bildfolge des vorangegangenen *Introitus*, kaum Abwechslung, sondern nur den e i n e n , im Vergleich zur Händel'schen Vorlage noch verstärkten Gestus der Zwangsläufigkeit.

Die kompromisslose Geschichtstiefe dieser kompositorischen Entscheidung ist sowohl bei Mozart als auch in der Zeit geradezu einmalig und nur schwer erklärlich, zumal das *Kyrie* nicht als einer der traditionell kontrapunktischen Satzeinschübe oder -abschlüsse verstanden werden kann, sondern einen auch liturgisch eigenständigen Satz inmitten eines – im Rahmen der Gattungsästhetik – sonst durchaus modernen Werks darstellt. Man steht vor der Tatsache, dass Mozart in seinem letzten Großwerk in einer sonst nur im «Qui tollis» der c-Moll-Messe erahnbaren Konsequenz das Eigene für die Dauer eines Satzes zurückstellt und ganz zum Sprachrohr wird.

Ist es vielleicht mehr als Legende, dass er da schon den Tod ahnt? Oder zeigt er zum letzten Mal und auf höchstem Niveau, was zu beweisen ihm schon in jüngeren Jahren stets wichtig war: Ich kann auch d a s !

Abschiede

Sollte hier vielleicht *Eine kleine Nachtmusik* KV 525 erscheinen? Immerhin sorgt sie auf diversen Abschiedsfeiern für den beliebten musikalischen Ausklang; und vielleicht hat Mozart selbst sie als Abschiedsserenade komponiert. Außerdem käme sie dann wenigstens zum guten Schluss ins Blickfeld dieses Buches – als die gegenwärtig wohl populärste Komposition Mozarts.

Doch was ist von jenem Forscher zu halten, der ausgerechnet am Beispiel dieses Werks Studien zu Mozarts Personalstil betrieben hat?[628] Auf den ersten Blick scheint die Wahl glücklich: ein Standardwerk in unauffälliger Streicherbesetzung – inspiriert, jedoch ohne Auffälligkeiten. Ist das typischer Mozart? Zwar mag ein Stilforscher sein Leben lang nach Personalkonstanten fragen und dabei schrittweise weiterkommen; der Musikästhetiker interessiert sich jedoch weniger für das Allgemeine eines Personalstils als für das Besondere des einzelnen Werks. Und an diesem fasziniert ihn vor allem, was im Allgemeinen n i c h t aufgeht, sondern in seiner unverfügbaren Einmaligkeit dasteht.

In diesem Sinn zähle ich *Eine kleine Nachtmusik* geradewegs zu den rätselhaften Kompositionen Mozarts. Als er sie unter dem 10. August 1787 – in der Zeit des *Don Giovanni* – in sein Werkverzeichnis einträgt, hat sein Komponieren generell einen Standard erreicht, der solche im positiven Wortsinn harmlose Musik eigentlich gar nicht mehr zulässt. Man vergleiche das Werk nur mit der in jeder Beziehung großartigen *Nacht Musique* KV 388! Natürlich kann man nicht alles über einen Kamm scheren; und die für Mozart untypische Bezeichnung der Serenade als k l e i n e r Nachtmusik könnte darauf hinweisen, dass es sich um eine Art Nebenwerk handelt.

Doch anders als Beethoven gibt Mozart auch in seinen Nebenwerken im Niveau nicht nach. Und deshalb ist zu vermuten, er habe sich anstrengen müssen, um eine «geisterhafte Quintessenz» seiner einstmals im Schatten des Vaters in Salzburg komponierten Divertimenti ziehen zu können.[629] Wenn man einer solchen Einschätzung folgt, erhebt sich natürlich die Frage, warum es für eine solche Quintessenz gerade im Sommer 1787 an der Zeit ist. Und da fällt der Blick auf das Todesdatum Leopold Mozarts: 28. Mai 1787; und er streift auch den 14. Juni dieses Jahres – das Datum, an dem Mozart ein Divertimento ganz anderer Art fertig gestellt hat: den *Musikalischen Spaß* KV 522.

Der würdige Hermann Abert, den ich mir in diesem Augenblick mit Eckenkragen am dunklen Schreibtisch sitzend vorstelle, hat diese Groteske als köstliche Nachahmung dilettantischen oder uninspirierten Komponierens gewertet, mit einigen genuin Mozart'schen Zügen als Zugabe. Doch das ist daneben getroffen. Die Partitur lehrt, dass die von Mozart komponierten «Fehler» nicht dergestalt schülerhaft sind, dass ein Kompositionslehrer sie anstreichen und mühelos korrigieren könnte: In Wahrheit sind sie integraler, das heißt nicht zu löschender Bestandteil eines ganz und gar harlequinesken Werks, das sich mit gewagten Hüpfern über anerkannte Regeln des Komponierens hinwegsetzt. Das empfindliche Gleichgewicht zwischen Musik als gesellschaftlicher Konvention und spontanem Schöpfungsakt wird hier bewusst und lustvoll gestört.

Wo in Takt 12 des ersten Satzes ein neues Motiv überraschend auf der Doppeldominante einsetzt, sehe ich das Kind Mozart vor mir, dem der Vater beim Komponieren über die Schulter schaut: «Den G-Siebener derfst da net bring'n, des kommt mer zu g'schwind!» Worauf Wolferl den Schritt gehorsam zurücknimmt – während der erwachsene Mozart nichts ausradiert, vielmehr k o m p o s i t o r i s c h reagiert, indem er im *Musikalischen Spaß* die unkonventionelle Wendung «korrigiert» und G7 – wiederum reichlich schnell – in Richtung F verlässt.

Gernot Grubers These, Mozart schaffe mit seiner «Satire auf eine veraltete Instrumentalmusik [...] Distanz zu seinen eigenen Anfängen»[630], ist erhellend, lässt allerdings außer Acht, dass Mozart auch als Erwachsener gern ausbricht und sich deshalb von seinem Jugendwerk nicht d i s t a n z i e r e n muss. Eher steht zu vermuten, dass der Tod des Vaters ihm – unwillkürlicher oder bewusster – Anlass ist, das unter den Augen des Vaters entstandene «Jugendwerk» zu reflektieren; und solches gilt auch für die *Kleine Nachtmusik*. Der Sohn nimmt kompositorisch Abschied von dem, der ihn geformt, jedoch nicht gebändigt hat – doppelten Abschied: Schreibt er die *Kleine Nachtmusik* wie zur letzten Freude des ja nicht gerade avantgardistisch gesonnenen Leopold Mozart, so liefert er mit dem *Musikalischen Spaß* das Dementi gleich mit – vorsichtshalber ein paar Wochen im Voraus. Diese Theorie schließt natürlich nicht aus, dass beide Divertimenti aus konkretem Anlass geschrieben sind: Auch ein Mozart muss seine Ideen in konkrete, nach Möglichkeit Geld bringende Projekte eintragen.

Szenenwechsel zu *Così fan tutte*, erster Akt: Nachdem ein Soldatenchor nebst Anhang vor dem Abzug in den Krieg noch einmal kurz fürs «bella vita militar» geworben hat, vereinen sich die vier Liebenden zum «Addio! Addio! Addi-o». Solches geschieht vordergründig in schönster Eintracht, insgeheim jedoch unter Spannungen: Nur die jungen Damen Fiordiligi und Dorabella sind erschrocken darüber, dass man ihre Verehrer so plötzlich zu den Fahnen gerufen hat. Das zugehörige Männerpaar darf sich jedoch auf eine Verkleidungskomödie freuen, an deren Ende die erfolgreiche Treueprüfung ihrer Verlobten zu stehen hat. Ganz sicher scheint man sich allerdings nicht zu sein: Während Ferrando mit einem schwungvollen Abschiedsruf in B-Dur aufwartet, echot Guglielmo bereits in g-Moll. Don Alfonso, zynischer Stifter der Wette, vervollständigt das Ensemble zwar zum Quintett, bringt jedoch gar kein «addio» über die Lippen: Er muss sich das Lachen verbeißen.

Mozart liebt solche Szenen, in denen unter der Decke musikalischer Harmonie alles durcheinander geht; und auch in der Kategorie «Abschied» hat er dergleichen früh geübt. Schon dem Elfjährigen gelingt es in seinem ersten Bühnenwerk *Apollon und Hyacinth* recht gut, Vater Oebalus und Schwester Melia zwar im Duett, jedoch mit ganz unterschiedlichem Gestus vom toten Hyacinthus Abschied nehmen zu lassen. Und ein regelrechtes Meisterstück liefert er bereits mit Rezitativ und Duett von Sandrina und Graf Belfiore am Ende der Buffa *La finta gardiniera*, indem er Trennung und endgültige Wiedervereinigung in ein und derselben Szene abhandelt: Die tief gekränkte «Gärtnerin aus Liebe» wehrt die neuerlichen Annäherungsversuche des Grafen zunächst mit einem unentschlossenen «addio» ab, um im anschließenden Duett dann doch noch im wahrsten Sinn des Wortes weich zu werden. Das ist fünfzehn

Jahre vor Fiordiligis von Gewissenskämpfen geschüttelter Arie «Per pietà, beni mio, perdonna, all'error» geschrieben, jedoch in seiner Jugendfrische kaum weniger vollkommen.

Auf spezifische Weise heikel ist auch Cherubinos Verabschiedung zum Militär in Figaros schadenfroher Arie «Non più andrai farfallone»: Da sieht man den armen «Schmetterling» bereits in voller Montur durch die Landschaft taumeln und wünscht ihm als Zuschauer vor lauter Mitleid eine Rolle in der *Zauberflöte*. Dort gibt es nämlich drei Damen, die dem schönen und liebevollen Prinzen Tamino ein zärtliches «Auf Wiedersehn» nachrufen – und nolens volens auch seinem Begleiter Papageno. Wunderbar zu hören, wie ein zweitaktiges Orchesternachspiel die von den Männern aufgegriffene Abschiedsformel charmant auf das Signal verknappt: *Nun ist's aber genug!*

Natürlich gibt es in Mozarts Opern auch die tragischen Abschiede vom Leben; und oft sind sie so leidenschaftlich, dass es dem gefühlssüchtigen 19. Jahrhundert Ehre machen würde. Allen voran Paminas todtraurige Arie «Ach ich fühl's, es ist entschwunden, ewig hin der Liebe Glück». Was Mozart damit in der *Zauberflöte* gelingt, hat in der *Entführung* seine Vorgänger. Dort schleudert Konstanze in ihrer Arie «Martern aller Arten» dem vorschnell zum absoluten Bösewicht gestempelten Bassa Selim die Worte entgegen: «Ordne nur, gebiete, lärme, tobe, wüte! Zuletzt befreit mich doch der Tod!» Später vereint sie sich mit Belmonte zu einem nicht weniger pathetischen Duett: «Mit dem Geliebten sterben, ist seliges Entzücken! Mit wonnevollen Blicken verlässt man da die Welt.»

Freilich agieren die hier genannten Liebenden im Singspiel, das a priori gut auszugehen hat, und sind schon deshalb nicht mit Tristan und Isolde zu vergleichen – ein Abstand zum 19. Jahrhundert, der ohnehin einiges für sich hat: Während man sich mit den Todeswünschen Paminas und Papagenos, Belmontes und Konstanzes in dem Wissen identifiziert, dass dem Augenblick der Verzweiflung bald die Wendung zum Guten folgen wird, wird dem Hörer einiges mehr abverlangt, wenn er es dem unaufhaltsamen Todesverlangen Wagner'scher Liebespaare nachtun will! Das berührt nicht Mozarts Ernsthaftigkeit, wohl aber Harlequins Kunst, das Schwere angenehm zu machen – also in jeder Lebenslage noch eine andere Option als den Tod zu haben. Dass die jeweiligen Libretti mitspielen, ist eine zwar notwendige, jedoch nicht ausreichende Bedingung: Die Musik s e l b s t muss in Trauer und Freude gleich stark sein.

Das führt zu den Abschieden in Mozarts wortloser Musik und damit zu der Frage: Wie kommt der Instrumentalkomponist aus einem Satz oder einem Werk heraus? Man kennt ja die Orgien an C-Dur-Orchesterschlägen, mit denen sich Autor, Dirigent und Orchester aus Beethovens *Fünfter* verabschieden. Dergleichen gibt es bei Mozart nicht; wohl aber gelingt ihm – im G-Dur-Klavierkonzert KV 453 – der charmanteste Raussschmeißer, den ich kenne. Es geht um die Schlussvariationen, deren Thema der geliebte «Vogel Stahrl» so hübsch pfeifen konnte.

Wer hat es ihm beigebracht? Und in welchem Maß muss Mozarts Haus von seiner jeweils aktuellen Musik durchdrungen gewesen sein! Übrigens konnte Richard und Minna Wagners Papagei Papo zur Dresdner *Rienzi*-Zeit «Richard! Freiheit! Santo spirito» rufen.

Glücklicherweise kennen wir die Umstände der Erstaufführung des Klavierkonzerts. Am 13. Juni 1784 bittet Gottfried Ignaz von Ployer, Salzburger Hofagent in Wien, zu einem Hauskonzert in seine Döblinger Sommerwohnung – zu Ehren seiner Tochter Barbara, der Mozart das neue Klavierkonzert KV 453 gewidmet hat. Ehe sie es zum ersten Mal vorträgt, spielt Mozart gemeinsam mit seiner hoch begabten Schülerin die D-Dur-Sonate für zwei Klaviere KV 448 und im Verein mit vier Bläsern das Klavierquintett in Es-Dur KV 452 – ein schön kalkuliertes Programm, das auch dem anwesenden Kollegen Paisiello, der in Wien gerade seine Erfolgsoper *Il rè Teodore in Venezia* einstudiert, gefallen haben muss. Zunächst erklingt die ebenso virtuose wie elegante vierhändige Sonate, danach das von Mozart selbst besonders hoch geschätzte, gleichermaßen festliche wie tiefsinnige Quintett und schließlich das die Räume noch einmal weitende Konzert mit einem Finale, wie es populärer und zugleich geistreicher nicht sein könnte. (Was ich daran habe, merke ich, wenn auf meiner CD-Einspielung gleich danach das Klavierkonzert KV 456 anhebt: ein bei allen Schönheiten konventionelleres Werk!) Das Finale beginnt mit dem Vortrag eines Themas, das an eine spritzige Bourrée erinnert und alsbald auf Mozarts zauberische Weise variiert wird. Nachdem die vierte Variation in Moll einen Höhepunkt an schöner Nachdenklichkeit gebracht und den Begleitinstrumenten die ganze Zeit über ein Pianissimo abverlangt hat, ist man vom weiteren Fortgang des Satzes mehr als verblüfft: Plötzlich platzen Holzbläser, erste Violinen und Bässe unisono und im Fortissimo mit einem Sechzehntel-Roller in die eben noch meditative Stimmung. Das hat höchstens ganz entfernt etwas mit dem «vermanierierten Manheimmer goût» zu tun, vor dem Leopold Mozart seinen Sohn einstmals gewarnt hat,[631] erinnert vielmehr an eine Zirkusvorstellung, in der ein melancholischer Clown von seinen ausgelassen in die Arena purzelnden Kollegen einfach umgerannt wird.

Mozart arbeitet mit diesem Gag nur acht Takte lang; danach ist das Klavier mit dem s e i n e n dran: Am Ende dieser fünften und letzten Variation bricht es aus dem bisher konsequent eingehaltenen Formschema von 16 + 16 Takten aus, verliert scheinbar die Orientierung und landet mit seinen rasend schnellen Läufen nach mehreren Versuchen in der Tiefe. Auf eine Generalpause, die einem verdutzten Innehalten nach einem glimpflichen Absturz gleicht, folgt – wiederum unvermutet – ein Presto zu spielendes Finale. Es erinnert an die Cabaletta einer Opernarie oder an einen letzten rasanten Aufgalopp der Zirkuspferde. Das Variationenthema scheint vergessen, taucht jedoch am Ende noch einmal auf – allerdings von sechzehn auf acht und schließlich sogar auf zwei Kadenztakte verkürzt. Insgesamt vermittelt uns Mozart die sinnliche Erfahrung eines Stücks, das ausgelassen seinem Ende entgegentobt und dennoch bis zum letzten Takt mit feinsten Nuancierungen arbeitet. Wie gesagt: ein genialer Rausschmeißer!

Abschiede

Von ganz anderer Art ist die Abschiedsstimmung im *Andante cantabile* des *Dissonanzenquartetts* KV 465. Eigentlich liegt sie über dem ganzen Satz – jedenfalls vom zwölften Takt an, wo die erste Violine in ihrem süß-wehmütigen Gesang innehält und sich fortan gar nicht genug tun kann mit einer kleinen Geste, die wie ein letztes Winken oder auch ein Schluchzer wirkt. Die anderen Instrumente nehmen diese Geste alsbald auf und lassen nicht mehr von ihr ab.

Für Rudolf Bockhold ist das Vierton-Motiv so sprechend, dass er ihm am liebsten einen Namen unterlegen möchte.[632] Das erinnert an die auf S. 378f. ausgebreiteten Gedanken zum ersten Satz des *Dissonanzenquartetts*, den seinerseits ein Seufzer-Motiv beherrscht. Was sich dort als Leidenschaft artikuliert hatte, erscheint nunmehr – im Gewand einer Sarabande – als Gestus sanften Zurückweichens; und auf suggestive Weise wird daraus in den dreizehn Schlusstakten ein definitiver Abschied. Zwar schwingt sich dort die erste Violine, den Sarabanden-Rhythmus verlassend, zu ihrem ersten wirklichen Lied auf; dass es jedoch zugleich ihr letztes ist, spricht ihre Partnerin aus, indem sie an der «Abschieds»-Geste mit der Regelmäßigkeit eines Uhrwerks festhält: Die Zeit läuft ab.

Das muss auch die erste Violine einsehen: Von der oberen Oktave sinkt sie ermattet und in überwiegend chromatischen Schritten zum Grundton hinab – wie auf ein Bett, das ihr das Violoncello mit den bekannten ostinaten Gesten längst gewiesen hat.

Die emphatische Redeweise vermag vielleicht etwas von der sensiblen Gefühlslage solcher Musik deutlich zu machen. Gleichwohl ist der Abschied aus dem langsamen Satz des *Dissonanzenquartetts* nicht mehr wert als der «Rausschmeißer» aus dem Finale des Klavierkonzerts KV 453. Beide Umgangsweisen mit Musik sind gleich kostbar: die akrobatische und die gefühlsinnige. Mehr noch: Mozart kennt keine d e f i n i t i v e n Abschiede; gleich manchen seiner Opernfinali gibt auch die Instrumentalmusik immer wieder zu erkennen, dass zum Leben der natürliche Wechsel von Abschied und Neubeginn gehört.

Dem 19. Jahrhundert ist dieses balancierte Weltverständnis verloren gegangen. Oder geht es bei Schubert etwa nicht beständig um Abschiednehmen – keineswegs nur in der *Schönen Müllerin* oder der *Winterreise*? Und gilt Ähnliches nicht auch für den späten Beethoven? Profane Sinnenfreude kennt er jedenfalls kaum; und so prall das *Scherzo* aus seiner *Neunten Sinfonie* daherkommt – hinter dem nachfolgenden «tiefer» empfundenen *Adagio* muss es erklärtermaßen zurückstehen. Im Werk von Bruckner, Brahms oder Mahler ist das nicht anders: Es überwiegt der Ernst; und w e n n es Witz oder Humor gibt, dann grimmigen. Als Hörer haben wir diese Haltung weitgehend verinnerlicht: In «Sinfoniekonzerten» hat man nichts zu lachen, vielmehr seine inneren Kämpfe nachzuvollziehen, um am Ende von ihnen erlöst zu werden.

Mozart liegt solches Lebensgefühl so fern, wie es uns nolens volens nahe ist. D a s meinte ich, als ich ein Buch über die Musik des deutschen Idealismus mit den Worten begann: «Die Werke der großen deutschen Komponisten von Beethoven bis Mahler sind uns auf eigentümliche Weise vertraut: Sie faszinieren nicht – wie die Musik Bachs oder Mozarts – als das *Andere*, sondern als Teil des *Eigenen*. Sie sind Zeugnisse einer Epoche, die wir – einverständlich oder widerstrebend – beerbt haben.»[633] Ein befreundeter Kollege hat wissen wollen, ob ich dazu auch jetzt noch stünde, nach längerer Beschäftigung mit Mozart.

Die Antwort lautet «Ja». Je mehr wir uns anstrengen, die Heroen des 19. Jahrhunderts zu verstehen, desto weniger können wir verstehen, dass es bei Mozart in d i e s e m Sinn nichts zu verstehen gibt. Anders gesagt: Harlequin Mozarts Blick auf eine Welt jenseits von gut und böse ist nicht der meine, doch ich folge ihm wie ein Kind – manchmal mit geschlossenen Augen, manchmal mit offenem Mund.

Diskographie von A bis Z

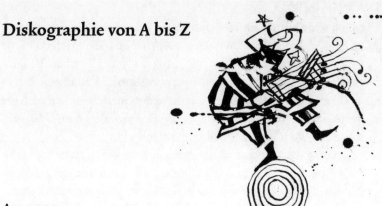

Ave verum

Ave verum corpus (1791) KV 618
Alessandro Moreschi: The last castrato. Complete Vatican Recordings (Aufnahme 4/1902)
Pearl, Opal 9823 (CD, Wiederveröffentlichung 1993)
Eine schaurig-schöne Aufnahme von 1902 mit dem letzten Kastraten aus der Cappella Sistina

Bastien und Bastienne

Bastien und Bastienne (1768) KV 50
Aufnahme von 1957 mit Solisten der Wiener Sängerknaben, Wiener Kammerorchester, Leitung Edouard Lindenberg
EMI 72435755623 (Wiederveröffentlichung 2004)
Diese Aufnahme korrespondiert mit einer der möglichen Aufführungsabsichten des zwölfjährigen Mozart für ein Kindertheater. Hätten die Wiener Sängerknaben damals schon existiert und über solch charaktervolle Knabenstimmen verfügt, so hätte Mozart seine Operette sofort mit ihnen aufgeführt, für Bastienne aber sicher ein Mädchen genommen.

Così fan tutte

Così fan tutte (1790) KV 588
René Jacobs, Concerto Köln, Kölner Kammerchor (Aufnahme 3/1998) mit Véronique Gens (Fiordiligi), Bernarda Fink (Dorabella), Werner Güra (Ferrando), Marcel Boone (Guglielmo), Pietro Spagnoli (Don Alfonso), Graciela Oddone (Despina)

Harmonia Mundi HMC 951663.65 (3 CDs)
Mit dieser Einspielung wurde der Hammerflügel als Continuo-Instrument und zur Begleitung der Rezitative nach historischer Überlieferung erstmals wieder eingeführt.

Don Giovanni

Il dissoluto punito ossia il Don Giovanni (1787) KV 527
Josef Krips, Wiener Philharmoniker (Aufnahme 6/1955) mit Cesare Siepi (Don Giovanni), Fernando Corena (Leporello), Lisa della Casa (Donna Elvira), Suzanne Danco (Donna Anna), Hilde Güden (Zerlina), Kurt Böhme (Komtur), Anton Dermota (Don Ottavio), Walter Berry (Masetto)
Decca 4663892 (3 CDs, Wiederveröffentlichung 2000)
Bei Krips atmet und pulsiert Mozarts doppelbödige Don-Giovanni-Musik auf eine bisher nicht wieder erreichte Weise.

Entführung

Die Entführung aus dem Serail (1782) KV 384
Eugen Jochum, Chor und Orchester der Bayerischen Staatsoper (Aufnahme 12/1965) mit Erika Köth (Constanze), Lotte Schädle (Blonde), Fritz Wunderlich (Belmonte), Friedrich Lenz (Pedrillo), Rolf Boysen (Bassa Selim), Kurt Böhme (Osmin)
Deutsche Grammophon 459424-2 (2 CDs, Wiederveröffentlichung 1998)

Flötenkonzerte

Konzert Nr. 1 für Flöte in G-Dur (1778) KV 313
Marcel Moyse (Flöte), Dirigent: Eugène Bigot (Aufnahme 2/1936)
Konzert Nr. 2 für Flöte in D-Dur (1778) KV 314
Marcel Moyse (Flöte), Dirigent: Piero Coppola (Aufnahme 3/1930)
Pearl GEMM CD 9118 (CD, Wiederveröffentlichung 1994)
Andante für Flöte in C-Dur (1778) KV 315
Cordula Breuer (Blockflöte), Concerto Köln: *The Mozart Album* (Aufnahme 2002)
Capriccio 67014 (als CD)
EMI 0871003 (als DVD)

G-Moll-Sinfonie

G-Moll-Sinfonie (1788) KV 550
Nikolaus Harnoncourt, Amsterdam Concertgebouw Orkest (Aufnahme 1986)
TELDEC 9031-75861-2
Nur hier hört man durch Harnoncourts Einsatz des Bogenvibratos statt des Portamentos jenes beklemmende Herzklopfen, das wir von Cherubino her kennen.

Hochzeit des Figaro

Le nozze di Figaro (1785) KV 492
René Jacobs, Concerto Köln, Collegium Vocale Gent (Aufnahme 4/2003) mit Lorenzo Regazzo (Figaro), Patrizia Ciofi (Susanna), Simon Keenlyside (Il Conte di Almaviva), Véronique Gens (La Contessa di Almaviva), Angelika Kirchschlager (Cherubino) u. a., Continuo (Hammerklavier): Nicolau de Figueiredo
Harmonia Mundi 801818.20 (3 CDs, 2003)
Wohl die schönste greifbare Aufnahme sowohl wegen des vor Vitalität strotzenden Concerto Köln als auch der sängerischen Idealbesetzung; Figueiredos subtile Rezitativbegleitung und Jacobs' Behandlung der Tempi sind eine eindrucksvolle Werbung für die historische Aufführungspraxis; 2005 mit dem «Grammy Award» als «beste Opernaufnahme» ausgezeichnet.

Idomeneo

Idomeneo, Rè di Creta, ossia: Ilia ed Idamante (1780–1781) KV 366
John Eliot Gardiner, The Monteverdi Choir London, The English Baroque Soloists (Aufnahme 6/1990) mit Sylvia McNair (Ilia), Anne Sofie von Otter (Idamante), Hillevi Martinpelto (Electra), Anthony Rolfe-Johnson (Idomeneo), Nigel Robson (Arbace) u. a.
Deutsche Grammophon 431 6742 (3 CDs, 1991)

Jupiter-Sinfonie

Jupiter-Sinfonie (1788) KV 551
Christopher Hogwood/Jaap Schröder, The Academy of Ancient Music
Mozart: The Symphonies (Aufnahmen 1978–1985)
Decca 452496-2 (19 CDs, Wiederveröffentlichung 1997)
Die gelungenste Gesamtaufnahme der Sinfonien auf historischen Instrumen-

ten; durch Neal Zaslaws wissenschaftliche Beratung in Fragen der Besetzung und Aufführungspraxis zugleich die authentischste. Die g-Moll-Sinfonie ist auf dieser Gesamteinspielung übrigens in zwei Fassungen eingespielt, zum einen in der ersten Fassung ohne Klarinetten, zum anderen mit Klarinetten und den von Mozart überarbeiteten Flöten- und Oboenstimmen.

Klavierkonzerte

Karl Engel (Klavier), Leopold Hager, Mozarteum-Orchester Salzburg:
Mozart: *The piano concertos/Die Klavierkonzerte* (Aufnahmen 1975–1979)
Warner Classics 2564 61398-2 (10 CDs, Wiederveröffentlichung 2004)
Die Einspielungen aus den siebziger Jahren mit dem wunderbaren Schweizer Pianisten sind auf CD wieder greifbar. Die Gesamtaufnahme der Klavierkonzerte enthält auch die Konzert-Rondi für Klavier (1782) KV 382 und KV 386, das Konzert für zwei Klaviere (1779) KV 365 (mit Till Engel) und das Konzert für drei Klaviere (1776) KV 242 (mit Till Engel und Leopold Hager).

Lieder

Elly Ameling (Sopran), Dalton Baldwin (Klavier)
Complete Mozart-Edition (12): *Vokalwerke* (2000)
Philips Classics 4648802 (10 CDs)
Nicht alle Lieder waren für eine Sopranistin bestimmt, doch Elly Ameling singt so, dass man spürt, wie Mozart Schubert vorgearbeitet hat.

Messen

Messen KV 49, 65, 66, 139, 140, 167, 192, 194, 258, 259, 262, 275, 317, 337
Herbert Kegel, Rundfunkchor und Rundfunksinfonieorchester Leipzig bzw. Dresdner Philharmoniker
Complete Mozart-Edition (10): *Missae* (2000)
Philips Classics 4648602 (11 CDs)
Spatzen-Messe (1775) KV 220, *Krönungs-Messe* (1779) KV 317
Uwe Christian Harrer, Wiener Sängerknaben, Chorus Viennensis, Wiener Symphoniker
Complete Mozart-Edition (10): *Missae* (2000)
Philips Classics 4648602 (11 CDs)

Credo-Messe (1776) KV 257
>Sir Colin Davis, John-Alldis-Chor, London Symphony Orchestra
>*Complete Mozart-Edition* (10): *Missae* (2000)
>Philips Classics 4648602 (11 CDs)

Große Messe in c-Moll KV 427
>Philippe Herreweghe, Collegium vocale, La Chapelle Royale, Orchestre des Champs Elysées (Aufnahme 9/1991) mit Christiane Oelze, Jennifer Larmore (Sopran), Scott Weir (Tenor), Peter Kooy (Bass)
>Harmonia Mundi HMC 901393

Nachtmusik

Georg Kreisler/W. A. Mozart: *Eine kleine Gutenachtmusik*
>Georg Kreisler: Everblacks 2
>Preiser Records 90307 (2 CDs, Wiederveröffentlichung 1996)
>Durch die Texturierung von Georg Kreisler wird der Evergreen zum «Everblack» und wünscht der kleinen Nachtmusik «Bona nox».

Orgelmusik

Mozart: *Fantasia*. Organ Works (Aufnahme 11/1993) mit Thomas Trotter an der Orgel der Nederlandse Hervormde Kerk, Farmsum
>Decca 443451-2 (1994)

Prager Sinfonie

Prager Sinfonie (1786) KV 504
>Christopher Hogwood/Jaap Schröder, The Academy of Ancient Music
>Mozart: *The Symphonies* (Aufnahmen 1978–1985)
>Decca 452496-2 (19 CDs, Wiederveröffentlichung 1997)

Quintette

Quintette für 2 Violinen, 2 Violen und Violoncello KV 174, 406, 515, 516, 593, 614
>Mozart: *Intégrale des 6 Quintettes à cordes*, Le Quatuor Talich, Karel Rehak (2. Bratsche)
>(Aufnahmen 1990-1995)
>Caliope 3231.3 (3 CDs)

Klarinettenquintett (1789) KV 581
Budapester Streichquartett, Benny Goodman (Klarinette) (Aufnahme 1938)
BMG RD85275
Für alle Liebhaber von Klassik u n d Jazz die Referenzaufnahme

Requiem

Requiem (1791) KV 626
Jordi Savall, La Capelle Reial de Catalunya, Le Concert des Nations (Aufnahme 8/1991) mit Montserrat Figueras (Sopran), Claudia Schubert (Alt), Gerd Türk (Tenor), Stephan Schreckenberger (Bass)
Astrée E8759 (1992)
Savalls Interpretation ist ausgesprochen dunkel, in den Tempi extrem langsam und in der Dynamik drastisch und ausdrucksvoll. Die nur zwanzig Sängerinnen und Sänger der Königlichen Kapelle Kataloniens verfügen über einen makellosen und prachtvollen Kammerchorklang.

Sonata facile

Sonata Nr. 16 in C-Dur KV 545
Glenn Gould (Aufnahme 7/1967)
Sony 52627 (4 CDs, 1994)
Als Anti-Mozart-Performance ein Unikum. Hier wollte ein Künstler, der nach eigenem Bekunden ein instinktives Misstrauen gegen Alberti-Bässe besaß, möglicherweise vorführen, wie ungenial Mozart, in rasendem Tempo gespielt, klingen könne!

Streichquartette

Quartetto Italiano (Aufnahmen 1966, 1970-1973) mit Paolo Borciani (Violine 1), Elisa Pegreffi (Violine 2), Piero Farulli (Bratsche), Franco Rossi (Violoncello)
The String Quartets. Die Streichquartette Nr. 1–23
Philips 4622622 (8 CDs, Wiederveröffentlichung 1998)

Titus

La clemenza di Tito (1791) KV 621
Christopher Hogwood, Acdemy of Ancient Music Orchestra and Chorus (Auf-

nahme 5/1994) mit Uwe Heilmann (Tito), Della Jones (Vitellia), Cecilia Bartoli
(Sesto), Diana Montague (Annio), Barbara Bonney (Servilia), Gilles Cachemaille
(Publio)
Decca 444131-2 (2 CDs, 1995)
Die exquisite Sängerbesetzung hält, was sie verspricht. Völlig zu Recht der Jahrespreis der Deutschen Schallplattenkritik 1995

Unser dummer Pöbel meint

Zehn Variationen für Klavier über «Unser dummer Pöbel meint» (1784) KV 455
 Andreas Staier (Hammerflügel) (Aufnahme 3/2003)
 Harmonia Mundi 801815 (2004)
 In Klangfarbe und Dynamik die nuancenreichste Einspielung der Variationen; das Instrument ist ein historischer Hammerflügel der Mozart-Zeit von Anton Walter.

Violinkonzerte

Konzerte für Violine (1775) in B-Dur KV 207, D-Dur KV 211, G-Dur KV 216, D-Dur KV 218, A-Dur KV 219
 Arthur Grumiaux (Violine), Sir Colin Davis, London Symphony Orchestra (Aufnahmen 11/1961–5/1964)
 Philips 464722-2 (2 CDs, Wiederveröffentlichung 2001)

Willem von Nassau

Sieben Variationen für Klavier über das Lied «Willem von Nassau» (vermutlich 1766) KV 25
 Walter Gieseking (Klavier) (Aufnahme 1953/54)
 EMI 7636882 (8 CDs, Wiederveröffentlichung 1991)

X

«Gsellenreise» für Singstimme mit Klavierbegleitung (1785) KV 468
 Helmut Wildhaber (Tenor) (Aufnahme 9/1991)
 Novalis 150 081 (1991)

Y-Opus

Musikalisches Würfelspiel (1787) KV 516f.
Gespielt und szenisch dargestellt von Sir Neville Marriner & Erik Smith
Complete Mozart Edition (17): Theatre and Ballet Music, Rarities, Surprises (2000)
Philips Classics 464963-239.32
In der Mathematik wird eine veränderliche Größe mit y bezeichnet. Eine solche Größe ist unter den Werken Mozarts das Musikalische Würfelspiel. Zwei englische Gentlemen würfeln sechsmal und kombinieren aus sechs nummerierten, von Mozart bereitgestellten, nach vorn und nach hinten anschlussfähigen Musiksegmenten jeweils ihr zufälliges Mozart-Werk.

Zauberflöte

Die Zauberflöte (1791) KV 620
Otto Klemperer, Philharmonia Chorus and Orchestra London (Aufnahme 1964) mit Lucia Popp (Königin der Nacht), Gundula Janowitz (Pamina), Ruth-Margret Pütz (Papagena), Nicolai Gedda (Tamino), Gottlob Frick (Sarastro), Walter Berry (Papageno), Gerhard Unger (Monostatos), Christa Ludwig, Elisabeth Schwarzkopf, Marga Höffgen (drei Damen) u. a.
EMI 667-555173-2 (3 CDs, Wiederveröffentlichung 2000)
Referenzaufnahme mit durchweg exzellenter Sängerbesetzung, von Klemperer ohne die Dialoge eingespielt

Anmerkungen

1 Br 1, S. 34
2 Dok S. 12
3 Nissen 1828, S. 12
4 Jahn 1856, S. 25
5 Br 2, S. 14
6 Br 2, S. 23
7 Rech 1969, S. 25
8 Schurich 1969, S. 58
9 Br 1, S. 462
10 Danckwardt 2003, S. 163f.
11 Plath 1991, S. 382f.
12 Fischer 1971, S. 32
13 Br 1, S. 232
14 Dok S. 61, deutsch nach Valentin 1987, S. 95
15 Br 1, S. 264
16 Dok S. 124
17 Br 2, S. 277
18 Landon 1990, S. 201
19 Dok S. 258
20 Dok S. 261
21 Br 2, S. 219
22 Sennett 1983, S. 115ff.
23 Br 1, S. 271f.
24 Br 3, S. 101
25 Kant 1907, S. 227
26 Bastian 1998, Sp. 2076
27 Küster 2002, S. 56
28 Br 1, 52f.
29 Br 1, S. 54
30 Br 1, 49f.
31 Dok S. 426
32 Dok S. 398
33 Leeson 1999, S. 24
34 Br 1, S. 357f. u. 5, S. 260
35 Br 1, 56
36 Br 1, S. 64
37 Br 1, S. 71
38 Br 4, S. 182f.
39 Br 1, S. 104
40 Br 1, S. 105
41 Br 1, S. 108
42 Br 1, S. 126
43 Sühring 2003, S. 24
44 Br 1, S. 126
45 Br 1, S. 147
46 Br 1, S. 149
47 Br 1, S. 181
48 Br 1, S. 187
49 Br 1, S. 188
50 Dok S. 45
51 Br 1, S. 198f.
52 Br 1, S. 287f.
53 Br 1, S. 151f.
54 Br 4, S.189
55 Küster 2002, S. 163f.

56	Br 2, S. 283	94	Dok S. 137
57	Dok S. 90, deutsch nach Bauer 2003, S. 44	95	Dok S. 140
		96	Dok S. 141
58	Br 1, S. 288	97	Br 2, S. 82
59	Br 1, S. 211	98	Br 2, S. 72
60	Sühring 2004, S. 217-229	99	Br 2, S. 5 u. 5, S. 367
61	Dok S. 65	100	Dok S. 147
62	Dok S. 138. Vgl. Münster 2002, S. 58	101	Br 2, S. 35
63	Br 2, S. 45	102	Br 2, S. 23f. u. 5, S. 381
64	Br 1, S. 280	103	Münster 2002, S. 78
65	Sühring 2005, S. 68-90	104	Br 2, S. 24
66	Ebda., S. 140-144	105	Rampe 1995, S. 43
67	Br 1, S. 242	106	Br 2, S. 82
68	Kunze 1984, S. 44	107	Br 2, S. 106
69	Dok S. 85	108	Goethe 1985, S. 579. Vgl. Schroeder 1999, S. 131
70	Georgiades 1977, S. 33		
71	Br 2, S. 46	109	Solomon 1995, S. 164
72	Br 1, S. 457	110	Bauer 2003, S. 259
73	Br 1, S. 292	111	Westermann 1939
74	Br 1, S. X u. 2, S. 228	112	Geck 2001, S. 242
75	Br 1, S. 324	113	Br 2, S. 82
76	Br 1, S. 449	114	Br 2, S. 148
77	Br 1, S. 338	115	Br 2, S. 142, 149, 277
78	Br 1, S. 388	116	Br 2, S. 125
79	Br 1, S. 352	117	Br 2, S. 138
80	Br 1, S. 357	118	Br 2, S. 199
81	Dok S. 114	119	Br 2, S. 395
82	Kunze 1984, S. 79	120	Br 2, S. 155
83	Wyzewa/St.-Foix 1936, S. 468	121	Br 2, S. 124
84	Schlesier 1992, S. 35	122	Br 2, S. 305
85	Br 3, S. 268	123	Br 2, S. 251
86	Schubart 1775, S. 267	124	Br 2, S. 326
87	Br 1, S. 516	125	Br 2, S. 440
88	Br 1, S. 517	126	Br 2, S. 442
89	Br 1, S. 522	127	Br 2, S. 384
90	Küster 2002, S. 303	128	Br 2, S. 388
91	Strohm 1979, S. 355, 377	129	Br 2, S. 426
92	Angermüller 1988, S. 71	130	Br 2, S. 346
93	Finscher 2000, S. 195	131	Wagner o. J., Bd. 1, S. 135

132 Br 2, S. 430, 427
133 Br 2, S. 473
134 Br 2, S. 387
135 Br 2, S. 405f.
136 Br 2, S. 413
137 Br 2, S. 368
138 Br 2, S. 496
139 Br 2, S. 511
140 Br 2, S. 522
141 Br 2, S. 529
142 Mauthe 1980, S. 30
143 Novello 1959, S. 128
144 Nissen 1828, S. 414f.
145 Br 5, S. 578
146 Schiller 1966, Bd. 1, S. 373
147 Mozart, M. A. 1998, S. 52
148 Ebda., S. 40
149 Ebda., S. 70
150 Riesbeck 1967, S. 108
151 Br 2, S. 514
152 Mozart, M. A. 1998, S. 87
153 Bauer 2003, S. 110, 118
154 Hildesheimer 1980, S. 144
155 Zaslaw 1997, S. 31
156 Freundlicher Hinweis von Peter Sühring
157 Goldschmidt 1974, S. 142
158 Br 3, S. 121
159 Br 3, S. 94
160 Schubart 1786, Vorrede
161 Davis 1987, S. 123ff.
162 Br 3, S. 99
163 Br 3, S. 101
164 Dok S. 173
165 Br 3, S. 102
166 Br 3, S. 111. Die originale Verschlüsselung nach: Mozart, W. A. 1942, S. 87
167 Br 3, S. 101f.
168 Br 3, S. 113
169 Br 3, S. 126f., 133
170 Br 3, S. 117f.
171 Br 3, S. 140
172 Br 3, S. 155f.
173 Br 3, S. 180f.
174 Br 3, S. 185f.
175 Br 3, S. 206
176 Br 3, S. 233f.
177 Br 3, S. 219
178 Br 4, S. 252
179 Br 3, S. 202f.
180 Br 3, S. 138
181 Conrad 1943, S. 237
182 Br 3, S. 127
183 Br 3, S. 108
184 Br 7, S. 557
185 Dok S. 187
186 Br 3, S. 153
187 Br 3, S. 212
188 Br 3, S. 216
189 Br 3, S. 171
190 Br 3, S. 131
191 Br 4, S. 83
192 Dok S. 184
193 Br 3, S. 193
194 Ebda.
195 Berger 1829, Sp. 468
196 Br 3, S. 188
197 Br 3, S. 191
198 Br 3, S. 272
199 Dok S. 176
200 Br 3, S. 232f.
201 Br 3, S. 233f.
202 Br 3, S. 220f.
203 Br 3, S. 239
204 Landon 1990, S. 241
205 Schönfeld 1796, S. 72
206 Angermüller 1970, S. 57

207 Junker 1776, S. 9f
208 Beethoven 1996, S. 298
209 Mainwaring 1947, S. 142
210 Finscher 1998, Sp. 2020
211 Sulzer 1792, S. 366
212 Konrad 2004, Sp. 720
213 Dok S. 446
214 Br 3, S. 201
215 Br 3, S. 252
216 Br 3, S. 259
217 Splitt 1998, S. 258
218 Münz 1979
219 Rommel 1952, S. 404
220 Nadler 1923, S. 422
221 Br 4, S. 167–173
222 Pirker 1927, S. XXXI
223 Dok S. 190f.
224 Morrow 1989
225 Br 3, S. 255
226 Br 3, S. 268
227 Br 3, S. 300
228 Ebda.
229 Br 3, S. 278
230 Br 3, S. 274
231 Dok S. 193
232 Mozart, W. A. 1942, S. 91
233 Br 3, S. 116
234 Br 3, S. 309
235 Br 3, S. 317
236 Dok S. 200
237 Irmen 1988, S. 86
238 Ebda., S. 203
239 Dok 1997, S. 35
240 Irmen 1988, S. 265
241 Dieckmann 1999, S. 56
242 Dok S. 208
243 Pezzl 1923, S. 316
244 Da Ponte 1969, S. 113
245 Grendel S. 424

246 Wiener Realzeitung 21. 2. 1786, nach: Armbruster 2001, S. 52
247 Ebda., S. 151
248 Dok S. 243
249 Br 3, S. 78
250 Konrad 1992
251 Br 3, S. 373
252 Br 3, S. 379
253 Br 3, S. 373
254 Br 3, S. 372
255 Br 3, S. 374
256 Jahn 1858, S. 228
257 Br 3, S. 506f.
258 Kelly 1880, Sp. 406
259 Dok S. 457
260 Ricœur 1991, S. 249
261 Haydn 1965, S. 185f.
262 Lange 1808, S. 66
263 Dok S. 241
264 Dok S. 244
265 Dok S. 241
266 Dok S. 242
267 Dok S. 472
268 Br 3, S. 606
269 Einstein 1968, S. 86
270 Oulibicheff 1864, S. 354
271 Mörike 1977, S. 966
272 Br 4, S. 11
273 Br 4, S. 9f.
274 Dok S. 247
275 Lütteken 2004, S. 68
276 Leitzmann 1921, S. 62
277 Schwindt-Gross 1998, S. 193ff.
278 Dok 1997, S. 48
279 Dok S. 256
280 Br 4, S. 41
281 Kumpf 1991, S. 98
282 Br 4, S. 56
283 Salfellner 2000, S. 183

Anmerkungen

284 Bitter 1961, S. 29
285 Dok S. 277
286 Br 4, S. 66
287 Dok S. 285
288 Gülke 1998, S. 113
289 Anders Küster 1990, S. 316
290 Br 4, S. 69, 92
291 Dok S. 405
292 Braunbehrens/Drüner 1993, S. 67
293 Konrad 1993, S. 82
294 Bauer 2003, S. 133
295 Pezzl 1923, S. 121
296 Nissen 1828, S. 686
297 Br 4, S. 83f.
298 Br 4, S. 81
299 Bach 1972, S. 558
300 Br 4, S. 89f.
301 Br 4, S. 97
302 Zu diesem Vergleich: Wiesend 1996
303 Br 4, S. 100
304 Nach Ott 1998, S. 229
305 Irmen 1988, S. 271
306 Br 4, S. 111
307 Br 6, S. 397
308 Br 4, S. 114
309 Br 6, S. 402
310 Pohl 1882, S. 251
311 Stoffels 1998
312 Küng 1991, S. 42
313 Jahn 1866, S. 231f.
314 Komorzynski 1990, S. 99
315 Dok 1978, S. 72
316 Dok S. 358
317 Dok S. 415
318 Dok 1997, S. 72
319 Komorzynski 1990, S. 92
320 Meissner 1876, S. 140
321 Ebda., S. 141
322 Dok S. 355
323 Br 4, S. 157
324 Br 3, S. 278
325 Br 4, S. 157
326 Dok S. 460
327 Dok S. 451
328 Nissen 1828, S. 575
329 Schurig 1913, S. 294
330 Henze 1984, S. 24
331 Dok S. 367
332 Jacobs 2004, S. 7
333 Nooteboom 2000, S. 322
334 Brauneis 1991, S. 544
335 Haydn 1965, S. 269
336 Laudenberg 1996, S. 155
337 Goethe 1998a, S. 577
338 Jankélévitch 2003, S. 786
339 Kant 1908, S. 229
340 Hoffmann 1809, Sp. 632
341 Jahn 1859, S. 130
342 Jahn 1856, S. VIII
343 Abert 1921, S. 568f..
344 Gülke 1998, S.111
345 Dahlhaus 1978, S. 277
346 Die Musik, die Stimme, die Sprache, in: Barthes 1990, S. 285
347 Suchalla 1994, S. 658 f.
348 Mitgeteilt auf einer Kiefer-Ausstellung der Fondation Beyeler in Riehen, Oktober 2001 bis Februar 2002
349 Eco 1992b, S. 202
350 Brinkmann/Rihm 2001, S. 8
351 Vischer 1857, S. 1144
352 Barth 1956, S. 44f.
353 Georgiades 1954, S. 118
354 Nicht hierzu, aber allgemein Maurer-Zenck 2004
355 Anonym 1793, S. 127

356 Anonym 1796, S. 366f.
357 Suchalla 1994, S. 452
358 Georgiades 1954, S. 116
359 Dahlhaus 1977, S.30
360 Adorno 1997a, S. 455
361 Leibniz 1996, Buch IV, Kap. 16, § 12, S. 514
362 Leibniz 1996, Buch III, Kap. 7, § 42, S. 336
363 Br 2, S. 265
364 Schmidt 2002, S. 165
365 Ottenberg 1994, S. 78f.
366 Seifert 1960, S. 148
367 Adorno 1997a, S. 328
368 Zum Stand der Bachtin-Rezeption vgl. Coronato 2003
369 Petronius 1962, S. 211
370 Duby 1978
371 Rang 1983, S. 23
372 Ebda., S. 49
373 Das Römische Carneval, in: Goethe 1993a, S. 552
374 Blume 1929
375 Holtmeier 2000
376 Kristeva 1967, S. 453
377 Badiou 1998
378 Marmontel 1968, S. 148
379 Lachmann 1987, S. 25f.
380 Nietzsche 1980, S. 241f.
381 Rosen 1983
382 Hoffmann 1810, Sp. 632
383 Reichardt 1976, S. 273, 286
384 Herder 1877, S. 412
385 Goethe 1998b, S. 321
386 Vetter 1953
387 Schmitz 1927, S. 114ff.
388 Benjamin 1973, S. 72ff.
389 Novalis 1978, S. 239
390 Jean Paul 1963, S. 110

391 Stayer 1995, S. 53ff.
392 Adorno 1997a, S. 454
393 Goethe/Zelter 1987, S. 302
394 Maniates 1969, S. 132
395 Lévi-Strauss 1980, S. 268
396 Habermas 1965, S. 176
397 Br 3, S. 293
398 Br 3, S. 35
399 Br 2, S. 440
400 Br 3, S. 77
401 Br 3, S. 14
402 Br 3, S. 71f.
403 Br 3, S. 73
404 Br 3, S. 72
405 Br 3, S. 72f. Die merkwürdige Orthographie ist original.
406 Mozart, W. A. 1981, S. 209f.
407 Br 3, S. 71
408 Dent 1913, S. 45
409 Br 3, S. 17
410 Miller 1999, S. 122
411 Br 3, S. 13f.
412 Br 3, S. 60
413 Ebda.
414 Br 3, S. 251
415 Br 2, S. 196
416 Thayer 1917, S. 303
417 Adorno 1997b, S. 245
418 Finscher 1996, Sp. 237
419 Schleuning 2000, S. 187
420 Herder 1890, S. 484
421 Br 3, S. 393
422 Umlauff 1911
423 Br 3, S. 163
424 Br 3, S. 164
425 Br 3, S. 167
426 Br 3, S. 162
427 Br 3, S. 162f.
428 Goethe 1993a, S. 468

429 Dok S. 287f.
430 Münz 1979, S. 85
431 Br 3, S. 163
432 Br 3, S. 162
433 Lessing 1978, S. 20
434 Kaiser 1984, S. 190
435 Br 3, S. 163
436 Felsenstein 1997, S. 59
437 Wagner o. J., Bd. 10, S. 187
438 Br 3, S. 163
439 Leibowitz 1957, S. 64
440 Goethe 1986, S. 313
441 Miller 1981, S. 385
442 Br 2, S. 263f.
443 Splitt 1998, S. 251
444 Br 3, S. 300
445 Heartz 1978, S. 67f.
446 Kienlechner 2004, S. 50
447 Borges 1981, S. 112
448 Schönberg 1989, S. 115
449 Originelle Analysen des 2. Figaro-Finales bei Abert 1956, Bd. 2, S. 269-278; Kunze 1984, S. 307-318; Steptoe 1988, S. 173-184. Böttinger 1991, S. 78-87. Knepler 1991, S. 250-256. Miller 1999, S. 380-384
450 Strohm 1979, S. 287f.
451 Herzog 1987, S. 68
452 Ortega y Gasset 1978, S. 467
453 Kierkegaard 1999, S. 7, 21, 141
454 Puntscher-Riekmann 1982, S. 171; Kramer 2002, S. 141
455 Vgl. Leopold 2001, S. 182f.
456 Kunze 1972, S. 120
457 Werner-Jensen 1980, S. 97ff.
458 Deutsche Übersetzung nach Miller 1999, S. 409
459 Hildesheimer 1980, S. 231
460 Miller 1999, S. 221
461 Wagner o. J., Bd. 1, S. 178
462 Berlioz 2002, S. 69
463 Triest 1801, Sp. 391f.
464 Übersetzung von Cesarina Drescher und Friedrich Dieckmann in: Dieckmann 1991, S. 448
465 Kunze 1984, S. 409
466 Heartz 1990, S. 189
467 Gumbrecht 2004, S. 24
468 Jouve 1990, S. 122
469 Kristeva 1974, S. 83
470 Hesse 1985, S. 48f.
471 Henscheid/Poth 1979, S. 63
472 Spielmann 1996, S. 39
473 Br 3, S. 268, 270
474 Br 3, S. 183
475 Text in: Br 4, S. 168ff.
476 De Cenzo/MacGabham 1991, S. 286-292
477 Vgl. Splitt 1998, S. 315f.
478 Vgl. Vill 1986. Ferner Steptoe, *Così fan tutte* and Contemporary Morality, in: Steptoe 1988, S. 121-139
479 Mayer 1981, S. 17. Eine übertriebene Akzentuierung dieses Moments bei Natošević 2003
480 Rosset 1988, S. 55
481 Ford 1991, S. 136. Vgl auch Goehring 2004
482 Kunze 1984, S. 458
483 Br 2, S. 110f.
484 Žižek 2003, S. 155
485 Gerhard 2004, S. 6
486 Hüppe 1998, S. 53
487 Barthes, Die Rauheit der Stimme, in: Barthes 1990, S. 269
488 Bloch 1959, S. 971
489 Žižek 2003, S. 155
490 Henze 1996, S. 216

491 Csampai/Holland 1984, S. 190
492 Sennett 1983, S. 132f.
493 Dok S. 318
494 Br 4, S. 160
495 Wagner o. J., Bd. 10, S. 98
496 Dok S. 410
497 Maurer-Zenck 2004
498 Br 4, S. 136
499 Maurer-Zenck 2004, S. 55
500 Kierkegaard 1999, S. 55
501 Thayer 1923, S. 211
502 Nissen 1828, S. 550f.
503 Holzbauer 1902
504 Nissen 1828, S. 128 des Anhangs
505 Bloch 1974, S. 263
506 Bloch 1964, S. 69
507 Born 1985, S. 380; Dieckmann 1999, S. 71–79
508 Nissen 1828, S. 554
509 Hildesheimer 1980, S. 338
510 Ebda.
511 Nagel 1991, S. 72
512 Goethe 1993b, S. 235
513 Starobinski 1964, S. 207
514 Br 4, S. 360
515 Eco 1992a, S. 374
516 Wagner o. J., Bd. 4, S. 264. Ders., Oper und Drama, in: Bd. 3, S. 320
517 Hildesheimer 1980, S. 197
518 Kobán 1980, S. 81
519 Csampai/Holland 1982, S. 27
520 Deleuze 1988
521 Foucault 1967, S. 93
522 Staehelin 1982, S. 69
523 Kantner 1975, S. 161
524 Brown 1789, S. 38f.
525 Friedrich 1957, S. 113
526 Ebda., S. 114
527 Born 1985, S. 322f., 246f.
528 Schreiber 1988, S. 500
529 Brandenburg 2003, Sp. 99
530 Rochlitz 1798, Sp. 152
531 Fischer 1803, S. 213
532 Hanslick 1875, S. 311
533 Br 3, S. 245f.
534 Br 3, S. 199
535 Br 3, S. 259
536 Einstein 1968, S. 308
537 Kerman 1994, S. 166
538 Schmid 1992, S. 62
539 Habermas 1965, S. 51
540 Kerman 1994, S. 153
541 Koch 1793, S. 332
542 Keefe 2001, u. a. S. 51ff.
543 Kristeva 1967, S. 447f.
544 Derr 1996, S. 192
545 Koch 1802, Sp. 354
546 Br 3, S. 303
547 Nägeli 1826, S. 160ff.
548 Strohm 1978, S. 221
549 Konrad 2001, S. 162 u. 167
550 Br 3, S. 315
551 Tschitscherin 1987, S. 129f.
552 Miller 1999, S. 128
553 Forman 1971, S. 207
554 Hoffmann-Erbrecht 1971
555 Rosen 1983, S. 265
556 Schleuning 1991, S. 224
557 Ebda., S. 225f.
558 Koch 1793, S. 326f.
559 Oechsle 2003, S. 207
560 Bach 1969, S. 305
561 Maniates 1969, S. 130, 137
562 Würtz 1990, S. 14ff.
563 Hiller 1786, S. 231
564 Joseph Haydn's Schöpfung, in: Goethe 1999, S. 255
565 Vgl. Anm. 393

566 Bonds 1991, S. 59f.
567 Bandur 2002
568 Seidel 1997, S. 632
569 Tilmouth 1980
570 Schlötterer 1992
571 Wollny 1992, S. 91
572 Dorfmüller 1990, S. 203
573 Krummacher 2005, S. 204
574 Seidel 1994, S. 521f.
575 Kirkendale 1979, S. 172
576 Steiner 2002, S. 90
577 Dok S. 279
578 Schlegel 1967, S. 254
579 Steinbeck 1984
580 Lenz 1860, S. 219
581 Vgl. aber Bonds 1993; Yudkin 1992
582 Flothuis 1998, S. 48ff.
583 Halm 1915, S. 210ff. Vgl. die interessante Perspektive von Schmidt 2003a
584 Hölderlin 1970, S. 387
585 Tellenbach 1983, S. 257ff.
586 Momigny 1806
587 Einstein 1968, S. 251
588 Kunze 1993, S. 291
589 Harnoncourt 2004, S. 11
590 Vgl. Kunze 1993, S. 263f.
591 Michaelis 1997, S.113
592 Schleuning 2000, S. 458
593 Kunze 1993, S. 286
594 Nägeli 1826, S. 157
595 Ebda., S. 158
596 Gloede 2002, S. 151–162
597 Gülke 1998, S. 113f.
598 Ebda., S. 137
599 Schmidt 1924, S. 215f.

600 Schumann 1871, S. 106
601 Gould 1986, S. 61
602 Tovey 1935, S. 193
603 Brügge 1994, S. 113–139
604 Abert 1956, Bd. 2, S. 490
605 Ebda.
606 Gülke 1998, S. 206. Vgl. jedoch Schmidt 2003b, S. 151ff.
607 Brügge 1996a, S. 1ff.
608 Geck 1969, S. 123
609 Niemetschek 1798, S. 77
610 Dok S. 285
611 Leopold 1994, S. 89ff.
612 Schmid 1993, S. 222
613 Nach Biba 1991, S. 43
614 Br 3, S. 264
615 Hoffmann 1919, S. 72
616 Beethoven 1996, S. 298
617 Augustinus 1956, S. 254
618 Geck 1969, S. 129
619 Rochlitz 1801, Sp. 494f.
620 Otto 1917, S. 13–16, 33f.
621 Harnoncourt 1987, S. 287
622 Dok 1997, S. 89
623 Wolff 1991, S. 177ff.
624 Korten 1998
625 Schmid 1997, S. 32
626 Schuler 1995, S. 323
627 Krones 1987, S. 3ff.
628 Brügge 1996b
629 Rosselli 1998, S. 118 unter kryptischer Berufung auf Alan Tyson
630 Gruber 1990, S. 283
631 Br 2, S. 181f.
632 Bockhold 1987, S. 242
633 Geck 1993/2000, S. IX

Literatur

AM	Acta Mozartiana, hg. von der Deutschen Mozart-Gesellschaft, Augsburg
Br	Mozart. Briefe und Aufzeichnungen, Gesamtausgabe, 7 Bde., gesammelt von Wilhelm A. Bauer und Otto Erich Deutsch, Kassel 1962–1975
Dok	Mozart. Die Dokumente seines Lebens, gesammelt und erläutert von Otto Erich Deutsch, Kassel 1961; Addenda und Corrigenda, Kassel 1978; Addenda und Corrigenda. Neue Folge, Kassel 1997
Dok 1978	
Dok 1997	
KV	Ludwig Ritter von Köchel, Chronologisch-thematisches Verzeichnis sämtlicher Tonwerke Wolfgang Amadé Mozarts, 6. Aufl. Wiesbaden 1964
MGG	Die Musik in Geschichte und Gegenwart, 2. Auflage, hg. von Ludwig Finscher, Kassel und Stuttgart 1994ff.
MJb	Mozart-Jahrbuch der Akademie für Mozart-Forschung der Internationalen Stiftung Mozarteum Salzburg, Kassel
MSt	Mozart Studien, hg. von Manfred Hermann Schmid, Tutzing
NMA	Wolfgang Amadeus Mozart, Neue Ausgabe sämtlicher Werke, hg. von der Internationalen Stiftung Mozarteum Salzburg, Kassel 1955–2006
Abert 1921	Hermann Abert, W. A. Mozart, Bd. 2, Leipzig 1921
Abert 1956	Hermann Abert, W. A. Mozart, 7. Aufl., 2 Bde., Leipzig 1956
Adorno 1997a	Theodor W. Adorno, Ästhetische Theorie, Gesammelte Schriften Bd. 7, Frankfurt a. M. 1997
Adorno 1997b	Theodor W. Adorno, Ad vocem Hindemith, in: Gesammelte Schriften Bd. 17, Frankfurt a. M. 1997, S. 210–246

Angermüller 1970	Rudolf Angermüller, Antonio Salieri, Phil. Diss., Salzburg 1970, Bd. 3 (Dokumente)
Angermüller 1988	Rudolf Angermüller, Mozart. Die Opern von der Uraufführung bis heute, Frankfurt a. M. usw. 1988
Anonym 1793	Zum Kapitel musikal. Vorurtheile, in: Berlinische Musikalische Zeitung, 32. Stück, 14. Sept. 1793
Anonym 1796	Über das große mozartsche Theaterkonzert, in: Deutschland, hg. v. Johann Friedrich Reichardt, Bd. 2, 1796
Armbruster 2001	Richard Armbruster, Das Opernzitat bei Mozart, Kassel usw. 2001
Augustinus 1956	Augustinus, lateinischer Kommentar zum Psalm 32, 2, in: Augustinus, Enarrationes in psalmos I–L, Corpus Christianorum, series Latina Bd. XXXVIII, Aurelii Avgvstinii Opera Pars X, 1, Turnhout 1956, S. 247–257
Bach 1969	Bach-Dokumente Bd. 2, Kassel usw. 1969
Bach 1972	Bach-Dokumente Bd. 3, Kassel usw. 1972
Badiou 1998	Alain Badiou, La danse comme métaphore de la pensée, in: Petit Manuel d'Inesthétique, Paris 1998, S. 91–111
Bandur 2002	Markus Bandur, Plot und Rekurs - «eine gantz neue besondere Art»?, in: Musik-Konzepte 116, München 2002, S. 63–84
Barth 1956	Karl Barth, Wolfgang Amadeus Mozart, Zürich 1956
Barthes 1990	Roland Barthes, Der entgegenkommende und der stumpfe Sinn (L'obvie et l'obtus. Essais critiques 3), Frankfurt a. M. 1990
Bastian 1998	Hans Günther Bastian, Wunderkinder, in: MGG, Sachteil Bd. 9, Kassel usw. 1998, Sp. 2068–2080
Bauer 2003	Günther G. Bauer, Mozart. Glück, Spiel und Leidenschaft, Bad Honnef 2003
Beethoven 1996	Ludwig van Beethoven, Briefwechsel, hg. v. Sieghard Brandenburg, Bd. 4, München 1996
Benjamin 1973	Walter Benjamin, Der Begriff der Kunstkritik in der deutschen Romantik, Frankfurt a. M. 1973
Berger 1829	Ludwig Berger, Erläuterung eines Mozart'schen Urtheils über Muzio Clementi, in: Leipziger Allgemeine Musikalische Zeitung 31 (1829), Sp. 467–469
Berlioz 2002	Hector Berlioz, Schriften, hg. v. Frank Heidlberger, übers. v. Dagmar Kreher, Kassel und Basel 2002
Biba 1991	Otto Biba, Mozarts Wiener Kirchenkompositionen, in:

	Internationaler Musikwissenschaftlicher Kongreß zum Mozart-Jahr 1991 Baden–Wien, Tutzing 1993, Bd. 1, S. 43–55
Bitter 1961	Christof Bitter, Wandlungen in den Inszenierungsformen des «Don Giovanni» von 1787 bis 1928, Regensburg 1961
Bloch 1959	Ernst Bloch, Das Prinzip Hoffnung, Frankfurt a. M. 1959
Bloch 1964	Ernst Bloch, Geist der Utopie, bearbeitete Neuauflage der 2. Fassung von 1923, Frankfurt a. M. 1964
Bloch 1974	Ernst Bloch, Zur Philosophie der Musik, Frankfurt a. M. 1974
Blume 1929	Friedrich Blume, Fortspinnung und Entwicklung, in: Jahrbuch Peters für Musik 1929, S. 51–70
Bockholdt 1987	Rudolf Bockholdt, Über das Klassische der Wiener klassischen Musik, in: ders. (Hg.), Über das Klassische, Frankfurt a. M. 1987, S. 225–259
Bonds 1991	Mark Evan Bonds, Haydn, Laurence Sterne, and the Origins of Musical Irony, in: Journal of the American Musicological Society 44 (1991), S. 57–91
Bonds 1993	Mark Evan Bonds, The sincerest form of flattery? Mozart's «Haydn Quartets», in: Studi Musicali 22 (1993), S. 365–409
Borges 1981	Jorge Luis Borges, Die analytische Sprache John Wilkins', in: Gesammelte Werke Bd. V, 2. Essays 1952–1979, München 1981, S. 109–113
Born 1985	Gunthard Born, Mozarts Musiksprache, München 1985
Böttinger 1991	Peter Böttinger, stets verwirrend neu. Zur musikalischen Gestaltung in Mozarts Le Nozze di Figaro, in: Musik-Konzepte, Sonderband Mozart: Die Da Ponte-Opern, München 1991, S. 78–87
Brandenburg 2003	Daniel Brandenburg, Artikel Hofer, Maria Josepha, in: MGG, Personenteil Bd. 9, Kassel usw. 2003, Sp. 99f.
Braunbehrens/Drüner 1993	Volkmar Braunbehrens u. Ulrich Drüner, Ein unbekannter Zettel von Wolfgang Amadé Mozart, in: MJb 1993, S. 65–76
Brauneis 1991	Walther Brauneis, Mozarts Begräbnis, in: Zaubertöne, Mozart in Wien, Ausstellungskatalog Wien 1991
Brinkmann/Rihm 2001	Musik nachdenken. Reinhold Brinkmann und Wolfgang Rihm im Gespräch, Regensburg 2001
Brown 1789	John Brown, Letters upon the poetry and music of the Italian opera, Edinburgh 1789

Brügge 1994	Joachim Brügge, Mozarts Sinfonie in g-Moll KV 550 und Schuberts Sinfonie in B-Dur D 485, in: MJb 1994, S. 113–139
Brügge 1996a	Joachim Brügge, Intertextualität als Problem: zum Finale von Mozarts D-Dur-Quintett, KV 593 und «Jupitersymphonie», KV 551, in: Acta Musicologica 68 (1996), S. 1–11
Brügge 1996b	Joachim Brügge, Zum Personalstil Wolfgang Amadeus Mozarts. Untersuchungen zu Modell und Typus am Beispiel der «Kleinen Nachtmusik», Wilhelmshaven 1996
Conrad 1943	Leopold Conrad, Mozarts Dramaturgie der Oper, Würzburg 1943
Coronato 2003	Rocco Coronato, Jonson versus Bakhtin. Carnival and the Grotesque, Amsterdam u. New York 2003
Csampai/Holland 1982	Attila Csampai u. Dietmar Holland (Hg.), W. A. Mozart. Die Hochzeit des Figaro, Reinbek 1982
Csampai/Holland 1984	Attila Csampai u. Dietmar Holland (Hg.), W. A. Mozart. Così fan tutte, Reinbek 1984
Dahlhaus 1977	Carl Dahlhaus, Zur Theorie der musikalischen Form, in: Archiv für Musikwissenschaft 34 (1977), S. 20–37
Dahlhaus 1978	Carl Dahlhaus, Schönberg und andere. Gesammelte Aufsätze zur Neuen Musik, Mainz 1978
Danckwardt 2003	Marianne Danckwardt, Nochmals zu den beiden «Lambacher Sinfonien», in: MJb 2001, Kassel 2003, S. 163–179
Da Ponte 1969	Lorenzo Da Ponte, Geschichte meines Lebens, deutsch v. Charlotte Birnbaum, Tübingen 1969
Davis 1987	Peter J. Davis, Mozart's Manic-Depressive-Tendences, in: The Musical Times 128 (1987), S. 123ff.
De Cenzo/MacGabham 1991	Paolo Mezzacapo de Cenzo u. Liam MacGabham, «... vi voliamo davanti ed ai lati e dal retro...». Notizen über Così fan tutte, in: Musik-Konzepte, Sonderband: Mozart. Die DaPonte-Opern, München 1991, S. 281–292
Deleuze 1988	Gilles Deleuze, Le pli. Leibniz et le baroque, Paris 1988
Dent 1913	Edward J. Dent, Mozart's Operas, London 1913
Derr 1996	Ellwood Derr, Some Thoughts on the Design of Mozart's opus 4, in: Neal Zaslaw (Hg.), Mozart's piano concertos, Michigan 1996, S. 178–210
Dieckmann 1991	Friedrich Dieckmann, Die Geschichte Don Giovannis. Werdegang eines erotischen Anarchisten, Frankfurt a. M. u. Leipzig 1991

Dieckmann 1999	Friedrich Dieckmann, «Die Zauberflöte» im Revolutionskrieg, in: ders., Gespaltene Welt und ein liebendes Paar, Oper als Gleichnis, Frankfurt a. M. u. Leipzig 1999, S. 71–79
Dorfmüller 1990	Kurt Dorfmüller, Das «Umgekehrt Erhabene» im Schlußsatz von Mozarts Streichquartett KV 387, in: Norbert Dubowy u. a. (Hg.), Festschrift Rudolf Bockholdt, Pfaffenhofen 1990, S. 201–205
Duby 1978	Georges Duby, Les Trois Ordres, Paris 1978
Eco 1992a	Umberto Eco, Das Foucaultsche Pendel, deutsch von Burkhart Kroeber, München 1992
Eco 1992b	Umberto Eco, Die Grenzen der Interpretation, München 1992
Einstein 1968	Alfred Einstein, Mozart, Sein Charakter. Sein Werk, Frankfurt a. M. 1968
Felsenstein 1997	Walter Felsenstein, Die Pflicht, die Wahrheit zu finden. Briefe und Schriften eines Theatermannes, Frankfurt a. M. 1997
Finscher 1996	Ludwig Finscher, Artikel Klassik, in: MGG, Sachteil Bd. 5, Kassel usw. 1996, Sp. 224–240
Finscher 1998	Ludwig Finscher, Artikel Sturm und Drang in: MGG, Sachteil Bd. 8, Kassel usw. 1998, Sp. 2018–2022
Finscher 2000	Ludwig Finscher, Joseph Haydn und seine Zeit, Laaber 2000
Fischer 1803	Julius Wilhelm Fischer, Reisen durch Österreich in den Jahren 1801 und 1802, Bd. 1, Wien 1803
Fischer 1971	Des Bonner Bäckermeisters Gottfried Fischer Aufzeichnungen über Beethovens Jugend, hg. von Joseph Schmidt-Görg, München u. Duisburg 1971
Flothuis 1998	Marius Flothuis, Mozarts Streichquartette, München 1998
Ford 1991	Charles Ford, Così? Sexual politics in Mozarts operas, Manchester u. New York 1991
Forman 1971	Denis Forman, Mozart's Concerto Form, London 1971
Foucault 1967	Michel Foucault, Absage an Sartre, Interview mit Madeleine Chapsai, in: La Quinzaine littéraire 5/1966, deutsch in: alternative, Heft 54, Berlin 1967, S. 91–94
Friedrich 1957	Götz Friedrich, Die Zauberflöte in der Inszenierung Walter Felsensteins, Berlin 1957
Geck 1969	Martin Geck, Richard Wagner und die ältere Musik, in:

	Walter Wiora (Hg.), Die Ausbreitung des Historismus über die Musik, Regensburg 1969, S. 123-146
Geck 1993/2000	Martin Geck, Von Beethoven bis Mahler. Die Musik des deutschen Idealismus, Stuttgart 1993 u. Reinbek 2000
Geck 2001	Martin Geck, Dialektisches Denken: Bachs Erbe für die Wiener Klassik, in: Musiktheorie 15 (2001), S. 239-248
Georgiades 1954	Thrasybulos Georgiades, Musik und Sprache, Berlin usw. 1954
Georgiades 1977	Thrasybulos Georgiades, Kleine Schriften, Tutzing 1977
Gerhard 2004	Anselm Gerhard, «Tinta musicale». Flotows Martha und die Frage nach Möglichkeiten und Grenzen musikalischer Analyse in Opern des 19. Jahrhunderts, in: Archiv für Musikwissenschaft 61 (2004), S. 1-18
Gloede 2002	Wilhelm Gloede, Zur Adagio-Einleitung der Sinfonie Es-Dur, in: Musiktheorie 17 (2002), S. 151-162
Goehring 2004	Edmund J. Goehring, Three Modes of Perception in Mozart. The Philosophical, Pastoral und Comic in Così fan tutte, Cambridge 2004
Goethe 1985	Johann Wolfgang Goethe, Hanswursts Hochzeit, in: Sämtliche Werke Bd. 4, Frankfurt a. M. 1985, S. 575-588
Goethe 1986	Johann Wolfgang Goethe, Dichtung und Wahrheit, Sämtliche Werke Bd. 14, Frankfurt a. M. 1986
Goethe 1993a	Johann Wolfgang Goethe, Italienische Reise, in: Sämtliche Werke Bd. 15,1, Frankfurt a. M. 1993
Goethe 1993b	Johann Wolfgang Goethe, Der Zauberflöte zweiter Teil, in: Sämtliche Werke Bd. 6, Frankfurt a. M. 1993, S. 221-249
Goethe 1998a	Johann Wolfgang Goethe, Betrachtungen im Sinne der Wanderer, aus: Wilhelm Meisters Wanderjahre, in: Sämtliche Werke Bd. 10, Frankfurt a. M. 1998, S. 557-584
Goethe 1998b	Johann Wolfgang Goethe, Literarischer Sanscülottismus, in: Sämtliche Werke Bd. 18, Frankfurt a. M. 1998, S. 319-324
Goethe 1999	Johann Wolfgang Goethe, Joseph Haydn's Schöpfung (1826), in: Sämtliche Werke Bd. 22, Frankfurt a. M. 1999, S. 253-258
Goethe/Zelter 1987	Briefwechsel Goethe - Zelter, hg. v. Werner Pfister, Zürich u. München 1987
Goldschmidt 1974	Harry Goldschmidt, Die Erscheinung Beethoven, Leipzig 1974

Gould 1986	Glenn Gould, Von Mozart und verwandten Dingen, in: Von Bach bis Berlioz. Schriften zur Musik 1, München 1986, S. 58–73
Grendel o. J.	Frédéric Grendel, Beaumarchais, deutsch von Oscar Pollack, Stuttgart usw. o. J.
Gruber 1990	Gernot Gruber, Mozart verstehen, Salzburg 1990
Gülke 1998	Peter Gülke, «Triumph der neuen Tonkunst». Mozarts späte Sinfonien und ihr Umfeld, Kassel u. Weimar 1998
Gumbrecht 2004	Hans Ulrich Gumbrecht, Diesseits der Hermeneutik. Die Produktion von Präsenz, Frankfurt a. M. 2004
Gutman 1999	Robert W. Gutman, Mozart, a cultural biography, New York 1999
Habermas 1965	Jürgen Habermas, Strukturwandel der Öffentlichkeit, 2. Aufl., Neuwied 1965
Halm 1915	August Halm, Von Grenzen und Ländern der Musik, München 1915
Hanslick 1875	Eduard Hanslick, Die Moderne Oper, Berlin 1875
Harnoncourt 1987	Nikolaus Harnoncourt, Der musikalische Dialog, München usw. 1987
Harnoncourt 2004	Nikolaus Harnoncourt, Mozarts frühe Sinfonien, in: Booklet zu: Mozart. Early Symphonies, Concentus musicus Wien, Deutsche Harmonia Mundi 2004, S. 11–13
Haydn 1965	Joseph Haydn, Gesammelte Briefe und Aufzeichnungen, Kassel usw. 1965
Heartz 1978	Daniel Heartz, The Creation of the Buffo Finale in Italian Opera, in: Proceedings of the Royal Musical Association 104 (1977–78), S. 67–78
Heartz 1990	Daniel Heartz, Mozart's Operas, ed. by Thomas Baumann, Berkeley usw. 1990
Henscheid/Poth 1979	Eckhard Henscheid u. Chlodwig Poth, ... über Oper, Luzern u. Frankfurt a. M. 1979
Henze 1984	Hans Werner Henze, Musik und Politik. Schriften und Gespräche 1955–1984, München 1984
Henze 1996	Hans Werner Henze, Reiselieder mit böhmischen Quinten, Frankfurt a. M. 1996
Herder 1877	Johann Gottfried Herder, Über die neuere Deutsche Litteratur. Dritte Sammlung, in: Sämtliche Werke, hg. von B. Suphan, Bd. 1, Berlin 1877
Herder 1890	Johann Gottfried Herder, Einzelne Blätter zum «Journal

	der Reise», in: Sämtliche Werke, hg. von B. Suphan, Bd. 4, Berlin 1890
Herzog 1987	Werner Herzog, Fitzcarraldo. Wo die grünen Ameisen träumen, Berlin 1987
Hesse 1985	Hermann Hesse, Musik. Betrachtungen, Gedichte, Rezensionen, Briefe, hg. v. Volker Michels, Frankfurt a. M. 1985
Hildesheimer 1980	Wolfgang Hildesheimer, Mozart, Frankfurt a. M. 1980
Hiller 1786	Johann Adam Hiller. Wöchentliche Nachrichten und Anmerkungen die Musik betreffend 2, Leipzig 1786
Hoffmann 1810	E. T. A. Hoffmann, Recension von Beethovens Sinfonie No. 5, Œuvre 67, in: Allgemeine Musikalische Zeitung 12 (1809/10), Sp. 630–642 u. 652–659
Hoffmann 1919	E. T. A. Hoffmann, Musikalische Novellen, hg. v. Edgar Istel, Regensburg 1919
Hoffmann-Erbrecht 1973	Lothar Hoffmann-Erbrecht, Klavierkonzert und Affektgestaltung, in: Deutsches Jahrbuch für Musikwissenschaft für 1971, Leipzig 1973, S. 86–119
Hölderlin 1970	Friedrich Hölderlin, Sämtliche Werke und Briefe, hg. v. Günter Mieth, Bd. 1, Berlin 1970
Holtmeier 2000	Ludwig Holtmeier, Zur Komplexität Mozarts. Analytischer Versuch über eine Sequenz, in: Musik & Ästhetik 16, 2000, S. 5–23
Holzbauer 1902	Ignaz Holzbauer, Günther von Schwarzburg, Denkmäler Deutscher Tonkunst Bd. 8/9, Leipzig 1902
Hüppe 1998	Eberhard Hüppe, W. A. Mozart. Innovation und Praxis. Zum Quintett Es-Dur KV 452 (= Musik-Konzepte 99), München 1998
Irmen 1988	Hans-Josef Irmen, Mozart. Mitglied geheimer Gesellschaften, o. O. 1988
Jacobs 2004	Helmut C. Jacobs, Das Gerücht von Mozarts Vergiftung und seine Literarisierung, in: AM 51 (2004), S. 3–35
Jahn 1856–1859	Otto Jahn, W. A. Mozart, 1. Aufl., Teile I–IV, Leipzig 1856, 1857, 1858, 1859
Jahn 1866	Otto Jahn, Gesammelte Aufsätze über Musik, Leipzig 1866
Jankélévitch 2003	Vladimir Jankélévitch, Die Musik und das Unaussprechliche, in: Sinn und Form 6, 2003, S. 782–794
Jean Paul 1963	Jean Paul, Vorschule der Ästhetik, hg. v. Norbert Miller, München 1963
Jouve 1990	Pierre Jean Jouve, Mozarts Don Giovanni, Salzburg 1990

Junker 1776	Carl Ludwig Junker, Zwanzig Componisten, eine Skizze, Bern 1776
Kaiser 1984	Joachim Kaiser, Mein Name ist Sarastro. Die Gestalten in Mozarts Meisteropern, München u. Zürich 1984
Kant 1907	Immanuel Kant, Anthropologie in pragmatischer Hinsicht, in: Kant's Werke (Akademie-Ausgabe) Bd. 7, Berlin 1907
Kant 1908	Immanuel Kant, Kritik der Urteilskraft, in: Kant's Werke (Akademie-Ausgabe) Bd. 5, Berlin 1908
Kantner 1975	Leopold M. Kantner, Der Symbolwert von Archaismen, untersucht an Opern der Klassik und Romantik, in: Theophil Antonicek u. a. (Hg.), De Ratione in Musica. Festschrift Erich Schenk, Kassel 1975, S. 165–186
Keefe 2001	Simon P. Keefe, Mozart's Piano Concertos. Dramatic Dialogue in the Age of Enlightenment, Woodbridge 2001
Kelly 1880	Michael Kelly's Lebenserinnerungen, hg. u. übers. v. Caecilia Chrysander, Teil III, in: Allgemeine Musikalische Zeitung 15 (1880), Nr. 26, Sp. 405–409
Kerman 1994	Joseph Kerman, Mozart's piano concertos and their audience, in: James M. Morris (Hg.), On Mozart, Cambridge 1994, S. 151–168
Kienlechner 2004	Sabine Kienlechner, Mutter mit Kind. Versuch über die Chora, in: Lettre International 64, 2004, S. 49–53
Kierkegaard 1999	Søren Kierkegaard, Die unmittelbaren erotischen Stadien oder das Musikalisch-Erotische. Übers. v. Gisela Perlet. Mit einem Nachwort v. Uta Eichler, Hamburg 1999
Kirkendale 1979	Warren Kirkendale, Fugue and Fugato in rococo and classical chamber music, Durham 1979
Knepler 1991	Georg Knepler, Wolfgang Amadé Mozart. Annäherungen, Frankfurt a. M. 1991
Kobán 1980	Ilse Kobán (Hg.), Walter Felsenstein inszeniert «Die Hochzeit des Figaro», Berlin 1980
Koch 1793	Heinrich Christoph Koch, Versuch einer Anleitung zu Composition, Bd. 3, Leipzig 1793 (Faksimile Hildesheim usw. 2000)
Koch 1802	Heinrich Christoph Koch, Musicalisches Lexicon, Frankfurt a. M. 1802
Komorzynski 1990	Egon Komorzynski, Emanuel Schikaneder. Der Vater der Zauberflöte, Wien 1990

Konrad 1992	Ulrich Konrad, Mozarts Schaffensweise. Studienzuden Werkautographen, Skizzen und Entwürfen, Göttingen 1992
Konrad 1993	Ulrich Konrad, Was ist interpretatorische Gewalt? Zur Deutung des aufgefundenen Zettels von Mozart, in: MJb 1993, S. 77–82
Konrad 2001	Ulrich Konrad, Rezeption, Innovation, Individuation, in: Bernd Sponheuer u. a. (Hg.), Rezeption als Innovation. Festschrift für Friedhelm Krummacher, Kassel usw. 2001, S. 149–167
Konrad 2004	Ulrich Konrad, Artikel Mozart in: MGG, Personenteil Bd. 12, Sp. 591–758
Korten 1998	Matthias Korten, Mozarts Requiem und seine Bearbeitungen, Dissertation Essen 1998
Kramer 2002	Ursula Kramer, Herausforderung Shakespeare. «Analoge» Musik für das Schauspiel an deutschsprachigen Bühnen zwischen 1778 und 1825, in: Die Musikforschung 55 (2002), S. 129–144
Kristeva 1967	Julia Kristeva, Bakhtine, le mot, le dialogue et le roman, in: Critique 23 (1967), Nr. 239, S. 438–465
Kristeva 1974	Julia Kristeva, La révolution du language poétique, Paris 1974
Krones 1987	Hartmut Krones, Ein französisches Vorbild für Mozarts Requiem, in: Österreichische Musikzeitschrift 42 (1987), S. 2–17
Krummacher 2005	Friedhelm Krummacher, Geschichte des Streichquartetts Bd. 1, Laaber 2005
Kumpf 1991	Johann Heinrich Kumpf, Die Mozarts und die Steuern, Köln 1991
Küng 1991	Hans Küng, Mozart – Spuren der Transzendenz, München u. Zürich 1991
Kunze 1972	Stefan Kunze, Don Giovanni vor Mozart, München 1972
Kunze 1984	Stefan Kunze, Mozarts Opern, Stuttgart 1984
Kunze 1993	Stefan Kunze, Die Sinfonie im 18. Jahrhundert, Laaber 1993
Küster 1990	Konrad Küster, Mozart. Eine musikalische Biographie, Stuttgart 1990
Küster 2002	Konrad Küster, W. A. Mozart und seine Zeit, Laaber 2002
Lachmann 1987	Renate Lachmann, Vorwort zu: Michail Bachtin, Rabelais und seine Welt, Frankfurt a. M. 1987, S. 7–46

Landon 1990	H. C. Robbins Landon, Mozart. Die Wiener Jahre (Mozart. The Golden Years), München 1990
Lange 1808	Biographie des Joseph Lange, k. k. Hofschauspielers, Wien 1808
Laudenberg 1996	Beate Laudenberg, «Zärtliche Wissenschaft». Zur Lyrik Ernst Meisters, Köln usw. 1996
Leeson 1999	Daniel N. Leeson, Mozart and Mathematics, in: MJb 1999, S. 13-33
Leibniz 1996	August Wilhelm Leibniz, Neue Abhandlungen über den menschlichen Verstand, übers. v. Ernst Cassirer, Hamburg 1996
Leibowitz 1957	René Leibowitz, Histoire de l'opéra, Paris 1957
Leitzmann 1921	Albert Leitzmann (Hg.), Ludwig van Beethoven, Berichte der Zeitgenossen Bd. 1, Leipzig 1921
Lenz 1860	Wilhelm von Lenz, Beethoven Bd. 3, Hamburg 1860
Leopold 1994	Silke Leopold, Händels Geist in Mozarts Händen. Zum «Qui tollis» aus der c-Moll-Messe KV 427, in: MJb 1994, S. 89-111
Leopold 2001	Silke Leopold, Mozart und die italienische Oper seiner Zeit, in: Matthias Brzoska u. Michael Heinemann (Hg.), Die Musik der Klassik und Romantik, Laaber 2001, S. 171-186
Lessing 1978	Gotthold Ephraim Lessing, Hamburgische Dramaturgie (1767-69), kritisch durchgesehene Gesamtausgabe, Stuttgart, 3. Aufl. 1978
Lévi-Strauss 1980	Claude Lévi-Strauss, Mythos und Bedeutung, hg. v. A. Reif, Frankfurt a. M. 1980
Lütteken 2004	Laurenz Lütteken, Mozart, Prag und die Aufklärung, in: AM 51 (2004), S. 59-68
Mainwaring 1947	John Mainwaring, G. F. Händel. Nach Johann Matthesons deutscher Ausgabe von 1761 hg. v. Bernhard Paumgartner, Zürich 1947
Maniates 1969	Maria Rika Maniates, «Sonate, que me veux-tu?»: the Enigma of French Musical Aesthetics in the 18th Cntury, in: Current Musicology 9 (1969), S. 117-140
Marmontel 1968	Jean-François Marmontel, Artikel Arlequin in: Œuvres complètes Bd. 4.1, Paris 1819, Reprint Genf 1968
Maurer-Zenck 2004	Claudia Maurer-Zenck, Einige ungewöhnliche Bemerkungen über die «Zauberflöte», in: Die Musikforschung 57 (2004), S. 36-55

Mauthe 1980	Ursula Mauthe, Mozarts «Weberin», Augsburg 1980
Mayer 1981	Hans Mayer, Versuche über die Oper, Frankfurt a. M. 1981
Meissner 1876	Alfred Meissner, Rococo-Bilder. Nach Aufzeichnungen meines Grossvaters, Leipzig 1876
Michaelis 1997	Christian Friedrich Michaelis, Ueber den Geist der Tonkunst, hg. v. Lothar Schmidt, Chemnitz 1997
Miller 1981	Norbert Miller, Die Schule der Intrige oder der Bürger als Parvenu, Nachwort zur deutschen Übersetzung von Beaumarchais' Figaro-Trilogie, Frankfurt a. M., 2. Aufl. 1981, S. 347–394
Miller 1999	Carl Dahlhaus u. Norbert Miller, Europäische Romantik in der Musik Bd. 1, Stuttgart u. Weimar 1999
Momigny 1806	Jérôme-Joseph de Momigny, Cours complet d' harmonie et de composition, 3. Bd., Paris 1806
Mörike 1977	Eduard Mörike, Mozart auf der Reise nach Prag, in: Sämtliche Werke, München 1977
Morrow 1989	Mary Sue Morrow, Concert Life in Haydn's Vienna: Aspects of a Developing Musical and Social Institution, New York 1989
Mozart, M. A. 1998	Marie Anne Mozart, «meine tag ordnungen», hg. v. Geneviève Geffray, Bad Honnef 1998
Mozart, W. A. 1942	Briefe und Aufzeichnungen W. A. Mozarts, hg. v. Erich H. Müller von Asow, 2. Teil, Berlin 1942
Münster 2002	Robert Münster, «ich würde München gewis Ehre machen». Mozart und der Kurfürstliche Hof zu München, Weißenhorn 2002
Münz 1979	Münz, Rudolf, Das «andere» Theater. Studien über ein deutschsprachiges teatro dell'arte der Lessingzeit, Berlin 1979
Nadler 1923	Josef Nadler, Literaturgeschichte der deutschen Stämme und Landschaften Bd. 1: Die altdeutschen Stämme 800–1740, Regensburg, 2. Aufl. 1923
Nagel 1991	Ivan Nagel, Autonomie und Gnade. Über Mozarts Opern, München usw. 1991
Nägeli 1826	Hans Georg Nägeli, Vorlesungen über Musik, Stuttgart u. Tübingen 1826
Natošević 2003	Constanze Natošević, «Così fan tutte». Mozart, die Liebe und die Revolution von 1789, Kassel usw. 2003

Niemetschek 1798	Franz Niemetschek, Leben des k.k. Kapellmeisters Wolfgang Gottlieb Mozart, Prag 1798
Nietzsche 1980	Friedrich Nietzsche, Werke in 6 Bänden, hg. v. Karl Schlechta, Bd. 3, München u. Wien 1980
Nissen 1828	Georg Nikolaus von Nissen, Biographie W. A. Mozart's, Leipzig 1828
Nooteboom 2000	Cees Nooteboom, Nootebooms Hotel, Frankfurt a. M. 2000
Novalis 1978	Novalis, Werke, Tagebücher und Briefe, hg. v. Hans-Joachim Mähl, Bd. 2, München u. Wien 1978
Novello 1959	Eine Wallfahrt zu Mozart. Die Reisetagebücher von Vincent und Mary Novello aus dem Jahre 1829, Bonn 1959
Oechsle 2003	Siegfried Oechsle, Zum Formbegriff einiger Fugen des Wohltemperierten Klaviers, in: Martin Geck (Hg.), Bachs Musik für Tasteninstrumente, Dortmund 2003, S. 199–212
Ortega y Gasset 1978	Ortega y Gasset, Einführung zu einem «Don Juan», in: Gesammelte Werke Bd. 4, Stuttgart 1978, S. 447–468
Ott 1998	Karin u. Eugen Ott, Handbuch der Verzierungskunst in der Musik Bd. 3, Die Vokalmusik in der Zeit Mozarts, München 1998
Ottenberg 1994	Hans-Günter Ottenberg, C. Ph. E. Bach, Leipzig 1994
Otto 1917	Rudolf Otto, Das Heilige, Breslau 1917
Oulibicheff 1847	Alexander Oulibicheff, Mozart's Leben und Werk, Bd. 3, Stuttgart 1864
Petronius 1962	Petronius Arbiter, Satyrikon, deutsch von Carl Fischer, München 1962
Pezzl 1923	Johann Pezzl, Skizze von Wien (1786–1790), Nachdruck Graz 1923
Pirker 1927	Max Pirker, Teutsche Arien, welche auf dem Kayserlich-privilegirten Wienerischen Theatro in unterschiedlich producirten Comoedien, deren Titul hier jedesmahl beygerucket, gesungen worden, Bd. 1, Wien 1927
Plath 1991	Wolfgang Plath, Mozart-Schriften. Ausgewählte Aufsätze, hg. v. Marianne Danckwardt, Kassel usw. 1991
Pohl 1882	Carl Ferdinand Pohl, Joseph Haydn Bd. 2, Leipzig 1882
Puntscher-Riekmann 1982	Sonja Puntscher-Riekmann, Mozart. Ein bürgerlicher Künstler, Wien usw. 1982
Rampe 1995	Siegbert Rampe, Mozarts Claviermusik. Ein Handbuch, Kassel usw. 1995

Rang 1983	Florens Christian Rang, Historische Psychologie des Karnevals (1909), Berlin 1983
Rech 1969	Geza Rech, Leopold Mozart in Salzburg, in: Ludwig Wegele (Hg.), Leopold Mozart, Augsburg 1969, S. 25–51
Reichardt 1976	Johann Friedrich Reichardt, Briefe, die Musik betreffend, Neuausgabe Leipzig 1976
Ricœur 1991	Paul Ricœur, Zeit und Erzählung Bd. 3, München 1991
Riesbeck 1967	Johann Caspar Riesbeck, Briefe eines Reisenden Franzosen über Deutschland – An seinen Bruder zu Paris 1783/1784, Stuttgart 1967
Rochlitz 1798	Friedrich Rochlitz, Verbürgte Anekdoten aus Mozarts Leben, in: Allgemeine Musikalische Zeitung 1798, Sp 154–152
Rochlitz 1801	Friedrich Rochlitz, Noch einige Kleinigkeiten aus Mozarts Leben, in: Allgemeine Musikalische Zeitung 1801, Sp. 493–497
Rommel 1952	Otto Rommel, Die Alt-Wiener Volkskomödie, Wien 1952
Rosen 1983	Charles Rosen, The Classical Style. Haydn, Mozart, Beethoven, New York 1971, deutsch München und Kassel 1983
Rosselli 1998	John Rosselli, The life of Mozart, Cambridge 1998
Rosset 1988	Clément Rosset, Le principe de Cruauté, Paris 1988
Salfellner 2000	Harald Salfellner, Mozart und Prag, Prag u. Furth im Wald 2000
Schiller 1966	Friedrich Schiller, Dramen, 2 Bde., Frankfurt a. M. 1966
Schlegel 1967	Friedrich Schlegel, Athenäum-Fragmente in: Werke. Kritische Ausgabe Bd. 2, Paderborn 1967
Schlesier 1992	Renate Schlesier, Amor vi ferì; vi sani amore, in: Programmheft der Salzburger Festspiele 1992, S. 17–42, u. in: Dietmar Kamper u. Christoph Wulff (Hg.), Das Schicksal der Liebe, Weinheim 1988, S. 150–177
Schleuning 1991	Peter Schleuning, Mozarts d-Moll-Klavierkonzert, in: Österreichische Musik-Zeitschrift 46 (1991), S. 221–228
Schleuning 2000	Peter Schleuning, Der Bürger erhebt sich. Geschichte der deutschen Musik im 18. Jahrhundert, Stuttgart u. Weimar 2000
Schlötterer 1992	Reinhold Schlötterer, Ein Beispiel zu Mozarts «Compositionswissenschaft» im Streichquartett G-Dur KV 387, in: MJb 1991, Kassel usw. 1992, S. 650–653

Schmid 1992	Manfred Hermann Schmid, Variation oder Rondo? Zu Mozarts Wiener Finale KV 382 des Klavierkonzerts KV 175, in: MSt 1, Tutzing 1992, S. 59–80
Schmid 1993	Manfred Hermann Schmid, Das Kyrie der c-moll-Messe KV 427, in: MSt 2, Tutzing 1993, S. 181–230
Schmid 1997	Manfred Hermann Schmid, Introitus und Kyrie im Requiem, in: MSt 7, Tutzing 1997, S. 11–51
Schmidt 1924	Leopold Schmidt, Beethoven, Berlin 1924
Schmidt 2002	Matthias Schmidt, Mozart und die Differenz des «Klassischen», in: Gernot Gruber (Hg.), Wiener Klassik, Wien usw. 2002, S. 141–175
Schmidt 2003a	Matthias Schmidt, Fragen an die Geschichte. Parerga zur Einleitung von Mozarts Streichquartett KV 465, in: Musiktheorie 18 (2003), S. 241–257
Schmidt 2003b	Matthias Schmidt, Gelesene Gegenwart. Historiographische Anmerkungen zur Analyse von Mozarts Jupiter-Symphonie, in: Jahrbuch des Staatlichen Instituts für Musikforschung Preußischer Kulturbesitz 2003, Berlin 2004, S. 151–176
Schmitz 1927	Arnold Schmitz, Das romantische Beethovenbild, Bonn 1927
Schönberg 1989	Arnold Schönberg, Stil und Gedanke, Leipzig 1989
Schönfeld 1796	Johann Ferdinand von Schönfeld, Jahrbuch der Tonkunst von Wien und Prag. Wien 1796, Reprint 1976
Schreiber 1988	Ulrich Schreiber, Die Kunst der Oper Bd. 1, Frankfurt a. M. 1988
Schroeder 1999	David Schroeder, Mozart in Revolt. Strategies of Resistance, Mischief and Deception, New Haven u. London 1999
Schubart 1775	Christian Friedrich Daniel Schubart, Deutsche Chronik, 2. Jg., 34. Stück, 27. April 1775
Schubart 1786	Christian Friedrich Daniel Schubart, Heft 3 der Musikalischen Rhapsodien, Stuttgart 1786
Schuler 1995	Manfred Schuler, Mozarts Requiem in der Tradition gattungsgeschichtlicher Topoi, in: Annegrit Laubenthal (Hg.), Studien zur Musikgeschichte. Eine Festschrift für Ludwig Finscher, Kassel usw. 1995, S. 317–327
Schumann 1871	Robert Schumann, Gesammelte Schriften Bd. 1, Leipzig, 2. Aufl. 1871
Schurich 1969	Hans Schurich, Die drei Wohnungen des Herrn Vice-

	kapellmeisters Johann Georg Leopold Mozart, in: Ludwig Wegele (Hg.), Leopold Mozart, Augsburg 1969, S. 52–77
Schurig 1913	Arthur Schurig, Wolfgang Amadeus Mozart Bd. 2, Leipzig 1913
Schwindt-Gross 1998	Nicole Schwindt-Gross, Drama und Diskurs. Zur Beziehung zwischen Satztechnik und motivischem Prozeß am Beispiel der durchbrochenen Arbeit in den Streichquartetten Mozarts und Haydns, Laaber 1998
Seidel 1994	Wilhelm Seidel, Der Triumph der Anmut: Über das Finale des Streichquartetts in G-Dur KV 387, in: Siegfried Gmeinwieser u. a. (Hg.), Musicologia humana. Studies in Honor of W. u. U. Kirkendale, Florenz 1994, S. 513–535
Seidel 1997	Wilhelm Seidel, Absolute Kantabilität und gearbeitetes Metrum, in: Klaus Hortschansky (Hg.), Traditionen – Neuansätze. Für Anna Amalie Abert, Tutzing 1997, S. 619–640
Seifert 1960	Wolfgang Seifert, Christian Gottfried Körner, Regensburg 1960
Sennett 1983	Richard Sennett, Verfall und Ende des öffentlichen Lebens. Die Tyrannei der Intimität, Frankfurt a. M. 1983
Solomon 1995	Maynard Solomon, Mozart, a life, New York 1995
Spielmann 1996	Heinz Spielmann, Oskar Kokoschka und die Musik, Gottorf 1996
Splitt 1998	Gerhard Splitt, Mozarts Musiktheater als Ort der Aufklärung, Freiburg i. Br. 1998
Staehelin 1982	Martin Staehelin, «Ah fuggi il traditor ...». Bemerkungen zur zweiten Donna-Elvira-Arie, in: Jürgen Schläder u. Reinhold Quandt (Hg.), Festschrift Heinz Becker, Laaber 1982, S. 67–86
Starobinski 1964	Jean Starobinski, L'invention de la liberté, Genf 1964
Stayer 1995	Jayme Stayer, Bringing Bakhtin to Beethoven, in: The Beethoven Journal 10/2 (1995), S. 53–59
Steinbeck 1984	Wolfram Steinbeck, Mozarts «Scherzi», in: Archiv für Musikwissenschaft 41 (1984), S. 208–231
Steiner 2002	George Steiner, Grammatik der Schöpfung, München 2002
Steptoe 1988	Andrew Steptoe, The Mozart-Da Ponte Operas, Oxford 1988
Stoffels 1998	Ludwig Stoffels, Drama und Abschied. Mozart – die Musik der Wiener Jahre, Zürich u. Mainz 1998

Strohm 1978	Reinhard Strohm, Merkmale italienischer Versvertonung in Mozarts Klavierkonzerten, in: Friedrich Lippmann (Hg.), Colloquium «Mozart und Italien», Köln 1978, S. 219–236
Strohm 1979	Reinhard Strohm, Die italienische Oper im 18. Jahrhundert, Wilhelmshaven 1979
Suchalla 1994	Ernst Suchalla (Hg.), C. Ph. E. Bach. Briefe und Dokumente Bd. 1, Göttingen 1994
Sühring 2003	Peter Sühring, Über den «ganz besonderen gôut» eines Adagios aus Mozarts Opus I, in: Concerto 181, 2003, S. 22–25
Sühring 2004	Peter Sühring, Eine vierhändige Sonate – «bis dahin noch nirgends gemacht»?, in: MSt 13, Tutzing 2004, S. 209–229
Sühring 2005	Peter Sühring, Die frühesten Opern Mozarts. Untersuchungen im Anschluß an Jacobsthals Straßburger Vorlesungen, Diss. Saarbrücken 2005
Sulzer 1792	Johann Georg Sulzer, Allgemeine Theorie der Schönen Künste Bd. 2, Leipzig, 2. Aufl. 1792
Tellenbach 1983	Marie-Elisabeth Tellenbach, Beethoven und seine «Unsterbliche Geliebte» Josephine Brunswick, Zürich 1983
Thayer 1917	Alexander Wheelock Thayer, Ludwig van Beethovens Leben, weitergeführt von Hermann Deiters, Revision von Hugo Riemann, Bd. 1, Leipzig, 3. Aufl. 1917
Thayer 1923	Alexander Wheelock Thayer, Ludwig van Beethovens Leben Bd. 4, Leipzig, 4. Aufl. 1923
Tilmouth 1980	Michael Tilmouth, Art. «Binary form», in: The New Grove, Bd. 2, London 1980, S. 707–709
Tovey 1935	Donald Francis Tovey, Essays in Musical Analysis 1, London 1935
Triest 1801	Johann Karl Friedrich Triest, Bemerkungen über die Ausbildung der Tonkunst in Deutschland im 18. Jahrhundert, in: Allgemeine Musikalische Zeitung 3 (1800/01), Sp. 389–401
Tschitscherin 1987	Georgi W. Tschitscherin, Mozart, Deutsch v. Christof Rüger, Reinbek 1987
Tyson 1987	Alan Tyson, Mozart, studies of the autograph scores, Cambridge 1987
Umlauff 1911	Ignaz Umlauff, Die Bergknappen, Neudruck in den Denkmälern der Tonkunst in Österreich Bd. 36, Wien 1911
Valentin 1987	Erich Valentin, Leopold Mozart, München 1987

Vetter 1953	Walther Vetter, Der Klassiker Schubert, 2 Bde., Leipzig 1953
Vill 1986	Susanne Vill, Das psychologische Experiment in de Laclos' Les Liaisons Dangereuses und in Mozarts Così fan tutte, in: Studien zur deutsch-französischen Musikgeschichte im 18. Jahrhundert, Heidelberg 1986
Vischer 1857	F. Th. Vischer, Ästhetik oder Wissenschaft des Schönen Bd. 4.3, Stuttgart 1857
W. A. Mozart 1981	Idomeneo 1781–1981. Ausstellungskatalog der Bayerischen Staatsbibliothek 24, München 1981
Wagner o. J.	Richard Wagner, Sämtliche Schriften und Dichtungen, Leipzig o. J., Bde. 1, 3, 4 u. 10
Werner-Jensen 1980	Karin Werner-Jensen, Studien zur «Don-Giovanni»-Rezeption im 19. Jahrhundert, Tutzing 1980
Westermann 1939	Diedrich Westermann, Afrikanische Tabusitten in ihrer Einwirkung auf die Sprachgestaltung, Berlin 1940, Abhandlungen der Preußischen Akademie der Wissenschaften Jg. 1939, Nr. 12
Wiesend 1996	Reinhard Wiesend, Opernhandwerk und Originalität: Mozarts Arien KV 582 und 583, in: Wolfgang Osthoff u. ders. (Hg.), Mozart e la Drammaturgia Veneta, Tutzing 1996, S. 129–177
Wolff 1991	Christoph Wolff, Mozarts Requiem, München usw. 1991
Wollny 1992	Peter Wollny, Mozarts Fugen und der fugierte Stil in seinem Spätwerk, in: MJb 1991, Kassel usw. 1992, S. 86–92
Würtz 1990	Roland Würtz, Dialogué: Vorrevolutionäre Kammermusik in Mannheim und Paris, Wilhelmshaven 1990
Wyzewa/St.-Foix 1936	Théodore de Wyzewa u. Georges de Saint-Foix, W.-A. Mozart. Sa vie musicale et son œuvre de l'enfance a la pleine maturité Bd. 1, Paris 1936
Yudkin 1992	Jeremy Yudkin, Beethoven's «Mozart» Quartet, in: Journal of the American Musicological Society 45 (1992), S. 33–74
Zaslaw 1997	Neal Zaslaw in: Booklet zu der CD-Aufnahme von Mozarts Zaïde durch Paul Goodwin bei Harmonia Mundi, Los Angeles 1997, S. 19–22
Žižek 2003	Slavoj Žižek, Der zweite Tod der Oper, Berlin 2003

Personenregister

Abel, Carl Friedrich 35, 37
Abert, Hermann 210, 309, 396, 421
Adamberger, Johann Valentin 124, 127, 143, 261
Adlgasser, Anton 44, 74, 83, 86, 415f.
Adorno, Theodor W. 213, 220, 224, 237, 254, 284
Affligio, Giuseppe 46
Agricola, Johann Friedrich 15
Agujari, Lucrezia 50
Albrechtsberger, Johann Georg 177
Albertarelli, Francesco 167
Alden, David 296
Allegri, Giovanni Battista 51
Anfossi, Pasquale 128, 250
Angelsprugger, Coelestin, Abt 85
Anna Amalie, Prinzessin von Preußen 30
Anton Clemens, Prinz von Sachsen 165
Arco, Karl Joseph, Graf 96, 99f., 115, 270
Arnold, Ignaz Ferdinand 331
Arnstein, Fanny, geb. Itzig 120
Attwood, Thomas 151, 155
Auernhammer, Josepha Barbara von 112, 147
Augustinus, Aurelius 409

Bach, Carl Philipp Emanuel 15, 117f., 120, 162, 166, 212, 219, 222, 341, 358, 360, 406
Bach, Johann Christian 35-37, 39, 43, 56, 80, 161, 219, 242, 247, 341, 348
Bach, Johann Sebastian 9, 48, 91f., 106f., 116, 118-121, 172, 212, 216, 220f., 234, 237f., 275, 316, 321f., 331-333, 343f., 351, 358, 365f., 374f., 384, 401, 404, 407-409, 416, 427
Bach, Wilhelm Friedemann 120, 415f.
Bachmann, Ingeborg 324
Bachtin, Michail M. 224, 229, 236, 346
Badiou, Alain 228
Baglioni, Antonio 167
Bandur, Markus 367
Barenboim, Daniel 21
Barrington, Daines 37f.
Barth, Karl 216
Barthe, Nicolas Thomas 303
Barthes, Roland 211, 307f.
Bassi, Luigi 160, 165
Baudelaire, Charles 295
Bauernfeld, Joseph von 202
Baumgarten, Alexander 207
Beaumarchais, Pierre-Augustin, Caron de 78, 140-142, 144f., 160, 268-270, 272, 305, 326

Becke, Johann Baptist 245
Bedini, Domenico 195
Beecke, Ignaz von 43
Beer, Josef 191
Beethoven, Johann van 16
Beethoven, Ludwig van 16, 21, 36, 48, 82, 89, 94, 106, 116–118, 120, 125, 159, 162–164, 169, 176f., 185, 190f., 208f., 212, 216, 220–223, 227, 232f., 235–238, 245, 250, 259, 266, 279, 285, 309, 316, 321f., 329–331, 340f., 343, 354, 358, 361, 370, 373–376, 379, 383f., 386, 392–394, 396–399, 409, 420, 424, 427
Benda, Georg 85, 93
Benedetti, Pietro 53
Benjamin, Walter 225, 233–235
Benucci, Francesco 149–151, 167, 181
Berchtold zu Sonnenburg, Johann Baptist 154f., 163
Berchtold zu Sonnenburg, Marie Anna, geb. Mozart (siehe auch Mozart) 148, 154f., 163, 174
Berg, Alban 294, 321
Berlioz, Hector 209, 289, 394
Bernasconi, Antonia 53
Bernhard, Johann Baptist, Dr. 29
Bertati, Giovanni 285
Beyer, Franz 414
Birkenfeld-Zweibrücken-Rapoldstein, Pfalzgraf von 30
Blanchard, François 192
Bloch, Ernst 309, 318
Blume, Friedrich 226, 368
Bockhold, Rudolf 426
Böhm, Johann 92
Bondini, Pasquale 160f.
Bondoni, Caterina 160, 165, 289
Borges, Jorge Luis 274

Born, Gunthard 335f.
Born, Ignaz von 135–137, 163
Boulez, Pierre 212, 377
Brahms, Johannes 36, 106, 220, 296, 321, 355, 358, 427
Braunbehrens, Volkmar 175
Brauneis, Walther 175
Brecht, Bertolt 293
Bretzner, Christoph Friedrich 108f.
Brinkmann, Reinhold 213
Broadwood, Thomas 114
Brown, John 333
Bruckner, Anton 36, 106, 355, 427
Brügge, Joachim 420
Brunetti, Antonio 96
Bullinger, Franz Joseph 78, 83, 88f.
Burney, Charles 222
Bussani, Dorotea 151, 181
Bussani, Francesco 167, 181

Calvesi, Vincenzo 181
Calvin, Johann 216
Calzabigi, Ranieri 57
Cambini, Giuseppe 81
Cambreling, Silvain 217
Canarisi, Vincenzi 137
Cannabich, Christian 75f.
Cannabich, Rosl, 76
Cannabich, Marie Elisabeth, 85
Cantes, Franz 137
Carl, Prinz, Generalgouverneur der österreichischen Niederlande 31
Casanova, Giacomo 89, 141, 165
Cavalieri, Catarina 143, 167, 194, 264
Ceccarelli, Francesco 88, 91, 96, 244
Celan, Paul 206
Chopin, Frederik 106
Cigna-Santi, Vittorio Amedeo 52

Cimarosa, Domenico 129, 143f., 179, 274, 311
Ciprandi, Ercole 37
Clementi, Muzio 113 f.
Closset, Thomas Franz, Dr., Arzt 179, 199 f.
Colloredo, Hieronymus, Fürsterzbischof von Salzburg 57, 60, 62, 65f., 70, 83, 89, 91, 96–100, 103, 108, 130f.
Consoli, Tommaso 63
Corri, Domenico 182
Croce, Johann Nepomuk della 114
Crotsch, William 21
Crux, Marianne 159
Czerny, Carl 191

Dahlhaus, Carl 211
Dante Alighieri 162, 295
David, König Israels 188
Debussy, Claude 106, 212
De Jean 76
Delacroix, Eugène 253
Deleuze, Gilles 188, 329
Dent, Edward J. 246
d'Epinay, Louise-Florence-Pétronille, Marquise de 78
Derrida, Jacques 35
Deutsch, Otto Erich 129
Deym von Stržítež, Joseph, Graf 185
Diderot, Denis 262, 302, 311
Dilthey, Wilhelm 239
Distler, Elisabeth 147
Doles, Friedrich 178, 410
Dollond, John 19
Dostojewski, Fjodor 224
Druce, Duncan 414
Drüner, Ulrich 175
Duby, Georges 224
Duscheck, Josepha 165, 247

Eckhard, Johann Gottfried 32
Eco, Umberto 213, 323
Edlenbach, Benedikt von 124
Einstein, Albert 134
Einstein, Alfred 52, 134, 155, 221, 309, 343, 382
Eisler, Hanns 10, 276
Engel, Johann Jakob 323
Esterházy, Johann, Graf 131, 136, 166
Estlinger, Joseph Richard 25
Eybler, Joseph 199

Farinelli (Broschi, Carlo) 50
Favart, Charles-Simon und Marie-Justine-Benoîte 44
Feiner, Ludwig 89
Felsenstein, Walter 265, 283, 288, 297, 327, 334f.
Ferdinand, König von Neapel 45
Ferdinand, Erzherzog 57
Ferrarese del Bene, Adriana 179, 181, 311
Feuchtwanger, Lion 142
Fiala, Joseph 88 f.
Firmian, Karl Joseph, Graf, Generalgouverneur der Lombardei 50
Firmian, Leopold Anton, Fürsterzbischof 50
Fischer, Johann Ignaz Ludwig 110, 161, 265
Fischer, Julius Wilhelm 337
Flothuis, Marius 377
Fontenelle, Bernard Le Bovier de 238
Ford, Charles 304
Forman, Denis 358
Forman, Milos 16, 158
Foucault, Michel 330
Franz II., Kaiser von Österreich 26, 323
Franz, Erzherzog 183

Personenregister 465

Freistädtler, Franz Jakob 151, 159, 199
Friederike, Prinzessin von Preußen 178
Friedrich Wilhelm II., König von
   Preußen 177, 323
Fürstenberg, Joseph Wenzeslaus von
   154

Gamerra, Giovanni de, Abbé 57f.
Galitzin, Dimitri Michailowich, Fürst
   131
Gaßmann, Florian 277
Gazzaniga, Giuseppe 128
Gemmingen-Hornberg, Otto, Freiherr
   von 135
Genzinger, Marianne von 203
Georg III., König von England 32
Georgiades, Thrasybulos 48, 217, 219,
   228, 266
Gerl, Franz Xaver 196f., 199
Gielen, Michael 236
Giesecke, Karl Ludwig 136f., 319
Gilowsky von Urazowa, Franz Xaver
   Wenzel 106, 124
Gilowsky von Urazowa, Maia Anna
   Katharina (Katherl) 20, 88f., 106
Gleim, Johann Wilhelm Ludwig 167
Gluck, Christoph Willibald 43, 52, 56f.,
   63, 78, 80, 88, 109, 126, 164, 242, 250,
   272, 333
Goethe, Elisabeth 314
Goethe, Johann Wolfgang 14, 51, 73,
   206, 226, 232f., 238, 258, 263, 268,
   270f., 303, 314, 316, 322, 345f., 366,
   384
Goldberg, Johann Gottlieb 358
Goldoni, Carlo 46f., 125, 127
Goldschmidt, Harry 94
Gossec, François-Joseph 80, 384, 415
Gottlieb, Anna 151, 196

Gould, Glenn 394
Grassi, Joseph 124
Grétry, André-Ernest-Modeste 80, 144
Grimm, Friedrich Melchior 78
Grove, George 394
Gruber, Gernot 421
Guattari, Félix 188
Gülke, Peter 210f., 392, 397
Guines, Andrien-Louis, Comte de 82

Habermas, Jürgen 239, 344, 349
Hacks, Peter 79f.
Händel, Georg Friedrich 35, 48, 106f.,
   116–121, 234, 237f., 252, 272,
   331–333, 384, 406f., 409, 415f.
Häßler, Johann Wilhelm 112, 177
Haffner, Elisabeth 66
Haffner, Siegmund (der Jüngere) 66
Hagenauer, Lorenz 12, 17, 19, 25, 35, 88
Hagenauer, Maria Theresia 31
Haibel, Sophie, geb. Weber (siehe auch:
   Weber) 199f.
Halm, August 377
Hanslick, Eduard 338
Harnoncourt, Nikolaus 383, 412, 414
Hasse, Johann Adolph 17, 43, 47, 50,
   56, 250
Haydn, Joseph 36, 64, 81, 106, 117, 146f.,
   151, 159, 161–163, 169, 180, 185, 203,
   206, 212, 226, 232f., 235–239, 340,
   344, 348, 352, 355, 364, 366–371, 373,
   376, 379f., 383–386, 391 f., 394, 397,
   411f.
Haydn, Michael 16, 44, 66, 93, 130, 406,
   415
Hegel, Georg Wilhelm Friedrich 216,
   239
Hegrad, Friedrich 136
Heina, François 84

Heineken, Christian H. 21
Heinse, Wilhelm 224, 341
Helmböck, Christoph 319
Henscheid, Eckhard 296
Henze, Hans Werner 200, 310, 321
Herder, Johann Gottfried 223, 232, 258
Herzog, Werner 282
Hesse, Hermann 176, 296
Hildesheimer, Wolfgang 270, 278, 320f., 327
Hiller, Johann Adam 366
Hindemith, Paul 106, 235
Hofdemel, Franz 177
Hofdemel, Magdalena 191
Hofer, Franz de Paula 159, 199
Hofer, Josepha, geb. Weber (siehe auch: Weber) 196, 336
Hoffman, Ernst Theodor Amadeus 158, 208f., 232f., 283, 286, 373, 408, 417
Hofmann, Johann Leopold 191, 200, 404
Hölderlin, Friedrich 377f.
Holland, Dietmar 327
Holzbauer, Ignaz 81, 317
Homer 118
Hook, Theodor 150
Hübner, Beda 42
Hummel, Johann Nepomuk 18, 168

Irmen, Hans-Josef 414
Ivens, Joris 276

Jahn, Otto 14, 209
Jankélévitch, Vladimir 207
Jaquin, Franziska von 154
Jaquin, Gottfried von 159f.
Jean Paul (Richter) 233, 235f.
Jenamy, Victoire 63, 74
Jomelli, Niccolò 194, 250, 272
Joseph II., Kaiser von Österreich 45f., 66, 94, 97f., 107–110, 113, 115–117, 126, 128, 135, 140–144, 151f., 155, 163, 165, 167, 175, 180, 182f., 201, 258, 269f., 303, 361, 383, 405, 408
Jouve, Pierre Jean 295
Junker, Carl Ludwig 118

Kaiser, Joachim 265
Kant, Immanuel 22, 208, 239
Kantner, Leopold M. 333
Karl VI., Kaiser 57
Karl Eugen, Herzog von Württemberg 97
Karl Theodor, pfälzischer und bayerischer Kurfürst 76, 93–95, 242–244, 247f.
Kazinczy, Franz 152
Keefe, Simon P. 345
Kelly, Michael 149–151, 155
Kerman, Joseph 343f.
Kiefer, Anselm 212
Kierkegaard, Søren 158, 283, 286, 295, 311, 316
Klein, Anton von 258
Knigge, Freiherr Adolph von 263
Koch, Heinrich Christoph 345, 349f., 365
Köchel, Ludwig Alois Ferdinand von 133f.
Körner, Christian Gottfried 178, 223, 261
Körner, Theodor 178
Kokoschka, Oskar 296
Konrad, Ulrich 146, 175, 355
Kozeluch, Leopold 169
Krieger, Adam 333
Kristeva, Julia 227, 295
Kronauer, Johann Georg 163

Krummacher, Friedhelm 372
Kuenburg, Graf, Obriststallmeister 65
Küng, Hans 189
Kunze, Stefan 53, 260, 304, 383, 388
Kurz, Joseph Felix, Freiherr von (Bernardon) 125, 263

Lackenbacher, Heinrich 184
Laclos, Choderlos de 302
La Mettrie, Julien Offray de 302f.
Landon, H. C. Robbins 414
Lange, Joseph 85, 124, 126, 178
Lange, Aloisia, geb. Weber (siehe auch: Weber) 124, 126f., 143, 167, 336
Laschi-Mombelli, Luisa 147, 151
Le Brun, Franziska Dorothea 147
Le Brun, Ludwig August 147
Legrand, Claudius 242
Leibniz, Gottfried Wilhelm 9, 207, 220f., 223f., 341, 352, 399
Leitgeb, Franz Anton 201
Leopold II., Kaiser von Österreich 142, 182–184, 193–195, 250f.
Lessing, Gotthold Ephraim 160, 259, 265, 345f.
Leutgeb, Ignaz 153
Lévi-Strauss, Claude 211, 239
Levin, Robert D. 414
Lichnowsky, Karl von, Fürst 173, 176f.
Linley, Thomas 51
Lodron, Gräfin von 29
Lodron, Graf, Obersthofmarschall 65
Lotter, Johann Jakob 12f., 19
Louis XV., König von Frankreich 32
Louis XVI., König von Frankreich 140
Louis Ferdinand, Prinz von Preußen 164
Lützow, Antonie, Gräfin 65

Luther, Martin 316
Maazel, Lorin 21
Mahler, Gustav 270, 284, 321, 427
Mainwaring, John 118
Mandini, Stefano 151, 166
Manfredini, Giuseppe 50
Manzuoli, Giovanni 43
Marchesi, Luigi 143
Maria Feodorowna, russische Großfürstin 113
Maria Louisa, Kaiserin von Österreich 195, 250
Maria Josepha, Erzherzogin 45
Maria Theresia, Kaiserin von Österreich 17, 26, 66, 97
Maria Theresia, Erzherzogin 165, 410
Marie Antoinette, Königin von Frankreich 21, 302
Marinelli, Karl 285
Marivaux, Pierre 302f.
Marmontel, Jean François 229
Marriner, Neville 35, 38
Martin, Philipp Jakob 110, 112
Martini, Padre 50, 52, 61, 66, 70
Maunder, Richard 414
Maximilian III. Joseph, Kurfürst von Bayern 25, 61f., 70f., 76, 99
Maximilian, Erzherzog 26, 63, 65
May O'Reilly, Robert 184f.
Mazzolà, Cattarino 194, 250–252
Meißner, Alfred 165
Meister, Ernst 206
Mendelssohn Bartholdy, Felix 22, 35, 354f.
Mendelssohn-Hensel, Fanny 120
Mergery, Louis (Merk) 124
Mesmer, Franz Anton 46, 56, 108, 303
Mesmer, Joseph Conrad 21, 56

Mesmer, Joseph jun. 21
Metastasio, Pietro 37, 56f., 63, 161, 194, 243, 250, 252
Michaelis, Christian Friedrich 385
Michelangelo (Buonarotti) 19
Miller, Norbert 268, 357
Miller, Silhouttenmacher 154
Mölk, Maria Anna Barbara von 88
Mörike, Eduard 158
Molière 233, 285
Mombelli, Luisa 167
Momigny, Jérôme-Joseph 380
Montaigne, Michel de 228
Monteverdi, Claudio 212, 291
Morella, Francesco 167
Mozart, Anna Maria, geb. Pertl 12–15, 49, 70, 72f., 75f., 78, 83, 305
Mozart, Anna Maria 180
Mozart, Carl Thomas 21, 134, 148, 191, 199
Mozart, Constanze, geb. Weber, spät. Nissen (siehe auch: Weber und Nissen) 14, 37, 86, 106f., 126, 129–131, 133, 147f., 154f., 158f., 163, 166, 168, 173f., 177–179, 183f., 191f., 194, 199–202, 222, 314, 316, 412
Mozart, Franz Xaver Wolfgang 191, 194
Mozart, Johann Thomas Leopold 154
Mozart, Leopold 12–21, 24–27, 29–35, 37f., 42f., 45–47, 49–51, 56, 58, 61f., 65, 68, 70–72, 74–78, 80, 83–86, 89, 95, 97–100, 102–105, 110, 113, 115f., 127, 129, 131f., 135f., 147–149, 154f., 158, 163, 188f., 224, 244–249, 261, 264f., 270, 304, 341, 350, 352, 356, 361, 384, 421 f., 425
Mozart, Marie Anna («Nannerl»), spät. Berchtold zu Sonnenburg (siehe auch: Berchtold zu Sonnenburg) 13, 18, 24f., 27f., 31–34, 36, 38, 45, 49, 61, 72, 88f., 95, 105–107, 114, 129f., 301, 372
Mozart, Raimund Leopold 129
Mozart, Theresa Konstantia Adelheid Friderika Maria Anna 166
Müller, Karl Jean 124
Münz, Rudolf 125
Müthel, Johann Gottfried 358
Myslivecek, Joseph 43

Nägeli, Hans Georg 352, 390, 392f., 413
Nero, römischer Kaiser 224
Neuenfels, Hans 283
Niemetschek, Franz 201, 404
Nietzsche, Friedrich 213, 222, 230
Nissen, Constanze, geb. Weber, verw. Mozart (siehe auch: Weber und Mozart) 195, 323
Nissen, Georg Nikolaus 14, 86, 133, 192, 199f., 316, 318, 320
Nono, Luigi 311
Nooteboom, Cees 201
Novalis (Friedrich v. Hardenberg) 235
Novello, Mary, 86

Orsini-Rosenberg, Franz Xaver Wolf, Graf 107, 128, 152
Ortega y Gasset, José 282
Ortheil, Hanns-Josef 151
Otto, Rudolph 411
Oulibicheff, Alexander 158, 233
Ovid 59

Paisiello, Giovanni 80, 113, 144, 179, 274, 424
Pálffy, Leopold 133
Pallavicini, Kardinal 52
Paradies, Maria Therese 133

Personenregister 469

Parini, Giuseppe, Abbé 57
Paul I., Zar von Russland 109
Paumgarten, Josepha, Gräfin von 95
Pergen, Philippine Gabriele, Gräfin 113
Pergmayr, Theophilus 12
Pergolesi, Giovanni Battista 219
Pertl, Eva Rosina (geb. Altmann) 12
Pertl, Wolfgang Nikolaus 12, 14
Peter Leopold, Großherzog der Toscana 195
Petronius 224–226
Petrosellini, Giuseppe, Abate 59
Pezzl, Johann 141, 175, 271
Phidias 118
Picasso, Pablo 229
Piccinni, Nicola, 80, 242
Pichler, Karoline von 153 f., 222
Platel, Alain 217
Platon 274
Pleyel, Ignaz 146
Ployer, Barbara 133, 151, 424
Ployer, Gottfried Ignaz von 424
Podstatsky, Leopold Anton Graf 45
Ponte, Lorenzo da 59, 127–129, 138, 140–145, 152, 160, 162f., 165, 179f., 194, 247, 252–254, 266, 268–270, 272f., 278, 283–286, 290, 293, 300f., 305, 310f., 315, 319, 322, 326, 330,
Ponziani, Felice 160, 165
Pompadour, Marquise de 32
Prato, Vincenzo dal 244
Preisler, Johann Daniel 166f., 406
Puchberg, Michael 118, 163, 168, 172f., 176, 180, 183f., 190, 409
Puschkin, Alexander 158

Quaglio, Lorenzo 242
Qualenberg, Elisabeth Barbara 159
Quantz, Johann Joachim 15

Raaf, Anton 77, 84, 244
Rabelais, François 224
Racine, Jean 52, 233
Raffael (Raffaelo Santi) 337
Ramlo, Kaspar 159
Rang, Florens Christian 225f.
Razumowsky, Andreas Kyrillowitsch, Graf 196
Reichardt, Johann Friedrich 232f., 235, 258, 373
Rembrandt van Rijn 31, 357, 417
Reutter, Johann Georg 406
Richter, Georg Friedrich 131
Richter, Joseph 408
Ricœur, Paul 150
Riesbeck, Caspar 89, 108
Righini, Vincenzo 128
Rochlitz, Friedrich 331, 337, 409–411
Rosen, Charles 232
Rosendorfer, Herbert 311
Rosset, Clément 404
Rossini, Gioacchino 22, 212, 269, 394
Rousseau, Jean-Jacques 21, 44, 125, 223, 269, 322
Rubens, Peter Paul 19, 31
Rubini, Giovanni 288

Saint-Foix, Georges de 34, 58
Saint-Saëns, Camille 22
Salieri, Antonio 107, 120, 127f., 142f., 158, 162, 174, 183, 191, 194f., 201, 277
Sallaba, Matthias, Dr., Arzt 199
Saporiti, Teresa 165, 288
Sarti, Giuseppe 143, 285
Schachtner, Johann Andreas 28, 30, 44, 93
Schack, Benedikt Emanuel 197, 199
Schiedenhofen, Ferdinand von, Hofrat 65f., 73, 271

Schikaneder, Eleonore 193
Schikaneder, Emanuel 136f., 140, 192–194, 197, 202, 314, 318, 322, 324, 334, 337f.
Schikaneder, Urban 197
Schiller, Friedrich 88, 135, 223, 233, 261
Schlegel, Friedrich 374
Schleiermacher, Friedrich 398
Schleuning, Peter 360, 386
Schmalz, Heinrich Dietrich 75
Schmid, Manfred Hermann 343, 407
Schmidt, Arno 188
Schmitz, Arnold 233
Schobert, Johann 32
Schönberg, Arnold 212, 216, 220, 236, 277, 377
Schopenhauer, Arthur 272
Schosulan, Jacob 163
Schrattenbach, Siegmund Christoph, Fürsterzbischof von Salzburg 17, 25, 42, 44–46, 49, 57, 62
Schröder, Anna Christine 107
Schröder, Friedrich Ludwig 107 f.
Schubart, Christian Friedrich Daniel 43, 60, 97, 336
Schubert, Franz 22, 36, 48, 106, 117, 162, 221, 233, 236–239, 396, 427
Schütz, Heinrich 48, 106
Schulz, Peter Abraham 385
Schumann, Robert 213, 233, 394, 396
Schweitzer, Anton 85, 249
Sebastiani, Franz Joseph 93
Seeau, Joseph Anton Graf von 58, 94
Seidel, Wilhelm 369, 373
Sennett, Richard 20
Seyfried, Ignaz von 137
Shaffer, Peter 16, 188
Shakespeare, William 244, 290, 306, 337
Shaw, George Bernard 284

Sinzendorf, Eleonore Elisabeth, Gräfin von 29
Soler, Vicente Martín y 128, 142f., 162, 179–181, 285f.
Solomon, Johann Peter 185, 397
Solti, Georg 311
Sophie Charlotte, Königin von England 32, 35
Sortschan, Johann Nepomuk 198
Spagnoli, Clementina 50
Spinoza, Baruch 302
Spohr, Louis 393
Stadler, Anton 159, 173, 180, 195f., 198, 255, 323
Stadler, Maximilian 112, 199, 415
Staiger, Anton 90
Starobinski, Jean 322
Starzer, Joseph 120
Stein, Johann Andreas 72
Steinbeck, Wolfram 375
Steiner, George 373
Stendhal 311
Stephanie, Christian Gottlob 108
Stephanie (der Jüngere), Gottlieb 108f., 124, 140, 144, 260f., 266, 301
Sterne, Laurence 367
Stock, Dora 178
Stoll, Anton 191
Storace, Stephen 128, 155
Storace, Ann (Nancy) 143, 151f., 155, 161
Strack, Johann Kilian 113
Strauss, Richard 106, 249, 291
Strawinsky, Igor 80
Strinasacchi, Regina 133
Strohm, Reinhard 354
Süßmayr, Franz Xaver 191, 194–196, 199, 201, 412, 414, 418
Sueton 250

Sulzer, Johann Georg 118, 385
Summer, Wenzel, Kaplan 136
Swieten, Gottfried van, Graf 66, 107, 116–120, 131, 151, 166, 173, 183, 201f., 234, 275, 351, 365, 372, 406

Tacitus 224
Telemann, Georg Philipp 22
Teyber, Therese 120, 127
Thekla, Maria Anna 72f., 86
Thorwart, Johann 104
Thun, Franz Joseph, Graf 131, 382
Thun, Maria Wilhelmine, Gräfin 177
Thun-Hohenstein, Johann Joseph, Graf 159
Thurn-Valsassina und Taxis, Graf von 15
Tinti, Anton von 147
Tinti, Bartholomäus von 147
Tissot, Samuel André 17
Torricella, Christoph 152
Tovey, Donald Francis 394
Tozzi, Antonio 60
Traëtta, Tommaso 250
Trattner, Johann Thomas von 131, 134, 154
Trattner, Therese 131, 133, 166
Triest, Johann Carl Friedrich 290
Tschitscherin, Georgi W. 357, 361

Uiberacker, Wolf Joseph Graf 65
Umlauff, Ignaz 183, 258

Varesco, Giambattista 95, 128, 130, 243f., 247
Verdi, Giuseppe 48, 106, 221, 266, 306
Vetter, Walther 233
Villeneuve, Louise 180f.

Vischer, Friedrich Theodor 216
Voltaire 93, 345f.
Vulpius, Christian August 270

Wagenseil, Georg Christoph 35, 365
Wagner, Cosima 202
Wagner, Minna 424
Wagner, Richard 48, 82, 106, 159, 209, 212, 216, 221f., 227, 230, 245, 259f., 266, 271, 277, 284, 286, 288, 292, 296, 311, 314, 321, 324, 338, 343, 377, 400, 409, 424
Waldburg-Zeil, Graf 70
Waldburg-Zeil-Tauchburg, Fürstbischof 71
Waldstätten, Martha Elisabeth, Baronin von 105f., 111, 114f., 124
Waldstein, Joseph Karl Emanuel, Graf 165
Wallau, Gottfried von, Reichshofratsagent 29
Walsegg, Franz, Graf 197f., 201
Weber, Aloisia, spät. Lange (siehe auch: Lange) 37, 77, 84–86, 94, 104, 106f., 124, 161, 247, 271
Weber, Carl Maria von 266
Weber, Constanze, spät. Mozart und Nissen (siehe auch: Mozart und Nissen) 77, 103–107
Weber, Franz Fridolin 37, 77, 103, 271
Weber, Maria Caecilia 77, 100, 102–104, 148
Weber, Josepha, spät. Hofer (siehe auch: Hofer) 77, 103f.
Weber, Sophie, spät. Haibel (siehe auch: Haibel) 77, 103f.
Weigl, Joseph 120
Weiskern, Friedrich Wilhelm 44
Wendling, Johann Baptist 75, 77, 81

Wendling, Dorothea 77
Wendling, Elisabeth 95
Wetzlar von Plankenstern, Raimund, Baron 124, 141, 192
White, Hayden 150
Wieland, Christoph Martin 249
Wilhelm V. von Oranien 38
Winter, Sebastian 30
Wittgenstein, Ludwig 207
Woczitka, Franz Xaver 70
Wolf, Ferdinand, Kurat 105 f.

Wolff, Christoph 412
Wolff, Joseph Dr. 45
Wyzewa, Théodore de 34, 58

Zichy, Karl, Graf 131, 147
Zillig, Winfried 245
Zinzendorf, Johann Karl, Graf 117, 167, 182, 193, 195, 312
Zitterbarth, Bartholomäus 137
Žižek, Slavoj 306, 309
Zygmuntowsky, Niccolas 79

Werkregister

Die kursiv gesetzte Zahl entspricht der Nummer des Köchel-Verzeichnisses (KV, 6. Aufl.).
Die derzeit gängigen a-, b-, c-Nummern usw. sind im Folgenden nur in Ausnahmefällen berücksichtigt, da sie in der bald zu erwartenden Neubearbeitung des Köchel-Verzeichnisses vielfach keinen Bestand haben werden.

1a: Andante für Klavier G-Dur 24
1b: Allegro für Klavier C-Dur 24
1c: Allegro für Klavier C-Dur 25
1d: Menuett für Klavier F-Dur 25
2: Menuett für Klavier F-Dur 25
3: Allegro für Klavier B-Dur 25
4: Menuett für Klavier F-Dur 25
5: Menuett für Klavier F-Dur 25
6: Sonate für Clavecin und Violine C-Dur 31f., 35
7: Sonate für Clavecin und Violine D-Dur 31f., 35
8: Sonate für Clavecin und Violine B-Dur 31f., 35
9: Sonate für Clavecin und Violine G-Dur 31f., 35
15a-ss: 43 Stücke für Klavier (Londoner Skizzenbuch) 34f.
16: Sinfonie Es-Dur 35–37
19: Sinfonie D-Dur 35, 37
19d: Sonate für Klavier zu vier Händen C-Dur 39
20: Vierstimmige Motette God is our Refuge 33
21: Tenor-Arie Va, dal furor portata 35, 37
22: Sinfonie B-Dur 38
26–31: Sechs Sonaten für Clavecin und Violine 38
32: Quodlibet für Orchester Galimathias musicum 38
35: Oratorium Die Schuldigkeit des ersten Gebots, 1.Teil 44
36: Rezitativ und Arie für Tenor Or che il dover 44
38: Lateinisches Intermedium Apollo et Hyacinthus 44, 422
42: Passionskantate Grabmusik 44
45a: Sinfonie G-Dur (Lambacher) 16
48: Sinfonie D-Dur 384
50: Operette Bastien und Bastienne 44–46
51: Opera buffa La finta semplice 43, 46f.
61b: Sieben Menuette für Streicher 49
61h: Sechs Menuette für Streicher und Bläser 49
62: Cassation D-Dur 49
63: Cassation G-Dur 49
65: Missa brevis d-Moll 49
66: Missa C-Dur (Dominicus-Messe) 49

70: Rezitativ und Arie für Sopran Sol nascente 44
77: Rezitativ und Arie für Sopran Misero pargoletto 50
78: Sopran-Arie Per pietà, bell' idol mio 50
79: Rezitativ und Arie für Sopran Per quel paterno amplesso 50
80: Streichquartett G-Dur (Lodi) 50
86: Antiphon Quaerite primum regnum Dei 52
87: Opera seria Mitridate, Rè di Ponto 52, 56–58, 395
88: Sopran-Arie Fra cento affanni 50
99: Cassation B-Dur 49
100: Serenade (Cassation) für Streicher und Bläser D-Dur 49
103–105: Menuette für Streicher und Bläser 49
111: Serenata teatrale Ascanio in Alba 50, 57
117: Offertorium pro omni tempore 49
118: Oratorium La betulia liberata 56, 359
124: Sinfonie G-Dur 64
125: Litaniae de venerabili altaris sacramento B-Dur 61
126: Azione teatrale Il Sogno di Scipione 57
128: Sinfonie C-Dur 64
129: Sinfonie G-Dur 64
130: Sinfonie F-Dur 64
131: Divertimento für Streicher und Bläser D-Dur 65, 420f.
132: Sinfonie Es-Dur 64
133: Sinfonie D-Dur 64
134: Sinfonie A-Dur 64
135: Dramma per musica Lucio Silla 57f.

136–138: Drei Streicher-Divertimenti 65, 420
139: Missa solemnis c-Moll (Waisenhaus) 49, 410
141: Te Deum G-Dur 49
155–160: Sechs Streichquartette (Mailänder) 66 f.
168–173: Sechs Streichquartette (Wiener) 56, 66 f.
173: Streichquartett d-Moll 372
175: Klavierkonzert D-Dur 65, 114, 127, 342f.
183: Sinfonie g-Moll 64, 396
190: Concertone für zwei Violinen und Orchester C-Dur 65
191: Fagottkonzert B-Dur 65
192: Missa brevis F-Dur 61
194: Missa brevis D-Dur 61
196: Dramma giocoso La finta giardiniera 43, 56, 58–60, 94, 97, 422
201: Sinfonie A-Dur 64
207: Violinkonzert B-Dur 65, 67
208: Serenata Il Rè pastore 62–65
211: Violinkonzert D-Dur 65, 67
216: Violinkonzert G-Dur 65, 67f.
218: Violinkonzert D-Dur (Straßburger) 65, 67f.
219: Violinkonzert A-Dur 65, 67
222: Offertorium Misericordias Domini 61
232: Kanon Lieber Freistädtler, lieber Gaulimauli 159
243: Litaniae de venerabili altaris sacramento Es-Dur 405
246: Klavierkonzert C-Dur (Lützow) 65
250: Serenade D-Dur für Streicher und Bläser (Haffner) 66
262: Missa longa C-Dur 66

264: Klaviervariationen über Lison dormait (Dezède) 111
265: Klaviervariationen über Ah, vous-dirai-je, Maman 111
271: Klavierkonzert Es-Dur (Jenamy) 65, 63f., 74, 345, 348
272: Rezitativ und Arie für Sopran Ah, lo previdi / Ah, t'invola agl'occhi, miei 247
285: Flötenquartett D-Dur 76
285a: Flötenquartett G-Dur 76
285b: Flötenquartett C-Dur 76
293e: 19 Gesangs-Kadenzen zu Arien von J. Chr. Bach 77
294: Rezitativ und Arie für Sopran Alcandro, lo confesso / Non so, d'ondo viene 77, 161, 247
295a: Rezitativ und Arie für Sopran Basta,vincesti / Ah non lasciarmi 77
296: Sonate für Klavier und Violine C-Dur 111
297: Sinfonie in D-Dur (Pariser) 81, 84, 126, 385
297a: Acht Chöre in ein Miserere von Ignaz Holzbauer 81
297b: Sinfonia concertante für Flöte, Oboe, Horn und Fagott und Orchester in Es-Dur 81
299: Konzert für Flöte, Harfe und Orchester in C-Dur 81
299b: Ballettmusik Les petits riens 80
301–306: Sechs Sonaten für Klavier und Violine 76
309: Klaviersonate in C-Dur 76f.
310: Klaviersonate a-Moll 84
311: Klaviersonate D-Dur 76
313: Flötenkonzert G-Dur 76
314: Flöten(Oboen)konzert D-Dur 76
315e: Musik zum Melodram Semiramis (verschollen) 85
316: Rezitativ und Arie für Sopran Popoli di Tessaglia / Io non chiedo, eterni Dei 85
317: Missa C-Dur (Krönungsmesse) 90f., 191
320: Serenade für Streicher und Bläser D-Dur (Posthorn) 127
321: Vesperae de Dominica 90f.
321a: Magnificat C-Dur (Fragment) 90
323: Kyrie C-Dur (Fragment) 90
323a: Gloria C-Dur (Fragment) 90
328: Kirchen-Sonate C-Dur 90
330–333: Vier Klaviersonaten 131
336: Kirchen-Sonate C-Dur 90
337: Missa solemnis C-Dur 90f.
338: Sinfonie C-Dur, 112
339: Vesperae solennes de confessore 91
344: Deutsches Singspiel in zwei Akten Zaïde (Fragment) 90, 93, 108, 128, 198, 247, 260
345: Schauspielmusik zu Thamos, König von Ägypten 92
352: Klaviervariationen über Dieu d'amour (Grétry) 111
353: Klaviervariationen über La belle Françoise 111
361: Bläser-Serenade B-Dur (Gran Partita) 111
363: Drei Menuette für Streicher, Bläser und Pauken 28
364: Sinfonia concertante für Violine, Viola und Orchester Es-Dur 92
365: Konzert für zwei Klaviere und Orchester Es-Dur 92, 112
366: Dramma per musica Idomeneo, Rè di Creta 58, 64, 94–96, 103, 114, 127,

145f., 195, 222, 242–250, 253, 261, 274 f., 300, 395, 411
368: Rezitativ und Arie für Sopran Sperai vicino il lido 95
369: Szene für Sopran Misera, dove son 95
375: Bläser-Serenade Es-Dur 111
375c: Sonatensatz für zwei Klaviere B-Dur (Fragment) 107
376–380: Fünf Sonaten für Klavier und Violine 111f., 115
382: Konzert-Rondo für Klavier und Orchester D-Dur 114, 126f., 342, 354
384: Deutsches Singspiel Die Entführung aus dem Serail 94, 105, 107–110, 115f., 126–128, 146, 152, 184, 219, 255, 260–266, 272–275, 300f., 315, 340, 395, 423
385: Sinfonie D-Dur (Haffner) 127, 132, 382
386d: Lied Bardengesang auf Gibraltar (Fragment) 342
387: Streichquartett G-Dur (1. Haydnquartett) 119, 146f., 162, 235, 275, 364–376, 379, 398
388: Bläser-Serenade c-Moll (Nacht-Musique) 111, 121, 420
393: Solfeggien für Sopran 130
394: Präludium und Fuge für Klavier C-Dur 372
397: Klavierphantasie d-Moll 359
398: Klaviervariationen über Salve tu, Domine (Paisiello) 127
399: Klaviersuite C-Dur (Fragment) 121, 235
404a: Sechs dreistimmige Fugen von J. S. und W. Fr. Bach bearbeitet für Streichtrio mit vier neuen Einleitungen 120

405: Fünf vierstimmige Fugen aus J. S. Bachs Wohltemperiertem Klavier bearbeitet für Streichquartett 120
406: Streichquintett c-Moll (Eigenbearbeitung der Nacht-Musique KV 388) 173
412: Hornkonzert D-Dur 153
413: Klavierkonzert F-Dur 132, 341, 348, 350
414: Klavierkonzert A-Dur 132, 341, 348, 350
415: Klavierkonzert C-Dur 126f., 341, 348, 350, 355
421: Streichquartett d-Moll (2. Haydnquartett) 119, 146f., 162, 275, 359, 364–369, 371, 380
422: Dramma giocoso L'oca del Cairo (Fragment) 128, 130
423: Duo für Violine und Viola G-Dur 130
424: Duo für Violine und Viola B-Dur 130
425: Sinfonie C-Dur (Linzer) 131f., 275, 382
426: Fuge für zwei Klaviere c-Moll 121, 372, 418
427: Missa solemnis c-Moll (Fragment) 107, 119, 129f., 138, 147, 405–408, 412
428: Streichquartett Es-Dur (3. Haydnquartett) 119, 146 f., 162, 275, 364–369, 371
430: Opera buffa Lo sposo deluso (Fragment) 128–130
433: Bass-Arie Männer suchen stets zu naschen 127
435: Arie für Tenor Müßt' ich auch durch tausend Drachen 127

446: Musik zu einer Pantomime (Fragment) 124
448: Sonate für zwei Klaviere D-Dur 112, 424
449: Klavierkonzert Es-Dur 132f., 344, 350–352
450: Klavierkonzert B-Dur 132, 344, 352–357
451: Klavierkonzert D-Dur 132, 344
452: Quartett für Klavier und Bläser Es-Dur 132, 424
453: Klavierkonzert G-Dur 133, 424, 427
454: Sonate für Klavier und Violine B-Dur 133
455: Klaviervariationen über Unser dummer Pöbel meint (Gluck) 127
456: Klavierkonzert B-Dur 133, 147, 424
458: Streichquartett B-Dur (Jagd, 4. Haydnquartett) 119, 146f., 162, 275, 364–369, 371
459: Klavierkonzert F-Dur 184
464: Streichquartett A-Dur (5. Haydnquartett) 119, 146 f., 162, 275, 364–369, 371, 376
465: Streichquartett C-Dur (Dissonanzen, 6.Haydnquartett) 119, 146f., 162, 275, 364–369, 371, 376–380, 390, 426f.
466: Klavierkonzert d-Moll 147, 275, 341, 357–361
467: Klavierkonzert C-Dur 147, 357
468: Lied Die Gesellenreise 136
469: Kantate Davidde penitente 138, 147
471: Kantate Die Maurerfreude 136
475: Klavierphantasie c-Moll 148, 380
476: Lied Das Veilchen (Goethe) 148
477: Maurerische Trauermusik c-Moll 136
478: Klavierquartett g-Moll 148

481: Sonate für Klavier und Violine Es-Dur 148
482: Klavierkonzert Es-Dur 148, 306, 357
483: Lied Zerfließet heut', geliebte Brüder, mit Chor und Orgel 136
484: Lied Ihr unsre neuen Leiter, mit Chor und Orgel 136
486: Komödie mit Musik Der Schauspieldirektor 143
488: Klavierkonzert A-Dur 148, 306, 361
491: Klavierkonzert c-Moll 148, 306, 341
492: Opera buffa Le nozze di Figaro 59, 71, 91, 128, 133, 140–146, 148–153, 155, 160–162, 165, 179–182, 189, 216, 223, 225, 234, 250, 252f., 262, 265, 268–279, 285, 292, 300, 305f., 312, 316, 326–330, 334, 337, 340, 346, 351, 361, 387, 389, 393, 395, 398f., 423
493: Streichquartett Es-Dur 154
495: Hornkonzert Es-Dur 153
496: Klaviertrio G-Dur 153f.
497: Sonate für Klavier zu vier Händen F-Dur 154
498: Trio für Klavier, Klarinette und Viola Es-Dur (Kegelstatt-Trio) 34, 154
499: Streichquartett D-Dur 154
502: Klaviertrio B-Dur 153
503: Klavierkonzert C-Dur 154, 341
504: Sinfonie D-Dur (Prager) 161, 382, 385–389
505: Szene mit Rondo für Sopran mit obligatem Klavier Ch'io mi scordi di te / Non temer, amato bene 155, 161
512: Rezitativ und Arie für Baß Alcandro, lo confesso /Non so, d'onde viene 161
515: Streichquintett C-Dur 161f., 173
516: Streichquintett g-Moll 161–163, 173
517: Lied Die Alte 161, 333

519: Lied von der Trennung 161
520: Lied Als Luise die Briefe ihres ungetreuen Liebhabers verbrannte 161
522: Divertimento für 2 Violinen, Viola, Baß und 2 Hörner (Ein musikalischer Spaß) 161, 421
523: Lied Abendempfindung 161
525: Streicher-Serenade G-Dur (Eine kleine Nachtmusik) 132, 161, 420–422
527: Dramma giocoso Il Dissoluto punito o sia Il Don Giovanni 71, 110, 119, 140, 142, 158, 161–165, 167f., 180f., 188f., 195, 245, 250, 252f., 262, 264f., 282–297, 305, 307, 312, 315f., 330–334, 337, 359, 361, 387, 389, 393, 396, 398, 411, 420
528: Szene für Sopran Bella mia fiamma/ Resta, o cara 165
534: Kontretanz Das Donnerwetter 169
535: Kontretanz La Bataille 169
536: Sechs deutsche Tänze 169
537: Klavierkonzert D-Dur (Krönung) 166, 184, 341, 345
539: Kriegslied mit Instrumentalbegleitung Ich möchte wohl der Kaiser sein (Gleim) 166 f.
541: Ariette für Baß Un bacio di mano 397
542: Klaviertrio E-Dur 153
543: Sinfonie Es-Dur 169, 209–211, 310, 382, 390–394, 397
548: Klaviertrio C-Dur 153
550: Sinfonie g-Moll 169, 191, 310, 357, 382, 390–392, 394–397
551: Sinfonie C-Dur (Jupiter) 119, 169, 227, 237, 310, 382, 390–392, 397–401
552: Lied Beim Auszug in das Feld 332
553: Vierstimmiger Kanon Alleluja 169

554: Vierstimmiger Kanon Ave Maria 169
555: Vierstimmiger Kanon Lacrimoso son'io 169
558: Vierstimmiger Kanon Gehn wir im Prater, gehn wir in d'Hetz 169
560: Vierstimmiger Kanon O du eselhafter Martin 169
561: Vierstimmiger Kanon Bona nox, bist a rechta Ox 169
563: Streichtrio Es-Dur (Divertimento) 162
564: Klaviertrio G-Dur 153
566: Neuinstrumentierung von Händels Pastorale Acis und Galathea 166
567: Sechs deutsche Tänze 170
568: Zwölf Instrumentalmenuette 170
571: Sechs deutsche Tänze 177
572: Neuinstrumentierung von Händels Oratorium Der Messias 117, 166, 177, 406
575: Streichquartett D-Dur (1. Preußisches) 172
576: Klaviersonate D-Dur 179
577: Rondo für Sopran Al desio, di chi t'adora 179
578: Arie für Sopran Alma grande e nobil core 179
579: Arie für Sopran Un moto di gioia mi sento 179
580: Arie für Sopran Schon lacht der holde Frühling 179, 336
581: Klarinetten-Quintett 172, 180, 310
582: Arie für Sopran Chi sà. chi sà, qual sia 179
583: Arie für Sopran Vado ma dove? – oh Dei! 179
584: Arie für Baß Rivolgete a lui lo sguardo 181

588: Opera buffa Così fan tutte o sia La Scuola degli amanti 140, 172, 180–183, 189, 252f., 300–312, 316, 334, 338, 422f.
589: Streichquartett B-Dur (2. Preußisches) 172, 183
590: Streichquartett F-Dur (3. Preußisches) 172, 183
591: Neuinstrumentierung von Händels Oratorium Alexanderfest 166, 183
592: Neuinstrumentierung von Händels Cäcilien-Ode 166, 183
593: Streichquintett D-Dur 172, 185, 398
594: Adagio f-Moll und Allegro F-Dur für ein mechanisches Orgelwerk 185
595: Klavierkonzert B-Dur 190f., 341, 345
596: Lied Sehnsucht nach dem Frühling 190f.
597: Lied Im Frühlingsanfang 190f.
598: Lied Das Kinderspiel 190f.
599: Sechs Instrumentalmenuette 190
600: Sechs deutsche Tänze 190
601: Vier Instrumentalmenuette 190
602: Vier deutsche Tänze 190
603: Zwei Kontretänze 190
604: Zwei Instrumentalmenuette 190
605: Drei deutsche Tänze 190
606: Sechs ländlerische Tänze 190
607: Kontretanz Es-Dur Il Trionfo delle Donne 190
608: Orgelstück f-Moll für eine Uhr 185
609: Fünf Kontretänze 190
610: Kontretanz Les filles malicieuses 190
611: Deutscher Tanz Die Leyerer 190
614: Streichquintett Es-Dur 185
616: Andante F-Dur für eine Orgelwalze 185
618: Motette Ave verum corpus 189, 191, 255
619: Kantate Die ihr des unermeßlichen Weltalls Schöpfer ehrt 136
620: Deutsche Oper Die Zauberflöte 113, 119, 136, 189, 192–194, 196–198, 252, 255, 266, 314–324, 334–338, 359, 395, 404, 411, 423
621: Opera seria La Clemenza di Tito 57, 95, 189, 192, 194f., 250–255, 338
622: Klarinettenkonzert A-Dur 189, 195–197, 255
623: Kantate Laut verkünde unsre Freude 136, 199
625: Duett für Sopran und Baß Nun, liebes Weibchen 193
626: Requiem (Fragment) 119, 189, 192, 197f., 359, 404, 406–408, 411–418